Ernst Schubert

Alltag im Mittelalter

Ernst Schubert

Alltag im Mittelalter

Natürliches Lebensumfeld und menschliches Miteinander

Für Arno Borst

wbg THEISS

MIX
Papier | Fördert gute Waldnutzung
FSC® C014496

wbg Theiss ist ein Imprint der Verlag Herder GmbH

Unveränderter Nachdruck der Sonderausgabe 2022 bei der wbg
(Wissenschaftliche Buchgesellschaft), Darmstadt

Hermann-Herder-Straße 4, 79104 Freiburg
Kontaktadresse für Produktsicherheitsfragen:
produktsicherheit@herder.de

www.herder.de

Layout, Satz und Prepress: schreiberVIS, Seeheim
Einbandgestaltung: Martin Veicht, Arnstorf
Einbandabbildung: Pieter Brueghel d. J., „Der Sommer: Getreideernte mit Rast der Schnitter". © akg-images

Printed in Germany

ISBN Print: 978-3-534-61124-9
ISBN E-Book (E-Pub) 978-3-534-61166-9
ISBN E-Book (PDF): 978-3-534-61176-8

Inhalt

Einleitung

Natur und Geschichte: Die Sorge um die Zukunft, sei es um die von lokalen Ökosystemen oder gar die der Erde, beherrscht die ökologische Diskussion der Gegenwart; die historische Dimension jedoch kommt in dieser Diskussion zu kurz. Und oft wird die Vergangenheit schlichtweg entweder als Kronzeuge für eine frühere heile Welt in den Zeugenstand berufen oder aber wegen früheren Raubbaus auf die Anklagebank gesetzt. Und selbst der Hinweis auf die Klimageschichte kann an dieser Aussage nichts ändern. Witterungsdaten werden in der Öffentlichkeit nicht in ihren historischen Voraussetzungen, sondern in ihren Auswirkungen auf die Gegenwartsprobleme diskutiert, die widersprüchlichen, Sorgen erregenden oder Sorgen beschwichtigenden Daten werden stets auf die Gegenwart und die ihr zugeordnete Zukunftserwartung projiziert.

Die Geschichte war nie dazu nutze, Rezepte für die Gegenwart zu liefern, ihre Aufgabe liegt in der Präzisierung der zentralen gegenwärtigen Fragen, indem sie diesen Fragen nicht nur in ihrem Werden, sondern auch in ihren gesamtgesellschaftlichen Zusammenhängen nachgeht. Das kann nie zu einer direkten Ableitung der Gegenwart aus der Vergangenheit führen, sondern zu einer Art Dialog mit den nunmehr toten Menschen, die in ihrer Gegenwart ebenfalls Antworten auf die gleichen Grundsatzfragen finden mußten. Weltgeschichtlich ist, aus der Perspektive von Natur und Geschichte gesehen, Europa ein begünstigter Kontinent,[1] weit weniger von Witterungs- und Naturkatastrophen gefährdet als etwa der südasiatische Raum, in dem im 15. Jahrhundert etwa 80% der Weltbevölkerung lebten.[2] Erdbeben beispielsweise hatten im spätmittelalterlichen Europa schlimme, die Menschen zutiefst erschreckende Folgen, und doch wirkten sie bei weitem nicht so verheerend wie etwa in Ostasien.[3]

Selbst wenn die Natur den von ihr eher begünstigten europäischen Kontinent nicht so heimsuchte wie andere Regionen der Erde, bleibt uns auch hier die Aufgabe, nach dem Verhältnis von Natur und Geschichte zu fragen. Mit Recht warnte Arno Borst davor, die historischen Erfahrungen auszublenden: „Natur ist immer auch die erschütterte Welt, Geschichte immer auch das Unvorhersehbare und Unbewältigte."[4]

Grundsatzfragen sind – und hier greifen wir das Stichwort der gesamtgesellschaftlichen Zusammenhänge wieder auf – allen Eiferern zum Trotz in ihrer Komplexität stets historisch fundiert und dabei noch nicht einmal in historischem Spartendenken, etwa sozialgeschichtlich, isolierbar. Was in der Gegenwart im Nebel der Nebensächlichkeiten, den jede erregte Diskussion aufsteigen läßt, schwer zu erkennen ist, klärt der Rückblick in die Vergangenheit. Wenn wir zuspitzend und damit übertreibend formulieren, daß das, was sich heute als Kampf um die Natur darstellt, in früheren Zeiten ein Kampf mit der Natur war, so ist mit dieser Überspitzung nicht etwa ein simples Konstrukt von der Eigenständigkeit der Moderne gegenüber einer abgelebten Geschichte benannt, sondern das genaue Gegenteil: Die Fragen mögen neu anmuten (was die wirklich wichtigen Fragen allerdings niemals sind), aber der Fragende ist selbst bis in seine Wahrnehmungsmuster hinein abhängig von der Geschichte. Das gilt unter anderem auch für die sozialgeschichtlichen Abhängigkeiten. Ein Beispiel unter vielen: Selbst der in Umweltfragen engagierteste Lehrer muß anerkennen, daß die Freiheit seiner Argumentation nicht nur ihm selbst, sondern auch der Entwicklung des Lehrerstandes vom Gemeindediener des 18. zum Staatsbeamten des 19. Jahrhunderts geschuldet ist. Abhängigkeiten der individuellen Urteile von der Geschichte: Der Atheist, der die Natur mit einem emotionalen Wert ausstattet, fragt nichtanders als viele gläubige Philosophen und Theologen des Mittelalters und noch der frühen Neuzeit. Und schließlich: Ist der Naturwissenschaftler, der die Entstehungsbedingungen des Lebens enträtselt, in seinen Fragen (natürlich nicht in seinen Ergebnissen) so weitentfernt von den wahrhaften Alchemisten, die nach dem Stein der Weisen suchten, nach jenem Stein, der nicht in der Natur gefunden, sondern nur aus seinem von der Natur erbauten Gefängnis erlöst werden muß?

Bei allen im Laufe der Geschichte hervortretenden Unterschieden in der Auseinandersetzung mit der Natur ist doch eines, gewissermaßen das überzeitliche Moment, gleich geblieben: Es geht immer um eine Relation, um den Menschen im Verhältnis zu seiner Umwelt. So unterschiedliche Fragen der Fragende stellt, so unterschiedlich auch im Verlauf der Zeiten seine Antworten ausfallen mögen, er bleibt stets derjenige, der die Umweltals ‚Gegenstand' wahrnimmt. In Anführungsstriche haben wir ‚Gegenstand' gesetzt, um auch, auf den unmittelbaren Wortsinn zurückgreifend, diejenigen einzuschließen, die, wie etwa Prinz Charles, mit den ihnen anvertrauten Pflanzen sprechen. Ob mit der Natur, ob über die Natur, ob für die Natur gesprochen wird, ist der grundsätzlichen Frage untergeordnet, ob der Mensch tatsächlich der Herr über die Geschichte ist oder ob diese nicht als emergentes Phänomen einen Seitentrieb der Evolution darstellt.

Das Alter der Erde ist sicherlich die umfassende, jede andere Erscheinungsform von Geschichte umschließende Größe, sie umgreift, vom Menschen allenfalls berechenbar, aber nicht erfaßbar, ganz andere zeitliche Dimensionen als die kurze Historie des Menschen. Dessen Geschichte ist zwar auch in Vergesellschaftung zum Beispiel mit Insekten als Populationsgeschichte eines Planeten denkbar, aber wo im Weltall will man den archimedischen Punkt finden, von dem aus sie beschreibbar wäre? Wir wollen uns nicht zur Geschichtsphilosophie aufschwingen, sondern nur die Gründe dafür andeuten, daß das Thema Natur und Geschichte nicht von einer absoluten Setzung des Begriffs ‚Natur' her behandelt werden kann. Indem wir von einem Beziehungsverhältnis ausgehen, das wir bisweilen sogar als dialogisch charakterisieren können, sehen wir ‚Natur' nicht als eine mit modernen wissenschaftlichen Methoden objektivierbare, sondern als geschichtlich wandelbare Größe an. Denn – nur ein Hinweis – auch ohne Eingriffe des Menschen kannsich die Naturlandschaft verändern,[5] und „anthropogene und natürliche Faktoren beeinflussen sich gegenseitig."[6] Was aber die anthropogenen Veränderungen der Oberflächengestalt der Erde angeht, ist vor einfachen Deutungsmustern zu warnen. Obwohl auch das Mittelalter bis zum Raubbau führende Übernutzung der naturgebundenen Ressourcen kennt, würde es eine Erkenntnis hindernde Verkürzung bedeuten, eine durchgängige Linie des Umweltfrevels bis zur Gegenwart ziehen zu wollen.

Was ist ein Naturzustand?[7] Natur ist trotz der mit ihr verbundenen Assoziationen an Ursprünglichkeit, an Unverfälschtheit zu keiner Zeit der Gegensatz zu Kultur und Geschichte, Natur ist Teil von Kultur und Geschichte. Die Gefahr für den Historiker liegt darin, daß er nicht wie etwa ein Geologe Natur als absoluten Faktor setzen kann.[8] Ebensowenig wie ‚Natur' ist ‚der Mensch' eine konstante historische Größe (und das gilt auch wortwörtlich).[9] Daß die Anthropologie nicht nur ein naturwissenschaftlicher, sondern auch ein geisteswissenschaftlicher Gegenstand ist, daß der Mensch nicht nur von seinen Genen, sondern auch von seiner Geschichte ‚programmiert' ist, wird in der modernen Geschichtswissenschaft immer wieder hervorgehoben.[10] Die Zeitschrift „Historische Anthropologie" hat sich inzwischen als unverzichtbares Periodikum erwiesen. Wir haben nur deshalb Anlaß, an Selbstverständliches zu erinnern, weil hier die Rechtfertigung dafürliegt, daß wir zwei äußerlich verschiedene Themen in einem Buch zusammenbinden: die Formen und den Gestaltwandel des Umgangs von Menschen mit der Natur und die Formen und den Gestaltwandel des Umgangs von Menschen miteinander.

Die heutige Umwelterfahrung ist selbst ein historisches Produkt, das aus geschichtlichen Zusammenhängen von Kulturentwicklung und Naturwahrnehmung ebenso hergestellt worden ist wie von Erinnerung prägenden topischen Bildern, von Einstellungsmustern, also etwa von der Wildnis als Topos und Realität oder von der Künstlichkeit des Kanalbaus als eines Eingriffes in die Natur. Viele beunruhigende Diskussionsflächen bietet die übereinandergeschichtete Tektonik der verschiedenen, im Verlauf der Jahrhunderte abgelagerten Wahrnehmungen. Wenn wir diese für das Mittelalter zu beschreiben versuchen, so gilt es stets, die Terminologie zu überprüfen; denn diese steckt voller historisch begründeter Tücken. Das gilt nicht nur für die Wortwahl im konkreten – was ist eigentlich „Wald"? –, das gilt selbst für die zumeist leichthin gebrauchten Grundbegriffe. „Ökologie" zum Beispiel hatte in der Antike noch ein nahe an der „Ökonomie" angesiedeltes Wortfeld: Kunde vom Haushalten.[11] Die Antike kannte zwar von der Wasserverschmutzung bis zur Müllabfuhr Probleme und Lösungen, die modern anmuten, aber sie hatte keinen Begriff für „Umwelt",[12] den sie künftigen Epochen hätte vererben können. Diesen Begriff können wir auch nicht sorglos für das Mittelalter anwenden, weil er eine eigentümliche Karriere hinter sich hat: Um 1800 als poetische Wortschöpfung entstanden,[13] sodann zumeist als Synonym für ‚Milieu' verwendet, gewann er seinen heutigen Sinn erst in der jüngsten Vergangenheit, und zwar auffallenderweise nicht über seine Grundform, sondern über seine Komposita wie Umweltverschmutzung und Umweltschutz.[14] Diese Begriffsgeschichte erklärt, warum es bis heute keine einhellig akzeptierte Begrifflichkeit von „Umwelt" und „Umweltgeschichte" gibt[15] und warum im heutigen Verständnis der Mensch nicht mehr Teil seiner Umwelt ist, die nicht einmal mehr als sein Milieu begriffen wird.[16] Nachdem ‚Umwelt' zum Synonym für eine anthropozentrisch definierte ‚Natur' verflacht ist,[17] kann die Feststellung nicht überraschen: „Die Umweltgeschichte ist sich nicht einmal ihres Gegenstandes sicher. Umwelt hatte für die Menschen verschiedene Gesichter, quer durch die Zeiten, Räume und sozialen Schichten."[18] Mit ihr waren einst – anders als im Zeitalter der bemannten Raumfahrt – Sonne, Mond und Sterne eng verknüpft.

Wie auch in anderen Fällen, etwa bei dem im Mittelalter begrifflich noch gar nicht vorhandenen ‚Staat', gilt es im Falle einer Geschichte der ‚Umwelt' abzuschätzen, was anachronistische Setzung ist und was von der Sache her vorhanden sein kann, wenngleich vielleicht nur in Ansätzen und terminologisch nicht fixiert. Obwohl frühere Zeiten den Begriff ‚Umwelt' im heutigen Sinne gar nicht kennen, so kennen sie doch selbstverständlich die gedankliche Objektivierbarkeit des eigenen Lebensraumes, und genaue Beobachter können bereits den Wandel dieses Lebensraumes wahrnehmen. Um 1300 notiert ein Colmarer Dominikaner die großen Veränderungen, die das Elsaß in den letzten einhundert Jahren durchgemacht habe.[19] Diese früheste Beschreibung eines Kulturlandschaftswandels in deutschen Landen enthält bereits Ansätze dessen, was später ökologisches Bewußtsein genannt werden wird. Diese erstaunliche Quelle zeugt von naturwissenschaftlicher Schulung und damit auch von dem Nachwirken des Albertus Magnus als Lehrerpersönlichkeit.[20] Das genaue Beobachten, das er seinen Naturstudien zugrunde legte, wird er, der so häufig in den Studienhäusern seines Ordens unterrichtete, auch seinem Colmarer Ordensbruder vermittelt haben.

Eine Umweltgeschichte im modernen, im engeren Sinn des Begriffs liegt ebensowenig in unserer Absicht wie der Versuch einer historischen Geographie.[21] So unverzichtbar die Einbeziehung naturwissenschaftlicher Ergebnisse ist, so besteht dabei immer die Gefahr der Perspektivenverkürzung; denn es geht dem Historiker nicht um die Umwelt im Sinne einer dem Menschen gegenüberstehenden Gegebenheit, sondern – wie wir es hilfsweise nennen – um den historischen Dialog des Menschen mit der Natur.

Kehren wir zu unserer einleitenden Feststellung zurück, daß in der heutigen ökologischen Diskussion die historische Erfahrung ‚Umwelt' kaum berücksichtigt wird,[22] so hat dies auch mit den eingangs erwähnten gesamtgesellschaftlichen Ursachen zu tun. Diese sind normalerweise nur mit umständlich langatmigen Ausführungen zu belegen. Unglücklicherweise aber gibt es ein schlagendes Beispiel, das uns – wir bedauern es – dieser Notwendigkeit enthebt, weil die Wolken und Nebelschwaden der Diskussion um die gesamtgesellschaftlichen Ursachen bei der anhaltenden Trockenheit bürokratischer Verordnungen und administrativer Verfügungen in den entsprechenden Problemfeldern sich gar nicht erst bilden können: Skandalös wird die Geschichte des Mittelalters im Unterricht deutscher Schulen verkürzt. Die Schüler erfahren nicht mehr, daß vor der trennenden Entwicklung von Nationalstaaten dauerhaftere Grundlagen einer gemeinsamen europäischen Kultur gelegt worden waren. Baukunst, Recht, Philosophie des Mittelalters sind nur aus europäischer Perspektive zu erfassen. Bei allen Nuancen sind sich die Lehrpläne der deutschen Bundesländer doch darin einig: Die Stadt ist zu behandeln; in den meisten Lehrplänen stellt sie den einzigen Unterrichtsstoff für die Zeit zwischen 800 und 1500 dar.[23] Ein aufschlußreiches Zeugnis für die Arroganz im Umgang mit der Vergangenheit.

Die Stadt ist zwar für den Menschen der neuesten Zeit zum wichtigsten Erfahrungsraum geworden, für das Mittelalter jedoch, in einer Zeit, in der über 85 Prozent der Bevölkerung auf dem Lande lebten, bildet sie eine Ausnahme. Was die Schüler lernen sollen, ist nicht nur in der Auswahl problematisch, sondern auch in der Art, wie nach den Vorstellungen von Ministerialbürokraten der Gegenstand behandelt werden soll: ein dröges Gemisch aus Verfassungs- und Sozialgeschichte. Selbst die Chance wird vertan, den Sonderfall der Stadt, in der sich auf engstem Raum allgemeine, und damit aktuelle Probleme im Verhältnis des Menschen zur Natur, zu Wasser und Wald konkretisieren, didaktisch zu nutzen.

Wir haben nicht die Absicht, die Lehrpläne zu ergänzen – diese sind so grottenschlecht, daß eine Verbesserung aussichtslos ist. (Es ist schließlich eine systembedingte Art von administrativer Weisheit, sicherheitshalber die vom Steuerzahler besoldeten Professoren nicht zur Beratung solcher Pläne heranzuziehen.) Aber es sind nicht nur die Lehrpläne, die den Blick auf die Vergangenheit verstellen, es sind auch unsere sauberen Museen und die um sorgfältige Restaurierung etwa des Fachwerkhaus-Bestandes besorgten Denkmalpfleger, die eine Stadt herausputzen und damit nicht nur vergessen lassen, daß der Fachwerkbau in der frühen Neuzeit als Billigbau galt. Verschleiert wird – allerdings notwendigerweise – das Alltagsproblem einer mittelalterlichen Stadt, der Dreck. Anders als im Fall der Lehrpläne kritisieren wir natürlich nicht Denkmalschutz und Museen. Es wäre eine auf die Spitze getriebene Historisierung, wollten wir verlangen, daß in sauberen Museen der Dreck sinnlich erfahrbar wäre, daß ein Marktplatz nicht in dem Glanz stabiler Häuser erstrahlen, sondern immer ein baufälliges Haus und einen abschreckenden Gefangenenblock aufweisen müsse. Die künstliche Inszenierung der Vergangenheit ist unvermeidbar; sie bedarf aber des Wissens von den im Interesse der Gegenwart diktierten Bedingungen dieser Inszenierung.

Naturgemäß hat es die junge Umweltgeschichte schwer, sich im Kreis der älteren historischen Spezialwissenschaften zu etablieren. Weiterhin ist sie sich ihrer Methoden noch keineswegs sicher,[24] was angesichts des universalgeschichtlichen Gegenstands auch keineswegs verwundert. Beides bietet aber auch Chancen. Die Umweltgeschichte darf sich als junger Wissenschaftszweig noch ungebärdig geben, darf Ansätze verfolgen, die in älteren Wissenschaftszweigen, die sich zur ‚Disziplin' verfestigt haben, verpönt sind. Joachim Radkaus unter modischem Titel verborgene Weltgeschichte der Ökologie, welche alle historischen Epochen und alle fünf Kontinente behandelt,[25] ist das wohl gelungenste Beispiel für das Nutzen dieser Chancen. Zugleich zeigt Radkau die Gefahren für den jungen Wissenschaftszweig auf. Von der Zeitgebundenheit zahlreicher Fragestellungen in der heutigen Diskussion ganz abgesehen,[26] ist die Umweltgeschichte auf das engste mit Zweigen anderer Wissenschaften verflochten, mit denen der Naturwissenschaft von der Biologie bis zur Historischen Geographie, mit denen der Geschichtswissenschaft von der Alltags- bis zur Religionsgeschichte.[27] Überfordert wäre jeder, der sich anheischig machen wollte, als einzelner Umweltgeschichte in all ihren methodischen Anforderungen schreiben zu wollen. Unverzichtbar ist also neben dem intellektuellen Vagantentum Joachim Radkaus[28] auch das intellektuelle, seßhafte Kleinbauerntum des Spezialisten, und gerade deshalb braucht eine historisch fundierte Ökologie auch denjenigen, der wie ein städtischer Bote des Mittelalters die Verbindungen zwischen den verschiedenen Kommunen, aber auch zwischen Städten und Fürsten herstellt. Als ein solcher Bote versteht sich der Verfasser dieses Buches; er versucht zwischen den verschiedenen Disziplinen zu vermitteln.

Vermittlung zwischen Disziplinen. Läßt sich die Geschichte, von den notwendigerweise unterschiedlichen Forschungsstrategien einmal abgesehen, in verschiedene Erkenntnisziele etwa zwischen Agrar- und Mentalitätsgeschichte aufspalten? Nüchtern stellte Arno Borst den Zusammenhang zwischen diesen beiden Disziplinen her: „Die Böden mußten schon kultiviert sein, wo man die Köpfe kultivieren wollte."[29] Ein weiteres einfaches Beispiel: Die Umweltgeschichte hat eine große Schnittmenge mit der Sozialgeschichte.[30] Schließlich sind es einfache Menschen, die Wälder roden, die Sümpfe entwässern, Angehörige des Volkes, das den Herren gleichgültig ist, „des volkes, des man nicht enaht."[31]

Das ambitionierte Bemühen um Vermittlung zwischen wissenschaftlichen Disziplinen verlangt, um nicht an der eigenen Ambitioniertheit zu scheitern, Beschränkungen. Deshalb haben wir unsere Untersuchungen auf den deutschen Sprachraum begrenzt. Diese Begrenzung hat auch den Sinn, der Gefahr der Beliebigkeit in der Faktenauswahl und damit der Gefahr der Manipulation zu begegnen. Obwohl wir ein Thema der europäischen Geschichte anschlagen, würde doch eine Berücksichtigung des gesamten Kulturraums den Verdacht nähren, eine subjektive Problemauswahl vorgenommen zu haben, ein Verdacht, den wir nicht einmal bei der Untersuchung der deutschen Lande selbst bei möglichst detaillierter Darstellung völlig ausräumen können.

Den Dialog mit der Natur in historischer Perspektive darzustellen, haben wir als unsere Aufgabe beschrieben. Hinter dieser Formulierung verbergen sich folgende Probleme: Was ist in einer nichtschriftlichen Gesellschaft, genauer: in einer Welt des alltäglichen Lebens vor der Schrift ein Dialog, und wer sind die Partner dieses Dialogs? Anthropologisch verstanden ist diese Frage zuerst die nach der Raumerfahrung, die wir in Hinsicht auf den historischen Raum zunächst für das frühe Mittelalter verfolgen werden. Dabei sind wir durch die Quellen gezwungen, im Widerspruch zu unseren Vorsätzen ‚den Menschen' als kollektiv handelndes Subjekt zu fingieren. Es wäre aber unredlich zu verschweigen, daß es auch einen gewissermaßen individualistischen Forschungsansatz gibt. Von der Körpergeschichte ausgehend, konnte August Nitschke die mittelalterlichen Wahrnehmungsweisen von Umwelt herausarbeiten, wobei von grundsätzlicher Wichtigkeit ist, daß diese Wahrnehmungsweisen nach sozialem Status unterschiedlich ausfallen.[32] Die Rekonstruktion der Gebärdensprache stellt ein stummes Erzählen dessen dar, was die Quellen ansonsten verschweigen.

So faszinierend die von August Nitschke eröffneten Perspektiven sind, so können wir diese doch mit unserem Ansatz nicht weiterverfolgen; denn es geht uns weniger um die individuelle Erfahrung, sondern um jene Gestaltungen, die aus natürlichen Gegebenheiten historische Räume entstehen lassen,[33] also nicht um Zeremonien oder Tänze, sondern um Bäume oder Gewässer. Der Hinweis auf einen anderen möglichen Forschungsansatz sollte auch eine Begrenzung unserer Untersuchung benennen. Die von uns gefällten Aussagen vertragen im einzelnen durchaus jene Differenzierungen, welche zum Beispiel die hier stellvertretend für andere moderne Ansätze benannte Körpergeschichte eröffnet.

‚Stummes Erzählen' rekonstruiert die Körpergeschichte, ein stummes Erzählen aber bildet zum Beispiel auch die Geschichte des Waldes, wobei der Mensch nicht als Individuum, sondern als kollektiver Sammelbegriff verstanden wird. Die Setzung eines Kollektivums ‚Mensch' kann – wir nehmen Zuflucht zu einer Grunderkenntnis der mittelalterlichen Philosophie – nicht ohne die Definition der Essenz dieses Kollektivbegriffes auskommen, also nicht ohne Berücksichtigung dessen, was ‚Menschheit' ausmacht: die Sprachfähigkeit. Noch Luther sah ganz in mittelalterlicher Tradition allein in der Sprache das Geschenk, mit dem Gott den Menschen vor anderen Kreaturen bevorzugte.[34] Aber: Wir dürfen gar nicht darum herumreden, daß wir gar nicht mehr wissen können, was Menschen im Alltag früherer Zeiten so herumredeten. Nur indirekte Aufschlüsse über die Rahmenbedingungen sind möglich. Ein direktes, ein sogar wortreiches Erzählen liegt dem gewissermaßen klassisch zu nennenden Ansatz zugrunde, mit dem die hochmittelalterlichen Naturerfahrungen des Adels am Beispiel der höfischen Dichtung dargestellt werden können.[35] In der Ausgestaltung der „curialitas“, der höfischen, als vorbildlich gesetzten Lebensnormen, begegnet erstmals ein zivilisatorisches Spannungsverhältnis zur Ursprünglichkeit, zur Natur. Aber auch hier beschleicht uns ein Unbehagen. Wieweit können literarische Aussagen repräsentativ für eine Welt vor der Schrift sein? Mit theoretischen Vorentscheidungen allgemeiner Art wird man der bewundernswerten, ja staunenswerten Flexibilität mittelalterlichen Erfahrungshungers nicht gerecht. Immer wieder werden wir im Einzelfall Beweise dafür finden, daß literarische Fiktionen durchaus kollektive Bewußtseinslagen wiedergeben können; aber Handreichungen im Sinne einer strikt anzuwendenden Methode bei der alltagsgeschichtlichen Auswertung literarischer Quellen getrauen wir uns nicht zu geben.

Während für das frühe und selbst noch für das hohe Mittelalter nur auf indirekten Wegen Aufschlüsse über Naturerfahrungen möglich sind, liegen für das spätere Mittelalter direkte Zeugnisse vor. Quellen gibt es jetzt, die, da um Welten von dem intellektuellen Niveau der Gelehrten entfernt, gerade deshalb alltagsgeschichtlich interpretierbar sind. Reiseschilderungen gehören zu solchen direkten Zeugnissen, Quellen, die aber nicht einfach als Abbildungen einer vergangenen Wirklichkeit verstanden werden können.[36] Sie belegen allerdings realitätsnah, welche Umwelterfahrungen sich mit der Mobilität, dem „Fahren", ohne das die mittelalterliche Gesellschaft nicht überlebensfähig gewesen wäre,[37] verbinden. Auch wenn das Goethe-Wort schon für die frühen Reisewahrnehmungen Gültigkeit hat, wonach der Mensch nur das sieht, was er weiß, wenn also die Wahrnehmung der Landschaft von Bildung und Interessen und damit von kulturellen Traditionen abhängig ist, so zeigt sich doch – nicht zuletzt wegen des spätmittelalterlichen Urbanisierungsvorgangs, der Verstädterung von Kultur –, daß Natur in ihrem Eigenwert nicht nur theoretisch erkannt, nicht nur in ihren Gefahren gefürchtet, nicht nur in ihren Chancen für den Menschen ausgenutzt, sondern in ihrem Eigenwert im wörtlichen Sinne „erfahren" wird, denn „wandern" heißt im Mittelalter „fahren".[38]

Nur andeuten können wir die immer nur im Einzelfall zu lösende grundsätzliche Schwierigkeit, daß viele Quellen, die wir auf einen Wandel des Umweltbewußtseins hin befragen, selbst bereits Produkte eines solchen Wandels sind. Die Scylla eines anachronistischen Durchgriffs nach Maßgabe heutiger Fragestellungen droht ebenso wie die Charybdis selbstgenügsamer Historisierung. Die Untersuchung des Rechts, welches - wenngleich oft verspätet - auf gesellschaftliche Veränderungen reagiert, ist wohl am geeignetsten, sowohl einer anachronistischen als auch einer historisierenden Betrachtungsweise vorzubeugen. Die im Werden begriffene Umweltgeschichte[39] sollte nicht den Fehler der Geschlechtergeschichte wiederholen, die Rechtsgeschichte auszuklammern, jenen Fehler, den wir auch bei der Forschungsrichtung zur sogenannten „kulturwissenschaftlichen Wende" befürchten. (Die Übernahme einer Terminologie des modernen Schwimmsports sollte nicht dazu führen, die bereits seit über zweihundert Jahren durchmessenen Bahnen der Rechtsgeschichte zu übersehen; denn auch der Schwimmer interessiert sich im nachhinein für die Zeit, für die Ergebnisse auf der ersten Bahn, bevor er die Wende vollzog. Daß auch Historiker neuen Zeiten entgegenschwimmen, ist nur natürlich; aber Bestmarken werden nur erreicht, wenn man die Wende als integralen Bestandteil der zurückgelegten Bahnen versteht.) Sowohl die Geschichte der Umwelt als auch die des Umgangs von Menschen weisen auf das große überzeitliche Thema der Willkürbegrenzung als Grundlage allen zivilisatorischen Fortschritts zurück. Deshalb mag hier ein Hinweis ausreichen, um die Bedeutung zu begründen, die wir der Rechtsgeschichte für unsere Untersuchung einräumen. Sie zeigt unter anderem, daß das Thema Mensch und Umwelt nicht von der Frage des Herrenrechts am Menschen abzutrennen ist. Mit Spott, in dem Zorn erkaltet war, hatte Mitte des 13. Jahrhunderts der berühmte Spruchdichter Freidank die Ausdehnung hochadeliger Herrschaftsansprüche auf die natürliche Umwelt der Menschen gescholten: Gewaltsam ziehen die Fürsten Felder, Berge, Gewässer und Wälder an sich. Sowohl die wilden als auch die Nutztiere wollen sie ihrer Herrschaft unterwerfen. Am liebsten würden sie selbst die Luft, die doch ebenfalls allen Menschen gehört, beanspruchen. Könnten sie uns den Sonnenschein, Wind und Regen vorenthalten, müßte man ihnen den Nutzungszins in Geld aufwiegen. „die fürsten twingent mit gewalt / velt, stein, wazzer unde walt, / dar zuo beidiu wilt unde zam; / si taeten lufte gerne alsam, / der muoz uns doch gemeine sîn. / möhten s'uns der sunnen schin / verbieten, ouch wint unde regen, / man müeste in zins mit golde wegen."[40]

Die Geschichte des Rechts bildet unter anderem die methodische Klammer, mit der diescheinbar so disparaten Sachverhalte vom Umgang der Menschen mit der Natur und vom Umgang der Menschen miteinander zusammengehalten wird. Das Recht ist im Verständnis des Mittelalters noch nicht aufgespalten in die verschiedenen Disziplinen vom Straf- bis hin zum Urheberrecht. Das Recht ist ein Wert an sich; ein Wert, der zwischen Gott und den Menschen steht. Statt ausufernder Diskussionen: eine Welt, in der das Sprichwort entstehen konnte, „das Recht ist barmherziger als wir sind",[41] eine solche Welt, in der „ê", also Ehe, sowohl das Alte und Neue Testament als auch die Lebensgemeinschaft zwischen zwei Menschen bezeichnen konnte, eine solche Welt ordnet das Recht nicht den „Juristen" zu – eine bezeichnenderweise erst im 15. Jahrhundert als Selbstbezeichnung der einschlägigen Experten sich durchsetzende Bezeichnung.[42] Das Recht gestaltet den Alltag. Dies ist die Klammer unserer beiden Ansätze. Das Recht gestaltet die Waldnutzung, den Umgang mit der Natur, das Recht gestaltet den Umgang der Menschen miteinander.

Es ist keineswegs hergeholt und nur sprachlicher Zufälligkeit zu verdanken, wenn wir den Umgang mit der Umwelt gemeinsam mit dem Umgang von Menschen untereinander in das Gedächtnis zurückrufen. Zum Beispiel kann das, was die Individualität eines Menschen ausmacht, durch sein persönliches Verhalten ebenso bestimmt sein wie durch seinen Lebens- und Erfahrungsraum. Familiennamen erinnern daran: Der „Steinacker" hat es schwerer, seinen Lebensunterhalt zu gewinnen, als der „Dinckelacker", auf dessen Feldern die feine Weizenart gedeiht. Und weiterhin: „Persönliche" Namen tragen nicht nur Menschen, sondern zum Beispiel auch Brunnen. Den Tieren werden menschliche und das meint: naturgegebene Eigenschaften zugesprochen, der störrische Esel kann dem störrischen Nachbarn entsprechen. Erst der moderne Ordnungssinn trennt Zusammenhänge einer Welt, in der selbstverständlich der Mitmensch zu dem gehörte, was wir heute als „Umwelt" bezeichnen.

Unser wichtigstes Argument für das Zusammenfassen zweier scheinbar nicht zusammengehöriger Themen. Eine Geschichte der Umwelt ist nie von der Geschichte menschlicher Arbeit abzutrennen.[43] Im Mittelalter ist der Zusammenhang von Arbeit, Überleben und Umwelt zu eng, als daß kollektives Handeln von Menschen in ihrer Umwelt unabhängig von der Frage ihres Umgangs miteinander behandelt werden könnte. Umwelt und Umgang. Wer zum Beispiel ein Kunstwerk bewundert, möchte auch wissen, wer es geschaffen hat, wie er fühlte, dachte, lebte. Nichts anderes tun wir. In Bewunderung von Leistungen, die mit nur geringen technischen Hilfsmitteln im wesentlichen mit der Hände Arbeit erschaffen wurden (der teure Kran ist eine Sehenswürdigkeit,[44] und auch er ist technisierte menschliche Hand), in dieser Bewunderung der Leute, die Bäume – ohne Säge – entästeten und ausrodeten, die Deiche errichteten, Flüsse eindämmten, Holzbohlen in sumpfigen Untergrund rammten, in dieser Bewunderung alltäglicher Qual, die Steine von den Äckern zu entfernen – die Steinlesehaufen, die der Kundige am Rande heute überwaldeter mittelalterlicher Wölbäcker noch finden kann,[45] mahnen ihn, nicht nur an die Qualen beim Bau der Pyramiden zu denken, wenn es um Menschheitsleistungen geht –, in dieser Bewunderung schließlich – wir wollen die Baedeker-Geschichte nicht ausschließen – für die Steinmetzen, die Kirchen bauten, die Hilfsarbeiter, die Wände flochten – wie widerspenstig kann der Zweig einer Weide sein –, in dieser Bewunderung wollen wir nicht bei dem am Schreibtisch leicht auszustoßenden Seufzer stehenbleiben, wonach das Mängelwesen Mensch doch zu erstaunlichen Leistungen fähig ist. Das, was allen zivilisatorischen Rückschlägen zum Trotz als Fortschritt in der Geschichte bezeichnet werden kann, ist nur zu einem geringen Teil Verdienst großer Persönlichkeiten, ist in der Hauptsache kollektive Leistung von Leuten, die um ihr Überleben kämpften. Nur dank der Arbeit dieser Menschen kann ich achtlos an steinbereinigten Ackerfluren vorbeigehen, kann ich mein ästhetisches Bedürfnis bei der Raumwirkung von Hallenkirchen ausleben (wie viele Unfälle in schwindelnder Höhe mag es wohl auf den Gerüsten gegeben haben?), kann ich Straßen befahren, die mehrheitlich erstmals im Spätmittelalter angelegt worden waren. Und schließlich lebe ich nur deshalb, weil unter den Gefahren von Armut und Not der Überlebenswille unzerstörbar war.[46] Es ist – zugegebenermaßen unwissenschaftlich – einfach ein Stück aus Dankbarkeit gebotener Achtung, daß ich frage: Wie seid ihr, meine Vorfahren, angesichts kaum noch vorstellbarer Härten des Lebens miteinander umgegangen?

Erster Teil

Natürliches Lebensumfeld

1
Das Klima und die Sorge um frische Luft

Unter allen Umweltfaktoren ist das Wetter dasjenige, das der Mensch am wenigsten beeinflussen kann. Die Faszination der Wetterkarte ist nicht zuletzt dem Umstand zu verdanken, daß der planende Mensch der Neuzeit eine Ohnmachtserfahrung kompensiert: das nicht planbare Schicksal.

Paläoklimatische Daten aus der jüngsten geologischen Vergangenheit belegen, nach Jörn Thiede, daß in dem vom Menschen noch nicht gestörten Ökosystem Erde innerhalb weniger Jahre schnelle klimatische Wechsel eintreten konnten, welche die langfristigen zyklischen Klimaänderungen modulierten. Die schnelle Erwärmung des Erdklimas in der zweiten Hälfte des 20. Jahrhunderts läßt sich aber, so Lennart Bengtsson, nicht mehr mit natürlichen Klimaschwankungen erklären. Die 1990er Jahre waren die wärmsten des abgelaufenen Jahrhunderts, was vermutlich, aber selbst mit Modellrechnungen noch nicht mit Sicherheit beweisbar, auf den Treibhauseffekt zurückgeht.[1]

Das mit wissenschaftlichen Methoden kurzfristig vorhersehbare Wetter ist Teil des Klimas, von dem heutzutage befürchtet wird, daß es der Mensch durch die verstärkte Freisetzung unter anderem von Kohlendioxid und Methan beeinflußt habe. Dann wäre eine globale historische Entwicklung in Gang gesetzt, die in früheren Zeiten allenfalls in ihrer regionalen Historizität erfaßbar gewesen ist. Denn zu den Anfängen der modernen historischen Methodik gehört das Aufgreifen antiker Theorien durch Jean Bodin, der 1566 die Unterschiede von Schicksal und Charakter der Völker aus dem jeweiligen Klima herleitete.[2]

Klima als unbeeinflußbares Schicksal. Einige Grundtatsachen: Es gab eine von 500 bis 1200 reichende frühmittelalterliche Wärmezeit, deren Optimum etwa um das Jahr 1000 erreicht war.[3] In dieser Epoche lag die Temperatur im Jahresdurchschnitt etwa 1° Celsius über der von 1900. Was zunächst als unerheblich erscheinen mag, hat schwerwiegende Folgen, die durch Impressionen verdeutlicht seien: Die ersten Siedler Islands haben 874 wesentlich geringere Gletscherareale angetroffen als wir sie heute kennen. Grönland war damals noch das grüne Land und kein eiswüstes „Unland". Die Wikingerfahrten nach Vinland um 1000 fallen mit dem Klimaoptimum zusammen. Im 8. und 9. Jahrhundert wachsen in England Ölbäume.[4] Auch um nur 1°Celsius höhere Temperaturen im Jahresdurchschnitt verlängern die Sommer und vermehren damit agrarische Nutzungsmöglichkeiten; kürzere Winter bewirken mit häufigeren Niederschlägen größere Fruchtbarkeit. Ein Beispiel für die Folgen nur scheinbar geringfügiger langfristiger Klimaveränderungen: Das heutige Wüstengebiet östlich des antiken Antiochia erlebte im 5. und 6. Jahrhundert zahlreiche Stadtgründungen inmitten einer blühenden Agrikultur.[5]

Die Erforschung der Klimageschichte wurde 1966 auf neue Grundlagen gestellt. Das im Gletschereis geborgene Klimaarchiv der Erde wurde geöffnet.[6] Vergleichbar den Wachstumsringen des Baumes enthält auch ein Eisberg Informationen über die zwischen Tauwetter und erneuter Vereisung liegenden individuellen klimatischen Bedingungen eines Jahres. Es gelang einem amerikanischen Forscherteam, bei Camp Century in Grönland aus der senkrecht durchbohrten Eisdecke einen Bohrkern zu entnehmen, der mit einem Durchmesser von 12 cm 1390 m lang war und damit tief in die Geschichte hineinreichte.[7] Die Altersbestimmung der einzelnen Schichten des Eiskerns wurde über das Sauerstoffisotop O 18 vorgenommen, das in mehr oder weniger großen Mengen im Gletschereis vorkommt. Dieses Isotop bildet den entscheidenden

Indikator für die Klimaschwankungen, weil seine Konzentration hauptsächlich von der Kondensationstemperatur der jeweiligen Niederschläge abhängt. Ein Abnehmen der Temperatur bewirkt eine abnehmende O-18-Konzentration.

Natürlich kann der O-18-Gehalt im Bohrkern der Höhle von Camp Century nur das globale Makroklima, nicht aber das jeweilige regionale Mikroklima anzeigen. Daran können auch die seit 1966 immer mehr verfeinerten, in immer tiefere Zeiten der Erdgeschichte vordringenden Verfahren der Glaziologie nichts ändern. Sie liefern jedoch harte Fakten. Das Makroklima sinkt von durchschnittlich 12,1° Celsius im Jahre 1000 auf 11,5° im Jahre 1150 und auf 11° um 1450, um dann (nach Überwindung der kleinen Eiszeit der frühen Neuzeit) auf 11,7° im Jahre 1940 anzusteigen. Eine Wärmezeit wie die des frühen und hohen Mittelalters hat aber nicht nur Vorteile. Beim Wasserhaushalt zeigt sich: Stagnierende seichte Gewässer bilden Brutstätten für Insekten, die gefährliche Krankheitserreger auf den Menschen übertragen können. Unter ökologischen Gesichtspunkten gelesen sind Heiligenviten eine aufschlußreiche Lektüre, die etwa belegen, daß die Malaria im Inneren Frankreichs[8] und noch im Deutschland des 12. Jahrhunderts die Menschen heimsuchte.[9]

Klima, ungesunde Sümpfe, Politik: Otto II. erlag 983 der Infektion durch Malaria und Ruhr. Als die Nachricht Deutschland erreichte, erhob sich ein großer Aufstand der Slawen. Die Katastrophe Friedrich I. 1167 vor Rom, als eine Ruhr- und Malariaepidemie sein Heer dezimierte, war vor allem deshalb von großer Folgewirkung, weil zahlreiche Hochadelssöhne der Krankheit erlagen – so starb die schwäbische Linie der Welfen aus –, was die politische Szene in deutschen Landen zutiefst veränderte.

Ab 1300 wird es kälter in Europa.[10] Es bahnte sich die sogenannte kleine Eiszeit an, wie man das Absinken der durchschnittlichen Jahrestemperaturen zwischen 1550 und 1850 übertreibend genannt hat. 1303 und 1306 fror die Ostsee in ihrem südlichen Teil zu.[11] In jener Zeit brach die normannische Besiedlung auf Grönland zusammen. Das kältere Klima wirkte sich von Nord bis Süd in den deutschen Landen aus, beeinträchtigte den Weizenbau im Norden und erzwang in den Höhenlagen der Alpenregionen die Aufgabe von Siedlungen.

Aus den wechselnden Daten des Beginns der Weinlese gelang es Christian Pfister, die Klimaverschlechterung des Spätmittelalters, die kälteren Spätsommer seit 1340 nachzuweisen.[12] 1347 erlitten die Menschen den kältesten Sommer seit 700 Jahren[13] – und das inmitten einer Kette von Unglücksjahren.[14] 1365 und 1435 herrschten so kalte Winter, daß man unterhalb Kölns über den vereisten Rhein gehen konnte.[15] Besonders schneereiche Kälteperioden bildeten die Jahrzehnte zwischen 1475 und 1497.[16]

Die nüchternen Zahlen der Klimageschichte abstrahieren alltägliche Nöte. Winterkälte ist für die Menschen mehr als Zähneklappern in dünnwandigen Häusern, wo bestenfalls nur ein Raum beheizbar ist. Frost und Schnee sind, Klima als Drama, drastische Einschnitte in die Lebensbedingungen. Verständlich wird der Stoßseufzer: „Mohte ich verslâfen des winters zît".[17] Verflucht wird diese Zeit, welche die Natur ihrer Schönheit, ihres Trostes für die Menschen beraubt. „Veiger winter",[18] „wê dir winter ungehiure ... heide und ouwe ist bluomen bar".[19] Mit Schaudern erinnert sich Walther von der Vogelweide an die Zeiten, in denen er als Fahrender den „Hornung" an den Zehen spürte.[20]

Privilegiert ist der Dichter, der mit Schilderungen der Kälte lediglich den Verlust des Erbarmens beklagt, das die Natur der geschundenen, der trauernden Seele bot. Mehr ist zu befürchten. Man vermied es nach Möglichkeit, im Winter zu reisen.[21] Hunderte von chronikalischen Notizen, von denen nur einige ausgewählt seien, lassen die Gründe erkennen.[22] Was zunächst als lapidare annalistische Nachricht erscheint, wurde von den Zeitgenossen

Der Mensch des Mittelalters war uneingeschränkt abhängig von den Jahreszeiten: Die Arbeiten der 12 Monate *(Karolingische Buchmalerei, 9. Jh., Wien, Österreichische Nationalbibliothek)*.

mit Erschrecken wahrgenommen: Am 16. Januar 1294 herrschte im Elsaß so große Kälte, „daß um Hagenau die Weinstöcke erfroren, die Linden sich spalteten, im Wasser die Fische, im Wald Vögel und Menschen umkamen."[23] Strenge Winter sind für die meisten Menschen eine existentielle Gefahr. Wenn sogar Hirsche in den Wäldern erfrieren mußten,[24] war auch der kleine Mann auf einsamer Straße vom Tod durch die Kälte bedroht.[25] Zum Beispiel fiel im Winter des Jahres 1392 so viel Schnee, daß Reisende auf den Straßen umkamen und erst im Tauwetter aufgefunden wurden.[26] Wer im harten Winter 1442/43 von der Straße abkam, war im tiefen Schnee verloren.[27] Die Gefahr war den Menschen bewußt. Deswegen kann im ausgehenden 15. Jahrhundert Sigmund Meisterlin die ihm überlieferte Nachricht, wonach bei einem königlichen Hochzeitsfest in Nürnberg 1215 viele Menschen umgekommen seien, nur so deuten: „do was soliche große scharpfe keltin, dass große schar der menschen erfruren."[28] Tatsächlich aber waren die Menschen gestorben, als der Festsaal durch das große Gedränge eingestürzt war.

Es mögen nur einzelne gewesen sein, die zum Erschrecken ihrer Mitmenschen erfroren sind; sie zollten aber in extremer Weise dem Schicksal der Witterung Tribut, das alle Menschen gefährdete. Die häufigen rheumatischen Krankheiten gingen auch darauf zurück, daß Haus und Kleidung wenig Schutz gegen grimmigen Frost boten.[29] Die sich erst später herausstellenden gesundheitlichen Folgen waren dem Menschen wohl weniger bewußt als diejenigen, die er unmittelbar erfuhr. Das Hungerjahr 1226, in dem die Barmherzigkeit der hl. Elisabeth in den Viten hervorgehoben wird, nahm von einem ungewöhnlich langen Winter seinen Ausgang, der ein Viehsterben zur Folge hatte.[30] Zu kalte Winter beschworen die Gefahr der „Auswinterung" der Saaten herauf. Und wenn ein Nürnberger Chronist zum Jahre 1440 bemerkt, „do was ein heftiger langer winter, der wert untz viertzehen tag nach Os-

Ein verregneter Sommer konnte die ganze Ernte vernichten *(Petrarcameister, Von Wartung besserer Zeit, 1532).*

tern hinaus",[31] so wußte jeder damalige Leser, was das bedeutete: erstens die Gefahr, daß die Frühjahrssaat, die bis zum 23.4., allerspätestens aber bis Walburgis (1.5.) in den Boden gebracht werden mußte, in dem durchfrosteten Erdreich nicht anging oder durch Frühjahrsfröste die Wintersaat verdarb,[32] zweitens daß das Vieh noch nicht auf die Weide getrieben werden konnte, obwohl das Futter in den Ställen längst ausgegangen war („man mußte die schaf abstechen von hungers wegen"),[33] und drittens, daß Arbeiter und Tagelöhner in Stadt und Land keine Arbeit bekamen. Der Nürnberger Chronist begnügte sich mit der klimatischen Notiz, sein Zeitgenosse, der Erfurter Hartung Cammermeister erklärte seine Nachricht vom kalten Winter des Jahres 1435: „Davon stund armen luten groz kummer unde jammer uff ..., das sie nicht zu arbeit konden komen."[34] Hinter der scheinbar nüchternen Notiz des Nürnberger Chronisten steckt tiefe Sorge. 1440 war die Hungersnot des Jahres 1438 noch in frischer Erinnerung; jedermann wußte, daß die Ursache dieser Not in den harten Wintern lag, die in den zurückliegenden Jahren aufeinander gefolgt waren.[35]

Witterung und Arbeit:[36] Schneefälle konnten von einem Ausmaß sein, daß bis in den März hinein die Waldarbeit unmöglich war.[37] Oder: Kälte und Eisgang legten den Betrieb der Mühlen lahm - ein Problem, mit dem sich die Speyerer Domherren im Winter des Jahres 1500 herumschlagen mußten.[38] Winterkälte behinderte selbst das Kriegshandwerk wie im Jahre 1388. Viele Pferde der Nürnberger Truppen erfrieren. Die Mannschaften beginnen zu meutern.[39] Von den speziellen zu den grundsätzlichen Folgen langer Frostperioden. Vor Hunger brüllendes Vieh in den Ställen,[40] stille Verzweiflung bei den Tagelöhnern: Vor diesem Hintergrund gewinnen zahlreiche Nachrichten der städtischen Chronistik über langdauernde

Ein guter Sommer konnte reiche Vorräte für den Winter bedeuten *(Pieter Bruegel d. Ä., Die Kornernte, 1565).*

Winterkälte kantige Konturen. Ein Beispiel zur Beleuchtung politischen Agierens innerhalb des gefährdeten Alltags: Weil man normalerweise im Winter nicht bauen konnte, hebt der Nürnberger Chronist besonders hervor, daß die Nürnberger ihren Stadtturm, den Luginslant, 1377 im Winter errichten mußten. Man war gezwungen, den Mörtel mit teurem Salz anzurühren. Der Grund für die Eile, welche den Nürnberger Rat keine Kosten scheuen ließ, lag in dem politischen Zweck des Turmbaus, Einblick in die Vorgänge auf der burggräflichen Burg zu gewinnen, „das man darauf ins marggrafen purk moecht gesehen".[41] Nicht nur Akten spiegeln die spannungsgeladene Situation wider, sondern, vielleicht eindrücklicher, auch der mit Salz angerührte Mörtel.

Selbst für die höheren Stände, die nicht wegen der Kälte um ihre Arbeitsmöglichkeiten fürchten mußten, waren harte Winter eine Plage. Eine Urkunde für das reiche österreichische Kloster Lilienfeld erinnert daran. Den Mönchen wird die Einrichtung eines Winterrefektoriums gestattet, weil immer wieder Speisen und Getränke eingefroren waren.[42]

Noch größere Gefahren als strenge Winter beschworen kalte und verregnete Sommer herauf.[43] Die Jahre 1314/15 brachten derart hohe Niederschläge, daß allenthalben die Ernten vernichtet wurden. Die europaweite Hungerkatastrophe, die sich in vielen Regionen bis 1318 erstreckte,[44] hat die Geschichte genauso stark verändert wie die viel bekanntere Pest der Jahre 1347–1349.[45] Die größte Erntekatastrophe des Spätmittelalters darf in ihrer Singularität nicht verkennen lassen, was alljährlich die Menschen mit Sorge erfüllen mußte. Verregnete Sommer:[46] Die Erträge der Weinberge verminderten sich dramatisch, eine wirtschaftliche Katastrophe für ganze Regionen,[47] und oft genug wußten die Menschen schon Monate zuvor von kommenden Nöten, von Teuerung oder gar Hungerszeit, wenn in naßkalten Sommermonaten die Ernte verdarb. (Erst der Regelungsbedarf des frühneuzeitlichen Obrigkeits-

Die Jahreszeiten in einer französischen Buchmalerei um 1460 *(aus: Petrus de Crescentiis, Le Rusticana, Chantilly, Musée Condé).*

staates bündelt wohlmeinend und selbstgefällig Furcht und Freude: Erntedankfest.)

Nicht die Behauptungen einzelner Theologen über Hölle und Fegefeuer lehrten die Menschen existentielle Furcht, sondern die vom Himmel herabschwebende Witterung. Die klimatischen Unglücksjahre mit ihren von Verzweiflung durchsetzten Hungerzeiten waren in der Erinnerung gegenwärtig, wenn sich der Blick besorgt gen Himmel richtete. Zu fürchten waren nicht allein dramatische Katastrophen, zu fürchten waren selbst unspektakuläre Wetterschwankungen. Sogar am Wiener Hof wuchs im Sommer 1444 die Sorge, daß die Dürre eine große Teuerung zur Folge haben könnte.[48] In der Welt des Mittelalters mußte ökonomische Planung für den gemeinen Mann ein unverständlicher Begriff bleiben. Zu planen war allenfalls die Arbeit – der Hintergrund so mancher Bauernregel angesichts der Launen der Natur: „An Jerry und Marx / gschieht manch Args.“[49] Dieses elsässische Sprichwort ist gleichermaßen Warnung und Mahnung. Angesichts der häufigen Frühjahrsfröste zu St. Georg („Jerry“) und St. Markus (23. bzw. 25. April) muß der Winzer mit Schneiden, Sticken, Biegen und Hacken der Reben zu dieser Zeit bereits fertig sein.

Zu bedenken ist die heute kaum mehr bekannte frühere Bedeutung des Weinbaus für den Arbeitsmarkt (zumal in deutschen Landen die Anbaufläche des Weins seit dem Mittelalter auf ein Drittel geschrumpft ist), um zu ermessen, was kalte Tage im Spätsommer, auf die wir heute nur mit Unmut und wärmerer Kleidung reagieren, für Folgen hatten: Frosttage ließen den Wein verderben[50] oder wie 1392 nur einen sauren Wein gedeihen, der von den Menschen „ratzemann“ genannt wurde.[51] Und umgekehrt: Allzu heiße Sommer beschworen die Gefahr der Trockenheit herauf.[52] 1393 herrschte in Österreich die größte Dürre seit Menschengedenken, und 1401 sollen hier in der Sommerhitze alle Brunnen versiegt sein.[53] Mitte des Jahres 1388 hatte der Rhein einen so niedrigen Wasserstand, daß man in Köln Wasser auf den Straßen verkaufte.[54] Eine große Teuerung folgte dem heißen Sommer des Jahres 1375, als drei Monate lang kein Regen gefallen war.[55] Der überaus trockene Herbst des Jahres 1513 ließ am Niederrhein die Wasserstände so stark sinken, daß im Winter alle Bäche und Teiche, durch welche die Mühlen betrieben werden konnten, vereist waren. Hungersnot drohte.[56]

Dankbar waren die Menschen über gutes Wetter aus existentiellen Gründen: „guter, warmer, trukner, seliger sumer“.[57] Die Tische waren reicher gedeckt nach einem solchen „seligen Sommer“ des Jahres 1471. 1442 war „dat beste winjair, dat man ie gedenken

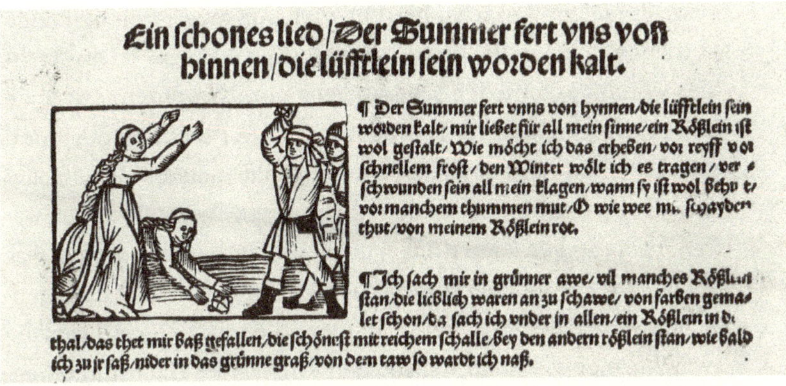
Ein schones lied/Der Summer fert vns von hinnen/die lüfftlein sein worden kalt.

¶ Der Summer fert vnns von hynnen/die lüfftlein sein worden kalt/ mir liebet für all mein sinne/ein Rößlein ist wol gestalt/ Wie möcht ich das erheben/ vor reyff vor schnellem frost/ den Winter wölt ich es tragen/ verschwunden sein all mein klagen/ wann sy ist wol beh[illegible]t/ vor manchem thummen mut/ O wie wee m[illegible] schayden thut/ von meinem Rößlein rot.

¶ Ich sach mir in grünner awe/ vil manches Rößl[illegible] stan/ die lieblich waren an zu schawe/ von farben gemalet schon/ da sach ich vnder in allen/ ein Rößlein in d[illegible] thal/ das thet mir baß gefallen/ die schönest mit reichem schalle/ Bey den andern rößlein stan/ wie bald ich zu jr saß/ nider in das grünne graß/ von dem taw so wardt ich naß.

Wie schon in mittelhochdeutscher Zeit beklagt um 1500 ein Lied auf einem Einblattdruck das Herannahen des Winters. Spielende Mädchen sollen die bald verlorenen Freuden des Sommers darstellen.

mochte".[58] Begeistert spricht Burkard Zink von dem „guet fruchtbar jar" 1467: „der winter was mittel, weder zu kalt noch zu warem ... der summer ward nit ze haiß und regens genueg ... der hörbst was guet warem und regnet zu gueter maß."[59]

Mochten auch Frühjahrsfröste und Sommerregen gefürchtet werden, so waren sie doch leichter zu ertragen als die Winterzeit.[60] Das ist die Realität, deretwegen Dichter die „sueze sumerzît", ja die „saeligiu sumerzît" preisen können.[61] Es leuchtet ein, daß man im Frühling auf den Kreuzzug zieht, wenn, um mit Otto von Freising zu sprechen, „das junge Grün der Felder ein heiteres Antlitz der Erde bietet und der Welt zulächelt."[62] Der Mai ist den medizinischen Monatsregeln entsprechend der für den Menschen gesündeste Monat, weil die Natur alle Kräfte regeneriert.[63] Frühjahrspflanzen wie der Schlüsselblume werden besondere Heilkräfte zugeschrieben, und sie dienen unter anderem auch als Schönheitsmittel.[64]

Unberechenbare Natur. So beginnt die Limburger Chronik: „Item da man zalt nach Cristi geburt dusent druhondert unde ses unde drißig jar uf daz fest Simonis unde Jude da was der große wint, der tet großen schaiden, der warf groß huis, gezimmer unde torne umb unde fellet große baume in den welden."[65] Die Macht des Windes konnte den Menschen gefährlich werden. Am Ende des prächtigen Mainzer Hoftags im Mai 1184 zerstörte ein Sturm die Zelte und mit der kaiserlichen Kapelle auch die Behelfsbauten, die für den Hoftag auf den Rheinwiesen errichtet worden waren. 15 Menschen kamen dabei um.[66] Hier ist bereits bezeugt, was dann in der besonders stürmischen „kleinen Eiszeit"[67] den Menschen Sorgen bereiten mußte. Immer wieder ist in den Chroniken von Stürmen die Rede, die von den Kirchen die Dachstühle wegfegten und fest gezimmerte Häuser einrissen.[68] Uns interessiert an der einleitend zitierten Nachricht der Limburger Chronik noch etwas weiteres: Der Verfasser erinnert an eine Begebenheit, die etwa elf Jahre vor seiner Geburt stattfand. Das Typische: An Witterungsunbilden erinnern sich Menschen zeitlebens; Naturkatastrophen gar leben noch Generationen später in der Erinnerung.[69]

Natur – das war auch immer das Unvorhersehbare. Wenn 1446 Würmer die Wurzeln des Getreides in katastrophalem Ausmaß zerfressen, notiert Burkard Zink, daß selbst alte Leute sich nicht an ein vergleichbares Unglück erinnern konnten.[70] Und das ist die Wendung, mit der immer wieder Chronisten auf die Unberechenbarkeit der Natur reagieren: Seit Menschengedenken habe man das nicht erlebt;[71] eine Steigerung benutzt der Kölner Chronist, der zum Winter 1434/35 notiert: „do was der kaldeste winter, der sint gotz geburte je gewas."[72] Nur ausnahmsweise finden sich präzise Zeitangaben: das größte Unwetter seit 20 Jahren.[73] Wie wenig man solchen Zeitbestimmungen trauen darf, zeigt Heinrich Deichsler, der zu 1498 von dem kältesten Winter seit 20 Jahren spricht[74] und offenbar vergessen hat, daß er für das Jahr 1490 den kältesten Winter seit 50 Jahren vermerkt hatte.[75]

Unberechenbare Natur. An überaus milde Winter konnten sich Zeitgenossen erinnern, etwa als in Österreich um 1408 schon Anfang Februar Veilchen und Palmkätzchen zu sehen waren, als 1424 zu Weihnachten die Sonne wie zu Ostern schien und bereits Mücken herumschwirrten.[76] Am Niederrhein fingen zu Weihnachten 1504 die Blumen an zu blühen, Bäume trieben Blätter.[77] Und umgekehrt konnte im Mai Schnee fallen.[78] Die Natur überrascht die Menschen stets aufs neue und oft aufs grausamste.[79] Große Stürme wie etwa 1397[80] und Erdbeben wie etwa 1348[81], 1356[82] und 1395.[83] Das Erdbeben von 1348, dessen Epizentrum bei Villach lag und ein Schüttergebiet von 600 km im Durchmesser heimsuchte, war eines der die Zeitgenossen bedrückendsten Ereignisse, wie die erstaunlich hohe Zahl von 80 Belegen in Chroniken erkennen läßt.[84] Selbst wenn leichtere Beben keinen größeren Schaden anrichteten wie jenes, das 1504 zwischen Duisburg und Köln das Geschirr an den Wänden klirren ließ, so lösten sie doch großen Schrecken aus.[85] Lokale Ereignisse, die gleichwohl zum gefährdeten Alltag gehörten, waren die Hagelschläge – immer wieder begegnen Nachrichten über solche Schauer mit Körnern von der Größe von Steinen oder Hühnereiern, die Dächer und Kirchenfenster einschlugen.[86] Sogar die damals noch seltenen Steinhäuser konnten 1279 in verschiedenen Orten des Elsaß durch Hagelschlag beschädigt werden.[87]

Eine seit der Karolingerzeit immer wieder, allerdings in großen zeitlichen Abständen bezeugte[88] Naturkatastrophe bedeuteten die an die biblischen sieben Plagen gemahnenden Heuschreckenschwärme.[89] Das Jahr 1338 erschien den Chronisten weniger als das Jahr des reichspolitisch so bedeutsamen Rhenser Weistums, sondern als das Jahr jener Tiere bemerkenswert, die mit ihren „behelmten Köpfen“ in dichten Schwärmen sich auf den Feldern niederließen und ganze Landstriche kahlfraßen.[90] Historische Merkverse komprimierten die allgemeine Erinnerung an die Katastrophe,[91] die von manchen Zeitgenossen in einen Zusammenhang mit den Judenpogromen gestellt wird.[92] Heuschreckenschwärme in den folgenden Jahrzehnten waren, wie etwa 1362, offenbar nur regionale Ereignisse – aber immerhin, für die betroffenen Landschaften bedeutete es die Vernichtung von Ernten, wenn die Heuschrecken „wie Schnee" auf den Feldern niedergingen.[93]

Labile Welt. Lawinen und Bergrutsche verursachten menschliche Tragödien.[94] Das wenigste davon ist in den Quellen überliefert und läßt sich nur andeutungsweise erfahren, wenn die Herrschaftswelt in Mitleidenschaft gezogen, wenn also etwa die Grande Chartreuse bei Grenoble durch eine Lawine nahezu vollständig zerstört wird.[95] Als Abt Rudolf von St. Trond im Winter 1127 über die Alpen reiste, verschüttete eine Lawine zehn seiner Begleiter.[96] Das läßt verstehen: Wer im Winter über die Alpen steigen muß, und das sind im 12. Jahrhundert bereits Tausende, pflegt am Morgen des ersten Aufstiegs zu beichten.[97] Gefahren und Solidarität des Erbarmens: Um 1050 wurde das Hospiz auf der Paßhöhe von jenem Adeligen gegründet, nach dem der Berg heute heißt: St. Bernhard – für Jahrhunderte der höchste dauernd bewohnte Platz Europas.[98]

Den Bergrutschen in den Alpen entsprechen die Abbrüche an den Steilküsten der Meere. Die Kliffs an der dänischen und mecklenburgischen Ostsee sind in historischer Zeit entstanden, als die Küste teilweise mehrere hundert Meter vor dem Meer zurückwich.[99] Noch weniger aber als von den Gefahren des Alpenübergangs erfahren wir von den Gefahren auf See. Erst im Spätmittelalter finden sich vereinzelte Nachrichten. Bis nach Köln drangen 1424 Berichte von einem verheerenden Orkan in der Nordsee, durch den viele Menschen ertranken und viele Kaufleute ihr Gut verloren.[100]

Erdbeben und Flutkatastrophen hatten schon die antike Zivilisation schwer heimgesucht. Selbst das Stadtbild der weltbeherrschenden Metropole Rom wurde zwischen 193 und 148 v. Chr. durch Erdbeben, Überschwemmungen und Brände zutiefst umgestaltet. Auch in der hochentwickelten mediterranen Kultur wird nicht intensiv nach seismologischen und vulkanologischen Ursachen gesucht, vielmehr versuchen die Menschen, sich durch Tempelbauten und Gelübde vor den Naturgewalten zu schützen. Der Unterschied zum Mittelalter besteht in einem übergreifenden Katastrophen-Management, das in der römischen Kaiserzeit entwickelt wird.[101]

Klima - Gott - Natur: Gottes Zorn drücke sich, so fürchteten die Menschen, in Unwettern, in Hagelschlag und Frösten aus.[102] Kollektivstrafen, die alle trafen. Gott lebte nicht in der Natur, sondern er argumentierte mit ihr. Die Missetat des einzelnen kann Gottes Strafe nach sich ziehen, die dann alle trifft. Die Ehescheidung König Ottokars II. von Böhmen beantwortet der Himmel, wie der Steirische Reimchronist meinte, mit Unwettern.[103] Entgegen dieser allgemeinen Auffassung hatten einzelne immer wieder versucht, den rationalen Ursprung von Naturkatastrophen zu erweisen;[104] es lag nicht zuletzt an den schwierigen Bedingungen wissenschaftlicher Kommunikation, daß diese individuellen Erklärungsansätze lange keinen größeren Einfluß gewannen.

Konnte auch der Teufel mit der Natur argumentieren? Offensichtlich haben dies viele gefürchtet. Einsichtige sollten hingegen immer davor warnen, die Heimsuchung der Menschen durch Unwetter, Pflanzenkrankheiten, Raupen- und Heuschreckenfraß für Hexenwerk zu halten.[105] Schon im frühen 9. Jahrhundert hatte der einflußreiche Erzbischof Agobert von Lyon gegen die Vorstellung vom Wetterzauber angekämpft,[106] wie nach ihm noch zahlreiche weitere Theologen: Gott ließe sich doch von niemanden, weder von Teufeln noch von alten Weiblein, ins Handwerk pfuschen. Dennoch blieben seit dem Frühmittelalter, als die Volksrechte den Wetterzauber mit Strafen bedrohten,[107] das ganze Mittelalter hindurch entsprechende Vorstellungen lebendig,[108] in Teuerungszeiten massiv auftretend.[109]

Wandelhaft war das Klima. Konstant aber erschien den Menschen die Beschaffenheit der Luft in ihrer Region. Nur vorübergehend irritiert durch starke Gewitter oder anhaltende Trockenheit[110] gehörte die jeweilige Beschaffenheit der Luft zur – Verzeihung – „regionalen Identität". Gefahren drohten allerdings auch hier. Ein Deutungsversuch Konrads von Megenberg, der auch vor dem zeitgenössischen Hintergrund der Katastrophenjahre zwischen 1338 und 1348 zu sehen ist: Dünste, die sich im Erdinneren ansammelten, könnten – wie Aristoteles und Albertus Magnus lehrten –, faulig geworden, an die Oberfläche dringen und Ursache für Pest und Erdbeben werden.[111]

Ebenso wie in der frühneuzeitlichen Modegeschichte hinter der höfischen Kleidung der verflogene Duft des Parfums nicht mehr zu rekonstruieren ist, ist auch die zentrale Bedeutung der Luft in ihrer jeweiligen regionalen Beschaffenheit kein historiographisch zu vergegenwärtigender Sachverhalt mehr. Bestenfalls kann es gelingen, den Verlust einer geschichtlichen Dimension anzudeuten. Ein Beispiel: Michael Gaismairs Tiroler Landesordnung von 1525 fordert die Trockenlegung der Moore im Land, damit „die pösen Tämpf von den Mösern vergiengen und daz Land frischer wurd."[112] Die Ausdünstungen waren schon zuvor häufiger beklagt worden. Herzog Siegmund der Münzreiche hatte sogar versucht, die Sümpfe durch Gräben zu entwässern.[113] Was die Forderung Michael Gaismairs so aufschlußreich macht, ist ihre programmatische Wucht im Tiroler Bauernkrieg. Der Führer der Aufständischen formuliert allgemeine Anliegen. Es war von allgemeinem Interesse, daß die stickige Luft, die von den Sümpfen ausging, sauber wurde. Ein Einzelbeispiel? Keineswegs, wie im folgenden deutlich werden wird. Wie so häufig in der Geschichte: Forderungen von Revolutionären können tief in der Vergangenheit wurzeln. Auch die Forderung, daß „daz Land frischer wurd", hat eine lange Tradition.

Arabischen Reisenden des 10. Jahrhunderts, die aus einem Sonnenland kamen, fiel als Besonderheit Nordeuropas auf: Kälte und – in ihren Nasen – stickige, dicke Luft. Qazwînî, ein arabischer Geograph des 10. Jahrhunderts, urteilte über das Frankenreich: „Seine Kälte ist ganz fürchterlich und seine Luft dick wegen der übergroßen Kälte."[114] Die arabischen Gelehrten, die einen solchen Satz lasen, verstanden sofort, daß der Reisende ihnen weit mehr als eine Klimabeschreibung lieferte: Er sagte auch etwas über die Menschen aus; denn davon waren die Gelehrten überzeugt: Luft wirkt auf den menschlichen Charakter. Aber deswegen wäre niemand auf den simplen Kurzschluß verfallen: Rauhe Luft bedingt rauhen Charakter. Qazwînî hütet sich, vorschnelle Lösungen auf Fragen zu bieten, die erst noch der Klärung bedurften.

Was ein arabischer Gelehrter des 10. Jahrhunderts notierte, wäre hier nicht mehr als eine Anmerkung wert, wenn nicht die Prinzipien seiner Urteilsbildung seit der Wende vom 12. zum 13. Jahrhundert in ganz Europa verbreitet worden wären. Salerno! Für den Alltag der Menschen war diese nur bis Mitte des 13. Jahrhunderts blühende Gelehrtengemeinschaft viel wichtiger als die berühmteren Universitäten von Paris und Bologna. Nach Salerno zieht Hartmanns von Aue Armer Heinrich, um Heilung zu erfahren. Die verbreitetsten Gesundheitsregeln des Mittelalters liehen sich die Autorität: „Regimen sanitatis Salernitanum". Bis heute lebende Weisheiten – „nach dem Essen sollst du ruhn" usw. – gehen auf dieses Regimen zurück. Von Salerno wurde Europa belehrt, wie wichtig die frische Luft für das Leben ist. Die mittelalterliche Medizin griff diesen Gedanken auf. Saubere Luft in den Städten forderten schon 1231 die Konstitutionen von Melfi.[115] Sie wollten alle Gewerbe, die unter üblen Gerüchen arbeiteten, aus den Wohngebieten verbannen. Die geistige Herkunft dieser Bestimmung aus der Schule von Salerno, die in der gleichen Herrschaft Friedrichs II. lag, der die Konstitutionen von Melfi erlassen hatte, ist mit Händen zu greifen.

Die Schule von Salerno ist nach ihrer Gründungslegende von einem Griechen, einem Araber, einem Juden und einem Christen geschaffen worden. Personifiziert sind hier, im Prinzip durchaus zutreffend, die kulturellen Vermittlungs- und Rezeptionsvorgänge.[116] Abgesehen davon, daß man an dem Juden angesichts des Ansehens jüdischer Ärzte nicht vorbeigehen konnte und daß man den Christen aus Proporzgründen erwähnen mußte, hält die Gründungslegende einen epochalen Vorgang fest: Aus der griechischen Medizin hatten die Araber die sogenannte Humoralpathologie übernommen und weiterentwickelt.[117] Der Mensch besteht aus Säften, die den vier Elementen Feuer, Wasser, Erde und Luft entsprechen – und die jeweilige Mischung und Zusammensetzung dieser Säfte entscheidet über den Charakter des Individuums: Choleriker, Melancholiker, Phlegmatiker und Sanguiniker. Über die Araber lernte das Mittelalter durch die Vermittlung Salernos seit dem 11. Jahrhundert dieses Konzept der Griechen schätzen. Die Säftelehre sollte dann zum Grundbestand medizinischer Gelehrsamkeit bis in das 18. Jahrhundert gehören – der Hintergrund der Forderung, daß „daz land frischer würd".

Auch wenn wir es uns hier versagen müssen, näher auf die Humoralpathologie einzugehen,[118] sei doch nachdrücklich darauf hingewiesen, daß sie mehr war als eine medizinische Grundauffassung im heutigen Verständnis. Die Säftelehre enthielt eine seelische Interpretation des Körpers, weil sich von den körpereigenen Säften in ihrer jeweils individuellen Zusammensetzung die Temperamente der Menschen ableiteten. Sie ist also im Kern eine – von der Theologie unabhängige – Anthropologie.[119] Innerhalb dieser besagte die gute Luft für den Menschen mehr als nur Wohlbefinden.[120] (Deshalb reagierte selbst die asketische hl. Elisabeth empfindlich auf schlechte Luft.)[121]

Die gute Luft wird im Mittelalter keineswegs als selbstverständlich hingenommen. Wie die Fürsten nach dem Willen des einflußreichen Fürstenspiegels des Aegidius Romanus (1277/79)[122] haben auch die Stadträte für die gute Luft zu sorgen. Das ist Teil ihrer Verantwortung für den Gemeinnutz. Nicht zu beweisen, aber zu vermuten ist dabei eine Rezeption des Römischen Rechts, fanden sich doch im Codex Theodosianus (14.6) spätantike Gesetze gegen die Luftverschmutzung.[123]

Natürlich braucht man keine gelehrten Werke, um den Wert frischer Luft zu erkennen. Die meisten entsprechenden Maßnahmen sind nicht überliefert. Zufällig nur ist folgende Nachricht erhalten: Das Stift St. Peter in Mainz läßt 1234 in den Rheinniederungen Reben anpflanzen, um die Luft zu reinigen.[124]

Zum spätmittelalterlichen Städtelob gehörte der Hinweis auf die gute Luft. So rühmt Aeneas Sylvius die gesundheitsfördernde Lage Basels in der Mitte zwischen Bergeshöhe und dunstgeschwängerter Ebene,[125] so rühmt er die milden Winde und die überaus heilsame Luft („aer saluberrimus") in Passau.[126]

Die jeweilige, von Landstrich zu Landstrich unterschiedene Zusammensetzung der Luft und ihre Bedeutung für den Charakter eines Menschen bilden den Hintergrund einer Erzählung des Caesarius von Heisterbach anfangs des 13. Jahrhunderts. Ein besorgter Vater schickte seine Tochter über den Rhein, weil ihr dort die Luft besser bekäme. Dieser Vater – Caesarius nimmt keinen Anstoß daran, daß es sich um einen Geistlichen handelt – war besorgt, daß seine Tochter den Verführungskünsten der Männer erliegen könnte. Als eines Tages gar der Teufel sich in Gestalt eines bildhübschen Jünglings nahte, half nur eines: die den Charakter stabilisierende, die ‚bessere' Luft jenseits des Rheins.[127] Die Luft ist nicht nur für die physische, sondern auch für die psychische Konstitution wichtig. Gemäß dieser Regel handelte noch 1734 jener Arzt, der das dauernde Nasenbluten des neunjährigen Giacomo Casanova und dessen „stumpfsinnigen Gesichtsausdruck" auf die „Dickflüssigkeit in der Luft" Venedigs zurückführte und dringend zu einer Luftveränderung riet. Diesem Rat, so Casanova in seinen Erinnerungen, verdanke er sein Leben.[128]

Luft und Charakter: Dieser Zusammenhang gilt noch den Humanisten, die vielfach mit der mittelalterlichen Gelehrsamkeit nichts anzufangen wissen, als eine Selbstverständlichkeit. So kann die „Norimberga" des Konrad Celtis, ein Städtelob auf Nürnberg, auf einen Konsens zurückgreifen, wie er zur Gattung des Stadtlobes gehört: Der „Witz", also die geistige Beweglichkeit und die Erfindungsgabe der Nürnberger, kommt – so Celtis – von der trockenen Luft in der Stadt. Daß diese Luft nicht von schädlichen Dünsten geschwängert sei, wäre nicht allein der Gesundheit förderlich, sondern auch der Spannkraft des Geistes. Wie schädlich schlechte Luft sei – so weiterhin Celtis –, wäre im Kontrast zu den Nürnbergern an den Menschen, die an der Donau lebten, zu erfahren.[129] Unabhängig davon, wie ernst Celtis sein Pauschalurteil genommen hat, sind seine Bemerkungen Teil eines Traditionsstranges, der von der antiken Klimatheorie bis zur einleitend zitierten Geschichtsauffassung Jean Bodins reicht.[130]

Die Frage der guten Luft, die schon im Mittelalter als eine Frage nicht nur des physischen, sondern auch des psychischen Wohlbefindens angesehen wurde, läßt klaffende sozialen Unterschiede erkennen.[131] Zu den Gesundheitsregeln, die der Arzt in Heinrich Wittenwilers „Ring" gibt, gehört, ganz in salernitanischer Tradition, das Leben in frischer Luft und das Schlafen in gut gelüfteten Zimmern.[132] Aber solche Zimmer besaßen die meisten Menschen gar nicht. Ihre Katen konnten im Inneren allenfalls durch Vorhänge abgeteilt werden; und wie sollte man das typische „Rauchhaus" der kleinen Leute lüften, in dessen Mitte ein offener Herd stand, dessen Rauch das Reet- oder Strohdach beizte und undurchlässig machte?

Luft und Gesundheit:[133] Im Mittelalter war dieser Zusammenhang so selbstverständlich, daß bei Seuchen zunächst hier die

Ursache gesucht wurde. Luftverbesserung bzw. das Aufsuchen von Gegenden mit sauberer Luft gilt in Pestzeiten als Vorsichtsmaßnahme.[134] Selbst bei der seit 1495 in deutschen Landen sich schnell verbreitenden Syphilis dachte man wegen des starken Mundgeruchs der Erkrankten als erstes an verdorbene Luft,[135] und als 1529 die in England seit 1485 ausgebrochene Seuche des sogenannten „englischen Schweißes“ auf den Kontinent durch Söldner eingeschleppt wurde und vor allem den Norden Deutschlands heimsuchte, war man sicher, daß diese teilweise mit Todesfolgen verbundene Epidemie „aus bösem und vergifftigem Lufft geursacht“ sei.[136] Solche Auffassungen hielten sich lange. Als ein Göttinger Professor bereits im Gründungsjahr der Georgia Augusta 1737 starb, wurde von Gegnern der neuen Gründung sofort die Behauptung verbreitet, der Todesfall zeige, wie schlecht es um Luft und Wasser in Göttingen bestellt sei.[137]

Luft und Geruchsbelästigung: Das Problem ist in Mitteleuropa mit seinen vielen Niederschlägen größer als in ariden Gebieten, etwa im islamischen Nordafrika, wo die Sonne die raschere Entsorgung stinkenden Unrats bewirkt. In deutschen Landen kannte man im Mittelalter allerdings noch nicht den dramatischen Zusammenhang von Siedlungsverdichtung und extremer Luftverschmutzung. Es gab hier keine Großstädte wie Paris, Mailand oder London, die bereits zu Anfang des 14. Jahrhunderts 100 000 Einwohner zählten, zu einer Zeit, da in Köln als größter deutscher Stadt bestenfalls 20 000 Menschen lebten. Stadt und schlechte Luft gehörten zwar auch in deutschen Landen zusammen, aber die Misthaufen als Dauerproblem kommunaler Geschichte im Spätmittelalter können wir in anderen Zusammenhängen behandeln. Hingewiesen sei aber darauf, daß die Luftverschmutzung in europäischen Großstädten schon im Mittelalter bedrohliche Ausmaße annehmen konnte. Im nebligen London sollte dies zu einem Politikum werden. Die Steinkohle, auf der Englands Aufstieg zur führenden Industriemacht im 19. Jahrhundert beruhte, war im Mittelalter nur als Holzsurrogat für das Heizen bekannt; aber sie war hier viel häufiger in Gebrauch als auf dem Kontinent, denn sie war wesentlich billiger als das Holz.[138] Schon 1285 kam eine vom König eingesetzte Kommission zu dem Ergebnis, daß in vielen Regionen die Luft durch das Heizen mit Steinkohle „verunreinigt und verdorben sei und eine Gefahr für alle darstelle“.[139] Entsprechende königliche Verbote, etwa 1307 ausgesprochen, konnten nichts gegen die Marktgesetze ausrichten.[140] Insbesondere in London war die Luft durch das Verfeuern der Steinkohle stickig und rauchgeschwängert.

Wenn auch nicht so drastisch wie in London, gehörten doch üble Gerüche zur mittelalterlichen Stadt.[141] Die Ratsherren bemühten sich, ganz im Sinne der Konstitutionen von Melfi, die Gerber am Stadtrand anzusiedeln,[142] denn von deren Werkstätten stieg ein übler Fäulnis- und Verwesungsgeruch der noch nicht entfleischten und enthaarten Häute auf, und weiterhin stank der bei der Sämischgerberei in großen Mengen verwendete Fischtran.[143] Selbst wenn die Gruben mit der ätzenden Gerberlohe durch Eichenbohlen abgedeckt wurden, war eine Geruchsbelästigung der Nachbarschaft unvermeidlich.[144] Bei der Verlegung an den Stadtrand ist zu berücksichtigen, daß der Gerber zwar ein anrüchiges, aber wegen des beträchtlichen Kapitaleinsatzes hochgeachtetes Gewerbe ausübte.[145] Die Geruchsbelästigung muß schon arg gewesen sein, um ihn an den schlecht beleumdeten Stadtrand zu verdrängen.

Die Gerber bilden zwar das wichtigste, aber keineswegs das einzige Gewerbe, dessen Ausdünstungen zu Nachbarschaftsprozessen und zum Eingreifen der Stadträte führte. Färber, Seifensieder und die angesehenen Kürschner sind weiterhin zu nennen.[146] Vor allem die Färber, die zum Beizen der Stoffe Alaun, Kupfervitriol und Kuhmist verwendeten, verschmutzten Luft und Gewässer.[147] Der Zürcher Rat erlaubte die Anlage eines Färberkessels nur unter der Bedingung, daß die Nachbarn nicht „von gesmak und von rouches wegen“ belästigt würden.[148] Der Kölner Rat schloß trotz zahlreicher Bittschriften 1464 aus Gründen des Umweltschutzes die Messingschmelze, welche bis zu 100 Menschen Arbeit gegeben hatte.[149]

Mittelalter und Neuzeit sind, so zeigt die Sorge um die gute Luft, enger miteinander verbunden, als man gemeinhin glaubt. Der Gesetzgeber der Konstitutionen von Melfi, der hochgebildete Staufer Friedrich II., kannte, beeindruckt von der arabischen Kultur, die Miasmen-Theorie. Krankheitsübertragungen erfolgen durch verdorbene Luft, durch Miasmen, die in belasteten Klimaverhältnissen gedeihen. Diese Überzeugungen, von denen unter anderem auch die spätmittelalterlichen Stadträte geleitet waren,[150] hielten sich über die Zeiten hinweg, kaum modifiziert, bis ins frühe 19. Jahrhundert: So entwarf Johann Adolph Behrends 1771 eine Art „Lufttheorie“,[151] wonach frei zirkulierende Luft lebensfördernde Grundbedingung für die Gesundheit sei. Daß dies nicht ganz falsch sein kann, belegt die bibliothekarische Erfahrung, daß alte Bücher um so mehr leiden, je weniger ihnen die Luftzirkulation – und sei sie auch nur durch undichte Fensterspalten gewährleistet – das Wohlbefinden sichert.

Gesunde Luft: Die Quellen erlauben nur, das Problem aus der Sicht städtischer Gebote und aus Nachbarschaftsstreitigkeiten zu umreißen. (Der Sachsenspiegel schrieb bereits vor, wie weit ein Abort vom Nachbargrundstück entfernt sein solle.)[152] Aber die Reinhaltung der Luft muß an vielen Arbeitsplätzen Schwierigkeiten bereitet haben. Das galt vor allem für die personalintensive Montanindustrie. In der für den Historiker verlorenen, weil nur mündlich geführten Diskussion wurzelt die Schrift des Memminger Stadtarztes Ulrich Ellenbog, der als Leibarzt Herzog Siegmunds von Tirol mit dem Berg- und Hüttenwesen vertraut war. Wenn wir diese Schrift von 1473, eine Warnung an die Augsburger

Goldschmiede, als erste wissenschaftliche Auseinandersetzung mit den Gefährdungen am Arbeitsplatz würdigen, so verstehen wir sie doch zugleich als Teil einer breiteren und älteren Kommunikation über die Auswirkungen verdorbener Luft und schädlicher Dünste bei der Metallverarbeitung: „Von den giftigen besen Tempfen und Reuchen der Metal."[153]

In der mittelalterlichen Sorge um die gute Luft wurzelt die Frühgeschichte des deutschen Vorgartens mit seiner Eigenheimideologie. „Garten" war dem Mittelalter ein eingezäuntes Nutzareal,[154] das im Frühmittelalter ortsnamenbildend werden konnte – Weingarten zum Beispiel. Daneben gab es Gärten im Klosterbereich, meist der Anpflanzung von Heilkräutern dienend,[155] und seit dem 12. Jahrhundert auch in den Burgen.[156] Den Gedanken des Nutzgartens, dem nicht zuletzt die Obstbaumzucht zu verdanken ist,[157] griffen die Bürger auf. Ihren Gärten entstammten die wenigen Vitamine, an denen die mittelalterliche Küche so arm war.[158] Zu einem der erfolgreichsten Werke der spätmittelalterlichen Fachliteratur sollte das „Pelzbuch" des Gottfried von Franken werden, ein Buch, das sich mit dem „Pelzen", dem Pfropfen der Obstbäume, der Obstkonservierung und der Herstellung von Obstweinen beschäftigte.[159]

Einen ganz anderen Typ als den der eingezäunten Sondernutzung beschreibt hingegen Albertus Magnus, den Garten nämlich, der den Menschen zur Rekreation dient. Wir übergehen seine Empfehlungen, wie etwa: kochendes Wasser auf die Erde zu gießen, um zu verhindern, daß Unkraut nachwächst. Aber – und hier ist der große Naturwissenschaftler ein Prophet der neuzeitlichen Gartenkultur – er empfiehlt Bäume nicht wegen ihres Nutzens zu pflanzen, sondern zum menschlichen Wohlbehagen. Die Bäume nämlich sollen Schattenkühle schaffen, auf keinen Fall schwere und damit schädliche Düfte verbreiten, sie sollen gesunde Luft spenden, die nicht zu heiß und nicht zu kalt sein darf.[160]

Rasenbank und eingefaßte Quellen gehörten zur Vorstellung des Albertus Magnus von einem Erholungsgarten.[161] Er belebte damit eine alte monastische Tradition, denn schon um 820 kennt der auf der Reichenau konzipierte sogenannte St. Galler Klosterplan neben dem Areal für die Heil- und Küchenkräuter auch eines der Ruhe und Kontemplation.[162] Was Mönche entwickelten, was Albertus Magnus beschrieb, wird in der höfischen Kultur Italiens im 15. Jahrhundert zur Gartenbaukunst weiterentwickelt, die dann in der frühen Neuzeit zum europäischen Schloßbau gehören sollte.[163]

Wo war die Anlage eines solchen Gartens, wie sie der Grafensohn Albertus Magnus beschrieben hatte, überhaupt möglich? Wir deuten hier nur an, daß bestenfalls die Oberschicht oder Kleriker und Mönche im urbanen Milieu Hoffnungen auf eine Gartengestaltung hegen konnten, die sich vom Nutzgarten so entschlossen entfernte.[164] Urbanes Milieu? Allein vor den Stadtmauern etwa Nürnbergs im 15. Jahrhundert[165] konnten die Vorstellungen des Grafensohnes realisiert werden. Zur spätmittelalterlichen Bebauungsverdichtung in der Stadt gehört auch die Anlage von Gärten am Stadtrand oder vor den Mauern.[166] Das scheinbar Widersprüchliche erweist sich als komplementärer Vorgang. Die Bebauungsverdichtung ging von der Innenstadt aus; wer dort in Giebel- oder Traufstellung zur Straße ein Haus besaß, legte nach Möglichkeit vor den Stadtmauern einen Garten zur Versorgung dieses Hauses an, einen Nutzgarten natürlich, einen Gemüse-, Kräuter- oder Obstgarten, der teilweise auch mit Sonderkulturen wie Hopfen bestellt war.[167] Die Archäologie hat die mächtigen Humushorizonte dieser Nutzungsbereiche, ihre reichliche Düngung mit Fäkalien, aufgedeckt.[168] Es ging nicht, wie Albertus Magnus vorschlug, um schattenspendende Bäume, um lebensfroh stimmende Blumen, es ging ums Gemüse.

Den Nutzgarten gibt es vor der Stadt, aber auch vor der Burg. Wir fragen deshalb: Wie gesund ist die Luft auf den Burgen? Von den Gedanken eines Albertus Magnus ist der normale Adelige ebensoweit entfernt wie der einfache Bauer. Eine Burg ist, was heute weitgehend vergessen ist, Mittelpunkt eines Wirtschaftsbetriebs. Das Holz der Ställe,[169] Scheunen und Nutzbauten im Burgareal ist längst vermodert. Erhalten blieben Phantasie erzeugende Relikte, also Steine. Aber als Mittelpunkt einer adeligen Eigenwirtschaft beschreibt 1518 Ulrich von Hutten nicht nur die Belästigung der Burgbewohner durch blökendes Vieh und bellende Hunde,[170] sondern auch die Gerüche.[171] Es stinkt aus den Ställen auf der Burg. Nachdem der Minnesänger sein Tagelied hat verklingen lassen, schnuppert er Rinderdung und Hundekacke.

Schlechte Luft auf den Burgen, schlechte Luft aber auch am Hofe. Gibt es eine höfische Kultur ohne Gestank? Übergangen seien die ungelüfteten Schlafkammern, in denen auf engstem Raum die Ritter übernachten mußten, übergangen seien die abgeschlossenen, bis in die letzten Winkel hinein belegten Räume, in denen die Hoffräulein schliefen. Der früheste hofkritische Traktat des deutschen Kulturraums, der „Palpanista" des Münsteraner Klerikers Bernhard von der Geist, beschreibt um 1250 das Streitgespräch zwischen dem Autor und einem Ritter. Der Autor preist sich glücklich, endlich den Hof hinter sich gelassen zu haben und auf dem Lande, in gesunder Luft, im eigenen, bescheidenen Heim für sich und als sein eigener Herr leben zu können.[172] Die gesunde Luft ist hier nicht mit der Nase, sondern mit der Seele gespürt, ist Ausdruck der Freiheit, hat doch der Autor den Hofdienst als System von Fesseln der Knechtschaft charakterisiert; aber für jeden zeitgenössischen Leser war eben diese Parallelisierung von gesunder Luft abseits des Hofes und von Freiheit – jenseits aller Topoiforschung – aus eigener Erfahrung nachvollziehbar. Mag Bernhard von der Geist im übertragenen Sinne die Nase rümpfen, so konnten das welterfahrene Adelige im realen Sinne verstehen.

Die Luft im Mittelalter war sicherlich besser als heute. Die schlimmsten Geruchsbelästigungen werden – auch wenn wir keine historischen Luftmessungen vornehmen können – doch nicht den Verschmutzungsgrad unserer Fußgängerzonen erreicht haben. Conrad Celtis konnte die Düfte noch riechen, die in Nürnbergs Straßen die Kräuter und Blumen auf den Fensterbänken verströmten.[173] Aber nur vordergründig ist mit diesem Hinweis das Grundsatzproblem relativiert. Die Sorge des Mittelalters um die gute Luft ist keineswegs dadurch zu entkräften, daß der Mensch eine viel größere Schadstoffbelastung ertragen kann. Dem Großversuch über die Belastbarkeit der Menschen sei die stille Weisheit alter Zeiten entgegengehalten: Die Luft beeinflußt den Charakter. Daß „daz land frischer wurd“, ist ein überzeitliches Reformprogramm.

2
Der Mensch und die Erde: Das Beispiel des Waldes

Klima und Luft waren von den Menschen gar nicht zu beeinflussen, und nur mit weitgehend unzureichenden Notwehrmaßnahmen konnten sie der Naturgewalt des Wassers widerstehen. Das Feuer hatten sie seit Jahrtausenden gleichermaßen zu fürchten und zu nutzen gelernt. Gegen das Element Erde jedoch konnte der Mensch seinen Willen zur Geltung bringen. Wir beschränken uns hier auf die Geschichte des Waldes; denn im Gegensatz zum universalhistorischen Thema des Ackerbaus zeigt dessen Geschichte die spezifischen Bedingungen des mittelalterlichen Europa in der Auseinandersetzung mit der Natur.

Nicht Papsttum oder Königtum wird wählen, wer einen Fixpunkt sucht, um die tausend Jahre europäischer Geschichte zu überblicken, die nach alter vereinfachender Vereinbarung „Mittelalter" genannt werden, sondern die Geschichte des Waldes;[1] denn dessen Geschichte zeigt, daß es unmöglich ist, vom Menschen des Mittelalters zu sprechen, ihm sogar ein eigenes Weltbild zu unterstellen,[2] den Geist des Mittelalters, was immer das sein mag, zu beschwören usw. Wir lassen uns auf diese Versuche deswegen nicht ein, weil ein „Weltbild" nicht über die Literatur oder über die zeitgenössische Wissenschaft, sondern allein über die Arbeit und die Arbeitsbedingungen zu erschließen ist. Und hier zeigt sich schon im ersten, notwendigerweise oberflächlichen Überblick: Nur durch härteste Arbeit konnte das Landschaftsbild so tiefgreifend verändert werden, daß aus der Wildnis des Frühmittelalters jener erst im Hochmittelalter wahrnehmbare

Nutzwald entstand, um dessen Bestand schon im 14. und 15. Jahrhundert viele Städte Sorge tragen mußten.[3]

Eine zumindest grobe Periodisierung[4] läßt sich über die Geschichte des Waldes erreichen: Bis in das 11. Jahrhundert hinein bleibt das Waldkleid der Erde weitgehend sich selbst überlassen, bevor es dann – mit Höhepunkten im 12. Jahrhundert – auf die Bedürfnisse des Menschen hin zerschnitten und vor allem im 14. und 15. Jahrhundert aufgetragen wird. Also Hinnahme des Verhältnisses von Land und Unland im frühen Mittelalter, extensive Rodung im Hochmittelalter, intensive Nutzung im Spätmittelalter. Eine solche Einteilung läßt zugleich erkennen, wie künstlich der Begriff „Mittelalter" ist; denn schon seine Ränder zerfließen. Die Waldgeschichte läßt eine epochale Trennung von Mittelalter und früher Neuzeit im Grunde nicht zu; und wann könnte ein frühes Mittelalter überhaupt beginnen, wenn sich die den Menschen umgebende Natur in den Jahrhunderten zuvor auch nicht annähernd in dem Maße verändert hatte wie seit dem hohen Mittelalter?

Urwald – „Unland" – Kulturland: Überleben im Frühmittelalter

„Germanien ist schrecklich mit seinen Wäldern"[5] – der Ausruf des Tacitus läßt den Eindruck erahnen, den die Landesnatur auf die Römer machen mußte, die in einem sonnenbegünstigten Gartenland aufgewachsen waren. Ein Wunder sind für Plinius diese Wälder: „Sie bedecken das ganze übrige Germanien und vereinen mit der Kälte das Dunkel." Alt wie die Welt, von unsterblicher Lebensdauer, unberührt seit Jahrhunderten sei der herzynische Wald des Nordens. Nur literarische Übertreibungen, wenn nicht gar Phantasien antiker Autoren, die durch Pollenanalysen aus den Hochmooren widerlegbar sind?[6] Ohne uns auf diese zwar wichtigen, aber nur für einen regionalen Umkreis aussagekräftigen Analysen zu verlassen, berufen wir uns für die allgemeinen Zustände auf die Forschungen von Ulrich Willerding zur frühmittelalterlichen Flora: „Nach dem Laubaustrieb im Frühjahr bleibt den Bodenpflanzen in solchen Wäldern nur wenig Licht. Es ist daher nicht erstaunlich, daß aus derartig dunklen Wäldern kaum eine im Sommer blühende Zierpflanze kommt."[7] (Die uns so vertrauten Gartenblumen sind erst im Verlauf des Mittelalters, teilweise von weither, in deutsche Lande eingewandert.)[8] Ein schlagender Beweis. Germaniens Wälder waren tatsächlich tief dunkel.

Dieser Urwald war im Verlauf der Klimaverschiebung seit der Jungsteinzeit entstanden, als das Landklima vom Seeklima durchsetzt wurde. Den lichten Haselbusch, der, wie Blütenstaubuntersuchungen ergaben, noch in der mittleren Steinzeit das Land überwuchert hatte, verdrängten die ozeanischen Bäume: Buche, Tanne und Eibe wanderten ostwärts.[9] Die Linden verbreiteten sich seit prähistorischer Zeit in Nordwesteuropa in einem Maße, das nur mit den Buchen vergleichbar ist.[10] Mit diesen Bäumen trat die lichtbedürftige Eiche in Konkurrenz.[11] Buchenwälder, auf Mineralböden vorherrschend, gab es wesentlich häufiger als Eichenwälder. Die Buche, die mit einem Drittel des Lichtbedarfs der Eiche auskommt, war auch aufgrund ihres schnelleren Wachstums im Vorteil in den dichten Urwäldern, wo der Kampf um das Licht zur Überlebensfrage wurde. In Feuchtgebieten, in denen die Buche nicht gedeiht, konnte die Eiche dominieren;[12] ansonsten ist vielfach ihre Verbreitung Indikator für die Auflichtung der Wälder.[13] Daß die Eiche den Konkurrenzkampf mit der Buche bestand, verdankt sie ihrer wesentlich längeren Lebensdauer, ihrer besseren Sturmfestigkeit und ihrer Widerstandskraft gegen Wildfeuer, das die dünnrindigen Buchen leichter zum Absterben brachte. Nadelhölzer spielten noch eine untergeordnete Rolle. Selbst im Harz waren die Fichtenareale auf die moorigen Hochflächen beschränkt; ansonsten dominierte hier der Laubmischwald.[14] Die mittelalterlichen Auewälder längs der großen

Ströme, für die die ältere Forschung eine Dominanz der Eiche angenommen hatte,[15] waren tatsächlich von Ulmen beherrscht und erst in zweiter Linie von Eichen, Ahorn und Esche.[16] Vielfarbigkeit des Waldkleides: Wählen wir das Beispiel der Lößböden im Braunschweiger Umland. Hier gedeihen artenreiche Laubmischwälder, auf den mäßig sauren Böden stehen Buchenwälder, in den Auen der Okerniederung sind Esche, Ulme, Weide und Pappel heimisch.[17]

Sicherlich war nicht die gesamte Germania mit Wald überzogen, zumal die Auflichtung der Wälder mancherorts schon in der Eisenzeit begonnen haben muß, wie Pollenanalysen belegen.[18] Die antiken Autoren mögen übertreibend verallgemeinert haben, aber zu viele früh- und hochmittelalterliche Urkunden bestätigen, daß sie den beherrschenden Charakterzug der Landesnatur erfaßt hatten. Dunkelheit herrschte vor allem in den ausgedehnte Lindenwäldern.[19] Der Urwald, der die Römer so beeindruckte, war im frühen Mittelalter allenfalls an seinen Rändern und Ausläufern von menschlicher Siedlung angegriffen worden.[20] Das Land blieb unwegsam durch seine Wälder und Sümpfe. Urwald: das war im nördlichen Europa die wichtigste Naturerfahrung. Die Worte der Genesis: Und die Erde war wüst und leer, macht um 1150 ein Mönch in diesem Bild verständlich: ein starrender Wald, ein formloses Chaos, ein seinsfremdes Gebilde.[21]

Nur auf Böden, die nicht vom Urwalddickicht überwachsen waren, hatten sich menschliche Siedlungen im frühen Mittelalter entwickeln können: Kulturinseln in der Wildnis, Siedlungskammern.[22] Nicht Gemarkungsgrenzen, sondern Wälder trennten die Menschen voneinander. Noch im Hochmittelalter, auf dem Höhepunkt einer gewaltigen Rodungszeit, sollte man sich in Deutschland erzählen, ein Eichhörnchen könne die sieben Meilen von einem Dorf zum andern laufen, ohne je den Boden berühren zu müssen.[23] So fern waren damals die Zeiten noch nicht, als die

Menschen die Wälder, die sie nur an deren Säumen nutzen konnten, als das „Unland", die Wildnis, gefürchtet hatten, das sie als unbebautes Land, als „terra inculta" in Unterscheidung von dem bebauten Ackerland, der „terra culta" verstanden.[24] Diese Unterscheidung begegnet in einer in fränkischer Zeit entwickelten Pertinenzformel in Tausenden von mittelalterlichen Urkunden.[25] „Terra inculta", das „Unland" war die menschenferne Wildnis von Urwald, Mooren, Sümpfen.[26]

So siedlungsfeindlich auch auf den ersten Blick der Wald erscheint,[27] so war doch menschliches Leben ohne ihn unmöglich. Er lieferte das Holz und damit das Feuer, den Lebensnerv der Kultur. Holz war das wichtigste Baumaterial. Vorsicht aber ist bei der Vorstellung angebracht, die noch wenig gestörte Natur hätte den Menschen Wildbret in Mengen bereitgestellt. Wie Tierknochenfunde ausweisen, wurde selbst an Fürstenhöfen weniger Wild als Fleisch von Haustieren, vor allem Schweinefleisch, verzehrt.[28] Nicht die Jagd ließ in Mitteleuropa den Wald unverzichtbar für das Überleben werden, sondern die Tierhaltung, die er ermöglichte.[29] Eicheln und Bucheckern bildeten durch die Jahrhunderte die Grundlage der Schweinemast.[30] Aus den Hütten und Pferchen, die im Wald angelegt wurden, konnten sich sogar Siedlungen entwickeln. Das lateinische „buriae" für diese Schweinehütten lebt in den auf „-beuren" endenden Ortsnamen weiter.[31] Wegen der Waldweide wurde in frühen Kartenspielen des 15. Jahrhunderts auf dem Eichel-Blatt oft noch ein Schwein abgebildet. (Erst seit dem Ausgang des 18. Jahrhunderts ließen Wiesenmeliorationen, Einführung der Stallhaltung und nicht zuletzt die Kartoffel als Futtermittel die Waldweide entbehrlich werden.)

Der Wald als „Unland" – der Wald aber auch als Voraussetzung für menschliches Überleben: Dieser Gegensatz ist in in einer Anekdote komprimiert, die vom Mainzer Erzbischof Heriger im 10. Jahrhundert erzählt und in den „Carmina Cantabrigensia" überliefert wurde. Zu Heriger kam ein „Himmelreicher“, einer jener Vaganten, die Sensationelles vom Jenseits berichteten, das sie durchwandert hätten. Der Erzbischof stellte die Frage nach dem Aussehen der Hölle, wozu dem Vaganten nur einfiel, daß diese von dichtem Urwald umgeben sei. Lachend kommentierte der Erzbischof, dann habe man ja genügend Möglichkeiten für die Schweinemast.[32]

Eichel- und Bucheckernmast belegen bereits - bevor wir auf die weitere Nutzung an den Waldsäumen eingehen -, daß die Urwälder nicht nur ein „starrendes, seinsfernes Gebilde“, sondern zugleich auch eine überlebenswichtige Ressource für die Menschen waren. Und das erst macht verständlich: Wo die „fruchtbaren“ Bäume wie Eiche und Buche standen,[33] lag die Residenz der Götter; hier waren die Stätten der Anbetung und des Opfers.[34] Das verweist auf ein anderes Verhältnis zur Natur, die als unmittelbares Schicksal empfunden wurde, als in jener Religion, deren Missionare und Bischöfe diese heiligen Haine niederbrannten - der Missionar ist dabei kein Umweltfrevler, er will ja nicht die Natur, er will die Menschen verändern.

Natur als Gegenstand der Devotion ließ den hl. Pirmin mahnen: „Betet nicht Götzenbilder an, weder bei Felsen, noch an Bäumen, noch an abgelegenen Orten, noch an Quellen.“[35] Das galt auch der „Admonitio Generalis“, dem Ordnungsprogramm Karls des Großen (789) als Frevel;[36] denn der Gott des Kaisers wohnte nicht in der Natur, er thronte über ihr, er war ein aus der Natur entfernter Weltenherrscher. Ein solcher Gott aber fand nicht das Vertrauen der Menschen, welche die Kräfte der Wildnis kannten, scheuten, fürchteten und verehrten. Fränkische Mission? Die heiligen Bäume schweigen und antworten gleichwohl. Es war die gewaltbereite Mission einer Führungsschicht, die von den Erträgen bäuerlicher Arbeit lebte und die Verehrung von Bäumen als Nahrungsspender nicht verstand. Keineswegs nur auf die zwangsbe-

Wald war im Mittelalter wesentlich verbreiteter als heute. Er konnte in seiner Undurchdringlichkeit als Bedrohung empfunden werden, wie in dieser lombardischen Buchmalerei um 1440 *(Dante im Wald der Selbstmörder).*

kehrten Sachsen beschränkt war die Erfahrung, welche der fränkische Adel mit dem Heidentum allgemein gemacht hatte, weshalb die „Capitulatio de partibus Saxoniae" eine nach dem Stand gestaffelte, aber nach dem jeweiligen Vermögen hohe Geldbuße demjenigen androhte, der Gelübde an Quellen, an Bäumen oder in Wäldern ablegte.[37] Solche heiligen Haine, wie sie bei den Friesen bis in das 9. Jahrhundert unter Rechtsschutz standen,[38] wie sie noch Anfang des 11. Jahrhunderts in den Wesermarschen verehrt wurden,[39] sind allein von denen überliefert, die diesen Kult der Natur ablehnen, und erscheinen erst mit dem Vordringen des Christentums im Norden in den Quellen. Adam von Bremen berichtet über den heiligen Hain bei Uppsala, wo Menschen geopfert, Pferde und Hunde den Göttern geweiht worden seien.[40] Auch für die Slawen waren bestimmte Wälder Wohnsitze der Götter, Ärgernis etwa für den Merseburger Bischof Thietmar zu Beginn des 11. Jahrhunderts[41] und ebenso für den hl. Vizelin, der sich am Ende dieses Jahrhunderts im Holsatenlande nach missionarischer Tradition als Baumfäller betätigte,[42] Ärgernis immer noch für den Bischof Gerold von Oldenburg i. H., als er 1156 seine erste Visitationsreise unternahm.[43]

War das Vertreiben der Götter aus den heiligen Hainen nur Folge der Mission? Diejenigen, deren Leben und Überle-

Oder er konnte erschlossen werden, etwa für die Jagd, wie in dieser französischen Buchmalerei vom Anfang des 15. Jahrhunderts *(aus: Gaston Phébus, Le Livre de la chasse, Paris, Bibliothèque Nationale).*

ben von den Wäldern abhing, näherten sich diesen mit frommer Scheu, nicht aber diejenigen, deren Leben auf der Arbeit der Mitmenschen beruhte: Adel und Kirche. Anders als Bauern und Hörige dachten die Herren, Adel und hohe Geistlichkeit. Ihre Grundherrschaften lagen über weite Entfernungen hin verstreut. Schon von ihren materiellen Interessen her hatten sie eine andere Vorstellung vom Raum als die den Boden bearbeitenden Menschen, die entweder als Hörige durch das Recht oder als Freie durch wirtschaftliche Notwendigkeiten an ihre Höfe gefesselt waren. Der Adel, ob geistlich oder weltlich, war im doppelten Sinne des Wortes welterfahren, hatte – zumeist auf den Flüssen, den Fernstraßen des Mittelalters, reisend – im Dienst der beiden raumübergreifenden Mächte Kirche und Königtum das Land kennengelernt, wußte um den Nutzen, nicht aber um den Wert des Waldes für das Überleben. Vom König ließen sich seit der Karolingerzeit Adel und Adelskirche große Waldbezirke, die man Bannforste nannte, schenken. Nicht nur der Missionar, sondern auch der Förster als Diener eines Adeligen vertrieb die Götter aus den Hainen. Das Wirken des Missionars war dabei, wenngleich symbolträchtig, auf die kurzfristige Aktion beschränkt, auf Dauer berechnet war hingegen das Wirken des Försters.

Als die fränkischen Könige aus der frühmittelalterlichen Wildnis Segmente schnitten, die sie unter dem Namen „Forst" ihrer eigenen Nutzung vorbehielten, verstanden sie darunter umgrenzte Gebiete innerhalb der „terra inculta", gleichviel, ob diese von Mooren, Sümpfen oder Bäumen und Buschwerk gestaltet waren. Jagdinteressen standen am Anfang des herrschaftlichen Forstrechts. Wildbänne.

Für die einfachen Menschen im frühen Mittelalter bedeuteten die von den Herren beanspruchten Wildbänne zunächst noch keine existentielle Beeinträchtigung. Während die Adeligen jagten, brauchten sie den Wald für ihr Überleben. Viehhaltung war die

Schließlich konnte die Bedrohlichkeit der Natur durch radikale Stilisierung gezähmt werden, wie in dieser Buchillumination am Übergang von Romanik zu Gotik *(Carmina Burana, Benediktbeuern um 1230, München, Bayerische Staatsbibliothek)*.

wichtigste, aber keineswegs die einzige Nutzungsmöglichkeit, die er ihnen bot.[44] Eine kleine Auswahl: Bucheckern und Haselnüsse lieferten vor der Kultivierung des Rapsanbaus im 18. Jahrhundert Speiseöl.[45] Das Sammeln von Waldbeeren war schon deshalb für die einfachen Leute so wichtig, weil die Ernährung in einem gesundheitsgefährdenden Maße eintönig war. Die Ausgrabungen der Wurtensiedlung Elisenhof in Eiderstedt ergaben, daß hier vom 8. bis zum 10. Jahrhundert nur vier Kulturpflanzen, vor allem Pferdebohnen angebaut worden waren.[46]

Von den Waldböden wurde die Streu geholt, wurde der Humus auf die bald ausgemergelten Äcker getragen: Plaggendüngung. Laub und Tannengrün bildeten die organischen Stoffe für die Verbesserung der Ackerkrume.[47] In diesem Sinne deuten wir auch das „Moos“, das in einer Geschichte des Caesarius von Heisterbach eine Rolle spielt. Um 1220 half ein hoher Kölner Geistlicher den Armen, indem er ihnen das Moos abkaufte, das sie im Wald gesammelt hatten; nicht weil er es gebraucht hätte, sondern weil er sie von der Mühsal des Tragens befreien wollte.[48] Der Geistliche erbarmte sich armer Menschen. Aber diese schädigten wie so viele, die um die Düngung ihrer Felder besorgt sein mußten, den Wald. Seinem Boden wurden durch den Plaggenstich unverzichtbare Nährstoffe entzogen.[49]

Nicht nur Bauern brauchten den Wald, sondern auch die Handwerker des frühen Mittelalters. Gerbrinde von Eichen und manchen Nadelhölzern verwandte die Rotgerberei; abgeschälte Baumrinden lieferten den Bast für die Seilerei. Das Material zum Flechten von Zäunen, Körben, aber auch für das Flechtwerk der Häuserwände wurde in Form der sogenannten Kopfholzwirtschaft gewonnen:[50] Die Weiden wurden nicht nur für das Flechtwerk der Häuser und Zäune gebraucht, Weidenruten hielten auch im nagellosen Früh- und Hochmittelalter die Ackergeräte zusammen.[51] Wie gelegentlich heute noch „köpfte“ man im Mittelalter alle Arten von Weichholzbäumen, vor allem Erle und Hasel. Die Bäume antworteten darauf mit buschigem Neuausschlag. Nachhaltigkeitsprinzip im kleinen.

Unmöglich ist es, alle Formen der Waldnutzung aufzulisten,[52] von dem aus Harz gewonnenen Pech, dem Universalkleber des Mittelalters, bis hin zu den Heilkräutern und Heilpflanzen.[53] Die Eiche war dabei ebenso nützlich[54] wie der (allerdings keine eigentliche Waldpflanze darstellende) Wacholder (Machandel).[55] Selbst die Imkerei war ohne Wald nicht denkbar, sie brauchte Baumhöhlen, die, einen Schlitz für das Ausschwärmen lassend, mit einem Brett verschlossen wurden. Dabei mußten die Bäume entwipfelt oder zumindest stark aufgeästet werden, damit die Sonne das Bienenhaus erwärmen konnte. Jeweils zu Beginn des Frühjahrs wurden die Honigwaben aus den Höhlungen gebrochen. Ohne die Biene aber hätte das Mittelalter weder über Kirchenlichter (wofür man nicht die übliche Beleuchtung mit miefenden Unschlittkerzen oder Kienspänen gebrauchen konnte) noch über Honig verfügt, dem einzigen Süßstoff, bevor im 15. Jahrhundert Zucker von den Kanarischen Inseln eingeführt wurde. Honig ist der Grundstoff des Mets. So gilt für das Frühmittelalter, als es noch wenig Wein gab: ohne Wald kein Rausch.

Ohne Wald kein Rausch, ohne Wald aber auch keine Kultur. Kleine Beispiele für einen großen Zusammenhang: Vor der Erfindung und Verbreitung des Papiers konnte man Notizen oder Entwürfe von Texten nur auf jenen Täfelchen eintragen, auf denen (meist in Gestalt eines Diptychons), in einem Holzrahmen eingefaßt, das mit einem Griffel zu beschreibende Wachs aus der Waldbienenzucht aufgetragen war. In den klösterlichen Skriptorien wußte man, was dem Wald zu verdanken war. Die Tinte wurde aus Eichengalläpfeln hergestellt.[56] Vom kleinen zum großen Beispiel dafür, daß es ohne Wald keine Kultur geben konnte. Es reichen die Stichworte Buche – Buchstabe – Buch.

Klöster wurden häufig in Wäldern angelegt, wie die hochmittelalterliche Abbatia Mariae Lacensis am Laacher See in der Eifel.

Wo die Nutzung so vielfältig ist, stellt sich die Frage, was eigentlich Wald ist. So starrend die Urwälder im frühen Mittelalter gewesen sind – einen Wald gab es vor dem 12. Jahrhundert eigentlich gar nicht. Es gab eine Begegnung von Menschen mit Busch und Bäumen, es gab eine Begegnung mit dem herrschaftlich segmentierten Forst, es gab das „Unland" als Herausforderung, aber es gab keinen eigenständigen Wald im Sinne einer erfahrbaren Landschaftsgestalt. In die Ausläufer der Wildnis, in den Niederwald, reichten noch die Felder hinein. Eine Feld-Wald-Grenze war unbekannt[57] (sie sollte erst allmählich mit dem 16. Jahrhundert entstehen). Schließlich waren die Urwälder mit einem weitgeschnittenen „Waldmantel“, mit dem „Vorholz“ umgeben. Eine reichhaltige Strauch- und Kräutervegetation gedieh hier. Immer wieder taucht in Schenkungsurkunden der Begriff „rubeta“ (Brombeergebüsch) auf. Ortsnamen, die auf „-busch“ enden, erinnern noch daran. Durch das Vorholz, das immer mehr durch Weidebetrieb durchlichtet wurde,[58] näherte sich der Mensch im frühen Mittelalter dem Wald.

Eingeschlossen in ihren Siedlungskammern konnten die Menschen des frühen Mittelalters den Wald vor lauter Bäumen nicht sehen.[59] Sie dachten nicht an Eigentum, sondern an gemeinsame Nutzungsmöglichkeiten. Der Wald bot ihnen bis hin zum Rausch wichtige Lebensvoraussetzungen, aber er bot ihnen eines nicht: Eigentum.

Rodung: Die Veränderung von Gesellschaft, Wirtschaft und Herrschaft im Hochmittelalter

Wenn Bauern im Umland ihrer Siedlung das Unterholz ausrodeten, wird ihnen bei der schweißtreibenden Arbeit kaum der Gedanke gekommen sein, daß ihre individuelle Arbeit Anfang eines umfassenden Prozesses gewesen ist. Allenthalben wurde seit dem ausgehenden 11. Jahrhundert in Europa gerodet. Es ging nicht mehr um das Unterholz an den Waldsäumen, es ging um den Wald selbst.[60]

Rodung – das war mitnichten eine prinzipielle Neuerung des hohen Mittelalters.[61] Die Ortsnamen, die auf „-ingerode“ enden (z. B. Wernigerode), bezeugen, daß schon seit dem 9. Jahrhundert die Menschen begannen, die agrarische Nutzfläche auf Kosten des Waldes zu erweitern. Die auf „-ingerode“ auslautenden, noch vor der Jahrtausendwende entstandenen Ortsnamen liegen vielfach als ein Kranz von Kleinsiedlungen um die alten Siedlungskammern. Das Neue des Hochmittelalters ist nicht das Prinzip der Rodung, sondern das Ausmaß, in dem diese betrieben wurde. Das Ausmaß verändert die Struktur des Vorgehens. Die „-ingerode"-Namen waren mit Vornamen gebildet worden, was auf eine personale Verantwortung zurückweist. Es waren die Leute des hochadeligen Wernher, die Bäume für den Siedlungsplatz Wernigerode abholzten. Die Ortsnamen der Rodungssiedlungen des hohen Mittelalters lassen hingegen keine Personennamen mehr erkennen. Die späteren Standesgenossen jenes Werinher, der Wernigerode beherrscht hatte, Hochadelige, wie wir sie jetzt angesichts des neu aufkommenden Standes von Niederadeligen, von „milites", nennen müssen, Männer also wie Wiprecht von Groitzsch oder Markgraf Diepold III. planten in einem neuen, ganze Landschaften erfassenden Stil,[62] als sie anfangs des 12. Jahrhunderts zwischen Mulde und Wiera[63] bzw. in der Naab-Wondreb-Senke das Unland zu erschließen befahlen. Um einen einzelnen Siedlungsplatz wie bei Werinher und seinen Leuten ging es nicht mehr. Planung im großen, Planung auch im kleinen. Regelmäßige, auf vorbereitende Vermessung zurückgehende Flurformen charakterisierten die Kolonistendörfer.[64]

Planender Eingriff in die Umwelt, das im 12. Jahrhundert erstmals in weitem Umfang begegnende Thema der europäischen Geschichte, begegnet in diesem Jahrhundert im großen Stil bei dem Landesausbau und im kleineren Maßstab vor Ort. Welche Grundsätze in den jeweiligen Rodungssiedlungen verfolgt wurden, können wir nicht rekonstruieren; daß aber Expertenrat in Planung und Voraussicht gefragt war, zeigt der Seitenblick auf eine andere Form der Begegnung mit dem Unland, dem versumpften Land. Sielgräben mußten gezogen werden, um hier fruchtbare Böden zu schaffen; dazu brauchte es Erfahrung und Wissen, um die Achterdeiche zur Abdämmung des Wasserzuflusses an der geeigneten Stelle anzulegen, um zum Beispiel an der Unterweser einschätzen zu können, daß die geringe Fließgeschwindigkeit das

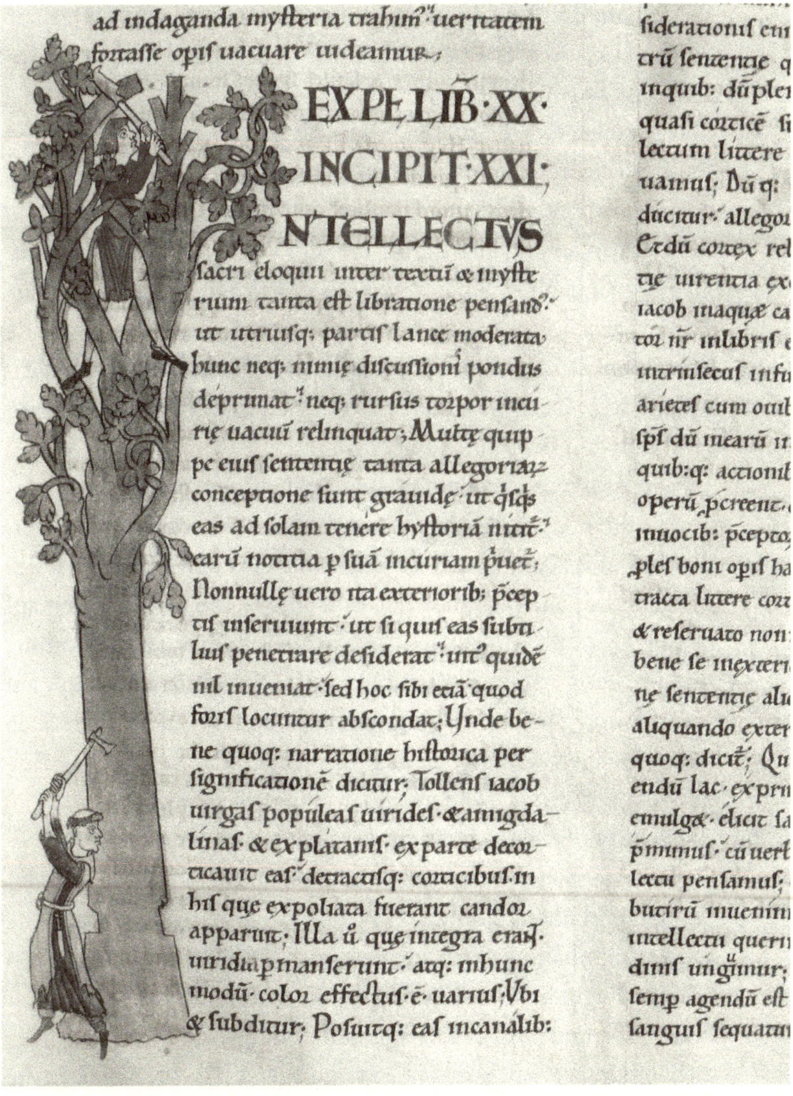

Der Wald konnte gerodet werden, wie hier durch Mönche in einer Initiale einer Handschrift aus der Abtei von Citeaux aus dem 12. Jahrhundert *(Bibliothèque Municipale de Dijon)*.

Wasser aus den Sielgräben nur langsam fortschwemmte. Deshalb gestand der Bremer Erzbischof 1181 zu, daß in dem bezeichnenderweise so genannten Oberneuland diese Gräben („weteringe") dort gezogen werden sollten, wo es die Geschworenen, die Experten („qui sworen dictuntur") für richtig hielten.[65] Seit dem Anfang des 12. Jahrhunderts hatten die Bremer Erzbischöfe im großen Stil die Urbarmachung und Besiedlung der Weserniederung geplant. Das Ergebnis blieb genauso wie bei der Rodungsplanung im Erscheinungsbild der neuen Siedlungen sichtbar, war doch hier wie dort Vermessung des Landes Ausdruck der Planung. Die Marschhufendörfer im Bremischen entsprechen mit ihren Parallelstreifenfluren den Waldhufendörfern.

Die Zeit zwischen dem 11. und dem ausgehenden 13. Jahrhundert ist die Epoche des Landesausbaus. Auf deutschem Boden wurde ein Gebiet von der Größe Englands dem Wald und der Wildnis abgerungen. Die jener Zeit entstammenden Ortsnamen auf „-rode", „-reuth" und „-ried" bezeichnen den Weg, den Rodung und Siedlung nahmen. Endungen auf „-brand" und „-lohe", auf „-sang" und „-schwand" erinnern noch an besondere Techniken der damaligen Rodung, an das Abbrennen, das Sengen des Holzes[66] – meist nur in Tannenwäldern möglich –, an das Abschälen, das Schwenden, der Rinde, das den Baum zum Absterben brachte.

Der Mensch des frühen Mittelalters hatte den Wald vor lauter Bäumen nicht gesehen. Was er wahrnahm, war Wildnis. Die Landschaftsnamen wie Schwarzwald oder Steigerwald entstehen erst im Zuge der Binnenkolonisation des 12. Jahrhunderts; oder anders formuliert: Der Mensch nimmt den Wald erst wahr, als er sich ihm in großem Stile mit Axt und Brand nähert. Als bis in die engen Täler der Mittelgebirge hinauf die Siedlungsfläche ausgedehnt wurde, wurde auch „Wald" wahrgenommen, es entstanden die uns vertrauten Namen dieser Gebirge mit ihrer bezeichnenden Endung: Odenwald, Steigerwald, Bayerischer Wald usw.

Nur bedingt sind in diesem Zusammenhang die Ergebnisse der modernen Kognitionspsychologie für die Mediävistik zu nutzen. So wichtig die Erkenntnis ist, daß menschliche Erfahrung keineswegs über die Segmentierung der Sinne zusammengesetzt werden kann, sondern aus einem höchst subtilen Zusammenspiel von Hören, Sehen, Fühlen und Riechen beruht, so fehlt dem heutigen, sich als Teil einer sogenannten Informationsgesellschaft verstehenden Zeitgenossen die von dem Körperbewußtsein ausgehende „Kognition" des Mittelalters. Vereinfacht: Welche psychischen Wirkungen löst der nach einem Unwetter dampfende, schweigende Wald in dem Menschen aus, der sich mit kleiner Axt der mächtigen Buche nähert?

Das starke Bevölkerungswachstum[67] zwang neue Ackerflächen zu gewinnen, zwang zur Rodung. Rodung: Das ist leichter geschrieben als getan.[68] Licht war in die Wildnis zu bringen, die ineinander verwachsenen Bäume mußten zunächst mühsam entästet und entwipfelt werden, und dann begann nach dem Fällen das Schwierigste, das Ausroden der Baumstümpfe mit ihrem weitverzweigten Wurzelwerk. Meist wurde noch jahrelang um stehengebliebene Baumstümpfe herum der Acker bestellt. Nur mit dem Haken, nicht mit dem schwerfälligen, ungefügen Pflug konnte der Boden bearbeitet, konnte er lediglich aufgeritzt werden. Der anspruchslose Hafer ist fast stets das erste angebaute Getreide. Es war schon viel, wenn auf solchen Böden das Dreifache der Aussaat geerntet werden konnte. Mit immer neuem Stockausschlag rächte sich der Wald. Eiserne Spaten gab es noch nicht – übrigens ist Spaten kein gemeingermanisches Wort. Grabscheite wurden benutzt, die aus festem Holz herausgespalten waren. Ein großer Fortschritt war es bereits, wenn dieser hölzerne Spaten an seinem Ende einen eisernen „Schuh" hatte.[69] Dem Bau der Pyramiden ist die Leistung der Menschen vergleichbar, die in generationenlanger Arbeit schließlich Felder schufen, die in nichts mehr an die einstige Bewaldung erinnern. Und Rodung hieß im hohen Mittelalter vielfach gar nicht Waldvernichtung, sondern Waldverlichtung mit Wald-Feld-Wechselwirtschaft.[70] Auch nach der großen Rodungsphase blieb die Waldnutzung integraler Bestandteil der bäuerlichen Ökonomie, was erst seit dem 19. Jahrhundert durch die Wissenschaft, welche eine strikte Trennung von Land- und Forstwirtschaft behauptete, in Vergessenheit geriet.

Rodung ist nicht nur wegen der schweren körperlichen Arbeit, ist nicht nur wegen der Not der ersten Siedler leichter beschrieben als getan, Rodung weckte auch lange verschwiegene Gegensätze, führte zwischen Nutzung des Waldes und Jagdinteressen zum Konflikt. Drama (und Film) haben dazu geführt, daß sich der Mensch der Gegenwart Konflikte nur in personaler Gestalt vorstellen kann; was wir hingegen in seiner Dramatik anzudeuten versuchen, ist etwas, was sich nicht in vier Akte (oder in 90 Minuten) pressen läßt, ist in seiner prinzipiellen Gegensätzlichkeit zwar ein dramatisches, in seinen

Jagd von Wild spielte eine große Rolle *(aus: Henri de Ferrières, Le roy Modus et la royne Ratio, 1379).*

Verlaufsformen hingegen episches Szenario. Selbst in spröder Urkundensprache ist die Schärfe dieser Auseinandersetzung in dem „Brief" des thüringischen Landgrafen Ludwig (1140–1172) über die „silvatici exstirpatores", über die Kolonisten spürbar. Fürstenwut. Der Landgraf drohte dem Führer eines Rodungstrupps („silvanorum exstirpatorum preposito"), er solle schnellstens die Wälder verlassen, sonst werde er, der Fürst, kommen „und alles, was Euch gehört, mit Feuer und Plünderung und Lebensgefahr für Euch verwüsten lassen".[71]

Der Brief des Thüringer Landgrafen weist bereits auf ein Konfliktfeld hin, welches breiten Raum in der jahrhundertelangen Auseinandersetzung zwischen Adel und Bauern einnahm. Die Jagd der Herren zog hohe Wildschäden auf den Feldern nach sich. Das Wild, das die Äcker zertrat oder durchwühlte, sollte jedoch in hohen Beständen erhalten bleiben, um adeligem „Sport" zu dienen. Ein Thema des Bauernkrieges,[72] ein Thema auch unzähliger Beschwerdeschriften von Gemeinden in der frühen Neuzeit.[73] Der Thüringer Landgraf aber hatte keineswegs allein an die Jagd gedacht. Sein Brief wirft ein Schlaglicht auf die im 12. Jahrhundert dem Adel bewußt werdenden ökonomischen Chancen: Die wirtschaftliche Nutzung im Interesse der Herrschaft wurde wesentlichster Inhalt des auf dem Wildbann aufbauenden Forstrechts. Im Forst mußte durchgesetzt werden, was der älteren Waldnutzung noch fremd gewesen war: Eigentum. Ein Sprichwort deutet den nunmehr entstehenden Konfliktbereich an: „Die Furcht hütet den Forst."[74]

Die Welt hatte sich verändert, nachdem die Erde vielerorts ihres Waldkleides beraubt worden war. Um 1300 fiel einem Dominikaner in Colmar diese Veränderung auf, als er das Elsaß beschrieb, wie es vor hundert Jahren bestanden habe: „Es gab damals im Elsaß viele Wälder, welche das Land unfruchtbar machten." Der Mönch sah bereits Folgen der Rodung: „Gießbäche und

Flüsse waren damals nicht so groß wie jetzt, weil die Wurzeln der Bäume die Feuchtigkeit von Schnee und Regen längere Zeit in den Bergen zurückhielten.“[75] Die nackte Nachricht sollte nicht verkennen lassen, durch wen die Wahrnehmung des Dominikaners geschult war, durch seinen Ordensbruder Albertus Magnus. Die moderne Wissenschaft bestätigt mit anderen Methoden die Veränderung der Welt um 1300. Im Norddeutschen Tiefland sind bis zu 60 Meter hohe, offene Sanddünen, wie sie heute nur noch auf den Friesischen Inseln bekannt sind, als Indikatoren der Waldvernichtung vielfach bezeugt.[76]

Während tapfere Kriegstaten von Rittern Lob und Preis in der Geschichtsschreibung gefunden haben, ist die schwere Kulturarbeit rodender Menschen kaum beachtet worden. Diese Arbeit aber war viel folgenreicher als alle mittelalterlichen Fehden zusammen. Die Rodungsphase des 12. und 13. Jahrhunderts, als Landesausbau ein gesamteuropäischer Vorgang,[77] war viel geschichtsmächtiger als der institutionelle Ausbau des Papsttums, als der staufisch-welfische Gegensatz; denn Rodung bedeutete mehr als nur eine quantitative Vergrößerung der kultivierten Fläche. Zutiefst veränderte der Landesausbau die Bedingungen von Gesellschaft, Wirtschaft und Herrschaft.

Im Wald fanden die Schweine Futter, wie in dieser Darstellung des Julius-Kalenders und Chorbuches aus dem frühen 11. Jahrhundert *(London, British Library).*

Sauhatz. Wandmalerei des 16. Jh. *(Schloßmuseum Büdingen).*

Versucht sei, mit wenigen Strichen diesen Wandlungsvorgang anzudeuten.

Gesellschaft ist genau besehen für das Mittelalter ein anachronistischer Begriff. Erst über das entbehrungsreiche Roden entstand eine Vorform dessen, was seit dem frühen 16. Jahrhundert als „Gesellschaft“ bezeichnet werden könnte.[78] Im Verlauf der hochmittelalterlichen Rodungsphase, des Landesausbaus, wurde über die frühmittelalterlichen Siedlungsinseln ein Verbindungsnetz der Straßen und Wege gespannt. Und innerhalb der früheren Siedlungsinseln entstand das, was – vereinfacht – die „Verdorfung“ des hohen Mittelalters genannt worden ist; der Komplementärvorgang zum Anwachsen der Städte. Vorform von „Gesellschaft“: Aus Siedlungskammern wurden im Zuge des Landesausbaus Siedlungsräume. Ein differenziertes Wegenetz entstand. Menschen lernten über den engen Kreis ihrer angestammten Siedlung hinaus in überlokalen Beziehungen zu denken. Damit gerieten Herrschaftsformen, die sich in eng umgrenzten Siedlungskammern hatten durchsetzen lassen, in Gefahr; die Landflucht wird seit der Rodungszeit ein alle Herren beunruhigendes Problem.[79] Den neuen Bedingungen mußte die hergebrachte Grundherrschaft angepaßt werden. „Auflösung der Villikationsverfassung" nennen Historiker diesen Prozeß: Aus Hörigen, die für einen Fronhof arbeiten, werden Bauern, die Abgaben leisten, die mit Absatzmärkten wirtschaften lernen, der Ware-Geld-Beziehung und nicht nur den Befehlen eines Herren folgen.

Verdorfung und Entstehen einer Vorform der Gesellschaft aus den Bedingungen der Waldnutzung: Der Wald entschied letztlich darüber, wieviel Vieh in den Siedlungen gehalten werden konnte.[80] Und das bedeutete: Die Menschen mußten Regelungen finden, wie sie gemeinsam diese Weide nutzen konnten, wie viele Tiere ein jeder halten durfte, zu welchen Zeiten im Herbst die Schweinemast beginnen und enden sollte. Für die genossenschaftlichen Formen des bäuerlichen Lebens, die dann zur Entwicklung der Dorfverfassung im hohen Mittelalter führen sollten, bildete die Organisation der Waldweide einen nicht geringeren Anstoß als die gemeinsame Regelung bei der Feldbestellung. So richteten sich im Niedersächsischen Ort und Zeit der „Holtinge", der genossenschaftlichen Versammlungen zur Vereinbarung über die Waldnutzung, nach der Eichelernte, da sie über den Eintrieb zur Mast entschied.[81] Verkürzt oder verlängert wurde die in etwa zwischen Michaelis (29. September) und Mariä Lichtmeß (2. Februar) liegende Zeit der Waldweide je nach dem Ertrag der Bäume.[82] Gemeinsam mußten die Gemeindegenossen darauf achten, daß allen Schweinen ein Ring durch die Nase gezogen wurde, um das Wühlen im kostbaren Waldboden zu verhindern.[83] Die selbstverwaltete Gemeinde als Ausdruck von Gesellschaft: Wie wichtig dabei der Wald ist, erweist sich während des Bauernkrieges 1525. Zentrale Forderungen der Aufständischen kreisen um Holzrechte und Waldweide,[84] um die Allmende also, die allen Gemeindegenossen zur Verfügung stehen sollte.

Wildschweinjagd *(aus: Gaston Phébus, Le Livre de la chasse, Paris, Bibliothèque Nationale).*

Die Holtinge im Norden und die Weistümer im Süden gehen von der genossenschaftlichen Verantwortung, von der Gemeinde bei der Nutzung des Waldes aus,[85] berufen sich auf regelmäßig abzuhaltende Holzgerichte,[86] in denen auch über die Ansprüche der Herrschaft verhandelt wurde.[87] Immer wieder begegnet in diesen bäuerlichen Rechtsaufzeichnungen eine Pflicht des Menschen nach beendeter Arbeit. Er soll dem Wald danken. Diese Pflicht hat selbst der Lüneburger Herzog. Wenn er seine Rechte im Truwald wahrnehmen möchte, soll er zunächst einen Kranz flechten; wenn er dann aus dem Wald herausreitet, „schal er den kranz wedde in den wolde werpen und dancken den wold".[88]

Waldnutzung, Herrschaft und Genossenschaft bildeten ein Geflecht wechselseitiger Abhängigkeiten, ein Geflecht, das von Fall zu Fall verschieden ausgestaltet war, aber bei allen Unterschieden gemeinsame Prinzipien erkennen läßt. Sie seien am Beispiel der Rechte der Bienenzüchter, der Zeidler, im Nürnberger Reichswald, die 1350 aufgezeichnet wurden,[89] dargestellt. Die Zeidler, in anderen deutschen Landen auch Bütener oder Beutner genannt, lebten im Walde, begütert mit einer Zeidelhube. Sie unterstanden einem Zeidelmeister, der wie der Bauermeister im Dorf gewählt bzw., wie die Urkunde von 1350 besagt, „mit der Zeidler rath und nach ihrem Willen" eingesetzt wurde. Wie die Bauern ihr Dorfgericht hegten auch sie ihr eigenes Zeidelgericht, das in den Nürnberger Reichswäldern bis 1779 Bestand hatte. Ihrer Herrschaft waren die Zeidler zur „Reis" verpflichtet, zur Kriegsfolge und zu Abgaben; alljährlich war das „Honiggeld" fällig. Das auf die alleinige Gebotsgewalt zielende, Schritt für Schritt erfolgende Vorgehen des Nürnberger Rats spiegelt sich in Ordnungen, wie unter möglichster Schonung des Waldes die Waldbienenzucht betrieben werden sollte.

Der Wald als Thema der Gesellschafts-, Wirtschafts- und Herrschaftsgeschichte. Zum ersten Thema haben wir viele Erklärungen benötigt; beim zweiten können wir uns kürzer fassen. Wirtschaft: Da wir noch eigens darauf eingehen müssen, welche Bedeutung der Wald für Handel und Gewerbe im Spätmittelalter hatte, sei der Wandlungsvorgang auf andere Weise beschrieben. Der Met, für den die Waldbienenzucht unverzichtbar war, blieb nur noch bis ins 13. Jahrhundert hinein ein Volksnahrungsmittel. Im 14. Jahrhundert wurde er – mit Ausnahme des Baltikums – vom Bier verdrängt, das haltbarer und damit exportfähiger war. Vor allem aber stieg mit der Verringerung der Waldfläche der Preis des Honigs; diesen brauchte man vor allem als - teures - Süßmittel, das, Grundlage des Lebküchner-Handwerks, nach wie vor durch Waldbienenzucht gewonnen wird.[90] Für ein Massengetränk war der Met zu teuer geworden; er taugte wegen seiner geringen Haltbarkeit auch nicht zum Luxusgetränk. (Denn schon damals galt: Luxus muß von weither kommen. Der Met war aber nicht über längere Strecken transportierbar.)

Herrschaft: In der Rodungsphase entschied Waldbesitz und nicht etwa Fehde oder Politik über das Schicksal großer Grundherrschaften. Gleichermaßen reich waren zum Beispiel in karolingischer Zeit die Abteien Reichenau und Fulda beschenkt worden. Von Ulm bis an den Comer See reichte der weit verstreute Besitz des Inselklosters am Bodensee, von den Alpen bis Friesland jener der Abtei des hl. Bonifatius: typische Beispiele der frühmittelalterlichen Grundherrschaft. Mit der Auflösung der Villikationsverfassung, mit der Entwicklung zur hochmittelalterlichen, „jüngeren" Grundherrschaft, schwand die Bedeutung der weit auseinandergezogenen Besitzungen, die einst auch darin gelegen hatte, Mißernten in einer Region durch Erträge aus anderen Gebieten ausgleichen zu können. Die Zukunft sollte der konzentrierten Herrschaft gehören. Die Reichenau zählte zu den Verlierern dieses Prozesses. Ihre Besitzungen konnten sich nirgends zur geschlossenen Landesherrschaft verdichten. Der Abtei Fulda aber gelang der Ausbau eines eigenen Fürstentums. Rückhalt dafür war - was den Mönchen am Bodensee fehlte - ein großer Waldbesitz, die Buchonia.[91]

Der Landesausbau und die Veränderung von Herrschaft, Wirtschaft und Gesellschaft bilden ein gesamteuropäisches Thema. Als eine indirekte Zusammenfassung bietet sich etwa der Seitenblick auf Portugal an.[92] Hier war mit der Einführung des Weinbaus im 12. Jahrhundert das Landschaftsbild durch die unzähligen

Terrassen an den Berghängen verändert worden. Zugleich setzt eine große Waldrodung mit einer Verdichtung des Siedlungsnetzes ein. Die Veränderung des Landes ist geradezu personifiziert in der Herrschaft des Königs Dinis (1279–1325), dem der Beiname „der Landwirt" gegeben wurde. Die Trockenlegung von Sümpfen, die Urbarmachung des Unlandes galt ihm als Herrschaftsaufgabe; aber es war nicht die einzige, die er sich stellte. „Der Landwirt" war der erste portugiesische König, der lesen und schreiben konnte. 1290 gründete er die Universität Lissabon.

Herrschaftsstrukturen bildeten sich unter dem Eindruck der Rodungsphase aus, die ja nicht nur eine Phase der Waldverlichtung und Waldvernichtung, sondern auch eine Phase der Intensivierung der Waldnutzung war. Erst letztere ließ offenbar werden: Mit den umfangreichen Forstvergabungen an weltliche und geistliche Große hatte sich das Königtum des 10. und 11. Jahrhunderts in deutschen Landen einer Machtgrundlage beraubt, die seine Zukunft im Hochmittelalter ganz anders hätte gestalten können. In England dagegen hatte eine straffe Forstpolitik wirksame Herrschaftsgrundlagen für die Zentralgewalt geschaffen. Lange hatte der hohe Adel – vergeblich – gegen die königlichen Einforstungen gekämpft. Die Magna Charta von 1215 ist nicht ein Markstein auf dem Wege zum englischen Parlamentarismus, sondern zunächst ein Kompromiß im Kampf zwischen Königtum und Adel um den Wald.[93] Lediglich als Forstgesetz wurde sie im 14. und 15. Jahrhundert herangezogen; daß Robin Hood in den grünen Forsten von Nottingham zum Mythos werden konnte, spiegelt die Wirkungsgeschichte der Magna Charta wider, jene Wirkungsgeschichte, die erst unter den Stuarts auf andere Wege gelenkt wurde, als unter vielen Bestimmungen der Paragraph 61 entdeckt wurde, der, 1215 eher beiläufig ein Einspruchsrecht gegen königliche Verfügungen fixierend, nunmehr als Begründung eines Widerstandsrechts gegen die monarchische Gewalt tauglich war.

In Frankreich hatte die königliche Herrschaft über die Kronwälder 1376 zu einer vorbildlichen Regelung geführt. Die Juliordonnanz Karls V. (des Weisen) bildet den „Gipfel mittelalterlicher Forstgesetzgebung“,[94] die von der Selbstverjüngung des Waldes ausgeht. Auf den Schlägen bleiben immer Überhalter stehen, aus deren Samen die neuen Schößlinge treiben. Auch wenn damals in den Kronwäldern die Mittelwaldwirtschaft entsteht, so ist man doch weit entfernt vom Försterwald mit seiner am Ertrag orientierten Nutzung.

Als im frühen 19. Jahrhundert der englische Parlamentarismus als Alternative zum altdeutschen Ständestaat Thema politischer Debatten wurde,[95] war – mit bis heute nachwirkenden Folgen – vergessen worden, daß die Geschichte des Königtums in deutschen Landen sich im Vergleich zu der in England wegen der mittelalterlichen Prädisposition anders entwickeln mußte. Und die Hauptrolle spielt dabei Robin Hoods Rückzugsgebiet, der Wald. Zur Zeit, als Wilhelm der Eroberer in England landete (1066) und nach normannischer Tradition die Forstpolitik als wichtigste Grundlage seiner Herrschaft handhabte, hatte in Deutschland das Königtum den Kampf um den Wald bereits verloren. Die Mehrzahl der Forsten war in kirchlicher oder hochadeliger Hand. Das sollte entscheidend werden. Was als Wildnis vergeben worden war, erwies sich im Verlauf von Rodung und Landesausbau seit dem 12. Jahrhundert von unschätzbarem Wert. Wer den Wald besaß, entschied über die Zukunft, besaß den Schlüssel zur wirtschaftlichen Macht.

Scheinbar sind wir weit von unserem Gegenstand abgewichen, sind bei verfassungsgeschichtlichen Grundsatzfragen gelandet. Das aber liegt nicht an mangelnder argumentativer Disziplin, sondern an dem Gegenstand. Im Umgang mit dem Wald veränderten die Menschen ihre Geschichte vom frühen Mittelalter mit seinen Wildbäumen zum hohen Mittelalter mit seiner Rodungsphase

Folgen der Rodung: Als Individuen werden Bäume wahrgenommen, nachdem die Urwald-Gesellschaft ausgeholzt worden ist *(Wolfgang Huber, Gebirgslandschaft mit großem Baum, 1515)*.

und Forsthoheit. Und auch im Spätmittelalter sollte sich diese Geschichte noch einmal tiefgreifend verändern. Arme Leute wählen wir, um eine Vorstellung von dieser Veränderung zu gewinnen.

Der Wald in Gefahr: Holznutzung als Grundlage spätmittelalterlicher Urbanität und Wirtschaft

Ein Bettler, der um 1400 auf eine Stadt zuwanderte, war durch waldarme Gebiete geschritten. Zu groß war die Nachfrage nach Holz als Energieträger, nach Holz als Baumaterial. Im unmittelbaren Umland der Stadt hatten nur wenige Gehölze überlebt.[96] Die Stadt war ein Wanderziel armer Leute, weil hier an bestimmten Festtagen reichlich Almosen gespendet wurden, in Göttingen zum Beispiel in der Fastenzeit am Sonntag Laetare vor Ostern. Ein armer Mann mochte vielleicht auch hoffen, von der gerade erst entwickelten urbanen Zivilisation zu profitieren, etwa ein „Seelbad" zu genießen, eine vor allem in norddeutschen Städten verbreitete milde Stiftung:[97] An festgesetzten Tagen erhielten die Armen kostenlos in das saunaähnliche Bad Einlaß und beteten als Gegenleistung für das Seelenheil des Stifters. Die Wärme dieses Bades aber spendete der Energieträger Holz.

Vielleicht hatte unser Bettler auf seiner beschwerlichen Wanderung – festes Schuhwerk besaß er nicht – Glück gehabt, daß ihn ein mitleidiger Fuhrmann um Gottes Lohn mitnahm, ein Fuhrmann, der jetzt nicht mehr wie im Hochmittelalter einen zweirädrigen Karren lenkte, auf dem nur ein Faß, das Fuder, das immer noch die grundlegende Maßeinheit bildete, geladen werden konnte, sondern einen vierrädrigen Wagen, oft einen Planwagen, der viel mehr Platz bot. Geladen hatte ein solcher Fuhrmann, wenn er etwa auf Braunschweig, auf Hannover oder auf Lüneburg zufuhr, vielfach Fässer mit Wein aus Frankfurt. Frankfurt war die große Drehscheibe des Weinhandels nach Norddeutschland, vor allem was den Elsässer Wein anging, während der Rheinwein meistens von Köln aus in den Norden transportiert wurde. Jeder Fuhrmann hatte aber auch Sorge, was er als Rückfracht würde befördern können. Als Rückfracht aus Norddeutschland bot sich der Hering an.[98] Die großen Heringstonnen waren mit dem Gütesiegel des Lübecker Rats (ein ganzer Zirkel für den Vollhering, ein halber Zirkel für den Halbhering, den minderwertigeren Hering) gekennzeichnet: Hering, der Massenartikel der Hanse, der bis tief nach Oberdeutschland hinein Absatz fand und zu den Grundnahrungsmitteln gezählt wurde. Die Fässer, die Container des Mittelalters, waren natürlich aus Holz. Und darauf wollen wir hinaus: Die Waldarmut im Umkreis der spätmittelalterlichen Städte, die unser Bettler erfuhr, hängt auf das engste mit dem Aufblühen dieser Städte zusammen, Holz bildet die Grundlage der Urbanität – nicht nur zum Kochen und Backen, sondern auch zum Beheizen der saunaähnlichen Bäder unerläßlich –, Holz bildet auch die Grundlage der Wirtschaft – ohne Holz keine Fässer und kein Fernhandel.

Der Beruf des Böttchers, Küfers oder Büttners ist in seiner Bedeutung gar nicht zu überschätzen. Ohne die Verarbeitung des Taugenholzes, wie das meist von Eichen stammende Faßholz genannt wurde, wäre die Ausweitung des Transportwesens im Spätmittelalter gar nicht möglich gewesen, hätte weder Rheinwein ins preußische Deutschordensland noch Einbecker Bier als „Bockbier“ nach München exportiert werden können, hätte der hansische Hering nicht die oberdeutschen Märkte erreicht. Die wirtschaftliche Expansion forderte ein schweigendes Opfer, den Wald. Wir erinnern an den Siegeszug des Bieres. In Hamburg, dem sprichwörtlichen Brauhaus der Hanse, wurden 1375 neben 457 Brauereien 104 Böttcherbetriebe gezählt.[99] Die vom Holz abhängigen Böttcher stellen, weil sie ebenso abhängig sind von der Qualität des Bieres, das den Met abgelöst hat, eine bescheidene Frage an die moderne Wissenschaft: Ist Wirtschaftsgeschichte ohne Umweltgeschichte überhaupt darstellbar?

Viel ist über das Aufblühen der Städte seit dem hohen Mittelalter, über Differenzierung und Ausweitung der gewerblichen Produktion gesagt worden. Nicht selten wurde dabei die Grundlage dieser Entwicklung vergessen. Holz nämlich hatte als Energieträger und als Grundstoff für handwerkliche Produktion eine noch höhere Bedeutung als heutzutage das Öl. Wie wichtig der Wald für die urbane Entwicklung war, wußten die Stadträte, als sie im Spätmittelalter durch Privilegienerwerb die Nutzungsrechte erweiterten[100] und – konsequenter als der Adel – konkurrierende bäuerliche Waldrechte, wo es nur anging, beschnitten[101] und gegebenenfalls auch durch umfangreiche Waldkäufe die wirtschaftliche Grundlage ihrer Gemeinde sicherten.[102] Deshalb konnte bereits 1220 eine urbariale Notiz festhalten: „Zwei Wälder bei der Stadt Pfullendorf, ohne welche die Stadt nicht bestehen kann."[103] Noch Anfang des 17. Jahrhunderts konnte der Nürnberger Chronist Johannes Müllner über die mit beharrlicher Zähigkeit von der Stadt erworbenen Reichswälder[104] bemerken, jedermann sei „bekannt, daß ohne diese Wäld die Stadt Nürnberg nit hätte können aufkommen, daher in alten Briefen gemeldet wird, daß die Stadt Nürnberg auf diese Wäld gestiftet sei".[105]

Den Zusammenhang von Waldnutzung, früher industrieller Entwicklung und aufblühender städtischer Wirtschaft erweist ein Vergleich zwischen Nürnberg und Hagenau. In staufischer Zeit waren beide Städte in etwa gleichbedeutend, waren bevorzugte königliche Pfalzorte, Mittelpunkte auch der Reichsgutsverwaltung, beide umgeben von großen königlichen Wäldern: den Reichswäldern um die fränkische, dem Heiligen Forst um die elsässische Stadt. Während aber Hagenau im Spätmittelalter stagnierte, erlebte Nürnberg einen wirtschaftlichen Aufstieg, der schon die Zeitgenossen staunen ließ; die Bürger der Stadt am Heiligen Forst konnten angestammte, rein agrarwirtschaftliche Nutzungsrechte wie die Schweinemast nicht weiter ausbauen, Nürnberg dagegen gelang es in einem zähen Ringen, mit Politik und Geld, die Reichswälder der eigenen Herrschaft zu unterstellen und sie als Energieträger für die entstehende eisenverarbeitende Industrie in dem von ihr beherrschten oder überherrschten Umland einzusetzen.[106]

Was wir gemäß einer früher beliebten Terminologie der Historiker als „zähes Ringen" bezeichneten, ist bei näherem Hinsehen eine umweltgeschichtlich aufschlußreiche Variante des Themas Geld und Politik. Der Leser sei in diesem Zusammenhang um Nachsicht gebeten, daß der Autor neben manchem Spott über modische wissenschaftliche Konventionen auch das Bedürfnis hat, an grundsätzliche Fortschritte zu erinnern, die seine Zunft erreicht hat. Als in den 30er Jahren des vergangenen Jahrhunderts ein einflußreiches Sammelwerk über „Meister der Politik" konzipiert wurde, dachten die Herausgeber nicht im entferntesten daran, auch Gemeinschaften, Genossenschaften in ihrem kollektiven Handeln zu berücksichtigen. Der Nürnberger Rat zum Beispiel erwies sich über den von früheren Historikern gefeierten individualistischen Aktionismus hinaus als Meister der Politik, wie es von der finanzpolitischen Seite her Wolfgang von Stromer erschlossen hat.[107] Über mehrere Generationen hinweg schließlich das Ziel der alleinigen Gebotsgewalt über die Reichswälder erreicht zu haben, war eine Meisterleistung in der Verantwortung für das Gemeinwohl der Stadt.

Waldbesitz, Waldnutzung. Auch wenn bis heute die Nürnberger Lebkuchen an den spätmittelalterlichen Nürnberger Rat als Meister der Politik erinnern, so war doch diese Meisterschaft im späten Mittelalter nicht mehr wie in staufischer Zeit allein auf die Zeidlerei, die Waldbienenzucht, bezogen, sie zielte auf die neue industrielle Produktion: Neben Sägemühlen entstanden Hammerwerke und Schmelzhütten, die Erze aus dem nahegelegenen Oberpfälzer Montanrevier verarbeiteten. Schon die Standortwahl in den Reichswäldern zeigt die Abhängigkeit dieser

Das Handwerk der Böttcher *(Miniatur aus dem Codex des Balthasar Behaim, Krakau, 1505).*

Zulieferbetriebe für das aufblühende, weit berühmte Nürnberger Handwerk vom Energieträger Holz. Auch die Gegenprobe stimmt: Nürnbergs wirtschaftlicher Niedergang seit dem 17. Jahrhundert geht Hand in Hand mit dem Niedergang der Forstwirtschaft in den Reichswäldern. Die Nachfahren der spätmittelalterlichen „Meister der Politik" hatten sich, inzwischen mit dem Freiherrntitel vom Kaiser ausgezeichnet, auf ihre Herrensitze im Umland zurückgezogen und betrachteten Stadtpolitik als Standesattribut.[108]

Der Wald veränderte die größere Siedlung zur Stadt. Diese war bis in das Spätmittelalter hinein integraler Bestandteil einer agrarisch geprägten Welt, bevor sich (von Stadt zu Stadt verschieden) eine spezifische Urbanität herausbilden sollte. Bereits im 13. Jahrhundert hatten im Umland größerer Städte – sofern nicht Steilhänge in den Bergforsten und Versumpfungen in den Auewäldern Einhalt geboten – Viehweide und Holznutzungen in einem stetig erweiterten Umkreis die Wälder verlichtet. In Frankfurt verschwand der Baumbestand in der Stadtgemarkung, ohne daß der Rat eingegriffen hatte,[109] weil der nahegelegene Dreieichenhain die Ressourcen sicherte. Innerhalb der Bannmeile blieben oft nur vereinsamte Gehölze inmitten von Wiesen und Feldern stehen; keineswegs im Verständnis von Überhalterbäumen für eine natürliche Verjüngung zu deutende, sondern allein durch ihre Nutzlosigkeit geschützte Bestände. In diesen Gehölzen suchten arme Leute Beeren und Wildobst, fingen mit Leimruten oder Garnnetzen Vögel zum Verzehr.

Die Waldarmut im Umland spätmittelalterlicher Städte ist Folge der langen Übernutzung; denn ohne Holz hätte sich keine Stadt entwickeln können. Die Wortgeschichte von „Wand“, von dem gewundenen Flechtwerk stammend, belegt die Bedeutung des Waldes für den Hausbau bereits im frühen Mittelalter. Diese Bedeutung verlor der Wald auch nach dem Auslaufen der Rodungsphase nicht;[110] denn selbst im Spätmittelalter waren Steinhäuser selten – bildeten deshalb auch die Familiennamen ihrer Besitzer: Steinhauser. Noch im ausgehenden 15. Jahrhundert fiel italienischen Reisenden auf, daß in Deutschland die Häuser aus Holz und nicht aus Stein gebaut waren, daß Öfen die in Italien gewöhnlichen Kamine ersetzten.[111]

Mächtige Eichen- oder Tannenstämme wurden oft von weit her geholt,[112] um ein Bohlenständerhaus, dessen Statik von den vier Außenwänden getragen wurde, oder um einen Firstsäulenbau zu errichten, wo in der Mittelachse wuchtige Holzsäulen die Firstpfette und damit das Dach stützten.[113] Ziegel und oft lediglich ein lehmverkleistertes Weidengeflecht füllten beim Fachwerkbau den vom Holzrahmen gesteckten Raum aus. Aus Holz bestand auch meist das Dach, aus Schindeln, die wegen der Brandgefahr erst im Verlauf des Spätmittelalters, bisweilen mit finanzieller Unterstützung der Obrigkeit, durch die etwa ein Drittel teureren Ziegel ersetzt wurden.[114] (Selbst das kaiserliche Schloß in Linz war 1492 noch mit Holzschindeln gedeckt.)[115] Holz war ebenfalls dort verbraucht worden, wo Häuser als Wohlstandszeichen in Butzenscheiben gefaßte Glasfenster aufwiesen;[116] denn vor der Einführung von Soda im ausgehenden 18. Jahrhundert hatten die waldfressenden Glashütten einen enormen Bedarf an Pottasche.[117]

Evident ist der Holzbedarf für die Fachwerkhäuser.[118] Aber ohne Holz hätte es auch keine Steinbauten gegeben. Obwohl Backsteine ein Speyerer Exportartikel waren, wurde ihre Produktion in der zweiten Hälfte des 14. Jahrhunderts nur noch für den unmittelbaren städtischen Bedarf gestattet, denn der Brennholzbedarf für ihre Herstellung war zu groß.[119] Außerdem: Steinbauten brauchten Kalk; dieser aber wurde im Wald gebrannt, was nicht nur dem Hildesheimer Rat Sorgen bereitete.[120] Und schließlich: In den Steinhäusern, in den Kirchen wurden große Mengen wertvollen Nutzholzes verbaut. Wenn der Dachstuhl eines Kirchturms brennt, schmelzen die Glocken.[121] Für den Dachstuhl der Hamburger Petrikirche brauchte man ohne die Sparren mehr als 400 alte Eichen.[122] Gerüste und Verschalungen hatten weiterhin viel Holz verschlungen: Ein großer Wald ist für den Bau einer solchen Kirche nötig.

Die städtischen Siedlungen hatten die Nähe zum Fluß suchen müssen. Schwierig war es infolgedessen, im Spätmittelalter massive Steinbauten im Stadtareal zu errichten. Vielfach war nur mit Bäumen ein sicheres Fundament im feuchten Untergrund zu erreichen. So mußten zwischen 1468 und 1488 auf der Isar rund 20000 Stämme für den Bau der Münchener Frauenkirche angeflößt werden.[123] Ein unterirdischer Wald bildete oft das Fundament von wassernahen Großbauten.[124] Erfahrene Baumeister empfahlen dafür Eichen-, Erlen- und Ulmenstämme.[125]

Eine Stadt konnte ohne Holz gar nicht erbaut werden, eine Stadt konnte ohne Holz auch gar nicht überleben.[126] Die Nürnberger, so Johannes Cochlaeus 1512, fürchten am meisten, daß es ihnen schließlich an Holz mangeln würde.[127] Der kluge Schulmeister (wegen seiner altkirchlichen Einstellung von Reformationshistorikern arg zerzaust) formulierte eine kollektive Erfahrung im städtischen Gemeinwesen. Neben dem Bauholz brauchte eine Stadt das Werkholz. Die meisten Handwerke sind direkt oder indirekt vom Wald abhängig. Wir können sie gar nicht alle aufzählen, denn die Vielfalt der Waldnutzung ermöglicht erst handwerkliche Vielfalt, vom Wagner, der bestes astfreies Eichenholz verarbeitet, über den Drechsler, der aus Buchsbaum die Büchsen herstellt, bis hin zu dem meist armen Seiler, der, argwöhnisch von der Obrigkeit überwacht,[128] den Bast abgeschälter Baumrinden verwertet. Weil Nägel zumeist aus Holz sind, versuchen Zimmermannsgesellen während der Winterruhe auf dem Bau, Eichennägel zu verfertigen, um ihr Leben zu fristen.[129] Die Möbelherstellung steht keineswegs im Vordergrund, wie es von heutigen Verhältnissen ausgehend anzunehmen wäre. Tischler und Schreiner sind keine dominierenden Zünfte; denn sogar in den Wohnungen der Wohlhabenden stehen nur wenige Möbel, zumeist Erbstücke, die keinem raschen Modewandel unterworfen waren.

Selbst Handwerke, die auf den ersten Blick nichts mit dem Wald zu tun haben, sind doch indirekt von ihm abhängig. Zum Beispiel der Schuhmacher: Sein Arbeitsgerät, der sprichwörtliche

Leisten, ist aus Holz. Seine Schusterzwecken stammen von der Hainbuche, deren Hartholz für viele technische Zwecke gesucht wird, von Schrauben bis zu den Radzähnen, Triebhämmern und Spulen der frühen Montanindustrie.[130] Das Schusterpech wird aus dem Harz der Nadelwälder gewonnen und von den „Pechern" sowohl zum mittelalterlichen Alleskleber als auch zum Universalschmiermittel weiterverarbeitet.[131] (Wie im Falle der Wachstafeln haben wir auch jetzt Anlaß, auf die Bedeutung des Waldes für die Schriftkultur hinzuweisen: Harz wird, Terpentin ersetzend, für die Druckerschwärze benötigt.) Vor allem aber ist das Leder, das nicht nur die Schuhmacher, sondern die ebenfalls bedeutenden Gewerbe der Sattler, Beutler und Riemenschneider verarbeiten, ohne Holzprodukte nicht herstellbar. Die rötlichbraune Färbung des von den Rotgerbern hergestellten Leders stammt von der Eichenrinde, die als Gerbrinde von jungen Stockausschlägen im Niederwaldbetrieb gewonnen und in eigenen sogenannten Lohmühlen für die Gerberlohe zermahlen wird.[132]

Der Bedarf an Bau- und Werkholz ließ im Spätmittelalter eine frühe Industrie entstehen: die Sägemühlen. Sie seien hier stellvertretend als Beispiel dafür erwähnt, „daß der Großteil der Maschinen und Geräte, die am Vorabend der Industriellen Revolution in Gebrauch waren, dem Hoch- und Spätmittelalter entstammte".[133] Die Säge, beim Stand der hochmittelalterlichen Schmiedetechnik nur schwer herzustellen, blieb bis ins ausgehende 18. Jahrhundert ein der Waldarbeit fremdes Gerät: Bäume wurden mit der Axt geschlagen und bearbeitet.[134] Die Axt galt deswegen über die Zeiten hinweg als Symbol der Nutzungsberechtigung am Wald.[135] Das läßt die Bedeutung des frühen Industriezweiges abschätzen, der nur wegen des gestiegenen Bedarfs sich entwickelt, jedoch die hergebrachten Formen der Waldnutzung nicht grundlegend verändert hatte. Die Sägemühlen, die seit dem 14. Jahrhundert an Wasserläufen in der Nähe von Nadelwäldern entstanden – am frühesten auf deutschem Boden in Kirchheim/Teck und Pfaffenweiler bei Villingen, 1310 und 1314 erwähnt[136] – stellten „Knarholz“, dünne Bretter her, ersetzten die Arbeit der noch mit Axt und Keil hantierenden „breder speltere“. Durch die Sägemühlen konnte das Bauholz, das zuvor nur mit dem Beil abgeschlichtet wurde,[137] genau vierkantig zugeschnitten werden.[138] Wo sich diese Betriebe ausbreiteten, wurden sie dem Wald so gefährlich, daß der Nürnberger Rat sie 1458, sofern sie nicht von alters her bestünden, verbieten wollte – und damit scheiterte: Zu groß war der Bedarf an zugeschnittenem Bau- und Werkholz.[139]

Bei allen sich gewerblich differenzierenden Formen des Rohstoffs- und Energieträgers Holz darf die Basis nicht übersehen werden. Die Brennholzversorgung war ein drängendes Problem, mit dem sich Stadtordnungen wie etwa die Heidelberger von 1471 einläßlich befassen mußten.[140] Schon für das ausgehende Mittelalter galt vielerorts, was Ende des 16. Jahrhunderts bemerkt wurde, daß der arme Mann sich mehr um Brennholz als um das tägliche Brot sorgen müsse.[141] Brennholz war so wichtig, daß die Frage der Energieeinsparung zum Thema wurde. Ein Chronist hält als bemerkenswertes Ereignis fest, daß es einem Erfurter Bürger 1447 gelang, beim Brauen die Hälfte des Heizmaterials einzusparen.[142] Wo das Brennholz knapp und relativ teuer war, ist die spätmittelalterliche Badekultur in Stadt und Land nicht nur eine Frage der Hygiene.[143] Diese saunaähnlichen Badestuben mit ihrem hohen Holzverbrauch dienten in kalten Zeiten auch dem Durchwärmen, waren Lebensbedürfnis für Knechte und Gesellen, denen damals kein Trinkgeld, sondern ein Badegeld gewährt wurde. In den Haushalten ihrer Meister nämlich konnte, wie allgemein üblich, nur eine Stube erwärmt werden. Selbst in Patrizierhäusern waren nur ein bis zwei Stuben beheizbar,[144] aber dennoch verbrauchte ein solcher Haushalt für Ofen und Herd jährlich etwa 4 bis 6 Festmeter Holz.[145]

Regelmäßige Zufuhr von Brennholz oder Holzkohle war für viele Handwerke, für Schmiede, Brauer, Bäcker, Kerzengießer usw., existenznotwendig. Der Brennholzbedarf wird allenthalben seit dem 15. Jahrhundert kontingentiert,[146] er sollte unter möglichster Schonung des Nutzholzes gedeckt werden, durch „liegendes Holz“ etwa, das Wind- und Schneebrüche hinterlassen hatten, durch „Schwachholz“, das im Wald verkauft wurde, durch „Leseholz“, dürre abgefallene Äste, die zumeist von Kindern und armen Frauen gesammelt wurden. Brennholz war allgemein von minderer Qualität, selbst dort, wo im wiederkehrenden Aushieb des stockschlägigen Unterholzes oder durch Köpfung von Hainbuchen und Weiden die Nachfrage befriedigt wurde.[147] Kein anheimelndes Feuer wie in heutigen Kaminen brannte in mittelalterlichen Öfen, es stank in den geheizten Stuben. Die „besseren Leute“ versuchten mit Gewürzen, besonders beliebt war Thymian, die Gerüche zu mildern.

Ohne Holz kein Essen und kein Trinken. Holzschüsseln, Holzbecher. Und wo diese bei den Bessergestellten durch Irdenware ersetzt wurden, war erst recht der Wald vonnöten. Temperaturen von 880 - 930° C mußten die Brennöfen der Töpfer erreichen. Vor allem Eiche wurde gebraucht. Schon kündigt sich die Ressourcenproblematik an, wenn seit der Mitte des 12. Jahrhunderts immer häufiger Haselstatt des teurer werdenden Eichenholzes verwendet wird.[148] Die Großtöpfereien im Rheinischen Vorgebirge waren ausgesprochene Waldfresser.[149]

Wo der Wald immer weiter durchlichtet wurde, wurde zugleich der Holzhandel immer wichtiger.[150] Die waldarmen nördlichen Niederlande mußten den größten Teil ihres Werk- und Brennholzes importieren.[151] (Selbst Holzschuhe kamen damals noch als westfälischer Exportartikel nach Holland.) Maastricht wurde ein Zentrum dieses Handels.[152] Aus den Ardennen, die Petrarca als ein „Meer von Holz“ beschrieben hatte,[153] und aus Westfalen, in

Die einzige Möglichkeit zur Körperpflege in den Städten boten Badestuben: Hier die Illustration eines beheizten Bades *(aus: Konrad Kyeser, Bellifortis, Büchsenmeisterbuch, Wenzelwerkstatt, Prag, 1405, Göttingen, Universitätsbibliothek)*.

kleineren Quantitäten selbst aus dem Schwarzwald (dem späterhin großen Reservoir an „Holländerbäumen"), wurde im 15. Jahrhundert Holz rheinabwärts geführt. Beträchtliche Mengen an Brettern, Balken und Stämmen passierten die Zollstätte Lobith.[154] Eigene „Flotschiffe" wurden für diesen Handel gebaut, relativ groß, weil ein „doirganck holts", das übliche Maß für eine Partie, 24 m lang war.[155]

Holz und Hering bilden die Voraussetzung für den wirtschaftlichen Aufstieg einer spätmittelalterlichen Wirtschaftsmacht: Der Seehandel der Hanse war auch ein Handel mit Waldprodukten bis hin zu Asche und Teer, die – ohne Furcht vor weiten Entfernungen – selbst aus russischen Wäldern über Riga nach Westen verschifft wurden.[156] So wichtig der rheinische Handel auch war, so konnte er doch nicht den immensen Holzbedarf Flanderns, der entwickeltsten europäischen Städtelandschaft neben der Lombardei, decken. Hansische Kaufleute nutzten die Marktchancen. Nachdem schon mit dem ausgehenden 13. Jahrhundert Export aus Wolgast, Anklam und Stettin mit ihrem waldreichen Hinterland bezeugt ist,[157] werden riesige Holzmengen aus dem Düna- und Weichselgebiet, ja selbst aus Litauen von preußischen Städten, vor allem von Danzig,[158] nach Flandern verschifft.[159] Aber das reicht nicht. Hamburg wird zum Stapelplatz für alles elbabwärts angelandete Holz, das in großen Mengen für den Bau von Schiffen, Kähnen und Rudern („koggenbretter, kanenblocke, remenholz") oder als Bauholz, wie die im ausgehenden 15. Jahrhundert berühmten Magdeburger Dielen, in den Niederlanden gebraucht wird.[160] Der hansische Holzhandel kannte ein breites Sortiment von Qualitäten, von den überaus teuren Bäumen für die Schiffsmasten[161] über das hochwertige „Wagenschoß", das, für den Schiffsbau bestimmt, keine Risse aufweisen durfte, bis hin zum „Wrak-Holz", das um die Hälfte billiger war als gute Ware.[162] Am teuersten aber waren die aus preußischen Häfen verschifften Eiben, das beste Material für die Bogenmacher. So wichtig war der Handel mit diesem aus polnischen Wäldern stammenden Holz, daß 1404 der Deutsche Orden durch ein Ausfuhrverbot die englische Krone zu treffen trachtete;[163] denn die weitberühmten englischen Bogenschützen, die „archers", führten den Eibenbogen. Internationalität also: Eiben aus polnischen Wäldern, verfrachtet auf preußischen Schiffen, verkauft durch den hansischen Kaufmann, begründeten 1415 bei Azincourt den Sieg englischer Bogenschützen über die französische Reiterei.

Ohne den Wald hätte im sonnenarmen Mitteleuropa gar nicht das lebensnotwendige Salz gewonnen werden können. Um die im Spätmittelalter oft über 200 m² großen eisernen Sudpfannen befeuern zu können, war eine enorme Energiezufuhr notwendig. (Erst Ende des 16. Jahrhunderts kamen die Gradierwerke auf, die den Bedarf an Brennmaterial milderten.) Durch Zuweisung ganzer Sudwälder, die im Niederwaldbetrieb bei möglichst geringen Umtriebszeiten bewirtschaftet wurden,[164] konnte der Energiebedarf alpenländischer Salinen jahrhundertelang weitgehend – wenngleich temporäre Engpässe nicht ausschließend – gedeckt werden.[165] Für jene Salinen hingegen, die nicht in der Nähe scheinbar unerschöpflicher Bergwälder lagen, war die Brennholzversorgung ein existentielles Problem. Raubbau zugunsten der Lüneburger Sudpfannen vernichtete schon im Spätmittelalter den Wald des Umlandes, gab der Lüneburger Heide ihr Gesicht.[166] Nunmehr mußte das Holz selbst aus mecklenburgischen Wäldern in schwierigster Treidelflößerei elbaufwärts durch eigene Floßkanäle herangeführt werden.[167]

In enger Abhängigkeit vom Wald steht die seit dem 13. Jahrhundert unaufhaltsame, umweltverändernde Ausweitung von Technik und Industrie. Diese spätmittelalterliche „industrielle Revolution"[168] war ohne die Ressourcen, ohne die Energiezufuhr aus dem Wald nicht denkbar.[169] Und dabei zeigt sich ein Zusammen-

Das Innere einer Badestube in einer Illumination zu Valerius Maximus, Factorum et dictorum memorabilium *(um 1470, Berlin, Staatsbibliothek).*

hang von Wald- und Wasserwirtschaft. Schwer genug war es vielerorts, vor allem in den bergbauintensiven Regionen, die Wasserräder, die Motoren früherer Zeiten, zum Laufen zu bringen. Teiche mußten aufgestaut, Gräben gezogen, unterirdische Wasserläufe genutzt oder hölzerne „Gefluder" (Gerinne in Holzleitungen) an steilen Abhängen angelegt werden, um die Radstuben zu speisen. Bergbau und Montanindustrie erzwangen ein ausgeklügeltes System der Wasserwirtschaft.[170]

Mit dem 14. Jahrhundert kündeten immer zahlreicher werdende Rauchsäulen der Kohlenmeiler von steigendem Energiebedarf.[171] Außer dem Familiennamen Köhler erinnert heute fast nichts mehr an den einst so wichtigen Beruf, der so viele Kenntnisse, schon allein um die Luftzufuhr in den Meilern zu regulieren und Waldbrände zu verhüten, verlangte, und der dennoch schlecht entlohnt wurde. Obwohl großer Bedarf an Holzkohle bestand, war der Köhler sprichwörtlich arm.[172] Das lag nicht zuletzt an den Arbeitsbedingungen. Im Winter war das Buchenholz aus möglichst dünnen Stämmen zu schlagen, und erst im Mai konnte nach dem Abtrocknen des Holzes mit der Errichtung des kegelförmig aus Scheiten aufgetürmten Meilers begonnen werden. Mit Rasenplaggen wird dieser abgedeckt; unter dauernder Bewachung muß er während der rund zehntägigen Brenndauer stehen. An der Blaufärbung des Rauches erkennt der Köhler, stets die Luftzufuhr regelnd, wie weit der Verkohlungsprozeß fortgeschritten ist. Nach etwa zehn Tagen hat der Meiler nur noch die Hälfte seiner ursprünglichen Größe. Jetzt beginnt der schmutzigste Teil der Arbeit. Mit einem Reißhaken wird die Holzkohle rund um den Meiler zum Abkühlen ausgelegt, ein etwa noch glühendes Stück mit Wasser gelöscht.[173]

Der Händler profitiert von der Knochenarbeit des armen Köhlers. Holzkohle wurde ein Massenartikel, transportiert auf langen hohen Wagen, die selten mehr als 330 kg fassen konnten und an deren Ende ein kippbarer Korb aus dichtem Weidengeflecht angebracht war.[174] Dieser Korb stellte zugleich die Maßeinheit beim Verkauf dar. Der arme Köhler hatte am wenigsten davon, daß im Laufe des 15. Jahrhunderts die Preise für Holzkohle kräftig anstiegen.[175]

Bekannt war zwar die Steinkohle[176] (schon um 1200 hatte im Lütticher Raum ihr Abbau begonnen), aber eine nennenswerte Rolle bei der Energieversorgung spielte sie nicht.[177] Immerhin stellt es einen Indikator für die vielerorts sichtbar werdende Holzknappheit dar, wenn die im Tagebau gewonnene Steinkohle seit dem Spätmittelalter steigende, wenngleich nicht entscheidende Marktanteile gewinnt.

Holz und industrielle Revolution des Spätmittelalters: Bei der Verhüttung von Eisenerz war es schon Mitte des 13. Jahrhunderts zur entscheidenden Verbesserung gekommen, als die Rennfeuer mit offener Herdgrube durch die Stücköfen ersetzt wurden.[178] Im Verlauf der nächsten Generationen sollte dann in Hochöfen die Menge der ausgeheizten Eisenluppen verdoppelt werden.[179] Der Holzbedarf stieg gewaltig, bedurfte es doch etwa acht Tonnen Holzkohle (also ca. 30 Tonnen Holz), um eine Tonne Roheisen zu gewinnen.[180] Mit der Intensivierung der Eisenverarbeitung wurden, von Flüssen oder aufgestauten Bächen getrieben, Mühlen zu Hammerwerken umgebaut. Auch sie hatten einen immensen Holzbedarf.

Die hochmittelalterliche Eisenverarbeitung war noch kein „Holzfresser“ gewesen.[181] Ganz anders steht es mit der spätmittelalterlichen Montanindustrie. Holzknappheit hatte sie im Gefolge,[182] was schon die Bildquellen des 16. Jahrhunderts sichtbar werden lassen.[183] Bis zum Raubbau selbst in entlegenen Revieren reicht der Einfluß eines neuen Großabnehmers von Holz: die mit dem 15. Jahrhundert sprunghaft sich entwickelnde, in ihrer „städtebildenden Kraft“ aber zumeist überschätzte Montanindustrie.[184] Für diese waren Wälder ein Standortfaktor.[185] Anders als bei der weitgehend verrechtlichten Holznutzung, zu der die spätmittelalterlichen Städte gelangt waren, anders auch als bei den althergebrachten Privilegien und Nutzungsrechten der Salinen griff nunmehr das Großkapital der Montanherren in die durch keine vorangegangene Verrechtlichung geschützten abgelegenen Bergwälder ein. Diese wurden ungehemmt in einem bisher unbekannten Ausmaß abgeholzt. Überall dort, wo alte Rechte der Ausbeutung entgegenstanden, wurde nicht der Jurist, sondern der Münzmeister bemüht. Nur ein Beispiel: Bei dem sogenannten Abtrieb auf Stockraum[186] pachteten Montanunternehmer für bestimmte Zeit ganze Reviere, lockten den in zersplitterten, kaum monetär rationalisierten Grundrenten kalkulierenden Adel mit plötzlichem Bargeldsegen und unterließen, allein am Holzertrag interessiert, die nur langfristig Nutzen bringenden Maßnahmen der Waldpflege.

Die sogenannte „industrielle Revolution des Mittelalters" war genau besehen eine Evolution zu Lasten des Waldes.[187] Obwohl dieser noch um 1400 zu zwei Dritteln aus Laubbäumen und nur zu einem Drittel aus Nadelholz bestand (heute hat sich das Verhältnis umgekehrt),[188] obwohl er noch nicht von Monokulturen beherrscht war, so geriet er doch in höchste Gefahr. Ein Dauerproblem seit dem Spätmittelalter. (Die heutige Diskussion um den „Försterwald" sollte dies nicht verkennen.) Einer zufällig überlieferten Nachricht des Jahres 1387 zufolge wurden in der Oberpfalz 175 000 Festmeter Holz im Jahr allein für die Hammerwerke verbraucht. 1348 standen die Hämmer im Forst Vilseck still, weil der Wald total ausgehauen worden war.[189]

Das frühmittelalterliche Waldesdickicht war im Laufe der Jahrhunderte weitgehend verschwunden. Wo es noch bestand, erregte es Erstaunen. Als 1415 Leonardo Bruni vom Reschenpaß ins Inntal hinabstieg, faszinierte ihn weniger die „Schrecken einflößende" Bergwelt als der Holzreichtum, die „unglaubliche Menge an Tannen; ferner gibt es Kiefern, Zypressen, Eschen, Buchen und jegliche Art von Bauholz."[190] Bauholz. In dem Maße, in dem die Bevölkerung wuchs, verringerte sich der Wald.

Die ersten Maßnahmen zum Schutz des Waldes

Die spätmittelalterlichen Stadträte wußten, wie sehr ihr Gemeinwesen vom Wald abhing. Sie erkannten die Gefahr der Übernutzung. Nürnberg hatte seit seiner ältesten Waldordnung von 1294 konsequent die Reichswälder vor den Toren der Stadt gegen Raubbau geschützt.[191] Mit dem 14. Jahrhundert mehren sich entsprechende Nachrichten auch aus anderen Städten. 1359 wird erstmals für den Erfurter Stadtwald von einer geregelten Schlageinteilung berichtet.[192] Von solchen Maßnahmen, oft schon verbunden mit natürlicher und künstlicher Verjüngung der Bestände, ist in der Folgezeit an vielen Orten zu hören.[193] Sogar dörfliche Gemeinden müssen sich, wovon Weistümer künden, um den Erhalt der für die bäuerliche Wirtschaft so wichtigen Wälder bemühen.[194]

Die Mittelwaldwirtschaft reicht als Waldschutzmaßnahme bis in das späte Mittelalter zurück.[195] Der heute weit verbreitete Altersklassenwald geht zwar auf den „Försterwald" zurück, wie er seit dem Entstehen einer Forstwissenschaft um 1800 (auch den Gedanken der „Nachhaltigkeit" enthaltend) zur wirtschaftlichen Optimierung der Erträge entworfen wurde, aber er hat seine spätmittelalterlichen Vorläufer – von der Haubergswirtschaft im Siegerland abgesehen[196] – in Gestalt der Mittelwaldwirtschaft. Diese Form des Waldbaus erzeugte bei festgelegten Umtriebszeiten Bau- und Brennholz auf derselben Fläche. (Auch die im 18. Jahrhundert entstehende Forstwissenschaft teilte die Unart so vieler neu entwickelter Fachdisziplinen, ihre weitgehend empirisch arbeitenden Vorgänger nicht zu kennen oder nicht zu nennen.)

Die Städte und nicht erst die territorialstaatlichen Forstordnungen entwickelten eine forstliche Verjüngungstechnik.[197] So schreibt etwa der Hildesheimer Rat vor, „dat wie twe dele hegede und den dridden hauwede“.[198] Die jungen Schläge, die „jungen haue“ werden geschützt, „gebannt“, um in der Sprache der Zeit zu bleiben.[199] Durch strenge, auf kleine Flächen bezogene Hiebregelungen gehörte seit dem Beginn des 15. Jahrhunderts der Zürcher Sihlwald zu den bestgepflegten Forsten in Europa.[200] Als Faustregel mag gelten: Je größer und damit holzabhängiger eine Stadt war, um so früher entwickelt sie Waldschutzmaßnahmen; Nürnberg und das durch Waidhandel bedeutsame Erfurt erließen schon im 14. Jahrhundert Ordnungen, für die sich manche Mittelstädte wie Memmingen[201] noch bis ins 16. Jahrhundert hinein Zeit lassen konnten.

Bei den städtischen Maßnahmen zum Schutze des Waldes wird sichtbar, in welchem Ausmaß die Stadt Teil einer agrarischen Welt ist. Die Schweinemast wird einschränkenden Regelungen unterworfen, die Waldweide von Ziegen und Schafen wegen der großen Verbißschäden verboten. Danach erst werden Konsequenzen aus der Entwicklung zur Urbanität gezogen. Die Kohlenmeiler müssen sich in stadtferne Areale zurückziehen, der Holzbedarf der städtischen Kalköfen und Ziegelhöfe wird geregelt. Die weiteren, von Stadt zu Stadt verschiedenen, in ihrer Vielfältigkeit gar nicht aufzuzählenden Maßnahmen lassen sich auf ein Prinzip zurückführen: auf die Einschränkung der Allmendnutzung. Denn ursprünglich stand auch der Wald als Teil der städtischen Allmende, des Gemeinbesitzes, allen Einwohnern als Nutzungsreserve offen. Zunächst wird der Kreis der Berechtigten eingeschränkt, die Knechte und Mägde sowie alle ohne Bürgerrecht Ansässigen werden ausgeschlossen. Sodann wird auch den Bürgern die Nutzung nur noch zu bestimmten Zeiten und schließlich – bei dem wertvollen Bauholz – allein noch gegen Zahlung eines „Stammgeldes“ gestattet.[202]

Von verfassungsgeschichtlichen Wandlungen berichtet das „stumme Erzählen“ des städtischen Waldes. Aus dem Gemeinbesitz der Bürger wird „des Rates Wald“. Der Obrigkeit verpflichtete Forstknechte, Bannwarte, haben den Bürgern die Holznutzungen anzuweisen.[203] Sie sollen etwa darauf sehen, daß „niemand langes Holz haue, wo ihm kürzeres wohl täte“. Genauestens wird zum Beispiel in Freiburg darauf geachtet, daß kein kostbares Bauholz verwertet wird, wo schon einfaches genüge, daß für Fensterrahmen als erstes „liegendes Holz“ verbraucht werden müsse.[204] Bis ins Pedantische gehen bisweilen die Vorschriften für die Anweisung des Werkholzes. Den Badern in Erfurt werden eigens die Bäume bezeichnet, von denen sie Quästen, die Reiser, mit denen die Badenden ihre Durchblutung fördern, schneiden dürfen.[205] Besondere Fürsorge galt den Eichengehölzen in der Stadtmark. Sie werden beispielsweise durch Gräben vor den Karren und Wagen geschützt, die, immer die günstigste Fahrspur suchend, eine mittelalterliche Landstraße mit einem Gewirr von Nebenwegen umrandeten. All diese Schutzmaßnahmen sollten durch regelmäßige Waldbesichtigungen erfahrener Ratsherren überprüft werden; denn diese Maßnahmen waren ein Teil dessen, was als „gute Polizei“ zum Wohle der Stadt galt, waren Teil der vom Gedanken des „Gemeinen Nutzens“ legitimierten Gesetzgebung.[206]

Daß die städtischen Waldschutzmaßnahmen in einer Vielzahl von Einzelverordnungen zersplittert überliefert sind, hat dazu verführt, allein in den bequemer zu ermittelnden territorialstaatlichen Forstordnungen seit dem 16. Jahrhundert die Grundlagen der modernen Forstwirtschaft zu suchen.[207] Aber der frühneuzeitliche Fürstenstaat hat von den Städten des Mittelalters erst gelernt, hat die hier erprobten Maßnahmen in seinen Forstgesetzen gebündelt, hat, nach dem Vorbild der spätmittelalterlichen Städte, die Nutzungsberechtigung der Bauern an den Forsten weitgehend eingeschränkt.[208]

Wo das Holz immer knapper wird, liegt der Gedanke der Aufforstungen nahe. Im ausgehenden 14. Jahrhundert begegnet häufiger eine obrigkeitliche Anordnung, wie sie – möglicherweise erstmals – 1343 für Dortmund bezeugt ist: Haus- und Hofbesitzer werden zum Anbau von Laubbäumen verpflichtet, wobei die Wildlinge ausgegraben und an die gewünschten Stellen verpflanzt werden.[209] Diese scheinbar nur lokalgeschichtlich interessante Maßnahme steht in einem größeren Zusammenhang, dem im 14. Jahrhundert beginnenden Prozeß der Aufforstung, der Wertsteigerung des Waldes.[210] Der Wald sei für den Bischof wichtiger als Menschen, wurde um 1365 im Bamberger Hochstift als Begründung dafür angegeben, daß im Frankenwald drei Wüstungen nicht wieder aufgesiedelt wurden.[211]

Aus den zähen Bemühungen um Aufforstung und Verjüngung der Bestände entsteht „Kunst" in dem Sinne, daß der Mensch in die Natur eingreift und sie nach seinen Bedürfnissen zu formen versucht. Ausnahmsweise ist dieser im Prinzip universalgeschichtliche Vorgang bei der künstlichen Verjüngung der mitteleuropäischen Waldbestände mit einem genauen Datum zu erfassen. 1369 erprobte Peter Stromer erstmals erfolgreich im Nürnberger Reichswald die künstliche Tannensaat.[212] Der Samen wurde im Winter durch langsames Dörren oder Darren in der Wärme vorbereitet und im April bei abnehmendem Mond ausgesät.[213] (Ein Erfahrungswert offenbar, denn in Analogie zum üblichen Saat-Aberglauben hätte der zunehmende Mond bevorzugt werden müssen.) Auch bei Laubbäumen gelangen alsbald Versuche künstlicher Nachzucht.[214] Die älteste Nachricht über die Eichelsaat stammt aus dem Jahre 1398,[215] und schon im 15. Jahrhundert steht die Eiche, zumindest in Norddeutschland, noch vor der Buche an der Spitze bei der künstlichen Nachzucht. Nadelhölzer wurden nur auf schlechteren, für den Laubholzanbau ungeeigneten Böden angesät.[216]

Auch wenn die Nachzucht von Bäumen bei großen regionalen Unterschieden im wesentlichen erst seit dem 16. Jahrhundert allgemeinere Verbreitung fand,[217] auch wenn noch lange Eichenheisterpflanzungen neben der künstlichen Verjüngung bezeugt sind,[218] so war letztere doch bereits im Spätmittelalter in ihrer Bedeutung erkannt und genutzt worden.[219] Schon um 1400 bestand in Nürnberg eine Waldsamenhandlung.[220] Die Reichsstadt blieb der bedeutendste Waldsamenlieferant in Europa. Als Experten wurden in ganz Mitteleuropa Nürnberger Waldsäer herangezogen, und Johannes Cochlaeus rühmt 1512 in seiner „Brevis Germaniae Descriptio" die Nürnberger, weil sie die Kunst des Säens von Bäumen ersonnen hätten.[221]

Folgen der Waldsaat. Als 1516 der Kartograph Erhard Etzlaub und sein Zeichner Ulrich Graf in Deckfarbenmalerei eine Darstellung Nürnbergs inmitten der Reichswälder entwerfen, geben sie die einzelnen Waldareale in dunkleren und helleren Tönen wieder: die durch die Waldsaat herbeigeführten Altersklassen-Bestände.[222]

Trotz allem, was an Raubbau im Umkreis spätmittelalterlicher Städte zu beobachten und durch Waldschutzmaßnahmen vielfach nur noch zu begrenzen war, hat doch letztlich nicht die Entwicklung des spätmittelalterlichen Städtewesens das Ausmaß der frühneuzeitlichen Waldverwüstung bewirkt. Zu einer Forstordnung wie der Tiroler von 1541, die den Wald nur als Annex der Bergwerke betrachtete und die Waldverwüstung in den Hochtälern bis zur Schneegrenze ermöglichte,[223] hätten sich die spätmittelalterlichen Stadtväter nicht verstanden. Ihnen war bewußt, wie sehr das Gedeihen ihrer Stadt vom Walde abhing (bezeichnenderweise geht die frühneuzeitliche Devastierung der Nürnberger Reichswälder[224] mit dem Niedergang der Reichsstadt einher), sie wußten, wie es eine eidgenössische Ordnung von 1480 formuliert: daß der Wald geschont werden müsse, weil auch „die Nachkommen des Holtzes deheinst nottürftig" sein würden.[225]

Die frühneuzeitliche Verwahrlosung der Wälder, die im 18. Jahrhundert von der entstehenden Forstwissenschaft zwar übertrieben, aber im Kern zutreffend dargestellt wurde, ist ein verwickelter Vorgang, der bisher nur unzulänglich erforscht worden ist. So wird zum Beispiel bei dem nicht gerade selten behandelten Thema der Folgen des Dreißigjährigen Krieges kaum einmal des Umstands gedacht, in welchem Maße Wälder abgeholzt oder einfach abgebrannt wurden. Eine Ursache aber heben wir hervor: Die territorialstaatlichen Forstordnungen wirken – nur auf den ersten Blick verblüffend – waldschädigend; sie formulieren obrigkeitliche Ansprüche, ohne diese mit der entsprechenden Kompetenz füllen zu können (verdiente abgedankte Offiziere wurden oft mit Oberförsterstellen abgefunden). Von der legislatorischen Technik her scheinen die Paragraphenbündel der Forstordnungen den Einzelmaßnahmen der Städte überlegen. Aber deren Einzelmaßnahmen waren erstens praxisnäher und zweitens konsensgebunden. Sie wirkten. Die fiskalische Absicht der Forstordnungen jedoch war unübersehbar und stellte – Stichwort „Waldfrevel“ – geradezu herausfordernd in Frage, was selbst während der Entwicklung zum Obrigkeitsstaat konsensfähig gewesen wäre, stellte in Frage, daß die Wälder dem „gemeinen Nutzen“ zu dienen hätten und ihre Nutzung deshalb in einer ständischen, in einer frühparlamentarischen Verantwortung, nicht aber in einem fürstlichen Gesetz zu regeln wäre. Auf spätmittelalterlichen Erfahrungen beruht die Feststellung, welche die bergischen Stände 1515 formulierten und 1554 wiederholten, daß „busch und welde alzeit für ein schatz des lantz gehalten“ würden.[226]

Zurück zum Spätmittelalter, zurück zu den notwendigerweise langfristig angelegten Bemühungen um den Schutz des Waldes. Diese reagierten auf eine ihnen bewußt gewordene Gefahr. (Es gab um 1500 viel weniger Wald als heute.) Ein Sprichwort ging um, das auch Luther zitiert: Noch vor Anbruch des Jüngsten Tages werde es in Deutschland an drei Dingen mangeln, an „wahren Freunden, gerechter Münze und grünem Holz".[227]

Die Geschichte des Waldes im Mittelalter lädt zu vereinfachenden Interpretationen geradezu ein. Raubbau ist vielfach nachzuweisen, verantwortungsloser Umgang mit der Ressource Natur. Waldschutzmaßnahmen werden erst erwogen, als die Begrenzung der Ressourcen erkennbar wird. Können wir die Neuzeit feiern, in der endlich solche Verhältnisse überwunden werden? Wenn wir, was selten geschieht, in das Ökosystem den Menschen einschließen, wird die Gefahr anachronistischer Bewertung offenbar; dann erweist sich, daß die moderne Forstwissenschaft, die jahrhundertelangen Erfahrungen von der Kraft des Waldes zur Selbstverjüngung erst in der Gegenwart überhaupt wieder erwägend, doch immer noch im Banne einer frühneuzeitlichen staatlichen Regelungshoheit steht. Und weiterhin sei am Beispiel des Försters die weit über historische Bildung hinausreichende Befangenheit des Menschen in seiner Geschichtlichkeit kurz angesprochen. Von allen Beamten ist der Förster vom Gegenstand seiner Verantwortung her der geschichtsbewußteste. (Wenn der Baum hochgewachsen ist, ist der Pflanzer tot.) Und sein historischer Erfahrungsraum reicht bestenfalls zweihundert Jahre zurück, immerhin weit länger als bei den meisten Menschen (Historiker eingeschlossen). Und dennoch arbeitet er in einer geschichtlichen Befangenheit, in der Nachfolge der frühneuzeitlichen Forstordnungen. Diese Forstordnungen aber wiesen in ihrer Betonung der obrigkeitlichen Regelungshoheit ins Frühmittelalter zurück. In der unmittelbaren frühneuzeitlichen Tradition stehend, wiederholt der Förster einen frühmittelalterlichen Prozeß. Hatte sein Vorfahr einst, die Vorbereitung durch den Missionar nutzend, die Waldgötter vertrieben und kein anderes Gebot neben dem seinen im Wald geduldet, so nutzte der Förster um 1800 die romantische Faszination von der Waldeinsamkeit, um „im Wald allein zu bestimmen und dort nicht durch Gewohnheitsrechte der Köhler, Glasmacher oder Pechbrenner behelligt zu werden."[228]

Nur unzureichend kann das Verhältnis des Menschen zu seiner Umwelt aus der Perspektive des ausschließlichen Nutzungs-, ja Ausbeutungsgedankens beschrieben werden. Zur Darstellung der Komplexität dieses Verhältnisses sei die Geschichte des Waldes verlassen. Es ist aber kein ganz neues Thema, das wir anschlagen. Denn es war bereits angeklungen, wie eng Wald- und Wassernutzung zusammenhingen. Bereits im Mittelalter ahnte man, daß der Waldbestand auch etwas mit dem Wasserhaushalt des Bodens zu tun hat.[229]

3
Das Wasser: Voraussetzung des Lebens und Grundlage der Kultur

Schon in den ältesten Kulturen gilt das Wasser als Inbegriff von Leben und Fruchtbarkeit. Ohne Wasser kein Leben, ohne Wasser keine Geschichte. Dabei geht es nicht nur um die Wasserversorgung, die in vielen Weltregionen das zentrale wirtschaftsgeschichtliche Problem darstellt, nicht nur um die Ernährung (wer immer es sich leisten konnte, vermied im Mittelalter Wasser zu trinken, sott die Speisen in Wein),[1] sondern auch um eine geographische Determinante der Geschichte.[2] Meere und Flüsse bestimmen die Raumerfahrung. Bis in das Hochmittelalter hinein reist man eher zu Wasser, wo immer es möglich ist, als daß man den beschwerlichen Landweg quer durch unwegsame Gebiete des Unlandes wählt. Daran erinnern die französischen Verben „arriver" und „aborder", die ursprünglich bedeuteten: an den Strand, an das Ufer gehen.[3] Eine Grundlage der Raumerfahrung: „Schiff", „Mast", „Segel" und „Ruder" sind gemeingermanische Erbwörter.[4] Eine Trennung zwischen Fluß- und Meerschiffahrt ist noch unbekannt.[5] Deswegen können die Normannen als Seefahrer zur Landplage werden.

Mit tastenden Erprobungen wird zwischen dem 10. und 12. Jahrhundert der Übergang vom Watten- und Küstenschiff zum Hochseeschiff vollzogen.[6] Entscheidend war dabei die Innovation des Heckruders.[7] Dieses war bereits, wie ein Bremer Schiffsfund bestätigt, um die Jahrtausendwende bekannt.[8] Im größeren Umfang wird aber erst im 13. Jahrhundert die Seeschiffahrt wirklich eigenständig, als die seegehenden Schiffe größer und hochbordiger werden. Mit mehr als zwei Metern Tiefgang war zum Beispiel die Weser oberhalb Bremens nicht mehr zu befahren. Und diese Trennung von See- und Flußschiffahrt, die den Aufstieg Bremens an der Nahtstelle zwischen beiden Verkehrssystemen begründete,[9] war mehr als eine Innovation der Schiffahrtstechnologie – sie umschloß die Erfahrung der Weite des Meeres nicht als Abenteuer, sondern als Handelsmöglichkeit. Die frühmittelalterlichen Ufermärkte genügten den neuen Anforderungen nicht mehr.[10] Häfen mußten ausgebaut oder verlegt werden.[11]

Ohne Wasser keine Mobilität, kein Handel über weite Strecken, ohne Wasser aber auch keine Seßhaftigkeit. Neben Ufer und Hafen stellen wir Quellen und Brunnen. Wasser ist für die menschliche Hygiene (im umfassenden Sinne verstanden) unerläßlich. Das betraf nicht nur das Waschen des einzelnen, das betraf die menschliche Siedlung. Gemeinschaft in seßhafter Lebensweise ist ohne die Quelle, ohne den Brunnen nicht denkbar. In deren Geschichte spiegelt sich zugleich der Umgang des Menschen mit der Natur.

Viele Quellen, die weitgehend die einzigen Wasserspender neben den Brunnen waren, galten als heilig.[12] Sie waren siedlungsbildend, wie die Ortsnamen bezeugen, die auf „-brunn“ und „-born“ enden und damit zugleich Tacitus recht geben, daß die Germanen es liebten, in der Nähe von Quellen zu siedeln.[13] Nur: eine natürliche Quelle reichte allenfalls für eine kleinere Siedlung, nicht aber für ein Dorf, geschweige denn für eine Stadt aus. Und zudem: Wasser war nicht gleich Wasser.[14] Die Menschen wußten den unterschiedlichen Geschmack zu würdigen. Ein Alltagsproblem, das nur aus der Fremderfahrung des Reiseberichts streiflichtartig beleuchtet wird. Im 10. Jahrhundert ist der arabische Gelehrte Qazwînî geradezu begeistert von dem Schmechtener „Metbrunnen“ bei Paderborn, die „wunderbare Wasserquelle, Honigquelle“ genannt. „Sie befindet sich auf einem Berge in der Nähe eines

Waldes. Ihr Wasser schmeckt anfangs nach Honig, dann aber hat sie einen galligen Nachgeschmack, den sie von den Bäumen, die ringsum wachsen, angezogen hat."[15] Der Nachricht des 10. Jahrhunderts sei eine Erfahrung des ausgehenden Mittelalters zur Seite gestellt. Ein Italiener berichtet 1492 über Göppingen. Innerhalb des Schloßhofes „ist eine Quelle, aus welcher fortwährend ein sehr klares Wasser strömt, das aber etwas herb und säuerlich ist. Es heißt, das viele von dem Wasser wegen der Gesundheit zur Reinigung trinken."[16] Und auch das mußten die Menschen im Mittelalter lernen: Die Qualität des Wassers konnte sich verändern. Schon im Lübeck des 13. Jahrhunderts hatte „eine rätselhafte fortschreitende Verhärtung" des Wassers dieses zum Brauen und Kochen, ja selbst zum Waschen ungeeignet werden lassen.[17]

Eine dem frühen 13. Jahrhundert angehörende Beschreibung des Klosters Clairvaux[18] läßt sich als ein Dokument der Bedeutung des Wassers für die menschliche Gesellschaft lesen. Das ist kein Zufall; setzten sich doch die frühen Zisterzienser mit ihrer Abkehr von der Welt unter den Zwang, ihr Gemeinwesen als eine eigene Welt zu gestalten, die auch wirtschaftlich autark sein konnte. Die Mönche nutzten die Wasserkraft der Aube zum Betreiben einer Kornmühle, einer Walkmühle und zum Antrieb eines Gebläses für das Erhitzen der Bierbottiche. So demonstrativ bescheiden die Zisterzienser in ihrem Essen und Trinken – auch das dünne Bier hat vorwiegend diätische Funktion – und in ihrer Kleidung sind, so brauchen sie doch die Wasserenergie zum Mahlen und zum Walken des grauen, ungefärbten Tuchs ihrer Mönchskutten. Unverzichtbar ist frisches Wasser zum Kochen; die zisterziensische Askese verbietet es, Speisen, wie in den vornehmen Benediktinerklöstern, in Wein zu sieden. Wasser brauchten die nahezu vegetarisch lebenden Mönche für ihre Gärten, zum Anlegen von Fischteichen; fließendes Wasser benötigten sie zum Waschen und nicht zuletzt zur Beseitigung von Unrat.

Unser Text weist alle Kriterien eines Idealtypus auf. Deswegen ist er nicht auf jedes Zisterzienserkloster übertragbar, auch wenn es auffällig ist, welche Aufmerksamkeit die nach ihrem ungefärbten Tuch genannten Grauen Mönche dem Wasser und dem Brunnenbau widmen.[19] Der Text zeigt aber gerade in der Betonung des Vorbildlichen, daß man sich zwar vor der Welt abschließen, aber niemals auf die vielfachen Nutzungen des Wassers verzichten konnte.

Geschichte unter den Gefahren von Meer und Fluß

Die Natur mit ihren eigenen Gesetzen bestimmt über die Meere und Flüsse und damit zugleich über die Geschichte;[20] sie besiegelte zum Beispiel das Schicksal selbst reicher und bedeutender Handelsplätze: Am bekanntesten ist das Beispiel Ravennas; aber auch andere bedeutende Hafenstädte der Spätantike oder des Mittelalters, Aquileia, Sluis, Winchelsea, liegen heute nicht mehr am Meer. Die Natur kann zum Schicksal einer Stadt werden, kann sie zur Blüte bringen und zum quälenden Absinken verurteilen. Aquileia, einst durch den meerbegünstigten Hafen eine der fünf größten Städte des Römischen Reiches, seit dem Frühmittelalter Sitz eines Patriarchats, wurde seit der Versandung des Hafens von immer mehr Menschen verlassen. Das einstmals kirchengeschichtlich und politisch hochbedeutende Patriarchat ist heute eine schlichte Landpfarrei, ein durch Touristenschwärme bisweilen aufgeschrecktes, verschlafenes Dorf. Der Abstieg Aquileias begünstigte den Aufstieg Venedigs, einer Kommune, deren Schicksal von ihrer Lagune abhing.[21]

Über das Schicksal der genannten Städte entschied der mittelalterliche Anstieg des Meeresspiegels um 2 Meter (+/– 30 cm) seit der Antike – eine Folge der mittelalterlichen Wärmezeit. Dieser Anstieg bewirkte eine stärkere, besonders an den Mündungen von

Guadalquivir, Ebro, Rhône und Po folgenreiche Sedimentation der Flüsse und zog die Verminderung der Flußgeschwindigkeit und damit Rückstau und verstärkte Deltabildung nach sich.[22] Allein das Podelta wuchs seit der Antike um 500 - 700 km² Land an.[23] Die Auswirkungen physiogeographischer Veränderungen an den Küsten sind auch in Nordeuropa nachweisbar. Beispiel Stockholm. Solange noch der Mälarsee ein Teil der Ostsee war, waren Birka und Sigtuna bedeutende Handelsplätze. Gegen 1200 hatte sich das Festland so weit gehoben, daß die Hafenbucht nur bei starker Strömung des Flusses über den Mälarsee zu erreichen war. Aus der Schiffslände, wo nunmehr die Waren auf Binnen- und Flußschiffe umgeladen werden mußten, entwickelte sich Stockholm.[24]

Die Entstehung von Häfen stellt sich in der Rückschau als eine einfache, von wirtschaftlichen und technischen (Schiffsgröße) Bedingungen diktierte Entwicklung dar, die, als die Schiffe nicht mehr auf den Strand gezogen werden konnten, unausweichlich war. Erst unter Berücksichtigung der unbeherrschbaren Kräfte der Natur zeichnet sich - wegen Quellenmangels undeutlich - eine bis zur Verzweiflung der Betroffenen reichende Dramatik ab. Denn der Kampf um den sicheren Hafen war ein Kampf mit der Natur, ein Kampf, der nicht nur an den Meeresküsten stattfand.[25] Große und kleine Städte hatten ihn im Binnenland und am Meer zu führen. Das kleine Hameln mußte immer wieder gegen den Schwemmsand in der Weser angehen, und das große Brügge hatte ungeheure Summen aufzubringen, um seinen Lebensnerv, das Zwin und den Hafen[26] vor der Verlandung zu bewahren.[27] Daß Brügge den Kampf gegen die Natur verlor, bedingte den Aufstieg Antwerpens[28] und dann Amsterdams ebenso wie ein halbes Jahrtausend zuvor Venedigs Aufstieg eine Folge des Versandens der Häfen von Ravenna und Aquileia war. Vom bekannten zum weniger bekannten Beispiel: Yarmouth an der englischen Ostküste war bis in das 14. Jahrhundert hinein einer der wichtigsten Plätze des nichthansischen Heringshandels. Die Versandung der Yare ließ die Stadt als Umschlagsplatz bedeutungslos werden.[29]

Die Verlandung selbst bedeutender Häfen umschließt die stumme Tragik des langgestreckten Prozesses; unmittelbar hingegen in ihren dramatischen Effekten und deshalb genau datierbar wirkten die Sturmfluten. Höchst gefährdet waren – infolge langfristiger Klimaänderungen – Siedlungen an der Küste. Verheerende Sturmfluten kennzeichnen seit dem ausgehenden 12. Jahrhundert die sogenannte spätmittelalterliche Transgressionsphase an der Nordsee.[30] 1219 erlebten die Menschen die größte der insgesamt sechs Sturmfluten des 13. Jahrhunderts.[31] Eine neue Erfahrung, nachdem in frühmittelalterlicher Zeit die Gewalt des Meeres noch nicht mit der späteren Wucht die Küsten heimgesucht hatte.[32] Das 10. und 11. Jahrhundert kannte zwar zahlreiche Flußüberschwemmungen, aber vor dem Hochwasser, das 1099 Englands Küste bedrohte, keine eigentlichen Sturmfluten.[33]

Dunwich, ein Bischofssitz des 7. Jahrhunderts und eine noch im 12. Jahrhundert blühende Hafenstadt, ist heute ebenso vom Meer bedeckt wie das einst bedeutende Old Winchelsea, das von den Sturmfluten der Jahre 1250, 1252 und 1288 überspült wurde.[34] Zur Verdeutlichung: An der Nordseeküste fielen infolge verheerender Flutkatastrophen allein im späten Mittelalter etwa 7000 – 10 000 km² Land dem Meer zum Opfer.[35] Damals wurden die heutigen Nordfriesischen Inseln vom Festland abgetrennt. Eine Sturmflut riß 1170 die Zuidersee auf und ließ die Inseln Texel und Wieringen entstehen.[36] Ijssel-See oder die 1218 bzw. 1287 durch Sturmfluten ausgespülten Dollart und Jadebusen sind erst während des Mittelalters in ihrer heutigen Gestalt geformt worden.[37] Diesen Katastrophen hatte der Mensch durch Abbau von Torflagern Vorschub geleistet.

Datierbare Katastrophen im Gegensatz zu den allmählichen Verlandungsprozessen in Hafenstädten: An der Nordsee erinnerten sich die Menschen an den Heiligentag, an dem das Meer das Land einnahm: Elisabethflut, Marcelliflut. Solche Sturmfluten haben die Küste verändert und gekerbt. Im 14. Jahrhundert, als die Nordsee immer unruhiger wurde,[38] fanden allein sechs große Marcelli-Sturmfluten (benannt nach dem Heiligen des 16. Februar) statt, die schlimmste, „de grote mandränke", 1362.[39]

Wie sehr Aufstieg und Abstieg der Hafenstädte von der Küstengestaltung durch das Meer abhängen konnten, zeigt das Beispiel Kampens. Die Stadt wurde im 13. Jahrhundert zu einer der bedeutendsten Städte Hollands, weil die Sturmflut von 1170 mit dem Aufreißen der Zuidersee die Ijssel zu einem schiffbaren Fluß gemacht hatte.[40] Datierbare Naturkatastrophe und schleichender Prozeß der Verlandung wirkten gemeinsam auf das Schicksal dieser Stadt ein. Die beiden furchtbaren Elisabethsfluten der Jahre 1421 und 1424 entzogen dem Rhein und seinem Mündungssystem ungeheure Wassermengen.[41] Die Ijsselmündung verlandete immer mehr. Trotz aller Bemühungen - Experten, sogenannte „Tiefmacher", wurden zu Rate gezogen - war im 16. Jahrhundert der Niedergang einer der bedeutendsten Hansestädte nicht mehr zu verkennen. Das Archiv der Stadt, das für die allgemeine spätmittelalterliche Wirtschaftsgeschichte, insbesondere für die Geschichte der Hanse unschätzbares Material birgt, enthält für die Wirtschaftsgeschichte der frühen Neuzeit nur noch regionalgeschichtlich relevante Quellen.

Jede mittelalterliche Hafenstadt hat ihre eigene Geschichte im Umgang mit dem Meer. Stellen wir neben die dramatischen Erfahrungen der bisher erwähnten Hafenstädte die vergleichsweise ruhige Geschichte des Lübecker Hafens. Hier diktierte nicht die Natur, sondern der Mensch die Entwicklung. Schon im Hochmittelalter waren die Ufer mit großem Aufwand befestigt worden.[42] Und bereits um 1200 wird eine Niederung an der Schiffslände mit städtischem Abfall aufgeschüttet, um Bauland zu gewinnen.[43] (Das gleiche Vorgehen findet sich auch im Binnenland – wir beschränken uns auf das südlichste Beispiel im Vergleich zu Lübeck –, in Konstanz.)[44] Der ungefährdete Hafen und die nahen Fanggründe des Herings vor Schonen ließen Lübeck zum „Haupt der Hanse" werden. Die Meere haben in Beziehung auf die Geschichte ihre Individualität. Die Ostsee begünstigt schon in slawischer Zeit die Städtebildung, dann bei wachsender Bevölkerung und verbessertem Schiffbau die Entwicklung eines hansischen Wirtschaftsraums; die Nordseeküste hingegen ist städtefeindlich, taugt im Mittelalter allenfalls für Piraten, den „Vitalienbrüdern", den „Likedeelern" der Hansezeit, als Unterschlupf, wird erst seit dem 16. Jahrhundert mit der Anlage von Sielhäfen dichterem Schiffsverkehr erschlossen.

Die Geschichte der Hafenstädte unter dem Eindruck der Sedimentierung von Flüssen einerseits und von Sturmfluten andererseits stellt die Frage nach der Natur als der Herrscherin über die Geschichte. Auf beschwörend aktualisierende Antworten sei verzichtet, denn die Menschen des Mittelalters reagierten, die jeweilige Kräftekonstellation abschätzend, sehr flexibel auf die Forderungen der Herrschaft, in welcher Form sie ihnen auch begegnete. Wie Päpste, Kaiser, Fürsten und Adelige hatte auch die Natur ihre Eigenheiten, mit denen es fertig zu werden galt. Das Schicksal der von Sturmfluten heimgesuchten Häfen ist nur ein Teil eines ins Binnenland hineinreichenden Schicksals, gegen das sich der Mensch zu wehren versuchte. Angst vor der Gewalt der Natur und Notwehr gegen die Gewalt des Meeres bestimmen die Siedlungsgeschichte an der Nordseeküste. Hinter einer solchen Aussage steht die Resignation des Historikers, der nur in ungefährem Umriß an die Not der Menschen erinnern kann, welche von den ökonomischen Zwängen gedrängt waren, die Nähe eben jener Natur zu suchen, die sie das Fürchten gelehrt hatte, konkret: Die fruchtbaren Böden in Küstennähe und die Möglichkeiten nahrhaften Fischfangs lockten nicht etwa bedingungslos, sie lockten unter den lähmenden Drohungen der Naturgewalten. Tapferkeit in der Schlacht, seit der Antike Gegenstand des Heldenruhms, ist nichts gegen die Tapferkeit des alltäglichen Lebens unter ständiger Sorge vor der Macht der Natur. Gegenwehr, Notwehr: Mit immer besserer Technik des Deichbaus versuchte seit dem 11./12. Jahrhundert der Mensch, den Naturgewalten zu begegnen.[45] Ringdeiche, die nur kleine Areale schützten, ergänzten die Warften,[46] bis ins 12. Jahrhundert hinein bleiben sie Sommerdeiche, als Überlaufdeiche konstruiert, über die die Wintersfluten hinweggehen.[47] Aber damals entstehen schon jene überlokalen Deiche, Winterdeiche, für die der Norden weitberühmt war.[48] Deichbau sollte die Menschen nicht nur vor den unmittelbaren, sondern auch vor den langfristigen Folgen der Sturmfluten schützen. Denn über den unmittelbaren Wirkungen dieser Naturkatastrophen seien die langfristigen nicht vergessen. In den überschwemmten Flächen war die Wintersaat verloren und vor allem das Ackerland auf Jahre hinaus versalzen. Dem kalten Wasser folgte der heiße Hunger.

Das 16. Jahrhundert ist, letztlich eine Folge der Klimaverschlechterung,[49] ein Jahrhundert großer Sturmfluten: 1507 – 1509, 1530, 1532, 1552, 1570. Diese aber richteten nicht mehr die Verwüstungen ihrer mittelalterlichen Vorgänger an.[50] Jahrhundertelange Erfahrungen in der dauernden Auseinandersetzung mit der Natur hatten die Deiche an der Nordseeküste schließlich so fest werden lassen, daß sie den Wassermassen hinhaltenden Widerstand leisten konnten. Auch in diesem Falle gilt die Feststellung von Arno Borst: „Die frühe Neuzeit vergaß rasch, daß sie die Eindämmung von Katastrophen dem Spätmittelalter verdankte.“[51] Die großen Katastrophen von 1695 und 1717 sind dann Ereignisse, die sich nicht mehr allein dem regionalen Gedächtnis einkerben, sondern europaweit Aufsehen erregten, sie sind die ersten Irritationen, die zur aufklärerischen Erschütterung führen,[52] bevor dann das Erdbeben von Lissabon am Anfang des globalen Katastropheninteresses stehen sollte.

Naturgewalt und Geschichte: Unspektakulärer als an den Küsten spielt sich diese Auseinandersetzung im Binnenland an den Ufern der Flüsse ab. Gegenwehr statt Notwehr, eher Herausforderung der Natur als Herausforderung durch die Natur. Auch wenn die Wassermassen der Flüsse bei weitem nicht die Gewalt einer Sturmflut an den Küsten erzeugen konnten, so bargen sie doch mit ihrer damaligen Wildheit Gefahren zuhauf.[53]

Wie die Meere haben die Flüsse ihre Eigenarten. Dietrich von Nieheim lobt um 1400 das helle Wasser von Leine und Weser, das sich so vorteilhaft von den dunklen Fluten der Aller abhebe, jenes Flusses, an dem das Dietrich so widerwärtig gewordene Verden liegt.[54] Und das sind, von den sarkastischen Schlußfolgerungen der römischen Kurtisanen abgesehen, treffende Feststellungen. Die Aller war tatsächlich dunkel, weil sie Sedimente aus den Moorgebieten der Lüneburger Heide mit sich führte.[55] Eigenarten der Flüsse: Aeneas Sylvius beschreibt den Rhein von der Quelle bis zur Mündung als eine Persönlichkeit mit wandelbaren Eigenschaften – der im Vergleich zum Städtelob seltene Fall eines „Flüsse-Lobes".[56]

Eigenarten der Flüsse: Uralte, in indogermanische Zeit hineinreichende Namen weisen auf Individualitäten. Weil jeder Wasserlauf in eigener Gestalt den Menschen erschien, konnten sie ihm auch einen eigenen Namen geben. Vom Ufer her und nicht vom Schiff oder Nachen aus waren diese Namen entstanden; der gleiche Fluß konnte verschieden benannt werden: Pegnitz oder Regnitz – einer der wenigen Fälle, wo die Namensgebung den hochmittelalterlichen Angleichungsvorgang überstanden hatte. Der Landesausbau sollte mit seiner erweiterten Raumerfahrung die Gleichnamigkeit erzwingen. Die Nürnberg durchströmende Pegnitz, die dann bei Bamberg Regnitz heißt, ist eine der wenigen

Zeuginnen ursprünglich unterschiedlicher Flußbenennung; denn der gleiche Fluß konnte ganz unterschiedlich sein Bett gestalten, Stromschnellen, Schotterbänke, Sand- und Geröllgeschiebe und von den Ufern tief zur Flußmitte hin reichende Versumpfungen – eine Plage für die Schiffahrt. Bevor die Gewässer unter die korrigierenden Einflüsse des Menschen gerieten und in ihre festen Ufer gezwängt wurden, war ihr Aussehen ganz anders als heutzutage.[57] Sie konnten gesäumt sein durch weitläufige, plan ausgewaschene Ufer, bestens geeignet für Turniere und Ritterschlachten, sie konnten sich durch versumpfte Niederungen schlängeln, gefährliche Infektionsherde bildend. Sie bestanden häufig aus einem Bündel von Wasserläufen mit geringer Tiefe.[58] Das Überschwemmungsgebiet im Mündungsbereich der Havel erreicht eine Breite von 44 km.[59] Die Talauen der Oberweser durchfurchten mehrere Arme des Stroms,[60] und die Unterweser war in zahlreichen Rinnen verwildert und wegen der geringen Fließgeschwindigkeit stark versandet.[61] Ein Fluß konnte – siedlungsgefährdend – sich ein neues Bett schaffen, konnte wie die Elbe bei Magdeburg seit dem 14. Jahrhundert 7 km nach Osten wandern.[62] Siedlungen mußten deswegen aufgegeben werden. Der umgekehrte, der häufigere Fall seit dem 13. Jahrhundert: Wachsende Siedlungen verändern den Fluß. Mit dem Aufstieg Bremens zum Beispiel unterliegen die Weser und ihr Gewässernetz massiven Eingriffen.[63] Diese von der Stadtarchäologie nachgewiesenen Eingriffe sind ein Seitenzweig des Landesausbaus. So wie das Unland des Waldes wurden auch die schweren staunassen Böden der in ihren norddeutschen Urstromtälern mäandrierenden Flüsse seit dem 12. Jahrhundert zur Siedlungschance. Wie es Experten für die Waldrodung gab, gab es auch solche für die Trockenlegung von Sümpfen.[64]

Die „-furt“-Namen, Frankfurt, Schweinfurt, Ochsenfurt usw., wo heute niemand einen Wasserübergang zu Roß oder zu Fuß vermuten könnte, erklären sich aus der in mehreren Einzel-

Magdeburg an der Elbe, mit Wassermühle *(aus: Hartmann Schedel, Liber chronicarum, 1493).*

armen zergliederten Flußgestalt und der daraus folgenden geringeren Wassertiefe.[65] (Noch im 19. Jahrhundert konnte die Elbe bei Magdeburg auf 50 cm sinken.)[66] Sand- und Schuttbänke waren dauernden Veränderungen unterworfen,[67] Veränderungen, die verstehen lassen, warum es zu einer umstrittenen Frage werden konnte, wem etwa neu entstehende Inseln im Rhein gehörten,[68] ob mehr Zehnt zu zahlen sei, wenn durch Anschwemmungen („alluviones“) die Inseln im Strom sich vergrößerten.[69] (Erst die Oberrheinkorrektion unter Johann Gottfried Tulla hat dem Rhein ein festes Bett geschaffen.) Noch 1724 wird in einem amtlichen Bericht über die mittlere Elbe bei Magdeburg die Räumung des Flußbettes als zwecklos bezeichnet, weil der Strom fast jeden Monat seinen Lauf verändere.[70]

Ob ein Strombett durch starke Fließgeschwindigkeit ausgewaschen und mit überschaubaren Sandbänken gestaltet oder ob die Uferzone von Altwasser und Ödungen, manchmal mit Sand, Kiesbänken und Geröll überlagert und damit unwegsam geworden war: stets bedeutete ein Fluß unberechenbare Nachbarschaft. Erheblich waren die Schwankungen der Wasserstände vor den neuzeitlichen Flußregulierungen.[71] Die Ufer boten keinen Schutz.[72] Klosterannalen des Hochmittelalters notieren die Verwüstungen durch Hochwasser.[73] Und Gleiches berichten städtische Chronisten im Spätmittelalter.[74] Für die Basler Bürger gehört es zur Winterszeit, daß nach der Schneeschmelze der Rhein über die Ufer tritt, die Häuser beschädigt und die Holzbrücke zerstört.[75] Überschwemmungen der Donau 1490 und 1508 spiegeln sich als Katastrophen in der Überlieferung wider.[76] Selbst Großstädte waren gefährdet. 1445 stieg die Pegnitz so stark über die Ufer, daß die Krankenzimmer des Heilig-Geist-Spitals geräumt werden mußten,[77] 1451 schwemmte dieser Fluß alle Brücken der Reichsstadt fort und überflutete den Marktplatz.[78] Es ist das gleiche Hochwasser, das der Chronist des Würzburger Rates notiert. Im Februar 1451 ging der Main „an etlichen enden ... uber die statmauer ..., undt geschag an heusern undt kellern vast großer schade".[79] Tilman Elhen von Wolfhagen hält fest, wie tief die Überschwemmungen der Lahn, bei denen alle Holzbrücken und die Walk- und Lohmühlen mitgerissen worden waren,[80] sich in das Gedächtnis der Menschen eingegraben hatten. „Großer unseglicher jamer" erhob sich nach der Flutkatastrophe des Jahres 1342, dem Jahrhunderthochwasser. „Unde ist dit di erste waßerflut die den alden luden indenklich ist."[81]

Schon das 14. Jahrhundert kennt Hochwassermarken als Teil der historischen Memoria. Als Beispiel: Eine Inschrift am Strebepfeiler von St. Blasius in Hannoversch Münden hält 152 cm über dem Kirchenboden für die Nachwelt fest: „Im Jahre des Herrn 1342 geschah am 24. Juli eine Überschwemmung der Weser und Fulda, und die Höhe des Wassers erreichte die untere Kante dieses Quadersteins."[82]

In den Gebirgsvorlanden waren stets nach der Schneeschmelze die Hochwasser gefürchtet. Aber auch in den Urstromtälern der Norddeutschen Tiefebene verursachten Weser, Aller und Leine alljährliche Überschwemmungen, wie um 1400 Dietrich von Nieheim berichtet.[83] Gefahren drohten schon durch kleine Wasserläufe. Die Pleichach zerstörte, als sie 1168 über die Ufer trat, die Würzburger Vorstadt.[84] 1529 stand in Basel der Marktplatz „eins halben mans hoch" durch den Stadtbach unter Wasser.[85] Der Stuttgarter Nesenbach überflutete zwischen 1272 und 1508 zehnmal die Innenstadt. Übermannshoch stand dann das zerstörerische Wasser auf dem Marktplatz.[86]

Auewälder in Überschwemmungsgebieten geboten zwar, daß der Mensch die Nachbarschaft des Wassers meiden mußte, aber die fruchtbaren Talauen lockten zugleich in gefährliche Nähe. Obwohl an existentieller Herausforderung nicht mit den Gefahren an der Nordseeküste vergleichbar, zeigt sich im Binnenland die gleiche Abhängigkeit menschlicher Siedlung von der Natur. In Tiroler Steuerrechnungen sind um 1300 häufig Minderungen der fälligen Grundrenten für jene Bauern notiert, deren Felder durch Überschwemmungen und Vermurungen („inundationes aquarum et alluviones") schwer gelitten hatten.[87] Gegenwehr: Einengung der Flußbänke, Befestigung der Ufer durch Flechtzäune und Anpflanzung von Weiden.[88] Gemeindeaufgaben stellen diese Maßnahmen dar.[89]

Deiche an der Küste, Deiche im Binnenland sind gleichermaßen Reaktionen auf Umweltgefahren; ein Deichbruch am Fluß beschwört die Gefahr des Unglücks herauf, an der Küste hingegen die einer Katastrophe. Vergleichbarkeit und Unterschiede: Nachbarschaft regelt innerhalb der friesischen Landesgemeinde ebenso wie innerhalb der dörflichen Siedlung die Verpflichtung zum Deichbau. Nur bedeutet Nachbarschaft in der großbäuerlichen Welt an der Nordseeküste etwas anderes als im Binnenlande; großräumiger Zusammenschluß in der Landesgemeinde hier, lokale Verwurzelung in der Dorfgenossenschaft dort. Zunächst aber stand hier wie dort Mißtrauen einer überlokalen Zusammenarbeit entgegen. Es bedurfte der Herausforderungen der Natur, der hochmittelalterlichen Sturmfluten, um die friesischen Landesgemeinden zur Zusammenarbeit beim Deichbau zu zwingen; nicht allein eine technische, sondern auch eine politische Leistung stellte es dar, daß die Geschichte der Friesen mit dem 13. Jahrhundert eine Geschichte im Schutz der Deiche geworden war. Im Binnenland jedoch, an den nicht durch Sturmfluten, sondern nur durch Überschwemmungen gefährdeten Flußufern, wurde der naheliegende Weg von der lokalen Uferbefestigung zur übergreifenden Regulierung der Wasserläufe nicht beschritten. Die Schutzmaßnahmen bildeten eine Aufgabe der jeweiligen Gemeinde; eine überlokale Zusammenarbeit war angesichts der steten Sorge, von den Nachbarn übervorteilt zu werden, nicht zu erreichen.[90]

Flüsse als Hauptstränge des mittelalterlichen Verkehrsnetzes

Es ist ein Gemeinplatz der Handels- und Verkehrsgeschichte, auf die wirtschaftliche Bedeutung der Flußschiffahrt aufmerksam zu machen. Diese Bedeutung ist schon im Frühmittelalter unübersehbar. Ermoldus Nigellus konnte damals den Rhein als den eigentlichen „Produzenten unzähliger Handelswaren“ rühmen.[91] Was darunter zu verstehen ist, konkretisiert Einhard, Karls des Großen Berater auch in Fragen des Fernverkehrs: Mainzer Händler kaufen in Oberdeutschland Getreide auf und verschiffen es über Main und Rhein bis Mainz.[92] Am Niederrhein ist Dorestad der Hauptausfuhrhafen für den Handel mit England. Wein wird hier übrigens auch in kleinen Mengen verkauft;[93] Aussage für ein damals typisches Wirtschaftszentrum, das nicht nur Umschlagplatz für den Fernhandel, sondern auch für den im Umland ist. Die frühmittelalterliche Bedeutung der Donau als Handelsstraße bezeugt eine für die damalige Zeit singuläre Quelle, der Zolltarif zu Raffelstetten (903/06): Handel mit Salz und Rindern, ja auch mit Sklaven aus dem Slawenland.[94]

Mit dem Wald bildet der Fluß die grundlegende Voraussetzung des Werdens mittelalterlicher Städte. Diesen, von Gerhard Pfeiffer in einem klassisch gewordenen Aufsatz dargelegten Zusammenhang[95] ahnte bereits Aeneas Sylvius, als er seine Auffassung begründete, daß der Rhein in Europa wegen der vielen bedeutenden Städte, durch die er fließe, einzigartig sei.[96]

Flüsse bleiben das ganze Mittelalter hindurch bis tief in die frühe Neuzeit die wichtigsten Handelsstraßen. (Es waren militärische Erfordernisse, welche im Zeitalter der stehenden Heere mit dem Chausseebau des 18. Jahrhunderts Innovationen innerhalb des spätmittelalterlichen Straßennetzes herbeiführten.) Und auch in diesem Zusammenhang sehen wir die geschichtsgestaltende Kraft der Natur. Die Schiffahrt beginnt mit dem Ende des Eisgangs zwischen Ende Februar und Ende März. Selbst Ströme wie der Rhein konnten vereisen, was heute wegen Versalzung und Erwärmung des Wassers nur noch eine historische Erinnerung ist. Im Hochsommer mußte beim Beladen der Schiffe Rücksicht auf die gefallenen Wasserstände genommen werden. Der Herbst als Schiffahrtssaison: In der ersten Oktoberhälfte erleben die Zöllner ein sprunghaftes Ansteigen des Verkehrs. Vor Einbruch der Winterszeit werden die letzten Frachten verladen. Im Winter kehrte dann an den Zollstätten die ruhige Zeit ein.

Schon in karolingischer Zeit muß es die Treidelfahrt mit Schiffsknechten und Zugtieren flußaufwärts gegeben haben; denn anders wären die Friesenviertel etwa in Mainz, Worms und Köln nicht erklärlich. Aus alltagsgeschichtlicher Perspektive sei ergänzt, welche staunenswerten Leistungen an Arbeit und Erfindungsreichtum erbracht wurden, um dem Naturgesetz zu begegnen, daß nur flußabwärts die Ströme vergleichsweise einfach

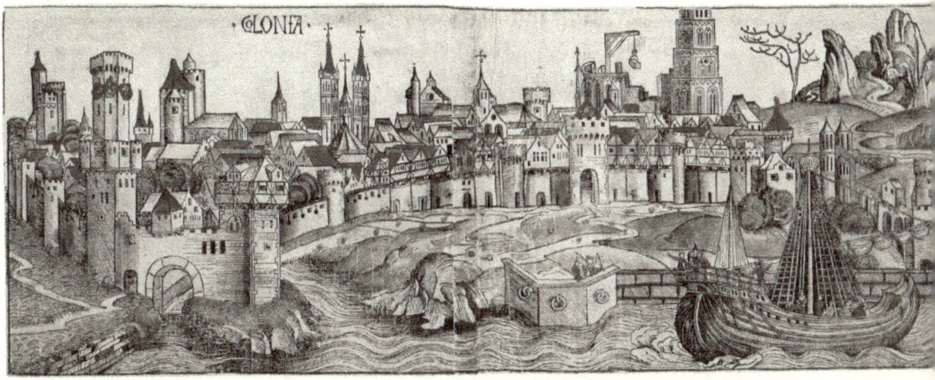

Rheinufer von Köln mit Kaufmannsschiff und Anlegestelle *(aus: Hartmann Schedel, Liber chronicarum, 1493).*

schiffbar waren.[97] Sorge um die Schiffbarkeit hieß zugleich, Uferbefestigungen für Lein- oder Treidelpfade anzulegen, auf denen die Schiffe bei ihrer Bergfahrt gezogen werden konnten.[98] Immer wieder verwies dabei die Natur den Menschen in seine Grenzen: Oberhalb Straßburgs konnte sich kein reger Schiffsverkehr am Rhein ausbilden, weil der Strom hier noch weitgehend Wildwassercharakter hatte und die Anlage dauerhafter Treidelpfade nicht zuließ.[99] Das war vollends an seinem Oberlauf unmöglich; weil deshalb die Schiffe nur flußabwärts fahren können, werden diese zumeist in Basel und Schaffhausen zum Holzpreis verkauft.[100]

Wenn sie auch nicht soviel Kräfte von Menschen, Ochsen und Pferden verlangte wie flußaufwärts, so steckte doch auch die Schiffahrt stromabwärts voller Schwierigkeiten, ja Gefahren. An den Stromschnellen halfen im Spätmittelalter Genossenschaften, welche die vorher entladenen Schiffe an Seilen durch die wilden Fluten zogen.[101] Über 1400 Meter erstreckte sich am Hochrhein dieser Lotsendienst der Laufenburger.[102] Gefährlichkeit der Schiffahrt:[103] Aeneas Sylvius kommt in seiner berühmten Beschreibung Basels auf die Flußenge bei Rheinfelden zu sprechen, die, von

„beißenden Felsen" gebildet, „Helhoc", Höllenhaken, genannt werde.[104] Das Binger Loch war schon im Mittelalter gefürchtet.[105] Aber es gab nicht nur die erfahrenen Schiffern bekannten gefährlichen Stellen. Unvermutet konnten neue Sandbänke im Strom auftauchen.[106] Jede Flußfahrt barg Risiken. Gefahr von Schiffbrüchen.[107] Die mit den Tücken des Gewässers vertrauten Fährleute am Neckar besaßen für die stets möglichen Unglücksfälle einen fertig ausgehauenen „Ersatzeinbaum".[108] Dieser konnte nur mit Archäologenglück ausgegraben werden, aber er dürfte wohl häufiger zum mittelalterlichen Fährwesen gehört haben.

Neben dauernder Arbeit an den Ufern erforderte der mittelalterliche Flußverkehr anpassungsfähigen Einfallsreichtum. Bevor die Menschen die schwierige Kunst des Flößens erlernt hatten, wußten sie sich mit Schiffen zu behelfen, wie sie am Rhein unter dem Namen „lordanne" (Taugenichts) oder „dennenschiff" bekannt waren. Planken und Bretter wurden zu einem flachen Fahrzeug für die Talfahrt, für den Transport vor allem von Weinfässern zusammengezimmert. Am Ziel wurde dieses instabile Gefährt dann als Holz verkauft.[109]

Nicht gemindert, sondern ergänzt wurde die Bedeutung der Flüsse durch die Entwicklung der Straßennetze im Verlauf des hohen und späten Mittelalters. Diese Netze waren auf die großen Verkehrsstränge von Rhein, Main, Donau und Elbe hin orientiert. Zum Beispiel begründete den Aufstieg Braunschweigs die Lage am Schnittpunkt von Oker und der Straße vom Rhein zur Elbe. Der Ausbau der Landstraßen[110] war kein geplanter, sondern ein von der Siedlungsverdichtung und neuen wirtschaftlichen Erfordernissen diktierter Prozeß. Die Innovation des vierrädrigen Wagens mit beweglicher Vorderachse und einer Spurweite von 120 cm[111] konnte sich im 13. Jahrhundert allenthalben durchsetzen.[112] Dennoch: Nicht die neuen Landstraßen, sondern die alten Wasserwege bildeten nach wie vor die Hauptstränge des Verkehrsnetzes.

Bezeichnenderweise waren die Zölle an den Flüssen und nicht die an den Landstraßen die einträglichsten; die Herren am Rhein, wo Ende des 14. Jahrhunderts 62 Zollstätten gezählt wurden,[113] konnten dadurch reich werden. Das galt für die Grafen von Katzenelnbogen, die am Mittelrhein die schönsten Burgen bauten, ebenso wie für die Pfalzgrafen bei Rhein, die fast zwei Drittel ihres Haushalts aus den Einnahmen der Rheinzölle deckten.[114] Die uns so malerisch erscheinende Pfalz bei Kaub, der den Strom beherrschende Pfalzgrafenstein, wurde früher von Schiffern und Kaufleuten ganz anders gesehen. Eine unausweichliche Zwingburg zur Erhebung von Zöllen. Und auch das war für die Fürsten wichtig: Die Zöllner nahmen Bargeld ein, die Amtmänner im Binnenland horteten in ihren Zehntscheuern die weitgehend auf Naturalabgaben beruhenden Grundrenten. So häufig auch die Fürsten, die immer wieder unter Geldmangel litten, die Zollstätten aufsuchten,[115] so selten kümmerten sie sich um die Schiffbarkeit der Flüsse.

Der (im Wortsinne zu verstehen) spektakulären Pfalz bei Kaub stellen wir ein unspektakuläres Beispiel entgegen, das nur noch über Urkunden zu rekonstruieren ist: Der im Monument erhaltenen herrscherlichen Gewalt der Pfalzgrafen ist das Erkennen des heute Unsichtbaren zur Seite zu stellen, die Sorge der Lüneburger Kaufleute für die Schiffbarkeit der Ilmenau. Ohne die Ilmenau wäre es nicht möglich gewesen, Salz zum Einpökeln des hansischen Herings nach Schonen gelangen zu lassen, jenes Herings, der dann, flußaufwärts verschifft, Lüneburg zur Schaltstelle des Handels mit einem Massenartikel werden ließ. Ohne die Ilmenau wären die spektakulären Bauten am Lüneburger Sande, im Herzen der Stadt, nicht entstanden. Beeindruckende Pfalz bei Kaub, beeindruckender Marktplatz in Lüneburg. Hinter beiden steht die Nutzung des Flusses. Gewiß – Eigennutz hier wie dort, nur die Verantwortung ist anders gelagert. Wo der Fürst baute, um über den Bau Nutzen zu ziehen, mußte der Kaufmann in die Natur eingreifen. Mit eisernen Rechen, den sogenannten Teufelskrallen, wurde der angeschwemmte Sand aufgewühlt, damit er von der Strömung weggespült werden konnte.[116] Ein eigener Ausschuß des Lüneburger Rates unternahm jährlich eine Inspektionsfahrt, um reibungslose Salztransporte zu gewährleisten. Es wurde dann angeordnet, wo die Fahrrinne von Steinen und Sand befreit, wo Bunen geschlagen werden mußten usw.[117]

Fürst und Kaufmann in ihren verschiedenen Interessen. Das Beispiel Lüneburgs zeigt, wie sich diese Gegensätzlichkeit zu Konflikten auswachsen kann. Das wechselhafte Verhältnis der Stadt zu den welfischen Herzögen nach dem Lüneburger Erbfolgekrieg verdichtet sich in der Auseinandersetzung um den Fluß. 1393 versprechen die Herzöge noch ihre Hilfe, wenn „bequemere" Wasserwege aus der Ilmenau in die Elbe gegraben werden sollten, sie versprechen Öffnungen und Erweiterungen der Wehre, so daß auch die größten Schiffe ungehindert die Elbe passieren könnten.[118] Drei Jahre später jedoch, im sogenannten Satekrieg, sperren die Welfen die Ilmenau durch Pfahlgitter und versenkte Schiffe. Sofort erfolgt die Hilfe von Hansestädten. Unzählige Arbeitsplätze sind in Gefahr, wenn der Heringshandel an seinem Lüneburger Knotenpunkt nicht reibungslos verläuft. „Großes Volk" aus Lübeck und Hamburg gräbt an der gesperrten Stelle ein neues Flußbett.[119] Der Friedensvertrag der Stadt mit den Welfen 1407 überläßt dann Lüneburg das Recht an der Ilmenau. Der Fluß darf eingedeicht, vertieft und „gebessert" werden, wie die Stadt es wolle.[120] Im Grunde ist erst hier die dann fast zwei Jahrhunderte währende Unabhängigkeit der Stadt von jenen Fürsten, die sich Herzöge von Braunschweig und Lüneburg nennen, festgeschrieben worden.[121]

Das Beispiel der Ilmenau zeigt vor dem Hintergrund des ersten deutschen Kanalbaus, des um 1400 abgeschlossenen Elbe-Stecknitz-Kanals,[122] wie Eingriffe des Menschen in die Natur von den Rahmenbedingungen der Wirtschaft und der Politik diktiert sind. Konkurrenz zwischen Städten bei der Nutzung von Wasserstraßen: Wegen der Oker-Aller- Schiffahrt wurden sich Braunschweig und Lüneburg so spinnefeind, daß sie während des Lüneburger Erbfolgekrieges einander in der Entscheidungsschlacht bei Winsen a.d. Aller (1388) bekämpften.[123] Das Beispiel der Ilmenau zeigt auch: Der Fluß ist Transportweg, Nahrungsressource und Energiespender zugleich. Schiffer, Fischer und Müller sind erbitterte Konkurrenten in der Nutzung der Wasserläufe,[124] zumal die Müller, den Verkehr behindernd, eigene Wasserstuben vom Ufer abzweigen.[125] So wird 1348 die Galgenmühle vor Uelzen gebrochen, um den Fluß für die Schiffahrt zu öffnen.[126] Die Salinenstadt setzt erfolgreich das Gewicht des überregionalen Handels gegenüber einer Landstadt ein, der lediglich an der Nutzung der Wasserkraft zur Versorgung der Stadtbevölkerung, an der Getreidemühle gelegen ist.

Grundsätzlich: Müller und Fischer standen gegen den Schiffer, gedeckt und unterstützt oft genug von ihren Grundherrn. Der Landesherr hingegen, den nicht die kleinen Abgaben, den nicht Mühlenzins und Fischergeld, sondern die Zölle interessierten, schützte den Kaufmann.[127] (Allein in dieser Hinsicht ist unser Lüneburg/Ilmenau-Beispiel atypisch, weil die Salinenstadt dem Landesherren lediglich den relativ unbedeutenden Zoll zu Hitzacker überließ.) Ebenso wie in der Geschichte des Waldes zeigt sich, daß die Vielfalt der Nutzungsformen natürlicher Ressourcen immer Rivalitäten der Oberen nach sich zieht.

Der Streit zwischen Lüneburg und Uelzen ist ein Beispiel für die Konkurrenzkämpfe, die sich um die Nutzung der Gewässer erhoben. Die Mühlen hatten schon seit frühmittelalterlicher Zeit die Fluß- und Bachläufe verändert.[128] Zwar kannte man auch Schiffsmühlen,[129] aber dauerhafter war doch die Anlage von Wehren oder Wasserabzweigungen, die gestaut werden konnten.[130] Ein typisches Kriegsmittel wird 1293 bei einer Belagerung erwähnt, ein Beispiel auch für die Abhängigkeit einer Stadt vom Energiespender Wasser. Die Belagerer leiteten den Mühlkanal ab, so daß die in der Stadt gelegene Mühle stillstand. Mit Menschenkraft wurde daraufhin versucht, das Mühlrad zu treiben; ein Notbehelf, der nur geringe Mahlerträge brachte.[131]

Der Schiffer mußte in dem Müller ebenso einen Konkurrenten bei der Nutzung des Wassers sehen wie in dem Fischer. Im Fluß befestigte Stellnetze, Reusen und Wehre bedeuteten schon im Frühmittelalter beschwerliche Hindernisse für die Schiffahrt.[132] Wie beim Wald wurden auch beim Fluß eigene Gerichte geschaffen, um die Nutzerkonkurrenz zu regeln, die an den Ufern tagenden Wassergerichte.[133]

Müller, Fischer, Schiffer – wie frei ist eigentlich die Natur? Nach der Rechtsauffassung Eikes von Repgow hatte jedes wie ein Strom fließende Gewässer frei zugänglich zu sein.[134] Wieder kommen wir auf Freidanks einleitend zitierten Spruch zurück. Sind es nur die Fürsten, welche mit ihrer Gewalt die allen Menschen zustehende göttliche Schöpfung für ihre Interessen nutzen wollen, oder sind sie nur die Mächtigsten unter allen Herren (und auch der Rat einer Stadt ist Herrschaft), die ihre Interessen gegenüber der Freiheit der Natur am wirkungsvollsten durchsetzen können? Nicht nur die Flußzölle widerlegen die mittelalterliche Behauptung von einem „freien Rhein“[135] oder einem „frey Weserstrom“.[136] Selbst die einschränkende Aussage, „de Wesere is eyn gemene water to varende“,[137] widerlegen die offenbar auf Betreiben der Stadt Hameln geschaffenen Untiefen, die sogenannten Schlagden, die erstmals 1314 erwähnt werden: Die Schiffe wurden zum Umladen gezwungen und damit dazu, die geladenen Güter in der Stadt, die das Stapelrecht (ein Vorkaufsrecht für angelandete Waren) besaß, zum Verkauf anzubieten.[138] Angesichts der noch schwach entwickelten Urbanität um die Mitte des 13. Jahrhunderts, konnte Freidank allein die Fürsten angreifen. Hundert Jahre später hätte seine Kritik auch den Städten gelten müssen und hätte ihn aus den Erfahrungen des Wanderlebens zur verzweifelten Feststellung bewogen: Jeder, der die Macht hat, die Natur in seinem Sinne auszubeuten, bedient sich dieser Macht.

Die Nutzung der Flüsse als Transportwege erweist auf den ersten Blick eine Trivialität: Eigennutz, sei es der einer reichen Handelsstadt, sei es der eines mächtigen Fürsten. Hinter dieser Trivialität steht, daß die Handelsstadt und der Fürst gleichermaßen durch den Fluß reich geworden waren, daß also Nachdenken über die Auffassung geboten ist, ein bürgerlich-adeliger Gegensatz habe das ausgehende Mittelalter gestaltet. Aber davon abgesehen: Die Konkurrenz um die Nutzung der Flüsse ging vom Schiff aus. Was aber, wenn menschlicher Einfallsreichtum – wir erinnern nur an die Lordanne – ein neues Transportmittel ersann?

Flüsse als Transportwege: Dazu gehört auch das Floß,[139] das in früheren Zeiten, um mit Rudolf Kiess zu sprechen, „großartigste Transportmittel, das in seiner Leistungsfähigkeit nur mit der Eisenbahn vergleichbar ist, die schließlich der Flößerei den Todesstoß versetzte."[140] Wie weit dessen um 1400 am Oberrhein und Main sich abzeichnende Bedeutung[141] in frühere Jahrhunderte zurückreicht,[142] ist nicht genau zu erkennen. Die Chronologie ist uns in diesem Fall weniger wichtig als die Feststellung: Die Flößerei ist eines der vergessenen Beispiele dafür, daß die Erwerbsnot zu jahrhundertelang wirksamen Innovationen führt. Der wachsende Holzbedarf, nicht zuletzt jener der Montanindustrie,[143] ließ schon im Verlauf des 15. Jahrhunderts selbst auf kleineren Wasserläufen Flöße zum alltäglichen Anblick werden.[144] Not schuf ein neues Transportmittel, das sich so schnell durchsetzte, daß auch der Reichtum es nutzte, daß der kenntnisreiche Großunternehmer, der Finanzberater König Maximilians, Jakob Villinger, an groß geplanten Floßunternehmen beteiligt war.[145] Ein weiteres Beispiel: Basel gelang es im 15. Jahrhundert, die Flößerei und Holztransporte rheinabwärts in seine Hand zu bringen, indem man der vom Schwarzwald und dem Rhein unterhalb Klein-Basels fließenden Wiese ein neues Bett grub, so daß das Flüßchen im Stadtgebiet in den Rhein mündete.[146]

Jakob Villinger bezeugt: Seit Mitte des 15. Jahrhunderts gewinnt die Flößerei auf deutschen Wasserläufen ständig wachsende Bedeutung, verdrängt die einfache Holztrift, bei der die Stämme allein einen Fluß hinuntertrieben, was aber nur über kürzere Entfernungen möglich war. Jetzt konnte der Reichtum an Nadelbäumen etwa des Frankenwaldes oder des Schwarzwaldes ausgebeutet werden.

Nicht immer fand die Flößerei so günstige natürliche Bedingungen vor wie etwa auf der Werra mit ihren ungewöhnlich langen Triftstrecken. Ausweitung der Flößerei hieß auch eine vom ausgehenden 15. bis ins 18. Jahrhundert reichende Arbeit an den Wasserwegen: Bewegliche Holzrechen, beeindruckende technische Meisterwerke, durchspannten die Flüsse, konstruiert, um Massen freischwimmender Stämme aufzufangen (bis zu einem Drittel des Holzes konnte beim Wassertransport verlorengehen)[147] und gleichwohl Schiffen und Flößen Durchfahrt zu gewähren. Man lernte, selbst Waldbäche durch Anlage von Schwemmteichen und Klausenschleusen flößbar zu machen, Floßkanäle anzulegen und Wasserläufe zu begradigen.[148]

Weil durch die Flößerei die Waldnutzung bis tief in die Bergwälder hinein rentabel wurde, mußten die Glasbläser aus angestammten Revieren weichen. Glashütten und Flößerei schlossen einander aus.[149] Denn die neue Transportform führte in aller Regel zum Kahlschlag im Walde. Im Akkord- oder Stücklohn für den abgelieferten Klafter wurden die Arbeiter bezahlt, und an diesen harten Bedingungen wurden alle Mahnungen zuschanden, daß

„nit soviel junger Bäum usgeholzt" werden sollten.[150] (Allein die Buchenwälder waren weitgehend geschützt, weil die Floßmeister aus Erfahrung wußten, daß die Buche höchstens 12 Meilen flößbar war.)[151]

Auf dem Papier ist alles ganz einfach: Holzreichtum des Schwarzwaldes, Holzbedarf der Niederlande: Flößerei.[152] Aber wieviel Erfahrung – und Erfahrung setzt Fehlschläge voraus – brauchte es, um die geeigneten Stämme auszuwählen und die Größe der Flöße auf die Flußindividualität abzustimmen! Anfangs mußte das Leben eingesetzt werden, bis genügend Kenntnisse gesammelt waren. Unter Lebensgefahr entstand eine Kunst, die nicht aus dem Verhältnis von Künstler und Publikum, sondern aus dem dialogischen Verhältnis von Mensch und Natur lebte, eine Kunst, von der nur Fluß und Flößer etwas wußten. Auf das noch nicht im modernen Sinne verengte mittelalterliche Verständnis von „ars" werden wir am Beispiel der Wasserkünste noch eingehen, hier genüge eine an das moderne Verständnis sich anlehnende, zugegebenermaßen etwas schräge, aber nach unserer Auffassung zumindest partiell zutreffende Definition: Kunst kann sich erweisen, wenn sie sich hergebrachten Machtbedürfnissen entzieht. Im Gegensatz zur Schiffahrt hat die Flößerei keine nennenswerten, die Herrschaftsinteressen austarierenden Regulativen erfordert. Welcher Ratsherr wollte auch auf dem Stapelrecht seiner Stadt angesichts der wuchtigen, durchwässerten Baumstämme bestehen? (Übrigens: Meinen Kunstbegriff darf man belächeln, denn schließlich bin ich überheblich genug, jenen Kunstbegriff zu belächeln, den Sigmund Freud, allein aufgrund der Lektüre eines spannenden historischen Romans von Daniel Mereschkowski, unter großem Applaus der Eingeweihten und später der Gebildeten konstruierte: Unterdrückte Homosexualität, Triebverzicht habe Leonardos Wunderwerke erzeugt. Vor Leonardo ziehe ich den Hut, aber nicht vor Freud, zumindest nicht in diesem Fall. Es ist doch kondensierte, sich in der „Bildung" sozial verständigende bürgerliche Ideologie des 19. Jahrhunderts, wenn Freud Kunst aus individuellen Antrieben eigens fingierter Schöpferkraft ableitet. Mit der Freude an der Provokation: Nicht Triebverzicht, sondern Hunger schafft Kunst. Der Hunger befahl nachgeborenen Söhnen armer Bergbauern in den Mittelgebirgen nachzudenken, nachzudenken über die Vermarktung des Waldreichtums ihres Erfahrungsraums in jenen fernen Regionen, die sie zunächst nur vom Hörensagen kennen konnten. Und dann der Mut, der zur Kunst gehört, der Mut, der erst durch Erfahrung sich bewährt. Handhabung des Floßes angesichts der Gefährlichkeit von Stromschnellen. Kunst.)

Selbst nach unserer provokativ vorgetragenen Überzeugung hat die Kunst eine weite Perspektive, jedoch keinen Standpunkt. Wo die Flüsse als Transportwege immer wichtiger wurden, lag der Gedanke künstlicher Wasserstraßen, einer Weiterentwicklung der altbekannten Entwässerungs- und Mühlenkanäle[153] nahe: ein Thema der europäischen Wirtschaftsgeschichte des Hoch- und Spätmittelalters. Karls des Großen Versuch, einen Kanal zwischen Main und Donau stechen zu lassen,[154] hatte im Mittelalter keine Nachfolge gefunden. Im wesentlich kleineren Maßstab wurde der Gedanke künstlicher Wasserstraßen erst wieder in den lombardischen und flandrischen Städtelandschaften aufgegriffen. 1177 wurde der Kanal von Ticino bis Mailand angelegt, und 1235 ist eine Kammerschleuse in Flandern bezeugt. Die lombardischen Städte entwickelten diese Technik weiter, wofür das folgende Beispiel gewählt sei, weil es zugleich einen frühen Beleg für die Wortgeschichte von „Ingenieur" bietet. 1352 gestattet Mailand einem Kloster, Wasser für den Konvent aus dem künstlich angelegten Naviglio Grande abzuleiten – der Kanal war Teil eines Wasserstraßensystems, das ausgebaut wurde, um Marmorblöcke für den Dombau herbeizuschaffen. Das Kloster hatte die Stadt gebeten, für die Abzweigung einen ihrer „magistri inzignerii" abzuordnen.[155]

Als erster deutscher Kanalbau war 1400 der Elbe-Stecknitz-Kanal entstanden, der mit mehreren Schleusen einen Höhenunterschied von fast fünf Metern überwand.[156] Die lombardischen Kanalbauten gingen von dem Nutzen einer ökonomisch autonomen Stadt aus, der künstliche Wasserweg zur Elbe hingegen von dem Wirtschaftsverbund zwischen Städten. Bei dem zumeist recht oberflächlichen Vergleich zwischen lombardischer und deutscher Städtelandschaft wird in aller Regel der unterschiedliche verfassungsgeschichtliche Hintergrund übersehen. Die Geschichte des Kanalbaus klärt auf: Künstliche Wasserstraßen für Marmorblöcke zum Dombau anzulegen weist auf eine ganz andere herrschaftliche Gewalt innerhalb einer Kommune von fast 100 000 Einwohnern als der erste, auf Zusammenarbeit von Städten zwischen 10 000 und 20 000 Einwohnern angelegte, massive Eingriff in die Umgestaltung der Natur. Bei allen Unterschieden zwischen den Städtelandschaften gibt es jedoch eine gemeinsame, eine gesamteuropäische Leistung, die Brücke.

Natur und Kunst: Die Brücke

Wasserstraßen und Landwege. Für die Intensivierung von Handel und Verkehr seit dem Hochmittelalter gibt es einen aufschlußreichen Indikator: die Entstehung der Brücken.[157] Im Gegensatz zum frühmittelalterlichen England, wo die Ortsnamen mit der Endung „-bridge" häufig sind, kennt das damalige Deutschland nur 40 Namen, die mit „-brucca", „-brücke", „-bruck", hingegen 93 Namen, die auf „-furt" enden.[158] Wichtige Furten, wie etwa Frankfurt, waren durch Königshöfe gesichert. Wo das Flußsystem keine Furt zuließ, behalf man sich mit Fähren,[159] denn die römische Brückenbaukunst war mit der Völkerwanderungszeit untergegangen. Wo die Römer in Stein gebaut hatten, also auf den Resten antiker Jochfundamente, errichtete Karl der Große 813 bei Mainz eine Rheinbrücke aus Holz, die bereits ein Jahr später durch Brand zerstört wurde. (Wie die „fossa Carolina" des großen Kaisers ein Unternehmen, das von einem singulären, im weiteren Verlauf des Mittelalters lange nicht wieder erreichten Raum- und Verkehrsverständnis zeugt, welches angesichts der technischen Mittel der Zeit nicht umsetzbar war.)

Im Hochmittelalter wurde der Bau einer Brücke zum entscheidenden Impuls für die Verdichtung der Siedlungsstruktur, ja sogar für die Stadtwerdung.[160] Der berühmteste Fall: Im Herbst 1157 hatte Heinrich der Löwe die Brücke des Freisinger Bischofs bei Oberföhring zerstört und in seine etwa fünf Kilometer isaraufwärts gelegene Stadt München verlegt (und diesen Gewaltakt sogar erfolgreich gegenüber dem Kaiser gerechtfertigt).

Holzbrücken, wie sie bis in das Spätmittelalter hinein vielerorts als Behelf dienten, waren oft nur einfache Stege, die bei Niedrigwasser über die Flüsse gelegt wurden;[161] auch festere Übergänge, die oft nur widerwillig von den Gemeinden, welchen die Unterhaltspflicht aufgehalst worden war,[162] in Stand gehalten wurden, blieben für ortsunkundige Reisende gefährlich.[163] Nicht nur im Früh- und Hochmittelalter wiesen sie gefährliche Löcher auf, welche die Ritter mit ihren Schilden zudeckten.[164] 1471 wird über das angefaulte Holz der Brücken über die Reuß geklagt.[165] Lebenslang wird sich Johannes Butzbach an die Angst erinnern, als er im Winter bei Eiseskälte über eine hölzerne Donaubrücke rutschte, mit klammen Fingern Halt suchend.[166]

Der Bau von Steinbrücken in Regensburg (1135–1146) oder Würzburg (vor 1133) stand noch isoliert in der Geschichte des Verkehrs, bildete noch keinen Teil eines Systems. Die eigentliche Epoche des Brückenbaus ist das 13. Jahrhundert. Voller Staunen über den eingetretenen Wandel während der letzten Generationen notierte 1282 der Colmarer Chronist, daß eine Frau gestorben sei, die sich noch der Zeiten erinnern konnte, als unterhalb von Konstanz niemand auf einer Brücke den Rhein hatte überschrei-

Abhängigkeit der Stadt von der Brücke *(Wolfgang Huber, Stadt mit großer Brücke, 1542).*

ten können.[167] Dieser Dominikaner schrieb nach der Hochphase des Landesausbaus, die zugleich auch eine Hochphase des Brückenbaus war. Es reichen Beispiele aus Nord und Süd aus, um den naheliegenden Zusammenhang von Rodung, Binnenkolonisation und Verkehrsausbau zu belegen. Zwischen 1150 und 1200 sind erstmals Brücken über die Etsch, den Inn und den Eisack bezeugt.[168] 1220 bereits ist die Allerbrücke bei Verden bekannt, die „lange Brücke“ genannt, weil sie mit ihren 12 Bogen eine Länge von gut 130 Metern überspannte.[169] Frankfurt errichtete vor 1222 und Basel um 1225 eine Brücke.[170] Solche Bauten waren der Stolz einer jeden Stadt.[171]

Mit hölzernen Flußübergängen behalfen sich teilweise bis tief in das 15. Jahrhundert hinein so bedeutende Städte wie Bern, Luzern, Nürnberg, Straßburg und Wien.[172] Die sie ersetzenden Steinbauten sind Indikatoren für die Verdichtung von Handel und Verkehr,[173] für ein engmaschiger geknüpftes Wegenetz – Basels erste Brücke 1225 steht im Zusammenhang mit der damals erfolgten Öffnung des Gotthard-Passes –, sie sind auch unter den Bedingungen der Zeit imponierende technische Meisterleistungen, die das Stauen des Stromes bzw. das Umleiten von Flußbetten und den Bau von Pumpkammern voraussetzen, die Anlage von „Wasserstuben“,[174] um die schwierige Fundamentierung mit wuchtigen Steinquadern vornehmen zu können.

Von den schwierigen technischen Problemen beim Brückenbau[175] berichten die Quellen so gut wie nichts (als ein indirektes Zeugnis bedeutet es schon viel, daß der Würzburger Dombaumeister Enzelin in einer bischöflichen Urkunde 1133 als Erbauer der steinernen Mainbrücke gerühmt wird)[176]; sie berichten nur, wenn etwas schiefgeht, zum Beispiel 1457 in Nürnberg: „Des selben jar ward der Irhersteg angefangen; der geriet nit, man must in abprechen; den machet ein maurer, hieß Grym.“[177] Dieser Jacob Grymm aber hatte mit dem mißglückten Bau keineswegs des Vertrauen des Rates verloren. Er baute im gleichen Jahr die erste Steinbrücke Nürnbergs. 400 fl. wurden ihm für den Fall zugesagt, daß der Brückenbau gelänge; würde er mißglücken, hätte sich der Meister mit 100 fl. zu begnügen.[178] Selbst im reichen Ulm scheiterte im 15. Jahrhundert der Bau einer Steinbrücke, der erst im 16. Jahrhundert gelang.[179] Nachdem aber Jacob Grymm in Nürnberg Erfolg gehabt hatte, wurde hier während der 1480er Jahre ein „regelrechtes Brückenbauprogramm“ durchgeführt.[180]

Als der Magdeburger Rat 1422 den Bau einer Elbbrücke beabsichtigte, wollte keiner der Ratsherren sich zum Verantwortlichen wählen lassen, weil unsägliche Arbeit, Sorgen und Mühe („unsprek-lik arbeit, sorge und moie“) mit dem Amt verbunden wären.[181] Nur zu verständlich war die Weigerung. Brückenbau hieß mühsames Lernen. Die Zwänge der Natur ließen sich nicht im ersten Anlauf überwinden. Mit der Haltbarkeit dieser Bauwerke – die Steinpfeiler wurden anfangs nur mit einer Auflage von hölzernen Bohlen verbunden[182] – war es nicht gut bestellt. Große Menschenansammlungen wie etwa 1286 anläßlich eines Schifferstechens in Straßburg hielten sie nicht aus,[183] obwohl auch normalerweise reger Verkehr über sie ging. Fast hundert Menschen ertranken 1275 beim Einsturz der Basler Rheinbrücke.[184] Und zudem: Die Natur rächte sich für ihre Überlistung. Selbst die Münchner Brücke, zentral für die Salztransporte aus Reichenhall und Hallein, bestand bis 1760 nur aus Holz und wurde alle paar Jahre von der Isar zerstört.[185] Hochwasser und Eisgang gefährdeten noch im Spätmittelalter selbst die Steinbrücken.[186] Zum Beispiel riß in Nürnberg im Januar 1451 die Pegnitz alle Flußübergänge hinweg.[187]

Einsturz der Brücke durch Hochwasser. Was in einer Großstadt dem Chronisten erstaunenswert erscheint, erscheint in der Kleinstadt den Menschen als normal, als Teil des stets gefährdeten Alltags, wovon hier nicht Chronisten, aber immerhin doch städtische Statuten berichten. Lakonische Reaktion auf den gefährdeten Alltag: Die Fischergilde in Rinteln ist bei Eisgang zum Schutz der Brücke und zur Bergung der Brückenteile verpflichtet.[188] Ausgerechnet die Fischergilde. Für diese bildete das Bauwerk mit seinen niedrigen Wölbungen und geringem Pfeilerabstand ein Ärgernis. Der Statutenstil verwehrt eine Antwort auf die Frage, ob für das Gesetz in Rinteln ein vorausgegangener Kompromiß die Grundlage gebildet hatte. Diese offene Frage aber umschließt, gerade weil sie nicht beantwortbar ist, die Aussage von dem nur geringen, Kompromisse erzwingenden Spielraum bei der Nutzung der Natur.

Neben den technischen Problemen blieb die Finanzierung die größte Schwierigkeit des Brückenbaus.[189] Denn es war ja mit den Baukosten allein nicht getan. Steter Gefährdung ausgesetzt, verlangte eine Brücke laufende Pflege und verursachte damit hohe Kosten für ihren Unterhalt.[190] Der Frankfurter Rat stöhnt 1291: Dauernd erfordere eine Brücke Bau-, Ausbesserungs- und

Erhaltungsmaßnahmen („edificatio, reparacio, conservatio").[191] Deswegen ist sie eine Rechtsperson, der Häuser, Gärten und Grundrenten gewidmet waren.[192] Die Gemeinnützigkeit der Brücken erlaubte das Ausschreiben von Zöllen[193] und Ablässen[194] zu ihren Gunsten.

Die Brücke konnte – häufig bezeugt – Gerichtsstätte sein: „Brückengericht",[195] sie konnte sogar, wie in Bamberg oder im unterfränkischen Dettelbach,[196] mit dem Rathaus überbaut werden. Einen besonderen Fall bildet das über dem Flußlauf der Schwemmnotte errichtete Rathaus im thüringischen Mühlhausen. Es stand auf der Grenze zwischen Altstadt und Neustadt[197] und erinnert damit an die Bedeutung des Brückenbaus für das Zusammenwachsen der Städte aus verschiedenen Siedlungskernen.[198] Die rechtliche Bedeutung ist vom Handelsverkehr abgeleitet. Aber über dieser wirtschafts- und rechtsgeschichtlichen Aussage darf nicht übersehen werden, daß die Brücke Menschen aus verschiedenen Regionen und gleichermaßen Menschen aus den verschiedenen Ständen zusammenführte. Im Mittelalter sah man die Humanität dieses Bauwerkes noch ganz unmittelbar. Deshalb steht es in vielen Städten wie in Ulm, Bingen oder Augsburg im engen räumlichen Zusammenhang mit dem Spital und der Pilgerherberge.[199]

Ablässe für den Bau von Brücken, Ablässe, die selbst diejenigen erwerben konnten, die ohne Entgelt dabei Handlangerdienste leisteten,[200] lassen erkennen: Es handelt sich um ein frommes Werk, durch das nicht nur das Pilgern erleichtert, sondern die Gefahren des Reisens allgemein gemindert werden.[201] Das läßt verstehen: Der frühe Brückenbau ist vielfach eine Leistung von Genossenschaften; und er ist ein frommes Werk. Im romanischen Teil der Westalpen sind es Heiliggeist-Bruderschaften, die solche Bauten tragen.[202] Weltliche und religiöse Interessen lassen sich nicht trennen. Die älteste dieser Genossenschaften, die 1084 den Übergang über die Durance bei Bonpas erbaute, wandelte

Die Lage an Flüssen war für mittelalterliche Städte unerlässlich: Bamberg, Blick auf die Regnitz und das Alte Brücken-Rathaus *(erbaut Mitte des 15. Jh., später barockisiert).*

sich, immer noch dem Unterhalt des Baues verpflichtet, in eine religiöse Bruderschaft um, die 1189 vom Papst bestätigt wurde.[203] Als frommes Werk galt es, Legate für den Brückenbau auszusetzen.[204] Aber mit dem hohen Mittelalter wird dieser ein zweckrationales Handeln von Laien, die sich allerdings des Ablasses als Finanzierungsinstrument zu bedienen wußten. Es geht jetzt nicht mehr um das fromme Werk, dessen Frömmigkeit in der Erleichterung der Qualen des Wanderns liegt, sondern um eine kostspielige Maßnahme im Interesse von Handel und Verkehr.

Wasser als Nahrungsspender: Die Fische

Wasser als Transportmöglichkeit, als Energiespender und Wasser auch als Nahrungsressource. Die Flüsse und selbst viele Bäche waren fischreich. Noch im 18. Jahrhundert konnten die entsprechenden Gerechtsame vor allem an Bächen und Wasserläufen der Mittelgebirge recht einträglich sein. Wir wählen fränkische Beispiele. Der im Spessart entspringende Lohrbach zum Beispiel war berühmt wegen seiner Lachse. Im Hohenlohischen führten die Kupfer, Sell, Brette und Ohr eine reichhaltige Fischkarte: Aale, Barsche, Schleien, Forellen, Schmerlen und Krebse.[205] Forellen tummelten sich in den Bächen der Rhön. Die Anlauter und die Schwarzach im Eichstättischen, „deren reines und frisches Wasser sehr schnell über ein kießliches Bett dahinrollt, führen sehr gute Forellen", wie ebenso der Möhrenbach bei Treuchtlingen, der Rimbach bei Creglingen.[206] Zu erkennen ist: Noch im 18. Jahrhundert können selbst kleinere Wasserläufe jenen Fischreichtum aufweisen, auf den die vielen, schon im Hochmittelalter bezeugten Krebsbäche hinweisen. Der Rückgang des Krebses vor allem seit dem 19. Jahrhundert[207] sei hier stellvertretend für das Verschwinden so vieler Fischarten in der Neuzeit erwähnt.[208]

Wenn selbst Bäche so fischreich sind, könnte vermutet werden, daß die Ernährung der Bevölkerung, die nur ein Zehntel der heutigen betrug, im späten Mittelalter gesichert gewesen wäre. Die Vermutung erweist sich rasch als irrig. Fischerei ist Herren-, bisweilen auch Gemeinderecht, was der Nutzung durch den einzelnen enge Grenzen setzt. Für die Fischnahrung gilt ebenso wie für die Fleisch- und Getreidenahrung: Es gibt keinen Überfluß. Der Fisch war gemessen an seinem Nährwert, an seinem Kaloriengehalt, ziemlich teuer.[209]

Der Fischreichtum der Gewässer bildet keine Nahrungsreserve in Notjahren. Im Gegenteil. Es bestand ein zu großer Bedarf, [210] weniger wegen der vielen mittelalterlichen Fastentage als wegen des hohen, etwa zwanzigprozentigen Eiweißgehaltes des Fisches. Er war unverzichtbar, weil das Grundnahrungsmittel Getreide kaum Eiweiß enthält.[211] Der Mensch muß der Natur nachhelfen; die Teichwirtschaft verbreitet sich mit dem Hochmittelalter.[212] Die hier erprobte Fischzucht - seit dem 13. Jahrhundert bemüht man sich um die Weiterzüchtung des eingeführten Wildkarpfens[213] - hatte eine erhebliche Bedeutung, taugte als innovatorisches Vorbild, weil die Zahl und die Ausdehnung der Binnenseen damals viel größer waren als heute. Viele Seen sind seitdem verlandet, was im wesentlichen auf die Zunahme der Sedimentfracht und des Nährstoffgehalts der Flüsse zurückzuführen ist.[214]

Die Teichwirtschaft beruhte zumeist auf Investitionen der Grundherren, was durch die Verbindung von grundherrschaftlicher Mühle und Mühlenteich naheliegend war.[215] Als Herrschaftsträger, nicht als monastische Gemeinschaften beteiligen sich auch die Klöster an diesem Wirtschaftszweig.[216] Ob kirchliche oder weltliche Grundherrschaft: die Teichwirtschaft bleibt bis in das Spätmittelalter hinein ein Teil der adeligen Ökonomie.[217]

So tiefsinnig Gelehrte - wir werden noch darauf eingehen - über die Natur nachgedacht haben, so haben sie doch niemals jene Realität reflektiert, die ein „ungelehrter" Spruchdichter anklagt. Unübersehbar ist das herrschaftliche Bemühen, sich die Gaben der Natur anzueignen. Das belegt - die Klage Freidanks konkretisierend - die Fischerei. Diese gilt schon in den frühmittelalterlichen „Volksrechten" als Teil der Grundherrschaft.[218] Wie bei der Mühle dürfte auch bei der Fischerei herrschaftliches Interesse die kostspieligen Investitionen gerechtfertigt haben, etwa für die fest in den Flüssen zu verankernden Fanganlagen[219] oder die Zugnetze für die Großgarnfischerei (welche bezeichnenderweise in den ostelbischen Kolonisationsgebieten in fürstlicher Hand verbleiben wird).[220] Weit weniger erfolgreich als beim Forstrecht ist der Adel aber bei seinem Bemühen, ein analoges Fischereirecht durchzusetzen.[221] Diese Bemühungen durchziehen das ganze Mittelalter.[222] Nur partielle Erfolge erzielt der Adel, während Städte und sogar eidgenössische Talgemeinden sich große Binnenseen aneignen und ihnen ihren Namen geben können: Zürichsee, Vierwaldstättersee. Diese Namen belegen auch den Verrechtlichungsprozeß, der die Geschichte der mittelalterlichen Fischerei durchzieht.[223]

Der im Vergleich mit dem Forstrecht geringere Erfolg des Adels bei den Fischereirechten dürfte schlicht damit zusammenhängen, daß es leichter ist, verstohlen eine Forelle zu fangen als ein Reh zu wildern. Und zudem: Seit dem Hochmittelalter läßt sich die durch Erbgang erfolgte Aufsplitterung der adeligen Fischereirechte erkennen. Kaum ein Wasserlauf bleibt in nur einer Hand, aufgespalten und abgegrenzt voneinander erscheinen die jeweiligen Rechte,[224] vergleichbar dem nicht seltenen Fall einer unter mehreren Herren geteilten Dorfherrschaft. Und wie auf dem Lande ist auch zu Wasser die Aufspaltung der Herrenrechte die Chance für den genossenschaftlichen Zusammenschluß der Nutzer. Fischergilden kommen in den Städten auf.[225]

Seit dem 15. Jahrhundert wird die Fischerei ebenso wie zuvor die Jagd von einem Adelsrecht zum Adelsvergnügen.[226] Das Fischereibuch Maximilians I. veranschaulicht den Repräsentationscharakter dieses „Sportes". Das bedeutete aber auch, daß die Herren verstärkt ihr Obereigentum an manchen Gewässern in ein ausschließliches Nutzungsrecht umgewandelt wissen wollten. Als Antwort darauf wird im Bauernkrieg in vielen Orten am Anfang des Aufstandes das verbotene Fischen stehen,[227] und im weiteren Verlauf wird die grundsätzliche Freiheit der Gewässer gefordert werden.[228]

Hinter allen Streitigkeiten steht: Die Menschen brauchen den eiweißhaltigen Fisch. Das hat seine angedeuteten rechtsgeschichtlichen ebenso wie seine wirtschaftsgeschichtlichen Konsequenzen. Der Fisch als Handelschance im kleinen und im großen Maßstab: Das bedingt den Ausbau der Teichwirtschaft, das bedingt auch den Aufstieg der Hanse. Wie beim Deichbau an der Küste und im Binnenland ist auch in diesem Zusammenhang zu erkennen, daß die Natur und die Sorge der Menschen um die tägliche Nahrung über alle landschaftlichen Unterschiede hinweg die zentralen Faktoren der Geschichte sind; denn Rückgrat des hansischen Handels war der bei Schonen gefangene Hering.[229] Während der Saison des Heringsfangs, im August und September, wurden die Verarbeitungsplätze auf Schonen, wurden Skanör und Falsterbo temporär Großstädte: Bis zu 20 000 Menschen, darunter Kaufleute und Handwerker und natürlich auch Freudenmädchen, fanden sich hier ein. Das Salz aus Lüneburg – wir erinnern an den Elbe-Stecknitz-Kanal – ermöglichte das Einpökeln an Ort und Stelle. Das vor allem aus Rostock und Wismar mit ihrem waldreichen Hinterland gelieferte Daubenholz sollte auf Schonen zum Container des Mittelalters, dem Faß, verarbeitet werden.[230] Diese Tonnen – zu einem Fünftel mit dem konservierenden Salz gefüllt – wurden, mit dem eingebrannten Gütesiegel des Lübecker Rates gekennzeichnet, von Schonen über Lübeck und Lüneburg bis hin nach Oberdeutschland exportiert. Die Fuhrleute, die Weinfässer in den Norden brachten, beförderten als Rückfracht Heringstonnen, die ein spätmittelalterliches Volksnahrungsmittel selbst für die Bürger in Regensburg oder Nürnberg enthielten.

Was bedeuteten Luxuswaren wie Pelze aus Nowgorod, was bedeuteten schwedisches Rasenerz oder Eichhörnchenfelle für den englischen Königshof als hansische Exportartikel angesichts des Massenguts Hering, das Lübecks ungeschriebene und deshalb unangefochtene Stellung als Haupt der Hanse begründete? Die Geschichte der Hanse ist im Grunde eine Geschichte des Herings, und das wußten die Lübecker Ratsherren. Den Großen und Einflußreichen am englischen Hofe bis hinunter zu den Türstehern wird die Hanse alljährlich zur Sicherung ihrer Privilegien Heringsdeputate verehren.[231]

Die Geschichte des Aufstiegs der Hanse ist zugleich die Geschichte des Herings in der Ostsee und dessen Geschichte ist folgerichtig auch eine Geschichte des Niedergangs des auf ihn gegründeten Städtebundes. Gute und schlechte Fangsaisons hatte es stets gegeben; aber um 1500 wurde immer deutlicher, daß sich dauerhaft die gewohnten Heringsschwärme in der Ostsee verringerten und ab Mitte des 16. Jahrhunderts fast ganz ausblieben. Die Zukunft gehörte dem Nordseehering, den die Niederländer aufgrund verbesserter Schiffstechniken seit dem ausgehenden 15. Jahrhundert in immer größerem Maße abfischen konnten. Wenn seit dem 16. Jahrhundert Köln die Drehscheibe des Heringshandels wird, so zeigt sich die Verschiebung von Wirtschaftsstrukturen, so zeigt sich der Sieg des Nordseeüber den Ostseehering, so zeigt sich der eigentliche Grund für den Niedergang der Hanse und den Aufstieg der niederländischen Generalstaaten, so zeigt sich letztlich: Die Natur entscheidet über die Wirtschaft und damit über die Geschichte.

Die Stadt und das Wasser: Die Gaben der Natur und die Leistung der Menschen

Trinkwasser ist Voraussetzung menschlicher Existenz.[232] Die siedlungsstiftende Kraft der Quellen war auf der ganzen Erde den Menschen bewußt und zwang zur Devotion. In heidnischer Zeit galten deswegen manche Quellen als heilig.[233] Ein Beispiel aus unserem Untersuchungsraum: Mit dem Befremden des Christen berichtet Alkuin, daß auf Helgoland das Wasser aus dem heiligen Quell nur unter tiefstem Schweigen geschöpft werden durfte. Ein Bruch dieses Schweigens würde mit dem Tode bedroht.[234]

Das Bevölkerungswachstum erzwang den Weg von der Rationalität der Devotion – frommer Sinn schützt die Ressourcen – zur

Rationalität der Funktion; denn nach wie vor wurde die Frage des Trinkwassers als eine existentielle Frage angesehen, eine Frage, die seit dem ausgehenden 13. Jahrhundert sogar die Fürstenspiegel beschäftigte. So riet Aegidius Romanus (1277/79), wie man das Wasser prüfen müsse. Es darf zum Beispiel nicht riechen, weil dies seine Herkunft aus ungesunder Erde anzeige, und selbst das Grundwasser könne dann gesundheitsgefährdend sein.[235] Töricht sei – so um 1350 Konrad von Megenberg –, wer auf Reisen jedes Wasser trinke; denn dieses könne schädlich sein, wie in Kärnten an den vielen Menschen, die einen Kropf hätten, zu erkennen sei.[236] Auf inzwischen unübersehbar gewordene Gefahren reagiert etwa zur gleichen Zeit der Fürstenspiegel des Philip von Leyden, etwa auf die Gefahren der Wasserverschmutzung durch Färbereien.[237]

Wasser, so stellte Britta Padberg knapp und treffend fest, „ist das eigentliche Kapital der Stadt".[238] Schon um 1200 wird dessen existentielle Bedeutung für die Städte sichtbar. Wie bei der Baulandgewinnung greifen die Bürger massiv in die Naturlandschaft ein und gestalten Fluß- und Bachläufe nach ihren Bedürfnissen um.[239] Die in mehreren Armen Goslar durchfließende Gose war durch den Rammelsberger Bergbau bereits um 1200 so sehr belastet, daß die Bürger einen Kanal oberhalb des Rammelsbergs gruben, um sauberes Wasser der Gose in ihre Stadt zu leiten.[240] Selbst kleinere Städte wie Einbeck[241] oder Duderstadt[242] sahen sich Mitte des 13. Jahrhunderts gezwungen, die Wasserläufe zu verändern. Das hessische Alsfeld, im Umland wegen seines Bieres berühmt, ließ vom Landgrafen genehmigen: Der Liederbach durfte in der Stadt „gekart und gelidin" werden.[243]

Ein Eingriff des Menschen in die Natur rationalisiert das Verhältnis zum sprudelnden Wasser, die Künstlichkeit des Brunnens, dessen ursprünglicher Name „Born" die natürliche Quelle benannt hatte. Der Brunnen gehört zum Haufenhof des Frühmittelalters, und er gehört zum Haus des vornehmen Bürgers im Spätmittelalter. Zwar kannte schon der Mensch der Bronzezeit die Fassung von Quellen in ausgehöhlten Baumstämmen, aber erst zur antiken und zur mittelalterlichen Stadtkultur gehört der Eingriff in die Natur: der Schachtoder Fesselbrunnen, der zylindrisch ins Erdreich getrieben wird.[244] Der Ziehbrunnen, dessen älteste Anlagen seit dem 12. Jahrhundert erhalten sind,[245] bleibt dabei während des ganzen Mittelalters der verbreitetste Typ.

In staunenswerte Tiefen getriebene Burgbrunnen, eine Attraktion bei den entsprechenden Touristenführungen, sind angesichts der vielen Befestigungsanlagen die Ausnahme, nicht die Regel.[246] Das übliche sind Zisternen, in denen das Regenwasser gesammelt wird, oder entsprechende Anlagen schlichteren Typs.[247] Und das betrifft nicht nur die Burg des kleinen Edelfreien, sondern auch die des mächtigen Herzogs. Der Kastenbrunnen in der Lübecker Burg, einem Herrschaftszentrum Heinrichs des Löwen, bestand aus Bohlen von Eichen, die 1155 gefällt worden waren und in sechseinhalb Meter Tiefe auf einem sorgfältig mit Findlingen gepflasterten Boden ruhten.[248] (Zisternen waren im norddeutschen Raum ungewöhnlich.)[249] Aber was ist das schon im Vergleich zu der noch antike Erfahrungen nutzenden Wasserleitung in der karolingischen Pfalz Ingelheim?[250]

Die Stadt übernimmt und lernt vom Lande, von den Burgen und natürlich von den Klöstern.[251] Die Stadt mußte lernen und das Gelernte weiterentwickeln; denn die Brunnen sollten hier der Versorgung einer wesentlich größeren Menschenmenge dienen, als sie Dorf, Burg oder Kloster kannten.[252] Auf der Burg, im Kloster und in den Dörfern hatten Brunnen eine Mehrzweckfunktion: Trinkwasser, Waschwasser, Viehtränke. In der Stadt jedoch, wo die Waschplätze vielfach am Fluß außerhalb des Schutzes der Mauern lagen, wo die „Pferdeschwemmen" eigens ausgewiesen waren, hatten diese Anlagen vor allem die Aufgabe, das für den Menschen unverzichtbare Wasser bereitzustellen; denn die Flüs-

Mittelalterlicher Ziehbrunnen. Christus und die Samariterin *(Malerei an der Holzdecke der Kirche St. Martin in Zillich, Graubünden).*

se lieferten im allgemeinen kein trinkbares Naß, weil ihre Fließgeschwindigkeit zu gering war.[253] Der Ausdruck „Trinkwasser" ist insofern irreführend, als die Bürger es nach Möglichkeit vermieden, Wasser zu trinken; es diente zum Brauen dünner Hausbiere - schrecklich muß das Haferbier geschmeckt haben -, es diente zum Strecken des teuren Weins, es war für die Ärmeren unverzichtbar zum Sieden der Speisen. Selbst Fleisch wurde im Mittelalter häufiger gesotten als gebraten.

Trinkwasser in der Stadt: Wiederholt sei, daß Wasser im Mittelalter nicht gleich Wasser ist. In einer spätmittelalterlichen Auflistung der Besonderheiten deutscher Städte („was einer jn den landen erfert so er wandert") wird eigens hervorgehoben: „zu Rotenburck dort an der Tauber / do ist gut trinkwasser tewr."[254] Für Conrad Celtis, den deutschen Erzpoeten, ist das durch Sand gefilterte Quellwasser das angenehmste („suavissima“).[255] Von der Kleinstadt[256] bis zur Großstadt[257] versorgten die Brunnen die Menschen, weil die fließenden Gewässer in der verdichteten Siedlung trüb und unrein waren. Die Formenvielfalt reicht von den einfachen, aus ausgehöhlten Baumstämmen bestehenden Daubenbrunnen bis hin zu den ausgetüftelten Zimmermannskonstruktionen der Kastenbrunnen,[258] von solchen, die mit Natursteinen gefaßt sind, bis zu denen, die aus Backsteinen aufgemauert wurden.[259] Welche Bauart auch immer gewählt wurde, undicht waren alle diese Anlagen, selbst die gemauerten.[260] Pumpen übrigens, obwohl seit dem 14. Jahrhundert bekannt, haben sich erst in der frühen Neuzeit durchgesetzt.

Die ältesten Tiefbrunnen noch des 12. und 13. Jahrhunderts sind zum Beispiel in Lübeck bis zu neun Meter in die Erde gebohrt und mit Wandungen aus Holz eingefaßt.[261] Die Zimmermannsarbeit verlangt dabei viel Erfahrung. Die Balken können nur mit der Axt abgeschlichtet und danach möglichst fugendicht aufeinandergesetzt werden.[262] Zu Recht sind manche Brunnen als „Meisterwerke der Zimmermannskunst“ gewürdigt worden.[263] Kiefernholz wird mit Vorliebe gewählt, weil es mit seinem Harzgehalt Haltbarkeit garantiert, eine doppelte Holzwandung, die mit reinem Sand ausgefüllt ist, kann dem Versickern des kostbaren Wassers vorbeugen.

Die Holzbrunnen werden im Verlauf des Spätmittelalters vielfach durch steinerne Anlagen abgelöst, die sich, aus Feldsteinen und Backsteinen gemauert, mit einem geringen Durchmesser von 1 bis 1½ Metern begnügen.[264] Aber auch der Steinbau schützt nicht vor Qualitätsminderung des Wassers durch undichte Fugen. Und vor allem: Der Grundwasserspiegel, aus dem sich der Brunnen speist,[265] wird durch die nahegelegenen Abfallschächte und Kloaken, die bis zu zwölf Metern in die Tiefe gegraben wurden, ebenfalls erreicht.[266] Verjauchung des Grundwassers mit der unvermeidlichen Folge typhoser Erkrankungen und Vergiftungen der Darmwege ist eine lauernde Gefahr der dicht bebauten Innenstadt, wo die meisten Brunnen liegen.[267]

Wenn die Brunnen nicht, wie in Lübeck oder Regensburg, als private Anlagen im rückwärtigen Hofbereich gebohrt werden,[268] gilt: Sie zwingen mit ihrer Öffentlichkeit Nachbarn zur Eintracht, erzeugen friedenssichernde Bräuche.[269] Verantwortliche werden gewählt; wie üblich unterstreichen gemeinsame Gelage diese Gemeinschaftspflicht.[270] Die Brunnenreinigung, in den Dörfern eine Gemeindeaufgabe,[271] wird in den Städten zum Fest der Nachbarschaft.[272] Brunnen tragen wegen ihrer Menschennähe Namen – sie haben ihre Individualität. Sie bilden in vielen deutschen Städten wie in Frankfurt und Worms den Mittelpunkt eigener Brunnengemeinden,[273] die in Einbeck, seit 1315 bezeugt, „Nachbarschaften" heißen.[274]

Das Wachstum der Städte hatte den Ausbau der Trinkwasserversorgung verlangt. In Basel gab es zunächst wahrscheinlich nur den Laufbrunnen auf dem Münsterplatz.[275] Im 13. Jahrhundert werden bereits Wasserleitungen in die neuen Stadtareale verlegt.[276] Der von Reisenden des 15. Jahrhunderts so gerühmte Brunnenreichtum entsteht.[277] Um 1400 kann die Bevölkerung dieser Stadt auf 40 öffentliche und 22 private Brunnen zurückgreifen.[278] In Nürnberg gab es um die Mitte des 15. Jahrhunderts 50 öffentliche Brunnen auf der Sebalder und 49 auf der Lorenzer Seite.[279]

Mit Brunnen allein kam die spätmittelalterliche Stadt im Laufe ihrer Entwicklung nicht mehr aus. Wasserleitungen mußten gelegt werden.[280] Die antiken Erfahrungen waren im Mittelalter vergessen,[281] die Aquädukte zur Versorgung der Legionslager dienten wie die Kölner Eifel-Wasserleitung als Steinbrüche.[282] Mönche hatten als erste wieder die Notwendigkeit von Wasserleitungen erkannt, weil die Körperhygiene in ihren Gemeinschaften zunächst eine viel größere Rolle spielte als in der laikalen Welt.[283]

Auf engem Raum lebten die Mönche zusammen, während noch im frühen 13. Jahrhundert selbst die Großstadt ein weitläufiges Gehöftsystem war, das erst im Laufe dieses Jahrhunderts verdichtet wurde.[284] Und für diesen, bei den Kleinstädten bis ins 15. Jahrhundert reichenden Verdichtungsvorgang gilt: Ebenso wie die Bauern bei der Bewässerung ihrer Felder[285] mußten sich auch die Bürger die Erfahrungen der Klöster seit dem 13. Jahrhundert zunutze machen.[286]

Die Archäologie kann erschließen, was ansonsten in der urkundenarmen Zeit des Übergangs vom Frühzum Hochmittelalter verborgen bleibt: Die werdende urbane Welt lernt von der kirchlichen Zivilisation. Einen anschaulichen Fall bildet die um 1079 in Hildesheim im Zusammenhang mit der Gründung des Kreuzstiftes angelegte Wasserleitung, die Holztröge zum Stauen des Trinkwassers vorsah und die Besiedlung des Areals zwischen dem neuen Stift und der bestehenden Stadt ermöglichte.[287] Im 12. Jahrhundert waren die Städte noch nicht zu einer technischen und organisatorischen Meisterleistung fähig, wie sie damals in Salzburg die Abtei St. Peter und das Domstift erbrachten, als sie – möglicherweise französischen Vorbildern folgend – den Almkanal zur Trinkwasserversorgung durch den Berg trieben.[288] Eine Verselbständigung der Urbanität ist dann im 13. Jahrhundert erkennbar, wenn zum Beispiel 1277 in Goslar Wasserleitungen bezeugt sind.[289]

Im 15. Jahrhundert konnten selbst mittlere Städte nicht mehr auf Rohrleitungen verzichten.[290] Sogar der südniedersächsische Flecken Adelebsen legte damals eine Wasserleitung an.[291] Solche „Dolen“ wurden aus Lärchen oder Föhren gefertigt. Große Erfahrung war nötig, um zu wissen, wie lange dieses sogenannte Teuchelholz (von mhd. „tiuchel“) im Wasser liegen mußte, um die für Röhren geeignete Rundung anzunehmen.[292] Viel Erfahrung verlangte auch die andere Technik, die des Röhrenbohrens, des Aushöhlens der Baumstämme mit speziellen „Deichelboh-

Wasser war unabdingbar für die Trinkwasserversorgung in der Stadt: Sankt-Georgs-Brunnen auf dem Marktplatz in Rothenburg ob der Tauber.

rern".[293] Bevorzugt wurden Föhren-, Eichen- und Erlenholz[294] – für Konrad von Megenburg ist das durch Föhrenstämme geleitete Wasser das beste[295] –, und nur selten wurden Steinröhren gebraucht.[296] Der Wasserverlust in den Holzröhren, die zumeist mit Blei, seltener mit Kupfer vernietet wurden,[297] war hoch. Immerhin konnte mit Schiebern der Durchfluß gestoppt oder geregelt werden.[298]

Im brunnenreichen Basel gab es seit 1388 einen eigenen städtischen Werkhof für die Wasserleitungen, den sogenannten Teuchelhof[299]: ein früher Beleg für einen allgemeineren Vorgang. Daß um 1500 in größeren und mittleren Städten die Anlage und Wartung von Wasserleitungen eine Routineaufgabe des um den städtischen Bauhof konzentrierten Bauamts war,[300] belegt, wie sich innerhalb von zwei Jahrhunderten das zivilisatorische Gefüge Stadt entwickelt hatte. Aber: Nur in der Altstadt, in der Innenstadt kamen die Oberschicht und die – im Mittelalter relativ schmale – Mittelschicht in den Genuß dieses Fortschritts. Zum Stadtrand hin, in den Wohngebieten der kleinen Leute und der Armen, wurden schon die Brunnen selten;[301] Wasserleitungen blieben hier vollends unbekannt. Vor diesem Hintergrund gewinnen die obrigkeitlichen Brunnenordnungen ihr Profil: Die kleinen Leute sollen die Brunnen, auf die sie angewiesen waren, nicht verschmutzen.[302] Es ging zum Beispiel zu Lasten armer Menschen, wenn in Bern zu Beginn des 16. Jahrhunderts das Wäschewaschen in den Brunnen verboten wird.[303] (Die Reichen entlohnten Wäscherinnen, die am Fluß arbeiteten.) Weitergehende Maßnahmen zur Reinhaltung des Wassers wurden nicht getroffen. Das Trinkwasser blieb „eine unerkannte Gefahrenquelle erster Ordnung."[304] In der Welt der Armen wird man auf die Qualität des Wassers nicht sonderlich geachtet haben. In Basel hatte selbst das Abwasser seinen Preis. Es kostete ein Fünftel des sogenannten „Gutwassers".[305]

Um sauberes Wasser zu gewinnen, durften bei wachsender Bebauungsdichte keine Kosten gescheut werden. Turmartige Wasserhebewerke, in London bereits 1236 bezeugt, sammelten klares Naß außerhalb der Mauern, um es über Leitungen in die Stadt zu führen.[306] „Wasserkünste"[307] verdeutlichen, warum im Mittelalter „ars" sowohl Wissenschaft als auch Kunst und Fertigkeit bedeuten konnte.[308] Eine Welt, in der schon die Qualität des Wassers Bestandteil der Lebensqualität war, konnte schlechterdings mit einem Gegensatz von Kultur und Zivilisation nicht viel anfangen. Und deshalb kam es ihr auch nicht in den Sinn, die Fähigkeit des Menschen, physische Erleichterung seines Lebens zu erdenken, und Kunst, die dem Dasein psychische Erleichterung, Trost, gibt, in ihren Auswirkungen zu trennen. Es war keine Unterschätzung von „Kunst" (im heutigen Sinne verstanden), es war vielmehr Ausdruck eines von manchen heutigen Malern wieder herbeigesehnten Kunstverständnisses, daß die Fähigkeit, für gutes Wasser zu sorgen, gleichgewichtet wurde mit der Fähigkeit, andachtstiftende Bilder zu malen. „Ars", Wasserkünste. In Lübeck erbauten zwischen 1291 und 1294 die Brauer an der Wakenitz die erste der deutschen Wasserkünste; denn das Wasser an diesem Flüßchen war sauber, das der Trave durch den Hafenverkehr verschmutzt.[309] (Daß an der Wakenitz aber auch das städtische Schlachthaus lag, dessen Abwässer ebenfalls in den Fluß eingeleitet wurden,[310] zeigt – auch wenn dieses Schlachthaus nur saisonal in Betrieb genommen wurde –, daß selbst die kostspielige Anlage von Wassertürmen nicht an modernen hygienischen Vorstellungen zu messen ist.) Die Lübecker Wasserkunst – eine spätmittelalterliche Sehenswürdigkeit:[311] Durch Schöpfräder wurde das Wasser in Hochbehälter gefüllt, von denen es in das unterirdisch verlegte Netz von Holzrohren („pipen") gedrückt werden konnte.[312] So erfolgreich erwies sich dieses Unternehmen, daß schon 1302 eine weitere Brauwasserkunst vor dem Lübecker Burgtor angelegt wurde.[313]

Was die Lübecker Brauer leisteten, ahmten in einfacherer Form andere Städte nach: Von einem hochgelegenen Sammelbecken wurden Bornleitungen unter Ausnutzung des natürlichen Gefälles in die Stadt geleitet.[314] Dabei scheute man Entfernungen nicht. In Hannover wurde der Diekborn bei Linden durch eine Wasserleitung in die Stadt geführt.[315] Es waren zumeist die

Brauer, die den Bau von Wasserkünsten durchsetzten.[316] Dabei fällt auf, daß in Hamburg, das im Mittelalter nicht als „Tor zur Welt“, sondern als „Brauhaus der Hanse“ berühmt war, erst 1531 eine Wasserleitung nachweisbar ist. Denn für das hochgeschätzte Hamburger Bier nutzten die Brauer das saubere Grundwasser.[317]

Unterhalten wurden die mittelalterlichen Wasserleitungen von Genossenschaften, die auf ihren jährlichen Versammlungen Geldstrafen etwa für Wasserverschwender verhängten. Von 1394 bis 1822 versorgte ein genossenschaftlich verwaltetes System, das von einem Wasserrad an der Weserbrücke seinen Ausgang nahm, die Altstadt von Bremen.[318] Doch trotz allem: frisches Wasser bleibt ein Handelsartikel. Noch das frühneuzeitliche Hamburg kennt die Wasserträgerinnen, bei denen man Wasser kaufen kann.[319] Einen Anhaltspunkt für die Preise gewinnen wir aus einer zufälligen Nachricht. In Hannover verkauft 1352 der Pächter eines Schöpfrades an der Leine Wasser zum Festpreis von 8 Pfg. pro „Tonne“, also pro 200 Liter.[320] Acht Pfennig entsprechen ungefähr einem Tagelohn im Sommer.

Dauernd über frisches Wasser zu verfügen war ein Luxus. Selbst im reichen Lübeck wurden erst 1533 die Häuser in der vornehmen Innenstadt an eine hölzerne Wasserleitung angeschlossen, indem Zweigleitungen zu dem aus Backsteinen gemauerten Sod führten, aus dem dann das Wasser geschöpft werden konnte.[321] Auch in dem zivilisatorisch hoch entwickelten Augsburg standen erst im 16. Jahrhundert Wassertürme zur Verfügung, die durch Leitungssysteme mit Quellen vor der Stadt verbunden worden waren.[322] Nach 1558 war es einem wohlhabenden Bürger möglich, sich für den Jahreszins von einem Gulden (soviel wie eine Magd in einem halben Jahr als Geldlohn erhielt) frisches Wasser ins Haus leiten lassen.[323]

Vom Brunnen zur städtischen Wasserleitung: Hinter alltagsgeschichtlichen Entwicklungen stehen häufig verfassungsgeschichtliche Verschiebungen. So auch in diesem Fall. Die große Zeit der genossenschaftlichen Zusammenschlüsse ist mit dem ausgehenden 15. Jahrhundert vorbei. Die Zukunft gehört der Obrigkeit, die in Gestalt der Ratsobrigkeit jene Wasserleitungen anlegt, welche die von Nachbarschaften und Brunnengemeinschaften verantwortete ältere Form der Wasserversorgung ablöst.

Blicken wir noch einmal zurück auf einen technischen Seitenzweig der Brunnengeschichte. Die schwerfälligen Schöpfbrunnen reichen nicht mehr aus, wenn die Marktplätze Stätten regen Handels werden. Der Rat läßt in größeren Städten seit dem 14. Jahrhundert, etwa 1332 auf dem Braunschweiger Hagenmarkt,[324] mit großen Kosten Fließbrunnen anlegen, wie es sie bereits in der Antike gegeben hatte. Durch Wasserleitungen, die eine neue Qualität der Rohrbohrung erfordern,[325] müssen solche Anlagen gespeist werden.[326] Dauerhafter erschienen, wie in der Antike,[327] in den reicheren Kommunen die für die Gesundheit nicht unbedenklichen Bleiröhren.[328]

Der kostspielige Fließbrunnen in der spätmittelalterlichen Stadt erweist über technische Fortschritte hinaus Schwerpunktverlagerungen innerhalb der Kommune, von der Gemeinde hinweg zum Rat. Von jeher hatte ein Brunnen zum Marktplatz gehört. Aber nunmehr entsteht, die „Nachbarschaftsbrunnen“, die Schöpfbrunnen in den Stadtvierteln überragend, der – wie es zur Verdeutlichung formuliert sei – vom Rat angelegte „Obrigkeitsbrunnen“ auf dem Marktplatz, der von aufwendigen Druckwasserleitungen gespeiste Fließbrunnen.[329] Dieser ist zumeist verziert mit den Hoheitszeichen der Stadt, ist repräsentativ ausgestaltet[330] wie der zwischen 1385 und 1396 erbaute „Schöne Brunnen“ in Nürnberg – eine Sehenswürdigkeit auch wegen seiner Schüttmenge von über 100 Litern in der Minute.[331] Ein solches Bauwerk steht unter besonderem Rechtsschutz,[332] Hände und Füße darf man in ihm nicht waschen.[333] Wasserversorgung als Zierde des

Marktplatzes? Wenn – ein Beispiel unter vielen – in Osnabrück neben dem Brunnen am Markt auch der Pranger, der Kak, steht,[334] so wird der Zusammenhang von Wasserversorgung und rechtssetzender Obrigkeit sichtbar. Die Nachbarschaftsbrunnen waren auch Stätten der Kommunikation unter Frauen.[335] Die Hoheit des Obrigkeitsbrunnens verschließt sich dieser Funktion.

Kostspielige Brunnen als Ausdruck der Herrschaftsrepräsentation bedürfen hochbezahlter, von auswärts angeworbener Spezialisten.[336] Wenn König Siegmund 1418 den Brunnenmeister Heinrich von Augsburg für 180 fl. (etwa zwei Drittel des Gehaltes eines Sekretärs in der Kanzlei) in seine Dienste nimmt,[337] so war das angesichts der ansonsten recht geringen Entlohnung von technischen Fertigkeiten im Mittelalter ein beträchtliches Einkommen. Die Beherrschung der Natur – das erwies schon jede Brunnenreinigung[338] – war teuer.

Die Entwicklung zur obrigkeitlichen Regelung der Wasserversorgung, die Entwicklung vom privaten Brunnen zur städtischen Wasserleitung, war durch einen Umstand erzwungen, den wir bisher noch nicht berücksichtigt haben. Wasser war nicht nur Trink-, sondern auch Löschwasser.[339] Selbst die Wasserkünste dienten im Notfall diesem Zweck.[340] Die größte Furcht in der mittelalterlichen Stadt war die vor dem Feuer. Vorsorge war geboten; der Rat, der Wasserleitungen anlegen läßt, dämpft auch die Furcht der Bürger. Aber jedermann wußte: Wasser ist knapp und Feuersgefahr lauert unter jedem Dach. Deswegen gebietet im 14. Jahrhundert der Zürcher Rat, daß gebrauchtes Spülwasser erst nach dem abendlichen Löschen des Herdfeuers weggeschüttet werden dürfe.[341]

Die mittelalterlichen Wasserleitungen nehmen sich kläglich bescheiden neben den antiken Aquädukten aus.[342] Noch heute ist die im Jahre 52 errichtete und von Papst Sixtus V. restaurierte Acqua Claudia in Betrieb, die Rom mit 20 Millionen Litern Wasser im Jahr versorgt.[343] Jedoch zu bedenken ist: Hinter diesen Aquädukten stand die Macht eines Imperiums, hinter ihren mittelalterlichen Nachfolgern eine lokale Genossenschaft.[344] Immerhin: Antike Anregungen und neue technische Möglichkeiten machen Leonardo da Vincis Selbstempfehlung an den Herzog von Mailand verständlich. Nachdem er sich zunächst als Kriegsarchitekt vorgestellt hat, zählt er auf, was er in Friedenszeiten leisten könne und dazu gehört „das Anlegen von Wasserleitungen von einem Ort zum anderen". Leonardo hatte gigantische Pläne zur Regulierung des Arno entworfen und dabei die Forschungsgebiete der Hydrostatik und Hydrodynamik erschlossen.[345]

Leonardos Entwürfe stehen vor dem Hintergrund eines Traumes der italienischen Renaissance, dem Traum von einer Idealstadt. Eine solche ist meist terrassenförmig angelegt, um den geheimen Mittelpunkt des urbanen Ideals verwirklichen zu können: die Regelung der Trink- und Abwasserproblematik. Dem Traum der Renaissance kommt – kaum beachtet – tatsächlich eine mittelalterliche Stadt nahe: Visby auf Gotland. Schon im frühen 13. Jahrhundert, zur Zeit der Blüte dieser Stadt, wurden Quellen aus den Kalkklippen der Umgebung in unterirdischen Leitungen zum Hafen gelenkt. Sie speisten die öffentlichen Trinkwasserbrunnen und wurden, wie eine Latrinenordnung bezeugt, auch für die Stadtreinigung genutzt.[346]

Dem zarten Hinweis darauf, daß die nie verwirklichten Idealstadt-Pläne der Renaissance[347] längst zuvor in einem zwar bescheidenen, aber immerhin die leitenden Prinzipien vorwegnehmenden Maße verwirklicht worden waren, diesem zarten Hinweis sei eine grobe Aussage angeschlossen: Die aus kunstgeschichtlicher Perspektive gewonnene Epochendefinition „Renaissance" hat kein Widerlager in der realen Geschichte.[348] Zweifel sind angebracht, der „Renaissance" den Fortschritt zu assoziieren, denn ohne jede Furcht vor einem Zirkelschluß ist dieser Begriff popularisiert worden, um mit ihm eine Vorstufe zur Gegenwart in Abgrenzung zum Mittelalter zu konstruieren. Jacob Burckhardt hätte dieser Rezeption seiner Gedanken noch widersprochen, wußte er doch mehr von der „Buntheit" des Mittelalters als seine Rezipienten; aber er konnte aufgrund des damaligen Forschungsstandes allein jene Außenseiten der Geschichte untersuchen, die als Kunst nur das Ausmeißeln eines Marmorblocks, nicht aber das Abschlichten der Hölzer eines Kastenbrunnens erkennen wollte. Die Begriffsbildung „Renaissance" beruht auf ziemlich willkürlichen Assoziationen anhand der Außenseite der Geschichte, ohne deren innere Zusammenhänge erfassen zu können.

Und „Renaissance" als Neubelebung der Wissenschaft? Stille Forschung hat diesen alten (aber zählebigen) Gedanken längst falsifiziert,[349] ohne ihn als Vereinbarungsbegriff zur Einwerbung von Forschungsgeldern außer Kraft setzen zu können. Und zudem: Zu allen Zeiten hat die Wissenschaft Entwicklungen gefördert, aber auch behindert und irritiert. Ein Beispiel aus unserem Zusammenhang: Das Vertrauen in die reinigende Kraft des Wassers war in Italien um die Mitte des 15. Jahrhunderts noch so groß, daß selbst ein Leon Battista Alberti, der viel über die Wasserhygiene wußte,[350] vorschlug: Wo man Abfälle nicht in einen Fluß schütten könne, solle man sie ins Grundwasser – das sich Alberti als fließend vorstellte – ableiten. Der Leib der Erde könne ohne weiteres Abwässer verzehren und verdauen.[351] Wir wollen Alberti nicht kritisieren. Irrtum gehört zur Wissenschaft. Wir wollen an seinem Beispiel nur sichtbar machen, wie erkenntnishindernd die Zuordnung des Denkens zu einem eigens gesetzten Renaissance-Begriff ist; denn Albertis Auffassungen entsprechen den Überzeugungen all jener, die, weil das Grundwasser reinigt, Kloaken in der Nähe von Brunnen anlegen.

Zukunftsweisende Pläne einer Idealstadt oder Erinnerungen an die grandiose Technologie der römischen Antike sollten nicht den Blick auf das im Mittelalter Geleistete verstellen.

Zum Beispiel sind die Wasserkünste nicht nur im urbanen Kontext zu würdigen; sie sind ein wesentlicher Teil jenes faszinierenden spätmittelalterlichen Vorgangs, der, auf europäischem Erfahrungsaustausch beruhend, die Technisierung der Welt einleitet. Das Wasser als Energiespender spielt bei dem Technologietransfer eine besondere Rolle. Nachdem wir schon im Zusammenhang mit dem oberitalienischen Kanalbau einen frühen Beleg für „Ingenieur" finden konnten,[352] erweist sich der Erfahrungsaustausch etwa darin, daß Venedig 1323 einen deutschen Mühlenexperten, einen „inzenerius molendinarum" für eine Wasserbaumaßnahme anstellt.[353] Auch Brunnenmeister können als „Ingenieure" bezeichnet werden,[354] waren sie doch Experten in der Hydraulik, einem der wichtigsten Experimentierfelder in den Anfängen der Technisierung der Welt.[355] Die Intensivierung des Bergbaus in der zweiten Hälfte des 15. Jahrhunderts wäre ohne die Wasserkünste, ohne die Erfahrungen beim Ableiten des Grubenwassers gar nicht möglich gewesen.[356] Auffallend ist, wie viele jüdische Wasserbau-Ingenieure an diesem Technologietransfer beteiligt waren.[357] Fortschritt ist zu allen Zeiten häufig Menschen geschuldet, die am Rande der Gesellschaft stehen.

Technologietransfer: Das Lernen ging notwendigerweise mit Irrtümern einher. 1418 erhielt in Stralsund ein wandernder „Wasserkünstler" den Auftrag, ein Leitungsnetz von der höchsten Erhebung in der Feldmark in die Innenstadt zu knüpfen. 1420 waren die Arbeiten beendet, aber schon bald mußte das mangelhafte System aufgegeben werden („in kordt verdarff idt").[358] Ähnliche Erfahrungen mußten zum großen Ärger des Burkhard Zink auch die Augsburger mit einem 1416 begonnenen Leitungsnetz für Laufbrunnen machen; „die stat kam derselben brunnen umb vil guets, dann der prunnenmaister Leopold Karg ... pracht sie zu großem schaden".[359] Erst 1433 löst der Ulmer Zimmermann Hans Felber die Aufgabe zur Zufriedenheit des Rates und Burkard Zinks.[360]

Nur in seinen Folgen, indirekt, ist der Technologietransfer zu erkennen. Deshalb läßt sich auch nicht mit Bestimmtheit sagen, auf welchen Wegen urbane und montane „Wasserkunst" sich wechselseitig beeinflußten. Es dürfte aber kein Zufall sein, wenn Nürnbergs älteste Röhrenwasserleitung die um die Mitte des 14. Jahrhunderts angelegte des Heilig-Geist-Spitals war.[361] Dessen Stifter, der Handelsherr Konrad Groß, verfügte innerhalb seines weiten unternehmerischen Blicks auch über Kenntnisse in der Montanindustrie.

Bürger und Umwelt: Die Entsorgung von Abfällen und Unrat

Eine infame Kriegslist dachten sich die Straßburger 1333 bei der Belagerung einer Burg aus. Sie säuberten ihre Brunnen und ihre Wohnungen, füllten Fässer mit dem so gesammelten Unrat und ließen diese durch Wurfmaschinen in die Burg katapultieren. Das war den Belagerten „gar widerwertig."[362]

In der Stadt, in der im 13. Jahrhundert mit der Bebauungsverdichtung die Lebensverhältnisse von der Nachbarschaft auf engstem Raum geprägt waren, werden die Menschen mit einer modern anmutenden Umweltproblematik massiv konfrontiert: Die Abfälle des einzelnen sind Probleme der Allgemeinheit.[363] Dabei stoßen wir auf eine Variante des Themas Stadt und Fluß. Der Fluß bestimmte die Lebensgesetze einer Stadt auch darin, daß er gleichermaßen für den Verkehr und für die Entsorgung des Abfalls genutzt wurde. Zum Beispiel diente der Rhein bei Basel „als die Kloake schlechthin."[364] Die teilweise hochgiftigen Rückstände der Färbereien in der Textilstadt Augsburg wurden einfach in den Lech geschüttet.[365] Durch die Verschmutzung der Unterweser starb hier bereits im Spätmittelalter die Flußperlmuschel aus.[366]

Verbote, den Unrat einfach in den Fluß zu schütten, halfen nicht viel.[367] Zudem drohten gesundheitliche Gefahren nicht nur durch verdreckte Flüsse, sondern – vielleicht noch mehr – durch verjauchte Stadtbäche. Die Gerbergassen lagen ebenso an Wasserläufen wie das Schlachthaus. Ein drastisches Beispiel: Der Stuttgarter Nesenbach wurde von den Einwohnern im Spätmittelalter der „Wälz den Dreck" („Weltzentreckh") genannt.[368] Die Wasserverschmutzung war ein europäisches Problem. In London war schon ein halbes Jahrtausend vor dem „graet stink" der Themse, dessentwegen 1858 sogar das Parlament geschlossen werden mußte, dieser Fluß so verunreinigt, daß König Edward III. 1357 von dem „höllischen Gestank" sprach, der hier aufsteige.[369]

Trotz allem wird dem Urteil Ulf Dirlmeiers zuzustimmen sein, daß die Wasserqualität der Flüsse im Mittelalter im großen und ganzen noch gut war.[370] Die Bedenkenlosigkeit der Schadstoffimmissionen konnte, zumal sie nicht permanent erfolgte, noch durch die Reinigungskraft des Wassers ausgeglichen werden. Der Beweis für diese Feststellung fällt leicht: Der Fischreichtum von Rhein und Donau konnte noch im 15. Jahrhundert gerühmt werden,[371] und vor allem: Die Wäsche wird allgemein noch im Fluß gewaschen.

Die großräumig organisierte Müllbeseitigung der Antike vermittelt dem Mittelalter keine Erfahrungen mehr, für die Müllkippe in den provinzialrömischen Legionslagern[372] hatte die militärisch ganz anders organisierte Welt der Adelsherrschaft kein Verständnis. Das hieß aber für das aufkommende Städtewesen: neu lernen, lernen von Grund auf. Und es gab einen Zwang zum Lernen. In ganz Europa war der Dreck auf den Straßen eine Alltagsrealität.[373] London, wo die Gassen mit einer stinkenden Schlammschicht überzogen waren,[374] bildete keine Ausnahme. Dennoch wäre es verfehlt, die mittelalterliche Stadt in ihren Bemühungen um verbesserte hygienische Bedingungen zu unterschätzen.[375] Der Schmutz wurde als „unlust" empfunden.[376] Die Ehre einer Stadt wurde in möglichster Sauberkeit ebenso gesehen wie in prächtigen Bauwerken.[377] Manche italienische Reisende rühmten in diesem Sinne die eine oder andere deutsche Stadt.[378]

Die Sauberkeit als Ehre einer Stadt. Hier verschränken sich in gemeinsamer Verantwortung Bürgerpflicht und Ratsaufgabe. Die Bürger mußten Abstand von der Gewohnheit nehmen, den Abfall einfach vor die Häuser zu schütten, die Nachtgeschirre von der „unrenicheid" auf der Straße zu entleeren.[379] Die Selbstverständlichkeit, mit der dies geschah, ist nicht nur in manchen Geboten beklagt worden, sondern von Archäologen auch durch die Fundkonzentration in der mit Holzbohlen befestigten Breiten Straße in Lübeck bestätigt worden.[380] Der Inhalt der Nachttöpfe wurde einfach auf die Straße gekippt,[381] und 1319 mußte der Zürcher Rat einem Wundarzt verbieten, das ungereinigte Verbandsmaterial ohne Umstände auf die Gasse zu werfen.[382] Sauberkeit der Deutschen? Im Londoner Stalhof der Hanse muß 1446 verboten werden, Mist und „ander fulnisse" unter den Kran an der Themse zu schmeißen.[383] Dem Würzburger Rat reichte es um 1400 schon, wenn wenigstens auf die Gassen rund um das Rathaus kein Unflat gekippt wurde, weil der Bischof und andere ehrbare Leute häufig diese Gassen benutzten.[384] Hier deutet sich ein weiterer Grund an, weswegen nicht undifferenziert die mittelalterliche Stadt einfach als dreckig bezeichnet werden sollte. Dreck ist auch Folgeerscheinung der Armut. Die Innenstädte sind sauberer als die Randgebiete.[385]

Die gesundheitsgefährdenden Folgen von Unrat und Dreck waren durchaus bekannt. Scharfer Gestank führt zu dumpfem Sinn: Es käme vom „geruch des mists mancherley plodigkeit",[386] wußten die Würzburger Ratsherren. Für die Menschen jedoch, die so viel Widerwärtigkeiten und Unbill zu ertragen hatten, waren die gesundheitlichen Gefahren nicht der entscheidende Anstoß zum Handeln; es ging vielmehr um das Ansehen ihrer Gemeinschaft. Nicht weil das Allerheiligste durch die verdreckten Straßen getragen werden sollte,[387] sondern weil viele vornehme Gäste

Wäschewaschen im Fluß: „Opus mulierum“ *(aus: Splendor Solis, Prunkhandschrift, Augsburg, 16. Jh.)*.

zu einer bevorstehenden feierlichen Prozession kommen würden, gebot 1476 der Würzburger Rat, „daß die straß alle und igliche gaßen ... mit besserung des pflasters und abtuung des mists, auch der swein, die das pflaster zurutten, ... in reinigkeit gesetzt" werden sollten.[388]

Entsorgung: Die Probleme des einzelnen werden Probleme der Allgemeinheit. Deshalb nehmen die Stadträte zunächst den Bürger in die Pflicht, mahnen ihn, Straßen und Wege vor dem eigenen Haus sauberzuhalten.[389] Zugleich gehört es auch zur Verantwortung des Rates für das Gemeinwohl, allgemein verpflichtende Ordnungen zu schaffen und Vorkehrungen für die Abfallbeseitigung zu treffen, also Gebote an die Bürger zu erlassen und Mülldeponien auszuweisen bzw. eine Müllabfuhr zu organisieren.[390] Letzteres aber war – im Gegensatz zum Erlaß von Geboten – kostspielig. Deshalb wird die Frage nach der sauberen Stadt unvermittelt zur Frage, wieviel den Stadträten die Ehre ihrer Kommune wert gewesen war. Die Antwort: Viel mehr als die Ehre ließen sie sich die Sicherheit ihrer Stadt kosten.[391]

Den mit Abstand größten Kostenfaktor im städtischen Haushalt bildete der Schutz vor äußeren Gefahren, was von der Erhaltung der Stadtmauern bis zur kostspieligen Ausstattung von Verhandlungsdelegationen reichte. Um auf Tagungen in Gegenwart von Fürsten und Herren repräsentieren zu können, mußte für Ratsgesandtschaften mehr Geld ausgegeben werden als für die Stadtreinigung. Die Ehre nach außen galt mehr als die Ehre im Inneren, hinter dem Gebot der Sicherheit hatte das der Sauberkeit zurückzustehen. Dabei ist zu berücksichtigen, daß die spätmittelalterlichen Stadträte wußten, wie verletzlich allein schon von der Wasserversorgung her gesehen ihr Gemeinwesen war. Wehrhafte Stadttürme können über diese Verletzlichkeit nicht hinwegtäuschen: Die Quellfassungen der Wasserleitungen lagen außerhalb der Stadt. In Kriegszeiten wurden sie als erstes zerstört.[392]

Selbst in besseren Haushalten in der Innenstadt war es üblich, den Abfall einfach auf die (hier bereits gepflasterte) Straße zu schütten *(Holzschnitt, 15. Jh).*

In der Verschränkung von Bürgerpflicht und Ratsverantwortung haben wir die Frage der Sauberkeit einer Stadt zu beantworten versucht und dabei unvermutet einen Nerv im Verhältnis von Rat und Bürgergemeinde getroffen. Denn allen obrigkeitlichen Geboten folgten die Bürger, wenn überhaupt, nur zögernd. Zur Steuerzahlung konnte ein Rat über den Bürgereid den einzelnen zwingen, für die Verteidigung der Stadt konnte er ihn mobilisieren, aber es bedurfte langer, unermüdlicher Überzeugungsarbeit, um die Gebote durchzusetzen, die im allgemeinen Interesse der Sauberkeit dienten.[393] Nicht zu übersehen ist dabei: Die Entsorgung des Unflats ist zunächst ein Problem unter Nachbarn. Nicht immer wird es dabei so friedlich zugegangen sein wie 1487 zwischen zwei Zürcher Bürgern. „Lauteres Spülwasser" darf ein Nachbar auf Heinrich Schurters Grundstück gießen. Schurter verlangt nur, daß in dem Wasser nichts enthalten sei, „was liegen bleibt".[394] Etwas Verzweifeltes haftet allen Maßnahmen zur urbanen Sauberkeit an. Der Dreck bleibt ein Dauerproblem der spätmittelalterlichen und noch der frühneuzeitlichen Stadt.[395] Wenn hoher Besuch kommt, werden eiligst die Brunnen gereinigt, werden die Gassen gesäubert.[396] Eine Vorstellung davon geben die hektischen Vorbereitungen Dresdens 1451, als der berühmte Prediger Johannes Kapistran seinen Besuch ankündigte. Drei Tage lang schaufelten zwölf Stadtknechte und etliche „Mistdirnen" den Marktplatz frei – und das mochte den städtischen Kämmerer gereut haben. Der „andächtige Vater" kam nämlich nicht.[397]

Den Marktplatz konnte man kehren, nicht zu wehren war dem Gestank, der schon wegen der Stadt-Umland-Verflechtungen unvermeidlich blieb. Selbst eine reiche Bischofsstadt wie Würzburg läßt einen an italienische Stadthygiene gewohnten Humanisten schaudern: Die Straßen sind schlammig und über allem liegt der Geruch der gedüngten Weinberge.[398] Erst 1498 verbot Ulm, die Abwässer aus den Düngergruben direkt auf die Gassen zu leiten.[399] Angesichts solcher Zustände wird verständlich, daß oft nur durch Bretterstege oder im Abstand einer Schrittlänge aufgestellte breite Steine[400] die ungepflasterten Straßen begehbar waren.

Der Dreck in der Stadt bildet für die Zeitgenossen ein Ärgernis, für den Historiker aber eine grundsätzliche Aussage: Urbanes Leben und agrarische Nutzung schlossen sich noch nichts aus. Misthaufen liegen vor den Häusern – ein Problem für die Allgemeinheit. So wird in Göttingen 1398 verboten, den Unrat länger als zwei Nächte auf der Straße liegenzulassen.[401] Aber das konnte nicht ausreichen. Verbote, Mist und Unrat einfach auf die Straße

Auch in der Stadt fand landwirtschaftliche Nutzung statt. Hier ein ummauerter Stadtgarten *(aus: Petrus de Crescentiis, Des profits ruraux des champs, Ende 15. Jh., London, British Museum).*

zu schütten, gehören zur spätmittelalterlichen Stadt.[402] Und auch das mußte verboten werden: dem Nachbarn den Dreck vor die Tür zu kehren.[403] Selbst in der damals größten deutschen Stadt, in Köln, wird der Rat noch Mitte des 15. Jahrhunderts verbieten, Abfallhaufen auf den Straßen anzulegen;[404] kaum war dieses Verbot durchgesetzt worden, entstehen am Rhein und vor den Stadttürmen ‚wilde Deponien', Müllplätze, was 1480 ein weiteres Verbot nach sich zieht.[405] Solche wilden Deponien gehören zum Alltag in vielen Städten.[406] Der Braunschweiger Rat muß verbieten, den Schweinemist einfach auf die Friedhöfe oder in den Burghof zu kippen.[407] Von Nord bis Süd ist in deutschen Landen die Unsitte bezeugt, auf Friedhöfen Unrat abzulagern.[408] Eine frömmigkeitsgeschichtliche Aussage: Nicht auf dem Friedhof, sondern in den Seelmessen in der Kirche konkretisiert sich im Mittelalter pietätvolles Gedenken an die Verstorbenen.

Der Schweinemist im Braunschweiger Burghof erinnert daran, daß die spätmittelalterliche Urbanität immer noch agrarisch grundiert war. Eine Selbstversorgung wie auf dem Lande gehörte auch zum städtischen Haushalt. In einer Stadt mittlerer Größe, in Goslar, wurde 1427 dem Bürger, in dessen Brot zwölf Personen standen, erlaubt, sechs Kühe und acht Schafe in der Stadt

Hausschwein und Wildschwein unterschieden sich zu dieser Zeit noch kaum voneinander *(Wildschweine aus: Gaston Phébus, Le Livre de la chasse).*

zu halten; wer weniger Gesinde zu versorgen hat, durfte immerhin noch vier Kühe und acht Schafe durchfüttern.[409] Vor allem das immer noch dem Wildschwein ähnlich sehende Schwein, das sich mit dem Frühmittelalter zum wichtigsten Wirtschaftshaustier entwickelt hatte,[410] lebt in den städtischen Gehöften, läuft tagsüber in der Stadt frei umher,[411] gesäubert wird es in jenen Gewässern, die heute nicht mehr als ehemalige Nerven und Muskeln des Gemeinwesens sichtbar sind.[412] Der Frankfurter Rat beendete erst 1421 diese Freizügigkeit der Viehhaltung. Nur wenn die Tiere zur Tränke oder auf die Felder getrieben werden, dürfen sie die Hofstatt verlassen.[413] Schließlich muß der Rat 1481 für die Altstadt die Schweine gänzlich verbieten; lediglich in der Neustadt und in Sachsenhausen durften sie noch in Ställen gehalten werden.[414] In Köln war es ab der Mitte des 15. Jahrhunderts nur noch Bäckern und Brauern gestattet, Säue durchzufüttern.[415]

Die Maßnahmen in Frankfurt und Köln sind typisch. Die Schweinehaltung mußte in allen größeren spätmittelalterlichen Städten drastisch eingeschränkt[416] oder sogar verboten werden. Der Dreck und der Gestank waren unerträglich geworden; daß die Schweine die „lude irstenkten", diente als Begründung der Maßnahmen.[417] Drastisch ist die Wortwahl „irstenkten". Natürlich ist kein Mensch erstunken; aber der in den Kleidern haftende Gestank muß tatsächlich schwer erträglich gewesen sein. Der Lübecker Rat gibt 1466 einer Klage statt, als er Hinrik Vathouwer verbietet, Schweine in seinem Keller zu halten, damit die Nachbarn keine üblen Gerüche erdulden mußten.[418] Wegen der Geruchsbelästigung durften in Goslar die Schweineställe nicht vor den Häusern an der Straße, sondern nur im Hinterhof errichtet werden.[419] Dennoch mußte zwischen Ökologie und Ökonomie abgewogen werden. So unverzichtbar erschien vielerorts die Schweinehaltung für die Wirtschaftlichkeit der Bäckereien, daß selbst im urbanen Nürnberg ein Bäcker immer noch zehn Schweine besitzen durfte.[420] Das war natürlich nicht Fürsorge für den Mittelstand, sondern Konsequenz der vom Rat ausgeübten Wirtschaftsregie. Schließlich schrieb er den Bäckern auch den Brotpreis vor; um diesen möglichst niedrig zu halten, mußte der Gestank des Schweinemistes in Kauf genommen werden.

Der Stand der Urbanität, den eine Kommune erreicht hatte, läßt sich daran ablesen, wie lange die Schweine hier wie in den Dörfern frei herumlaufen durften. In den kleinen Städten währte es am längsten, bis diese Gemeinsamkeit von Stadt und Land aufgegeben wurde;[421] anders als auf dem Land fielen bei dem engen Zusammenleben von Menschen im urbanen Lebensraum gesundheitliche Momente ins Gewicht, waren die Tiere doch Überträger von mikrobiellen Erregern.[422] Ökonomische Zwänge jedoch ließen die ungeregelte Schweinehaltung in kleineren Städten noch lange zum Alltag gehören. Zwei Beispiele aus dem Norden und Süden des deutschen Sprachraums mögen genügen. In (Hann.) Münden bestanden keine Einschränkungen der Schweinehaltung. Deswegen legte man an den Friedhofseingängen Trittsperren an, um zu verhindern, daß die Tiere hier weideten.[423] In Krems und Stein mußte erst 1514 Kaiser Maximilian den Bürgern verbieten, die Schweine frei herumlaufen zu lassen. Diese sollten künftig in Ställen hinter den Häusern gehalten werden.[424]

Selbst in einer Welt, die für fast alles noch Verwendung hatte,[425] die zum Beispiel Tierknochen für die Anfertigung von Würfeln und Kämmen, für Schäfte von Bleigriffen nutzte, die aus den Hörnern der Kuh Kerzenhalter, Tintenfässer und Messerschäfte fertigte,[426] in einer Welt, die von der Sache her das Recycling perfektionierte, etwa den Weinstein in den Fässern noch als Färbemittel verwertete,[427] selbst in einer solchen Welt deutet sich bereits an, daß mit steigendem Wohlstand auch das Abfallspektrum größer wird.[428] Aber das werden die Zeitgenossen kaum bemerkt haben. Für sie steht im Vordergrund: Unter allem Abfall, der „unlust“, be-

Schlachtung und Ausweiden eines Schweins *(aus: Queen Mary Psalter, 14. Jh., London, British Library).*

fand sich viel stinkender, aber kostbarer Mist.[429] Vorboten der Mülltrennung. Besondere Bestimmungen erließ im 15. Jahrhundert der Nürnberger Rat für „kerich und dergleichen, das zu mist nit dienet".[430] In vielen Städten konnte der in den öffentlichen „Mistkisten" gesammelte Unrat, weil er sich zur Düngung eignete, an die Gärtner veräußert werden.[431] Die Düngung als das große Problem der mittelalterlichen Agrarwirtschaft[432] spiegelt sich in der urbanen Abfallproblematik. Der Zürcher Rat konnte damit drohen, den zu lange vor den Häusern gelagerten Mist zu konfiszieren und zur Düngung der Spitalsgüter zu verwenden.[433] Soweit wir sehen, war nur den Stadtvätern von Ulm bewußt geworden, daß urbaner Mist nicht qualitätsgleich mit agrarischem Mist war, daß er unter den spezifischen Bedingungen des urbanen Zusammenlebens kontaminiert sein konnte. Deshalb gebot der Stadtrat 1494, daß die Abtrittsinhalte und der Schweinemist wegen der gesundheitlichen Gefahren für Mensch und Tier nicht auf Wiesen und Felder gebracht werden durften.[434]

Schweinehaltung innerhalb der Stadtmauern *(aus: Marco Polo, Le Livre des Merveilles du Monde, Anfang 15. Jh., Paris, Bibliothèque Nationale).*

Die Misthaufen in der Stadt, die auf dem Land verkauft werden, erinnern an Zusammenhänge, die Britta Padberg zu sehen gelehrt hat. Die dauernde Einfuhr von Nahrungsmitteln von außerhalb verändert den urbanen Boden. Eine Vielzahl von Stoffen wird in die Städte importiert, aber nur wenige fließen zurück und dieser „ständige Eintrag von Fremdsubstraten überformt und verändert die gewachsenen geochemischen Eigenschaften der Böden".[435]

Mit Einzelverordnungen antworten die Stadträte auf die Verschmutzung von Straßen und Gassen; ein umfassendes Konzept der Stadtreinigung gab es nicht.[436] Gewählt sei das Beispiel Frankfurts, um zu zeigen, wie die kommunale Gesetzgebung im 15. Jahrhundert auf das Problem der „unlust", des Mistes und Mülls auf den Straßen reagiert. 1411 gebietet der Rat allen Bürgern, im Sommer innerhalb von acht Tagen und im Winter innerhalb von zwei

Wochen ihren Unrat, Kehricht („kirsal“) und ihre Asche wegzuschaffen.[437] Im folgenden Jahr wird die Frist auf drei Tage verkürzt,[438] wie es in Nürnberg und anderen Städten schon längst üblich war.[439] Aber es stinkt nach wie vor in der Stadt, so daß im Juli 1413 in großer Aktion aller Unrat aus Frankfurt abtransportiert wird.[440] Die dreitägige Frist zum Wegschaffen der Misthaufen wird in der Folgezeit zum Regelfall. Erst in der zweiten Hälfte des 15. Jahrhunderts setzt sich die Pflicht zur sofortigen Abfuhr durch; ausgerechnet während der Messen aber ist der Rat nachsichtiger, weil in diesen Zeiten nicht genug Wagen und Karren, die jetzt für den Handel gebraucht werden, zur Verfügung stehen.[441] Saisonale Bedingungen der Unratsbeseitigung lassen sich auch andernorts erkennen. In Würzburg wird um 1350 für die Zeit der Weinlese bestimmt, daß „miste, stein und holtz“ vor den Häusern innerhalb von drei Tagen fortzuschaffen seien.[442] Es brauchte offenbar Zeit, bis klar

Haustiere waren auch Hausgenossen *(Martin van Cleve d. Ä., Innenraum eines Hauses in Flandern, um 1560).*

wurde, daß es für das Dauerproblem der Abfallentsorgung keine saisonalen Lösungen geben konnte.

Die Bürgerpflicht zur Beseitigung des Unrats wird allmählich seit dem späten 14. Jahrhundert durch die Verantwortung des Rates ergänzt: die Anfänge der städtischen Müllabfuhr.[443] Es hat den Anschein, als wäre darin Köln die fortschrittlichste Kommune in deutschen Landen gewesen. Schon 1353 ist hier bezeugt, daß wegen der Geruchsbelästigung nachts mit „Schraiffelkarren“ Mist und Unrat von den Straßen weggeschafft und in bestimmte, gewissermaßen als Deponien ausgewiesene Teile der Stadtgräben geschüttet wird.[444] Eigene „Wegemeister“ sorgen hier im 15. Jahrhundert für die Sauberkeit auf den Straßen.[445] Wie zögernd ansonsten die Stadträte die Müllabfuhr als obrigkeitliche Pflicht akzeptierten, zeigt das Beispiel Münchens, das um 1397 nur einen Mann, den „Horbmeister“ dafür angestellt hatte,[446] zeigt das Beispiel Stuttgarts, wo erst 1492 die gräfliche Stadtordnung die regelmäßige Straßenreinigung vorschrieb,[447] zeigt nicht zuletzt das Beispiel Nürnbergs, wo noch um 1490 nur ein einzelner Knecht mit einem Kübel durch die Gassen geht, um verendete Tiere, von den Säuen bis zu den Katzen, die einfach weggeworfen wurden, einzusammeln.[448] Immerhin beschäftigte seit 1405 das städtische „Horbamt“ in Straßburg mehrere Arbeiter.[449]

Der Fluß war nicht nur für Handel und Gewerbe von zentraler Bedeutung, er galt den Bürgern auch als Luftfilter und er bot ihnen, widersprüchlich genug, die Möglichkeit, des Abfalls, des Unrats, des Mists auf den Straßen Herr zu werden.[450] Gelobt hatten wir die Vorsicht des Ulmer Rates, städtischen Mist nicht als Dünger auf den Feldern auszubringen; aber was gebot der Rat als Alternative? Die Entsorgung dieses Mistes in der Donau.[451] Ende des 13. Jahrhunderts versuchte in Straßburg ein erfindungsreicher Mann mit einem hölzernen Hebewerk, die Breusch durch die Hauptstraßen der Bischofsstadt zu leiten. Daß er dabei verunglückte, ließ diesen Versuch erst für die Chronistik überlieferungswürdig werden.[452] Der außergewöhnliche, der tragische Fall weist auf die Alltagsproblematik zurück.

Belastet wird der wirtschaftliche und ökologische Lebensnerv der Stadt, wenn in offenen Rinnen, in „Kanälen", in „Beeken" (wie sie in Goslar heißen) die Abwässer in den Fluß geleitet werden.[453] Solche Abzugskanäle sind in Hamburg,[454] Köln,[455] Frankfurt[456] und Goslar[457] seit dem frühen 14. Jahrhundert unter dem Namen „aducht" bzw. „agetucht" (vom lateinischen „aquaeductus") bekannt.[458] Sie sind in Hamburg aus Abflußgräben, „Sielen", die seit dem ausgehenden 13. Jahrhundert mit den Seitenarmen von Elbe und Alster verbunden worden waren, entstanden.[459] In Wismar einigt man sich 1419 darauf, daß bei Regen niemand Unrat in die Straßenrinnen fegen sollte (die Strafandrohung allerdings fällt gering aus).[460] In Zürich markieren – ein frühes Beispiel von Planung unter hygienischen Gesichtspunkten – die „Ehgräben", die Abwassergräben zugleich Grundstücksgrenzen.[461] Von Nord bis Süd ist belegt, daß hölzerne Rinnen die Abwässer aus dem Haus auf die Straße leiteten, wo – wie in Lübeck – offene Gossen den Unrat aufnahmen und in den Fluß, in unserem Falle in die Trave spülten.[462] Die Bächle in Freiburg i. B. sind die Nachfolger der schon im 12. Jahrhundert angelegten Fließrinnen.[463] Auch in Nürnberg wurde durch Gassen bei Regen der Mist in die Pegnitz oder den Fischbach geschwemmt.[464] Beseitigung des Unrats auf einfachstem Wege. Bei Ausgrabungen freigelegte Reste von Anlagen zur Straßenreinigung bezeugen, daß das natürliche Gefälle zur Einleitung in die Flüsse genutzt wurde.[465] Wo dies sich nicht einfach bewerkstelligen ließ, war der Fluß dennoch nicht geschützt. Die Stadtknechte, die in Braunschweig seit 1428 den Straßenschmutz alle 14 Tage abfahren sollten, wurden bezeichnenderweise Wasserfahrer genannt[466] – denn sie schütteten den Unrat, wie das üblich war, einfach in die Oker.

Wo die Flüsse der Abfall- und Abwasserentsorgung dienten, lauerten gesundheitliche Gefahren. Der Braunschweiger Rat verbot, in der Oker zu baden;[467] denn in den Fluß wurden, wie allerorts üblich, die Abwässer ungeklärt eingeleitet, an seinen Seitenarmen lagen die Produktionsstätten der Färber und Gerber, die ihre übelriechenden Laugen und ihre Lohbrühe auf die einfachste Weise „entsorgten".[468] Die hygienischen Gefahren durch die Nutzung der Flüsse als Kloaken und Mülldeponien wurden – eine stete Sorge städtischer Gesundheitspolizei seit dem 15. Jahrhundert – so groß, daß der Hamburger Rat versuchte, durch Ausbaggerung der Fleete des Problems Herr zu werden.[469] Wie der Hamburger handelte auch der Braunschweiger Rat. Mit Verordnungen ließ sich das Unratsproblem nicht lösen. Unter großen Kosten mußten im 16. Jahrhundert die Okerarme von aller „unlust" befreit werden.[470]

Stadt und Bäche – ein zentrales Thema der Geschichte der Urbanität. Determinierte der Fluß als Rückgrat des Verkehrs die Entwicklungschancen einer Siedlung in bezug auf den Handel, so waren die fließenden Bäche die Sehnen und Muskeln, welche im Alltag die Lebensfähigkeit einer Kommune sicherstellten. Wir wählen, provozierend, das Beispiel des Pinkelns. (Warum gibt es in unseren Museen so viele Beispiele für kostbare Aquamaniles, Geräte zum Händewaschen, und kein Exponat eines mittelalterlichen Klosetts oder wenigstens eines Nachttopfes?)

Fließendes Wasser und menschliche Notdurft. In Erfurt hatte 1256 der Rat den Abriß aller Aborte verfügt, die so angelegt waren, daß der Kot direkt in die Gera fiel. Der Erzbischof von Mainz als Stadtherr hatte dem zugestimmt. Die Kapitulare des Erfurter Marienstifts jedoch, deren an der Gera gelegenen Höfe von dieser Maßnahme betroffen waren, appellierten an den Papst; und diesem war die Angelegenheit so wichtig, daß er den Bischof von Halberstadt mit der Untersuchung beauftragte.[471] Hinter der rechtlichen Frage, die – Freiheit der Geistlichkeit – einen Papst auf

Auch für den Beruf der Gerber war Wasser notwendig *(Holzschnitt aus: Jost Amman, Eygentliche Beschreibung aller Staende ..., 1568).*

den Plan rufen konnte, stand ein ökologisches Grundproblem: In einer Stadt wie Braunschweig mit ihren etwa 15 000 Einwohnern fielen pro Jahr etwa 6 – 7000 Tonnen menschlicher Fäkalien an,[472] zu denen noch die Exkremente der vielen Tiere gerechnet werden müssen.

Bequem war die Lösung, welche die Stiftsherren in Erfurt jahrzehntelang praktiziert hatten, eine Lösung, wie sie zu vielen Burgen bis hin zu den monumentalen Abortanlagen der Burgen des Deutschen Ordens gehörte,[473] eine Lösung aber auch, mit der man sich lange Zeit in vielen Städten begnügte;[474] schwierig hingegen waren der Bau und die Entleerung von Kloaken. Diese wurden seit dem 13. Jahrhundert von der Oberschicht in den Städten angelegt.[475] Bauvorschriften gab es, die zur Vermeidung der Geruchsbelästigung des Nachbarn führen sollten.[476] Das aber war bei allen verschiedenen Typen der Aborte, die von einfachen Erdgruben über Einfassungen von Holzbohlen bis zur Ausmauerung mit Bruchsteinen reichten,[477] nicht immer gewährleistet, auch wenn von Zeit zu Zeit Kalk- und Holzschichten in die Gräben eingebracht wurden.[478] Nur die Reichen konnten sich die Ausmauerung leisten.[479] Die gesundheitsgefährdende Nähe von Aborten und Brunnen wurde erst allmählich im 15. Jahrhundert begriffen, als man begann, beide räumlich zu trennen.[480] Die Aborte lagen im rückwärtigen Parzellenbereich der Höfe, waren mit einer Holzbank versehen, manchmal nur leicht verbrettert.[481] Die Wände der überbauten Erdgruben waren im 13. Jahrhundert oft nur mit Flechtwerk ausgesteift. So primitiv das alles erscheint, so waren diese „Sprachhäuser“ doch ein Luxus, den sich nur die Oberschicht leisten konnte. Die Armen verkrochen sich in Winkel oder in Gebüsche.[482] Öffentliche „Sprachhäuser“ wurden während des 15. Jahrhunderts in größeren Städten „umme des gemeinen besten willen“ angelegt.[483]

Stellen wir die Aborte der Stiftsherren zu Erfurt einer Baumaßnahme am Wittenberger Schloß 1525 gegenüber, so wird ein Kulturfortschritt sichtbar. Die „heimlichen Gemächer“ in der kursächsischen Residenz waren mit einer „Anzucht“ (wir erkennen die „agetucht“ wieder) versehen, mit einer Wasserspülung, die aus der Elbe gespeist und wieder in sie eingeleitet wurde. 1525 wurde diese schon beim Schloßbau seit 1492 eingebaute Anlage mit einer Mauer verkleidet, damit sie von außen nicht sichtbar war.[484]

Ein Seitenblick zum Thema Abort: Das wertvolle Papier konnte niemand auf dem „Sprachhaus" verschwenden. Blätter wurden benutzt, Gras und in besseren Haushalten spezielle Mooszöpfe.[485] Das häufig gebrauchte Stroh kratzte erbärmlich.[486] Deswegen reimte der sogenannte König vom Odenwald über die landfahrenden Leute, die „verer", die sich auf ihren Reisen nichts besseres gönnen konnten: „Den ars wischet man auch mit stro / Des werden die verer selten vro."[487]

Aus Bruch-, Feld- oder Werksteinen,[488] seltener aus Backsteinen aufgemauert, erreichten Kloaken Tiefen von sechs bis acht Metern.[489] In Lübeck konnten sie mächtige Schächte mit einem Durchmesser von 5 - 6 Metern und einer Tiefe von 10 Metern sein.[490] Etwa 20 Jahre dauerte es, bis eine solche Kloake gefüllt war.[491] Die Entsorgung der „Privete" erfolgte auch „privat".[492] Spezialisten hoben die Gruben aus: „Heymlichkeitsfeger",[493] „Goldgrübler",[494] „Pappenheimer".[495] Nachtmeister wurden sie oft genannt, denn sie durften wegen des üblen Gestanks nur nachts ihre Tätigkeit ausüben.[496] Weil sie zur bevorzugten Tageszeit der Diebe werkten, wurden sie auch vom Rat vereidigt. Ein besonderes Problem bildete es, daß für die Abfuhr in der Nacht die Stadttore geöffnet werden mußten.[497]

All diesen Schwierigkeiten versuchten 1469 die Nürnberger Dominikaner zu entgehen und ihre Abortgrube dadurch zu entleeren, daß sie einen Ausgang in die Pegnitz gruben, in den sie die Jauche einleiten wollten. Erst nachdem bei diesem Unternehmen ein Mitbruder und ein Steinmetz durch den Gestank umgekommen waren, entsannen die Mönche sich der Experten, „und des andern tags bestelten sie die scheisshausfeger ... den gab man einen gulden zu lohn und den schadet kain gestank und waren frolich vor den münchen und sungen und sprungen".[498]

In Braunschweig wurden an verschiedenen Orten der Stadt „Pisskammern" angelegt, und deswegen „ward strenge darauf gesehen, daß niemand Kirchen, Plätze, Straßen und Häuser verunreinige".[499] Der uns so selbstverständliche Zusammenhang von Wasser und Pisse, von Abort und Spülung ist ein Beispiel für vergessene Geschichte. Aber angesichts der innerstädtischen Mobilität bedarf es keiner großen Phantasie, um nicht den Abort des Patrizierhauses, sondern den Stadtbach als Pissoir zu würdigen.

Kanalisiert, überbaut, trockengelegt – die Bäche des Mittelalters gehören zu den ausgeblendeten Elementen der Erlebnistouristik. Und dabei lehrt ihre – wie sagt man heute?: virtuell herstellbare – Geschichte, welche Schwierigkeiten es birgt, einen Naturzustand rekonstruieren zu wollen; denn das Einzwängen der Wasserläufe in die Lebensgesetze einer Stadt, die Kanalisation, hatte bereits im Mittelalter begonnen. Mit der spätmittelalterlichen Bebauungsverdichtung mußte man auch künstliche Wasserläufe abzweigen.[500] In Osnabrück z. B. wurde der heute kanalisierte Poggenbach so zur Bier- und Lohstraße abgewinkelt, daß Brauer und Gerber ihre Abwässer in ihn ableiten konnten.[501] In Lüneburg zweigte man von der Ilmenau einen Kanal ab, durch den die Abwässer des außerhalb der Stadt gelegenen Nikolaihofes und des städtischen „Pishuses" entsorgt werden sollten.[502] Die Stadtväter von Villingen planten 1364 umfassend „umb das wasser zu Vilingen, wie es gan sol und sich in die gassen tailen sol."[503]

Als Sehnen und Muskeln des städtischen Gemeinwesens hatten wir die Bäche apostrophiert. Wie mit ihnen umgegangen wurde, ist bezeichnend für die Konstitution eines solchen Gemeinwesens. Nicht nur die Flüsse, sondern auch die Stadtbäche wurden zur Entsorgung der Abfälle von Gerbern und Metzgern[504] als Kloaken benutzt, obwohl sie für das städtische Gewerbe so wichtig waren, weil sie nicht nur die Räder der Getreidemühlen, sondern auch die der Hammerwerke und Walkmühlen trieben.[505] In Hagenau gelten die Bäche als einzige erlaubte Möglichkeit, die Toiletten, die „Privete", zu entleeren.[506] Das sind die üblichen Umstände, deretwegen der Sigrist des Berner Münsters schwören muß, das Weihwasser nur aus dem Brunnen, keinesfalls aber aus dem Bach zu nehmen.[507] Die größere Siedlungsverdichtung zwingt hingegen schon seit 1302 eine Großstadt wie Nürnberg den Fischbach sauberzuhalten. Kein „Privet“ darf an ihm erbaut werden, den Badern und Gerbern ist es verboten, ihren Abfall in ihm zu entsorgen. Noch nicht einmal Kleider dürfen im Fischbach gewaschen werden,[508] eine Bestimmung, die spätestens um 1490 zurückgenommen wurde.[509] In Goslar ist es sogar verboten, Sägespäne in die Beeken zu werfen.[510] Gebote zur Reinhaltung der Stadtbäche mehren sich im Verlauf des Spätmittelalters.[511]

Der saubere Bach sollte auch die Luft in der Stadt reinhalten. Schwierige Fragen des Nachbarschaftsrechtes waren mit dieser Aufgabe verbunden. In Nord und Süd, z. B. in Göttingen oder in Zürich, mußte sich schon im 14. Jahrhundert der Rat mit entsprechenden Verordnungen und Regelungen befassen.[512] Eigennützig durfte niemand in die Bachläufe in der Stadt eingreifen; sie unterstanden dem Rat.[513] Mit den Fortschritten der Zivilisation im 15. Jahrhundert wurde aber in den mittleren und großen Städten unübersehbar, daß trotz aller Gebote die Bäche immer weniger als Luftfilter taugten; Abwassertransporteure drohten sie zu werden;[514] gesundheitliche Gefahren gingen von ihrer immer mehr verjauchten Gestalt aus. Ein Vorbote der späteren Kanalisation ist es, wenn in Nürnberg 1467 der Fischbach „ganz neu“ durch die Stadt geleitet wird, wenn er mit Steinen, die aus den Kornberger Brüchen herangekarrt werden, eingefaßt wurde.[515] 1512 wurde in Meran für eine kurze Strecke beim Bozener Tor ein Entwässerungsgraben, der von der Passer in die Stadt eingeleitet worden war und zur Abwasserentsorgung diente, überwölbt.[516] Normalität aber war, daß man mit dem Dreck und mit dem Abwasser zu leben gelernt hatte. In Mühlhausen bedurfte es erst eines Aufstandes gegen den Rat, daß diesem 1523 die Bestimmung abgerungen wurde, wonach die Reinigung der Abflußkanäle und „Miststetten" geregelt werden sollten und die Abwässer, die „Unflut", nicht in jene Bäche geleitet werden durften, die man zum Brauen brauchte.[517] Selbst in der größten Stadt des Reiches, in Köln, die uns wegen ihrer Maßnahmen zur Müllbeseitigung so vorbildlich erschien, wurden erst im 16. Jahrhundert Gebote zur Reinhaltung der Tränken erlassen, wurde erst zu dieser Zeit die Abwasserfrage in den Stadtgräben geregelt, um ansteckende Krankheiten zu verhindern.[518] Auch die Einrichtung von öffentlichen Müllplätzen in den einzelnen Stadtvierteln ließ selbst in einer Stadt wie Zürich bis in das 16. Jahrhundert auf sich warten.[519]

Im Gegensatz zu heute, wo es eine Urbanität unterhalb der Häuser gibt, liegt das mittelalterliche Leitungssystem offen zutage. Ausnahmen bilden die unterirdisch verlegten „Tolen" in Rothenburg,[520] Basel[521] und Würzburg.[522] Aber selbst in Frankfurt wurde das Vorbild der königlichen Pfalz, die schon im 12. Jahrhundert einen unterirdischen Abwasserkanal kannte,[523] zunächst nicht übernommen. Seit dem Ende des 13. Jahrhunderts begann Zürich, unterirdische Schmutzwasserläufe in der Innenstadt anzulegen.[524] Die frühesten unterirdischen Latrinenleitungen, die „heimlich greben", begegnen in jener Zeit,[525] vermehrt aber erst am Ende des 15. Jahrhunderts.[526]

Der heutigen Asphaltversiegelung der Natur im urbanen Lebensraum steht im Mittelalter der ebenso unnatürliche Straßen- und Gassendreck gegenüber. Wo ist das Maß, das Fortschritt vom Unfug trennt? Die historische Erinnerung würde die heutigen Diskussionen nuancieren und damit vertiefen, die Erinnerung etwa daran, daß im Mittelalter Holztreter („Trippen") unter die modischen Schuhe geschnallt werden mußten, um das teure Leder nicht dem ätzenden Dreck der Straße auszusetzen.[527] Würdigung historischer Leistungen: Einen Fortschritt angesichts der durch Regen aufgeweichten, durch Unrat gesäuerten Wege bedeutet es, daß man die wichtigsten Straßen, die volkreichsten Plätze im

Spätmittelalter zu pflastern beginnt.[528] Allenfalls mit Holzbohlen waren zuvor die Hauptverkehrsstraßen befestigt[529] – eine Qual für die Fuhrleute. Wie es ansonsten in den Straßen aussah, mag eine Würzburger Ordnung aus dem frühen 15. Jahrhundert andeuten: Zur Zeit der Weinlese, zu einer Zeit also des hohen Verkehrsaufkommens, soll derjenige, der auf der Straße einen Tümpel oder eine Grube hat, diese Verkehrshindernisse auffüllen.[530]

Die Pflasterung des hannoverschen Marktplatzes um 1200 war alsbald mit einer bis zu 30 cm dicken Schlammschicht überlagert, über die, um den Platz wieder begehbar zu machen, ein Holzbohlenverbund gelegt wurde.[531] In ähnlicher Weise ging man auch andernorts vor, weswegen es G. Krause gelingen konnte, ein Stück des Duisburger Marktplatzes um 1200 unter der späteren Befestigung freizulegen und durch Abgüsse dauerhaft zu sichern. Deutlich sind die Trittspuren von Menschen und Tieren in dem Matsch zu erkennen.[532]

Die Straßenpflasterung ist eine so aufsehenerregende Neuerung, daß ein Nürnberger Chronist eigens erwähnt, wie in Augsburg 1415 erstmals Straßen befestigt werden.[533] Dem Augsburger Burkard Zink erscheint diese Maßnahme berichtenswert, denn sie diente der Ehre der Stadt und dem Wohlbefinden der Bürger: „Da was es hübsch und gar zierlich und gevil jederman wol.“[534] Die Straßenpflasterung folgt nicht unbedingt Gesetzen, wonach die Größe einer Stadt das Maß des kommunalen Fortschritts bestimmt. Manche Städte, wie Duisburg und Hannover, waren bereits im 13. Jahrhundert vorangegangen,[535] bevor die Nürnberger 1368 mit der Straßenpflasterung begannen.[536] In Rothenburg waren 1374 schon die Nebengassen gepflastert,[537] aber die Bürger von Erfurt, einer der wichtigsten Handelsstädte des Reiches, ließen erst 1448 Rathausplatz und Fischmarkt befestigen.[538]

Auch bei der Befestigung der Straßen und Plätze ist das Miteinander von Ratsverantwortung und Bürgerpflicht zu erkennen.

Vielfach werden die Bürger für die Bezahlung des Pflasters vor ihren Häusern herangezogen.[539] In Würzburg wird um 1397 der Eiermarkt auf Kosten des Rats befestigt; die Anlieger haben nur für den Raum vor ihren Häusern zu zahlen.[540] In Nürnberg wurden schon Mitte des 14. Jahrhunderts zahlreiche Legate zur Befestigung von Wegen und Stegen ausgesetzt.[541]

Das Stadtbild als Ehre, die Pflasterung als Zierde der Stadt.[542] Wir nehmen einen bereits erörterten Gedanken wieder auf. Einen hohen finanziellen Aufwand bedeutete die Straßenpflasterung.[543] Schließlich gehörten die Pflasterer, die „Wegemacher", als Spezialisten zu den am höchsten bezahlten Arbeitern des städtischen Bauhofs.[544] Deshalb muß Schweinfurt 1404 vom König ein Privileg erwerben, um über ein „Wegegeld" diese Maßnahme zu finanzieren, weil die Reichsstadt „ungesteynede und ungepflestert sij."[545] Das Privileg diente vor allem dazu, Unmut in der Gemeinde zu beschwichtigen, denn Pflasterung bedeutete Steuererhöhung. Sicherlich war im 15. Jahrhundert in vielen Städten die Gefahr des Ausgleitens auf gepflasterten Straßen und Plätzen geringer geworden, nicht jedoch die Gefahr, sich zu beschmutzen. In Braunschweig wurden die Steinwege vor den Märkten, den öffentlichen Gebäuden und den Brücken nur zwei- oder dreimal im Jahr durch den Stadtknecht gefegt.[546]

Als Straßenpflaster dienten Kiesel,[547] zerkleinerte Feldsteine[548] oder (wie in Frankfurt) Kalkbruchsteine[549] – es war also eher eine Art Schotterbelag als ein Straßenpflaster im heutigen Sinn. Die Baseler Straßenpflasterung war nach dem Urteil des Aeneas Sylvius zwar nützlich für die Fuhrwerke, für die Fußgänger aber beschwerlich und schädlich.[550] Kein Wunder, daß 1494 der Nürnberger Marktplatz neu gepflastert werden mußte, womit 16 Arbeiter über drei Monate beschäftigt waren.[551] Wiederum, wie bei der Wasserversorgung, haben wir Anlaß, auf die singuläre Urbanität Visbys im frühen 13. Jahrhundert aufmerksam zu machen, sowohl was den Zeitpunkt als auch was die Qualität der Pflasterung angeht. Die wichtigen Straßen dieser Stadt bestanden aus Kalksteinplatten, die auf Knüppeldämme gelegt worden waren.[552]

Unvollkommen erscheinen uns die Maßnahmen spätmittelalterlicher Stadträte zur Sauberhaltung ihres Gemeinwesens; aber es waren Maßnahmen, die, durch Finanznöte eingeschränkt, von der Verantwortung für das „bonum commune“ zeugen. In allen undifferenzierten Urteilen über den Schmutz in der Stadt steckt auch die Gefahr des Anachronismus. Weite Bereiche der Hygiene - wir denken nur an Brunnen, die Waschplätze und die „pisskamern“ - waren öffentlich; erst mit der frühen Neuzeit setzt der Prozeß einer „Verhäuslichung“, das Entstehen einer Privatphäre, ein, in die auch die Hygiene einbezogen wird.[553] Ohne Berücksichtigung dieses Prozesses kann man kaum der mittelalterlichen Stadt gerecht werden.

Bis in die vertrackten Fragen der Abfallentsorgung in spätmittelalterlichen Städten hat uns die geschichtsprägende Macht des Wassers geführt. Das Schwein, das wohl der wichtigste Produzent der „unlust“ auf den Straßen gewesen war, erinnert uns daran, aus der Umklammerung alltagsgeschichtlicher Details zu entkommen und in einem erneuten Ansatz eine Grundsatzfrage zu behandeln.

4
Der unmittelbare Umgang mit Gottes Schöpfung: Menschen und Tiere

Raubbau am Walde, tiefe Eingriffe in die städtischen Wasserläufe: Gestaltete der Mensch seine Umwelt nur nach seinen Vorstellungen, war er vom heutigen ökologischen Standpunkt her betrachtet bedenkenlos nur auf seinen Nutzen bedacht oder erschienen ihm Rodung und Umgestaltung des städtischen Siedlungsbodens als Teil seines „Kulturauftrags“, die „terra inculta“, das „Unland“ urbar zu machen? Vielgestaltig waren die Antworten, die wir in den vorangegangenen Kapiteln gefunden haben; skrupellosen Raubbau gab es ebenso wie Waldschutz im Interesse der Nachfahren, Mißbrauch der Stadtbäche als Abwasserkanäle ebenso wie das Bewußtsein vom Wert des Wassers. Dennoch bleibt der Versuch, Antworten auf Grundsatzfragen zu gewinnen, unvollständig, solange er sich nicht die Frage stellt, inwieweit der Mensch seine Umwelt als Gottes Schöpfung verstand. Wir konzentrieren uns bei diesem wohl kaum vollständig auszuschöpfenden Thema zur Vereinfachung auf das Verhältnis von Mensch und Tier und vereinfachen noch weiter, indem wir von den Nutztieren absehen.

Das Bewußtsein von der Abhängigkeit von der Natur und zugleich die Erkenntnis Gottes in dem Regelwerk seiner Schöpfung überlagerten und vermischten sich bei der Begegnung der Kreatur Mensch mit der Kreatur Tier. Diese Überlagerungen können wir gar nicht genau auseinanderhalten. Denn im Umgang mit der lebendigen Schöpfung ist keine Tektonik wie bei Gesteinsformationen ablesbar. Und zudem: An die Stelle einer mittelalterlichen Dichotomie von Mensch und Natur ist ein Gegensatz als Konsequenz der modernen Naturwissenschaften getreten. Diese wurzeln zwar in den gelehrten mittelalterlichen Bemühungen, Gottes Schöpfungsplan zu enträtseln, aber sie schufen ein neues Verhältnis von Mensch und Natur in dem Maße, in dem sie Beobachtung, Katalogisierung und Systematisierung zur Grundlage ihrer Wissenschaften machten und die spekulativen Elemente wissenschaftlichen Denkens ausschlossen, die noch Newton bei seiner intensiven Beschäftigung mit der Alchemie faszinierten. Der Mensch wird nicht mehr als Teil der Natur angesehen, sondern als ihr Betrachter. Das aber war dem Mittelalter fremd, ja mußte ihm unnatürlich erscheinen. Selbst die „Versuchsanordnungen" eines Albertus Magnus sind weniger als Frühgeschichte des naturwissenschaftlichen Experiments, sondern mehr als Prüfung der Überlieferung zu verstehen.

Schon die Beschäftigung des frühen Christentums mit der antiken Zoologie zwang dazu, die Sicht des Menschen zu definieren. Denn – so formuliert August Nitschke zu Recht – „wenn der Mensch Tiere beschreibt, muß er bekennen, wie das Verhältnis zwischen Tier und Mensch aussehen soll. ... Wenn er die Trennung zwischen Tier und Mensch betont, wird ebenfalls ... der Mensch mit charakterisiert."[1] Es sei nur an das Zusammenwirken von Zuschauer- und Spielgemeinde bei den spätmittelalterlichen Schauspielen erinnert,[2] um zu verdeutlichen, daß man damals mit einer von der antiken Theaterkultur abhängigen Metapher des hl. Ambrosius nichts anfangen konnte, einer Metapher, die nicht den mittelalterlichen, wohl aber den frühneuzeitlichen theologischen Hintergrund der Naturwissenschaft erhellt. Ambrosius spricht, als am sechsten Schöpfungstage die Tiere erschaffen werden, von dem „bewunderungswürdigen Theater der gesamten sichtbaren Natur."[3]

Mit unserem nur Stichworte benennenden Exkurs in die Wissenschaftsgeschichte wurden wir nicht dem Prinzip untreu, das „Normale" außerhalb normativer Texte, wozu auch gelehrte Traktate zählen können,[4] zu suchen. Wir bemühten uns nur, mit knappen Andeutungen das Thema Menschen und Tiere von anachronistischen Fragestellungen freizuhalten. Der gemeine Mann kannte zwar nicht die Forschungen eines Thomas von Aquin, aber er sah in dem Verhalten der Tiere ebenso individuelle Charaktermerkmale wie bei den Menschen. Tierart und Tierindividualität: Was mittelalterliche Gelehrte zum Grübeln über den Unterschied zwischen Essenz und Existenz veranlassen mochte, wurde auch vom gemeinen Mann nicht einfach hingenommen, sondern als Bestandteil seines Lebens begriffen. Schließlich lebten die Nutztiere zumeist mit den Bauern unter einem Dach und sicherten deren Lebensunterhalt. Die Natur bildete einen zentralen Bereich der Welterfahrung zu einer Zeit, in welcher die durchaus schon vorhandene Technik noch nicht in die unmittelbaren Bereiche humanen Lebens vorgedrungen war. Also: Nicht nur das Verhalten der Menschen, sondern auch das der Tiere gestaltete Mentalitäten. Die geheime Form von Existentialismus im Mittelalter.

In einer weitverbreiteten Reformschrift des 15. Jahrhunderts, in der sogenannten „Reformatio Sigismundi", wird den Zeitgenossen ein Spiegel vorgehalten: Die wilden Tiere fliehen die Menschen; und das sei Ausdruck ihrer Sündhaftigkeit, denn in alten Zeiten habe ein vertrautes Verhältnis zwischen beiden Kreaturen Gottes bestanden. „Verständlicherweise haben die wilden Tiere Angst vor uns. Wären wir wirklich gottesfürchtig, hätten sie Zutrauen und wären uns gehorsam wie unseren Altvorderen." („Das uns die wilden tier fliehent, das ist nit unbillich; weren wir reht zu got, uns flühe kein tier; unsern vordern hant die wilden tiere gedient.")[5] Indirekt bezeugt damit der Verfasser, wie wirksam Legenden für das Naturbewußtsein sein können; denn tatsächlich lebten gemäß ihrer hagiographischen Stilisierung die Heiligen des frühen Mittelalters mit den Tieren in einer dialogischen Beziehung. Diese ist verschieden gestaltet. Mal unterwirft der Hei-

Albrecht Dürer, Der heilige Hieronymus, 1514 *(Kupferstich).*

lige das Tier den göttlichen Geboten[6] – St. Patrick befiehlt dem Wolf, das gestohlene Schaf wiederzubringen, St. Blasius zwingt den Wolf zur Rückgabe eines Schweines –, mal lebt er mit der wilden Kreatur im Einvernehmen; das Tier sucht den Schutz des frommen Menschen,[7] es bietet sich auch selbst als dessen Begleiter und Beschützer an.[8] Dem hl. Severin hilft ein Bär auf dem Weg durch die Einöde.[9] Am populärsten, immer wieder in Wort und Bild erzählt,[10] ist die Geschichte vom Schwein und dem hl. Antonius geworden. „Tönniesschweine" liefen in vielen mittelalterlichen Städten frei auf den Straßen herum, wurden von allen ernährt; das ihnen eingebrannte Antoniuskreuz wies sie als Tiere des Heiligen aus, die zum Nutzen der Armen bestimmt waren.

Die Einvernehmlichkeit von Mensch und Tier, entrückt in die Erinnerung an einen Kirchenvater, bildet das Thema eines der populärsten Kupferstiche Albrecht Dürers. Hieronymus im Gehäus, schreibend, den Löwen zu seinen Füßen. Der Heilige der Gelehrten.[11] Was erzählt Dürer: Schreiben ist auch ein stummer Dialog mit denen, die weder schreiben noch lesen, noch das Vorgelesene verstehen können. Der sprachlose Löwe rechtfertigt die wortselige Gelehrsamkeit und: Ein König der Tiere weiß besser als jeder König der Menschen, daß er wahrer Gelehrsamkeit untertan ist. (Niemand kann mir, der ich weiß, daß selbst Erasmus sich nur dienend Hieronymus näherte, eine Anspielung auf professorales Selbstbewußtsein unterstellen.) Und dahinter verbirgt sich doch: Die bis zur Weisheit gesteigerte Gelehrsamkeit der Gotteserkenntnis ist nicht Fachwissenschaft, ist nicht Theologie, sondern Erfüllung des Gottesauftrags: Macht euch die Erde untertan.[12] Aber dieses ist eben nicht – wie die verführerisch eindeutige Übersetzung Luthers zu besagen scheint – ein Freibrief zur Ausbeutung (zu Luthers Zeiten legte Untertänigkeit noch keine Unterwürfigkeit nahe), sondern zum Frieden. Unbestritten bei allen Unterschieden bleibt als Wissen: Herr der Tiere ist nicht der Mensch, selbst nicht in seiner Sublimierung als Heiliger, sondern Gott.[13] Wenn der Legende nach Schlangen und Ungeziefer („horrenda creatura") die Reichenau verlassen, als der hl. Pirmin die Insel betritt, ist dies göttliches Numen.[14] Nicht der Heilige ordnet die Natur, sondern Gott gibt über seine natürliche Zeichensprache den Segen.

Zeichensprache durch das Tier: Die ursprüngliche Scheu des Menschen vor der Natur gerinnt im Christentum zur Symbolsprache in der Verkörperung zentraler Glaubensanliegen in Gestalt etwa von Lamm und Taube.[15] Von christlicher Symbolik geradezu überladen ist die Vorstellung vom Strauß, den man in Europa zwar kaum kennen kann, an den aber die kostbar verzierten Straußeneier in Kirchen- und Klösterschätzen erinnern.[16] Von Plinius wußte man, daß dieses Tier alles essen und verdauen könne, sogar das Eisen. Deswegen wird der Strauß - ein erstes Beispiel dafür, daß sich theologische Naturdeutung mit den Auffassungen der Laien vermischen kann - Wappentier von Leoben, der Stadt des Eisenhandels.[17] Vor allem die bildende Kunst bringt die theologische Tiersymbolik den Laien nahe,[18] sie bedient sich dieser Zeichensprache selbst noch im 15. und 16. Jahrhundert, als sich langsam die „freie Tierstudie", gegründet auf Beobachtung, durchsetzt.[19] (Trotz aller Überlieferungsverluste bezeugt die Malerei, welch brutale Vereinfachungen sich mit dem schmückenden Bildungsbegriff „Renaissance" verbinden.)

Zum Thema Mensch und Tier können moderne Editionen mittelalterlicher Handschriften paradoxerweise Erkenntnisse versperren; denn diese heute leicht, im Mittelalter aber schwer zugänglichen Texte legen eine Repräsentativität für allgemein geteilte Auffassungen nahe, die erst noch nachzuweisen wäre. Ein von der anstrengenden Nutzung der Natur enthobener mittelalterlicher Gelehrter (sein heutiger Nachfahre wird wenigstens von der Ehefrau zur Gartenarbeit gezwungen) gerät in die (überzeitliche) Gefahr einer Vergewisserung seines intellektuellen Systems, wenn er am Beispiel des Tieres die allgemeinen Vorstellungen der beseelten Natur von seinem selbstdefinierten Wertehimmel her aufschlüsseln will. Dann gibt es verworfene, dämonische und heilige Tiere.[20] Auf dieser Basis baut gelehrte Allegorie auf: Der „Physiologus" erzählt die Geschichte vom Elefanten, von einem überaus reinen Tier, das in Paradiesnähe erst von der Pflanze Mandragora, der Alraune, essen muß, bevor es Nachwuchs zeugen kann, ein Tier, das sich an einen Baum lehnen muß, wenn es schlafen will; denn seine Beine sind steif. Der große Elefant ist dem „Physiologus" das Gesetz; der in seiner Geschichte rettend auftretende kleine Elefant ist Christus, der in unscheinbarer Gestalt (aber der naturgegebenen Reinheit teilhaftig) alle erlöst.[21] (Den Text des „Physiologus" kann sich der moderne Wissenschaftler leicht beschaffen. Wer aber kannte diesen Text trotz dessen großer handschriftlicher Verbreitung im Mittelalter?) Dringt auch in diesem Fall gelehrte Spekulation in das allgemeine Bewußtsein? Im Gegensatz zu den „Bauernregeln" sind hier Zweifel erlaubt. Ein Beispiel: „Der Eber ist in der christlichen Symbolik nur Sinnbild des Bösen."[22] Aber wie erklären sich dann Burgennamen wie Eberstein?

Abseits aller gelehrten Allegorien ist Konsens im Mittelalter: Die Seele der Tiere ist ewig; nur die Körper sind dem irdischen Wandel unterworfen.[23] Natürlich wurde auch nach aristotelischem Vorbild versucht, einen Unterschied zwischen Tier- und Menschenrecht zu konstruieren.[24] Der stille, der allgemeine Konsens vom Wesen des Rechts aber war, daß dieses sich aus Gottes Weltordnung ableiten lassen müsse und deshalb auch die Tiere einschlösse. Frieden ist den wilden Tieren gesetzt – so der Sachsenspiegel –, außer Wölfen und Bären;[25] denn wer anderen Mitkreaturen Schaden zufügt, verstößt gegen die die von Gott auferlegte Pflicht, den Frieden zu wahren. Das ist die Aussage der nach den üblichen juristischen Regeln geführten Tierprozesse.[26] Allen Tieren bis hinunter zu den Raupen kann der Prozeß gemacht werden, wenn sie den Menschen geschadet haben.[27] Dahinter steht die Vorstellung vom Tier als selbstverantwortlichem Lebewesen und als einer Mitkreatur des Menschen.[28]

Das Pferd – so heutzutage als einsamer Mahner sich humoristisch tarnend Loriot – ist auch nur ein Mensch. Im Mittelalter tragen die Pferde Namen, die im Gegensatz zu heute genauso gebil-

Man kann sich die Nähe zwischen Mensch und Tier auf dem Lande kaum groß genug vorstellen: Monatsbild zum Februar aus dem Kalendarium Grimani *(Brügge, Werkstatt des Simon Bening, um 1513/15).*

det sind wie die Nachnamen von Personen, Herkunftsnamen also („Königsberger“) oder Namen nach dem Aussehen („der Graue“) und – ebenfalls wie bei den Menschen – Spitznamen: „die Maus“, „der Narre“, „der Doctor“ heißen Pferde im Stall des Hochmeisters des Deutschen Ordens.[29]

Als Mitkreatur teilt das Tier Charakterzüge mit dem Menschen. Schon im Sprichwort des frühen Mittelalters erscheint es als Personifikation humaner Eigenschaften.[30] Einen weiteren Zugang zu Einstellungsmustern von langer Dauer eröffnet ein Zeugnis aus der frühen Neuzeit. An einem Kapitell im Straßburger Münster war bis 1685 eine Trauerprozession zu sehen, die von einem Bären angeführt wurde, dem Wolf und Hase mit Kreuz und Kerze folgten, während Eber und Bock den toten Fuchs trugen.[31] Das ist die Erzählwelt der Märchen, die das Tier als mithandelndes Geschöpf ansehen. Das gleiche gilt für die Fabel. Die Geschichte von Wolf und Kranich wird oft in der romanischen Bauplastik zitiert.[32] Dieser Erzählwelt entstammt das Tierepos. Es geht von der Analogie tierischen und menschlichen Verhaltens aus, es bietet keine mimetische Naturdarstellung und gestaltet auch keinen Anthropomorphismus, sondern sieht die Arteigenheiten von Mensch und Tier als Teil der umfassenden „natura“.[33] Die Vielfalt der Tierwelt entspricht der Vielfalt der menschlichen Charaktere.[34] Insofern sind – wovon die Heraldik Zeugnis ablegt – edle Tiere Leitbilder, Vorbilder. Sowohl bei der Krönung Friedrichs III. als auch bei der seines Sohnes Maximilian 1486 ist bezeugt: Bevor der Herrscher den Aachener Dom betritt, erklären ihm zwei Kanoniker, was ihm die Bärin am Portal besagen soll: Der König muß ein Verteidiger des Reiches mit dem gleichen Mut und mit der gleichen Entschlossenheit sein, mit denen die Bärin ihre Jungen schützt.[35] Nicht allein adelige Tugenden werden durch Tiere symbolisiert. Vom Stier zu Uri bis hin zum Berner Bär stehen sie für die Kraft und den Stolz von Gemeinschaften.[36]

Die Tiere besitzen nach mittelalterlicher Vorstellung eine Seele.[37] (Vielleicht ist das der Grund, warum so wenig von inszenierten Tierkämpfen zu erfahren ist.)[38] In seinem „Liber de natura" definiert Ramón Lull die Natur als das Prinzip, wodurch die „entia concreta" - das einzelne Lebewesen, das auch ein Mensch sein kann - sich seinen artgerechten Eigenschaften, der „entia abstracta" - im Fall des Menschen also: der „humanitas" - annähert.[39] Deshalb kann Konrad von Megenberg feststellen: Wenn die Pfaffen die Natur der Tiere kennen würden, könnten sie auch gute Predigten halten.[40] Weil zwischen Mensch und Tier kein grundsätzlicher Unterschied gesehen wurde, konnte sich die Auffassung bilden, daß zum Beispiel die Kraft des Pferdes auf den Menschen übertragbar sei. Das behauptet zum Beispiel ein Rezept: „Wie man einen Roß seine Stärke kann natürlicher weise benehmen, und einen Menschen einpflantzen".[41]

Nicht weil er alleinig eine göttliche Animation besäße, sondern weil er die zuletzt erschaffene Kreatur ist, darf der Mensch nach mittelalterlichem Denken, das spätantike Ursprünge hat, den Tieren Regeln setzen; er darf sie domestizieren. Jedoch sobald er über sich selbst die Herrschaft verliert, erheben sich die Tiere gegen ihn.[42] Freiheit entsteht aus der Faszination von Wildnis (Ursprung von Furcht vor und Hoffnung auf Anarchie).

Bevor wir von dem Recht des Menschen, Tiere zu domestizieren, zu seinem Alltag im Umgang mit den Mitgeschöpfen übergehen, sei auf das Außergewöhnliche, den Gegensatz zum Alltag hingewiesen, weil jede Alltagsgeschichte sich auch über die Klärung des Nicht-Alltäglichen konstituieren läßt. Die Faszination durch fremde Tiere ist ein anthropologisches Gesetz. Dieses ermöglicht, die zumeist sehr pauschal und formal begründete Behauptung vom Weiterwirken antiker Traditionen zu relativieren. Die militärische Terminologie, die sich über die Zeiten hinweg noch nie den Vorwurf waghalsiger intellektueller Neuerungen gefallen lassen mußte, zeigt, daß in der Forschung mit kulturellen Sinnstiftungen von Humanismus und Neuhumanismus Zusammenhänge konstruiert wurden, die – das haben solche Erneuerungen so an sich – andersartige, ihren wissenschaftlichen Legitimationszwang störende Entwicklungen schlicht verdrängten. Wenn heute ein Panzer „Leopard“ und eine Panzerabwehrwaffe „Milan“ heißen, hat das eine antike, aber keine mittelalterliche Tradition, „aries, cattus, lupus, scorpio, onager“ hießen antike Kriegsmaschinen. Die Geschütze des ausgehenden Mittelalters tragen Frauennamen („Scharfe Grete“), keine Tiernamen.

Unterbrochener Alltag durch das Außergewöhnliche, Faszination durch das Tier: Seltenheit ist das entscheidende Kriterium. Faszination und Neugier hängen immer zusammen. Wenn in frühmittelalterlichen Tiergärten, zum Beispiel im Tierzwinger des Klosters St. Gallen, Bären, Dachse, Steinböcke, Murmeltiere, Reiher, Silberfasane zu finden sind,[43] wenn Mächtige dieser Zeit von ausländischen Fürsten Löwen, Leoparden, Meerkatzen und Affen zum Geschenk erhalten,[44] zeigt sich die ganze Spannweite der Faszination, von der Sensation, die das Absonderliche, das Außergewöhnliche hervorbringt, bis hin zum nachdenklichen Staunen über die Vielfalt von Gottes Schöpfung.[45]

Der klösterliche Tiergarten, ohnehin nur von den wenigen großen Reichsabteien der Karolingerzeit zu realisieren, blieb Episode, die Wildparks und Menagerien der Fürsten jedoch bildeten bis in das hohe Mittelalter hinein, mit dem Höhepunkt der Zeit Friedrichs II.,[46] einen „Beitrag zum politischen Prestige eines Herrschers“.[47] Die Rücksicht auf die Jagd, den Adelssport, mochte mitspielen, wenn der Herrscher in Wildparks Hirsche, Rehe, Wildstiere, Bären und Wildschweine hegen ließ, aber wichtiger war doch die politische Aussage, welche dem Besitz exotischer Tiere zugrunde lag.[48] Schon Walahfrid Strabos Schilderung des Aachener Tiergartens als eines irdischen Paradieses ist als Ausdruck

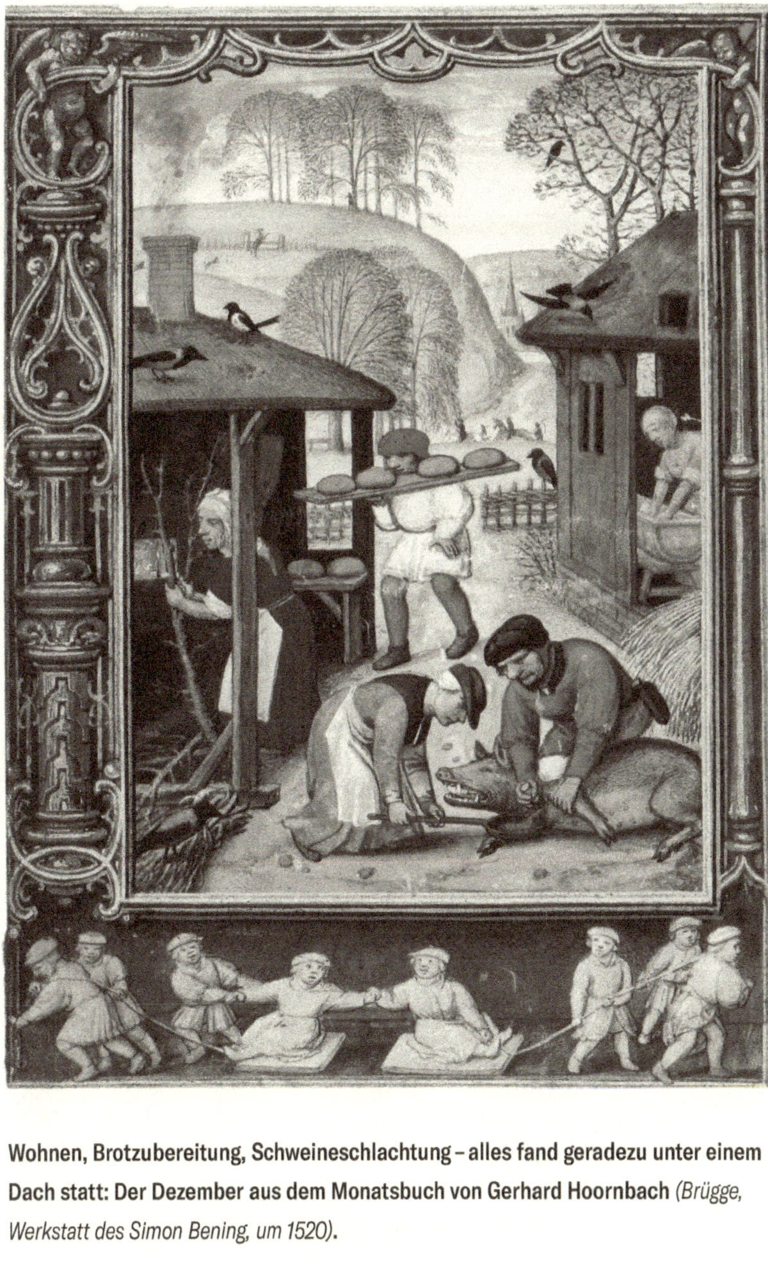

Wohnen, Brotzubereitung, Schweineschlachtung – alles fand geradezu unter einem Dach statt: Der Dezember aus dem Monatsbuch von Gerhard Hoornbach *(Brügge, Werkstatt des Simon Bening, um 1520)*.

kaiserlicher Autorität über Mensch und Tier gegen die Adelsopposition zur Zeit Ludwigs des Frommen gerichtet.[49]

Die Mönche holten sich die wilde Natur in ihr kultiviertes Gemeinwesen, die Fürsten sahen in Tiergärten den Ausdruck ihrer gottgewollten Dominanz über die Kreaturen, ob Mensch, ob Tier. Karl Haucks grundlegende Darstellung der politischen Signifikanz von Tiergärten hat erstaunlicherweise die Geschichtswissenschaft nicht davon abbringen können, die früh- und hochmittelalterliche Herrschergeschichte von den Bedingungen des neuzeitlichen rationalisierten diplomatischen Verkehrs beschreiben zu wollen. Deshalb als letztes Beispiel der Hinweis auf das weit über diplomatische Höflichkeit hinausreichende ‚Geschenk' Harun al Raschids 801 an Karl den Großen. Der Elefant ist keine repräsentative Gabe (erst die neuzeitliche Diplomatie vereinfacht das kostspielige und komplizierte Schenken unter Machthabern in Gestalt des Ordens), sondern Friedensversicherung im Sinne der Teilbarkeit von Weltherrschaft. Der Elefant hat einen Namen – A'bul Abbas –, der auf den aus dem Abbasidenhaus stammenden Schenker zurückweist.[50] Man kann – auch wenn es der lakonische annalistische Berichtsstil nicht erkennen läßt – die Vermutung wagen, daß die Notiz über das Verenden dieses Elefanten auch den Zusammenbruch einer ‚internationalen' Konzeption notiert.

Es ist keine Frage der Repräsentation, es ist eine Frage der Macht, daß dem ottonischen Gesandten an dem Hof zu Konstantinopel, daß Liutprand von Cremona in Byzanz der kaiserliche Tiergarten mit der Frage gezeigt wird, ob sein Herr auch einen solchen Tierpark besitze, was Liutprand stolz bejahte.[51] Als 1235 ein Kaiser über die Alpen mit Elefanten und Affen in deutschen Landen einzog, erstarrten sogar die Fürsten, erschüttert nicht von einer Zirkussensation, sondern von einer Zurschaustellung grandioser Macht. Damals wurde Friedrich II. der Opposition in deutschen Landen mühelos dadurch Herr, daß er nicht mit einem

Heer, sondern mit orientalischen Tieren über die Alpen zog. Das Selbstbewußtsein auch des waffenstolzesten Adeligen knickte ein, wenn ihm demonstriert wurde: Ein die wundersamsten Kreaturen beherrschender Herr der Welt kommt.

Als 1235 Friedrich II. mit nie gesehenen Tieren in deutschen Landen seinen Einzug hielt, war dies die letzte Demonstration von Weltherrschaft. Das Spätmittelalter denkt anders sowohl über die Weltherrschaft als auch über die Domestikation wilder Tiere.[52] Wir wählen den Bericht eines zeitgenössischen Chronisten über das Verhalten des bayerischen Herzogs Sigmund etwa um das Jahr 1460, um eine Annäherung an die veränderten Mentalitäten zu erreichen, denen nicht mehr die Beherrschung des Exotischen, sondern die Freude an naheliegenden Schönheiten, nicht mehr die Einschüchterung durch das wunderbar Fremde, sondern die Vertrautheit des Heimischen ein Faszinosum waren. Damit erscheint er dem Chronisten keineswegs als absonderlich; respektvoll wird notiert, wie der Fürst das Leben gestaltet: Regieren war ihm offenbar zu beschwerlich. Er zog sich aus den Geschäften völlig zurück und ließ es sich wohlergehen „mit schönen Frauen und mit weißen Tauben, mit Pfauen, Schweinen und Vögeln auch mit allen seltsamen Tieren und weiterhin mit Singen und Saitenspiel".[53] Wir wissen nicht, was in dem bayerischen Herzog vorging, in die Seele eines toten Menschen können wir nicht schauen. Wie es der Chronist nahelegt, sieht dieser Fürst in seiner privilegierten Stellung die Möglichkeit, das menschliche Bedürfnis nach Wohlleben zu befriedigen. (Und genau das ist auch das Hoffnungsziel der Märchen: König zu werden, nicht um zu regieren, sondern um sich sattessen zu können.) Dies aber erfüllte sich bei Herzog Sigmund nicht wie bei seinen Standesgenossen schlichteren Gemüts in Völlerei, Prasserei mit Essen und Trinken, das erfüllte sich in einer eigenen Form, mit der er höfischer Langeweile und ihrer Begleiterin, der Melancholie, Herr wurde. Dazu gehörte nicht nur Zeitvertreib durch Musik und schöne Frauen, dazu gehörte auch eine innige Zuneigung zur Tierwelt. Bemerkenswert ist das Verhalten des bayerischen Herzogs nicht etwa wegen seiner Unlust am Regieren – das ist eine häufige (allerdings bisher noch nicht thematisierte) Erscheinung in der deutschen Fürstenwelt –, bemerkenswert ist das Verhalten, weil es sowohl seltene als auch gewöhnliche Tiere bis hin zum Schwein in den Umgang einbezieht. Wer auch das Schwein in seinem Tiergarten hält, ist nicht allein von dem Sensationskriterium des seltenen Tieres fasziniert, sondern allgemein von der Kreatur. Das Auffallende dabei ist, daß der Hund, ansonsten für die adelige Jagd unerläßlich, im herzoglichen Tierpark fehlt.

Das seltene Tier bleibt über die Zeiten hinweg ein Faszinosum. Ein Reisebericht notiert 1492, daß in der herzoglichen Burg zu München drei Löwen eingeschlossen seien. Zwei andere Löwen hingegen, größer sogar als die eingeschlossenen, laufen frei herum und lassen sich von jedermann streicheln. Einer dieser beiden ist kastriert und die Krallen sind ihm gezogen worden, „der andere aber ist unversehrt".[54] Ausgangs des 15. Jahrhunderts reicht in größeren Städten selbst der Löwe nicht mehr aus, um das Sensationsbedürfnis zu befriedigen. Gewitzte Schausteller helfen der Natur nach. Auf dem Nürnberger Heumarkt kann man 1496 für einen Pfennig einen grün geschuppten Drachen mit drei Köpfen, Hydra genannt („hieß idra"), sehen.[55]

Das fremde Tier erregt das gleiche Staunen über die Wunder der Natur wie das außergewöhnliche Lebewesen, das von der gewohnten Gestalt abweicht. König Friedrich III. erhält 1442 als besondere Gabe auf seiner Krönungsreise einen Fischkopf aus Flandern von 18 Schuh Länge.[56] Genaueres ist nicht überliefert. Wenn der König aber, wie der Reisebericht vermerkt, diesen Fischkopf mit nach Wiener Neustadt nimmt und ihn wahrscheinlich seiner Raritätensammlung einverleibt, hat er diese Gabe im Stau-

Nicht nur Fleisch und Milch lieferte das Vieh, auch für den Transport und das Pflügen war es unerlässlich *(Grimani Brevier, spätes 15. Jh.)*.

nen über die Wunder der Natur gewürdigt. Ein zweites Beispiel: Das Geweih, das den großen, um 1500 geschaffenen Kaiserleuchter im Goslarer Rathaussaal hält, stammt von einem Edelhirsch, der um 1349 im städtischen Hirschgraben gehalten worden war.[57]

Das Verhältnis von Mensch und Tier ist im Fall des außergewöhnlichen Lebewesens von Erstaunen und Neugier bestimmt; die alltägliche Beziehung hingegen zeigt sich etwa in dem Tier, das in der von uns geschilderten Menagerie des Herzogs Sigmund gefehlt hatte. Weit über das Mittelalter reicht die Geschichte von Mensch und Hund zurück. Der domestizierte Wolf war nützlich. Der Wachhund hatte seinen Wert. Sowohl die frühmittelalterli-

Während auf dem Land zumeist nur der Ochsenwagen gebräuchlich war *(aus: Cantiga de Santa Maria des Königs Alfons X. von Kastilien, 13. Jh.)*, **waren Pferdefuhrwerke oft das Privileg des Adels: Fünfspänniger Reisewagen mit königlichen Damen und Eskorte** *(aus: Luttrell-Psalter, 1340, geschrieben für Sir Geoffrey Luttrell of Irnham)*.

chen Volksrechte als auch der Sachsenspiegel bedrohen mit hohen Bußen seine Tötung.[58] Noch die spätmittelalterlichen Weistümer kennen die alte Form der Bußzahlung für den erschlagenen Wachhund. Dieser wird am Schwanz aufgehängt, daß seine Nase den Boden berührt. Der Täter muß soviel Weizen aufschütten, daß das Tier bedeckt ist.[59]

Der Hund gehört als Wachhund zum bäuerlichen Hof und natürlich als Jagdhund zum Adelssitz. Rassen haben sich – der Spitz dürfte eine Ausnahme darstellen[60] – noch nicht herausgebildet,[61] gelegentlich können sich Hunde noch mit Wölfen paaren.[62] Auf den Herrenhöfen schon des frühen Mittelalters muß oft ein furchtbares Gebell die Stille zerrissen haben. Eine schwerkranke Frau – so berichtet Thietmar von Merseburg – geriet in existentielle Verzweiflung. Sie konnte das Gebell nicht mehr ertragen.[63] Was hier aus dem frühen 11. Jahrhundert berichtet wird, zählt für den nervösen Ulrich von Hutten noch 1518 zu den Unerträglichkeiten des Burgenlebens.[64] Der Hund, der Jagdhund, gehört aber nicht nur zur Burg und zum standesgemäßen Herrenleben selbst von Geistlichen,[65] er gehört als Wachhund zum bäuerlichen Hof und – Fortsetzung der Domestikation – als Begleiter des Menschen zum Alltagsleben in der spätmittelalterlichen Stadt. Anstandslos darf er in der Kirche herumlaufen.[66] Im Hause liegt er unter dem Tisch. „Hunde ausläuten" heißt es redensartlich, wenn Kinder bei den Mahl-

zeiten mit den Beinen schlenkern.[67] Diese Selbstverständlichkeit im Alltag enthält bereits Gefahr: Nachlässigkeit im Umgang mit dem Tier und brutale Beseitigung der daraus resultierenden, den Menschen störenden Folgen. Nicht zu Burg und Dorf, sondern zur angeblich fortschrittlichen Stadt gehört, daß die Nachlässigkeit in Brutalität umschlägt, wenn herumstreunende Straßenköter die Stadtbewohner belästigen. Ein Henkersgehilfe, der Wasenmeister oder der eigens so genannte Hundeschlager – in Nürnbergs Bevölkerung abschätzig „Jäger vor dem Wald“ genannt[68] – muß sie töten und erhält dafür vom Rat eine im Stücklohn gestaffelte Prämie.[69]

Obwohl der Hund in verschiedensten Rollen als Begleiter, als Ärgernis, als Nutztier des Menschen in Erscheinung tritt, wird ihm eine Rolle nur ausnahmsweise im Mittelalter zuerkannt: die des Schoßhundes. Johannes Pauli schimpft über die Frauen „die me Liebe ... uff die kleinen Hündlin legen dan uff Got, sie furen sie zu der Predig, das sie die Lüt und die Predicanten irren“.[70] Der Hund in der Stadt ist mit 24–55 cm sowieso kleiner als der auf dem Land.[71] Aber auch Skelette zwergwüchsiger Tiere, die nur als Schoßhunde deutbar sind, finden sich im städtischen Fundmaterial aus dem Spätmittelalter.[72]

An das nächtliche Gebell der Hunde hatten sich die Bürger gewöhnt, obwohl sie ansonsten ruhestörenden Lärm bestraften, etwa dann, wenn jemand des Nachts rumpelnd ein Faß durch die Gassen rollte.[73] In diese gewohnte Alltäglichkeit greifen im Februar 1430 die Nürnberger Ratsherren ein und gebieten, „das ieder des nachts sein hunt einsperret, das er kein peilen [bellen] auf der gassen tet.“[74] Eine Vorsichtsmaßnahme angesichts der Sorge vor einem Überfall durch die Hussiten, eine Vorsichtsmaßnahme, die einen ungefähren Anhaltspunkt für die Größe der Hundepopulation in einer spätmittelalterlichen Stadt gibt. Durch das Hundegebell abgelenkt, könnten die Wächter auf Türmen und Stadtmauern verdächtige Geräusche überhören.

Ebenso wie beim Hund sehen wir auch bei der Katze alle Varianten des Umgangs der Menschen mit dem Tier.[75] Sie gehört bereits zum frühmittelalterlichen Gehöft.[76] Die vielgehaltenen Hauskatzen waren in Stadt und Land wegen der Mäuseplage unentbehrlich.[77] Aber zum Fastnachtsbrauchtum in manchen französischen und englischen Regionen oder im Elsaß gehörte das „Katzenschinden". Brutal wurden die Tiere in das Fastnachtsfeuer geworfen.[78]

Mißbrauch und Ausnutzung. Den Seelentrost durch das Tier kannte man allenfalls in jenen Haushalten, die sich überhaupt (mental) die Innigkeit und (ökonomisch) die Versorgung des Tieres leisten konnten. In der Augsburger Oberschicht hält man sich sogar Affen.[79] Vögel, besonders Star, Meise und Elster, sind so zahlreich in spätmittelalterlichen Bürgerhäusern,[80] daß ein Reisender bei einem Gang durch die Stadt „durch ein klingenden lieblichen Wald zu schreiten" vermeint.[81] Nur Repräsentationsbedürfnis? Eine Breslauer Kaufmannsfrau sieht es 1452 für unerläßlich an, ihrem in der Fremde weilenden Mann neben wichtigen geschäftlichen Nachrichten mitzuteilen: „wisset lieber man, das der sitik frum ist und kan mir jezund rueffen".[82] Gelungene Dressur? Dafür wäre die Mitteilung nicht wichtig genug gewesen. Der Empfänger des Briefes versteht den Liebesgruß. Für Ehefrau und Ehemann ist der „Sittich" (es handelt sich wohl um einen Papageien, wie er seit dem 13. Jahrhundert aus Afrika und dem Orient nach Europa importiert wurde)[83] eine gemeinsame Freude außerhalb der Zwänge einer Lebensgemeinschaft, oder besser: einer Überlebensgemeinschaft. Die gemeinsame Freude an dem Sittich steht für Emotionalität, für Liebe, bei gleichzeitiger Respektierung der ökonomischen Zwänge des gemeinsamen Überlebens. Unter anderem teilt die Frau im gleichen Brief ihrem Mann mit, daß der Koriander, den er eingekauft hat, nicht frisch ist. Sie braucht nicht eigens zu erwähnen, daß sie diese Ware billiger als verabredet verkaufen muß. Aber kehren wir zur Sozialisation des Vogels zurück. Dafür wird in dem Brief der Breslauer Bürgerin ein treffender Ausdruck gewählt, „fromm", ein Ausdruck, der damals noch außerhalb jeder religiösen Färbung für sittliches Verhalten, gewissermaßen für rollenkonformes Benehmen steht. Die Erziehung des Tieres entspricht der Erziehung des Menschen. Insofern unterscheidet sich wohl doch das Verhältnis zu den Vögeln, die in spätmittelalterlichen Bürgerhäusern in Käfigen gehalten werden, von der neuzeitlichen Tierhaltung, wo die Kreatur so häufig zum Spielgefährten, meistens von Kindern, erniedrigt wird.

Vögel sind zärtlich betrachtete Tiere,[84] Vögel sind Sinnbilder einer lieblichen Natur, Vogelgesang beschwingt die Seele – und Vögel sind auch ein Nahrungsmittel, eine Delikatesse. Die tranigen Dohlen mochte der arme Bauer in den Wäldern schießen;[85] Storchenfleisch mochte der gemeine Mann essen[86] – die Begüterten in der Stadt kennen Vögel als teure Leckerbissen. Nicht nur gemästete Fettammern, sondern auch Lerchen, Stieglitze und Finken werden gefangen, gebraten, mit süßer Brühe übergossen, auf langen Stäben aufgespießt und als „Spießvögel" auf den Märkten verkauft.[87] Der Adel, der Jagd verbunden, hatte das Vorbild gegeben. Die Küche der Grafen von Stolberg zu Wernigerode verbrauchte 1525 122 Hühner, 3024 „Großvögel", 8010 „Kleinvögel".[88] Und 1546 werden bei einer Fürstenhochzeit in (Hann.) Münden 4740 Vögel verzehrt.[89] Klobenfang.[90] Die wenig geachteten Leimstengler, die keinen eigenen Nachnamen tragen, sondern Vogelhans und Finkenhans heißen, fangen mit Netzen und Leimruten, mit gespaltenen Hölzern, den „Finkenklöben",[91] die mit der „Drosselpfeife" angelockten Singvögel und verkaufen sie schockweise.

Wer sich die teueren Spießvögel nicht leisten konnte, aß billigere.[92] Im hohen Mittelalter wurden sogar den Vornehmen Rohrdommeln und Krähen aufgetischt,[93] und noch auf Zürcher Märk-

Gebetbuch mit Kalendarium
(Flandern, Anfang 16. Jh.).

ten des 18. Jahrhunderts werden Blau- und Kohlmeisen feilgeboten.[94] Vor allem wurden Tauben gegessen, weswegen der Geflügelhändler auch „Däubler", „Täubner" hieß.[95] Jetzt ist zu verstehen, warum der Rat von Hagenau seinen Bürgern verbieten muß, einander die Tauben wegzufangen,[96] warum es in Frankfurt eine eigene Ratskommission, die der „Taubenherren", gab, welche die Vogelhaltung der Bürger zu überwachen hatte.[97]

Der „fromme Sittich" und der vom Hundeschläger getötete Straßenköter, die gehegte und die geplagte Kreatur: Mit diesem Gegensatz begnüge ich mich, um die Spannweite des Verhältnisses von Mensch und Tier anzudeuten. Genaueres zu sagen, geschweige denn Analysen zu liefern, traue ich mich nicht. Den Mut anerkennend, mit dem in der Forschungsliteratur präzise Charakterisierungen des Umgangs der Menschen mit ihren Mitkreaturen vorgenommen wurden, muß ich eingestehen, daß mich deren Argumentationsgrundlagen, die teilweise mit großer Gelehrsamkeit konstruiert wurden, überhaupt nicht überzeugt haben. Historiker, die sich nicht als deutende Herren der Geschichte empfinden, müssen, falls sie sich der Konstruktion von nur intellektuell hergestellten Wirklichkeiten entziehen, dadurch irritiert sein, daß die beiden außergewöhnlichsten Personen im 13. Jahrhundert ein scheinbar ganz unterschiedliches Verhältnis zur Natur repräsentieren: Das Falkenbuch Kaiser Friedrichs II. über „die Kunst mit

Vögeln zu jagen“[98] steht auf den ersten Blick im schroffen Gegensatz zur Vogelpredigt des Franz von Assisi.[99] Der in seiner Wirtschaftspolitik die kulturell voraussetzungslosen Prinzipien der Globalisierung vorwegnehmende Staufer und der unbesorgt über die Gefahren eines möglichen Scheiterns seiner Mission (unter anderem) frühsozialistische Prinzipien vorwegnehmende hl. Franz repräsentieren jene tiefen Risse und Gegensätzlichkeiten, welche paradoxerweise die innere Einheit Europas ausmachen. Was gilt und vor allem, was gilt für wen? Das Herrenrecht der Jagd mit den bereits naturwissenschaftlich zu nennenden Beobachtungen des Vogelflugs oder die Bescheidung des Menschen, der mit seiner von Gott verliehenen Befähigung die Vögel missionieren will: Jagd, kriegerischer Umgang mit der Natur im Falle eines Kaisers, Frieden mit der Natur im Falle eines von seiner Beziehung mit Gott, von seiner wörtlich verstandenen „religio“ ergriffenen Menschen. Der mächtige Kaiser aber und der in seiner Ohnmächtigkeit der Welt ein Zeichen setzende, die Armut als Lebensform wählende hl. Franz haben eines gemeinsam: Sie enträtseln die sie umgebende Natur auf verschiedene Weise als Gottes Blaupause beim Entwerfen der Welt. Friedrich II. schreibt ein Buch über die Jagd mit abgerichteten Stoßvögeln, mit Habichten, mit Sperbern und mit Falken; das ist ihm zugleich, weit über eine Empfehlungssammlung von Jagdtricks hinausgehend, eine Auseinandersetzung mit der Natur; deswegen wagt er es, die Autorität des Aristoteles, die zu jener Zeit als unanfechtbar gilt, in Zweifel zu ziehen. Er, der Kaiser, habe durch Beobachtung festgestellt, daß die Vögel anders fliegen, als der Philosoph behaupte. Hier geht es nicht mehr um die Jagd. Den Staufer fasziniert die von der Natur vorgegebene Ordnung, obwohl es doch der monarchischen Autorität zuträglicher gewesen wäre, mit Aristoteles immer nur ein und denselben Vogel an der Spitze des Zuges und nicht den „demokratischen Wechsel“ zu sehen. Wie der Kaiser erkannte auch der hl.

Musizierende Vögel als Zeichen, bezeichnend aber die Zeichensprache: Die Musik, deren Töne verhallt sind, war der Musik der Natur artverwandt *(aus: Sammelband, Kastl unter Abt Hermann, 1322–1356).*

Franz in der Natur einen Schöpfungsplan.[100] Aber er jagte nicht, sondern er erzog. So unterschiedlich, wie es zunächst erscheinen mag, denken die beiden größten Männer ihres Zeitalters gar nicht. Der Kaiser faszinierte die Kenner, zunächst nur die, die sich mit der Falknerei beschäftigten; der hl. Franz gewann das Volk. In seiner Vogelpredigt bezieht er – franziskanische Grundierung des zitierten Dürerbildes – die sprachlose Kreatur in die Macht der Sprache ein. Diese Macht (was scheren den hl. Franz die Probleme der Nominalisten?) ist als von Gott verliehene Fähigkeit zugleich Auftrag. Mensch und Tier sind gleichermaßen befähigt zum Verstehen; allein der Mensch kann dieses Verstehen in Worte fassen. Daß Mensch und Tier gleichberechtigte Geschöpfe eines Gottes sind, war im Grunde nicht neu; das Neue liegt darin, daß wie der Mensch so auch das Tier fähig ist zur Erfahrung des Schöpfers, fähig ist dazu, diese Erfahrung zu vertiefen; in Verdünnung dieses Gedankens ist das Tier auch zur Erziehung fähig: „Der Sittich ist fromm.“

5
Umrisse des Natur- und Umweltbewußtseins

Bereits die Geschichte des Waldes ließ erkennen, wie absurd es wäre, ein spezifisch mittelalterliches Naturverständnis konstruieren zu wollen. Selbst unter der Annahme zeitbedingter Wandlungen bleibt ein solcher Versuch fragwürdig, da er nicht die jeweiligen landschaftlichen Brechungen berücksichtigen kann. An der Nordseeküste sahen Menschen die Natur anders als in den Alpen.[1] Allenfalls in Umrissen ist zu erkennen, wie sich aus der alltäglichen tätigen Auseinandersetzung mit der Natur und deren daraus entstandener Umgestaltung neue Erfahrungsmuster ergeben mußten, in Umrissen, die Arno Borst beschrieben hat: „Der allmähliche Wandel der Einstellungen förderte die Abkehr vom frommen Stillhalten im Tal der Tränen, die Hinwendung zur tätigen Aneignung des Diesseits, ohne die Weltherrschaft Gottes anzutasten."[2]

Aber was ist Natur? Ob Empirie, ob Spekulation: weit dehnt sich das Wortfeld „Natur" aus.[3] Schon Cicero wußte: „naturam ipsam definire difficile est" („De inventione" I. 24, 34).[4] Viele der deutschen Wörter, die das Wortfeld von Natur umschreiben, begegnen erstmals bei Notker dem Deutschen von St. Gallen.[5] Für den Naturbegriff der mittelalterlichen Wissenschaft ist konstitutiv: Natur schließt den Menschen mit ein.[6] Ein Umweltbewußtsein, das aus der Spannung von Mensch und Natur lebt, kann es demzufolge nicht geben. Der Unterschied zwischen dem Menschen und den anderen Schöpfungen Gottes ist besonderer Art. Um 1150 verfaßte Alanus ab Insulis eine „Klage der Natur über den Menschen" („De planctu naturae"), die nicht etwa Umweltsünden auflistet, sondern als grundsätzliches Problem beweint: Von allen Kreaturen sei der Mensch die einzige, die sich nicht an die Regeln hält, die vom Schöpfer vorgeschrieben seien,[7] eine Klage, die – Popularität von Wissenschaft – dann im europäischen Sprichwörterschatz wiederkehrt.[8]

Wie verstanden die Menschen ihre natürliche Umgebung? Die meisten mittelalterlichen Aussagen stammen von Klerikern, die nicht von ihrer Hände Arbeit lebten und deren Auffassungen nicht denen der Allgemeinheit entsprechen mußten. Mit dem in der älteren Forschung gewählten schlichten Verfahren, aus literarischen Quellen ein Naturgefühl abzuleiten, ist gewiß nicht weiterzukommen.[9] Aber ebensowenig nutzt die Potenzierung von Gelehrsamkeit, wenn heutige Gelehrte ihren mittelalterlichen Vorfahren eine direkte oder indirekte Abhängigkeit von antiken Autoren nachweisen. Der wissenschaftsgeschichtliche Gewinn solcher Untersuchungen ist groß, der alltagsgeschichtliche hingegen gering. Die Umwelt bietet dem Mittelalter einen großen Vorrat für fromme Allegorese. Ein einfaches Beispiel: Wenn Zisterzienserklöster Lilienfeld oder Rosental heißen, so werden damit keine topographischen Beschreibungen gegeben, sondern es wird – wie so häufig bei den Klöstern dieses Ordens – Maria verehrt, Rose und Lilie aus der marianischen Symbolsprache zitierend.[10] Und dann die literarisch vermittelten Topoi von „locus amoenus“ und „locus terribilis“, von Paradiesesschönheit und Höllenschrecken. Angesichts der großen Gelehrsamkeit, die sich um die Topos-Forschung rankt, muß ich mir den Vorwurf der Naivität gefallen lassen, wenn ich die Behauptung wage, daß zur Verbreitung dieser Topoi nicht nur gelehrte Traditionen, sondern auch handfeste Umwelterfahrungen, etwa die des Gegensatzes zwischen Land und Unland beigetragen haben.

Was aber ist von Naturerfahrungen vergangener Zeiten überhaupt zu erfahren? Wenn der methodische Ansatz zu verwerfen ist, daß aus mittelalterlicher Gelehrsamkeit unmittelbar Mentalitäten des gemeinen Mannes erschlossen werden können, so ist ebenso auch die Ansicht als unzulässige Vereinfachung zu kritisieren, wonach solche Zeugnisse mit der Wirklichkeit nichts zu tun gehabt hätten. Durch die Spezialisierung historischer Wissenschaft seit dem ausgehenden 19. Jahrhundert entsteht die Gefahr, eine Eigenart mittelalterlicher Wissenschaft zu verkennen, ihre vielfach begegnende – vereinfacht so zu bezeichnende – Popularität. Schließlich gab es eine gemeinsame Basis, von der das Denken des Bauern und das des Gelehrten ausgingen. Die in gelehrten Texten vertretene Deutung von Natur als „creatio Dei" entsprach allgemeiner Auffassung. Die Naturwissenschaft ist ihren Weg von der Klosterschule zum Studium generale, zur Universität des hohen Mittelalters keineswegs abgehoben vom realen Leben gegangen. Sie hat erhebliche Wandlungen durchgemacht,[11] aber sie kennt schon im 12. Jahrhundert den Gegensatz zwischen einer symbolisierenden Naturdeutung, die nur im gelehrten Umfeld zu erlernen ist, und einem Interesse „an der Struktur, Konstitution und Eigengesetzlichkeit der wahrnehmbaren Welt", das zwar nicht in seinem Erkenntnisziel, wohl aber in seinen Fragen Analogien zur realen Viehzucht aufweist.[12] An der langfristigen Wirkung theoretischer Gedanken in der Welt kann kein Zweifel bestehen. Ohne die Vorstellung von Gottes Zeichensetzung wäre das scholastische Naturrecht nicht zu entwickeln gewesen.[13] Wenn Walther von der Vogelweide im Interesse des staufischen Königs feststellt, daß Bienen und Mücken ihren König haben,[14] so ist ihm das nicht Symbol, sondern Beweis, ist ihm politisches Argument gegen den Papst. König Rudolf von Habsburg kann sich auf das „ius naturae" berufen[15] und damit behaupten: Nicht habsburgischem Eigennutz folgt die (reichsrechtlich problematische) Übertragung Österreichs an den Königssohn Albrecht, sondern einer von Gott gesetzten Regel, der Liebe zum eignen Kind. Naturgegebene Regeln: Die sogenannten „Vogelparlamente" der mittelhochdeutschen Literatur, die Beratung des Herrschers durch seine Großen spiegelnd,[16] sind weit mehr als eine Form der Tiersymbolik. Menschen und Tiere sind gleichermaßen dem Naturrecht unterworfen.[17]

Immer wieder zeigt sich, daß das, was in gelehrten Köpfen spekuliert wird, durchaus in die Welt eindringen kann. Vieles von dem, was Gelehrte spekulierten, wird dem gemeinen Mann durchaus eingeleuchtet haben. Schließlich sieht er trotz aller stacheligen Büsche, welche die Felder zu überwuchern drohen, in der Natur das ihm von Gott auferlegte Schicksal. Was die Gelehrten sich aus antiker Tradition an Witterungsprognostik zurechtgelegt haben, wird im Volk übernommen und in Reimform gebracht: die sogenannten Bauernregeln.[18] Selbst einen tiefsinnigen Gedanken des Thomas von Aquin glauben wir in populärer Dichtung wiederfinden zu können. In Ulrich Boners „Edelstein" wird fast nebenbei behauptet, der Narr sei „von natur ... unbesint".[19] Hier ist der Naturbegriff von der Umwelt zur Innenwelt des Menschen verlagert und damit ein Leitthema abendländischer Geschichte berührt. Diese Verlagerung aber geht auf Thomas von Aquin zurück, der als Wesen einer Kreatur ihre „quiditas vel natura seu forma sua" ansah.[20]

Gelehrsamkeit und allgemeines Bewußtsein: Bisher sind wir von dem einfachen Fall der Rezeptionen ausgegangen; versucht sei aber auch, mögliche Analogien aufzuspüren. Es kann doch sein, daß das etwas bekanntere Denken von Gelehrten in manchen Punkten Entsprechungen im unbekannten Denken des gemeinen Mannes hat: Es ist die gleiche Natur, welche das Denken beeinflussen kann. Mit aller Vorsicht sei eine These formuliert, die wir nicht zwingend beweisen können: Es gibt Grundgedanken wie den der „natura operans", der schaffenden Natur, die der gemeine Mann mit dem Gelehrten teilen konnte, Gedanken, die im Erfahrungsraum des einen und im Gedankenraum des anderen verschiedene Konsequenzen hatten, aber dennoch Teil eines allgemeinen Naturbewußtseins sind.

Selbst wenn im Mittelalter ein Äquivalent für den Begriff „Umwelt“ bekannt gewesen wäre, hätte man das nicht im heutigen anthropozentrisch definierten Sinne verstanden. Ein solches Verständnis wäre für die arbeitenden Menschen, wie im folgenden immer wieder sichtbar werden wird, von ihrem Handeln her gar nicht möglich gewesen; auch den Gelehrten galt der Mensch keineswegs als die zentrale, geschweige denn eigenständige Größe innerhalb der Natur. Er ist für einen der Väter der europäischen Universität, für Petrus Abaelardus, Bestandteil des materiellen Kosmos; denn „homo“ leite sich von „humus“, dem Boden, ab: „homo de humo nominatus est.“ Mit seiner Sterblichkeit ist der Mensch Teil des Bodens, der Natur.[21] Er ist nach Abaelard ein sinnbegabtes sterbliches Tier, ein „animal rationale mortale“, wobei der Gelehrte postulierte, daß zunächst der Körper geschaffen wurde und diesem dann die Gestalt der Sinnhaftigkeit, die zugleich die Sterblichkeit umschließt, die „forma rationalitatis vel mortalitatis“, gegeben worden sei.[22] Diese Gleichsetzung belegt, daß der große Denker „rationalitas“ nicht als „Vernunft“ oder Verstandeskraft, sondern als Gesamtheit der Sinne seiner Anthropologie zugrunde gelegt hat. Gleichermaßen sind Menschen und Tiere (auch der Mensch erscheint bei Abaelard als „animal“) Teil sowohl eines Schöpfungsaktes als auch der Vervollkommnung durch Evolution. Das faßt Abaelard in die Begriffe der „consummatio“ und „perfectio“.[23] Diese „Sammlung“ aber und ihre „Vervollkommnung“ gehen gleichermaßen auf Gott zurück, der die Elemente geschaffen („creavit“) und ihre Anordnung („dispositio elementorum“) zum Kosmos gestaltet hat („formavit“).[24]

Der große Zulauf zu Abaelard als Lehrer scheint uns unter anderem auch darin begründet zu sein, daß er formulieren konnte, was viele nur fühlten, daß er die Stellung des Menschen in der belebten Natur und damit innerhalb des Kosmos in einer die Mitwelt zutiefst beeindruckenden Weise zu deuten wußte. Dies war nicht nur bei vielen seiner Zeitgenossen konsensfähig, sondern wirkte lange nach. Wir brauchen nur auf Martin Luther zu verweisen, für den es selbstverständlich ist, daß der Mensch nur ein Lebewesen unter allen anderen ist und daß seine Sprachfähigkeit ihm von Gott – durchaus im Sinne der Abaelardschen „consummatio" und „perfectio" – gegeben ist.[25] (Natürlich hat Luther nicht mehr Abaelard gelesen, aber die von diesem entwickelten Gedanken hat er mit dem spätmittelalterlichen Nominalismus rezipiert.)

Wir vertiefen nicht weiter, daß Abaelard an einer Diskussion unter Gelehrten des frühen 12. Jahrhunderts teilnahm, welche um die „natura operans" kreiste,[26] um jene Energie, die Pflanzen und Lebewesen hervorbringt;[27] unsere Fragestellung ist viel schlichter: Ist der Philosoph, der Anthropologie als Teil der Kosmologie verstand, gedanklich sehr weit von seinen einfachen Zeitgenossen entfernt, denen es schon von den Bedingungen ihres Überlebens her unsinnig erscheinen mußte, einen Gegensatz von Mensch und Natur zu konstatieren, von Zeitgenossen, die auch ohne gelehrte Etymologie und Interpretation den Zusammenhang von „humus" und „homo" kannten? Diese Frage ist nicht deswegen falsch gestellt, weil sie im Grunde unbeantwortbar ist, denn es liegt zumindest nahe, daß jene Menschen, die sich vor der Schöpferkraft von Sonne und Erde verneigten,[28] den gelehrten Gedanken von der „natura operans", der modernen Auffassungen eines „schöpferischen Universums" verwandt ist,[29] nachvollziehen konnten.

Die ersten Erfahrungen einer Veränderung der Umwelt: Der Verlust der Wildnis

Mittelalterliches Umweltbewußtsein kann nicht nach heutigen Vorstellungen segmentiert werden. Umwelt – das ist dem Mittelalter der eigene Lebensraum ebenso wie die gesamte Welt. Insofern sind die hochmittelalterlichen Weltkarten, für die hier nur als Beispiel die Ebstorfer Weltkarte gewählt sei, über die Weltdarstellung zugleich Umweltdeutung.[30] Aus dem engen Korsett einer kartographischen Frühgeschichte befreit, erweisen sich diese Karten als eine mentalitätsgeschichtlich höchst aufschlußreiche Quelle: Der Raum der christlichen Ökumene wird mit Bauwerken, jener der heidnischen Wildnis mit Wesen, die zwar Menschen sind, aber wie die Einfüßler ganz anders aussehen, und vor allem mit wunderlichen Tieren markiert. Dahinter steht eine grundsätzliche Aussage. Die Ökumene ist der vertraute Bereich, außerhalb deren sich das „Andere" ausdehnt. Die Ebstorfer Weltkarte verlegt die unbekannte Natur in den Raum außerhalb der christlichen Welt. Mentalität bereits des frühen 14. Jahrhunderts.[31] Das Unbekannte ist nicht mehr wie in früheren Zeiten im benachbarten Raum gegenwärtig. Hier gibt es jetzt keine Wildnis mehr.

Nur wenige hatten Gelegenheit, die Ebstorfer Weltkarte zu sehen. Aber eine ihrer Aussagen, die Verlegung der Wildnis außerhalb der christlichen Ökumene zitierte nicht nur die alte Metapher von Heidentum als unkultivierter Wildnis, sondern entsprach allgemeineren Auffassungen. Wald und Wildnis konnten im frühen Mittelalter gleichgesetzt werden, waren Gleichnis auch für Bedrohung und Unheil, bedeuteten nicht nur Unwegsamkeit, sondern auch Menschenferne. Der Landesausbau, die Rodung sollte nicht allein die Umwelt, sondern auch die Mentalität verändern. Der Verlust der Wildnis wird langsam den Menschen bewußt. Wildnis, das ist nach der Epoche der Binnenkolonisation nicht mehr Raum der unmittelbaren Herausforderung, ist weder das zu kultivierende „Unland" noch die Bewährungslandschaft des Adels. Die Wildnis gibt es kaum mehr. Sie ist im Spätmittelalter das Verlorene, die fremd gewordene einstige Umwelt.

Noch dem hohen Mittelalter war die Wildnis gegenwärtig gewesen. Deshalb standen für den Sachsenspiegel die wilden Tiere

Die Wildnis hat sich ins Gebirge zurückgezogen. Der große Baum steht als ihr letzter Zeuge in der Ebene vor einem eingezäunten Garten *(Wolfgang Huber, Landschaft mit großem Baum, 1528).*

mit Ausnahme von Bären und Wölfen unter dem Rechtsschutz des Friedens: „den wilden tiren [is] vride geworcht ... ane bern und wolven".[32] Als Eike von Repgow um 1220 diese Sätze schrieb, wurden in Mitteldeutschland noch Elch, Ur und Wisent gejagt,[33] beunruhigten Wölfe immer noch Weiler und Dörfer. Aber seit dem Spätmittelalter gab es nur noch wenige Regionen, in denen diese wilden Tiere den Menschen vertraut geblieben waren.[34] In der Soester Börde konnten 1486 Wildschweine gefangen werden,[35] Wolfsjagden wurden im spätmittelalterlichen Bern angeordnet,[36] die Stühlinger Bauern müssen noch 1525 Bären jagen (wobei die Herrschaft den Anspruch auf die rechte Bärentatze hat).[37] Länger als der Bär konnte der Wolf, der zum Wald des Früh- und Hochmittelalters gehört hatte,[38] Rückzugsgebiete in deutschen Landen behaupten. Großangelegte

Wolfsjagden, zu denen der Amtmann alle Bauern aufbot, gab es noch bis tief ins 17. Jahrhundert hinein.[39]

Den engen sachlichen Zusammenhang von „wald“ und „wild“, den auch die Sprachgeschichte bezeugt, hatten hochmittelalterliche Rodungen und Landesausbau aufgelöst. Die Wildnis verlor ihre drohende Alltäglichkeit, sie gehörte nicht mehr unmittelbar zur Lebenswelt. Dieser Wandel hatte mentalitätsgeschichtliche Folgen, die wir ausnahmsweise sozialständisch differenzieren können. Für Bauern und Niederadelige im sächsischen Rechtsbereich war das Ausmaß der Umgestaltung der Welt durch die Rodung noch nicht zu erkennen, wie etwa die zitierte Stelle aus dem Sachsenspiegel Eikes von Repgow zeigt; zu erkennen war sie aber für die Hochadeligen, welche die Rodung lenkten und zugleich die höfische Dichtung begönnerten. Deshalb sind die frühesten mentalitätsgeschichtlichen Zeugnisse für den Wandel der Umwelt in der höfischen Literatur zu finden; denn deren Fiktionalität konnte sich nur innerhalb der Wahrnehmungshorizonte ihres Publikums und vor allem ihrer Gönner entfalten. Wenn die Literatur um 1200 den „wilden Wald“ in ihr szenisches Repertoire aufnimmt, so ist die „wilde“ Gegenbegriff zur „werlt“, sie ist „ungeheuer“ im Gegensatz zur „geheuren“ Welt.[40] Deshalb spiegelt sich der Irrsinn Iweins in seiner Flucht in die Wildnis.[41] Aber nicht in diesem Zusammenhang von verwilderter Psyche und verwilderter Natur – ein Zusammenhang, der bis zum Don Quichotte für den Ritterroman unverzichtbar ist – wird die „wilde“ der Gegensatz zur „werlt“. Wir folgen Klaus Düwel: „Die ‚wilde‘ ist der ideale Bereich der ritterlichen ‚aventiure‘; in ihn treten die Glanzgestalten des Artuskreises zu höchster Bewährung ein. Fern von der humanen Zone friedlicher Feldarbeit, gesicherter Wege und Wohnstätten begegnet hier der reine Held Ungeheuern und Riesen, schönen feinen ‚Feen‘ und dem großen Feind, dem angemessenen Haßpartner, im entscheidenden Zweikampf.“[42]

Inszenierung: Die Wildnis ist dazu da, daß sich adelige Herren in ihr behaupten;[43] denn nur diese suchen dem höfischen Roman zufolge diesen kulturfernen Raum auf. Standesdünkel. Während Bauern in mühsamster Rodungsarbeit aus der „terra inculta", aus dem „Unland" das Land, das Kulturland schaffen, träumt man in der höfischen Gesellschaft von der „ungeheuren" Wildnis als Bewährungslandschaft. Bäuerliche Arbeit ist gemeinschaftsgebunden, adelige Bewährung aber individuell.

Die Inszenierung der Wildnis gehört nicht allein zur höfischen Literatur, sondern zu „curialitas" allgemein; sie findet sich auch in Burgennamen,[44] etwa Wildenburg im Odenwald, Wildenstein bei Sigmaringen, Wildenberg in Graubünden. Problemlos verbinden sich diese stolz nach außen gekehrten Benennungen mit den Erfahrungen der Kreuzzüge; denn Heidentum und „terra inculta" sind gleichermaßen Herausforderungen. Zur gleichen Zeit wie der Wildenstein entstehen auch Burgen, die Namen wie Löwenstein oder Helfenstein („Elefantenstein") tragen. Solche Namen gehören zu einer Burgenwelt an Rhein und Donau, in der, wie allgemein in den Altsiedellandschaften, die Jagd nur noch eine geringe Bedeutung für die Ernährung (aber nicht für das Standesdenken) der Burgbewohner hatte.[45] Im Gegensatz zu den von intensiver Rodungstätigkeit gestalteten Landschaften sind die Burgennamen des gleichen hohen Mittelalters in Sachsen, Schlesien, Polen und Böhmen nüchtern, kennen nicht den Romantizismus des Wilden; denn sie gehören zu einer Welt, in der Elch, Ur, Wisent und Bär noch häufig gejagtes Wild sind.[46]

Erneut nehmen wir Zuflucht zu unserer vereinfachenden Periodisierung, die – in gewiß sehr schlichter Weise – dem vom Adel geprägten Hochmittelalter ein städtisch gestaltetes Spätmittelalter folgen läßt. Die zitierten hochmittelalterlichen Inszenierungen erwachsen aus einer den Großvätern oder vielleicht noch den Vätern vertrauten Nähe zur Wildnis; diese aber war dem spätmittelalterlichen Stadtbürger vollends eine vergangene Wirklichkeit geworden. Daran änderte natürlich nichts, daß das Glas der Butzenscheiben aus Glashütten stammte, die nur im tiefsten Waldesdickicht, an dem niemand sonst ein Nutzungsinteresse hatte, produzieren durften. Nur einen Anteil von weniger als einem Prozent haben Knochen von Wildtieren an den archäologisch geborgenen städtischen Tierknochenfunden.[47]

Zur erwachenden urbanen Zivilisation gehört das Bewußtsein vom Verlust der Wildnis. Von Kompensation zeugen Häusernamen und die bisweilen von diesen Häusern abgeleiteten Familiennamen. Eine Gestalt wird hier beschworen, welche die Stadt zwar nicht geschaffen, aber so häufig zitiert hat, daß sie als spezifischer Ausdruck urbaner Mentalität gelten kann: der wilde Mann (seltener: die wilde Frau), ein nackter Mensch, der seine Blöße mit einem Schurz aus Laub bedeckt.[48] Nur noch der Gasthausname „Zum wilden Mann" erinnert heute an das einstmals wohl häufigste Bildmotiv beim äußeren und (auf Wirkteppichen) beim inneren Schmuck von Häusern der Wohlhabenden.[49] Als Wappenfiguren und Wappenhalter,[50] in Lüneburg sogar als Halter des Stadtwappens[51] können wilde Männer auftreten; auf Wandteppichen auch in Begleitung von wilden Frauen.[52] All das ist Ausdruck für ein Naturempfinden, in dem sich die Erinnerung an die verlorene Wildnis in nostalgische, ja sogar obsessive Träume verwandeln konnte.

Verschwiegene Hoffnungen auf Ungebundenheit fanden, vordergründig harmlos, in dem wilden Mann und der wilden Frau ihre Personifizierung, Gegenstand des Fastnachtsbrauchtums. Eine Fastnachtsgilde in Basel gab sich den Namen „Zum Wilden Mann".[53] Aber – ein Hinweis zur noch ungeschriebenen Geschichte der mittelalterlichen Sensibilität – unterdrückte Hoffnungen wurden lebensorientierend als vergangene Wirklichkeit zitiert und zugleich in ihrer individuellen psychischen Gefährdung im Gemeinschaftserlebnis ausgespielt. Kein Brauchtum, sondern

Therapie. Im Elsaß wurde alljährlich zur Fastnacht ein entsprechend verkleidetes „wildes Weib“ (von einem Mann dargestellt) unter Rutenschlägen von Geispoltsheim ins Straßburger Münster getrieben.[54]

Schmerzhafte Erinnerungen an den Verlust von Wildnis mochten die Menschen in den Faschingstagen kompensieren. Aber solche Erinnerungen wurden auch außerhalb dieser Zeit geweckt, auf den Jahrmärkten. Aus der Masse der Schausteller, der Spielleute, die mit einem Affen, meist einer Meerkatze, herumziehen, den armen Schluckern, die mit dressierten Hunden kleine Gaben sammeln, seien die Bärenführer ausgewählt.[55] Seit karolingischer Zeit begegnen sie. Jedoch was damals ein Dressurakt gewesen war, der als gebändigt vorführte, was ansonsten als Drohung aus der noch gegenwärtigen Wildnis gefürchtet blieb, wird in spätmittelalterlichen Städten aus anderen Gründen zur Sehenswürdigkeit. Bären sind aus den deutschen Wäldern verschwunden. Die Erinnerung an sie frischen die ungarischen oder polnischen Bärenführer auf, etwa wenn „Sarmaten“ (Polen) in Leipzig diese Tiere tanzen lassen, wenn Ungarn die Kosten ihrer Wallfahrt nach Aachen durch solche Vorführungen finanzieren. Anfänge des Zirkus: Als 1531 Jörg Bräu d. Ä. den Augsburger Perlach im Winter darstellt, fehlt nicht der Bärenzwinger im Hintergrund.[56]

Die Gestalt des wilden Mannes bezeugt, daß der Verlust der Wildnis die Anfänge eines Bewußtseins vom Wandel der Umwelt entstehen ließ, erste Vorboten der modernen Zivilisationskritik nach Maßgabe der ungezähmten und damit erst „natürlichen“ Natur; die Fiktion des wilden Mannes und die Realität des wilden Tieres, das auf dem Jahrmarkt zur Schau gestellt wurde, sind Vorboten einer aktuellen Problematik, die Artenschutz mit Naturschutz verwechselt. Isolierter Artenschutz ohne Berücksichtigung der ökologischen Zusammenhänge – der Reiher hat ebenso ein Lebensrecht wie der Fischer – heißt nichts anderes als Muse-

Eines der seltenen Beispiele, in denen der „wilde Mann" noch Wildnis als Drohung repräsentiert. Aber er bleibt trotz seines Äußeren als Mensch erkennbar: Bedrohung der Zivilisation durch den Menschen *(Leuchterfigur, Deutschland, Ende 15. Jh.).*

alisierung der Natur. Was noch im Spätmittelalter als Wildnis, als verlorene Umwelt beklagt wird, kondensiert sich heute im Schutz der Otter oder der Trappen. Die grundsätzliche Frage, wie sich der Mensch in die Natur einordnet, erhebt sich über die Zeiten hinweg. Daß Ideologien selbst in ihrer Kümmergestalt der „political correctness" Betonierungen blühender geistiger Landschaften sind, zeigt sich im aufwendigen Schutz einzelner Tierarten. Unsere mittelalterlichen Vorfahren hätten sicherlich gegen deren Schutz nichts einzuwenden gehabt, aber sie hätten fassungslos gefragt, welches Recht wir Heutigen uns nehmen, jene Rinder zu keulen, die nichts anderes getan haben, als das ihnen von der Mitkreatur Mensch gereichte Futter zu fressen.

Die Natur: Gottes Zeichensetzung oder von ihm verhängtes Schicksal. Gelehrte Deutung und populäre Erfahrung

Die Verlusterfahrung der Wildnis hatte sich nicht in gelehrten Texten, sondern in den Relikten des Alltags gespiegelt. Dennoch lassen wir uns nicht auf den Weg locken, die gelehrten Deutungen der Natur als irrelevant für das allgemeine Bewußtsein beiseite zu legen. Alte Erfahrungsweisheit läßt uns nach einem mittleren Weg zwischen mentalitätsgeschichtlicher Überschätzung und Unterschätzung gelehrter Aussagen suchen.

Daß die Welt Gottes Schöpfung ist, war im Mittelalter unbestritten. Eine Schöpfung aber bedurfte der Regeln. In diesem Sinne verstanden die Menschen ihre Umwelt als Gottes Zeichensetzung. Gott argumentierte mit der Natur. Am Vorabend des Sachsenaufstands gegen Heinrich IV. (1073) sah ein Geistlicher auf den Magdeburger Wiesen die Raben so heftig miteinander kämpfen, daß er dies nur als Zeichen kommenden Unheils deuten konnte.[57] Zeichensetzung. Für den von wucherndem Unkraut, von Raupenplage und Mäusefraß bedrohten Bauern hatte diese Qualen und Mühen verursachende Zeichensetzung eine andere Konsequenz als für den spekulierenden Gelehrten. Das heißt aber noch lange nicht, daß der gemeine Mann nicht begierig gewesen wäre zu hören, was an gelehrten Deutungen der im Alltag so widerspenstigen Natur zu ihm dringt. Wie bei so vielen mit der quellenarmen Alltagsgeschichte verflochtenen geistes- und mentalitätsgeschichtlichen Fragen sind auch hier nur Vermutungen möglich, Vermutungen, die an die über Land ziehenden fahrenden Schüler anknüpfen, die den Bauern für eine milde Gabe wohl nicht nur fromme Lieder vorgesungen haben werden.[58]

Die Natur als Gegenstand gelehrter Spekulation. Hinter der Natursymbolik, die manche, aber durchaus nicht alle Intellektuelle im Mittelalter liebten, steht als Kontroversen überwölbende, als allgemein geteilte Überzeugung, daß die Umwelt eine „creatio Dei“ sei. Von dieser gemeinsamen Grundlage aus fächern sich die weiterführenden Spekulationen auf. Natur ist eine göttliche Konstruktion, ein „artificium“,[59] was bei manchen Denkern zu einer Geometrisierbarkeit der Welt führt.[60] Das wird den gemeinen Mann kaum überzeugt haben. Aber: Nicht nur in Gelehrtenkreisen, sondern auch im Volk ist der verbreitetste Gedanke, daß in der Umwelt die „significatio“ und „allegoria“ göttlichen Willens zu finden sind.[61] Deshalb kann die „creatio Dei“, die Schöpfung, als Stellvertreterin Gottes gedeutet werden,[62] deshalb kann in dem unter der Autorität einer angeblich aristotelischen Schrift weitverbreiteten „Secretum secretorum“ die Gerechtigkeit als göttliches Ordnungsprinzip der Natur erscheinen.[63] Eine, wie nicht nur der Sachsenspiegel zeigt, allgemeine Überzeugung.

Der Gedanke von der Schöpfung als Stellvertreterin Gottes liegt der wirkungsmächtigen Personifikation der Natur, ja sogar der „Göttin Natura“ zugrunde. Nicht archaischheidnische Mythen, sondern rationale Theologie und Philosophie lassen diese Personifikation entstehen.[64] Die Gestaltung der „Göttin Natura“, die sogar die hl. Maria auf ihrem Schoß halten kann,[65] ist ein intellektueller Versuch, die Schwierigkeiten der Definition in einem Bild aufzuheben. Diese Göttin, so wollen es Gelehrte schon des 12. Jahrhunderts wissen, nährt die Wissenschaft, weil diese die Vernunft nährt.[66]

Die Schöpfung als Stellvertreterin Gottes, „Göttin Natura“: Daß erst im 12. Jahrhundert Gelehrte die Natur „entdeckten“, erscheint mir nicht so sicher wie der wissenschaftliche Konsens unterstellt.[67] Mit dem 12. Jahrhundert war durch das Aufkommen der Kathedralschulen und der frühen Universitäten erst die Grundlage geschaffen worden, daß philosophische Texte verbreitet und überhaupt in einer nicht mehr von Mönchen, sondern von Weltgeistlichen dominierten Gelehrtenwelt überliefert werden konnten. (Wieviel ist selbst noch im 12. Jahrhundert von Schriften des hoch angesehenen Petrus Abaelardus verlorengegangen?) Wir können nur beiläufig auf Arno Borsts grundlegende Erkenntnisse zur frühmittelalterlichen Naturwissenschaft verweisen. Diese baute mehr auf antiken als auf arabischen Grundlagen auf und eignete sich die Informationen des Plinius eklektisch, korrigierend, ergänzend, aber stets im Bemühen um eine Deutung von Gottes Schöpfungsplan gemäß einem „Buch der Natur" an.[68]

Die Gelehrten des 12. Jahrhunderts hatten das, was ihnen von der mönchischen Gelehrsamkeit des Frühmittelalters bekannt war, weiterentwickelt und vor allem in weiten Kreisen des adeligen Weltklerus bekannt machen können. Ein Seitenblick auf den Alltag: Die schwierige Herstellung von Pergament-Codices in frühmittelalterlichen Klöstern war Gottesdienst; die Herstellung solcher Codices in Paris, Bologna und Oxford war, von Laien betrieben, ein Gewerbe.[69] Jetzt erst ist möglich, was wir „Popularität" der mittelalterlichen Wissenschaften nannten. Unsere heutige Redensart von der „Natur der Sache" geht auf Gedanken zurück, die im 12. Jahrhundert verbreitet wurden. Schon für Adelard von Bath bezeichnete „natura" das Wesen („essentia") einer Sache,[70] und die schaffende Natur („natura agens") war ihm nichts anderes als die Seele.[71]

Was zunächst in kleinen Zirkeln der Wissenden diskutiert wurde, ist intellektuelles Bemühen, die Natur der Natur zu entschlüsseln, die göttliche Zeichensetzung (also keine göttliche Handschrift, wie sie frühneuzeitliche Liederdichter besangen) zu beschreiben. Das hieß: Die Natur ist zu enträtseln, nicht nur zu erdulden. Dieser Gedanke, der, von den Lösungen abgesehen, schon allein durch sein grundsätzliches Fragen bedeutsam ist, hat neben seinen wissenschaftlichen auch sozialgeschichtliche Folgen; denn er dringt genauso wie die sogenannten Bauernregeln ins Volk. Daß den Pflanzen ein religiöser Zeichenwert inneliegt,[72] wird bei diesem Rezeptionsprozeß pragmatisch ausgedeutet. Wenn zum Beispiel Melisse und Sauerklee herzförmige Blätter besitzen, so ist dies göttliche Vorsehung, weil diese Kräuter gegen Herzkrankheiten helfen[73] (dieser Gedanke führte schließlich zu einer durchaus empirisch begründeten Drogenkunde).[74]

Um zur Aussage, daß die Natur ein Kunstwerk Gottes sei, seine gewissermaßen persönliche Signatur darstelle, zurückzukehren, so wurzelt diese Aussage, die bei allen gelehrtentypischen Variationen doch einen ungefähren wissenschaftlichen Konsens darstellt, in einem allgemeinen Bewußtsein, wie einige Hinweise belegen mögen. Die Natur ist beseelt – und das in einem ganz ursprünglich verstandenen Sinne.[75] In einer Heiligenvita des 10. Jahrhunderts wird berichtet, wie der Heilige und sein Freund vom Rheinfall bei Schaffhausen fasziniert sind, „mit Staunen den erschreckenden Anblick der herabstürzenden Wassermassen bewundern".[76] Zwei Vögel, die unaufhörlich herumflattern und schließlich, erschöpft, von den Wassermassen weggerissen werden, halten die Freunde für zwei noch nicht geläuterte Seelen; erschüttert lassen sie für diese eine Messe lesen.[77] Ein Einzelfall oder ein einzelner Einblick in ansonsten verborgene Mentalitäten? Die riesigen Schneeaugen auf der Schreckhornfirste in Grindelwald hießen im Volk „arme Seelen" – verbannt ins Gletschereis.[78] (Um der Versuchung vorzubeugen, mentalitätsgeschichtliche Befunde zu archaisieren: Die beseelte Natur, in die unerlöste Seelen gebannt werden können, unterscheidet sich von jener nordgermanischen Vorstellungswelt, nach der sich die Valkyrjen, die weiblichen Totenseelen, die bei Saxo Grammaticus zu „nymphae silvestres" domestiziert werden, auf die Krieger stürzen.)[79]

An die Zeichensprache der beseelten Natur glaubten noch im ausgehenden Mittelalter die Menschen, auch wenn sie aus Erfahrung nicht die Meinung des Verfassers der „Reformatio Sigismundi" teilten: „Sunde verunreinigen das ertrich. Nem man sein war! das ein totsunder speyet von seinem munde auff ein grün ertrich, ... das dorret und verleuset sein grün." (Ich kann mir die Feststellung nicht verkneifen, die sich angesichts spuckender Fußballer aufdrängt: Diese kennen offenbar die „Reformatio Sigismundi" und beweisen, weil der Rasenplatz noch bespielbar bleibt, daß Foulspiel und Elfmeterschinden zwar verwerflich, aber keine Todsünden sind.)[80]

Die Beseelung der Natur war Ausgangspunkt der Alchemie.[81] So kann ein spätmittelalterlicher, erst 1590 gedruckter alchemistischer Text verkünden: „Deshalben so sprich ich, das die Metallen und Stein gleich so wol als die Wurtzen, Kreuter und andere Frücht, ein Leben in ihnen haben."[82] Das ist die populäre Variante dieser Wissenschaft. Die Spekulation der Meister geht noch weiter: Die Quinta Essentia ist – Quintessenz – das Prinzip, von dem alles sich herleitet. (Die Urknall-Theorie wurzelt tief in der europäischen Geistesgeschichte.) Erst von der Quintessenz her erscheint den Alchemisten die Entschlüsselung der beseelten Natur möglich. Nach ihrer Vorstellung, die sich auch in unserem Beispielzitat niederschlug, soll die Seele als Personifikation des Unbewußten sogar den anorganischen Gegenständen innewohnen.[83] Das alles ist Weiterführung durch die Spätantike vermittelter hellenistischer Traditionen; die Alchemie konnte in ihrer spezifisch mittelalterlichen Erscheinung als Gottsuche (nicht in ihrer Degenerationsform als Goldsuche) aus dem Naturverständnis der Zeit weite Verbreitung und großes Ansehen gewinnen.[84]

Wann aber kann spekulative Gottsuche überhaupt in handfeste Goldsuche umschlagen?[85] Der alltagsgeschichtliche Ansatz in seiner realienkundlichen Perspektive feiert in der Beantwortung dieser Frage seine Rechtfertigung: Erst als am Ende des 15. Jahrhunderts die technischen Komponenten des Destillationsverfahrens beherrscht wurden – der Anlaß war natürlich die Produktion von „gebrannten Wässerchen" –, waren die Voraussetzungen für eine Technologie der Wiederholbarkeit chemischer Prozesse geschaffen, die aus der gedankenreichen Spekulation die Hoffnung auf das erfolgversprechende Geschäft erwachsen ließ.

Das, was wir mit dem zunächst befremdenden Schlagwort „Popularität" als eine Signatur mittelalterlicher Wissenschaften bezeichnet haben, wird an den Beispielen der Bauernregeln und der Alchemie konkreter. Diese Beispiele weisen, wenn wir das Bild einer überzeitlichen Tektonik der Wissenschaftsgestaltung bemühen, im ersten Fall auf die Rezeptionsschicht und im zweiten Fall auf die Tiefenschicht der Wissenschaft; die Wissenschaft kennt aber auch zu allen Zeiten eine Oberfläche. Und auch bei dieser Schicht ist zu fragen, wie „populär" sie sein konnte.

Es fällt nicht schwer, massenweise Belege dafür zu finden, daß mittelalterliche Gelehrte die Natur nicht durch Beobachtung, sondern anhand der Bibellexika[86] oder von gelehrten Prämissen, wenn nicht gar von intellektuellen Spielereien her zu entschlüsseln versuchten. Die wuchernde Physiologus-Rezeption ist überreich an Beispielen. Die intellektuelle Naturdeutung im Sinne einer Signaturenlehre kann bereits im späten Mittelalter in ironisierender Brechung zitiert werden. Ein kurialer Pfründenjäger, den im Verdener Land niemand als Bischof sehen wollte, läßt um 1400 seinen Unmut darüber an der Landschaft dieses Bistums aus. Der trostlose Anblick der Lüneburger Heide ist für Dietrich von Nieheim nur ein Beleg für den Spruch des Jeremias, alles Übel komme vom Norden; hier, unter der Heide, müßten der feurige Fluß Phlegeton und der giftige Styx fließen, in denen Furien baden, denn überall gebe es ja in dieser Gegend mischfarbene Gewässer.[87] Das ironische Spiel des Dietrich von Nieheim mit gelehrten Allegorien läßt vermuten, daß diese nicht für ein mittelalterliches „Weltbild" konstitutiv sind, sondern in ihrer konventionellen Oberflächlichkeit erkennbar waren.

Der gemeine Mann konnte die symbolisierende Naturdeutung der Gelehrten kaum aus schriftlichen Texten erfahren, wohl aber jenen Bauwerken ablesen, die als regionale Sensationen schon wegen ihrer hohen Turmstümpfe weithin Aufsehen erregten. Im Unterschied zu den heiligen Hainen des frühen Mittelalters wird in den Kirchenbauten der Christenheit der heilige Raum nicht in der Umwelt gesucht, sondern diese wird in den heiligen Raum einbezogen; denn ihre „significatio" muß auch im Gotteshaus dem Menschen bewußtgemacht werden. In immer stärkerem Maße werden seit der Romanik Fauna und Flora als Schmuck von Fassaden und Kapitellen zitiert. Fauna: Die Symboltiere des „Physiologus" gehören zur mittelalterlichen Bauplastik.[88] Flora: Der gotische Kirchenbau ist auch ein versteinertes Herbarium. Aber ist es nur Symbolsprache,[89] wenn die antikisierenden Formelemente, wenn das noch in romanischen Kapitellen verwendete „Acanthus-mollis-Laub" mit dem Beginn des 13. Jahrhunderts naturalistischen Pflanzendarstellungen weicht? Das dient zum Beispiel im Ostchor des Kölner Doms keinem irgendwie gearteten theologischen Programm, sondern der reinen Freude an dekorierender Verzierung. Weit entfernt von einem Naturalismus lassen sich Bildhauer von der Ästhetik eines Blattes leiten und lösen dieses aus der Gesamtgestalt einer Pflanze heraus.[90] Damit stellt sich die letztlich unbeantwortbare Grundsatzfrage: Hat man in der Rose nur immer das Symbol der Gottesmutter gesehen, sind die steinernen Herbarien der Dom- und Kirchenfassaden nur ikonographisch auflösbare Bildprogramme? Wir bestreiten gar nicht den methodisch richtigen Ansatz zur Entschlüsselung des von gelehrten Domherren vorgegebenen Bauprogramms, wir stellen nur die Frage, ob hiermit der ganze Umfang der Wahrnehmungen, etwa die der Steinmetzen, auszumessen ist. Können Menschen in der Rose nicht auch einfach die schöne Blume gesehen, können sie nicht in den fremden Tieren der Bauplastik die Vielfalt von Gottes Schöpfung bestaunt haben? Die strengen Zisterzienser hätten an ihren Kirchen die Tierornamentik gewiß nicht abgelehnt,[91] wenn diese nur frommen Zwecken gedient hätte.

An den Domen fanden im Mittelalter viele ihre unterhaltende Lektüre, wobei „Unterhaltung" einen viel weiteren Sinn als heute hat. Was damals als Verfremdung der Natur neu zu „lesen" war, war wie so viele Nachrichten der Zeit mehrdeutig, stand noch nicht unter den Zwängen einer selbsternannten Informationsgesellschaft, in der die Fülle der Nachrichten zur Eindeutigkeit zwingt, um das zeitaufwendige Nachdenken zu ersparen. Von der plastischen zur literarischen Information. Auch im Mittelalter stehen Autoren vor dem Zwang, sich vorgegebenen wissenschaftlichen Konventionen anzupassen und diese nur innerhalb des gesetzten Autoritätsrahmens zu variieren.

Bisher hatten wir nur die Frage gestellt, wieweit die Ansichten der Gelehrten mit denen des gemeinen Mannes in Einklang zu bringen seien. Wir müssen die Frage aber auch umgekehrt stellen: Wieweit ist der Gelehrte nicht ebenso wie jeder Mensch von seiner Umwelt abhängig? Leider hat das Mittelalter diese Frage bejaht und die Antwort für so selbstverständlich gehalten, daß sie diese nicht überliefert hat. In das voruniversitäre Zeitalter müssen wir zurückgehen, um die Trivialität belegen zu können, daß auch der Gelehrte die Natur ebenso liebte wie jedermann. Ein Mönch mußte gleichermaßen anerkannt und unabhängig sein, um wie Walahfrid Strabo im frühen 9. Jahrhundert sein persönliches Empfinden für die Schönheiten der Umwelt für mitteilenswert zu halten.[92] Was alle empfanden, brauchte normalerweise nicht auf dem kostbaren Pergament niedergelegt zu werden. Aber dem vom Kaiserhaus geförderten Mitbruder mochte kein Mönch das geforderte teure Pergament verweigern, auf dem so verstörende Verse standen, die nicht, wie es sich geziemte, die Religiosität kunstvoll verzierten, sondern ein elementares Gefühl gestalteten: Heimweh. In kunstvollen lateinischen Versen – und nur deren „Wissenschaft“ implizierende Kunst sichert ihre Überlieferung – hatte im Kloster Fulda Walahfrid sein Heimweh nach der Reichenau beschrieben, jede Strophe mit dem Stoßseufzer abschließend: „Augia felix“. Die blühende Natur, die angenehme Luft, das milde Klima, die auf der Bodenseeinsel herrschen, fehlen ihm in der rauhen Welt der Buchonia. Die formale Meisterschaft lateinischer Verse umhüllt jenseits aller philologischen Ausdeutungen – Heimweh, Sehnsucht.

Walahfrids Beschreibung der Naturschönheiten am Bodensee bildet wegen ihres biographischen Hintergrunds eine der Ausnahmen unter den vielen Landschaftsschilderungen, die literarischen Topoi, etwa denen der unwegsamen Wildnis oder des amoenen Ortes verpflichtet sind. Wo zum Beispiel die Wildnis erst durch die Anwesenheit von Asketen schön wird, ist diese Schönheit weder ästhetisch noch naturbewußt; denn der fromme Mensch steht im Mittelpunkt; ihm muß die Landschaft entsprechen wie zum Beispiel bei jenem Einsiedler, den eine Vita des 9. Jahrhunderts als Menschen beschreibt, der „die wüsten Öden der Wälder zwischen den wolkentragenden Berggipfeln aufsuchte, wie sie für die Eremiten passen“.[93]

Mittelalterliche Landschaftsschilderungen:[94] Topoi dienen zumeist als ein literarischer Goldhintergrund dazu, heiligen oder vorbildlichen Lebenswandel hervorzuheben. Aber es gibt aufschlußreiche Ausnahmen. Bisweilen will ein Autor nur die Umstände einer Begebenheit möglichst detailliert darstellen. Und dabei wird erkennbar, wie selbstverständlich unterhalb literarischer Konventionen das Bewußtsein für Naturschönheiten gewesen ist. Als zum Beispiel Poppo von Stablo durch göttliche Fügung vor einem Wolf gerettet wurde, wird beiläufig erwähnt, daß sich der Heilige „an einem Orte, den seine anmutige Schönheit empfahl, zum Einnehmen des Mahles aufhielt“.[95] Daß bei der

Ortswahl einer Klostergründung die schöne Umgebung den Ausschlag geben konnte, bezeugen zahlreiche Gründungsgeschichten des 10. und 11. Jahrhunderts.[96] Naturschönheiten haben insbesondere Menschen zu genießen gelernt, welche die Strapazen weiter Wege und damit auch vielfache Unbilden, ja sogar Schrecken der Umwelt ertragen mußten. So berichtet ein Teilnehmer des dritten Kreuzzuges über eine Landschaft in Thrazien: „Von der Anmut dieser Gegend waren wir alle bezaubert und beschlossen daher, an diesem Tage zu rasten.“[97] Es ist der gruppendynamische Zwang in einem Kreuzfahrerheer zu vergegenwärtigen, um zu verstehen: Diese Rast ist nicht erzwungen durch das Bedürfnis nach Ruhe angesichts der Mühen und Qualen des Landwegs. Die schöne Natur gibt eine Einladung, der die Kreuzfahrer folgen – haben solche Menschen in den Landschaftsschilderungen der höfischen Epen nur die literarische Anwendung des Topos vom amoenen Ort bewundert?

Das Empfinden der Schönheit der Natur zeigt sich auch in der Freude an einzelnen Pflanzen und Bäumen. Warum hätten sonst die Mönche um 800 aus der Wildrose die Gartenrose züchten sollen? Und als Beleg aus dem späten Mittelalter sei auf den Bericht von Kaiser Friedrichs III. Krönungsreise (1442) verwiesen: So einen schönen Maulbeerbaum, wie ihn die Freiburger Franziskaner besitzen, hat der Verfasser in seinem ganzen Leben noch nicht gesehen. Zwanzig bis dreißig Menschen können im Schatten dieses Baumes sich des Lebens freuen.[98]

Die Freude an der schönen Blume gehört zum Menschen. Es bedurfte aber einer langen historischen Entwicklung, bis vor Nürnberger Bürgerhäusern die von Conrad Celtis bestaunten Blumenkästen hingen.[99] Denn die Mehrzahl der heutigen Gartenblumen stammen aus der Fremde.[100] Die Schlüsselblume ist eine der wenigen bodenständigen Ausnahmen.[101] Multikulturelle Blumengesellschaft: Die Schwertlilie ist aus dem östlichen Mittelmeergebiet im 9. Jahrhundert in die karolingischen Klostergärten eingewandert, die aus Südeuropa stammende Pfingstrose wird im 12. Jahrhundert in unseren Breiten heimisch, aus Eurasien gelangten die Akelei im 12. und die Margerite im 15. Jahrhundert nach Europa.[102] Artenreichtum: Etwa 120 Pflanzenarten kannten als Folge einer multikulturellen Einwanderung die mittelalterlichen Gärten.[103]

Schönheiten der Natur. Gewiß sind Himmelsrosen und Paradieslilien gemeint, wenn in den „Flores Temporum", „Blumen der Zeiten", dem Geschichtswerk eines schwäbischen Bettelmönches um 1290 die Wunder der Heiligen erzählt werden.[104] Aber die auch bei anderen Autoren beliebte Blumen-Metapher gehört in eine Zeit, in der man den Mitmenschen durch Blumenkränze ehrte: „Nemt, frouwe, disen kranz."[105]

Schlicht ist unser Ergebnis. Überzeitlich, bis in die Gartenratgeber der heutigen Buchproduktion reichend, ist das Bedürfnis nach der schönen Umgebung. Anders als heute aber wird im Mittelalter das Abschreckende der Natur weder ausgeklammert noch verniedlicht. Der Empfänglichkeit für die Schönheit der Natur entspricht auch das Gegenteil, das Empfinden für das Abschreckende des „Unlandes". Mit diesem vergleicht Petrarca das Leben des Menschen, was in der Verdeutschung durch Albrecht von Eyb so klingt: „des menschen leben auff disem ertrich sey ... ein erschreckenliche wüstung, ein laymicher see, ein land voller dorner, ein rawhes tale, ein spitziger berg, ein finsternuß der holer, ein vnseligs ertrich, ein steiniger acker, ein wald voller beren, ein krawtige wissen voller schlangen, ein plüender garte on frücht."[106] Eine schauderhafte Ödnis, ein verschlammter See, ein Land voller Dornengestrüpp, eine unfruchtbare Talniederung, ein ragender Berg, ein dunkles Gehölz, ein verfluchter Boden, ein steiniges Ackerland, ein Wald voller Bären, eine verunkrautete Wiese voller Schlangen und ein nutzlos blühender Garten ohne jede Frucht

‚Hortus conclusus', ‚locus amoenus' oder der ‚Paradiesgarten' waren künstlerische Versuche des mittelalterlichen Menschen, der Natur ihren Schrecken zu nehmen: Maugis und Orlande im Garten *(Buchmalerei, Brügge, um 1462/70, von Loyset Liedet aus der Prosabearbeitung „Regnault de Montauban" von David Aubert).*

– das ist unser Leben. Mag ja sein. Der mittelalterliche Leser aber kannte eben nicht nur das Unland, sondern aus seinem Erfahrungsbereich auch das fruchtbare Land. Wer von der Schönheit der Natur sich fesseln ließ, setzte der bis ins Barock reichenden „O Jammertal"-Metaphorik die lebensbejahende Alternative entgegen.

Daß vom „Unland" eine Faszination ausgehen kann, ist erst eine Erfahrung der frühen Neuzeit. Schon längst bevor die europäische Alpenbegeisterung im späten 18. Jahrhundert ausbrach, in Deutschland ausgelöst durch Albrecht von Hallers Dichtung „Die Alpen", konnte der Zürcher Arzt und Naturforscher Conrad Gessner 1541 schwärmen: „Welche Lust und was für eine Wonne ist das für ein empfängliches Gemüt, die unermeßlichen Gebirgsmassen staunend zu betrachten und gleichsam das Haupt in die Wolken zu erheben." Wer die Bergwelt nicht achtet, ist – nach Gessner – „ein Feind der Natur".[107]

Das Empfinden für die Naturschönheiten[108] halten wir für eine anthropologische Konstante. Die historische Variation dieser Konstante liegt vor allem in der Möglichkeit einer Ästhetisierung der Natur in der hochmittelalterlichen Lyrik, was bis in deren epigonale Verbreitung hinein als allgemeine Mentalitäten beeinflussender Vorgang erst aufgrund mühsamster Kolonisationsarbeit entstehen konnte. Historische Variation an dieser Konstante ist, daß mit der Ausbildung der Urbanität des Spätmittelalters – zu erinnern ist an die Singvögel in Bürgerhaushalten – die entfremdete Natur zum Vergnügen des Bürgers werden kann. Von

„Das Paradiesgärtlein" des Oberrheinischen Meisters *(um 1410/20)*.

weitreichenden Folgen war dieses Naturverständnis vom Fixpunkt der Urbanität her: „O Täler weit, o Höhen“ stammt von dem gleichen Dichter wie das unvergeßliche „Hohe Giebel, hohe Fenster“.

Die Umwelt brauchte nicht allein als göttliche Signatur erfahren zu werden. Die intellektuelle Reflektion ist vielmehr Zuflucht des Verstandes angesichts der rätselhaften Natur mit ihren Geheimnissen von Zeitlichkeit und Dauer. Was hingegen von Menschen empfunden wurde, die keine gedanklichen Anstrengungen unternahmen, um sich mit der Natur auseinanderzusetzen, ist nicht historisch wiederzugewinnen, ist nicht zu rekonstruieren. Feststellbar sind allenfalls die Rahmenbedingungen. Auch im Mittelalter wird die persönliche Empfindung mit der Naturempfindung parallelisiert. Schon in der höfischen Epik dient die Landschaft als Stimmungshintergrund und als Spiegelung seelischer Prozesse.[109] Die Natur ist für Metaphorik und Symbolik von Stimmungen die Gebende. Sie stellt den Vorrat an Bildern her, der allen bekannt ist.[110] Wir beschränken uns hier auf eine Variante des Themas von Sonnenschein und Regenwetter. Sommerfreude und Winternot bilden ein variantenreiches Thema der mittelhochdeutschen Dichter.[111] Heide und grüner Wald stehen für die Sommerfreuden. (Bezeichnenderweise ist aber die Heide und nicht der Wald Zuflucht der Liebenden:[112] Zu sehr wird der Wald genutzt, Einsamkeit bietet nur die Heide.) Ein Sprachkunststück Konrads von Würzburg ahmt mit Schlagreimen das Zähneklappern nach, wenn der Wald entlaubt ist und der kalte Schnee schmerzt: „Gar bar lît wît walt, / kalt snê we tuot: gluot sî bî mir“.[113]

Ohne das Feld der innerliterarischen Konventionen durchwandern zu wollen, sei doch aus alltagsgeschichtlicher Distanz festgestellt: Was an Sommerfreude und Winterfurcht in den hochmittelalterlichen Dichtungen beschworen wird, entfernt sich nicht von

Die Zähmung der Natur durch vollständige Stilisierung *(Michelino da Besozzo, Madonna im Rosengarten, um 1425)*.

den Freuden, Sorgen und Nöten, die alle Menschen empfanden. Erst durch stete Wiederholung entstanden jene formalisierten Topoi, die um 1340 der sogenannte König vom Odenwald als Konvention enttarnte und ironisierte. In seinem Gedicht „Von Huhn und Ei" reimt er zunächst Vertrautes zusammen: junges Grün, frisch belaubter Wald, sprießende Blumen, Maienblüte und Vogelsingen. Frühlings- und Sommerfreuden: „Das ist so, wenn der Sommer naht. Aber die Verse taugten gar nichts, wenn da nicht das Gackern der Hühner wäre."[114] Diese Distanzierung von literarischer Konvention leitet über zu einer Beschreibung des Nutzens von Haustieren und zu 20 Rezepten für die Zubereitung von Eiern. Der „König vom Odenwald", den wir den fahrenden Leuten zuordnen, spielt in vergleichbarer Weise mit literarischen Konventionen wie jener sozial weit über ihm stehende Dietrich von Nieheim bei der Schilderung der Verdener Landesnatur. Der fahrende Dichter steht zwar sozial, aber nicht geistig dem mit Pfründen reich ausgestattetem Kleriker fern. Die Gedichte des „Königs vom Odenwald" sind durch den Würzburger Stiftsherrn Michael de Leone überliefert, der neben juristischen und reichsrechtlich höchst relevanten Texten auch die provozierenden Gedichte eines fahrenden Dichters auf teurem Pergament bewahrte.

Zusammenfassung und Ausblick: Ausgangs- und Rahmenbedingungen eines Umweltbewußtseins

Kein Etikett haftet so zäh am Mittelalter wie das der Kirchlichkeit, das der Christlichkeit. Wie weit dies berechtigt ist, sei hier als sachlich unerheblich, da von den Quellen in keiner Weise gedeckt, beiseite gelassen. Im Zusammenhang aber mit unserer Leitfrage nach dem Natur- und Umweltbewußtsein ist festzustellen: Das Christentum gehört unter den Religionen der Welt zu den wenigen, welche die Natur nicht in die Religiosität integrieren.[115]

Selbst wenn es tatsächlich in anderen Religionen „stets um den Menschen und nie primär um die Natur" gegangen wäre,[116] so war doch hier die Achtung vor der „Mutter Erde" – einer weltweit verbreiteten Vorstellung[117] – eher gegeben als im Christentum. Dadurch, daß es kein christliches Konzept des Schutzes der Natur gab, war eine Aneignung der Umwelt bis hin zum Raubbau ohne Skrupel möglich. Gewiß wäre der Hunger, wäre der Zwang zum Nahrungserwerb sowieso stärker gewesen als jedwedes religiöse Gebot. Aber das scheinbar so unwirksame ethische Gebot stellt eine immer wieder über den Alltag hinausweisende Irritation dar, die Verantwortung erzeugt. Und das bildet nun den Hintergrund der Ausbeutung der Natur seit dem Hochmittelalter. Kein Gott schützte den Wald, keine Göttin, kein Wesen zwischen Gott und Himmel schützte den Fluß. Selbst die Ressortverteilung im Himmel der Heiligen, die von den Rückenschmerzen, die dem hl. Otto von Bamberg, bis hin zum Schutz der Dienstboten, die der hl. Notburga zugewiesen waren, für alle menschlichen Gefährdungen die Zuständigkeit geregelt hatte, sparte den Schutz der Umwelt, den der Bäume und den der Flüsse aus. Der hl. Nikolaus sollte zumindest die Brücken sichern.[118] Aber der populärste Heilige des Mittelalters war von anderen Aufgaben so in Anspruch genommen, daß er sich diesem Schutz nicht wirklich widmen konnte. (Der „Brückenheilige" Nepomuk wirkte mitnichten für die Brücken, er stand nur auf ihnen; vom Wiener Hof gefördert, war im ausgehenden 17. Jahrhundert sein Kult zur Wahrung des Beichtgeheimnisses entstanden. Nur weil sich das Martyrium des hl. Nikolaus von Pomuk auf einer Brücke abgespielt hatte, wurde er zum Brückenheiligen.)

Verabschieden müssen wir uns von einer Vorstellung, die von Kirchenanhängern und -gegnern gleichermaßen liebevoll gepflegt wird: Der Einfluß der Kirche wird gemeinhin weit überschätzt. Wir erinnern daran, daß der Missionar spektakulär Bäume fällen mochte, daß aber erst der Förster diesem Spektakel Dauer verlieh. Die von Bonifatius gefällte Eiche bei Hofgeismar läßt doch viele Fragen – unbeantwortbar – offen. Wo hatte nur der Mönch das schwierige Bäumefällen gelernt, und was geschah anschließend mit dem wertvollen Eichenholz? Wer nutzt, so fragen wir weiterhin, die nicht mehr durch fromme Scheu geschützten Haine? Eben derjenige, der den Missionar bei seinem frommen Werk im Hintergrund geschützt hatte, der Adelige, der Herr, dessen Nachfahre dann die Rodung lenken sollte.

Die Rodungsphase hatte bis in die Mentalitätsbildung hineinreichende Folgen. Viel ist spekuliert worden über das Nachleben heidnischer Vorstellungen im christlichen Mittelalter, über Monotheismus und Vielgötterei. Aber kein Odin ist zum Knecht Ruprecht verwandelt worden. Der Sieg des Monotheismus war total, weil er durch herrschaftliche Interessen, die wir im Förster personifizieren, in seiner langfristigen Wirkung gesichert worden war. Das hieß aber auch: Verabschiedet waren die Götter der Heiden, die in der Natur, in heiligen Hainen,[119] an Brunnen und Quellen, ja selbst in Mooren gelebt hatten.[120] Ein letzter Ausläufer dieser Tradition könnte allenfalls sein, daß verschiedene Wallfahrtsorte mit Quellen und Brunnen in Verbindung stehen.[121] Natürlich war es von nicht abschätzbaren Folgen, wenn Fluß, Quelle und Wald keine eigenen Götter mehr hatten, die sie notfalls schützen konnten, aber der Eingriff des Menschen in die Natur war letztlich von eben dieser Natur erzwungen. Überlebenskampf, der schon in vorgeschichtlicher Zeit die ersten Rodungen an den Waldsäumen erfordert hatte, führte bei wachsender Bevölkerung zur Walddurchlichtung, sodann zur Rodung in großem Stil im Zuge der umfassenden Binnenkolonisation des Hochmittelalters. Siedlungsverdichtung, intensive Nutzung, ja sogar Übernutzung des Energieträgers Holz, vor allem im Ausbau des Montanwesens, beraubt die Erde bis in die Alpentäler hinein ihres Waldkleides.[122]

Die mentalitätsverändernden Folgen der verschiedenen Residenzen der Götter in der Natur und des Christengottes außerhalb der Natur lassen sich an der Geschichte der Bäume ablesen. Zu bedenken ist, daß die wichtigsten Baumnamen gemeingermanisch sind.[123] Aber selbst die mächtigste Eiche erweckt seit dem Hochmittelalter keine fromme Scheu mehr. Bäume werden allein nach ihrem Wert für den Menschen betrachtet. Unterschieden wurde zwischen nützlichen „Schmerbäumen" und nicht fruchttragenden „wilden Bäumen". Baumfrevel konnte nur an „Schmerbäumen" begangen werden. Die „wilden Bäume" durfte - wenn sie nicht innerhalb eines Forstes standen - jedermann nutzen. Als landesherrliche Forstordnungen hier neue Regelungen zu schaffen versuchten, klagten in Württemberg 1514 die Aufständischen des Armen Konrad, ihnen sei das Recht genommen worden, „wilde Böm" nach Belieben abzuhauen oder zu pfropfen.[124]

Die schützenden Götter mochten verdrängt worden sein, aber die Gründe für ihre Verehrung lebten weiter, lebten in dem Bewußtsein, daß menschliche Existenz ohne Bäume nicht möglich sein könne. Davon erzählt die Geschichte des Baumfrevels. Das ganze Mittelalter hindurch waren für das unerlaubte Fällen von Eiche und Buche die höchsten Bußen zu zahlen.[125] Die spätmittelalterlichen Weistümer kennen eine spektakuläre Strafe für denjenigen, der einen Schmerbaum fällt oder zum Absterben bringt: das Darmausweiden:[126] „den soll man by seinem nabel sin bauch aufschneiden und ein darm daraus thuen, denselben nageln an den stame und mit der person herumber gehen, so lange er ein darm in seinem leibe hat."[127] Diese Spiegelstrafe ist in allen deutschen Landen von Österreich bis Niedersachsen verbreitet.[128] Zu Recht ist aber daran gezweifelt worden, ob sie jemals vollzogen wurde, „oder ob sie nicht nur ... eine tabuisierende Wirkung" hatte.[129] Die tabuisierende Wirkung kann konkret benannt werden, wenn etwa eine Weistumsbestimmung herangezogen wird, die dem Baumfrevler das Ausdärmen androht und kommentiert: „Darumb wer im gnade besser den recht".[130] Die konkrete Drohung ist doch die, daß die Schöffen „aus Gnade" auch die härtesten Geldbußen verhängen können und dabei keinen einschränkenden Regelungen unterliegen; denn jede Geldstrafe ist milder als das Ausdärmen, ist Gnade. Deshalb konnte noch die salzburgische Waldordnung dem Baumfrevler anraten: „so vergleich er sich mit dem richter umb wandl" (Buße).[131] Den gleichen Befund zeigt auch die Spiegelstrafe, „wenn einer einen baum köpfete": „der soll wiedrum geköpfet werden, doch sei gnade beim rechte".[132] „Gnade beim Recht": Die Spiegelstrafen des Köpfens oder des Darmausweidens – von deren Vollziehung nie ein Fall bekannt geworden ist – müssen als Drohungen verstanden werden.

Die Strafen für den Baumfrevel zeugen von Emotionalität, in die sich Dankbarkeit gegenüber der Natur mischt; denn das reine Nutzungsdenken hatte seine Grenzen. Das läßt sich einfach beweisen. Wegen der Eichel- bzw. Bucheckernmast waren Eiche und Buche besonders geschützt. Der „deutsche" Baum des Mittelalters jedoch ist die Linde. Mit ihrem großen Lichtbedarf ist sie im Kampf innerhalb der Waldgesellschaft besonders gefährdet, und deshalb haben die Bauern, die unter der weitausladenden Gerichtslinde ihr Dorfgericht abhalten und ihre Gemeinschaftsfeste feiern, diesem Baum, dessen Blüten sie große Heilkräfte zuschrieben,[133] ihre besondere Zuwendung zukommen lassen.[134] Wenn dann im 19. Jahrhundert der bayerische König Ludwig I. fordert, „ich will in meinem Lande Eichen haben",[135] so ist das ein Zeugnis unter vielen, daß inzwischen die Eiche den Deutschen teuer geworden ist. Diese emotionale Bindung hat wahrscheinlich den Eichenbestand vor dem Untergang bewahrt, waren diese Bäume doch bereits am Anfang der Entwicklung zum Försterwald wegen ihres langsamen Wuchses selten geworden, weil sie sich nicht in das neue Nutzungsdenken mit seinen Kahlschlägen fügten.[136] (Nebenbei bemerkt: Mentalitätsgeschichtlich ist der Lindenbaum in Schuberts „Winterreise" ein aufschlußreiches Zeugnis für aus der Vergangenheit herrührende Sensibilitäten: Die Linde hat einen anderen Charakter als die Eiche. Aber nur die Erinnerung an den schlechthin ‚deutschen Baum' des Mittelalters wird zitiert. Das zeigen schon die topographischen Unmöglichkeiten: Am Brunnen hätte niemand eine Linde gepflanzt, und einen „Brunnen vor dem Tore" anzulegen, wäre jedermann unsinnig erschienen.)

In den Holtingen, den norddeutschen Waldordnungen, die selbst einem Herzog die Dankbarkeit gegenüber dem Wald abforderten, sehen wir das Bemühen um einen Ausgleich nicht nur zwischen den Interessen der Herrschaft und denen der Bauern, sondern auch zwischen dem Umweltverständnis des gemeinen Mannes und dem Nutzungsdenken der Herrschaft. Deswegen muß nicht gleich die Begriffskeule „Feudalismus" aus der terminologischen Rumpelkammer geholt werden. Denn so einfach war es nicht, daß schlichte bäuerliche Weisheit einem rüden Wirtschaftsdenken des Adels gegenüberstand. Ohne die Gewaltbereitschaft als Teil adeliger Standesvergewisserung beschönigen zu wollen, sei darauf aufmerksam gemacht: Das Naturverständnis des Bauern, der im lokalen Umkreis seines Hofes an seine Erben dachte, unterscheidet sich allein nach den Kriterien von Distanz und Nähe, aber nicht prinzipiell von dem Denken des Adeligen, der, von weiteren Raumbeziehungen ausgehend, die Existenz seines Hauses zu sichern trachtete.

Vor allem schlägt die Begriffskeule „Feudalismus" jene leisen, aber überaus wirkungsmächtigen Vorgänge platt, welche die Umwelterfahrungen veränderten. Die Siedlungsform der Stadt erzwang seit dem hohen Mittelalter einen neuen Umgang mit der umgebenden Welt, mit der Umwelt. Wir nähern uns dieser Veränderung durch den Rückgriff auf ein vertrautes Thema. Klostergründung und Burgenbau hatten viel Holz verlangt; aber das war verschwindend wenig im Vergleich zu dem, was schon eine kleinere Stadt benötigte. Die Stadt verwandelt die Kulturlandschaft.

Untersuchungen des zwischen 1252 und 1307 errichteten Tannengebälks im Freiburger Münster ergaben, daß die Stämme ungeregelt im stadtfernen Bergwald geschlagen worden waren.[137] Weil man die Stämme nach ihrer Eignung auch in abgelegenen Wäldern aussuchte, kann bereits zu Beginn des 13. Jahrhunderts Wolfram von Eschenbach die unberührte Wildnis um Munsalvaesche damit charakterisieren, daß im Umkreis von dreißig Meilen kein Baum zu Bauholz gefällt wurde.[138] Nebenbei: Der Transport mächtiger, aus Haltbarkeitsgründen nur im Winter zu schlagender Stämme über große Entfernungen hinweg stellt eine bedeutende Leistung des wenig beachteten mittelalterlichen Fuhrwesens dar. Ochsen, meist vierspännig, zogen das Langholz über unwegsame Schneisen, ihre Treiber mußten die starken Bäume oft mühsam mit Sattelschlepper und Lenkholz über Abhänge hinab manövrieren.

Noch um 1200 war die urbane Siedlung eine Sammlung von isoliert stehenden Gehöften.[139] In manchen süddeutschen Städten wie Regensburg dominierten steinerne Wohntürme der führenden Geschlechter. Unübersehbar war die Nähe zum großbäuerlichen Wirtschaftshof oder zur adeligen Burg. Erst mit der im 13. Jahrhundert einsetzenden geschlossenen, zumeist giebelständigen Bebauung,[140] mit der Bildung von Straßen- und Gassenzügen[141] grenzte sich das Stadtbild von der ländlichen Siedlung ab. Das im Umkreis des Sachsenspiegels entstandene Sprichwort „Bürger und Bauer trennt nichts als Hag und Mauer“[142] hatte keine Berechtigung mehr.

Die Geschichte der mittelalterlichen Stadt ist auch eine Geschichte der Veränderung des Biotops durch den Menschen.[143] Die Intensivierung der Siedlung wirkt sich auf das gesamte urbane Ökosystem, auf Flora und Fauna aus.[144] Spezifisch urbane Pflanzengesellschaften entstehen, gekennzeichnet durch ein breites Artenspektrum, durch Pflanzensippen, die vom Menschen eingeführt wurden bzw. deren Einführung durch die neue Siedlungsform ermöglicht wurde; und daneben auch eine spezifisch urbane Fauna: Tiere, die im besonderen Maße zur Koexistenz mit dem Menschen befähigt sind, von den Parasiten angefangen über die Mäuse bis hin zur schwarzen Ratte.

Große Veränderungen des Ökosystems hatte die Entwicklung der Stadt im Gefolge, der Stadt, die sich nicht unbedingt konzentrisch von der Marktsiedlung her ausbreitete, sondern vielfach aus verschiedenen Siedlungskeimen zusammenwuchs. Am einfachsten sind diese Veränderungen an den Aufschüttungen zu belegen, die im Hochmittelalter vorgenommen werden mußten, vor allem, um festes Bauland zu gewinnen. Katen konnten auch auf unsicherem Untergrund errichtet werden; aber die urbane Siedlung wuchs nicht nur in die Breite, sondern auch in die Tiefe und die Höhe. Die Befestigung des Untergrunds war ein gewissermaßen dialektischer Prozeß. Von Lübeck bis Konstanz ist bezeugt: Bauschutt wird zur Befestigung neuen Baulandes verwendet.[145] In Lübeck wurden im frühen 13. Jahrhundert versumpfte Uferbereiche für die Besiedlung erschlossen. „Man befestigte und erhöhte das Gelände mit Rostkonstruktionen aus Baumstämmen. Die Zwischenräume ... verfüllte man mit Erdreich und Abfällen. Allein für das Neuland im Südwesten der Stadt mußten über eine Million Kubikmeter Erdreich und 50 000 Kubikmeter Holz herangeschafft werden."[146] Wie in Lübeck sind auch in Konstanz in den Jahren zwischen 1198 und 1225 große Areale, insbesondere an der späteren Marktstätte, durch Aufschüttungen am Bodenseeufer für die Bebauung erschlossen worden.[147]

Wo kann man heute eine mittelalterliche Stadt besichtigen? Nirgends. Als Folge von Schutt- und Brandschichten liegt das heutige Straßenniveau erheblich höher als das mittelalterliche – und die früheren Reliefunterschiede sind in den heutigen Städten weitgehend eingeebnet.[148] Im Stadtkern von Emden, der auf einer Wurt liegt, sind unter der heutigen Oberfläche seit dem 9. Jahrhundert sieben Schichten sich überlagernder Wohnhorizonte archäologisch erschlossen worden. Erst siebeneinhalb Meter unter der heutigen Wurtkuppe ist der gewachsene Boden der Basis erreicht.[149]

Von der Stadt gingen langfristig die größten ökologischen Veränderungen in der Geschichte der Menschheit aus – ein bis heute anhaltender Prozeß. Von den im mittelalterlichen Umland Braunschweigs nachgewiesenen wildwachsenden Pflanzenarten sind die meisten heute gefährdet.[150] Was einst als „Unkraut" galt, wird zur Seltenheit. Dieser Prozeß von Urbanisierung und Umweltveränderung, so versuchten wir zu belegen, gewinnt bereits im Hochmittelalter prinzipielle Konturen. Und dabei haben wir darauf verzichtet, die ökologischen Veränderungen im Umland der Städte, die Herausbildung von Intensivkulturen, zu referieren.[151]

Stadt, Umland, Umwelt: Die Zusammenarbeit von Archäologen und Biologen hat bei der Untersuchung mittelalterlicher Kloaken die gefährdete Umwelt sichtbar gemacht: Darmparasiten, Folge von Schmutzinfektionen.[152] Auf den Ackerbau im Umland weisen die vielen Spuren von Unkraut hin.[153] Gesundheitsrisiken, aber auch Wirksamkeit städtischer Gesundheitspolizei: Das weitgehende Fehlen von Bandwurmeiern erklärt Bernd Herrmann mit dem Erfolg der mittelalterlichen Fleischbeschau.[154]

Von den Nutztieren hatten wir in unserer Darstellung abgesehen,[155] um nicht in die Gefahr zu geraten, über die Geschichte von Rind, Schaf und Schwein statt der Umweltgeschichte eine Agrar- und Wirtschaftsgeschichte zu schreiben. Nur auf einen Aspekt sei aufmerksam gemacht: Überraschend angesichts der zentralen wirtschaftlichen Bedeutung der Haustiere erscheint, daß die Tierheilkunde kaum ausgebildet ist, daß sie noch nicht einmal in dem weitgefächerten Katalog der „artes"-Literatur erscheint. Selbst der Adel, dessen Status nach einem mittelalterlichen Sprichwort vom Pferd bestimmt war („omnis nobilitas ab equo"), begnügte sich damit, die Rezepte des Meister Albrant zu sammeln – ein Werk, das vom 13. bis ins 18. Jahrhundert gültig blieb.[156] Segenssprüche und Beschwörungsformeln waren das wichtigste Mittel der Tierheilkunde, ihre Experten waren die Schäfer und Hirten.[157] Das ist nicht schlicht heidnische Zauberreligion (zu effektvoll wurden christliche religiöse Formen und Formeln bei den Beschwörungen eingesetzt), das ist Ausdruck des allgemeinen Bewußtseins von der Beseelung der Tiere, die dem Segen gleichermaßen zugänglich waren wie die Menschen.

Auf den ersten Blick mag es scheinen, als hätte sich das mittelalterliche Verhältnis zum Tier nicht grundsätzlich von dem heutigen unterschieden. Den Vögeln wird Futter gestreut (selbst von der Königin Mathilde ist dieses in ottonischer Zeit überliefert),[158] Tiere werden als Spielgefährten gehalten, und auch das fehlt nicht: Urs Graf zeichnet eine Frau, die ihre Ratte spazierenführt.[159] Vorformen von Zoo und Zirkus mag man in den mittelalterlichen Tiergärten und Jahrmarktsbelustigungen wiederfinden. Selbst die Vernachlässigung der überflüssigen Kreatur und deren skrupellose Beseitigung, sobald sie sich als störend erweist, gehört schon zum Mittelalter. Und dennoch unterscheidet sich die Einstellung radikal von der modernen von der Naturwissenschaft geprägten objektivierten Einstellung zur Natur. Zähmung und Domestizierung des Tieres sind dem Menschen als kreatürliche Vorgänge bewußt geworden, als Unterwerfung unter ein Regelwerk, dem eigentlich auch der Mensch sich fügen sollte. Und dennoch: Nach dem Verlust der Wildnis war ein unbefangenes Verhältnis zur Natur nicht mehr möglich. Vogelkäfige in spätmittelalterlichen Städten verdeutlichen den epochalen Wandel innerhalb des sogenannten Mittelalters. Denn im frühen Mittelalter waren Vögel gefiederte Hilfsgeister, die zwischen Himmel und Erde vermittelten. Ohne Vögel keine vom Himmel inspirierte Rede des Menschen.[160]

Wasser und Tiere sind ganz verschiedene Erscheinungsformen der Natur; aber in bezug auf das Umwelt- und (das hier gleichzusetzende) Naturbewußtsein des spätmittelalterlichen Stadtbürgers ergeben sich überraschende Vergleichspunkte: Wie das Tier wird auch das Wasser domestiziert; was zunächst als weit hergeholt erscheint, wird plausibler, wenn man der Faszination durch das wilde Tier die Mode des Wildbades zur Seite stellt.[161] Erinnert sei an streunende Straßenköter und an verdreckte, verjauchte Stadtbäche, um die Parallele zu erklären: Suche nach dem Unverfälschten, dem Undisziplinierten, dem Ursprünglichen, von einem frühen Wissen über den Preis der Zivilisation ausgehend, erklärt die Verbreitung der Mär vom wilden Mann. Diese Mär bot Trost für die menschliche Seele, und die ebenfalls erst im 15. Jahrhundert[162] verbreitete Mode der Wildbäder bot Hilfe für die Gesundung des Körpers. Wie der „wilde Mann" dem stadtfernen Unland entstammte, so lagen auch die Wildbäder abgelegen von der urbanen Zivilisation. (Der Nürnberger Rat aber schafft voller Fürsorge das Wildbad auf der seinem Einfluß unterstehenden Insel Schütt.) Und wie zum wilden Mann die wilde Frau gehört, in der sich – Jagdgedanke – auch sexuelle Sehnsüchte verkörpern, so gehört zur Intimität des abgelegenen Wildbades auch die „Maienbuhle". Und schließlich ist das Gemeinsame die Suche nach dem Reinen, dem Unverfälschten. Gleichermaßen handelt es sich bei den wilden Tieren auf dem Jahrmarkt, bei den wilden Männern an den Fassaden und auch bei den Wildbädern um Inszenierungen.

Der Verlust der Wildnis war vom Menschen bewirkt. Nicht am Beispiel des Waldes, wo dieser Vorgang am eindrücklichsten zu zeigen war, sondern am Beispiel des Wassers hatten wir versucht, diesen Vorgang mit seinen Implikationen darzustellen, weil – im Verhältnis zur Natur – die Prinzipien um so deutlicher (aus der

Dass den Menschen die Natur oft bedrohlich erscheinen musste, zeigt das häufig wiederkehrende Motiv des „wilden Mannes“, hier auf einer Chorschranke der Église Saint-Martin in Ambierle.

historischen Entfernung) hervortreten, je weniger dramatisch sie verlaufen. Und im Vergleich zum Wald hatte der Mensch beim Wasser weniger in die Natur eingegriffen, obwohl es für sein unmittelbares Überleben am notwendigsten war. Er hatte zwar gelernt, Buhnen anzulegen und die Flüsse mit Brücken zu überqueren, aber alle sonstigen Veränderungen, die er vornahm, künstliche Stadtgräben zu ziehen, sogar Kanäle zu planen und zu bauen, waren aufs ganze gesehen doch vergleichsweise geringfügige Eingriffe. Diese Eingriffe aber, Schutzbauten gegen Überschwemmungen an Flüssen und an der Meeresküste, stellen eine entscheidende Frage: Wer ist Herr der Geschichte, der Mensch oder die Natur?

Die Frage, die wir dramatisierend gestellt haben, beantworteten die Menschen undramatisch. Sie arbeiteten, wehrten sich gegen ein Diktat der Gegebenheiten ihrer Umwelt und nutzten gleichermaßen die Chancen, die ihnen eben diese Gegebenheiten boten. Was so einfach für den Historiker zu beschreiben ist, war so schwer getan. Aber in der alltäglichen harten Arbeit erwachte notwendigerweise ein Nachdenken, in dem die Anfänge des heutigen Umweltbewußtseins wurzeln. Zu diesem gehört auch die Erfahrung, daß der Ausbeutung der Natur Grenzen gesetzt sind; denn die Folgen der Veränderung des Ökosystems hatte der Mensch vor Augen. Sowohl Waldordnungen als auch Regelungen des Fischfangs[163] sind Versuche, eine Übernutzung zu verhindern.

Enthalten die Anfänge des Umweltbewußtseins – Stichwort: Verlust der Wildnis – bereits die Keime eines ökologischen Denkens? Der zaghaft beginnende Schutz der Umwelt im Bannkreis der Städte beruht auf der Verantwortung der Ratsherren für die Bürger ihrer Stadt. Sorge für das „bonum commune" hieß immer, die Ressourcen des Gemeinwesens zu schützen. Wenn der Zürcher Rat Schonzeiten für die Laichdauer der Fische einführt,

Wappen mit zwei „wilden Männern" als Schildhalter *(ehemalige Abtei Saint-Fortuné, Dép. Loire, Rhône-Alpes, Anfang 16. Jh.).*

engmaschige Netze, in denen sich Jungfische verfangen können, untersagt und das Aufstellen von Reusen nur zu eng begrenzten Zeiten erlaubt, so erhält er den Zürichsee als Nahrungsreserve.[164] Aus dem gleichen Grunde verbietet Straßburg die Netzfischerei in städtischen Gewässern.[165] In der Grafschaft Berg wurde 1525, um die Fischbestände zu schützen, die Anlage neuer Stauwehren für die Hammerwerke verboten.[166]

Maßnahmen zum Schutz der Umwelt aus wirtschaftlichen Erwägungen stehen neben Maßnahmen, die der Gesundheit des Menschen dienen. Daß ein solcher allen Bürgern dienender Umweltschutz schon damals in Widerstreit mit wirtschaftlichen Interessen einzelner geraten konnte, zeigt der Fall der seit etwa 1450 in Köln betriebenen Kupfer- bzw. Messingschmelze. Diese beschäftigte bis zu 100 Arbeiter, die unter der Aufsicht von Zwischenmeistern mit Rohmaterial versorgt wurden. Trotz Bittschreiben der betroffenen Messingschläger wurde aus Gründen der Gesundheitsfürsorge 1464 diese Schmelze geschlossen.[167] Anfänge des Umweltschutzes als Schutz des Menschen.

An den ersten Maßnahmen zum Erhalt der Vogelwelt lassen sich die verschiedenen Motive für eine Sorge um die Umwelt erkennen. 1335 untersagt der Zürcher Rat den Vogelfang, besonders den der Wachteln. Der Kreislauf der Natur ist bekannt: Die Vögel vertilgen Mücken und Würmer, sie nutzen dem Menschen.[168] Wenn hingegen 1410 der Göttinger Rat das Fangen von Wachteln verbietet, so geht es ihm nicht um den Schutz der Tiere, sondern um den der Saaten, die nicht zertreten werden sollten.[169] Das Interesse des Menschen diktiert auch 1449 den Versuch des Straßburger Rates, mit den Herren der Region ein Abkommen zum Schutz der Singvögel zu schließen, weil an denen ein „merklicher Abgang“ zu beobachten sei.[170] Es geht nicht um den Erhalt des lieblichen Gezwitschers, es geht um den Erhalt der Vögel als Nahrungsmittel. Wegen der Gefahr der Übernutzung hatte schon 1376 der Konstanzer Rat verboten, Vögel, mit Ausnahme der Enten und Wasservögel, mit Leimruten zu ködern.[171] Dieses Verbot hatte der Rat um 1400 wiederholt und erweitert: Auch mit Garn durften Vögel nicht mehr gefangen werden.[172] Immer nur für ein Jahr waren solche Ordnungen gültig. Naturschutz ist hier noch nicht zu entdecken.

Städtische Vogelschutzmaßnahmen können auch in der Nähe zu jenen Geboten des Adels stehen, der im Interesse seiner Jagdgerechtigkeiten es seinen Untertanen verbietet, „ain wilden Vogel schießen, ouch jung Vogel von dem Nest nemen“.[173] Solche Verbote hatten 1525 die Bauern in Harnisch gebracht; sie forderten, daß

„Vogl und Wasser sol frei sein".[174] (Wildschutz: Der große Bestand an Auerhähnen im Harz war 1603 so gemindert worden, daß der Graf von Stolberg an verschiedenen Orten Holzeinschläge verbot, damit die Auerhähne nicht gestört würden.)[175]

War Vogelschutz für die Herren Sicherung ihres Jagdvergnügens, so gehen die Städte bei vergleichbaren Maßnahmen vom Interesse aller Bürger aus. Und dabei begegnet in den letzten Jahrzehnten des 15. Jahrhunderts bereits die Einsicht, daß die Vogelwelt nicht allein wegen der Gaumenfreude, sondern auch wegen der Lebensfreude der Menschen zu schützen sei. Der Gedanke der Schonzeiten wird entwickelt. Der Ulmer Rat dekretiert 1492, daß zwischen dem 22. Februar und dem 25. Juli bei Strafe von einmonatiger Stadtverweisung keine Vögel mit Ausnahme der Spatzen gejagt werden dürften.[176] Weiterhin verfügte der Ulmer Rat Schonzeiten für Reiher, Wachteln, Lerchen und Störche.[177] Ähnliche Maßnahmen finden sich in jener Zeit allenthalben, von Lübeck[178] bis Konstanz, wo 1471 das Schießen auf Vögel (wiederum mit Ausnahme der Spatzen) untersagt wurde.[179] Aus der Vielzahl der Maßnahmen[180] läßt sich ein allmählich entstehendes Bedürfnis ablesen, die Schönheiten der Natur zu wahren; denn besorgt wurde ausgangs des 15. Jahrhunderts am Oberrhein das Verschwinden der Singvögel notiert.[181]

Bei allen unterschiedlichen und wandlungsfähigen Einstellungsmustern zeigt sich am Ausgang des Mittelalters, daß der Mensch die Scheu vor der Natur verloren hatte. Noch um 1357 strafte der Luzerner Rat sechs Kleriker, die allen Warnungen zum Trotz den Pilatus-See, ein kleines, sagenumranktes Gewässer, untersuchen wollten.[182] Bis in das 14. Jahrhundert hinein reichen die Nachrichten, daß die Menschen den aufblühenden Bergbau mit seinen immer tiefer in das Gestein vorgetriebenen Gruben mißtrauisch als frevelhaften Eingriff in die Natur betrachteten.[183] Je mehr sich aber die Montanindustrie breitmachte, um so weniger konnten sich außer in Reliktformen Einstellungen in der Bevölkerung halten, die 1277 in Uri einem, wie die Bauern meinten, „Schwarzkünstler", einem Nigromanten zum Schicksal wurden, als er in den Bergen nach Erzadern suchte und von den Bauern brutal vertrieben wurde, weil diese einen Hagelschlag als Strafe Gottes für das Antasten seiner Natur deuteten.[184]

Die Anfänge des Umweltschutzes liegen schon im Spätmittelalter. Aber eben nur die Anfänge. Nutzungsdenken diktierte, wie am deutlichsten an der Geschichte des Waldes zu beobachten war, die Bemühungen, den Gedanken der Nachhaltigkeit gegen den ungeregelten Raubbau durchzusetzen. Das Beispiel der Kölner Messingschmelze und das Beispiel der Sorge um die Singvögel am Oberrhein bieten Belege für die Vorahnung, daß Umweltschutz Schutz des Menschen bedeutet. Aber wie schwer es diese Vorahnung auf dem Weg zum Handlungsprinzip hatte, zeigt sich darin, daß der Ausbeutung der Natur die Ausbeutung des Menschen durch seine Mitmenschen entsprach. Gewalt entspricht dem Raubbau. Lang war der Weg, die körperliche Unversehrtheit des Mitmenschen als Grundwert durchzusetzen, nach dessen Maßgabe die Formen des Konfliktaustragens zu begrenzen waren. Erst nachdem unter großen juristischen Anstrengungen eine Ächtung der körperlichen Gewalt von Menschen gegen Menschen erreicht und mit dem 18. Jahrhundert der Grad der Zivilisation nach Maßgabe dieses Prinzips bestimmt wurde, war die Voraussetzung geschaffen worden, den spätmittelalterlichen Anfängen und Vorahnungen eines Schutzes der Natur umfassendere Maßnahmen folgen zu lassen, daß nicht nur der Mensch vor dem Mitmenschen, sondern auch die Natur vor der Mitkreatur zu schützen sei.

Zurück zum Mittelalter. Wald und Wasser waren außerindividuelle, von der Natur gesetzte Faktoren, mit denen die Menschen umzugehen lernten. Wir sahen: Notwehr im Deichbau, Scheu vor der Natur in heiligen Hainen, Ausbeutung der Natur in der Übernutzung des Waldes – wir sahen, ohne auch nur im Ansatz eine Wertung zu vollziehen, die alte Erfahrung von Historikern bestätigt, daß die Antworten der Geschichte auf die Fragen der Gegenwart dem Stimmengewirr einer erregten Talkshow gleichen, in der allenfalls ein brutal vereinfachender Moderator etwas Ordnung schaffen kann.

Zweiter Teil:

Menschliches Miteinander

1
„Deutsch reden": Grundlagen der Kommunikation

Bevor im 18. Jahrhundert das Mittelalter als eine angeblich finstere Zeit aufgefaßt wurde, galt es in Deutschland als Zeit, die durch ihre Eigenart des Umgangs von Menschen miteinander geprägt gewesen sei, es galt als die Zeit „altdeutscher" Ehrlichkeit und Offenheit – längst bevor die Kraftdramaturgie des Sturm und Drang sich dieses Themas annahm. Im höfischen Fest des Karnevals, das keineswegs aus bodenständigem Brauchtum entwickelt wurde, sondern als Import, als Ergebnis von Kavalierstouren von Venedig aus die deutschen Höfe erreichte, entwickelte die Hofgesellschaft im ausgehenden 17. Jahrhundert als Alternative zum italienischen Stil die sogenannten „Wirtschaften". Hier kostümierten sich die Damen und Herren auf altdeutsch – ebenso wie sie auf anderen Karnevalsinszenierungen als Mohren oder Türken gingen –, und dabei gab es keine nach Rang und Stand festgelegte Ordnung, sondern durch Los wurde jedem sein Platz zugewiesen.[1] Als „altdeutsch" wurde der Gegensatz zur höfischen Etikette, zum zeremoniellen Zwang empfunden, als „altdeutsch" galten Vertraulichkeit und Leutseligkeit im Umgang zwischen den Ständen. Das war bereits ein Anliegen des Grafen Froben Christoph von Zimmern gewesen, der durchaus zutreffend Ende des 16. Jahrhunderts, die Entwicklung zur steifen Etikette mißbilligend, immer wieder an Beispielen darauf hinwies, „wie vertraulich die Altvordern mit den ihrigen umgingen".[2]

Das aber ist ebenfalls nur eine Fortsetzung dessen, was bereits im Spätmittelalter als eine Verklärung des Alten erschien. „Mit Jemandem deutsch reden"[3] war schon im 15. Jahrhundert bewußter Rückgriff auf bewährte alte Tugenden, stand im Gegensatz zur zeitkritisch beklagten „Ohrenbläserei",[4] beschwor Offenheit und Gradlinigkeit in einer Welt, die – so die üblicherweise dramatisierende Zeitklage – diese Tugenden nicht mehr kannte: „er ist der alten werlt und steet als ein ochs, was er zusagt."[5] Mit souveränem Stolz sagte der Kurfürst Albrecht Achilles: „Wir sind von Althausen."[6]

Rohes Mittelalter? In Anrede und Abschied werden wir „Zivilisation", ungeschriebene Regeln des Umgangs von Menschen miteinander kennenlernen. Selbst ein besoffener Bürger wahrte die Form. „Mir ist wunderlich, ich will nach Hause gehen ihr Gesellen".[7] Nur: Die Formen des Umgangs sind im Mittelalter viel weitherziger als in späteren Zeiten. Diese Weitherzigkeit wird in der Barockzeit als „altdeutsch", nur als Sitte und nicht als Einstellung zum Leben verstanden.

Hans Peter Duerr hat sich in einem dreibändigen Werk mit dem Nachweis aufgerieben, daß das Mittelalter keineswegs roh, ungeschlacht usw. gewesen sei.[8] Natürlich hat er – auch wenn wir ihn zu den vergröbernden Elias-Rezipienten zählen – völlig recht. Und er hat dreimal recht, wenn er diesen Sachverhalt aus ethnologisch nachweisbaren Konstanten ableitet. Tatsächlich folgt der „Prozeß der Zivilisation" (Elias) nicht dem Fortschrittsmuster. Obwohl uns, wovon noch zu sprechen sein wird, die Selbsterziehung der Menschen zu einem friedlich zu regelnden Miteinander, obwohl uns also zum Beispiel die Disziplinierung des Jähzorns als eine große Leistung erscheint, ist doch festzuhalten: Der Prozeß der Zivilisation verläuft keineswegs gradlinig; als überzeitlicher Vorgang kennt er die verschiedensten Wertsetzungen und damit – je nach Geschmack – auch Fehlentscheidungen, die ebenso geschichtsmächtig werden können wie etwa die frühneuzeitliche Obsession vom Müßiggang, dem Anfang aller Laster.

Wie ist der Beliebigkeit der Quellenauswahl auszuweichen, mit der ein „finsteres Mittelalter“ ebenso darstellbar ist wie eine vor Lebenslust pralle Epoche? Quellen sind zu suchen, die auf einen Konsens bei den Zeitgenossen zurückweisen. Deshalb werden neben Familiennamen und Flüchen Sprichwörter die wichtigste Quellengrundlage für unsere Untersuchung bilden. Manche mittelalterlichen Sprichworte leben bis heute: Was dem einen sein Uhl, ist dem andern sein Nachtigall; andere sind untergegangen, sind aber gleichwohl wahr: „kein wis man tuot kein cleins torheit, sunder ein grosi“.[9] (Den Verfasser dieser Zeilen ermuntert dieses „Wahrwort“. Ich muß demzufolge ein weiser Mann sein.) Das Mittelalter – was Chroniken und sogar Rechtstexte widerspiegeln[10] – ist die große Zeit der Sprichworte. Deren auf prägnante Kürze bedachte Gestalt beginnt sich auszuformen. Wir übergehen die Frage nach der Abgrenzung von Sprichwort und Redensart und halten fest, daß hierin frühere Elemente der Kommunikation konserviert sind. Wie Brauchwasser heute wieder zu Trinkwasser wird, durch groben und dann feineren Kies, schließlich durch Sand gefiltert, so entstand aus Mitteilungen über trübe Erfahrungen im Durchlauf von Kommunikation: Klarheit. Es ist das „allt gesprochen wort“,[11] das, was schon im 13. Jahrhundert ein Dichter, der Teichner so benennt: „Ez was ein sprichwort manegen tac.“[12] Erfahrungsweisheit, die dem Mittelalter derart teuer war, daß eigens vermerkt wurde, wenn sie nicht zutraf: „Hie felschit sich daz alde wort.“[13] Das Sprichwort galt als „Wahrwort“. So sehr waren die Menschen von der hier komprimierten Erfahrungsweisheit überzeugt, daß im 15. Jahrhundert für Prozesse vor den ländlichen Gerichten angeraten wurde: „wo du kannst ein sprichwort anhengen, tu es, denn nach sprichwörtern pflegen die bauren gern zu richten“.[14]

Auch wenn die meisten Sprichworte erst aus dem Spätmittelalter überliefert sind, so sind sie doch wesentlich älter und sind dem Volk, dem später so genannten „gemeinen Mann“ zugeordnet.[15]

Eine Sammlung des 12. Jahrhunderts trägt dann auch den Titel: „Uersus de prouerbiis uulgaribus“,[16] Gedicht über die volkstümlichen Sprichwörter.

Von dem Wert mancher Sprichwörter – etwa der Warnung vor den Rothaarigen[17] – wird man heute kaum überzeugt sein; über viele wird man ohne Ende diskutieren können, wie über das, was ein mittelalterlicher Schulmeister zitiert: „Grôziu frîheit ofte boese ende nimmet.“[18] Die Warnung vor den Rothaarigen weist immerhin auf das Verhältnis von Mensch und Tier zurück – Naturanalogie wie bei der herzförmigen Melisse –, gilt doch der rote Fuchs als Meister der Tücke. Andere „altsprochen wort“ können je nach Umständen gewürdigt werden, wie das: „Dreitägiger gast ist eine last.“[19] Wenn heute Heilmittel aus anderen Kulturkreisen besonders geschätzt werden, bestätigt sich das mittelalterliche Wort: „Die nahen Heiligen tun kein Wunder“.[20] Jeder Werbefachmann wird bestätigen, was im 15. Jahrhundert ein Fürst zitierte: „Wer gern tanzt, dem ist gut pfeifen“, bzw. „wo man nicht gern tanzt, bedarf es guter Pfeifer“.[21] Die eigene Meinung ist auch im Mittelalter kostbarster Besitz, Stolz der Menschen: „denn senfter tuot ir freyer muot / dan dem keyser alls sein guot“.[22] Nicht jeder Kommunalbeamte wird heute noch akzeptieren: „Der der gemeynde dient, hat einen bösen herren“.[23] Als Erfahrungsweisheit der Flurhüter und Hirten, die jedes Jahr von neuem von der Gemeinde verpflichtet wurden, war dies ein bitterer Kommentar. Die Überzeugungskraft vieler mittelalterlicher „Wahrworte“ zeigt sich in ihrer zeitlichen Reichweite, zeigt sich etwa darin, daß eine der berühmtesten Sentenzen von Wilhelm Busch („Tugend will ermuntert sein, Bosheit lernt man von allein“) auf der mittelalterlichen Erfahrungsweisheit beruht: „Bos sein ist bald gelernt“.[24]

Was stellen wir fest? Sprichworte sind als Produkte des zwischenmenschlichen Erfahrungsaustausches Geschichtsquellen: Sie kennzeichnen einen Konsens der Zeitgenossen, der vor allem die Begegnungsformen von Menschen, die durch andere Quellen kaum erhellt werden können, abbildet.

Es scheint aussichtslos zu sein, Verläßliches über den Umgang von Menschen miteinander im Mittelalter zu sagen. Denn der wichtigste Teil dieses Umgangs, die mündliche Kommunikation, entzieht sich der Quellenüberlieferung.[25] Eine Ausnahme möglicherweise: Die Schauspiele sind eine, allerdings überaus vorsichtig zu behandelnde Quelle der Alltagskultur.[26] Sie sind als solche nicht direkt, sondern nur über einen Umweg auszuwerten. Im Schauspiel erkennen sich die Menschen wieder[27] und sie wollen sich wiedererkennen, weil die geistlichen Spiele das biblische Geschehen im wörtlichen Sinne „vergegenwärtigen".[28] Deshalb werden in die Osterspiele die theologisch und sachlich völlig entbehrlichen rüpelhaften Salbenkrämerszenen eingebaut.[29] Was wir den Schauspieltexten entnehmen können, ist die direkte Form des Sprechens miteinander; dieses ist ebenso authentisch für das ausgehende Mittelalter wie die „Kostüme", in denen etwa die römischen Soldaten, gewandet in das Söldnerkleid der Zeit um 1500, auftreten. So können wir immerhin erfahren, mit wieviel „ach", „we" und „ei" Menschen ihre Sätze zu dramatisieren pflegten.[30] Vergegenwärtigung. Wir können auf die Realität zurückschließen, wenn der die Handlung kommentierende „Praecusor"[31] im Künzelsauer Spiel eine Person aufruft: „Jeremias, nu gang du here – und sag uns ach dein lere".[32] Wie man deutliche Worte sagen und dennoch die Höflichkeit wahren kann, läßt im Brandenburger Osterspiel der als Gärtner verkleidete Christus in seiner Anrede an die am frühen Morgen zum Grabe eilende Maria deutlich werden: „Dit ist dumheit, vrowe gute / Dat ghi lopet sunder hute / aldus vru in dissen garten".[33] „Das ist doch dumm, verehrte Frau, daß ihr ohne (männlichen) Schutz so früh in diesem Garten herumlauft."

Wie schwer es ist, die Formen des Umgangs von Menschen miteinander halbwegs verläßlich zu ermitteln, zeigt ein einfaches

Beispiel von den Tücken der Quellensprache. Der Ausdruck „jemanden ansprechen“ hat im Mittelalter einen anderen Sinn als heute, nämlich jenen, der noch im Wort „Anspruch“ bewahrt wird. „Ansprechen“ ist keine selbstverständliche Form des Umgangs, sondern ein rechtliches Fordern, ein Begriff der gerichtlichen Praxis. Direkte Ansprache im Umgang miteinander: Das können wir bei der spärlichen Überlieferung von direkter Rede immerhin bei spektakulären Kriminalfällen aus der Chronistik erfahren. Ein Fall aus dem spätmittelalterlichen Erfurt. Ein Bürger hat Verdacht geschöpft und fragt den vermutlichen Täter: „Sage mir, wo ist der Ulman hene komen, sint dem moll, das er mit dir spelit?“ Die Antwort war „zcorniglichen gesprochen“. Folglich: „Des schieden sich die zcwene selben ane vile rede“.[34] Der Chronist gibt ein Zwiegespräch nicht im Sinne eines Wortprotokolls wider, sondern so, wie sich die Bürger untereinander die direkten Reden und gegebenenfalls deren Übergang in ein beredtes Schweigen überliefern.[35] Das gilt im Prinzip auch für unser zweites Beispiel, nur daß hier auf Frage und Antwort das Schreien und diesem dann nicht das beredte Schweigen, sondern die wirksame Drohung mit handhafter Tat folgt. Der Nürnberger Brauer Heinrich Deichsler erzählt von einem Vorfall, der 1490 in Nürnberg für großes Aufsehen gesorgt hat. Der Mesner in der Marienkapelle stößt bei seinem nächtlichen Rundgang, nachdem er die Kirche abgesperrt hat, plötzlich hinter dem Hauptaltar auf einen Mann: „Und sie erschraken paide gar ser, und der Kirchner sprach: was tustu da? Er sprach: ich hab geslofen und da ich erwachet, da hat man zugespert und kund nimer hin aufs kumen. Da sprach der Kirchner: du leugst, du schalk, du wolst steln.“ Der Dieb versucht, durch das Kirchenfenster zu entfliehen. „da schrai der Kirchner: diebe io, diebe io! das erhöret ein ratsmid, haist Holper, der nam stain und sprach: pleib dinn, aber ich wirf dir den stain in den kopf.“ Daraufhin verzweifelt der Dieb und kann gefangen (und später gehenkt) werden.[36]

Das Erfurter und das Nürnberger Beispiel sind insofern authentische Zeugnisse, als Menschen ihren Mitmenschen eine Begebenheit erzählen. Sie bevorzugen dabei (wie auch heute) das Inserat der direkten Rede, so wie sie ihnen selbstverständlich ist. Insofern können wir auf Authentizität schließen, auch wenn es sich in unseren beiden Fällen nicht um Wortprotokolle handelt.

Nur in ganz seltenen Fällen hören wir Menschen direkt sprechen.[37] Wir können schon froh sein, wenn wenigstens die beiden Worte protokolliert werden, mit denen 1502 der Dompropst von Speyer zum Ausdruck bringt: Das könnt ihr mit mir nicht machen. Als ihm die Speyrer Domherren die Verhaftung androhten, hat er „die wort geredt ... mir nit."[38] Wir wählen drei Beispiele für die allzu seltenen Fälle einer überlieferten direkten Rede, einen alten König, eine Bürgerin und einen jungen Hirten.

Erfurt 1290. Ein Jahr vor seinem Tode ist der fast 80jährige Rudolf von Habsburg in der Stadt, um in dem fehdegeprüften Thüringen Frieden zu schaffen. Der Ratsherr Siegfried von Buttstede lädt auf offener Straße den König und sein Gefolge zu einem Bier ein. Der König lobt das Getränk. „Noch eine Maß?" – wir übersetzen allerdings sehr frei – erkundigt sich Siegfried. Der König antwortet sinngemäß: Kranke muß man dazu zwingen und fragen – Gesunden gibt man es einfach. Der Chronist hält diese Worte nur in lateinischer Übersetzung fest. Aber dann zitiert er voller Begeisterung einen spontanen Ausruf auf deutsch, denn der König nimmt einen kräftigen Schluck, fängt an zu reiten und auf deutsch herumzubrüllen, wie es die Rheinländer so tun („incepit equitando clamare talibus verbis Theutunicis et similibus, ut moris est in partibus Reni"): „Wol in wol in, eyn edel trut gut Erforts bir had Sifrid von Butstete uf geton." Überliefert sind diese Worte nur, weil der Chronist die Reklamewirkung sieht: Eine tolle Sache, daß der Römische König geruht hat, das Bier eines Erfurter Bürgers zu rühmen. („Mira res, quod rex Romanorum dignatus est proclamare cervisiam civis Erfordensis.“)[39] Reklame für Erfurter Bier wollte der alte König nicht machen. Seine Leutseligkeit im Umgang, wofür er bei seinen Zeitgenossen berühmt war, zeigt sich auch hier: Er lobt das Bier – „Hausbrauen“ ist damals noch selbstverständlich – eines vornehmen Bürgers.

Als der Augsburger Handelsherr Burkard Zink im Alter auf sein Leben zurückblickt, gedenkt er der verzweifelten ökonomischen Situation nach seiner ersten Heirat, einer Liebesheirat. Sein Herr hatte ihn entlassen, seine junge Frau war arm. An diese Situation erinnert sich der reich gewordene alte Mann, indem er das einzige Mal in seiner Chronik eine wörtliche Rede überliefert, die Worte nämlich, die damals seine Frau an ihn gerichtet hatte: „mein Burkhart, gehab dich wol und verzag nit, laß uns ainander helfen, wir wöllen wol außkomen; ich will an dem rad spinnen und will alle wuchen wol 4 Pfd. woll aufspinnen, das ist 32 Pfg.“[40]

Unser drittes Beispiel. 1476 belauschen Spitzel die Predigt, die ein etwa 15jähriger Hirte, der sich als Spielmann ein Zubrot verdient, in Niklashausen hält. Eine von der Kirche nicht autorisierte Massenwallfahrt hatte sich im Frühjahr dieses Jahres auf die Nachricht hin erhoben, daß hier im Taubertal ein großer Ablaß durch die Predigt eines jungen, eines unschuldigen Menschen zu gewinnen sei. Aus dem Bericht der Spitzel über diese Predigt geht hervor: Hier spricht ein Mensch nicht zu seinesgleichen, sondern einer, der außerhalb der Menge steht: „ach we, ir armen tübel“. Hier spricht ein Hirte und Trommler, ein gesellschaftlicher Außenseiter, der die höchste Stufe des Außenseiters erreicht, der zum Propheten wird; einer, der sich seiner Sonderstellung und seiner Botschaft gewiß ist, dem sogar Maria erscheint, und der bis zu der Anmaßung, er könne mit eigener Hand die Seelen aus der Hölle führen, ‚ich‘ sagt: „die priester sagen, ich sy eyn ketzer und wollen mich verbrennen. Wusten sy waß eyn ketzer were, sie erkenntten, daß sie ketzer weren und ich keyner. Verbrennen sy mich aber, wee inen." Ein Mensch, der eindrucksvoller sprachlicher Bilder mächtig ist, droht. Wir vermeinen ihn, der offenbar auch selbst gedichtet hat, in der Aufzeichnung der Mainzer Spitzel sprechen zu hören: „Welchs mensch den Tauberthall begryfft, der erlange auch all volkommelich gnade; und wan er sterbe, so fare er von mond uff zu hymmel".[41]

Wenn wir mühsam aus den Quellen zu filtern versuchen, wie die Menschen miteinander gesprochen haben, so übersehen wir vor lauter Forschung das Naheliegendste, sehen den Wald vor lauter Bäumen nicht; denn wir wissen es durchaus, ohne es vielleicht zu begreifen: Über die Sprichworte erreicht uns der mitmenschliche Umgang in früheren Zeiten; diese „Wahrworte" sind bei Hoch und Niedrig bekannt. Die Domherren von Speyer beeindruckt in einer Verhandlung des Jahres 1503 das „Bürgen soll man würgen".[42] Und 1512 vertrauen die Domherren dem Rat ihres Bischofs und verfolgen eine Angelegenheit nicht weiter, weil man sonst „ein schlafen hundt wecken mocht".[43]

Langlebigkeit der Sprichworte und der sprichwörtlichen Redensarten[44]: Bereits im Mittelalter ist bekannt, was auch heute noch lebt: „Wer andern eine Grube gräbt, ...",[45] „Vogel iss oder stürb",[46] „vill geschrais und wenig wollen"[47], „wer A sagt, mueß auch B sagen",[48] „wie man in den Wald hineinruft ...".[49] Heutige Redensarten wie „zwischen zwei Stühlen sitzen" bis hin zum „Heckmeck" kennt schon der Kurfürst Albrecht Achilles.[50] „Ein Unglück kommt selten allein" – ein Wahrwort, das schon im Mittelalter umlief: „Man sagt gemeinlich, es kom kein unfahl allain."[51] Das heutige „Unkraut vergeht nicht" kennt der Ackermann aus Böhmen in der Fassung: „unkraut beleibet, die guten Kreuter müssen verderben".[52] „Wie der herr, so das gescherr", ist ebenso dem Mittelalter vertraut[53] wie das vielfach überlieferte: „Wenn man eim ein finger beut, will er die faust gar haben."[54] Immer wieder werden wir auf mittelalterliche Sprichworte zurückkommen. Dabei wird sich zeigen, daß vieles von dem, was einst die Menschen umtrieb, heute in anderen Zusammenhängen lebt. Insofern gewinnt die Geschichte der Umgangsformen an Aussagekraft; was – zu allen Zeiten – teils als Konvention respektiert, teils ostentativ verachtet, teils tolerant akzeptiert wird, gewinnt in der historischen Überschau die gleiche Aussagekraft wie für einen Geologen die Verfärbungen von Gesteinsformationen.

Der Hildesheimer Chronist Henning Brandis gibt eine Vorstellung davon, wie die Atmosphäre politischer Verhandlungen von den Nuancen der Wortwahl bestimmt wurde. Städtische Gesandte versuchen in kritischer Situation zu besänftigen: „enboden ok vele guder wort“,[55] sie können aber auch Konflikte schüren „met velen armeliken worden“,[56] also mit nachlässiger schmuckloser Redeweise. Ein vornehmer Gesandter weiß ebenso wie der gemeine Mann, was das Sprichwort empfiehlt: „mit guter rede werden gesenftet die leute“.[57] Und selbst innerhalb der vorgeschriebenen gemessenen Redeweise gibt es genügend Nuancen, um Befremden auszudrücken. Hildesheimer Ratsherren fühlen sich lächerlich gemacht, als ihr Widerpart ihre Argumentation mit weiteren Spottworten („mit mer spotschen worden“) als weit hergeholt verwirft: „it weren sokeschulde“.[58]

Daß man aneinander vorbeireden konnte, sah man schon im Mittelalter als Problem der Kommunikation: „Ich frage nach Epfeln und du antwortest mir von Birn.“[59] Das Sprichwort ist ein Wahrwort in der Welt der kleinen Leute und in der Welt der großen Politik. Man haut sich etwa in der Auseinandersetzung zwischen Papst Johannes XXII. und Kaiser Ludwig dem Bayern gegenseitig in „Statements“, heißen sie nun Dekretalen oder Weistümer, die Argumente um die Ohren, spricht von Äpfeln (päpstliches Reichsvikariat) und antwortet mit Birnen (Reichsrecht, Rhenser Weistum).

Man kann aneinander vorbeireden. Man kann sich auch um Kopf und Kragen reden. Zurückhaltung wird empfohlen. Das

Plappermaul, der „maulklapperer“,[60] geht Mitmenschen nicht nur auf die Nerven; es gefährdet auch sein eigenes Wohlbefinden; denn angesichts der Direktheit des mittelalterlichen Umgangs begegnet dem unkontrolliert Redenden nicht taktvolles oder achselzuckendes Schweigen: „Wer do redet, was yhn gelustet, der muß offt horen, das er nicht gern hort.“[61] Es war ein sinnvoller Ratschlag, seine Zunge im Zaum zu halten („malk schulde sinime munde sturen“).[62]

So undeutlich auch die Formen der Kommunikation zu erkennen sind, so läßt sich doch ein zentrales Element erschließen: das Fragen. Auch in diesem Fall wertet die Überlieferung die Realität um; denn wenn überhaupt, wurden nur die Antworten schriftlich fixiert, aber nicht das, was diesen Antworten vorausging. Aber jedes mittelalterliche Gerichtsurteil ist „erfragt“ worden. Das scheinbare Formalprinzip beruht auf dem Wissen über die Wurzeln dieses Wissens. Schon allein die Technikgeschichte lehrt, in welchem Ausmaß Erfahrungen international ausgetauscht wurden. Und das hieß: Der Wert des Fragens, die Notwendigkeit sich zu informieren, gehört zur lange verkannten Offenheit des Mittelalters: „mit fragen kompt man gehn Rom“.[63] Und: „Wer sich fragens schempt, der schempt sich lernens“.[64]

2
Umgangsformen: Der Alltag hinter der höfischen Etikette

Die Fragen nach dem Umgang von Menschen miteinander wurden, wenn sie sich die Forschung überhaupt stellte, mit Belegen aus der höfischen Welt beantwortet.[1] Das ist einseitig, obwohl nicht zu verkennen ist, daß in einigen Bereichen - etwa in dem Wandel der Anredeformen - die „bessere Gesellschaft“ im Laufe des Spätmittelalters stilbildend wirken konnte. Wie erkenntnishindernd es jedoch sein kann, von der Hochadelswelt auf das Alltägliche zu schließen, belegt ein Leitbegriff der sogenannten höfischen Kultur: Verbindlich für die höfischen Umgangsformen war die Gemessenheit, die „mâze“, in Wort und Gebärde,[2] eine Haltung, die wir im mittelalterlichen Alltag mit seiner fast Grobheit zu nennenden Direktheit, mit seiner bis zur Gewaltbereitschaft reichenden Impulsivität zunächst nicht wiedererkennen werden. Damit ist natürlich nicht gesagt, daß die Adeligen ein gesitteteres Verhalten als die einfachen Menschen an den Tag gelegt hätten; es ist nur gesagt, daß im begrenzten Raum des Hofes ein Regelwerk entwickelt wurde, das außerhalb dieses Hofes, wie unter anderem die Fehdeführung zeigt, nicht mehr gültig war. Die „mâze“ ist jedoch kein ethischer, sondern ein primär medizinischer Begriff. Er ist zentraler Bestandteil der Diätetik, des Herzstücks der mittelalterlichen Medizin. In der Lebensführung ist Maß zu halten, um gesund zu bleiben. Das wissen Hoch und Niedrig. Die Leistung der hochmittelalterlichen Hofgesellschaft liegt darin, mit der Übernahme dieses medizinischen Grundbegriffes ein Prinzip der Lebensführung in einen Verhaltensstil transformiert zu haben. Das war sicherlich von großer Bedeutung angesichts latenter Gewaltbereitschaft der am Hof versammelten Adeligen, aber sie begründete außerhalb des Friedensbereiches der Burg zunächst noch keine allgemein gültigen Verhaltensweisen.

Konfliktdämpfende Regelungen des Umgangs im konfliktträchtigen umgrenzten Raum: Wenngleich in größerem Maße, standen die Stadträte in ihren Kommunen vor dem gleichen Problem wie der Hochadel in seinen Burgen. Die lange verkannte enge Beziehung von Stadt und Adel[3] bildet die personale Brücke, um „curialitas", Höfischkeit, für die entstehende „urbanitas" zu einer Leitvorstellung werden zu lassen, an der sich die städtische Oberschicht orientierte.[4] Die Artushöfe im Hanseraum des frühen 14. Jahrhunderts und zuvor schon das „ritterliche Basel"[5] sind Ausdruck einer kulturellen Vermittlung. Auch wenn die Manessesche Liedersammlung den wohl beeindruckendsten Beleg für den Einfluß der „curialitas" auf die werdende „urbanitas" darstellt, so ist doch die Überlieferungsgeschichte von höfischer Literatur nicht zu verwechseln mit Allgemeingültigkeit; repräsentiert werden hier Leitvorstellungen der Oberschicht, nicht aber die des gemeinen Mannes.

Nicht mit der Verfallsmetaphorik und auch nicht mit der nur scheinbar soziologischen Interpretation von einem Wandel vom höfischen zum ‚bürgerlichen' Zeitalter können die Wirkungen der um die „mâze" kreisenden „Höfischkeit" um 1200 als einer der wirkungsmächtigsten idealisierenden Projektionen erfaßt werden. Die an einigen Höfen gepflegte „curiatitas" blieb – letztlich Spätfolge des Landesausbaus – eben nicht Episode wie etwa die bewundernswerte Kultur in sächsischen Frauenklöstern des 10. Jahrhunderts,[6] sie fand eine lernbereite und lernfähige Nachwelt. Über den Umweg der Rezeption durch die städtische Oberschicht im Spätmittelalter gewinnt „höfisch", seines exklusiven Charakters entkleidet, den Sinn des korrekten, allgemein gülti-

Das Recht drückt sich nicht nur in der Sprache, sondern auch in Gebärden aus; und diese unterliegen, um das Recht zu sichern, der gleichen Formelhaftigkeit wie die Rechtsausdrücke. In unserem Fall
1. Stellung der Bürgschaft für einen Verurteilten;
2. Verurteilter – Gerichtsbote – Zeugen und Richter;
3. Verurteilter mit Zeugen und dem Richter;
4. Pfändung von Pferden wegen unberechtigter Ackernutzung;
5. Richterlicher Schiedsspruch
(Miniatur der Heidelberger Bilderhandschrift des Sachsenspiegels, Anfang 14. Jh.).

gen Verhaltens.[7] Das läßt ein Mandat des Göttinger Rates noch 1464 sichtbar werden: Wer abends auf der Gasse gehe, der soll sittsam („hovischen") schreiten, der soll nicht ausflippen, randalieren, rumkrakeelen, die Musik laut ‚aufdrehen', Sachen beschädigen („de schal hovischen gan und nicht jucheyen stormen schrigen noch mit hornen blasen noch unstur driven").[8] Die Essener Fleischhallen durfte im 15. Jahrhundert nicht mehr betreten, wer sich „unhöves" verhalten hatte.[9] „Höfisch" wird synonym gebraucht für „sittsam". Damit kann Ende des Mittelalters die Verpflichtung zur „mâze" zu einem alle Temperamentsäußerungen stutzenden Prinzip werden. Erst auf diesem großen Umweg werden die höfischen Umgangsformen des hohen Mittelalters bei Verblassen und Veränderung ihres Zeremonialauftrags allmählich für den Alltag produktiv.

Die medizinische Leitvorstellung der „mâze" stand hinter dem höfischen Zeremonialhandeln. Dieses Zeremonialhandeln findet auch in einem ganz anderen Bereich, dem des Rechts statt. Formen und Formeln beherrschen jede Gerichtssitzung.[10] Formen der nonverbalen Kommunikation, Gesten und Gebärden spielen eine gestaltende Rolle. Der Richter muß, da er der „Herr" des Verfahrens ist, sitzen, selbst wenn er das Urteil verkündet. Er hat die Beine übereinanderzuschlagen, um mit Verzicht auf jegliche Aktivität Ruhe, innere Sammlung und Objektivität zu verkörpern: Keiner Partei wendet er sich zu, zeigt keine „Zuwendung". Die gegebenenfalls strafende Autorität ist jedermann auch nach außen sichtbar zu machen. Der Richter soll zu Gericht „sitzen als ein grisgrimmender löwe".[11]

Die Gebärdensprache vor Gericht[12] lebt bis heute in Redensarten weiter. Jemandem etwas „auf den Kopf zusagen" erinnert daran, daß die Eidesleistung gegen den Mörder erfolgte, indem diesem die Hand beim Schwur auf den Kopf gelegt wurde. Solche nichtverbalen Interaktionen meinte Thomas von Aquin, wenn er von dem „Repräsentationsprinzip" der Gesten und Gebärden sprach: Diese seien keineswegs lächerlich, sondern dienten dazu, etwas zu veranschaulichen, „ad aliquid repraesentandum".[13] Thomas argumentierte vor dem Hintergrund einer Realität, in der signalisierende Gesten eine viel größere kommunikative Rolle spielten als heute, da fast nur noch die Formen der Begrüßung und des Abschiedes an die einstige Bedeutung der Gesten für den mitmenschlichen Umgang erinnern.

Willkommen und Abschied

Ein berühmtes Gedicht Goethes haben wir mit der Überschrift dieses Abschnitts zitiert; verschweigen wollen wir nicht, daß „Willkommen" und „Abschied" in der Goethezeit auch feststehende Begriffe der Zuchthaus-Ordnung waren, die Prügel, die im Innenhof der Anstalt bei Einweisung und Entlassung eines Sträflings in geradezu zeremonieller Form verabreicht wurden.[14] Die bei aller Verschiedenheit gleichermaßen schmerzvollen Erfahrungen eines großen Dichters und eines gemeinen Sträflings sollen nur die Streuung andeuten, welche unter dem Eindruck zivilisatorischer Erweiterungen vor allem in der frühen Neuzeit das Auffächern einer mittelalterlichen Konzentration mit sich brachte. Enträtselt sei dieser zugegebenermaßen etwas kryptische Satz: In einer Welt, in der die Siedlungsverdichtung erst mit dem 13. Jahrhundert einsetzt, in einer Welt, in der die Mobilität zu den Grunderfahrungen des Menschen gehört,[15] haben die Formen des Bewillkommnens und des Abschiednehmens nicht nur eine zeremonielle, sondern auch eine existentielle Bedeutung für alle Menschen, nicht nur für den leidenden Dichter, nicht nur für den leidenden Sträfling.

Wir beschreiben mitnichten eine Formalgeschichte der Umgangsformen, wenn wir auf die Geschichte des Grußes eingehen. Der Gruß[16] ist nicht nur Höflichkeit, sondern Anerkennung des Ansehens des Gegrüßten – im wörtlichen Sinne.[17] Das meint Walther von der Vogelweide, wenn er, nachdem ihm endlich aus königlicher Gnade ein „lêhen" verliehen worden war, auf frühere Zeiten zurückblickt: „mîn nâhegebûren dunke ich verre baz getân: / sie sehent mich niht mêr an in butzen wîs als sî wîlent tâten": Vor meinen Nachbarn stehe ich jetzt ganz anders da. Sie blicken nicht mehr wie bisher durch mich wie durch ein Gespenst.[18] Walther erinnert an sein fehlendes Ansehen, selbst bei Menschen, die ihn kannten, und selbst bei seinen Nachbarn; deren Verhalten verändert sich sofort, als er sein „lêhen" erhalten hat. Erstaunlich gelassen spricht hier Walther; denn nun hat er ja sein „lêhen", das Ansehen und damit freundlichen Gruß sichert. In seinen früheren Zeiten des unsteten Lebens konnte er sich gallig rächen, wenn ihm jemand wie der Abt von Tegernsee mit einem Trunk Wasser abfertigte. Der höfischen Gesellschaft trug er diese Begebenheit vor: Immer habe man ihm gesagt, welches hohe Ansehen das (adelige) Kloster Tegernsee genieße – jeder erwartete nach diesem Liedanfang einen weiteren Beweis für diese Ansicht; Walthers Rache ist, daß er den dargebotenen Trank als schimpfliche Begrüßung darstellt, welche nicht seine, sondern des Klosters Ehre kränke.[19] Am Beispiel des Tegernseer Begrüßungstrunks sei daran erinnert, daß wir allenfalls die äußeren Formen des alltäglichen Grußes rekonstruieren können, keinesfalls aber alle Nuancen, die zwischen Wasser und erfrischendem oder stärkendem Wein liegen können. Schon beim Entbieten des üblichen Willkommens sind die Abstufungen selbst zwischen Gleichgestellten oder Nachbarn, von denen Walther gesprochen hatte, nicht mehr zu rekonstruieren (wie sollen künftige Historiker zum Beispiel nachvollziehen können, welche Spannweite die Anrede „Herr Kollege" enthalten kann?).

Soviel uns auch verborgen bleibt, so glauben wir doch, eine zunächst merkwürdig erscheinende Nachricht in der Vita der hl. Elisabeth enträtseln zu können. Sie hatte sich mit Rücksicht auf ihren

Gemahl (gemeint ist: nicht aus persönlicher Eitelkeit) mit kostbaren Kleidern und Geschmeide geschmückt, um ihm keine Veranlassung zur Unzucht zu geben.[20] Weltfremdheit einer Heiligen oder vielleicht eine eigene Weltklugheit, welche individuelle Haltung mit der Respektierung bestimmter Regeln dieser Welt zu verbinden trachtet? Die Ehe der Elisabeth. Eine aus Verneinung und Begehren entstehende, in gemeinsamer Frömmigkeitsübung Lösung suchende Spannung psychischer Elektrizität. So offen die wenig reglementierten Umgangsformen in der mittelalterlichen Ehe auch waren, so konnte doch das eigentümliche Verhältnis des Landgrafenpaares der höfischen Umwelt nicht entgehen. „Warum gehst Du nicht zu den Mägden?", haben Vertraute des Fürsten ihrem Herren angesichts der Enthaltsamkeit seiner Frau fragend geraten.[21] Die Quelle läßt keine Entscheidung zu, ob primitive Reduktion auf das Normale, also die auch sexuelle Inanspruchnahme von Abhängigen in der Adelswelt, oder Fürsorge für ihren Herrn angesichts der unüblichen Verhaltensweise seiner Gemahlin den Ratschlag bestimmte. Für unsere Frage ist das Motiv entscheidend, warum Elisabeth, obwohl sie das Design des härenen Gewandes der Armut bevorzugte, sich mit Rücksicht auf ihren Gemahl schmückte. Es ging um das ganz wörtlich zu nehmende Ansehen; eine Frau, die dadurch den entsprechenden Gruß erweckt, versichert ihrem Gemahl: Bei allen individuellen Vorlieben stehe ich zu dir. Mein Geschmeide zeigt, daß ich deine Hausfrau bin. Kein erotisches Signal wird ausgesandt, um den Landgrafen von den Mägden fernzuhalten, natürlich auch kein „politisches", sondern eine Botschaft, die etwa lautet: „Ich weiß, daß dein Ansehen auch von meinem Ansehen abhängt. Deswegen schmücke ich mich dir zuliebe."

Der Schmuck der hl. Elisabeth belegt: Der Außenwirkung des Ansehens folgt noch ganz schlicht Innenwirkung. Nahe liegen moderne Einwände, die nicht berücksichtigen, was Ansehen in mittelalterlichen Zeiten bedeutete. Die autonome, für sich existierende Persönlichkeit war noch nicht erfunden, jene Persönlichkeit, die sich selbst unabhängig von der Frage verwirklichen soll, ob das überhaupt ein lohnendes Unterfangen ist. Wenn das Verhalten der hl. Elisabeth aus heutiger Sicht befremdend wirkt, so liegt das an den Fortschritts-Illusionen, die seit dem 18. Jahrhundert dem Menschen in bezug auf seine inneren Werte eingetrichtert wurden. Der Mensch definiert sich in seinem sozialen Verhalten über sein Ansehen bei den Mitmenschen. Das galt für das Mittelalter, das gilt, wie nicht nur die Werbung bezeugt, unterschwellig noch heute. So befremdlich vielen Älteren (und auch mir) die Schüleransicht erscheint, daß nur bestimmte Kleidungsstücke und Turnschuhe „cool" genug seien, um Ansehen zu sichern, so deutlich ist doch die Analogie zu mittelalterlichen Zuständen: Reduktion der Zivilisation.

Zurück zum Mittelalter (obwohl erfahrene Pädagogen die Analogien zur gegenwärtigen Jugendkultur nachvollziehen können und der Autor sich für das Folgende seiner eigenen Jugendzeit erinnert, an die Spannung auf den Schulhöfen, wenn sich ein Ring um zwei Streitende bildete, die sich mit angewinkelten Armen den „kempflichen Gruß" entboten und mit einem „sag feig!" herausforderten): Erkennen läßt sich, daß bei allen Abstufungen und Nuancen der Gruß eine Versicherung des Friedens enthält.[22] Und hier glauben wir – ausnahmsweise – das Außergewöhnliche, das Rechtszeremoniell, heranziehen zu dürfen, weil es auf das Gewöhnliche zurückweist. Der verweigerte Gruß ist Aussage der Feindschaft, ist Drohung.[23] Der Gegner wird nicht gegrüßt. Wenn diese Drohung kein Einlenken bewirkt, kennt die Adelsgesellschaft als Ausdruck der offenen Feindschaft den „kempflichen Gruß", die Herausforderung.[24] Diese stellt bereits einen Angriff auf die Ehre dar, den der Angegriffene beantworten muß.[25] Am bekanntesten ist dabei das Werfen des Handschuhs. Sehen wir genau hin: Dieser Gebärde fehlt die Sprache. Das aber ist in der bäuerlichen Gesellschaft anders: Das Herausfordern aus dem Haus,[26] das „Ausheischen", geschieht unter festgelegten Regeln, die begleitet werden von schmähenden Reden, die, keineswegs spontan, ebenfalls den Gesetzen des Rituals unterliegen. Gesten und Worte sollen im wörtlichen Sinne provozieren. Die stumme Herausforderung des Adeligen durch das Werfen des Handschuhs fordert einen Kampf auf Leben und Tod heraus, das von verbalen Kränkungen begleitete Ausheischen hingegen zerrt den Angegriffenen aus dem Schutz des Hausfriedens vor das Urteil der Nachbarn, vor die Öffentlichkeit des Dorfes.

Gesten sind für das Mittelalter wichtig, sie sind Ausdruck nonverbaler Kommunikation.[27] Deswegen hatten damals die Spielleiter der von Bürgern aufgeführten Schauspiele keine Mühe, Personal für die Massenszenen zu gewinnen; es handelte sich nicht um Statisten, sondern um Mitspieler, die durch ihre Bewegungen die Handlung kommentierten.[28] Weil Gesten ansonsten so wichtig sind, sei dezidiert festgestellt: Der Gruß als Friedensversicherung unter Gleichgestellten[29] ist an die Sprache, nicht aber an die Gebärde gebunden. Den Handschlag als Grußform kennt das Mittelalter nicht; er gehört zum Rechtshandeln, verbürgt ein Treueversprechen.[30] (Erst seit dem 16. Jahrhundert mehren sich die Belege, daß statt des hergebrachten Wein- bzw. Bierkaufs durch Handschlag nun ein Vertrag abgeschlossen wird.)

Der Gruß als verbale Friedensversicherung: Gebärden wie Hutabnehmen gehören zum höfischen Zeremonialhandeln,[31] aber keineswegs zum normalen Umgang. (Und das gilt überhaupt für die im Mittelalter so wichtigen Gebärden.[32] Sie bilden nur eine konsensgebundene Form des Rituals, aber keine Normalität ab.) Der Grund dafür ist simpel: Die Kopfbedeckung des Alltags ist die „Gugel", die Kapuze, die, nicht nur bei Regenwetter über den Kopf gezogen, sich kaum zur zeremoniellen Gebärde eignet. Erst in der frühen Neuzeit wird das Hutabnehmen bei der Begrüßung zur Sitte.[33]

Zeremonialhandeln im Alltag? Ausländischen Reisenden fiel die Unbefangenheit insbesondere der Frauen in deutschen Landen auf. Sie seien – so Agostino Patrizzi – umgänglicher als die Männer. Die Mädchen „unterhalten sich auch gern mit Auswärtigen. Ein Händedruck, eine Umarmung oder ein Kuß bedeutet für sie dasselbe wie für unsere Mädchen eine Begrüßung von fern." Patrizzi warnt davor, diese Unbefangenheit falsch zu deuten: „In allen anderen Dingen bewahren sie eine größere Keuschheit, als man glauben möchte."[34]

Die Alltagsgeschichte relativiert die in ihrer Allgemeingültigkeit überschätzten Zeremonien als Teile der Festtagsgeschichte. Der Hut spielt im Recht eine bedeutsame Rolle, aber darauf wird im Platzregen auf aufgeweichter Straße niemand geachtet haben. Zu geschlossenen Räumen, allenfalls zum Zeremoniell unter freiem Himmel bei Sonnenschein gehört im Spätmittelalter die Kopfbedeckung als Statussymbol, indem sie das personale Recht ihres Trägers zur Schau stellt: Kurfürstenhut, Kardinalshut, Doktorhut und – als scheinbare Ausnahme – Pilgerhut.[35] Getragen zu offiziellen Anlässen, entziehen sich diese Hüte den Grußformen des Alltags. Dieser schlichte Sachverhalt erklärt, warum alle damaligen Leser und Hörer der Tell-Sage in dem Grußgebot des Landvogtes pure Willkür sahen; uns interessiert dabei nicht, daß diese Sage erst in dem Weißen Buch von Sarnen 1470, lange nach den Ereignissen, die sich um 1300 abgespielt haben sollten, ihre schriftliche Form erhält[36]: Der Landvogt Geßler, der die Schwyzer zum Gruß seines Hutes zwingt, will die hergebrachte personale Interaktion zwischen Herrscher und Beherrschten, die an Zeremonien wie die Huldigung, die an Räume oder Feste gebunden ist, umformen in eine transpersonale Unterwerfungsgeste. Statt personaler Herrschaft scheint der transpersonale Staat auf. Nur anzudeuten ist der große Unterschied zwischen Bauern des Mittelalters, die aufgrund ganz unterschiedlicher personaler Beziehungen der Herrschaft teils zugehörig, teils unterworfen sind, und den steuerzahlenden Untertanen der Neuzeit.[37] Untertänigkeit ist eine nivellierende Abstraktion im Interesse des entstehenden Staates, eine Abstraktion, welche die Vielgestalt der personalen Bindungen aufhebt. Und das meint die angebliche Maßnahme Geßlers, die nicht in das ausgehende 13. Jahrhundert, wohl aber in die Zeit der Abfassung des Weißen Buches von Sarnen paßt: Dem Hut gebührt bereits Anerkennung, Zeichen des Wandels von Abhängigkeits- zu Untertänigkeitsverhältnissen.

Es ging uns nicht darum, ein weiteres Argument für die historische Haltlosigkeit der Tell-Sage zu gewinnen, sondern darum, ihre Wirksamkeit zu erklären.[38] Diese liegt unter anderem darin, daß eine seit der frühen Neuzeit üblich gewordene Grußform als altertümlich angenommen und die Fiktion des Weißen Buches von Sarnen ebenso verkannt wird wie die für das ausgehende 15. Jahrhundert aufschlußreiche Begründung dieser Fiktion.

Wie das Hutabnehmen gehört auch das Aufstehen zum höfischen Zeremonialhandeln,[39] nicht aber zur mittelalterlichen Begrüßung unter Gleichgestellten. Der Grund ist ebenfalls simpel: Man sitzt selten im Mittelalter - und wenn man sitzt, dann auf Bänken und nicht auf Stühlen. Sitzen, Knien, Stehen: Gestaltet werden aus dem Alltag herausgehobene zeremonielle Akte, Ausdrucksformen von Rechts- und Herrschaftsverhältnissen.[40] Der Herrscher sitzt, der Vasall kniet, die Zeugen des Rechtsaktes stehen. Und vollends ist der Kuß kein Teil der Begrüßung. Wo er bei Rechtshandlungen im zeremoniellen Mittelpunkt steht, bildet er entweder den Abschluß des feierlichen Aktes oder - an seine Herkunft aus der Liturgie erinnernd - als Friedenskuß den Höhepunkt eines vorher abgesprochenen Rituals.[41]

Gebärden, wie etwa das Verneigen, spielen bei Gruß und Abschied nur dann eine Rolle, wenn Rangunterschiede betont werden sollen.[42] Aber auch dann ergänzt die Sprache die Gebärde. Wir wählen ein Beispiel, in dem respektvolle Gesten und Worte aus Protest verweigert werden. Vor den Speyerer Domherren erscheinen 1501 die Bauern von Barbelrode, die wegen der Mißernte dieses Jahres um Nachlaß des Zehnten bitten. Als die Domherren lediglich mit dem Vorschlag einer Verlängerung der Abgabefrist antworten, setzen die Bauern ihre Mützen auf und gehen stumm davon: „Doruf sie stilswigend abgongen und kein antwort gaben."[43] (Erneut sehen wir: Zur Kommunikation im Mittelalter gehört das beredte Schweigen.)

Natürlich kennt auch das Mittelalter die universell nachweisbare, eine anthropologische Konstante bildende Gebärde bei der Begrüßung des willkommenen Gastes, die Aufnahme mit offenen Armen.[44] Aber davon abgesehen: Der alltägliche Gruß ist an die Sprache, nicht an die Gebärde gebunden. Das ist die einzig sichere Aussage, die wir treffen können. Ziemlich undeutlich ist allenfalls noch zu erkennen, daß gegen Ende des Mittelalters die Grußformel „got grueze dich" sich von Oberdeutschland ausgehend in deutschen Landen verbreitete.[45] Christianisierung oder nicht vielmehr Formalisierung des Grußes? Denn auf den lieben Gott konnte man sich schnell einigen. Hinter dem „Grüß Gott" – ich habe sehr lange in süddeutschen Landen studiert und gelehrt – steht eine spätmittelalterliche und deshalb heute meist unverstandene Tradition. (Gott soll man verehren, aber nicht kumpelhaft grüßen.) Die Verflachung des ursprünglichen Sinns von „sei gegrüßt im Namen Gottes" ist allerdings in der ursprünglichen Grußformel angelegt. Wer im Spätmittelalter im Namen Gottes grüßt, weicht sämtlichen Nuancierungen aus, die Walther von der Vogelweide noch soviel Unmut bereitet hatten, und vermeidet vielleicht auch die Unwahrheit, die in dem gleichfalls altvertrauten „willkommen"[46] liegen konnte.

Aber das „Gott grüße dich" ist im Spätmittelalter keineswegs zur alles beherrschenden Grußformel geworden. Bewahrt wird noch, daß der Gruß eine Friedens-, vielfach sogar eine Freundschaftsversicherung sein kann. Ein Sprichwort erinnert die Menschen daran: „gut gruß hat gut antwort“.[47] Der Hintergrund des heute noch lebenden Wortes „wie man in den Wald hineinruft ...“. Der „gute Gruß“ signalisiert ein Interesse am Befinden des Mitmenschen. Das „wie gehets, wie stehets“, das die Sammlung des Johannes Agricola, die spätmittelalterliche Tradition konservierend, kennt, hat noch im vergangenen Jahrhundert gelebt.[48]

Was wir zu schildern versuchten, war der gewöhnliche Gruß unter Gleichgestellten, die sich kannten. Angesichts der für das Überleben im Mittelalter so wichtigen Mobilität wissen wir allzu wenig über das Alltagsproblem der Begrüßung des Fremden. Woran ist dessen Stand und Ansehen unter staubiger Reisekleidung zu erkennen? Die Dichtung sei zu Hilfe genommen, um die hier verborgenen Schwierigkeiten der Menschen im Umgang miteinander anzudeuten. Das mit dem Aufkommen des „Ihrzens“, der Vorform des neuzeitlichen „Siezens“[49], verbundene Problem der Wirte bei der Anrede eines fremden Gastes[50] wird im Orendel als grundsätzliche Frage sichtbar: „Got gruze uch, her Grawer Roc; / ich kan uch nit anders genennen, weiz got! / ob ich uch, here, erkante, / wie gerne ich uch anders nannte“[51]: Ich kann Ihnen nur ein einfaches „Grüß Gott“ entbieten. Wenn ich Sie näher kennen würde, würde ich Sie selbstverständlich mit dem gebührenden Titel anreden.

Die Alltagserfahrung der Begrüßung von Fremden prägt umgekehrt auch das Verhalten der Reisenden. Die Erfahrung in der Fremde und nicht die Lektüre von Bourdieu zwingt den Menschen, auf seinen Habitus zu achten. Dies geschieht aber nicht unter Betonung des Statussymbols Kleidung. Selbst Kaiser Friedrich III. reiste im schlichten Gewand und holte den besseren Hut erst beim Einritt in eine Stadt hervor. Das Ansehen ist angesichts der Mobilität mit ihrem Zwang zum schlichten Reisekleid weniger von äußerlichen Statussymbolen als von der Art des Auftretens abhängig. So wird der spätere Trierer Erzbischof Kuno von Falkenstein von seinem Benehmen her charakterisiert: Er tätschelte seine Vertrauten, aber wenn er wütend wurde, blies er seine Backen auf, was ihm außerordentlich eindrucksvoll zu Gesicht stand. „unde hatte gutliche geberde gen sinen frunden, unde wanne daz he zornig was, so pußeden unde floderten im sine backen und stonden ime herlichen".[52]

Die Selbstinszenierung als Teil des Ansehens gilt Geistlichen als Weg zur Sünde. Die entsprechenden Fragen eines Beichthandbuches aus dem 14. Jahrhundert vermitteln uns deswegen einen Einblick in den mittelalterlichen Alltag: „Brauchst du im Gespräche süßliche, schmeichelnde oder prahlende, vielleicht drohende Worte? Hast du mit lockenden, lügenhaften Versprechungen groß getan? Suchtest du das Gefallen anderer zu erregen, indem du mit unnatürlicher Stimme oder in bald lauteren, bald leiseren Tönen sangest? ... Wolltest du durch die Art, wie du dich schmücktest, durch schöne Gewänder, durch zierlichen Gang und feines Benehmen eitles Lob und Ansehen gewinnen?"[53] Das Beichthandbuch lehrt: Nicht nur Kleidung, sondern auch Benehmen ist Selbstinszenierung. Aber diese darf den Rahmen des eigenen Standes nicht überspielen. Der welterfahrene Braunschweiger Zollschreiber Hermen Bote spottet über das Auftreten des Ludeken Hollant, des führenden Mannes bei der Stadtrevolte des Jahres 1488: „einen feineren, einen stattlicheren Kürschner als diesen hatte die Welt noch nicht gesehen! Einem Kurfürsten gleich trat er langbeinig voran, ein hagerer Gesell mit dicken Waden, blickte grimmig aus seinen tiefliegenden Augen und schnaubte um sich in hartem Ton."[54] Die Art des Grußes kann auch Aussage dafür sein, wie weit die Selbstinszenierung Erfolg hat; denn – wir wiederholen – der Gruß versichert den Gegrüßten seines Ansehens, das er beim Grüßenden genießt. Hatte sich Walther vor der Klosterpforte in Tegernsee allzu bescheiden allein auf seine Bekanntheit verlassen?

Welche Worte folgen dem Gruß, wie wird der Gegrüßte angeredet? Wir behaupten zunächst, daß die Wendungen in den Briefen des Spätmittelalters der alltäglichen Realität entsprechen. „Vruntlike grote und wes ik gudes vormach“, „vruntlich grote tovorne screven“ usw.[55] Briefe hansischer Städteboten unterscheiden sich nicht von denen bayerischer Fürsten. „Unser grus zuvor.“[56] Nach Wendungen wie „meinen Gruß zuvor“ wird der Adressat angeredet mit „Lieber“. Und das entspricht dem üblichen Umgangston. Um unsere Behauptung zu beweisen, müssen wir, da uns der Alltag verloren ist, auf außergewöhnliche Begebenheiten in der Absicht zurückgreifen, in der Außergewöhnlichkeit die Normalität eingeschlossen zu finden; gewissermaßen nicht den Bernstein, sondern die in ihm konservierte Fliege zu betrachten. Bei folgendem Beispiel interessiert uns nicht die Wahrheit der im Spätmittelalter bereits überlieferten Begebenheit aus der Schlacht bei Dinklar 1367, uns interessiert, wie der Hildesheimer Bischof in kritischer Schlachtsituation seine Truppen anfeuert. Die Zeitgenossen faszinierte die Wirkung des Reliquiars; die Form, in der ein Fürst seine Söldner und Vasallen anredet, ist ihnen hingegen selbstverständlich. Der Bischof erhebt das Marienreliquiar und schreit: Liebe Leute, Kopf hoch, hier habe ich 1000 Mann in der Hinterhand. „Leve Kerle, truret nicht! Hie hebbe eck dusent Mann in miner Mawen.“[57]

„Leve Kerle“ – der Bischof biedert sich keineswegs an.[58] „Lieber“ ist die gebräuchliche Anredeform im späten Mittelalter; die Passionsspiele geben hier die Realität wieder. Gleichgültig, ob der Brechts epischem Theater entsprechende „Praecursor“ sich an das Publikum wendet, ob die Mitglieder der heiligen Familie oder die Teufel miteinander sprechen: man beginnt mit „lieber“ oder „liebe“.[59] Im spätmittelalterlichen Theater erkennen sich die Menschen in ihren Umgangsformen wieder.[60]

Die Ritter, die 1364 in Limburg eine Rechtsauskunft erfragen, sprechen die städtischen Schöffen mit „live frunt“ an und diese antworten mit „live herren".[61] Das „lieber" ist uns nicht unvertraut. Aber im Gegensatz zum Spätmittelalter haben wir Heutigen nur bis ins Unendliche gehende Variationen des „liebe kerle" und damit Unverbindlichkeit erreicht: „Mein Lieber" kann sogar eine Drohung sein.

Noch größere Schwierigkeiten als bei der Rekonstruktion des Willkommens haben wir bei der des Abschieds. Das meiste, was wir wissen, gehört zum höfischen Zeremoniell[62] oder als „urloup"-nehmen zum Rechtshandeln. („Urlaub" besteht in der Auflösung eines Rechtsverhältnisses.) Für den Alltag gilt: Der Abschied umschließt den Segenswunsch. Selbst nach ausgedehntem Gelage wahrt an der Jahreswende 1382 der Zürcher Chuoni Haberer die Form, als er spät in der Nacht von seinen Mitzechern weggeht. Seine Worte blieben erhalten, weil sie wegen eines anschließenden Streitfalls gerichtsnotorisch geworden waren. (Endlich hören wir einmal einen Menschen aus dem Mittelalter direkt sprechen.) „Mir ist wunderlich", gab Chuoni nach ausgedehntem Zechen zu, „ich will nach Hause gehen, ihr Gesellen, Gott geb euch allen ein gutes Jahr."[63]

Abschied und Segenswunsch: Ein Weistum aus der Eifel schreibt die Form vor, mit der ein Bauer, wenn er aus dem Dorf ziehen will, dieses Vorhaben in aller Öffentlichkeit, bei scheinender Sonne, der Gemeinde verkünden soll: „und sol sprechende offentlich, ir heren got gesegen euch, ich will enwegk".[64] Zorn, Enttäuschung, Resignation – alles das mag bei dem Abzug eines Bauern mitgespielt haben. Die Bleibenden gestatten ihm aber keine individuelle Äußerung, sondern nur die Versicherung der überlebenswichtigen Nachbarschaft.

„Gehabt euch wol" ist bereits eine Verkürzung des Segenswunsches beim Abschied. Seit dem 14. Jahrhundert setzt sich eine weitere Verkürzung durch, das „ade", das „adieu" für: „Gott bewahre dich".[65] Es stellt eine Verkürzung des „Gott grüße dich" dar. Formalisierung. Das „Lebewohl" bleibt dem Mittelalter unbekannt; es kommt erst im 16. Jahrhundert als Lehnübersetzung des von den Humanisten gepflegten lateinischen „vale" auf.[66]

Sowohl „adieu", umgeformt zum „Tschüß", als auch der Wunsch „gute Nacht" weisen von den heutigen Umgangsformen in das Spätmittelalter zurück. Was wir aber nicht mehr nachvollziehen können, ist das Ausmaß der existentiellen Verunsicherung beim Abschied. Einander nahestehende Menschen blieben in einem unendlich stärkerem Maße als heute im Ungewissen, ob sie einander wiedersehen würden. Deswegen konnte es auch nicht das heutige „auf Wiedersehen" geben. Jeder Reisesegen stand unter der Schwermut des Ungewissen, der Gefahr eines Abschieds für immer. Bewegend, was Johannes Butzbach aus seiner Kindheit berichtet. Der Vater übergibt den kleinen Jungen einem fahrenden Schüler, der versprochen hatte, ihn auf die Schule zu bringen, damit er es – möglichst als Pfaffe – einmal besser haben solle als seine Eltern. Beim Abschied nahm der Vater „eine Kanne mit Wein, machte darüber das Zeichen des Kreuzes und sagte: ‚Nimm, mein liebster Sohn, und trink zu guter Letzt mit mir den Segen des heiligen Johannes'".[67] Ein nicht nur in der Eidgenossenschaft mit ihren Reisläufern, den in die Fremde ziehenden Söldnern, bestehendes Alltagsproblem scheint hier auf. Abschiednehmen von Vater und Kind gehörte zur Mobilität des Mittelalters und der frühen Neuzeit, zur Chancensuche der nachgeborenen Söhne. Ein überzeitliches Problem. Wie der Vater des Johannes Butzbach leidet auch etwa zweihundert Jahre später der Vater des Ulrich Bräker. Nur der Zufall, daß beide Autobiographien erhalten blieben, reißt den den Alltag verbergenden Schleier hinweg. Stumm wirft der alte Bräker auf seinen scheidenden Sohn „von Zeit zu Zeit ... einen wehmütigen Blick".[68] Darin hatte es der Vater des Johannes Butzbach besser; er konnte sich in der trostspendenden Frömmigkeit geborgen fühlen, welche die

Heiligenverehrung als Barriere gegen die Resignation aufgerichtet hatte. Der Vater des Johannes Butzbach wählte eine dem ausgehenden Mittelalter vertraute und tröstende Abschiedsform: die Johannesminne.[69] Der Vater des Ulrich Bräker blieb in sich gekehrt zurück.

Willkommen und Abschied kennen die verschiedensten nuancierenden Formen. Was heutzutage als Teil von Konventionen oder Höflichkeitsgesetzen verklammert wird, läßt im Mittelalter noch die Herkunft aus zwei ganz verschiedenen Sachverhalten erkennen. Die Spannweite des Willkommens liegt in der Frage des Ansehens, die des Abschieds in der Frage, wohin der (inzwischen) Bekannte geht – nach Hause wie Chuoni Haberer oder in die Fremde wie Johannes Butzbach.

Der lange Weg vom „Du" zum „Sie"

Noch bis ins 12. Jahrhundert hinein duzten sich die Menschen allesamt, sie duzten auch den Höhergestellten. Selbst devote Scholarenbriefe an den hochgestellten Bischof kennen nur das „Du".[70] Auf dem Land blieb diese Umgangsform noch lange erhalten, was bereits im Spätmittelalter einen Gegenstand des Spotts über die tölpischen Bauern bildete; denn von Frankreich ausgehend hatte sich seit dem späten 12. Jahrhundert eine höfische Sitte gebildet, die auf alle höheren Stände ausstrahlte und dann auch in den Städten übernommen wurde.[71] Das „Ihrzen" wird im hohen Mittelalter in aristokratischen Kreisen üblich.[72] Ganz unterschiedliche Gestaltungsformen des (nach heutigem wissenschaftlichen Konsens) fiktionalen Textes,[73] höfisches Epos und Heiligenvita, können sich dieser Realität nicht entziehen.[74] Diese Anrede gebührt nicht nur dem Herrn. Auch adelige Frauen werden selbstverständlich mit „Ihr" angesprochen.[75] Das war mehr als ein Wandel von Konventionen, das schuf Variationsmöglichkeiten im Umgang. Erst das „Ihr" bestätigt Hierarchie, weil es Distanzierung schafft.

Das heißt aber auch innerhalb der Adelsgesellschaft, daß die Distanz der Anrede soziale Fremdheit ausdrücken kann. Wer seinen Standesgleichen mit „Ihr" anredet, schließt ihn aus,[76] wirft im Konfliktfall den Handschuh, wer ihn aber duzt, wird bei einem Streit die Gemeinschaft, die das „Du" trägt, um Vermittlung, um Schlichtung anrufen. Deshalb kann im ausgehenden 13. Jahrhundert ein österreichischer Dichter, nachdem er alle konfliktträchtigen ökonomischen Unterschiede in der Ritterschaft aufgezählt hat, beschwichtigen: Über das Trennende kann ich hinweggehen, denn ihr duzt euch doch untereinander („waz will ih des zerreizen nu? / ir heizzet all einander du").[77]

Bis in die große Politik, bis in das Verhältnis von Kaiser und Papst spielte die Frage hinein, wer wen mit „tu" oder mit „vos", mit „Du" oder mit „Ihr" anreden dürfe.[78] Der Ranghöhere wird mit dem „Ihr" geehrt, aber er duzt den Rangniederen[79] und wäre es selbst der Beichtvater.[80] Während sich die Eheleute duzen, werden sie von ihren Kindern mit „Ihr" angesprochen.[81] Da die Kinder aber mit dem Gesinde aufwachsen, werden sie von ihren Eltern geduzt.[82] Das alles sind keine Formalitäten, sondern (im wörtlichen Sinne zu verstehende) „Feststellungen" und wie alle derartigen „Feststellungen" an einen allgemeingültigen Konsens gebunden. Diesen Konsens über die Respektierung von Rangverhältnissen wollte eine Heilige nicht gelten lassen. Elisabeth von Thüringen ließ sich von ihren Dienerinnen duzen und befahl diesen, bei Tisch an ihrer Seite zu sitzen.[83] Aber das war derart ungewöhnlich, daß die Dienerinnen selbst Zweifel an diesem Verhalten beschlich, und es bereitete ihnen Unbehagen, sich mit ihrer Fürstin auf dieselbe Bank zu setzen.[84]

Als mit der Übernahme der „hövescheit" durch die städtischen Führungsschichten das „Ihr" in die Stadt gewandert war, blieb erhalten: Diese Anrede schafft Distanz aus Respekt. 1430 verklagt eine Zürcherin einen Mann nur deshalb wegen Ehrverletzung, weil er sie geduzt hatte. Im Zorn hatte sie ihm auf das Duzen entgegengeschleudert, sie sei weder seine Nutte, noch habe sie die Schweine mit ihm gehütet. („Bin ich din huor oder hab ich der süwen mit dir gehütet.")[85] Ein Einzelfall, der Grundsätzliches beleuchtet. Das „Ihr" stellt in der Korrespondenz mit dem „Du" Beziehungs- und Rangverhältnisse her. Das Duzen zwischen zwei Menschen ist Ausdruck von Verwandtschaft, Nachbarschaft, Genossenschaft, Freundschaft.[86] Wer sich duzt, versichert sich der Verbundenheit in Gleichheit. „Gesellschaft" im ursprünglichen Sinne wird sichtbar.[87] Deshalb ist unter Standesgleichen die Anrede „gut gesel" üblich.[88]

Das „Du" unter Standesgleichen bestimmt auch die Solidarität der Humanisten. Sie gebrauchen untereinander das „tu", verwenden das strenge „vos" nur gegenüber Höhergestellten. Diese Devotion ärgert Aeneas Silvius. Er schreibt 1444, schon längst kaiserlicher Sekretär, an den Grafen von Lupfen, den er duzt, über die Unsitte des „vos", das „die Alten" nicht gekannt hätten.[89] Konsequenterweise duzt Aeneas auch seinen unmittelbaren Vorgesetzten, den Kanzler Caspar Schlick.[90]

Die ursprünglichen Formen der Anrede halten sich in der Welt der einfachen Leute bis tief in das 16. Jahrhundert hinein.[91] Die Bauern bleiben bei ihrer Gewohnheit, alle Welt zu duzen.[92] Das aber wird von den Höhergestellten immer mehr als ungehörig empfunden;[93] mit dem 16. Jahrhundert legen sie gesteigerten Wert auf soziale Distinktion.[94] In diesen Kreisen beginnt sich jetzt auch das Ihrzen sogar unter Eheleuten durchzusetzen.[95] Tradition und Wandel. Nachdem die Anrede in der dritten Person im 16. Jahrhundert selbst unter Standesgleichen üblich geworden ist, retten die Fürsten wenigstens das „Lieber" des Spätmittelalters und sprechen sich untereinander mit „Euer Liebden" an.[96] (Sie selbst werden seit dem 15. Jahrhundert statt des einfachen „Ihr" mit „Euer Gnaden" angeredet.)[97] Und erst in der frühen Neuzeit wird festgelegt, daß der Jude nur geduzt werden dürfe.[98] (Aber dennoch kann er angeredet werden: „Lieber jud".)[99]

Wenn der Nürnberger Rat um die Mitte des 15. Jahrhunderts beschließt, in seinen Schreiben an die Ritter des Umlandes künftig das „Du" zu vermeiden,[100] so reagiert er augenscheinlich auf Unmutsäußerungen aus dem Kreis der Adressaten. Warum soll man nicht großzügig sein, wenn es um Formalien geht, und wenn vor allem der Frieden zu bewahren ist. Was dem Nürnberger Ratsbeschluß zugrunde liegt, ist ein in Schriftform gegossener Zeremonialrespekt, der in den spätmittelalterlichen Kanzleien der Fürsten und Städte entwickelt und dann im 16. Jahrhundert in eigenen Titulaturbüchern regelbildend veröffentlicht wird. In solchen Büchern, wie etwa Alexander Hugs „Formulare und teusch Rhetorica" (Tübingen 1532),[101] werden Regeln des höfischen Verkehrs noch weiter differenziert, wie sie in ihrer Grundform 1435 ein bayerisches Kanzleikonzept festhielt: Grafen sind mit „wolgeboren", Ratsherren mit „fürsichtig" usw. anzureden.[102] Aus der Kanzlei also stammen die Regeln des gesellschaftlichen Verkehrs, die dann in der frühen Neuzeit bis in die Kreise des gehobenen Bürgertums hinein wirken, den „guten" Ton bestimmen und dem Begriff „Höflichkeit" eine Ausgestaltung geben, die wegen der sozialen Breite, die nunmehr der Verpflichtung auf diesen Begriff eigen ist, dessen enge Herkunft kaum noch erahnen läßt. Schwer ist es, wegen dieser historischen Ablagerung der Verkehrsformen die spätmittelalterliche Wirklichkeit des Umgangs von Menschen wieder zu entdecken, die fernab von Respekt und Distanzierung im „Du" geborgene Direktheit.

3
Direktheit: Wie beurteilen die Menschen einander?

Direktheit im Umgang der Menschen miteinander: Das ist glücklicherweise für den vergessenen Alltag in einer oft unterschätzten Quellengattung sedimentiert, in den Familiennamen. Diese stammen aus dem Spätmittelalter. Allerdings wurden seit jeher Spitznamen, die seit dem 14. Jahrhundert generationenlang nachwirken können, den Mitmenschen beigelegt. Im frühen Mittelalter spotten die Ostgoten über einen dicken Mann: Mammô oder Wamba, ein struppiger Langobarde wird geneckt: Zotto.[1] Aus dem Altnordischen sind Namen wie „miobein" (Dünnbein), „hesthofdi" (Hengsthaupt), „swînhofdi" (Schweinskopf) bekannt.[2] Solch eine Namengebung macht bis ins Spätmittelalter selbst vor hochgestellten Personen nicht halt: Papst Sergius IV. wurde „os porci", „Schweinsmaul" genannt.[3]

In einer solchen Namengebung drücken sich Formen des Miteinanders von Menschen aus, Spottlust ebenso wie Direktheit, Fähigkeit zum offen formulierten oder – wie wohl doch beim apostolischen „Schweinsmaul" – zum verstohlen geäußerten Kommentar. DerSpitzname – und das ist das Neue – kann im Spätmittelalter zum Nachnamen, kann vererbt werden. Und das ist unser methodischer Angelhaken. Die Mitwelt gibt dem Menschen den Namen, den dieser an Kind und Kindeskinder weiterreicht – der Sohn des Schöne kann häßlich sein. Deshalb sind Formen des Umgangs aus dem Mittelalter bis heute erhalten. Oder anders gesagt: Selbst das Telefonbuch kann als Quelle historischer Erkenntnis genutzt werden.

Welchen Bezirk wir auch wählen: jedes Telefonbuch gibt Auskunft über unsere Vergangenheit. Hier sind nicht nur die Herkunftsnamen wie Frank oder Adenauer, nicht nur Namen, die nach der Rechtsstellung gebildet sind,[4] wie Meier, Vogt[5] oder Keller[6], zu lesen, nicht nur Namen, die auf Berufe zurückweisen vom angesehenen Schreiber bis zum wenig geachteten Maurer. Das Blättern nach der Telefonnummer läßt uns immer wieder stutzen bei Namen wie Todeskino, wenn wir einen Heinrich Tode suchen. (Ein kleiner Deutscher erhielt in Italien den Namen „tedeschino", den sein Nachfahr, als er in deutsche Lande zurückkehrte, beibehielt.)

Normalerweise gilt: Berufe bilden Nachnamen.[7] Der Schubert ist der Flickschuster im Gegensatz zum feineren Schuhmacher. Jeder kennt den Bäcker, der im deutschen Südwesten Pfister heißt,[8] den Fleischer usw. Daß der „Baldauf" ein Bäcker ist, leuchtet ein. Für unsere Fragestellungen geben solche Namen nicht viel her: Jedoch fügten sich viele Menschen nicht in die Normalität ihrer Aufgaben, und dies konnte dann der Mitwelt derart auffallen, daß sie den Betreffenden sozial (und das heißt als Nachbarn) charakterisiert. Eine geradezu rufschädigende Direktheit der Namengebung müssen sich oft Metzger gefallen lassen: „Lawelinus dictus Böse-fleisch carnifex" hat den Zorn vieler enttäuschter Kunden auf sich gezogen, und der 1379 bezeugte „Ottlinus Posfleisch" heißt im folgenden Jahr „Ottel mala caro".[9] Dahinter steht die Resignation, an welche die heutige Redewendung „in Kauf nehmen" erinnert: Der mittelalterliche Metzger ist eher Fleischzuteiler als Fleischverkäufer.[10] Derjenige, dem er die Ware zum festgesetzten Preis verkauft, hat oft genug die Knochen darin „in Kauf zu nehmen". Das gilt im Prinzip angesichts des knappen Angebots auch für andere Nahrungsmittelzünfte. Den Bäcker, der allzuviel Kleie in das Mehl mischt, nennen seine Mitbürger „Derpbrot"[11] oder – noch verärgerter – „Claus Mistback".[12] Der Unmut der Mitwelt, der sich in solchen Namen widerspiegelt, erklärt die Popularität der Bäckerstrafen.[13] Die Obrigkeit schreitet gegen denjenigen ein, der das Verkaufen von minderwertigem Brot übertreibt, läßt ihn öffentlich in Gewässer tauchen – in Straßburg an der Stelle, wo die Abwässer des Schlachthauses eingeleitet werden. Am härtesten traf es einen Frankfurter Bäcker. Der Rat zwang ihn, seine Brote, in die allzuviel Sand verbacken war, selbst aufzuessen – der solcherart Bestrafte starb.[14]

Auch das Aussehen kann nachnamenbildend werden wie groß und klein oder kurz und lang, und dabei kommt es auch zu drastischen Benennungen nach wenig anziehenden Körpereigenschaften, also um Lüneburger Quellen zu zitieren: „Lammeshovet, Schapeshovet, Schapesnacke, Platvot".[15] In Hannover heißt ein Bürger „Spinnbên", in Göttingen „Eselskop".[16] Der norddeutschen Namengebung entspricht die süddeutsche. Der „Strubel" oder der „Herthar" fallen durch ihr struppiges Haar auf,[17] und „Cunrad Cucenmüli" hat eine Mundpartie wie ein Kauz.[18] Einen eigentümlichen Blick müssen der Kalbsauge („calvesogke") und der Kuhauge („covesoge") in Rostock gehabt haben.[19] (Und ein hervorragender Abwehrspieler des Bundesligavereins Hansa Rostock hieß Thomas Gansauge.) Namen wie Ziegenhaupt, Hasenkopf, Saurüssel begegnen im mittelalterlichen Oberfranken.[20] Keinen Lippenstift braucht, wer „Scharlachmunt" genannt wird.[21] Den Mitbürgern fallen, nachnamenbildend, der Schwarzkopf und der Breithaupt ebenso auf wie der „Crumbhals".[22] Aber das ist noch harmlos, fast liebevoll, im Vergleich zur Benennung einer Ritterfamilie mit „Rindsmaul".[23] Diese Bezeichnung ertrug ein Adelsgeschlecht aus dem baierischen Nordgau mit trotzigem Stolz: Seit Mitte des 13. Jahrhunderts urkunden seine Angehörigen mit einem redenden Wappensiegel, das einen Rindskopf mit bleckender Zunge zeigt.[24] Einen vergleichbaren Fall bildet, daß eine Linie der märkischen Herren von Ringelstein den ganz und gar unadeligen Namen Affenschmalz führt.[25]

Warum ertrugen die adeligen Rindsmaul, warum ertrugen die bürgerlichen Ziegenhaupt den Namen, den sie einem Vorfahren verdankten? Mit dem Namen bereits des Vaters oder Großvaters verbanden sich Erbansprüche. Pointiert sei angesichts unseres Grundsatzproblems, daß wir so selten mittelalterliche Menschen sprechen hören: Durch das Erbrecht, das Namen haften läßt, wird konserviert, wie die Mitwelt den Vorfahren eines Bürgers angesehen hat. (Auf dem Lande gelten vielfach andere Prinzipien: Der Besitz des Hofes gibt - auch hier wirkt das Prinzip des Erbes - den Namen.)

Namen sagen nichts über ihren Träger aus; wir wiederholen unser Argument, wonach der Sohn des Schöne häßlich sein kann. Verfestigte Nachnamen erinnern an die Bedeutung des Erbrechts, sie erinnern aber auch an den Umgang der Menschen miteinander, weil Nachbarn, Mitbürger, Gesellen den Vorfahren des Schöne so benannt hatten. Die Benennung eines Menschen nach seiner Gestalt oder nach seinem äußeren Gehabe ist in ganz Europa verbreitet.[26] So kann in Deutschland ein Ritter „Athemkurz" oder „Kurzatem"[27] oder in Italien ein kleinwüchsiger Mensch „curtuspassus", Kurzschritt, genannt werden.[28] Solche Namen gehören gleichermaßen zur Stadt und zum Land.[29]

Nicht nur Äußerlichkeiten, sondern auch Charaktereigenschaften werden zum Namen. Positiv kann ein Mensch gewürdigt werden - bis heute leben Namen wie Wacker, Fromm, Klug und Demut[30] -, aber auch harter Kritik seiner Mitwelt unterliegen: Overstolz, Gir, Hardefust - Benennungen Kölner Patriziergeschlechter, die auf ein skrupelloses Ausnutzen wirtschaftlicher Macht hindeuten. Die Mitwelt begegnet fragwürdigem Verhalten mit kritischem Kommentar. Heinrich Schawernack ist sicherlich nicht bei allen beliebt,[31] und Hans Schafflützel[32] ist als fauler Kerl bekannt. Es gilt zum Beispiel zu bedenken, daß bei norddeutschen Städteunruhen immer wieder „sulfwolt", Selbstherrlichkeit oder, wie man heute sagen würde, mangelnde Kompromißbereitschaft der gegnerischen Partei vorgeworfen wird. Es läßt sich daran ermessen, was es bedeutet, wenn ein reicher Lüneburger den Namen „Sulfvolt" führt – Benennung eines Menschen, der mit dem Kopf durch die Wand geht.[33] Ebenso wie der reiche Lüneburger kann im deutschen Südwesten der eigensinnige Bauer als „Ungerichtig" benannt werden.[34]

Die Direktheit, mit der selbst mächtige Menschen von ihren Nachbarn benannt wurden, die ungeschminkte Kritik, hat sicherlich des öfteren zum Abwägen geführt, ob den im Namen konservierten Erbansprüchen oder dem Weiterleben von Schwächen des Vorfahren in der eigenen Existenz der Vorzug zu geben sei. Ein Beispiel: Um 1200 versucht eine Kölner Geldhändlerfamilie den Namen „Unmâze" durch das vornehme „de curia" zu ersetzen.[35]

Die Nachkommen des „Unmâze" schämten sich. Aber hatte sich ihr Vorfahr geschämt? Die Namenforschung hat ein in seiner Bedeutung kaum zu unterschätzendes Material zur Erforschung von Mentalitäten bereitgestellt, sie zwingt unter anderem zur Überprüfung der Wertvorstellungen, die bisher aus normativen oder literarischen Quellen abgeleitet wurden. Was sagt nicht der Namenwechsel von „Unmâze" zu „de curia" aus? Aber: Der Geburtsstand konnte – ein überzeitliches Problem – zur Arroganz verleiten; so urkundete ungerührt ein Angehöriger einer bedeutenden mittelrheinischen Familie unter der Bezeichnung, die ihm seine Zeitgenossen mit hartem Vorwurf beigelegt hatten: „Ich Bartholomeus genant Rupsac von Manderscheid".[36] Der 1247 bezeugte Ritter „Arnoldus dictus Lambervraz"[37] ist nicht nach seiner Lieblingsspeise, sondern nach seinen Raubzügen so benannt worden.

Von der Masse der überlieferten Familiennamen, von den Müller, Meier, Schulze her gesehen sind unsere Beispiele zweifellos quantitativ nicht repräsentativ; repräsentativ sind sie hingegen –

qualitativ – in ihren Abweichungen vom Normalen, für das Miteinander von Menschen; denn es ist offensichtlich, daß unsere Beispiele des direkten Umgangs in allen deutschen Landen und in allen Bevölkerungsschichten anzutreffen sind.

Benannt werden Menschen nach dem, was sie von anderen unterscheidet. Deshalb: auch Gewohnheiten geben Namen. So kann jemand nach seiner Haupt- oder Lieblingsspeise benannt werden: Ein österreichisches Rittergeschlecht führt den Namen „Fleischezzen".[38] Der Bohnenesser und derjenige, der statt der üblichen Breie lieber Brot ißt, heißt also „Wernherus Bonezza" oder „Lodewicus dictus Brotvraz".[39] Und denjenigen, der sich angesichts der allzumeist sehr einfachen mittelalterlichen Nahrung etwas Besseres leisten kann, nennen die Zeitgenossen wie einen Basler Ritter „Keseundbrot".[40] Ein „Hans Krautundfleisch" begegnet 1488 in Bamberg, und ein Kulmbacher Bürger heißt „Wurstfraß".[41] Mit einfacher Kost begnügt sich der „Susemilck", aufwendiger leben der „Pfeffirvleysch" und der „Pfannkuchen".[42] Der eine schätzt die teuren Gewürze, der andere eine damals als Köstlichkeit geltende Speise, die nicht im gewöhnlichen Kessel, sondern in der seltenen, teuren Pfanne zubereitet wird. Der in vielen Varianten häufig belegte Familienname Küchli, Kuechelin gehört nach den Belegen des 13. Jahrhunderts zur Oberschicht;[43] und das kann nicht verwundern, da der Kuchen eine Herrenspeise ist.

Nicht nur Lieblingsspeisen bilden Nachnamen, sondern auch Lebensgewohnheiten. Der „Lebsanft" liebt die Behaglichkeit.[44] Der „Hubscher" oder „Hubeschman" ist keineswegs ein besonders ansehnlicher Mensch – dieser heißt „Schönkint" oder „Schönemann"[45] –, sondern jemand, der auf „höfische" Art und Weise den Frauen nachstellt.[46] Bequem macht es sich der „Sachtelevent".[47] Und die Verhaltensweisen eines Egozentrikers schlagen sich in dem Namen „Nidanc" nieder.[48] Mit einem Gruß über die Zeiten erinnert der Autor an einen spätmittelalterlichen Menschen, der vorlebt, welche der Mitwelt auffallende Gewohnheit es damals bereits gibt, das leidenschaftliche Lesen. „Buochbiz“ wird der Bücherwurm genannt.[49] Und auch das sei erwähnt: Wenn in Breslau jemand „Judenfeind“ heißt,[50] muß diese Einstellung doch den Mitbürgern als außergewöhnlich, als eine Einstellung, die nicht die ihre war, aufgefallen sein.

Namensgebung ist eine verfestigte Form des Grüßens. Natürlich hat kein kleiner Mannden eigensinnigen Lüneburger Patrizier mit „her sulfwolt“ angeredet. Aber dessen „Ansehen“ wird den Gruß bestimmt haben, von der furchtsamen Devotheit Abhängiger bis hin zur abschätzigen Distanz von seinesgleichen. Am Beispiel einer Mittelstadt und eines kleinen Marktortes, an den typischen Fällen also des deutschen Städtewesens im Mittelalter, sei dargestellt, in welcher Vielfalt sich Ansehen im ursprünglichen Sinne und damit der Umgang von Menschen miteinander widerspiegelt.

Die Göttinger Bürgeraufnahmen des 14. Jahrhunderts sind deswegen eine wichtige Quelle, weil der Neubürger durchaus kein Unbekannter war. Er mußte, um das Bürgerrecht zu erlangen, zwei Bürgen aus der Stadt stellen.[51] Das durfte bei „Hans Gudgheselle“ und „Hans Bedermann“[52] keine Schwierigkeiten bereitet haben. Aber natürlich fielen nicht alle Göttinger Neubürger nur wegen ihres sympathischen Wesens oder ihres redlichen Lebenswandels den künftigen Mitbürgern auf. Andere Nachnamen weisen auf Vorlieben des Jagens, des Tanzens und Springens hin,[53] auf Besonderheiten des Aussehens wie etwa beim „Wittekop“,[54] auf Vorlieben beim Essen: „Gheylewurst“.[55] Daneben gibt es Spitznamen wie „Aschenkorn“,[56] um von der im 14. Jahrhundert blühenden Göttinger Familie Speckbeutel ganz zu schweigen. Stehende Redewendungen eines Menschen werden auch in Göttingen namenbildend wie bei dem wohl etwas hektischen Siegfried von Lengden „dictus tempus est“,[57] oder bei „Hermannus de Lare dictus vretenduvel",[58] der wohl zu oft im Munde führte, daß er einen Teufel fressen werde. „Johannes Goddesgnade"[59] ist keineswegs ein frommer Mensch, sondern ein städtischer Söldner, der mit der martialischen Drohung „Gnade dir Gott" seinen Widersachern entgegentritt.[60]

Johannes Gottesgnade ist ein früher Repräsentant jener Söldner des 15. Jahrhunderts, die sich, weil sie aus der namenlosen Unterschicht stammen,[61] selbst Namen geben: Thudichum, Wagehals, Fürchtenicht usw. Werbung sind solche Selbstbenennungen, sogenannte Satznamen: Tue dich um (weil ich komme), ich riskiere meinen Hals, ich fürchte mich nicht. Sie zeigen einem Kriegsherren die Unerschrockenheit des stellungssuchenden Söldners. Satznamen. Nicht unbedingt bösartig muß es gemeint sein, wenn 1409 ein Metzger „Johannes dictus Stingswürstel" genannt wird.[62] Stinken kann noch transitiv gebraucht werden, und dann würde der Name bedeuten: „Riech das Würstchen". Eine solche Namengebung ist bei den Wirten („Füllengast") oder bei Spielleuten („Preisendanz") Werbungsargument.

An dieser Stelle sei angemerkt, was unserer Interpretation der Familiennamen entgegenzustehen scheint. Die Namengebung ist nach nicht mehr durchschaubaren Gesetzen variabel. Auch wenn in Göttingen wie allenthalben in deutschen Städten in den amtlichen Aufzeichnungen das „dictus" vor den Nachnamen im Verlauf des 14. Jahrhunderts wegfällt, heißt das noch lange nicht, daß die Familiennamen sich verfestigt haben. Im Alltag reden sich die Menschen noch mit dem Vornamen an. Ein in der Stadt jedermann bekannter Wundarzt wird 1427 als „Mestir kerstin cyrurgicus" in das Bürgerbuch eingetragen.[63] Ein eigener Nachname erübrigt sich. Der Titel Meister wird auch dem kunstreichen Bogenmacher beigelegt: „mester peter armborsterer".[64] Heißt aber deswegen sein Sohn auch „Armbrust"?[65] Zu häufig sind die Beispiele, daß etwa der Peter Tischler ein Schuhmacher ist usw.

Noch stehen Untersuchungen aus, die bei den Berufsnamen die These der relativen Standesgleichheit verifizieren oder falsifizieren. Nach meinen Beobachtungen bleiben bei den ersten, den Familiennamen konstituierenden drei Generationen selbst bei Berufswechseln die handeltreibenden Nahrungsmittelzünfte im gleichen sozialen Spektrum, das sich abgrenzt von den armen Handwerkern. Der Sohn des Peter Metzger erscheint nicht als Seiler.

Die Göttinger Bürgeraufnahmen halten nur die Namen von Menschen fest, die zumindest angesehen und vermögend genug waren, um das Bürgerrecht zu erhalten. Nicht erfaßt wurden alle Einwohner der Stadt, die ohne Bürgerrecht zur Miete wohnten, die Knechte und Mägde. Nahezu namenlos blieb das Gelichter. In einer Mittelstadt wie Göttingen sind – ebenso wie in den wenigen Großstädten – die sich allmählich verfestigenden Familiennamen Ausdruck einer entstehenden, sich nach unten abgrenzenden Bürgergesellschaft. Wie weit aber kann dieser Befund verallgemeinert werden? Wir teilen durchaus nicht den Leichtsinn so mancher Historiker, vom „Bürgertum" zu sprechen, ohne den verbreitetsten Städtetyp in deutschen Landen, den der Kleinstadt, zu berücksichtigen.

Als um 1500 der Stadtschreiber von Volkach am Main ein Statutenbuch mit Abbildungen versehen ließ, gab er eine unschätzbare Quelle zum Alltag seiner Kleinstadt in Auftrag; er ließ nicht nur die Gestalten, sondern auch die Namen seiner Zeitgenossen verewigen. Noch haben sich in der kleinen Stadt die Nachnamen nicht verfestigt; Berufs- und Spitznamen gehen ineinander über. Ein Metzger heißt Peter Ochs,[66] ein Vermesser von Tuchballen Jorge Nodelspitzer;[67] Hans Gensmelcker treibt die Gänse zum Markt.[68] Letzteres ist nicht harmloser Spott, sondern eine den Menschen in seiner ganzen Existenz diskreditierende Namengebung – und das ist kein Einzelfall: Eppele Guguck wird der Schweinetreiber gerufen.[69] Brutaler Spott ergießt sich, als Name ein Leben lang haftend, auf arme Frauen, auf die Markthökerin Forzheim,[70] auf die Bäuerin Gretel Ars;[71] daneben ist es noch erträglich, nur Tadel nicht Spott enthaltend, wenn eine einfache Frau Thrut Ungeduld heißt.[72] Der Weinschreier, ein Krüppel, trägt den seine Mißgestalt glossierenden Namen Ulle Äffle,[73] und die beiden Dirnen im Frauenhaus heißen in derbster Verhöhnung Halbfoz und Weitloch.[74]

Versuchen wir, aus den Formen des Umgangs, wie sie sich in der Namengebung erhalten haben, über die Formen der Direktheit im Spotten und Kritisieren, Aufschlüsse über die beiden Potentiale zu gewinnen, die menschliche Ordnungen gestalten: zunächst die konsensgebundenen allgemeinen Vorstellungen über das Wesen des einzelnen und sodann die als selbstverständlich geltenden Bedingungen der Einordnung des einzelnen in seine Mitwelt, die Einordnung des aristotelischen „animal sociale". Mit den bisher historiographisch legitimierten Ergebnissen der Geistes- und Mentalitätsgeschichte im ersten Fall und der Sozialgeschichte im zweiten Fragenkomplex können wir wegen unserer bescheidenen Untersuchungsperspektive nicht viel anfangen. Weder die Derivate des mittelalterlichen gelehrten Schrifttums mit ihren Behauptungen, ein Weltbild des mittelalterlichen Menschen oder die drei grundlegenden Ordnungen erkannt zu haben, noch die Schichtenkonstruktionen der Sozialstratifikation erreichen unseren Gegenstand, erreichen die Normalität des Umgangs.

Unser Versuch kann aufgrund unseres Quellenfundus nur bescheiden als historische Illustration, nicht als Deutung ausfallen. Aber selbst diese Illustration hat ihren Wert angesichts einer Welt, welche durch soziale Ungleichheit tiefer geprägt ist als die unsere, weil sich diese Ungleichheit generationenlang vererbt. Konsensgebende Vorstellungen in ihrer gesellschaftsbildenden Kraft: Wir beschreiten scheinbar einen Umweg: Ob der „Raubsack" genannte Herr von Manderscheid oder der Ritter Lämmerfraß ihre Namen vielleicht sogar mit einem gewissen Stolz ertragen haben, wissen wir nicht. Es gibt aber durchaus Fälle, die dem entsprechen, was sich später bei den Geusen oder den Sansculotten zeigt: Verhöhnungen können sich die Betroffenen mit dem Ausdruck des Selbstbewußtseins zu eigen machen. Um 1500 hatte sich ein Frankfurter Bürger im Turnier ausgezeichnet und damit den Unmut des Fürsten hervorgerufen: Wer ist denn dieser Lump, der edle Ritter den Sand des Turnierplatzes schmecken läßt und deshalb so viele Ehre davonträgt? Der Bürger, Peter zum Paradies, führte seitdem in seinem Namen den Zusatz: „genannt der Lump".[75]

Unsere Beispiele zeigen: Die Geusen und die Sansculotten eigneten sich ein Recht an, das im Mittelalter nur den Herren zustand, das Recht, Spott in Stolz zu verwandeln. Bezeichnenderweise handelt es sich um Soldatengruppen. (Daß eine der Wurzeln der Demokratie auch im Heerwesen liegen könnte, haben sich Historiker deswegen nicht zu untersuchen getraut, weil die ihnen so teure gradlinige Entwicklung in diesem Fall durch die Disziplinierung der „stehenden Heere" abgebrochen wurde.) Raubsack, Lämmerfraß, „der Lump" und – in diese Linie zu stellen – Gottesgnade und Schlaginhaufen sowie frühneuzeitlich Geusen und Sansculotten. Weil er die sozialen Ordnungen durchbricht, bringt der Krieg jene Umkehrung der konsensgebundenen Konstituierung von Ansehen hervor, die Mißachtung trotzig in Selbstachtung umkehrt. Und das gilt, weil konfessionelle Auseinandersetzungen eine Art von ordnungsstörendem Krieg sind, auch für „Rundköpfe", für Puritaner. Das alles sollte sich erst im 20. Jahrhundert ohne Zuhilfenahme von Kampfbereitschaft im Provokationsspiel verdünnisieren. Wie Odo Marquard zu einem Habitus der 70er Jahre feststellt: keine ungepflegten Menschen, sondern gepflegte Zitate des Mythos vom edlen Wilden.

Zurück zu den Spottnamen. Anders als die Adeligen und die frühneuzeitlichen Soldaten wird der „Mistback", wird der „Bösefleisch" über seinen Namen wütend gewesen sein, weil er nicht nur die Ehrkränkung, sondern auch die Geschäftsschädigung zu fürchten hatte. Er konnte sich nicht als „animal sociale" in trotziger Selbstbehauptung der Mitwelt zuwenden. Vielleicht hätte sich auch der harmlos verspottete „Pfannkuchen" eine edlere Namengebung gewünscht, aber er mußte wie alle anderen ertragen, wie ihn die Mitwelt nannte. Denn die immer wieder aufscheinende Direktheit im Umgang war letztlich Teil des Gemeinschaftsbewußtseins. Es ging nicht um den Umgang von einzelnen Menschen miteinander, sondern um die Einbindung des einzelnen in ein größeres soziales Umfeld, sei es Nachbarschaft, sei es Genossenschaft, sei es Gemeinschaft. Erst aus diesem Umfeld entstanden, an das Urteil vieler gebunden, die Nachnamen.

Spiegeln die Namen nur Direktheit? Zu bedenken ist, daß der Mensch des Mittelalters keinen privaten Rückzugsraum kennt. Das lassen die Wohnungsverhältnisse nicht zu. Selbst bei der Arbeit, selbst im Kreise von Freunden wird sichtbar: Im Raum der Öffentlichkeit bewegt sich der Mensch. Und das bedeutet: Die Namengebung glossiert nicht nurStatussymbole im heutigen Sinn („Käseundbrot"), sie ist auch Teil einer Einschätzung des Menschen, welche die gesamte Persönlichkeit berücksichtigt. Der „Sulfwolt" konnte ebennicht seinen Charakter mit Statussymbolen überdecken oder in einem privaten Bereich verbergen.

Wie steht es mit dem zweiten gesellschaftsbildenden Element des Menschen als dem aristotelischen „animal sociale"? Aus der Alltagsperspektive stellt sich diese Frage nicht in ihrer erhabenen, sondern in ihrer schlichten Gestalt: Wie ordnet sich das Geschöpf mit seinen Eigenheiten in die Gesellschaft mit deren Tendenz zur Nivellierung ein? Die Antwort liegt in den nachnamenbildenden Gewohnheiten: Die Mitwelt akzeptiert, indem sie kritisiert.

Der Betreffende – selbst, wenn er ein „Sulfwolt" ist – kann eben nicht anders. Wir übergehen das Problem, daß Namen auch Warnungen darstellen, und konzentrieren uns auf das, was im Mittelalter wohl über die Frage der „Identität" gedacht wurde. Die Identität eines „Claus Mistback" stand für die Mitwelt fest. Wurde eventuell akzeptiert, daß sich hinter diesem Namen ein sensibler Mensch verbergen konnte? Solche Fragen verboten sich. Schließlich konnte der „Mistback" ein unfähiger, aber zugleich ein geschäftstüchtiger, nur seinen Vorteil bedenkender Bäcker sein. War dieses „animal sociale" Claus Mistback besserungsfähig? Das Mittelalter sagte nein. Eine Wallfahrt hätte ihn nur von Selbstvorwürfen entlastet. Buße ist Entgelt für Sünden, ist keine Selbstverpflichtung zur Besserung, ist schon gar nicht Ausdruck von „Bekehrung". Eine solche gibt es im Mittelalter lange nur im Sinne der Umkehr von der weltlichen zur geistlichen Lebensform. (Erst über die Gemeinschaften von Laien, die sich zur religiösen Lebensweise verpflichteten – Stichwort: Dritte Orden –, bereitete sich vor: Sündenbewußtsein kann zur Einkehr, zur Abkehr von Versuchungen und schließlich zur Umkehr führen.) Für den Alltag des sozialen Zusammenlebens selbst noch im späten Mittelalter gilt: Auch Bußen und Wallfahrten machten Claus Mistback nicht zum geschätzten Mitmenschen. Nicht der Charakter, sondern die Lebensform unterliegt der Umkehrung.

Die Nachnamen in ihrer Direktheit zweifeln an der Besserungsfähigkeit des Menschen. Das ist auch die skeptische Aussage des Wortes von der Gewohnheit als zweiter Natur. Wir müssen das so hart formulieren, weil die heutige Vorstellung von „Selbstverwirklichung" auf der mittelalterlichen Unterscheidung von Essenz und Existenz beruht. Nur hätte man früher diese Unterscheidung nicht individualistisch interpretiert. Auch hier berühren wir das so schwer auslotbare Verhältnis von wissenschaftlichen Aussagen der Scholastik zu den damaligen allgemeinen Überzeugungen. Allein von der Wissenschaft her kann „natura“ als Lehnwort und als Bezeichnung individueller menschlicher Eigenschaften in die Welt gewandert sein. Wo aber liegt der Ansatz für die weitverbreitete, im Sprichwort fixierte Auffassung von der zweiten Natur des Menschen: „gewonheit ist diu ander nature“?[76] Berthold von Regensburg zog in grundsätzlicher Übereinstimmung mit diesem Sprichwort sogar die nachdenklich stimmende Folgerung, die Wahrscheinlichkeit, vielleicht sogar Wahrheit enthält: Zivilisation, Gewohnheit besagen manchmal mehr als Gene. „gewonheit ist etewanne rîcher denne diu natûre“.[77] Vor diesem Erfahrungshintergrund zollt Luther seinem Herrn, Friedrich dem Weisen, hohes Lob. Dieser konnte sich „selbs steuern, ob er gleich von natur zornig war, aber er hielt an sich.“[78]

Gewohnheit als zweite Natur: Heutzutage nerven uns Menschen, die im Gespräch über Dritte – in deren Abwesenheit – sich nur süffisant oder ironisch äußern können. Als Entschuldigung sollte aber gelten, daß diese Menschen unter einer historischen Entwicklung leiden, die zu einem gesellschaftlichen Konsens geronnen ist. Die direkte Beschimpfung des Mitmenschen ist tabuisiert. Was ich durchaus für einen Fortschritt halte, enthält die Gefahr, mittelalterliche Umgangsformen als grob, als ungeschlacht abzuqualifizieren. Ebensowenig wie die Menschen hinter dem Schwank den Witz entdeckten, kannten sie Süffisanz und Ironie; sie äußerten sich unmittelbar – Hintergrund unseres folgenden Kapitels.

4
Die Beschimpfung des Mitmenschen

Der Schatz an spätmittelalterlichen Familiennamen hatte es ermöglicht, Umgangsformen, vor allem die Direktheit in der zwischenmenschlichen Begegnung zu rekonstruieren. Beiläufig fiel selbst bei unserer Auswahl auf, wie vielgestaltig die mittelalterliche Namenwelt im Vergleich zur heutigen war. Die Spannweite der Familiennamen hat sich verkürzt. Insbesondere die vielen Satznamen sind weitgehend der Geschichte zum Opfer gefallen. Immerhin: An einen typischen Spielmannsnamen erinnert noch der Gründer des QuelleVersands: Schickedanz, und ein typischer Söldnername wie Schlaginhaufen[1] ist noch Lesern von Thomas Manns „Doktor Faustus" bekannt. Trotz aller Verkürzungen reicht der im Spätmittelalter entstandene Nachnamenschatz aus, um die Möglichkeit zu garantieren, eine seitdem um das Zehnfache gewachsene Bevölkerung zu unterscheiden. Den gleichen Befund des im Mittelalter größeren Variantenreichtums konstatieren wir auch bei einer ganz anderen Quellengattung, die allerdings sachlich mit der Direktheit des Umgangs zusammenhängt, bei den Schimpfwörtern.[2]

Viel variantenreicher als heutzutage sind die Beschimpfungen im Mittelalter.[3] (Die Aussage ist unter der Berücksichtigung der Langlebigkeit der entsprechenden Ausdrücke gefällt worden; die scheinbare Variationsvielfalt heutiger Beleidigungen beruht auf modischen, zumeist der Jugendsprache entstammenden Wörtern.) Aber trotz ihres Variantenreichtums kennen sie eines nicht, die Beleidigung wegen mangelnder Intelligenz. Selbst die Beschimpfung „Narr" zielt auf das Verhalten, nicht auf mangelnde

Kapazität des Geistes. Weder „Idiot“ noch „Schwachkopf“ sind als Schimpfworte belegt, und obwohl das Adjektiv „blöd“ durchaus bekannt ist, fehlt doch die Beschimpfung „Blödmann“. Der Esel ist im Mittelalter allenfalls Inbegriff der Unkeuschheit,[4] er dient nicht zur Charakterisierung des Mitmenschen als dumm. Nicht Dummheit, sondern Tolpatschigkeit dient zur Beleidigung. Und sodann Uneinsichtigkeit. „Stumpfer pickel“ herrscht der Tod den Ackermann aus Böhmen an, der sich mit dem Tod seiner Frau nicht abfinden will.[5]

Die Verkürzung der Ausdrucksmittel im zwischenmenschlichen Umgang zeigt sich etwa darin, daß heutzutage „Arschloch“ das dominierende Schimpfwort, daß – wie es früher in Bayern umschrieben wurde – die Einladung zur Kirchweih der häufigste Schluß ist, der eine heftige Auseinandersetzung beendet. Diese Art des Beschimpfens gibt es auch im Mittelalter, aber sie ist erstens selten, verschwindet fast hinter anderen Redewendungen und ist vor allem etwas phantasievoller: In Colmar wird derjenige mit einer Geldbuße von fünf Schillingen und 14 Tagen Stadtverweisung bestraft, der einen anderen „bogkes gesingkeloch“ oder „bogkes arsloch“ nennt.[6] (Hierbei ist zu berücksichtigen, daß der Ausdruck „bogkes“ nur dazu dient, den Namen Gottes nicht in den Mund nehmen zu müssen.)

Es gibt offenbar überzeitliche, dem Fäkalbereich zugeordnete Schimpfformen. „Ich schiß uff ain Rat“, ruft ein erzürnter Konstanzer Bürger und handelt sich von den derart geschmähten Ratsherren eine zweijährige Stadtverweisung ein.[7] Selbst Götz von Berlichingens derbe Einladung ist dem Mittelalter durchaus bekannt.[8] Im oberfränkischen Hof kostet es um 1500 fünf Pfennige, sollte jemand seinen Mitmenschen „umb das arßputzen gehaissen“ haben[9] – die Hälfte dessen, was an Bußgeld für eine Ohrfeige fällig war. Üblich war aber, diese Aufforderung nicht verbal, sondern durch die entsprechende, natürlich von Strafen bedrohte,[10]

Gebärde auszudrücken. Die Geistlichen – so formuliert drastisch die „Reformatio Sigismundi" –, welche während des Basler Konzils mit einem Mal wieder auf den Papst hören, sind eidvergessen und „kerent dem concilio den ars".[11] Solche Gebärden meint der Göttinger Rat, wenn er von Beleidigungen durch Wort oder Tat („verbo vel opere") spricht.[12]

Vereinfacht: Das „umb das arsbutzen gehaissen" ist vergleichbar der Fehdeansage in adeligen Kreisen. Die Bemühungen, die Gewalthandlung der Fehde zu einem dem Recht eigentümlichen Verfahren zu formalisieren, diese Versuche sind nicht nur der Rechtssicherheit, sondern auch der Standesvergewisserung zuzuordnen. Der Adelige, der sich allein als fehdeberechtigt verstand, erhob sich über den Fäkal- und Analbereich, der für die Nichtadeligen eine häufig genutzte Möglichkeit bot, das ganze Ausmaß von Zorn und Verachtung deutlich zu machen. So reagierte 1410 ein Osnabrücker Ratsherr auf eine Vorladung vor die Veme und ihren Freigrafen: „He scheite up den greven und he steke den bref wol in den ers."[13] Der Ratsherr verdeutlicht, was heutzutage als Autofahrer-Gruß wiederentdeckt worden ist: Beschimpfung kann nicht nur durch Worte, sondern auch durch Gebärden erfolgen. An die ursprüngliche Vielfalt solcher Gebärden können sich in einem Fall noch ältere der Leser meines Textes erinnern, an das „lange Nase ziehen", das bereits im Mittelalter eine beliebte provozierende Geste darstellt.[14]

Daß auch Adelige unflätig schimpfen können, ist am Beispiel der Schandbriefe zu erfahren.[15] Die Ehre des säumigen adeligen Schuldners oder des wortbrüchigen Bürgen wird angegriffen.[16] Wenn der Kölner Rat droht, er wolle jemanden öffentlich, so sehr er könne, schmähen,[17] so meint er den Anschlag eines entsprechenden Plakats am Pranger und am Galgen; für den Vorgang, den der städtische Bote erledigt, hat der Rat ein eigenes Verb, das vom „kak", vom Pranger abgeleitet ist: „kaxen".[18] Als Unterschied zur gewöhnlichen Ehrschmähung sei benannt: Die Schandbriefe fechten Herkunft und Persönlichkeit des Geschmähten an. Sie greifen in einem Ausmaß auf die Fäkalsphäre zurück, die, im Gegensatz zu heute, im konfliktreichen mittelalterlichen Alltag ansonsten nicht belegt ist. (Statt gewundener akademischer Diktion: „Scheiße" ist im Mittelalter kein Kommentar zu Widrigkeiten.) Und sodann gilt es den Gegensatz zwischen dem publizistischen Mittel des adeligen Schandbriefes und dem alltäglichen Konfliktaustrag zu verdeutlichen: Es ist für die Zeitgenossen ein gravierender Unterschied, ob auf einem an öffentlichen Orten aufgehängten Bild ein Esel auf das Siegel des Bekämpften kotet[19] oder ob man, gewissermaßen privat, dem Gegner den verlängerten Rücken zeigt.

Beschimpfungen beruhen auf Stereotypen; sie sind an Grundüberzeugungen der Gemeinschaft gebunden. Schließlich soll der Beschimpfte die Gemeinheit verstehen. (Der berühmte Ausruf auf dem Münchner Viktualienmarkt „Saupreiß, japanischer" wird den Betroffenen nicht weiter gestört haben.) Wenn Stereotype des Schimpfens auf gesellschaftliche Überzeugungen zurückweisen, haben wir eine mentalitätsgeschichtlich vielversprechende Quelle angebohrt. Die Beleidigung als „Schalk" hatte ursprünglich im Sinn, jemanden der Unfreiheit, des minderen Rechts zu bezichtigen. Die Abschwächung frühmittelalterlicher Hörigkeitsformen zeigt sich darin, daß der spätmittelalterliche Schalk nicht mehr der unfreie, sondern der durchtriebene Mensch ist.[20]

Vielfältig sind im Gegensatz zu heute die Beschimpfungen im Mittelalter:[21] Am häufigsten begegnen „Hurensohn"[22] und dann Schalk, Schelm, Bösewicht, Bube und Dieb.[23] Daneben gibt es: Lecker, Täuscher, Narrenesel. Die Hurensohn-Beschimpfung kennt die Varianten: Mönchs- oder Pfaffenkind. Wenn der Göttinger Rat demjenigen vier Schilling Strafe (den Arbeitslohn von mindestens drei Tagen) androht, der „den andern van vader und van moder schilt",[24] dann meint er die übliche Beschimpfung als Hunde- oder Hurensohn. Im spätmittelalterlichen Dorf ist „Bösewicht" die häufigste Ehrkränkung, die auch mit zahlreichen Adjektiven von „alter" über „meineidiger"[25] bis „wissentlicher" ausgeschmückt werden kann.[26] Steigerungen sind hier ebenso wie bei allen gebräuchlichen Schimpfwörtern möglich: „landesboswicht".[27] Einen ausufernden Alltagsstreit hält das Katzenelnbogener Landgericht fest: Der eine behauptet, sein Widerpart stecke voller Teufel (das Mittelalter kennt nicht den Teufel, sondern nur die Mehrzahl, die Gesellenbruderschaft der Hölle), worauf die Erwiderung erfolgt, das sei die typische Lüge eines Diebes und Bösewichts. „Dytmar zu Modau hait Ruwen ibidem gezigen, er sii voll dyfel, so hait Ruwe Ditmarn wieder geantwort, er liege als ein dypp und bosewicht."[28]

Unserem letzten Beispiel liegt etwas Typisches zugrunde. Beschimpfungen und Beleidigungen werden von den Gerichten mit Strafe bedroht. Schmähungen sind das häufigste Delikt, mit dem sich die Landgerichte zu befassen haben, häufiger noch als das Alltagsproblem des Diebstahls.[29] Und in der Stadt sieht es nicht anders aus. Unter den 1725 Vergehen von Männern, die zwischen 1430 und 1460 der Konstanzer Rat aburteilt, sind 355 (=20 Prozent) „Wortdelikte", Beleidigungen und Verleumdungen.[30]

Frauen befetzen einander genauso wie die Männer:[31] „Kum's tu doher, du bösewichtin und du schelkin."[32] Es ist keineswegs frei erfunden, sondern der Realität abgeschaut, wenn Andromache in Herborts von Fritzlar Troja-Roman ihren Priamus „stinkender Hund" („stingender hunt") anfährt.[33] Unter den 276 Delikten von Frauen, die zwischen 1430 und 1460 der Konstanzer Rat bestraft, handelt es sich in hundert Fällen um Beleidigungen und Verleumdungen.[34] Das gleiche Verhältnis zeigt sich auch im spätmittelalterlichen Zürich.[35] Konkurrenzneid? In Würzburg gebietet 1457 der Rat den Hebammen, sie sollten „sich untereinander nicht schelten, fluchen."[36] Etwas undeutlich erscheinen geschlechtsspezifische Unterschiede. Hure, Hurenkind sind neben Diebin die häufigsten Schimpfworte unter Frauen.[37] Nicht von Männern, sondern von Frauen untereinander werden Beleidigungen, die an die sittliche Ehre gehen, mit Vorliebe verwendet.[38] Was bei den Männern der „Bube", ist bei den Frauen die „Hure" als gängigste Beleidigung.[39] Dabei reicht das semantische Feld der Hure von der „Pfaffenhure" bis zur „Kuchenbeckershure".[40] Hierin sind sich Beschimpfungen in Stadt und Land gleich. „Diebin" wird der Gegnerin, wenn man die Klageprotokolle statistisch auswertet, nicht so häufig wie „Hure" ins Gesicht geschleudert.[41]

Schimpfen unter Frauen. Dabei wird sogar die weibliche Form von Bube erfunden: „Bubin, ertzbubin, geifferig bubin".[42] Selbst der „lasterbalg" kann auf Frauen angewandt werden.[43] Ansonsten wettern die Frauen genauso variantenreich wie die Männer: „Unfletige trull", „stinckender durchwüst slepsack", „1 pfennig junckfrow".[44]

Die Frauen gehen keineswegs liebevoller als die Männer miteinander um. Redensartlich wird von „weybisch maulgezenck" gesprochen.[45] „Wo Gänse sind, gibt's Streit, wo Frauen sind, gibt es Zank", glaubt das Sprichwort zu wissen.[46] Daß der Streit zwischen Kriemhild und Brunhild vor der Kirchentür ausbricht, versteht jedermann im Mittelalter. Ein Alltagsproblem. Der Goslarer Rat verbietet 1400 den Frauen, daß sie, um eher mit erhobenem Haupt in die Kirche gehen zu können, drängeln, einander verscheuchen, stoßen, kneifen und zwicken: „dringen, schuwen, stoten, knypen noch prikeln."[47]

So häufig beschimpfen Frauen einander, daß der Rat von Eisenach im 14. Jahrhundert beschließt, sie „umb scheldtwort" nur mit dem Gegenwert von Rocken, Spindel oder „Gebende" (Kopfbedeckung), also mit etwa fünf Schilling zu bestrafen – während die Männer im gleichen Fall zwei Mark bezahlen oder ersatzweise einen Monat die Stadt verlassen müssen.[48] Es ist nicht wahr, daß der „Lasterstein", der „Haderstein", der „Pagstein", der Schandstein für zänkische Frauen[49] einer frauenfeindlichen Einstellung entstammt. Die Stadträte wollten nur die persönliche Verantwortlichkeit feststellen. Eine Geldbuße hätte – die Ehe ist im Mittelalter auch eine Überlebensgemeinschaft – den möglicherweise unschuldigen Ehemann mitbetroffen. Deshalb wird für die Frauen eine kostenneutrale Bestrafung ersonnen. Anders beim Mann. Dieser hat für seine Unflätigkeiten persönlich mit Geldbußen einzustehen. Daß diese aber auch die unschuldige Ehefrau indirekt mitbetreffen, weist auf das Ungleichgewicht zurück, mit der die Ehe zwar als Überlebensgemeinschaft von Mann und Frau anerkannt, zugleich aber über die Hausherrschaft des Mannes ein Partner privilegiert wird.

Ebenso wie die Frauen gebrauchten auch die Juden die gleichen Schimpfworte, die in der christlichen Welt üblich sind: Bösewicht und Dieb, Hure und Hurensohn.[50]

Eine Sonderform der Beschimpfung stellt die Berufsschelte dar, die vor allem in der frühen Neuzeit im Schwange war.[51] Aber auch das Mittelalter kennt die Gefahr für den innerstädtischen Frieden, wenn etwa die Kürschner als „Kitz, Kutz, Katzensnider, mauwer" verleumdet werden.[52] Konkurrenzneid erzeugt Spottlieder.[53] Eine besondere Form der Berufsschelte ist aus Goslar überliefert. Der Rat verbietet 1430, daß sich die Bürger nachts vor den Häusern der Geistlichen versammeln und „Ketzer" rufen.[54] Das ist eine nicht seltene Erscheinung. Der Rat muß Kleriker vor dem Bürgerspott schützen.[55] Sogar seinen Pfarrer kann ein aufgebrachter Laie beschimpfen als „ain solchen kelchbuben, der unserm Hergott missrathen ist".[56]

Schimpfen nur Bauern und kleine Leute, während die Ehrbaren gesitteter miteinander umgehen? Davon ist der Göttinger Rat keineswegs überzeugt, wenn er 1379 verbietet, während der Sitzungen „scharpe word“ zu gebrauchen.[57] Diese scharfen Wörter sind eben nicht hitzige Diskussionsbeiträge, sondern nach Schwere der Wortwahl zu strafenden Vergehen in Auseinandersetzungen, welche den heutigen Konsens über den Nutzen der Kontroverse noch nicht kennen, obwohl dieser Konsensbegriff in der mittelalterlichen akademischen Übung des „sic et non“, der über These und Antithese gewonnenen Synthese, wurzelt. Schon die älteren Statuten Göttingens verdoppeln die Strafe für die „Scheltworte“, wenn diese an den Treffpunkten der Bessergestellten im Kaufhaus oder im Rathaus ausgestoßen werden.[58] Die Ordnung des Danziger Artushofes, in dem Angehörige der besseren Kreise vereinigt sind, schließt 1421 alle „Kläffer“ und „Lügner“ aus, die ehrbare Leute beleidigen.[59] Daß selbst die Geistlichen keine Vorbilder sind, sondern sich sogar im Dom lautstark begeifern, erregt 1501 den Unmut des Bischofs von Speyer.[60]

Das Schimpfen gehörte allgemein und ständeübergreifend zum gefährlichen Alltag. Es kann gleichermaßen Drohung und Ehrkränkung umschließen.[61] Nur undeutlich ist die Grenze zum Zufügen von Leid, zur „Beleidigung“ im ursprünglichen Sinne. Die Sanktionen der Obrigkeit lassen das Schimpfen aber auch für den Täter gefährlich werden. Weil dies im Alltag so bedrohlich ist, bilden Schimpforgien als Form des „Ausspielens“ von Bedürfnissen (in der Vulgärpsychologie eine „Abreaktion“) im rechtsfreien Raum des Theaters eine beliebte Einlage der Fastnachtsspiele.[62] Selbst in den Passionsspielen zur Osterzeit lassen sich die Zuschauer durch Beschimpfungen erheitern, die im Alltag so schwer zu ertragen sind: „Fauls ei“, „stinckecz vas“, „spilhundt“.[63] Im Vergleich damit ist es fast schon zärtlich, wenn im Brandenburger Osterspiel die Frau ihren Mann „gi olde Kindbart“ anpflaumt und dieser „olde repeltasche“ zurückkeift.[64]

Kehren wir zurück zum unmittelbaren Wortsinn von „Beleidigung“. Das Mittelalter geht von dem ursprünglichen Wortsinn aus; deswegen wird das „übel handeln mit Wortten" bestraft;[65] denn „scheltwort, daß ist eyne mißethadt".[66] Der Begriff „Mißhandlung" – so hat jüngst Peter Schuster darlegen können – bedeutet im Mittelalter etwas anderes als heute: „Er bezog sich im wesentlichen auf Worte."[67] Schimpfwörter werden deswegen auch „grembschafften" genannt,[68] Worte, die Gram schaffen, Worte, die im tiefsten Sinne kränken. Sie sind verbale Gewalt.[69] In Schlettstadt treibt eine Frau „mit bösen worten" ihren Mann zu einem Selbstmordversuch.[70] Beide werden für zwei Jahre der Stadt verwiesen, die Frau wegen ihrer Beschimpfungen, der Mann wegen seines versuchten Frevels.

Die „gramschaffenden" Worte gefährden den Frieden in einer Stadt.[71] Große und kleine Städte versuchen vorbeugend durch Strafandrohungen diese Gefahr zu bannen, zum Beispiel Ulm,[72] Köln[73] oder Rinteln.[74] Schimpfworte, Spottverse will der Braunschweiger Rat selbst bei Tänzen und Freizeitvergnügungen der Bürger nicht dulden: „In reyen unde in spele nement snode word noch ... rime spreken de iemende in sine ere gan."[75] Scheltworte gefährden ebenso den Frieden in den Dörfern. Deswegen werden sie hier bisweilen sogar härter bestraft als die Wegelagerei.[76] Beschimpfungen irritieren jede Gemeinschaft. Aus diesem Grund setzen die Ordnungen der Hanse im Nowgoroder Petershof eine Mark Strafe für denjenigen fest, der einem anderen „quade (böse) wort" gegeben hatte.[77] Und das ist typisch: Zu genossenschaftlichen Ordnungen, zu Zunft- und Gildestatuten gehört das Verbot, den Genossen zu beleidigen.[78]

Beiläufig sei angemerkt: Das Verbot des „Übelhandelns mit Worten" bezog sich auf leumundsschädigende Schimpfwörter, nicht aber auf deftige Charakterisierungen. So konnte der Franziskaner Johannes Pauli einen Volksprediger als „Klappermaul" und „Schwetzer" bezeichnen und seine Redeweise schildern: „gieng im das Mul uff und zu wie einer Wassersteltzen der Arsch."[79]

Durchaus als Gewalt wurde im Mittelalter die Beschimpfung verstanden: „Wörter sind auch Schwerter."[80] (Die Ehrschmähung war schon im frühen Mittelalter Teil des Krieges.)[81] Die Rechtsregel hielt fest, was den Unterschied in der Bestrafung verbaler und körperlicher Gewalt ausmachte: „Mit einem Wort geht es an die Pfennige, mit Werken aber an die Hand."[82] Verbale Gewalt zieht Geldbuße nach sich, körperliche hingegen Körperstrafen.

Das „Übelhandeln mit Worten"[83] wird vielfach mit „unzucht" wie Raufen und Prügeln gleichgesetzt, als Androhung weitergehender Gewalt verstanden und mit den gleichen Strafen bedroht.[84] Ein Beispiel: Für alle hansischen Kaufleute in England gilt einem Statut von 1348 zufolge: Wer einen anderen schmäht, schlägt oder gegen ihn das Messer zückt, zahlt 100 Schilling in die gemeinsame Büchse.[85]

Worum ging es den Stadträten, wenn sie als Strafe von Beschimpfungen bisweilen hohe Geldbußen verhängten?[86] An der individuellen Kränkung hatten sie kein Interesse, wohl aber bedachten sie deren Folgen. Beschimpfung ist Leumundkränkung.[87] Leumund – das war nicht etwas Unverbindliches, wie sich schon an dem für das Friedensrecht zentralen Begriff der „landschädlichen Leute" erweist. Nur ein Beispiel: Die Könige Wenzel und Ruprecht beauftragen den Rat der Reichsstadt Esslingen, gegen alle vorzugehen, „die in bosem Lymunde, oder in Argewon sint und die in für schedelich Leute dorgeben werdent, ez sein Frawen oder Manne".[88] Der im schlechten Leumund stehende Mann wurde nicht nur gemieden, er hatte auch soziale Sanktionen hinzunehmen.[89] In Essen zum Beispiel durfte er noch nicht einmal die Fleischhallen betreten.[90]

Am besonderen Fall ist hier ein allgemeines Prinzip formuliert worden. Der „böse Leumund" ist bei der Beweisaufnahme vor Gericht höchst belastend,[91] Hintergrund des weit verbreiteten Sprichwortes: „Das böss gerücht tötet den Mann."[92] Noch in den frühneuzeitlichen Hexenprozessen ist das „gemeine geschrei", in dem die oder der Betreffende stand, für viele zum Verhängnis geworden. Das heutige „anrüchig" hat sich aus dem mittelalterlichen „ane rochte", „ohne Leumund" entwickelt.

Ehrensache – Leumund: Die Kränkung des Mitmenschen bestätigt in ihrer Rückbindung an die Öffentlichkeit, was bereits die Namengebung offenbarte: Die „Gewohnheit" als zweite Natur des Menschen ist Ansatzpunkt der Ehrschmähung („Dieb", „Schalk"). Ergänzend tritt dazu die Schmähung der Geburt, das „ständische", aber letztlich doch soziale Element: Hurensohn.

Rechtsfolgen des beschädigten Leumunds. In den Jahren 1501 und 1502 ist das Speyrer Domkapitel mehrfach wegen der Angelegenheit des Johann Ruscher „beschwert" worden. Dieser hatte den Domherren ins Gesicht gesagt: „ir habt ir (solche) wol unter uch, die brief und siegel nit halten, dorzu im stift etlich wern, die 300 guldin gestolen hetten."[93] Die Domherren beklagen sich zwar über die Schmähungen dieses Mannes,[94] aber sie sind gezwungen weiter zu verhandeln. Der Fall war ungewöhnlich genug. Ruscher hatte Anspruch auf eine Vikarie im Dom und wurde offenbar in diesem Anspruch auch von dem Bischof unterstützt.[95] Das Kapitel will ihm aber diese Pfründe nicht verleihen. Der „lewmundt" Ruschers spreche dagegen.[96] Dieser behauptet zwar, „das er des, so er siner basen halt beschuldigt wurde, unschuldig were",[97] aber das Domkapitel läßt sich nicht beeindrucken und findet einen mächtigen Fürsprecher. Der Pfalzgraf erklärt, er wolle nicht das „stift mit einer verlewmundten person ... besweren".[98]

Welche politischen Konsequenzen Beschimpfungen haben konnten, wenn sie aus dem individuellen Unmutsbereich in das kollektive Vorurteil wanderten, belegt ein Vorgang, dem bei der Entwicklung der heutigen mitteleuropäischen Staatenkarte eine große Bedeutung zukam; denn diese Karte ist nicht nur durch Schlachten, sondern auch durch Mentalitäten gestaltet worden. Jahrhundertelang hatten die Alemannen am Bodensee friedlich miteinander gelebt, Zürich war einer der Hauptorte des Stammes. Und selbst als sich allmählich die Eidgenossenschaft als eigene politische Gemeinschaft seit dem 14. Jahrhundert herausbildete, blieben wechselseitige Kontakte bis hin zum gegenseitigen Besuch von Schützenfesten und Kirchweihen selbstverständlich. Erst in den 1480er und 1490er Jahren entsteht plötzlich und mit überraschender Vehemenz eine tiefgreifende Feindseligkeit zwischen denen, die als Kuhschweizer und denen, die als Sauschwaben beschimpft werden.[99] Leute aus Appenzell werden in Konstanz als „Kuokiger" beschimpft, als „Kuhficker".[100] Und umgekehrt wird in der Eidgenossenschaft „Schwab" zum Schimpfwort.[101] Raubzüge stellungsloser Söldner und rauflustiger Bauernsöhne aus der Innerschweiz hatten zu den Spannungen zwischen Schweizern und Schwaben im erst jetzt entstehenden Grenzraum ebenso beigetragen wie die unverhohlen auch gegen die Eidgenossen gerichtete Gründung des Schwäbischen Bundes 1488. Aber die Schimpfworte begleiten nicht etwa die Politik, sie gestalten sie mit.

„Kuhschweizer", „Schwab". Solche Schimpfworte entstehen nicht aus der Nähe der Nachbarschaft, sondern aus der Ferne. Erst wenn man den Schweizer oder den Schwaben nicht mehr so genau kennt, kann er zum Zerrbild werden. Insofern ist es nicht überraschend, daß in Basel die Beschimpfungen „Jude" oder „Judensproß" zu einer Zeit, in den späten 1490er Jahren, auftauchen, als es längst keine jüdische Gemeinde in der Stadt mehr gibt.[102]

Nur andeuten wollten wir, daß zur europäischen Erfahrung auch gehört, daß sich in Grenzräumen kollektive Vorurteile aus privaten Beschimpfungen entwickelten – eine der Ursachen für die differenziertere europäische Staatsmentalität im Vergleich zu der schlichteren – Stichwort: New Frontier – Kolonisationsmentalität der Vereinigten Staaten.

Kehren wir zurück zum Privaten, denn die Frage bei der Entstehung kollektiver Abwertungen ist, wann sich der individuelle in einen allgemeinen Vorwurf verwandeln kann, und das heißt konkret aus der Perspektive des alltäglichen Lebens: Wann geht die alltägliche Beschimpfung in gefährliche Beschuldigung über? Der Göttinger Rat unterscheidet zwischen „scheltword", dem heftigen Schimpfen, und der „eersprake", die den Leumund des Widersachers beschädigt. Ersteres kostet nur 14 Schilling Strafe (wofür ein Tagelöhner zwei Wochen arbeiten mußte); die Kränkung des Leumunds jedoch muß mit zwei Mark, fast dem Zwanzigfachen, gebüßt werden. Der Rat gibt 1448 ein Beispiel für die Unterscheidung. 14 Schilling kostet es denjenigen, der den andern „yn dusser wise" beschimpft: Du lügst wie ein Politiker, du handelst wie ein Mistkerl oder so ähnlich: „du lugist alse eyn schalk oder du hest gedan also eyn krodenson eder des gelik". Wesentlich teurer wird es hingegen, wenn jemand nicht das Handeln eines Menschen mit schimpflichen Vergleichen belegt, sondern diesen direkt als Person kränkt: Du bist ein ausgewachsener Dreckskerl, ein Nuttenkind oder so ähnlich: „du bist eyn freid schalk eder horenson eder desgelik, so were ed eresprake".[103] Wie in Göttingen, wird auch in vielen Hansestädten das „scheltwort" von jener Beschimpfung unterschieden, die dem Betroffenen in seinem Leumund oder seiner Ehre kränkt, „an sin rucht edder an sin ere gad"[104] wie etwa „Meineidiger, Fälscher, Ketzer, Mörder".[105]

Bei all unseren Erwägungen fehlte bisher, was stereotyp und einfallslos Historiker stets unterstellt haben, der Einfluß der Kirche. Die bisherigen Befunde belegen: Nicht die Kirche, sondern die Welt bestimmte die Sitten. Weiterhin werden wir noch nachweisen: Nicht die Kirche bekämpfte den Jähzorn, die Gewalt mit Werken und Worten, sondern das weltliche Gericht. Nicht die Kirche empfahl die Geduld, die Einordnung in die Gemeinschaft, sondern die Laien forderten sie zur Regelung ihres Zusammenlebens.[106] Wer nicht naiverweise den Analogieschluß zieht, daß ein Papsttum, das Kaiser bezwingen konnte, auch den gemeinen Mann in seinen Ansichten beherrschen wollte, wer nicht annimmt, daß die Effizienz von „Kirche“ als Institution vor der Reformation deren (auch von der Alten Kirche alsbald übernommene) Sittenzucht gekannt habe, wer als realitätsgemäßer aus den institutionellen Defekten der mittelalterlichen Kirche die allzu selten berücksichtigten Freiräume der durch keinen eifernden Pfarrer irritierten Frömmigkeit und Glaubensbildung des gemeinen Mannes erkennt, wer in der Verehrung charakterlich ganz unterschiedlicher Heiliger die Pluralität der Frömmigkeitsstile wahrnimmt, wer sich weiterhin nicht durch einen angeblichen und (im mittelalterlichen Sinne) blöden Gegensatz von kirchlichen und heidnischen Glaubenselementen irritieren läßt, wer also ohne Vorannahmen sich allein auf die Aussagen der Quellen stützt, der wird in unseren bisherigen Darstellungen die Kirche nicht vermissen. Sie kommt tatsächlich in dem Quellenschatz nicht vor. Wer sich auch nur oberflächlich mit der Geschichte der Wallfahrten und der Heiligenverehrung beschäftigt hat, wird allenfalls lockere Anbindungen an die Institution Kirche erkennen. Wenn wir die durch nichts gestützte Annahme des normierenden Einflusses der Kirche auf Sitten und Gedanken des gemeinen Mannes im Mittelalter milde belächeln, so werden wir doch ernst, was die Frömmigkeit der Menschen angeht. Hinter Wallfahrten und Heiligenverehrung sind nicht irgendwie geartete Regelungen oder gar „Steuerungen“ durch eine normsetzende Kirche zu sehen, sondern das Verlangen nach Trost und Hilfe von Menschen in einer schon im Alltag zutiefst gefährdeten Welt.

Diese knappe Reflexion war an dieser Stelle einzuschalten, weil das nächste Thema, die Flüche, die Frömmigkeit im Mittelalter nicht in Frage stellt. Das wird die Mehrheit derjenigen, die diesem Text die Ehre des Lesens geben, bestätigen, weil der Leser bisweilen auch „Herrgott, noch mal!“ geflucht hat. Leben des gemeinen Mannes im Mittelalter: Inbrünstiges Flehen zu einer oder einem Heiligen seiner Wahl und saftige Flüche schließen sich nicht aus. Beides ist geboren aus den Erfahrungen, daß selbst ein friedlicher Alltag nur eine vorübergehende Täuschung über die Gefährdungen des Lebens ist. Damit wollenwir dem Leser, der unser oben zugegebenes mildes Lächeln für jene typische Überheblichkeit hält, wie sie sich bei mangelndem Wissen einstellt, zu bedenken geben, daß das Thema „Kirche und gemeiner Mann des Mittelalters“ einen bisher bestenfalls ausgeloteten, aber nicht vermessenen Meeresgrund unterhalb der Wassermassen gelehrten Wissensbildet.

5
Flüche und Segen: Gott und seine Heiligen im alltäglichen Umgang

Frommes Mittelalter: Bereits bei den Formen von Willkommen und Abschied sahen wir, welche Rolle der Segenswunsch in den Anreden spielte: „Gott grüße dich" und beim Abschied in Gestalt der Johannesminne: „Gott behüt euch, Gott bewahre euch."[1] Zu Neujahr wünschten sich Nachbarn „ein guot selig ior", wozu der Oberschicht bereits im 15. Jahrhundert Holzschnitte und Kupferstiche dienten, auf denen zumeist das Jesuskind dargestellt ist.[2] Dem Segenswunsch in diesen einfachen Formen mit einer nur geringen Variationsbreite steht ein variationsreiches Ensemble von Verwünschungen, der Umkehrung des Segnens, gegenüber. Einen gestaffelten Katalog der Flüche und ihrer Sündhaftigkeit stellte im ausgehenden 13. Jahrhundert Berthold von Regensburg seinen Zuhörern vor: „Ez fluochent etlîche einem vihe, einem hunde; daz ist gar sünde." Schlimmer wäre es noch, einem Menschen zu fluchen. Eine noch größere Sünde begingen diejenigen, die „scheltent die heiligen". Am schlimmsten von allen Flüchen aber seien die, welche dem allmächtigen Gott gelten.[3]

Das Fluchen war allgemein in deutschen Landen. Wenn es Johannes Kapistran 1451 als österreichische Gewohnheit heftig tadelt, wenn er sich darauf beruft, man habe ihm gesagt, daß der Österreicher nicht reden könne, ohne zugleich zu fluchen,[4] dann liegt das daran, daß er dieses Land als erstes, aus Italien kommend, kennenlernte.

Der Schwur ist vom Fluch oft nicht zu trennen.[5] Und: Fluch ist nicht gleich Fluch. Das wußte man auch. Der Basler Rat unterschied, ob aus Übermut, „in schimpf“ oder „in zornes Wise“ der Mitmensch verwünscht worden war.[6] Letzteres stand durchaus in gefährlicher Nähe zum Schadenzauber.[7] Verfluchung des Mitmenschen. Alles Unglück wird dem anderen gegönnt: „Daß dich der donner erschlage“,[8] „daß dich eyn böse iar anköme“[9] oder – auch darin typisch, weil das Mittelalter die doppelte Verneinung nicht logisch auflöst – „das dir nymmer keyn guts geschehe“.[10] Ausschluß aus der Gemeinschaft, Mißachtung. Gar die Todesstrafe soll den Gegner treffen: „geh zum hencker“,[11] „daß dich die raben fressen“.[12]

Auf den Fluch wird wohl in aller Regel der Gegenfluch erfolgt sein. Aber es sind auch Antworten überliefert, die auf Souveränität hinweisen: „Was du mir fluchest, das gehe dein halß an.“[13] Man weiß, daß Fluchen unsittlich ist: „Heute will ich nicht fluchen, aber morgen sollst du die tausend schwere Noth kriegen.“[14]

Frauen fluchen ebenso wie die Männer.[15] In Innsbruck hatte kurz vor dem Jahre 1485 eine Frau zu ihrer Nachbarin zornig gesagt: „Du solst nit vil guoter und gesunder tag hie haben.“[16] Eine Verwünschung, wie sie zum Alltag mit seinen Mißhelligkeiten gehörte. Vielhundertmal war am gleichen Tag in deutschen Landen wie damals in Innsbruck die populärste Verwünschung ausgesprochen: „Das dich der tüfel hien fier“,[17] daß dich der Teufel hole. Die Verwünschungen aus Innsbruck sind deswegen überliefert, weil sie zur Anklage eines Hexenprozesses gehörten. Dieser Vorbote der frühneuzeitlichen Verfolgungsexzesse – wir erwähnen nebenbei, daß er durch das Eingreifen des zuständigen Bischofs Georg Golser niedergeschlagen wurde – ist damals noch außergewöhnlich, er entsprang der persönlichen Initiative des Dominikaners Heinrich Institoris, der bald darauf als Mitverfasser des „Hexenhammers“ bekannt wurde. Der im Jahre 1485 noch untypische Prozeß zeigt insofern Typisches, als er – was wir hier nicht weiter beachten – auf den durch Beschimpfungen gekränkten Leumund zurückgreift.[18] Uns interessiert hier der Teufel. „Daß dich der Teufel hole“, „Geh zum Teufel“[19]: In der Umkehrung des Segenswunsches wird das Schicksal des Mitmenschen nicht Gott und seinen Heiligen, sondern dem Teufel anheim gestellt. Aber Gott ist mitgedacht, wenn der Teufel Vollzieher gerechter Strafe sein soll:[20] „Daß dich der Teufel hole.“ Nur über diesen Fluch ist verständlich, daß aus der Handwerkerschaft der Höllenzunft, die auch den Lehrling, den Beelzebub, einschloß, im kollektiven Bewußtsein der eine Teufel als personaler Widerpart Gottes Gestalt gewinnen konnte.

Von der Verwünschung zum Fluch war nur ein Schritt. Im Fluch kann sich nicht nur der Zorn über den Mitmenschen, sondern auch der über ein widerfahrenes Mißgeschick entladen. Im Fluch spielen Gottvater, die Jungfrau Maria und die Heiligen die größte Rolle. Die deutsche Kunstgeschichte wäre wesentlich ärmer, wenn die Nazarener gewußt hätten, was die bisherigen Beispiele bereits zeigten: Im „frommen Mittelalter“ wurde ganz schrecklich geflucht. Angesichts der Härte des Lebens mit seiner Fülle von Mißgeschicken war das nur zu verständlich. Der ausgangs des 10. Jahrhunderts lebende Bischof Megingaud von Eichstätt war erfahren genug, daß er sich vor seiner Reise nach Rom einen Dispens für hundert Flüche geben ließ.[21] Den Kreuzfahrern wird eingeschärft, daß niemand schwere Flüche ausstoßen solle,[22] die leichteren waren unvermeidlich.

Es sind aber keineswegs nur die Widrigkeiten der Straßenverhältnisse oder der Lebensumstände, die Flüche produzieren. Der Mitmensch, den wir als wichtigsten Gegenstand des Vergnügens in Gestalt der Schadenfreude noch kennenlernen werden, ist seit dem frühen Mittelalter[23] auch der wichtigste Gegenstand des Fluches. Schon das althochdeutsche Pariser Gesprächsbüchlein sieht es als unerläßlich für die Völkerverständigung an, zweisprachig fluchen zu können: „Vndes ars in tine naso“, „canis culum in tuo naso“: Deine Nase soll im Arsch eines Hundes stecken.[24]

Den mit Abstand häufigsten Anlaß zum Fluchen bildet das Glücksspiel.[25] Sowohl beim Würfeln als auch bei dem sich in großer Schnelligkeit seit dem ausgehenden 14. Jahrhundert verbreitenden Kartenspiel ging es um Bargeld. Und dieses war angesichts des geringen Geldumlaufs im Mittelalter rar. Der Pfennig hatte, Stichwort: Geldwertillusion, einen über seinen ökonomischen Umtauschfaktor hinausgehenden Wert, der Groschen gar, zwölf Pfennige zählend, hatte in der Welt der kleinen Leute fast Seltenheitswert. Wer ihn einsetzte, spielte nicht um eine kleine Summe, sondern um etwas, was ihm eigentümlich zugehörte, was er auch real am Leibe trug. Der Verlust eines solchen Pfennigs ist schwer zu ertragen. Wo um Geld gewürfelt oder gekartet wird, liegt – das wissen die Stadträte aus alltäglicher Erfahrung – die Gotteslästerung nahe, und das ist der eigentliche Grund für die städtischen Glücksspielverbote. Deswegen sollen – ein Beispiel unter vielen – nach dem Wiener Stadtrecht von 1296 die Berufsspieler, die Toppler und Freiharte, sich nicht mehr in der Stadt aufhalten dürfen.[26]

Aus allen Verboten geht übereinstimmend hervor: Wie beim Segen spielt auch bei Verwünschung und Fluch der liebe Gott die Hauptrolle. Die spiegelbildliche Umkehrung der Ehrung Gottes ist seine Lästerung.[27] Seine Strafgewalt wird angerufen: „daß dich gots macht schende",[28] „daß dich gots luft und dufft schende"[29] oder – ebenso in seinem Sinn rätselhaft – „daß dich gots angst schende".[30] Gottes Angst: Gemeint ist wahrscheinlich das Leiden Christi, konkretisieren doch andere Verwünschungen: „Daß dich Gots marter schende"[31] oder – ein verbreiteter Landsknechtsfluch – „daß dich Gotts fünff wunden schenden".[32] Gott ist arm. Er hat die Bettlerkrankheit. Bei „Gotts grind" wird, wie in Zürich und Nürnberg überliefert, geflucht.[33]

Und das ist nun doch auffällig; Während Gott als Gegenstand überaus variantenreicher „Verschwörungen" erscheint, ist die Rolle des Teufels standardisiert. Dem „hol dich der Teufel" steht allenfalls als Variante gegenüber: „Daß dich der Teuffel schende".[34] Dieser schlichte Befund von der wenig profilierten Rolle des Teufels in den mittelalterlichen Verwünschungen läuft auf die Relativierung all jener Forschungsbemühungen hinaus, die den Teufel im Mittelalter monographisch behandelten und in seiner Gestalt mit vielen Zitaten eine spezifisch mittelalterliche Obsession zu belegen glaubten. Der Teufel muß in das Ensemble des heilsgeschichtlichen Spiels gestellt werden; und hier hat er, was übrigens auch die geistlichen Schauspiele belegen,[35] nur eine Nebenrolle inne. Er ist zuständig für die zeitliche Verwünschung („hol dich der Teufel"), weniger für die ewige Verdammnis.

1456 erläßt der Rat von Basel ein scharfes Mandat gegen alle, die „Got, sin heiligen und ir glider schmelich verschweren".[36] „Ihre Glieder" – das ist nicht metaphorisch, sondern wörtlich zu nehmen. Selbst Gott, der als Ebenbild des Menschen gedacht wird, kann mit allen menschlichen Körperteilen Gegenstand des Fluchens sein. Schon 1328 muß der Rat von Speyer jedem fünf Schilling Buße androhen, „wer da swert bi Gotes stirne, hirne, sweiz ... gotes schedel, gotes ars oder lus". (Die Geldstrafe nutzte nichts; sie mußte 1346 durch das Prangerstehen, das „Halseisen" verschärft werden.)[37]

Gewirkt haben solche Verbote nicht. 1489 wird in Schaffhausen unter Androhung einer hohen Strafe verboten, „bi unsers herren hopt ... bi dem swaisse ... bi dem schaisse" zu fluchen.[38] Selbst „Gotzleber" war einen Fluch wert.[39] In den Flüchen zeigt sich: Gott ist männlichen Geschlechts. „Bei Gottes Bart" wird ebenso geflucht wie bei „Gottes Zers", bei Gottes Glied.[40] Frauen fluchen „bei Gottes blutendem Schwanz" oder bei seinen Hoden.[41] Ebenso wie bei Gottes Körperteilen wurde auch bei denen der Jungfrau Maria die Mitwelt verwünscht – bei allen Körperteilen, selbst bei „unser frowen lidern die schamlich sint".[42] Der große Prediger Johannes Geiler von Kaysersberg scheute sich um 1500 nicht, vor allem Volk den Fluch zu kritisieren, den wir mit Berufung auf seine Autorität zitieren dürfen: „Bei der unbefleckten Fotze der Jungfrau Maria".[43]

All das befremdet, aber dieses Befremden ist Folge einer historischen Entwicklung. Luthers Frage nach dem gnädigen Gott nahm die spätmittelalterliche Gewißheit von Gott als im realen Leben Mithandelnden auf, aber erhöhte diesen Mithandelnden vom Urteilssprecher, der gescholten werden konnte, zum Richter, dessen Urteil unanfechtbar war. Gott als Herrscher – das war ebenso unumstritten wie Marias Stellung als Himmelskönigin. Nur: Was Herrschaft war, stellte sich den Menschen viel konkreter dar als in dem distanzierenden Zeremonialhandeln der frühen Neuzeit.

Während normalerweise gefaßte Verbrecher schicksalsergeben ihren letzten Weg zum Galgen beschreiten, hat in Ulm ein zum Tode Verurteilter auf diesem Gang schrecklich geflucht. Der Chronist notiert diese Ausbrüche nicht wegen deren Absonderlichkeit, sondern wegen der Abweichung vom üblichen Verhalten. Schwingt vielleicht die Angst mit, Gott könne die Stadt deswegen bestrafen? Wie auch immer: Der Chronist Sebastian Fischer berichtet von dem Verbrecher, „das er gott in seinem obersten thron und in seinem sessel oder stul hat gefluchet, der ander fluch ist gewesen, das er hat die milch verflucht, welche der her Jesus gesogen hat".[44] Diese Flüche hat kein Verzweifelter erfunden, er hat in seiner Verzweiflung nur wiederholt, was ihm längst geläufig war.[45] Dem Chronisten aber waren sie unbekannt, weshalb er sie als Außergewöhnlichkeit notierte.

Schlimme und weniger schlimme Flüche gehörten zur Kommunikation. Und das erklärt, warum es keine einheitliche Strafe der Gotteslästerung gibt.[46] Von einer Strafwürdigkeit, wie sie die Theologen feststellten – Gotteslästerung ist schlimmer als Meineid[47] –, haben sich die Stadträte allenfalls noch im 13. Jahrhundert leiten lassen. Auch die im Römischen Recht vorgesehenen Sanktionen[48] haben sie nicht übernommen. Am Ende des 13. Jahrhunderts scheint es in den oberdeutschen Städten Konsens gewesen zu sein, den Gotteslästerer mit dem Abschneiden der Zunge[49] oder – noch brutaler – damit zu drohen, daß die Zunge an einen Haken genagelt würde und der Betreffende sich selbst losreißen müsse.[50] Die Grundform: 1221 droht das Wiener Stadtrecht, daß demjenigen die Zunge abgeschnitten werde, der Gott und seine Heiligen verwünsche.[51] Spätere Stadtrechte mildern die Strafdrohung erheblich ab[52] – die städtische Gesellschaft wäre eine Gesellschaft der Stummen geworden, hätte man jede Gotteslästerung so drakonisch geahndet. Das heißt aber auch: Von einer einheitlichen Sanktion der Gotteslästerung kann im Spätmittelalter keine Rede mehr sein.

1372 werden in Colmar alle Strafen für die „Schwüre" bei Gott, Maria oder den Heiligen in das Ermessen des Rates gestellt.[53] Jeder Fall wurde einzeln behandelt, denn schließlich gab es schwere und leichtere Formen der Blasphemie.[54] Die Strafen reichten von Geldbußen[55] über die Stadtverweisung bis hin zu Körperstrafen.[56] Schon 1303 verfügt der Rat zu Colmar, daß derjenige, der Gott oder Maria durch lästerliche und schändliche Worte entehrt („blasphemis vel verbis turpibus dehonestaret"), 10 Schillinge (für die Stadtkirche) zu zahlen und drei Wochen Stadtverweisung zu erleiden habe.[57] 1435 verhängt der Rat von Soest über einen Gotteslästerer die vierwöchige Stadtverweisung und verpflichtet ihn zur öffentlichen Buße während einer Prozession.[58] In Nürnberg erwartete denjenigen, der „wegen großer Schwüre" angeklagt wurde, Prangerstehen und halbjährige Stadtverweisung oder auch ein halbjähriges Gasthausverbot.[59] Ebenso ist auch in Basel die arbiträre Strafgewalt für fluchende Gotteslästerer nachzuweisen: Halseisen (Pranger), Abschneiden der Zunge[60] oder sogar „Schwemmen", Ertränken.[61] Nur die Stadtverweisung trifft den Gotteslästerer in Luzern.[62] In Konstanz dagegen wird 1443 ein Bürger, der Jesus und Maria mit Worten geschmäht hatte, „so nit zimlich sind zu schreiben und zü hören“, zum Tode verurteilt[63] – damals noch eine Ausnahme bei dem häufigen Delikt der Gotteslästerung.

Verwünschungen und Flüche gehören zum alltäglichen Umgang der Menschen und sie bergen in einer Welt, in der Jähzorn noch kaum gebändigt ist, eine große Gefahr. Neben den normalen erscheinen die „bösen swure und flüche“[64] als Gotteslästerungen.[65] Das bedeutete nicht nur individuelle Gefahr für das Seelenheil, sondern auch Gefahr für das Gemeinwesen.[66] Städte erließen seit dem 14. Jahrhundert Verbote gegen das Fluchen, um Gottes Zorn nicht heraufzubeschwören.[67] 1356 verfügt der Frankfurter Rat: Wer gotteslästerliches Fluchen, wer „die bösen eyde“ hört, ist bei Strafe verpflichtet, dem Rat Anzeige zu machen.[68] Eine damals noch seltene, seit dem ausgehenden 15. Jahrhundert aber häufiger belegbare Bestimmung. Die Stadträte handeln auch hier in ihrer Verantwortung für das Gemeinwohl; denn Gott straft die Gemeinschaft, die seine Lästerung zuläßt. Vergeltungstheologie.[69] Daß in Basel 1456 die „Lüsener“ angestellt werden, welche die ausgestoßenen Flüche anzuzeigen haben,[70] notieren wir nur nebenbei: Hier liegt eine der Wurzeln der uns Heutigen so selbstverständlichen Offizialklage. Was wir aber nicht nebenbei notieren: Der zivilisatorische Erfolg bei der Bekämpfung des Jähzorns ist nicht nur über das Strafrecht bei körperlicher Gewalt zu erforschen, es muß auch (wahrscheinlich wegen der größeren Fülle der Tatbestände sogar wichtiger) die Eindämmung verbaler Gewalt berücksichtigt werden. Dabei scheint uns die flexible spätmittelalterliche Rechtsprechung wirkungsvoller als die brutalere frühneuzeitliche Judikatur gewesen zu sein. Letztere konnte sich, Juristenwerk, von der den Einzelfall berücksichtigenden Erfahrung spätmittelalterlicher Stadträte deshalb entfernen, weil das Delikt der Gotteslästerung als Begleiterscheinung des Jähzorns inzwischen im Alltag verborgen wurde. Angesichts der harten Strafen vermieden es die Menschen, den Namen Gottes auszusprechen, auch wenn sie ihn meinten. Sie sagten nicht mehr „Gott", sondern „Bock". Ein subversives Ausweichen vor obrigkeitlichen Sanktionen.[71] Die Stadtväter nahmen es hin. Ausnahmsweise hatte der Frankfurter Rat an diesem Verhalten Anstoß genommen und, für den Historiker erfreulich, einen ungefähren zeitlichen Anhaltspunkt gegeben, wann dieses subversive Ausweichen sich – im wörtlichen Sinne – einbürgerte. 1363 stellte der Frankfurter Rat die Flüche „bockis" und „bockiswunden" der Gotteslästerung gleich.[72] Gewiß eine einsame Entscheidung, für die es ansonsten keine Parallelen gibt. Die um Schadensbegrenzung bemühten Stadtväter erkennen: Wer statt „Gottes ..." „bogkis ..." oder „potz ..." sagt, hat zumindest überlegt, hat seinen Zorn ansatzweise diszipliniert. Die spätmittelalterliche Disziplinierung führt zu einem dann selbstverständlich werdenden Verhalten. Selbst der fromme Sigmund Meisterlin legt bei seiner Version der Schweppermann-Sage arglos dem Kaiser Ludwig die Worte in den Mund: „ja potz laus, ietlichem ein ai, dem getrewen Swepferman zwai aier".[73] Man wird vielfach gar nicht gewußt haben, was sich hinter dem „potz" verbarg. Das führt zu dem bekannten neuzeitlichen „Potz Sapperment", dem folkloristischen Bestandteil der deutschen Friedrich-„der Große"-Legende. Schon im 16. Jahrhundert lautet ein gängiger Fluch: „botz sacrament".[74]

Wegen des im Spätmittelalter nicht mit drakonischen allgemeinen Strafen, sondern unter Berücksichtigung des Einzelfalls erreichten Fortschritts kann in der frühen Neuzeit die Gotteslästerung als eigenes Delikt unter eine einheitliche Strafnorm gestellt werden. Nunmehr steht sie nicht mehr in Gemengelage mit den Zornausbrüchen des mitmenschlichen Alltags. Übergänge. Wenn 1502 der Ulmer Rat eigens Leute in Dienst nimmt, welche die Gotteslästerer zur Anzeige bringen sollen, wenn er sein Mandat gegen das Fluchen nicht nur in allen Zunftherbergen und Wirtschaften der Stadt, sondern auch in der „Bürgerzeche", dem Lokal des Patriziats, aufhängen läßt,[75] dann ist die Verbreitung der lästerlichen Flüche über alle Standesschranken hinweg belegt. Zugleich bezeugt der Ulmer Rat, was sich auch in Konstanz abzeichnet,[76] daß seit der Wende vom 15. zum 16. Jahrhundert das Delikt der Gotteslästerung immer ernster genommen und mit immer härteren Strafen bedroht wird.[77] Der Wormser Reichstag von 1495 sieht die sich rapide ausbreitende Syphilis als Strafe Gottes für die schlimmen Flüche und das maßlose Trinken an.[78] Die Peinliche Gerichtsordnung Karls V. schließlich wird in Art. 109 die Blasphemie ebenso wie die Sodomie und den Kirchenraub als ein Kapitalverbrechen gegen Gott verstehen und mit dem Tode bedrohen.[79] Eine solche Konsequenz jedoch lag dem Mittelalter bei aller Furcht vor Gottes Kollektivstrafe fern.[80] Das Vertrauen zu Gott war offenbar größer; nicht der Tod, sondern nur die Bestrafung des Lästerers wurde gefordert. Aber auch die frühe Neuzeit kennt, wenngleich retardiert durch den normsetzenden Einfluß von Juristen und Theologen, die Anpassung an die Realität. Allmählich wird mit dem späten 17. Jahrhundert die Vergeltungstheologie, die Vorstellung von einem auf Schmähungen gekränkt reagierenden, strafenden Gott, überwunden.[81] Das Fluchen wird nunmehr mit Berufung auf eine innerweltlich begründete Sittlichkeit verworfen.[82] Sittenzucht. Wenn im 18. Jahrhundert scheinbar das gotteslästerliche Fluchen zurückgeht, so liegt das an dem Wandel der Strafnormen;[83] die Sittenzucht beginnt allmählich, einen privaten Bereich zu respektieren.

Kehren wir zum Umgang der Menschen miteinander im Spätmittelalter zurück, zu einem konfliktreichen Alltag. Flüche sind aufschlußreiche mentalitätsgeschichtliche Quellen. Gott – so unser erstes Ergebnis – ist Mithandelnder im alltäglichen Leben; er erscheint in dieser Rolle aber nicht als Friedensstifter, als gütig

Mahnender. Gott wird als Person gedacht, die Ehre besitzt, und diese Ehre kann geschmäht werden.[84] Wer bei Gottes Körperteilen Verwünschungen ausstößt, versucht auch, Ängste zu kompensieren. Denn das ist neben dem zivilisationsgeschichlichen unser zweites, unser mentalitätsgeschichtliches Ergebnis. In vielen Flüchen wird offenbar, wovor sich die Menschen fürchten. Man wünscht dem Mitmenschen an den Hals, wovor man selbst Angst hat: „Daß dir die Pestilenz ankom“,[85] „daß dir die pestilenz den halß abstoße“.[86] Neue Krankheiten, neue Ängste, neue Flüche. Als Fallsucht und Epilepsie oder das „fallende Übel“[87] im 14. Jahrhundert so häufig werden, daß die sogenannte Tanzwut eigene Schutzheilige, St. Veit (Velten) und St. Quirin, braucht, kommen auch neue Verwünschungen auf: „Daß dich Sanct Veits tantz ankomme“,[88] „daß dich sanct Veltin berühre“,[89] „daß dich S. Kürin anköme“.[90] Neue Krankheiten, neue Ängste, neue Flüche: Kaum hat sich die Syphilis (der „morbus gallicus“) um 1500 ausgebreitet, erscheint als Fluch: „Daß dich die Frantzosen ankommen“.[91]

Das Mittelalter ist nicht nur eine Zeit des Fluches, sondern auch eine Zeit des Segens. Die Überlieferung verschleiert Realitäten; denn über Statuten und Gerichtsakten sind Flüche viel häufiger und vielfältiger überliefert als Segenswünsche. Daß letztere in einer großen Vielfalt bestanden haben müssen, lehrt die verballhornte Eindeutschung des jiddischen Gesundheitssegens. Gesegnet seien („baroch“) Hals und Bein. Das wird eingedeutscht zu „Hals- und Beinbruch“. Daß der Segen neben dem Fluch als komplementärerBestandteil des Umgangs gesehen werden muß, lehrt, der einseitigen Überlieferung ein gewichtiges Argument in die andere Waagschale werfend, die Almosenpraxis des Mittelalters. Der Bettler, so wußte man in jener Zeit, die Gabe und Gegengabe abwog, hat keine andere Gegengabe als seinen Segen.

Unsere überlieferungsgeschichtlich ausgewogene Waagschale könnte sich zur traditionellen Gewichtung eines ‚groben‘ und ungeschlachten Mittelalters neigen, wenn – ein zunächst durchaus berechtigter Einwand – die Fehdepraxis berücksichtigt wird. Wir nehmen dieses Argument im Respekt vor einer langen historiographischen Traditon ernst, obwohl erst in jüngster Zeit die Fehde nüchtern unter Verzicht auf die üblichen Adjektive untersucht worden ist.[92] Als Juristen im 18. Jahrhundert das Mittelalter als eigene Epoche entdeckten, galt ihnen der Reichstag von 1495 mit seinem Immerwährenden Landfrieden und seinem Fehdeverbot als Wendepunkt der Zeiten.[93] Wir müssen hier notieren, daß in der Fehde das von uns nicht eigens thematisierte Verhältnis von Adel und Bauern in der Variante erscheint, daß die Höfe der Bauern des Gegners in Flammen aufgehen, der Gegner selbst aber nicht getötet, sondern gefangengenommen wird. Wir notieren das herrschaftsgeschichtliche Thema der fiskalischen Fehde, wie es, deren Prinzipien bloßlegend und zugleich überwindend, Götz von Berlichingen repräsentiert.[94] Für unser Thema des Umgangs von Menschen miteinander gibt die Fehde als außergewöhnliches Ereignis nicht viel her. Nur in der Zusammenschau der Handbücher lassen sich Fehden so schnell aufzählen, daß der Leser vergißt, sie in ein Raum-Zeit-Koordinatensystem einzupassen. Statt der historiographischen Suggestion: Daß die Stadt Göttingen 1485/86 eine Fehde führte, war noch ein halbes Jahrhundert später in der Zerrüttung des Stadthaushalts sichtbar.[95] Das Neue in der Fehdeführung Götz von Berlichingens liegt allein in der Minimierung des adeligen Risikos. Er, das letzte von zehn Kindern, führte Fehden, ohne selbst einen angreifbaren Stammsitz innezuhaben. Als er aber Geld genug erpreßt hatte, um sich eine eigene ritterschaftliche Herrschaft zu kaufen, führte er nur noch juristische „Federkriege“.

Nachdem wir die Fehde als fiskalisches Problem der adelig-städtischen Oberschicht zu Lasten der Bauern charakterisiert haben, können wir zu unserem Thema des Umgangs der Menschen miteinander zurückkehren. Wir verdeutlichen: Die Fehde ist kalkuliert, und sie ist ein Herrschaftsproblem, das in seiner Limitierung im Verlauf des 16. Jahrhunderts allenfalls ein Promille der Bevölkerung betrifft. Der zivilisationsgeschichtliche Fortschritt liegt auf einer anderen Ebene. Es geht nicht um die Eindämmung der unrentabel gewordenen Fehde,[96] sondern um die Einschränkung von Gewalt im Alltag. Wir erinnern uns: Fluch ist Ausdruck des Zorns, ungefiltert, unbeherrscht. Verbale Gewalt und körperliche Gewalt aber sind keine Steigerungen, sondern gemeinsamer Ausdruck dieser noch nicht im gesellschaftlichen Konsens disziplinierten Gefühlsaufwallungen – unser nächstes Thema.

6
Gefährliche Direktheit: Jähzorn und spontane Gewalt

Zum Jahre 1438 notierte ein Nürnberger Chronist: „da ersticket Pauls Fütrer mit eim Knecht zu Nürnberg in seins Vaters gewelb hinter dem rathaus". Die beiden jungen Leute waren Schlitten gefahren, „und sie vorchten des Vaters zorn und musten sich vor im verpergen, und sie heten koln in das gewelb getragen und alle venster verslossen, das sie ersticken im schlaf."[1] Der Patriziersohn und der Knecht hatten den Wutausbruch des Hausvaters, hatten Schläge und Prügel gefürchtet. Verständnis hat dafür der Chronist: Sie „musten sich vor im verpergen".

Jähzorn und spontane Gewaltbereitschaft sind eine überzeitliche Gefahr menschlichen Zusammenlebens. Wir vermeiden das Stichwort „Affektregulierung", verweisen vielmehr darauf, daß schon frühmittelalterliche Sprichworte die handfesten Folgen des Jähzorns zu regulieren versuchten,[2] und stellen das Scheitern solcher Bemühungen fest: Eine spätmittelalterliche Stadt ist ohne Gewalt, ohne Handgreiflichkeiten beim Austrag zwischenmenschlicher Konflikte nicht vorstellbar.[3] Sowohl in Zürich als auch in Konstanz sind ein Drittel aller im 15. Jahrhundert vom Rat bestraften Vergehen Gewaltdelikte.[4] Spontane Gewalt, stete Konfliktbereitschaft;[5] Faustschläge, Maulschellen usw.[6] Ein Problem der Unterschicht, daß heftige verbale Auseinandersetzungen zu Prügeleien führen? Nein. Ebenso wie Fluchen und Schimpfen sind auch ihre Folgen in allen Ständen anzutreffen.[7] Deshalb ist es auch teuer, den anderen zu ohrfeigen: Vier Schilling Buße, den Tagelohn von drei bis vier Tagen, kostete das um 1300 in Rostock.[8]

Gewaltbereitschaft bei allen Ständen, Gewaltbereitschaft auch bei Frauen.[9] Als eine Schar junger Männer 1491 bei dem Abendtanz auf dem Nürnberger Rathaus der Agnes Baireuter den Schleier wegreißt, zieht diese ihr Brotmesser aus dem Gürtel und sticht einen der Männer durch den Hals, daß man seinen Tod fürchten muß.[10] Die Augsburger Dominikanerinnen setzten sich 1441 aggressiv gegen eine Reformmaßnahme zur Wehr, die der Rat verfügt hatte. Die Sprechgitter zur Klosterklausur sollten vermauert werden; als aber die Arbeiter anrückten, „da wurden die frawen so zornig ... und luefen herfür mit stangen und mit pratspießen und schluegen und stachen zu den maurern und zu den werkleuten und triben sie all ab mit gewalt". Diese konnten dann nur unter dem Schutz städtischer Söldner ihre Arbeit verrichten.[11]

Dramatisierend gestaltet 1438 Aeneas Sylvius die Gewalt und ihre Folgen in einer Großstadt, in Wien, aus: „Nur wenige Heiligentage, wenige Sonntage vergehen ohne Mord. Sobald es zwischen zweien zu einem Waffenhandel gekommen ist, gibt es niemanden, der den Kampf unterbräche. Sofort bildet sich ein Kranz von Zuschauern, die nichts dagegen unternehmen. Auch die Behörden treffen keine Maßnahmen, um die Tollkühnen einzuschüchtern, wie es sich eigentlich gehörte. Wenn man frühmorgens aufsteht und zur Kirche geht, findet man auf den Plätzen oft die Leichen der in der vorangegangenen Nacht Getöteten."[12] Die Realität hinter dieser offenkundigen Übertreibung: Schlägereien sind an der Tages-, wohl genauer: an der Nachtordnung. Das ist für Wien, einer Stadt, wo Studenten und Volk („academici et plebeii") ihre besonderen Konflikte miteinander hatten, ebenso bezeugt[13] wie für andere Städte.[14]

Die Göttinger Statuten von 1340 wissen von Schlägereien und Raufereien in der Stadt, sogar im Kaufhaus,[15] wo die besseren Leute handeln. Bereits diese ältesten Statuten der Stadt treibt die Furcht um, daß Bürger „krich under sick hedden".[16] Krieg – das

Gewalt, Wut, Zorn: Man muss sich diese aggressiven Emotionen ganz ungefiltert im Mittelalter vorstellen, nicht umsonst wurde die Todsünde des Zorns (ira) so häufig dargestellt, wie hier in einem Jüngsten Gericht in der Kathedrale von Albi *(15. Jh.)*.

ist mehr als spontaner Gewaltausbruch, das ist erbitterte Feindschaft, friedensgefährdend, die ganze Stadt in Mitleidenschaft ziehend; denn es ist Gewalt der Oberschicht. Der Rat droht, falls der von ihm gebotene Frieden gebrochen wird, mit Turmhaft von vier Wochen und im Weigerungsfall mit 20 Mark Strafe.[17]

Wie berechtigt die Sorge der Stadträte vor der friedensgefährdenden Gewaltbereitschaft innerhalb der Oberschicht war, wie schnell diese Gewaltbereitschaft aufflammen konnte, belegt ein Göttinger Fall, der sich zwischen 1423 und 1425 abspielte. Bei der Hochzeit des Cord Boygenrade verhinderte der junge Giseler, daß die Pfeifer beim Vortanz aufspielten. Cord und der Brautvater sahen das als einen Hohn an. Nur schlechtes Benehmen des jungen Giseler? Der Göttinger Rat hatte große Sorge, daß sich die Angelegenheit ausweiten könne, und gebot beiden Parteien Frieden. („So hadde de rad anghest, dat dar mer ungelukes von werden mochte und boden eynen frede.") Giseler wurde für ein Jahr der Stadt verwiesen. Nach seiner Rückkehr trifft er Cord Boygenrade, wobei es ihn wegen des gebotenen Friedens nicht stört, daß dieser eine Hellebarde trägt. Cord aber hat die so lange zurückliegende Beleidigung nicht vergessen und spricht „dusse wort: ‚nu Giseler' unde haw mit der scharpen barde Giseler in synen kop."[18]

Selbst Feste und Feiern waren, wie der Fall des jungen Giseler lehrt, nicht vor dem Ausbruch von Gewalt geschützt, selbst nicht jene Tänze, die unter den Augen des Rates stattfanden. In Braunschweig prügeln sich beim Fastnachtstanz auf dem Rathaus 1465 drei Männer, und als sie trotz der Aufforderung von Ratsherren damit nicht aufhören, werden sie der Stadt verwiesen.[19]

Die ältesten Göttinger Statuten (vor 1340) untersagen das Führen von Schwertern und langen Messern; wenn jemand diese heimlich unter dem Mantel zu tragen wagt, verdoppelt sich die Strafsumme.[20] In Lüneburg hängt in der Laube, der Gerichtsstätte im Rathaus, das Maß, das die Länge eines Messers bestimmt, das man noch tragen darf. Eine längere Waffe wird eingezogen.[21] Mit dem Verbot des Tragens von Schwertern und langen Messern versuchen die Stadträte in Klein-,[22] Mittel-[23] und Großstädten[24] zumindest die schlimmsten Folgen von Schlägereien zu verhindern. Diese in allen Städten nachweisbaren Gesetze sind zugleich ein Indikator für stete Gewaltbereitschaft. Deshalb erzielen diese Gebote auch keine dauernde Wirkung. Der Frankfurter Rat, der 1354 die langen Messer und Schwerter verboten hatte, ist 1514 schon froh, wenn wenigstens nach dem abendlichen Ave-Maria-Läuten die Leute in der Dunkelheit keine Waffen mehr tragen.[25]

Mit den wenigen Bütteln in einer mittelalterlichen Stadt war ein allgemeines Verbot des Messertragens nicht durchzusetzen, war die vorbeugende Sicherung des Friedens nicht zu erreichen. So wurde in Ulm Ende des 15. Jahrhunderts die Hauptaufgabe der Straßenpolizei, den Gassenvögten und Gassenknechten, das Verbot der „langen Wehren", der Messer und Schußwaffen zu überwachen. Sie durften auch prüfen, ob jemand unter der Kleidung solche Waffen verbarg.[26] Und dennoch mußte 1513 erneut ein scharfes Mandat gegen das Messertragen in Ulm erlassen werden.[27] Solche Verbote wiederholen sich und nutzen sich ab. 1445 ist man in Göttingen schon froh, wenn wenigstens das Verbot, nachts Messer oder Hellebarden zu tragen, eingehalten wird.[28] Im wesentlichen müssen sich die Stadträte darauf beschränken, die Gewaltbereitschaft, das in allen Städten so genannte „Messerzücken", unter Strafe zu stellen.[29] Verbrechensprävention.

In den Städten, in denen die verhängten Buß- und Strafgelder eigens verzeichnet werden, stellen beim Delikt des Messerzückens die Bußzahlungen nur die Spitze eines Eisberges dar; denn es liegt auf der Hand, daß diejenigen, die des Nachts unbeobachtet aufeinander losgingen, kein Interesse daran hatten, sich beim Rat selbst zu bezichtigen. Weiterhin fällt in den Strafbüchern auf, daß es Zeiten gab, in denen sich die Bestrafungen wegen dieses

Deliktes häuften. Es waren die Zeiten, in denen größere Ausbesserungsarbeiten an den Stadtmauern bevorstanden; die Stadtväter brauchten Geld und achteten darauf, möglichst viele Bußgelder, die dem Stadtmauerbau zuflossen, einzusammeln.

Verbreitung von Messerstechereien.[30] Unter den 582 Gewalttaten, die der Konstanzer Rat zwischen 1430 und 1460 bestraft, finden sich 233 Fälle des Messerzückens.[31] Die Städte übernehmen im Spätmittelalter ein Thema, das bereits die Landfrieden des 13. Jahrhunderts angeschlagen hatten.[32] Wählen wir nur das Beispiel Göttingens. Hier war zwischen 1399 und 1407 ein entsprechendes Statut erlassen worden, das 1428 erneuert, aber danach wie selbstverständlich übertreten wurde. Noch nicht einmal die Stadtväter erinnerten sich an ihr generelles Verbot, als sie 1434 untersagten, beim Tanz Messer zu tragen. 1461 wurde das Gesetz von 1428 wiederholt, 1506 noch einmal erneuert, und als es der Rat 1514 wiederum einschärfte, klagte er, solche Mandate wären zwar häufig erlassen, aber ebenso häufig mißachtet worden.[33]

Lange Messer konnte man verbieten, aber nicht die Fäuste. Ohrfeigen, Faustschläge, Prügeleien gehörten zum vergessenen Alltag. Daß ein Koch in einem frühmittelalterlichen Kloster einem Mitbruder eine Ohrfeige („alapa“) gab, würden wir nicht wissen, wenn es sich bei dem Geschlagenen nicht um den reuigen Sünder Karlmann, den Bruder Karls des Großen gehandelt hätte.[34] In den städtischen Statuten zeichnen sich noch matte Umrisse dieses gefährdeten Alltags ab. Maulschellen werden in Regensburg mit der Geldbuße von drei Schilling (ersatzweise 40 Schlägen) bedroht,[35] und in Würzburg läuft derjenige, der einen anderen mit der geballten Faust schlägt, Gefahr, für vier Wochen der Stadt verwiesen zu werden.[36]

Immer wieder erscheint das Wirtshaus als Ort gewalttätiger Auseinandersetzungen, wie Stadtordnungen und Reiseberichte übereinstimmend melden.[37] Das Wenigste davon wird gerichtskundig. Schließlich hatte der Wirt dafür zu sorgen, daß die Streitenden nach ihrer Rauferei gemeinsam die Getrudenminne tranken.[38] Gewalt im Wirtshaus – das ging auch ohne Waffen: In einer Regensburger Taverne gerieten ein junger Steinmetz und ein Hafner in Streit und rauften miteinander, „hat der stainmez dem hafner dy nasen abgepissen".[39] Ein Sonderfall, der aber auf Typisches zurückweist, auf „dischlerman", Tischlärm. Unruhe, Geschrei, ja Prügelei bei Mahlzeiten. Das lag nicht unbedingt am Alkoholgenuß, sondern ebenso daran, daß die Zwänge, aber auch die friedenssichernden Ordnungen von Haus, Familie, Verwandtschaft und Zunft in der Begegnungsstätte Wirtshaus abfielen. So wird in Nürnberg mehrfach Bürgern für ein Jahr der Besuch von Gasthäusern und das Glücksspiel verboten.[40] Wir wählen ein Beispiel, das zugleich zeigt, daß Ratsherren von der sozialisierenden Kraft der Ehe ausgingen, also das Haus gegen das Wirtshaus stellten. Seitz Ebner, ein Nürnberger Patrizier, der gewalttätig und ein notorischer Gotteslästerer war, aber wegen seiner Abkunft einer bevorzugten Behandlung sicher sein konnte, mußte schwören, daß er mit niemandem zu Abend esse, es sei denn, seine Frau wäre dabei.[41]

Im Gegensatz zu städtischen Ordnungen, die erfolglos Wirtshausschlägereien einfach durch Verbot unterbinden wollen, sind die bäuerlichen Weistümer klüger. Ihnen ist klar, daß solche Formen der Auseinandersetzung ohnehin nicht zu verhindern sind, und sie stellen deswegen Rechtsregeln auf, wie solche Streitigkeiten zumindest begrenzt werden können. So bestimmt ein österreichisches Weistum, daß jemand, der im Wirtshaus Streit begonnen habe, dann nicht mehr bestraft werden dürfe, wenn es ihm gelinge, seinen Hut über den Zaun des Wirtshauses zu werfen.[42] Der Sinn ist offenbar folgender: Jemand, der im Wirtshaus Streit anfängt, kann von den anderen Gästen straflos verprügelt werden, weil er als erster den Frieden gebrochen hat. Er muß also dem besonderen Friedensbereich des Gasthauses entfliehen, um

Ein Mann erschlägt einen anderen mit einer Axt *(aus: Giraldus Cambrensis, Topographia Hibernica, englische Buchmalerei, 13. Jh.).*

sich unter den Schutz der allgemeinen Gesetze zu begeben. Verfolgt von den anderen Gästen, ist diese Flucht dann gelungen, wenn der verfolgte Friedensbrecher (Rechtssymbol des Hutes) das umgrenzende Hofgatter überwunden hat.

Zahlreiche Weistümer kennen Bestimmungen, wie sie hier an dem Beispiel des mittelfränkischen Herzogenaurach zitiert seien: Wirft im Wirtshaus einer dem anderen den Krug an den Kopf, zahlt er sechs Pfennig Strafe. Trifft der Wurf aber nicht, so zahlt er zwölf Pfennig.[43] Diese Rechtsauffassung, die selbst in Städten begegnet,[44] ist so weit verbreitet und so spezifisch mittelalterlich, daß im 16. Jahrhundert Dorfordnungen ausdrücklich die Abkehr von der bisherigen Rechtspraxis feststellen: Die Strafe bleibe für den Werfenden die gleiche, „er treffe aber oder treffe nit."[45] Die schwere Bestrafung des Fehlwurfs beruht auf der Menschenkenntnis ebenso wie auf der Kenntnis vom Sinn der Gesetze. Schon der Versuch ist strafbar – unsere heutige Auffassung; also unterbinden wir gleich den Versuch durch Strafverdoppelung – so die Weisheit spätmittelalterlicher Schöffen.

Nicht jeder Mensch im Mittelalter neigte zum Jähzorn: „Es seind zweyerley geschlecht der menschen, eynes zürnet gern, des ander gibt nicht darauff."[46] Einen Seufzer in niederdeutscher Sprache läßt der Magdeburger Domherr Heinrich Toke um die Mitte des 15. Jahrhunderts in seine lateinischen Ausführungen einfließen: „Tus stille! Lat overgan"[47]: Bleib ruhig, laß es vorübergehen! (Der Text handelt von Habgier und Korruption an der römischen Kurie.) Immer wieder mahnen Sprichwörter zur Geduld, wohlwissend, wie schwer es fiel, diese Haltung zu bewahren: „Es heißt geduld das kreutlein gut, wechst nicht in allen garten."[48] Erfahrungsweisheit: „Gemach würdt das kleyn gross, aber jähling wird das gross klein",[49] „gemach geht man auch weit",[50] „gedult bringet die leute zu eren."[51] Zahlreiche Sprichworte im Sinne von „Geduld behält das Feld"[52] führen zu jenem, bereits von Albrecht Achilles zitierten Wort, das auch wir noch kennen: Gut Ding will Weile haben.[53]

Es wirkte wohl kaum die Mahnung der Sprichworte, wenn die Ausbrüche des Jähzorns in der frühen Neuzeit zurückgehen, sondern vielmehr eine bereits im ausgehenden Mittelalter eingeführte systematische Bestrafung schon des Gefühlsausbruchs, der aggressiven Aufwallung, wozu bereits das Türenknallen gehörte.[54] Gildestatuten greifen hier ebenso ein[55] wie Stadträte. Ein spätes Beispiel um 1530 aus Windsheim: Ein vom Rat bestrafter Bürger schlug krachend die Tür zu, als er den Ratssaal verließ. Er wurde hereingerufen und noch einmal mit einer Buße belegt. Daraufhin verschloß er die Tür provozierend leise beim Hinausgehen, wurde erneut bestraft mit der Begründung, daß er sich das normale Türschließen anzugewöhnen habe.[56]

Mit Begriffen wie „Sozialdisziplinierung" oder „Affektregulierung" hätten die Stadträte nicht viel anzufangen gewußt. Selbst wenn man ihnen in ihrer Sprache den verallgemeinernden Sinn dieser Begriffe erläutern könnte, hätten sie nur den Kopf geschüttelt. Ihre Bürger zu erziehen, wäre ihnen vernünftigerweise nicht eingefallen. Den Frieden in der Stadt wollten sie wahren; und dabei kannten sie keine Entschuldigung. Zwar nicht mit Körperstrafen, aber doch mit Geldbußen und unangenehmer Einkerkerung in den Stadttürmen bedrohten die Stadträte Trunkenheitsdelikte. 1470 hatte sich in Essen ein Bürger am Karfreitag, noch bevor der Gottesdienst aus war, mit schweren Südweinen vollgetrunken und lag stockbesoffen auf der Straße („op der straten als ein unsinnich mensch, rasen van vullheit"). Die Strafe betrug drei Tage bei Wasser und Brot; im Wiederholungsfall 50 Gulden. Und er sollte sich nicht mehr in den Tavernen betrinken, sondern „seinen Pfennig" auf gesittete Art („hovesche") bei seinen Nachbarn „verzehren".[57]

Folgen der Trunkenheit als im „rohen" Mittelalter wie selbstverständlich hingenommener Gegebenheit? Grauzonen wollen wir zwar in Rechnung stellen, aber zugleich betonen: Eine Akzeptanz der Betrunkenheit als Männerrecht gab es nicht.[58] Und strafmildernd wirkte übermäßiger Alkoholgenuß schon gar nicht. „Trunken gestohlen, nüchtern gehängt" stellt das Rechtssprichwort lakonisch fest.[59] Mit der Formel, sich „sehr vergessen" zu haben, erzählen Urfehden in Krems von Bestrafungen eines Mannes, der in der Trunkenheit Juden bedroht,[60] und eines Knechts, der in diesem Zustand Frauen unsittlich angetastet hatte.[61] Ins städtische Gefängnis wurde auch ein Mann geworfen, der zugeben mußte, „daz (er) laider von weins wegen etwenn meiner vernunft berawbt" gewesen sei.[62] Der Alkohol dient hier ebensowenig wie in anderen Fällen der Entschuldigung. Schließlich waren die Betreffenden in städtische Gefängnisse geworfen worden und nur bei Urfehde, also gegen das eidliche Versprechen, sich nicht rächen zu wollen und die verhängte Strafe zu akzeptieren, wieder – in nüchternem Zustand – freigelassen worden. Wenn sich die Bürger über die tölpischen Bauern mokieren – „sachte ins dorff, die pawern seind truncken“[63] –, so handelte es sich um eine Projektion von Problemen ihres Gemeinwesens, um einen Fingerzeig auf andere, wobei vier Finger auf die eigene Situation zurückwiesen.

Leicht würden wir es uns machen, Norbert Elias zu zitieren, um auf seine magistralen Aufzeichnungen zum Thema „Affektregulierung“ zu verweisen. Der „Prozeß der Zivilisation“ aber hat viel mehr Beteiligte als Elias von seiner Quellenbasis her erkennen konnte, und: Der „Prozeß der Zivilisation“ beginnt viel früher, als der große Gelehrte, der über die Soziologie zum Historiker wurde, annahm. Nachdrücklich sei Elias gegen seine Kritiker in Schutz genommen. Kritisiert wird weitgehend gar nicht, was er nuanciert und vorsichtig formulierte, sondern die vergröbernde Rezeption seiner Thesen; denn zumeist ist von den Rezipienten in der faktischen Gültigkeit überschätzt worden, was als theoretischer Entwurf die Historizität von Zivilisation beschreiben wollte.[64] Verfehlte Rezeptionen bewirken wie in der Wirtschaft auch in der Wissenschaft Hausse und Baisse. Wie eine an der Börse notierte, durch Aufkäufe anderer Firmen prosperierende Aktiengesellschaft besteht auch die Leistung eines Autors in der möglichst effektiven Vereinnahmung anderer Arbeiten, wobei der Autorenname dem „Logo“ der Aktiengesellschaft entspricht. Auch wenn der gravierende Unterschied darin besteht, daß die wissenschaftliche Übernahme, selbst wenn sie eine feindliche sein sollte, die Existenz des Übernommenen nicht auslöscht, sei der Vergleich zur Feststellung genutzt: Es lohnt sich jetzt wieder, Elias-Aktien zu kaufen. Bevor wir zu unserem Thema zurückkommen, sei im Dialog mit Elias doch die bislang noch offene, die grundsätzliche Frage gestellt, ob nicht der Prozeß der Zivilisation ein die Zeiten übergreifender und zudem ein universalgeschichtlicher, allen Kulturen unter ihren spezifischen Bedingungen auferlegter Prozeß gewesen ist. Dann hätte Elias zwar nicht, wie von ihm vermutet, den entscheidenden Wendepunkt beschrieben, wohl aber – methodisch nach wie vor wegweisend – einen von vielen Verhandlungstagen dieses noch immer nicht entschiedenen Prozesses geschildert.

Zurück zum Jähzorn: Die Mühen um Affektregulierung setzen, wie wir gesehen haben, schon im Spätmittelalter ein. Diese Feststellung ist deswegen von grundsätzlicher Bedeutung, weil seit Generationen Mediävisten sich damit abfinden mußten, daß ein fiktives Mittelalter herhalten mußte, um einen – meist verklärt gesehenen – neuzeitlichen Wandel konstatieren zu können. Im Zusammenhang mit der noch zu schildernden Geschichte des Spielens als einer Begegnungsform von Menschen werden wir sehen, daß im Falle des Jähzorns tatsächlich partiell eine Versittlichung erreicht worden ist, die nicht voreilig als Sozialdisziplinierung etikettiert werden sollte. Denn diese Versittlichung ist – wir erinnern an die Mahnungen zur Geduld – nicht nur über die erhaltenen städtischen Statuten, sondern auch über die verlorenen alltäglichen Einsichten der Menschen erreicht worden.

Auch wenn die Hemmschwellen bei der Anwendung körperlicher Gewalt vergleichsweise niedrig lagen, so waren sie doch durchaus vorhanden. Peter Schuster ist der Nachweis zu verdanken, daß die spätmittelalterliche Welt kein übergroßes Aggressionspotential hatte.[65] Weder in Predigten noch in Chroniken wird die Gewalt besonders thematisiert. Unter den vielen Bedrohungen des Alltags wird die Angst, Opfer eines tätlichen Angriffs zu werden, erstaunlich selten erwähnt;[66] denn – so Schuster – die aktenkundig gewordenen Gewaltdelikte waren in feste Spielregeln eingebunden gewesen, ihnen war eine Herausforderung mit drohender Ehrverletzung vorausgegangen.[67]

Jähzorn: Hinter den Spielverboten, vor allem denen des Würfelspiels[68] muß nicht ängstliche Sittenstrenge vermutet, sondern die Verantwortung des städtischen Rats gesehen werden: Sorge für das Gemeinwohl. Glücks- und Wettspiele konnten Zank und Schlägereien im Gefolge haben[69] und damit Störungen zwischenmenschlicher Beziehungen; Folgen, die nicht schnell vergessen wurden oder schnell vergingen. Offene Feindschaften gefährdeten den Frieden in der Stadt. Henning Brandis kann sich einen „merkliken uplop" in Hildesheim, von dessen Ursachen er nichts weiß, nur mit der naheliegenden Vermutung erklären: „villicht in spelgeltsachen".[70]

Natürlich: Das Spielbrett galt eifernden Klerikern als Altar des Teufels; aber das veranlaßte mitnichten die obrigkeitlichen Maßnahmen – schließlich wurde von ihnen das Schachspiel zumeist ausgenommen, obwohl auch dieses um Geld gespielt werden konnte –, vielmehr war es der Zusammenhang von Glücksspiel und Jähzorn. Fluchen, oft mit Gotteslästerung verbunden,[71] Tätlichkeiten,[72] Messerstechereien erscheinen immer wieder als Folgen der Spielleidenschaft. Johannes Kapistran konnte 50 Sünden auflisten, die aus dem Spiel hervorgingen.[73] Vom Hörensagen wissen Chronisten wie Hartung Cammermeister sogar von Mordfällen: Ein Erfurter Bürger habe 1413 in Mainz, in der „trinckestoben", wo die Reichen zu spielen pflegten, über 1000 fl. gewonnen und war von dem Verlierer heimtückisch ermordet worden.[74] Die Geschichte illustriert die verbreiteten Warnungen vor dem Würfelspiel:[75] Es verführe zu Sünden vom Fluchen bis zum Mord.[76] Hohe Spielverluste[77] lassen den Hintergrund der bisweilen überlieferten Totschläge aus Jähzorn erahnen.[78] Mochte es sich hier auch um Einzelfälle handeln, so traf doch durchaus zu, daß – wie der Ulmer Rat 1485 feststellte – „viel ubel aus dem Spiel kommt".[79]

Versittlichung des Glücksspiels, das schwere Lernen, Verluste mit Haltung hinzunehmen, ist eine Einsicht der Menschen, ist keine Folge obrigkeitlicher Sanktionen. Die massenhaft überlieferten Spielverbote und ihr allmähliches Verdämmern kommentieren die Entwicklung des Spielverständnisses. Hätten sich die Menschen nicht mehrheitlich diesen Verboten entzogen, hätten sie gar nicht erfahren können, daß Spiel als Begegnungsform weit über archaisches Rivalitätsdenken hinaus eine eigene Würde hat. Und diese gelebte Erfahrung läßt dann in der frühen Neuzeit die Spielverbote entbehrlich werden.

Eine kollektive Erziehung der Bürger hatten die Statuten gar nicht im Sinne gehabt. Allzu häufig wird in der Forschung verkannt, daß hier nicht ein Zukunftsentwurf entfaltet, sondern daß rückwärtsgewandt auf Gefahren, die im zurückliegenden Alltag offenbar geworden sind, auf Gefahren, die dem Gemeinwesen drohen, geantwortet wird. Darin liegt der alltagsgeschichtliche Quellenwert dieser Statuten. Defensiv reagierend lag ihnen eine offensive Disziplinierung der Bürgerschaft fern.

Indirekt ist zu beweisen, daß es den Stadträten nur um die Schadensbegrenzung des Jähzorns, nicht um seine grundsätzliche Disziplinierung ging; denn wer den Jähzorn hätte disziplinieren wollen, hätte die alltägliche Gewalt bekämpfen, hätte das Prügeln in der Schule unterbinden müssen.[80] Die Stadträte, die unablässig Sanktionen gegen verbale und tätliche Gewalt erließen, reagierten nicht wie manche besorgten Eltern darauf, daß die Rute wichtigstes didaktisches Mittel in der Schule war, es interessierte sie nicht, daß hier – wie sich Hermann von Weinsberg in scheinbarer Nüchternheit erinnert – die Züchtigungen unter dem begleitenden Gesang der Mitschüler stattfanden.[81] Versagen der Stadträte oder Weisheit gemäß dem Sprichwort: „Was dich nicht brent, das untersteh dich nicht zu löschen“?[82]

Wo geprügelt werden darf, herrscht Herrenrecht. In allen Bereichen des sozialen Zusammenlebens ist dieses Herrenrecht überrepräsentiert. Wenn wir es selbst in der Schule wirksam sehen, dann enthüllt die nur scheinbar anekdotische Erinnerung des Hermann von Weinsberg eine grundsätzliche Frage. Anekdote: Der Chronist brauchte seinen Lesern nicht zu erklären, warum der Lehrer singen ließ. Die Schmerzensschreie geprügelter Schüler hätten angesichts der damaligen Öffentlichkeit aller Lebensverhältnisse dem Lehrer empörte Reaktionen beschert. Und insofern steht eine grundsätzliche Frage hinter der Anekdote: Wie ist es mit dem Mitleid in einer Welt bestellt, die vom Herrenrecht geprägt ist?

7
Mitleid, die Grenzen des Mitgefühls und die Schadenfreude

„Mitleid" bewahrt im Mittelalter noch den ursprünglichen Wortsinn: gemeinsames Leid. Eine in den spätmittelalterlichen Städten immer wieder aufbrechende Forderung der Bürger ist, daß die Geistlichen „mitleiden", also etwa auch den anstrengenden Wachdienst auf den Stadtmauern übernehmen sollten. Wir verwenden hingegen „Mitleid" im heutigen Sinne, um eine mitmenschliche Haltung zu kennzeichnen, die im Mittelalter angesichts der Armut als Massenerscheinung für das Leben und Überleben unerläßlich war. Die spätmittelalterlichen Schauspiele kennen ihr Publikum, sie wissen, wie man eine Zuschauergemeinde faszinieren kann, indem an das Mitleid mit den auf der Bühne handelnden Personen, die das Heilsgeschehen vergegenwärtigen, appelliert wird.[1]

Mitleiden: das hat im Umgang der Menschen miteinander einen ganz konkreten Inhalt. Man teilte einander etwa Rezepte gegen Krankheiten mit.[2] Natürlich gab es einschlägige Sammlungen wie den unverwüstlichen „Macer floridus", der schon im Frankreich des 11. Jahrhunderts verbreitet war[3] und dem das ganze Mittelalter hindurch große Autorität zugebilligt wurde; wir verzichten auf die Aufzählung vergleichbarer Kodifikationen und verweisen nur als Beispiel aus dem Spätmittelalter auf den bereits 1485 gedruckten „Gart der Gesundheit".[4] Neben solchen überregional verbreiteten, im wörtlichen Sinne zu verstehenden „Hilfsbüchlein" hatten viele Menschen, hohen und niedrigen Standes private Rezepthandschriften. Solche besaßen zum Beispiel der hochangesehene Patrizier Willibald Pirckheimer und der schlichte Ulmer Schuhmacher Sebastian Fischer. Diejenige Pirckheimers ist nur aus der Überlieferung zu erschließen,[5] sie bezeugt aber in dieser indirekten Form, daß die Aufzeichnung von Rezepten auf Kommunikation, auf Mitteilung berechnet ist.[6] Das bestätigt auch die autobiographische Notiz des Ulmer Schuhmachers, wonach eine private Sammlung nicht im privaten Bereich verbleibt, sondern in den kommunikativen Umgang mit der Mitwelt gehört; denn Gebrauchs- und Lesespuren in dem Manuskript seiner Aufzeichnungen von Rezepten, die Zerfledderung der Handschrift durch die ratsuchenden Freunde und Bekannten zeugen von intensiver Kommunikation in Gesundheitsfragen: „Solliche artzneyen hab ich for ettlichen iar auffgeschryben, aber es haben fil leytt darin gelesen, das es sich schier will anfahen zerreyssen, dan es ist nitt einbunden gwesen."[7]

Hoch und niedrig tauschen Rezepte aus. Kaiser Friedrich III. teilt seinem Verwandten, Erzherzog Siegmund, ein Mittel gegen Steinleiden mit. Frischer Meerrettich, zwischen den beiden Marientagen im Herbst ausgegraben, hilft.[8] Wir prüfen nicht die Heilwirkung, wir stellen nur fest, daß dieser Wissensaustausch auch auf Vertrauen unter den Menschen beruht. Von seinen Rezepten ist ein Mensch überzeugt, wie Renward Cysat weiß: „und daruff setzend sy solchen styffen glouben, das sy anderst nit zuo bereden sind".[9] Lediglich Sebastian Fischer seufzt, daß seine Medikamente gegen Schwerhörigkeit vielen Menschen geholfen haben, „aber mich hat kaine nitt helffen wellen."[10]

Noch wenig erforscht ist der Rezeptaustausch unter Frauen.[11] Was aber bisher bekannt ist, weist auf standesübergreifende Solidarität,[12] welche das Defizit zu lindern versucht, daß die Frauenheilkunde die schwache Seite der gelehrten mittelalterlichen Medizin gewesen war.[13] Viele hochadelige Frauen haben wie die hl. Elisabeth armen Gebärenden geholfen.[14]

Rezepte werden unter Bekannten weitergegeben. Aber damit ist die Bedeutung des Mitleids keineswegs ausgeschöpft. Jeder Mensch hat Anspruch auf Mitleid. Die Geschichte des Almosens ist nicht nur die Geschichte der von Luther so genannten Werkgerechtigkeit, ist nicht nur eine Geschichte des Bedürfnisses nach Jenseitsversicherung. Obwohl das Almosengeben als ein gottwohlgefälliges Werk galt, das Strafen im Jenseits mildern konnte, ist es zugleich auch ein Ausdruck des Erbarmens mit dem armen Mitmenschen.[15] Das ganze Mittelalter hindurch wurden die Werke der Barmherzigkeit als Christenpflicht propagiert. Prachthandschriften wie der „Codex Epternacense", das Goldene Evangelienbuch von Echternach aus dem 11. Jahrhundert, stellten bei dem Gleichnis vom Gastmahl des reichen Herrn die Bettler, Siechen, Krüppel dar, die der Einladung zum Essen folgen – Armenpflege als Selbstverpflichtung des klösterlichen Auftraggebers im Sinne der gorzischen Reform.[16] Nicht nur Almosenstöcke im Kirchenraum,[17] sondern auch Bilder, wie z. B. die Glasgemälde des Freiburger Münsters aus der zweiten Hälfte des 13. Jahrhunderts, mahnten zur Christenpflicht. Auf Tafel- und Altarbildern erscheint immer wieder der Bettler, zumeist in die dargestellte heilige Handlung integriert, sei es als Hintergrundfigur, sei es als Objekt, an dem sich Erbarmen und Caritas zu bewähren haben.[18]

Sehen – aber auch hören: Erzählungen des Mittelalters mahnen immer wieder zur Almosengabe.[19] Zum europäischen Erzählstoff gehört die Legende von dem hartherzigen Petrus Telonearius, der sich stets weigerte, Bettlern ein Almosen zu geben, aber in letzter Minute von dem hl. Johannes Elemosinarius, Johannes dem Almosener, gerettet werden konnte.[20] Andere Erzählungen gehen nicht so heilsverheißend aus wie die ihrer Natur nach tröstlichen Legenden: In ihnen werden die Hartherzigen bestraft – warnende Exempel. Ins Schwankhafte wird die Problematik in jener Geschichte gewendet, die in verschiedenen Varianten, aber immer mit dem gleichen „plot", im ganzen Mittelalter verbreitet ist: Ein reicher Mann gibt kein Almosen. Seiner barmherzigen Frau läßt er, als er fortreist, nichts im Haus, womit sie helfen könnte. Sie tröstet einen Bettler in seiner Armut, indem sie mit ihm schläft.[21] Ins Schwankhafte gewendet wird hier die Lehre der Kirche, daß Almosen nicht nur in Geldeswert, sondern auch in menschlicher Zuwendung bestehen könne, ja daß letzteres sogar einen höheren Wert besitze.[22]

Verfehlt jedoch wäre die Auffassung, die mittelalterlichen Menschen seien den Armen und Schwachen in überquellender „Liebesthätigkeit" begegnet, wie es im 19. Jahrhundert in berechtigtem Erstaunen über die Vielfalt der Almosenstiftungen formuliert wurde.[23]

Das Mittelalter ist eine harte Welt, geprägt vom Kampf um das Überleben bei den unteren Schichten, Bewußtsein eines Herrenrechtes am Mitmenschen bei den oberen, den herrschenden Ständen. Die geistlichen Schauspiele des späten Mittelalters lassen erkennen, daß die Menschen gleichermaßen tiefes Mitgefühl und ungeschmälerte Schadenfreude angesichts des Leids des Mitmenschen empfinden können. Die Faszination dieser Massenveranstaltungen geht von Texten aus, welche die Zuschauer weinen und vor Vergnügen johlen lassen, welche beim Leid Mariens an die „compassio" appellieren und die Prügelszenen der Grabeswächter oder den Wettlauf der Jünger zum Grabe Christi burlesk ausspielen lassen.[24]

Mitleid und Spott sind gemeinsam Ausdruck eines vitalen Interesses am Mitmenschen. Wir sind befremdet von einem Gemälde des Hieronymus Bosch, das den Kampf blinder Menschen um ein Schwein darstellt, unser Befremden wächst mit dem Nachweis, daß dieses Motiv häufiger wiederkehrt.[25] Hier wird Realität abgebildet. Aus Lübeck ist zum Jahre 1386 eine solche Belustigung gesunder Leute über die Unbeholfenheit blinder Menschen

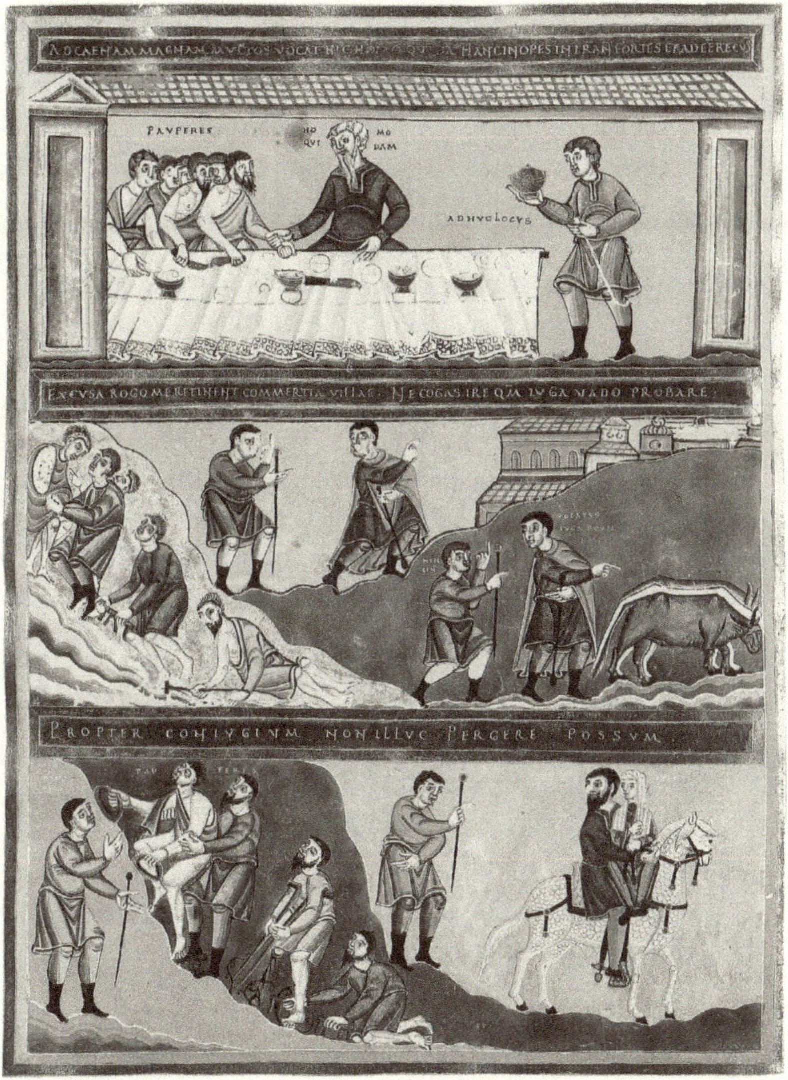

Codex Epternacense *(fol. 77v, ottonische Buchmalerei, 11. Jh.)*.

geschildert, die tapsig aufeinander einschlagen, um als Sieger an das große Glück, ein fettes Schwein zu gelangen. Die „Junker" der Stadt – die jeunesse dorée – suchten zwölf kräftige Blinde aus, gaben ihnen reichlich zu essen und besonders gut zu trinken, bewaffneten sie sodann mit Helmen, Harnisch und Waffen, um sie auf dem Marktplatz um das Schwein kämpfen zu lassen. Jung und alt, Geistliche und Laien sahen diesem Schauspiel zu, bei dem sich die Blinden schwer verletzten.[26] Das gleiche ‚Vergnügen' wie in Lübeck ist im Jahre 1498 als Kölner Fastnachtsunterhaltung überliefert,[27] und auch in der Eidgenossenschaft ist der Kampf der Blinden um eine Sau bezeugt.[28] Vom Norden bis zum Süden reichen die Belege für solche brutalen ‚Wettkämpfe', hoch und niedrig hatten an ihnen Gefallen. Maximilians I. „närrischer Rat", Kunz von der Rosen, veranstaltete zum Ergötzen selbst des Königs einen solchen Wettkampf auf einem Reichstag.[29]

Brutales Verlachen sozialer Schwäche: Um nichts anderes geht es auch bei den Dirnenwettläufen, den großen Jahrmarktsattraktionen im ausgehenden Mittelalter. „Dirnenwettläufe"?[30] Die Dirnen laufen um einen Preis, etwa ein Scharlachtuch,[31] was für diese armen Frauen einen großen Wert darstellt. Die Bewerberinnen laufen nicht in vorgeschriebenen Bahnen, sondern sie versuchen, sich gegenseitig beim Erreichen des Zieles zu behindern. Konkurrenzkampf zur Belustigung der Zuschauer. Nicht die Freude am Wettkampf, sondern – vergleichbar den Blindenwettkämpfen – die Schadenfreude bildet das Vergnügen.

Ebenso wie Dirnenwettkämpfe gab es die Wettläufe von „Freiharten", von armen, übelbeleumdeten Männern, die (meist als stellungslose Söldner) durch Gelegenheitsarbeiten ihr Leben fristeten. Basel übernahm 1471 zur Eröffnung der vom Kaiser genehmigten Messe einen Brauch der Nördlinger und veranstaltete zwei Wettrennen, eines für Männer (auf 400 Schritte) und ein anderes für Frauen (auf 250 Schritte). Als Siegespreis winkte jeweils ein

Tuch im Wert von 1½ Gulden.[32] Die Messebesucher sollten sich ebensowenig wie in Nördlingen an diesen Wettläufen beteiligen, sie sollten sich nur daran ergötzen, ihre Schadenfreude haben.

Obwohl der verlachte arme Mensch immer noch als Mitmensch geachtet wird, ist die Freude am Unglück des Mitmenschen schwer zu verstehen, selbst wenn berücksichtigt wird, daß zur Schadenfreude bei den Scharlachrennen auch die Mitfreude für den Gewinner einen Reiz des Vergnügens ausgemacht haben mag. Zum Verständnis von der Freude über das Unglück anderer trägt bei, was mittelalterlicher Lebensfreude entsprechend sich Mitte des 16. Jahrhunderts auf einem Bankett vornehmer Leute in Speyer abspielte, einem Bankett zu Ehren des pfälzischen Kurfürsten.[33] Ein junger adeliger Domherr, ein Herr von Seckendorff, tranchiert den Schweinskopf „und legt den herren für mit aller höflichkeit". Dabei widerfährt ihm ein Mißgeschick: Ein Leckerbissen fällt zu Boden. Der junge Domherr will aber nicht einsehen, daß ein so „guets schleckbissen sollte verloren sein und den hunden zu theil werden". Mit seinem langen Messer sticht er unter den Tisch, um das Fleisch zu retten und erneut vorzulegen. Mit seinem energisch geführten Stich („kreftichlichen gefaßt") trifft er unglücklicherweise den Fuß des Weihbischofs von Speyer: „sticht er dem weichbischof durch den fueß hindurch biß uf den boden. Das guet, from mendle schrie von grosem schmerzen über laut, das im die stuben erhal. Der von Seckendorf zuckt im das messer wider user dem fuß. Wie ers über den disch hinuf bringt, lauft der schwaiß darvon." Man läßt den Weihbischof sofort in sein Haus tragen und den Wundarzt kommen. „Und wiewol dieser casus menigclichem laidt, sonderlich dieweil es dem weichbischof begegnet, der doch sonst ein frombs mendle war, iedoch, seitmals es das leben nit antraf und ohne alles arg und geferden beschehen, wardt zu letst ein gelechter darauß, und schieden die gest mit frewden ab." Was zeigt sich: Unglück hat damals schlicht den Sinn von fehlendem Glück und steht dem Mißgeschick nahe. Beides gehört zum gefährdeten Leben, gehört zur Vitalsituation des mittelalterlichen Menschen. Sofern es sich nicht um Leben und Tod handelt, kann man zwar den Weihbischof bemitleiden, aber zugleich wegen der besonderen Umstände des Mißgeschicks darüber lachen.

Obwohl der Weihbischof, wie der Chronist vermeldet, noch lange an der Verletzung laborierte, ging es ihm doch vergleichsweise gut, weil er nur kurzzeitig Gegenstand der Schadenfreude seiner Mitmenschen war. Viel schlimmer war der Jurist Doktor Villenbach dran, der an einer Entzündung seines Gliedes litt (die offenbar nicht syphilitischen Ursprungs war).[34] Eine Amputation erschien den Wundärzten unerläßlich, denn sonst wäre ihm „sonder zweifel der ganz leib darvon entzünt worden". Es mußte ihm „die were gar nahe am leib ... hinweg geschnitten werden". So etwas bleibt nicht verborgen; denn das Mittelalter kennt keine schützende Privat- oder Intimsphäre, selbst nicht bei einem reichen und wegen seiner Kompetenz und wegen des damals noch seltenen Doktortitels hoch angesehenen Juristen. „Doctor Villenbach ist von solcher stumlung wegen allenthalben her geplagt worden, das er von menigclichem doctor Stump wardt genannt, und kainem fatzwerk oder gespai hat er höcher ufbracht oder zu mererm zorn bewegt mögen werden, derhalben sich des mangels halben vil erleiden müesen. Insonderhait so er zum frawenzimmer kommen, ist er gemainlich durch die spaikatzen uf die pan gebracht worden; so ist er dann menigclichs gelechter gewesen." Der Chronist wurde selbst Zeuge, wie bei vornehmen Banketten „verdeckte worte" auf den anwesenden Doktor Villenbach zielten, der dadurch Gegenstand fröhlicher Tischunterhaltung wurde. Schadenfreude kennt kein Erbarmen – und die „verdeckten Worte" sind nicht etwa Takt, um den Anwesenden zu schonen, sondern Steigerung des Vergnügens; denn Villenbach wäre, wie der Chronist weiß, am liebsten fortgelaufen, wenn er von der vollbesetzten Tafel hätte aufstehen dürfen. „Nach schaden folget spotten", wußte bereits ein spätmittelalterliches Sprichwort.[35]

So sehr gehört die Schadenfreude zum Umgang der Menschen miteinander, daß bisweilen die Betroffenen selbst bereitwillig mitmachten. Um 1500 berichtet Ladislaus Suntheim von einem Wirtshaus in (Bad) Cannstatt: Hier wird jährlich der Tag der Häßlichen gefeiert mit einem großen Zulauf von „mannen, jungen gesellen, weibern und jungfrawen." Der häßlichste Mann erhält einen Rock und andere Geschenke, die häßlichste Frau „gewinnt ain gurtl, pewtel, handschuch und ander ding."[36]

Sehr widersprüchlich ist unser Ergebnis. Die Menschen helfen armen Blinden in der Not und die gleichen Menschen können über das Mißgeschick dieser Blinden auch Tränen lachen. Schon Moriz Heyne, dem von Kennern noch hochgeschätzten, ansonsten aber vergessenen Autor der „Deutschen Hausalterthümer", war aufgefallen, daß der Krüppel gleichermaßen Gegenstand des Erbarmens, das sich in Almosen ausdrückte, wie des Spottes sein konnte.[37] Es gilt nicht nur der antike Satz „homo homini lupus" weiter. Der Mensch erscheint dem Mitmenschen nicht nur als gefährlicher Wolf, sondern auch als eine Quelle des Vergnügens. Ohne jede Bemäntelung frönt man der Lust an der Schadenfreude.

Schadenfreude und Schabernack hängen zusammen; denn die Welt ist arm an Belustigungen. In Ulm nutzten die vielen Verbote des Rates nichts, um den Brauch der Frauen abzuschaffen, bei dem damals üblichen Einstreichen der Betten mit flüssigem Wachs die vorübergehenden Männer mit Federn zu bekleben.[38] Selbst an den Höfen muß inszenierter Schabernack die Welt beleben. Nur ein Beleg mag hier genügen: Zu Hall in Tirol hatte der habsburgische Landesherr ein Bad eingerichtet, wo sich beim Durchschreiten der Gänge unversehens Falltüren öffneten und der ungewarnte Gast ins Wasser fiel, oder wo plötzlich von allen Seiten Wasserstrahlen den Besucher überraschten.[39]

Die Freude am Schaden des Mitmenschen gehört zu einer Welt, die arm ist an Unterhaltung, aber auch zu einer Welt, in der List zum Kampf um das tägliche Brot taugen kann. Das ist die mentalitätsgeschichtliche Aussage so vieler populärer Erzählungen des Mittelalters. Die Pointe der meisten mittelalterlichen Schwänke beruht darin, daß mit List und Tücke ein Mensch hereingelegt wird. Dabei schmälert es die Freude nicht, wenn die List nicht intelligent, sondern mit bis zur Brutalität reichender Heimtücke durchgeführt wird. Ungeschmälert bleibt die Freude daran, daß zu Nürnberg Till Eulenspiegel die Stadtknechte narrt und sie ins Wasser plumpsen läßt, wobei, um die Freude zu steigern, nicht unerwähnt bleibt, daß sich einige der im wörtlichen Sinne „Hereingefallenen" Arm und Bein brechen. Die Schadenfreude ist Teil einer Welt, in der List und Betrug an der Tagesordnung sind, sie ist auch im modernen, psychologischen Sinne Kompensation, weil alle Menschen wissen, wie gefährdet ihr Alltag ist. Die Schadenfreude beschwört uneingestandene Befürchtungen: Gottseidank hat es mich selbst nicht getroffen. „Es war ganz lecherlich zuzusehen, umb die es nit angieng."[40]

Uns erscheinen die Schwänke, an denen das Mittelalter eine solche Freude hatte, doch etwas primitiv. Der europäische Witz mit seiner Tendenz zur geistreichen Pointe hat sich erst im 17. Jahrhundert langsam durchgesetzt.[41] Deshalb sind moderne Ausgaben mittelalterlicher Schwänke trotz mancher verlegerischer Spekulation nie geschäftliche Erfolge geworden. Doch was wir von einem Witz verlangen, ist etwas anderes, als was der mittelalterliche Mensch in einem Schwank hören wollte. Er wollte zunächst einmal hören, daß die Geschichte auf einer wahren Begebenheit beruhte. Deswegen wird jeder Schwank den Ort und die handelnden Personen namentlich vorstellen.[42] Kurzum, der Leser oder Hörer wollte genau wissen, welcher seiner Mitmenschen übertölpelt worden war, und wer das vermocht hatte. Er wollte seine an realen Personen konkretisierbare Schadenfreude genießen. Nicht die intellektuelle Eleganz einer Pointe interessierte ihn, sondern die Geschicklichkeit, mit der List und Betrug ausgeübt wurden.

Haben also die Menschen im Mittelalter, umstellt von List und Betrug, dem Schicksal ihrer Mitmenschen letztlich gefühllos gegenübergestanden? Darauf scheinen auf den ersten Blick auch folgende Fälle zu weisen: Turniere werden selbst nach schweren Unfällen fortgesetzt. In Nürnberg zum Beispiel wird 1491 ein Herzog von Braunschweig „zwischen die pain gerant, oben pei dem pain unter dem gemecht ... Man maint er würd sterben."[43] Das Fest geht aber ebenso weiter wie das Schützenfest zu Landshut 1492, bei dem ein Teilnehmer durch einen verunglückten Schuß umkommt.[44] Wenn aber bei dem Begräbnis des Verunglückten alle ihm das Trauergeleit geben und für ihn beten, so ist das Ausdruck der Sorge für den Mitmenschen; denn dieser hatte den im Mittelalter so gefürchteten jähen Tod erlitten, er war ohne Empfang der Sakramente gestorben. Deshalb ist das Gebet für ihn so wichtig. Sorge für den Mitmenschen schlägt sich auch in der knappen Notiz über den auf dem Turnier so schwer verletzten Braunschweiger Herzog nieder: Man „tet im alle gotzrecht".[45] Der Autor versichert dem Leser, daß der schwerverletzte Herzog die Sakramente empfangen habe.

Was unseren Eindruck von der Gefühllosigkeit gegenüber dem Schicksal des Mitmenschen erweckt, beruht offenbar auf einem Unverständnis. Mustert man die Erzählung von dem Bankett in Speyer genau, so stellt sich das gleiche heraus wie bei dem Verlauf des Schützenfestes von 1492: Man empfindet durchaus Sorge und Mitleid; daß man sich in der Festfreude nicht stören läßt, hängt mit einer anderen Auffassung vom Schicksal zusammen. Die Unverletzlichkeit des Körpers ist eben noch kein Wert an sich, und das Mitgefühl für den verunglückten Mitmenschen drückt sich vor allem in der Sorge um dessen Seelenheil aus.

8
Die Grundlage des Umgangs: Mißtrauen und Vertrauen

Leichtsinnig seien die Menschen, so sagt Cicero, und zugleich bis zum Betrug hinterhältig („leves homines atque fallaces"). Ein Satz, der in seiner Unbestimmtheit wohl anzuerkennen und von Fall zu Fall zu relativieren ist, ein Satz aber auch, der in seiner Weiterführung die Frage nach dem leichtsinnigen Vertrauen und dem – möglicherweise – erfahrungsgesättigten Mißtrauen stellt. Wir nähern uns dieser Frage auf einem scheinbaren Umweg.

Nicht nur bestimmte Flüche gehören zu einem Menschen, sondern auch bestimmte Geschichten. Hans Wilhelm Kirchhof erzählte einen Schwank, in dem der heilige Martin einem armen Gesellen hilft. Das kann eigentlich dem protestantischen Autor nicht passen, aber er erzählt ihn aus Pietät. Deswegen fügt er in seinen deutschen Text zur Erklärung in Latein an: „Jocus fuit patris mei" – „Das war der Spaß meines Vaters";[1] gemeint ist: Die immer wieder erzählte Geschichte wird – Gewohnheit ist die andere Natur – zum Ausdruck der Persönlichkeit.

Die stets wiederholte Erzählung als Ausdruck einer Persönlichkeit: Davon berichtet der spätere Stralsunder Bürgermeister Bartholomäus Sastrow. Er war als junger Mann in Herbergen an Rhein und Donau mehrfach eingekehrt und demselben Fuhrmann begegnet. Dieser Mann erzählte der Wirtshausgesellschaft immer die gleiche Geschichte – eben seine Geschichte, die ihren Wert darin hat, daß Karl V. hier auftritt: „hat darauf stets die ganze Geschichte von Anfang bis zu Ende mit fröhlichem Gesicht und lachendem Munde erzählt und der Kaiserlichen Majestät mit vielen Worten gedankt."[2] Zur Erzählung gehören auch die Gebärden. Man muß sie sich mitdenken, auch in der neutralen Wiedergabe bei Sastrow. „Als nun die Wege im Niederland gar tief waren, also, daß die Fuhrleute das schwere Geschütz nicht gut vorwärts bringen konnten, und der Kaiser eilte, mit seiner Armada an den Feind zu kommen, ritt er an einen Fuhrmann" – Sastrows Erzähler also – „heran und redete ihn hart an, daß er fortfahren sollte. Der schwäbische Geselle kannte den Kaiser nicht, denn als der Kaiser dem Fuhrmann, weil er sauer sah und des Befehls nicht achtete, mit dem Stock an den Hals schlug, hieb dieser dem Kaiser mit seiner Geißel über Hals und Kopf, indem er fluchte: ‚Daß dich spanischen Bösewicht Gottes Element schänden müsse.'" Eine Majestätsbeleidigung – und darauf stand die Todesstrafe. Der Kaiser aber – so die Erzählung – begnadigt den armen Kerl: Nase abschneiden.

Diese Geschichte erzählt von dem, was wir bereits kennen, erzählt von gotteslästerlichen Flüchen, von Beschimpfungen („Bösewicht") und Jähzorn, sie erzählt aber auch davon, was den Zeitgenossen im frühen 16. Jahrhundert aus mittelalterlicher Tradition noch selbstverständlich war: „Beim Recht muß Gnade sein."[3] Was aber hat unsere so umständlich behandelte Fuhrmannsgeschichte mit der Leitfrage nach Vertrauen und Mißtrauen zu tun? Die Geschichte ist nicht wahr! Einem straffällig gewordenen Menschen ist die Nase abgeschnitten worden. Als Missetäter ist er kenntlich gemacht; die Menschen sind vor ihm gewarnt. Für einen Fuhrmann, der auf Vertrauen angewiesen ist, ist eine solche Kennzeichnung existenzgefährdend. Aber seine Geschichte rettet ihn. Sie überzeugt, weil alle einzelnen Elemente den Erfahrungen der Zeitgenossen entsprechen: Fluch, Jähzorn, Gewalt und Gnade.

Das Mittelalter war keineswegs vertrauensselig. Die Sprichwörter zum Beispiel machen sich über Verkaufstricks lustig: „Auf der Fleischbank sind alle Kühe Ochsen", oder – noch pointierter: „Beim Fleischer sind alle Kühe Ochsen, beim Gerber alle Ochsen

Kühe."[4] Weil die Fischhändler mit leichtem Schütteln der Hände versuchen, einen toten Fisch als lebenden zu verkaufen, konnte die Redensart auf einen zitternden Menschen entstehen: „Du gebest einen guten Fischmenger."[5]

Mißtrauen war im Lebenskampf unerläßlich. Wenn etwa Jörg Wickram von einem Landfahrer erzählt, der nachlässig auf der Ofenbank abgelegte Handschuhe gestohlen hat, so lautet die Moral der Geschichte nicht etwa, wie betrügerisch Landfahrer sind, sondern: Paßt besser auf eure Handschuhe auf.[6] Zu den Erfahrungen, die jeder in einer Welt machen mußte, in der List als Mittel im Überlebenskampf keineswegs diskriminiert war, gehörte: „Wer leichtlich glaubt, würt leicht betrogen."[7]

Betrug, als erfolgreiche List aufgefaßt, gehörte schon zum frühmittelalterlichen Adelsruhm,[8] Betrug gehörte, nüchterner, auch zum Geschäftsleben.[9] Berechtigte Zweifel sind erhoben worden, ob es zum Beispiel den ehrbaren hansischen Kaufmann schon im Mittelalter gegeben habe.[10] Das Eingeständnis, daß man wissentlich bei der Preisgestaltung, bei der Abrechnung von Gesellschaftsanteilen, bei Steuern und bei Lohnzahlungen betrogen habe, findet sich sehr häufig in Testamenten selbst der geachtetsten Kaufleute.[11] Das zu Unrecht erworbene Gut aber wird auf dem Sterbebett nicht etwa dem Geschädigten zurückgegeben, sondern frommen Stiftungen vermacht, damit für das Seelenheil des Sterbenden gebetet würde.[12]

Auf jedem Marktplatz, bei jedem Kauf oder Verkauf hatten die Menschen mit Betrug zu rechnen.[13] Und dennoch wurden die meisten Verträge mündlich vereinbart. Auffallend ist, daß in den Volkserzählungen die Abmachungen mit dem Teufel der Schriftform bedürfen.[14] Der Teufel selbst ist der Meinung: „Briefe sind besser denn Zeugen."[15]

Betrug und List werden als Alltagsgefahr in Erzählungen und Schwänken reflektiert. Besonders gern erzählt man, wie der

Teufel geprellt wird,[16] der Teufel, der im Mittelalter noch keine Unzucht mit Frauen treibt, was erst im frühneuzeitlichen Hexenwahn sein bevorzugtes Vergnügen werden wird. Der mittelalterliche Teufel begehrt bevorzugt die Seelen von Männern. Er kennt deren Schwächen und geheime Wünsche. Studenten, Ritter und Mönche werden durch die täuschende Gestalt schöner Frauen gewonnen,[17] Handwerker und Kleinbauern hingegen mit der Aussicht materiellen Gewinns verlockt.[18] In allen Erzählungen erscheint der Teufel als verläßlicher Vertragspartner,[19] aber mit List und Gottes Hilfe wird er von den Menschen betrogen.

Bei allem gebotenen Mißtrauen wußte man im Mittelalter jedoch auch, wie gefährlich es war, stets den Mitmenschen zu verdächtigen: „Argwohn ist ein schalk", oder noch drastischer: „Argwohn ist des Teufels Metze."[20] Den Mitmenschen zu prüfen, lernt man, aber nicht ein zur Menschenfeindlichkeit führendes Mißtrauen. So faßt ein Sprichwort zusammen: „Zu eynem lebendigen Menschen muß man sich guts und boses versehen."[21] Obwohl „Bösewicht" zu den verbreitetsten Beschimpfungen gehört, weiß man doch, daß ein Mensch nicht völlig charakterlos sein kann: „Das nie man so böse ward, er were an etwe gut."[22]

„Falschheit und untrew find man auf allen märckten feil."[23] Gewiß. Aber das Sprichwort formuliert nicht nur allgemeine Sentenzen, sondern kritisiert indirekt, aber für jeden verständlich, auch die Großen, die Fürsten: „Falschheit, Latein und böses Geld gehen durch die ganze Welt."[24] Latein: Gemeint ist nicht die Sprache der Liturgie, sondern die der Juristen, und das böse Geld wird von den Fürsten geprägt. Ein solcher Fürst, der uns durch seine Freude an klaren Worten inzwischen bekannte Albrecht Achilles, sieht das Problem gelassener. Jeder handelt doch nach seinen Interessen: „Yederman sein lied reymet, als er im das zu dienen vermainet."[25]

Erfahrung lehrte, was wir auch heute noch kennen: Es ist nicht alles Gold, was glänzt. „Es weiss mancher über ein schlecht Stück

Fleisch ein geferbte Brü zu machen."[26] Gefärbte Brühe: Teure Gewürze lassen auch schlechtes Fleisch gut riechen.

Betrug gehörte ganz selbstverständlich zu den Unterhaltungsformen. In ganz Europa findet sich beim Glücksspiel der Falschspieler. Ausgebuffte Landfahrer schlagen sich auf diese Weise durch, aber auch biedere Handwerker werden als Falschspieler berüchtigt.[27] Und bei den beliebten Pferderennen, die Adel oder Stadträte veranstalteten, gibt es bereits eine heutzutage vertraute Erscheinung: Die Pferde können gedopt werden. Obwohl etwa die Nördlinger Artikel von 1463 „alle ding, die gevarlich und unnatürlich sein mit zaubern und andern sachen" verboten, waren doch Dopingmittel, die als Rezepte berühmter Fürsten gehandelt wurden, gebräuchlich.[28]

Vertrauen bei wachem Mißtrauen ist letztlich doch die Grundeinstellung der Menschen. Man glaubt der Erzählung des Fuhrmanns, man glaubt auch den Abenteurern, die behaupten, der unversehens wiedergekehrte Kaiser Friedrich oder Markgraf Waldemar zu sein. Statt dieser bekannten Fälle sei ein weniger bekannter als Beispiel dafür herangezogen, daß das Vertrauen in die Erzählungen des Mitmenschen den Boden bildet, auf dem die mittelalterlichen Geschichtslegenden entstehen.

1482 erzählt der ungefähr 90 Jahre alte Torschließer am Nürnberger Tiergartentor einem Patrizier: „Als kunig Karls weib ein tohter gepar, die selb tohter gab sie eim schuster, genant Stengel, und nam an der tohter stat des schusters sun kunig Wentzlaw genant; und die kunigin tet der Stengel schusterin vil gutz; wenn man von dieser sach redet, so wainet und seuftzet sie."[29] Mißtrauen. Die heute so beliebten Verschwörungstheorien erscheinen hier in ihrer dynastischen Variante. Kindertausch. Vertrauen aber kann man zu einem einfachen alten Torwächter haben. Und deshalb gilt die Story dem hochgestellten Nürnberger Chronisten als überlieferungswürdig.

9
Freundschaft, Gesellschaft, Nachbarschaft

Die soziale Welt, in die ein Mensch hineingeboren wird, ist zunächst - wie schon die Namengebung vielfach bestätigt - durch seine Verwandten bestimmt. Verwandtschaft aber ist keineswegs ein lebenslang sichernder Verband, bedeutet nicht nur sozialen Schutz und Geborgenheit. Als der junge Burkard Zink nach Jahren der Abwesenheit aus dem fernen Kärnten in seine schwäbische Heimat zurückkehrt, ist der Empfang mehr als kühl. Im Alter zurückblickend erinnert sich Burkard Zink: „Und was mein niemant fro."[1] Seine Eltern waren gestorben und nun trat er als unerwarteter Erbe auf. Streit um das Erbe, um die zentrale soziale Determinante des Mittelalters, konnte auch damals die engsten Familienbande auflösen. Erbe und Konflikt gehören zusammen, Hintergrund des schon frühmittelalterlichen Sprichworts, das wir dem Sinne nach aus seiner lateinischen Fassung übersetzen: „Von der Verwandtschaft her pfeift beständig eisiger Südostwind."[2] Das mittelalterliche Sprichwort faßte den Zusammenhang von Erbe und Konflikt in den Reim: „Mit der Teilung der Güter trennen sich auch die Gemüter."[3] Aber das war es nicht allein, was Burkard Zink erfahren mußte. Nicht nur die Verwandten, auch das Beziehungsnetz der Paten und der Vertrauten der Familie, die „Freundschaft"[4], fühlten sich durch die unerwartete Ankunft eines übergangenen und vergessenen Erben gestört: „niemand was mein fro, all mein freund achtend mein nit".[5]

Der „Freundschaft", dem mit der Verwandtschaft verflochtenen, aber über diese hinausreichenden gesellschaftlichen Ordnungsprinzip, stellen wir die individuelle, die frei gewählte Freundschaft gegenüber.[6] Von deren hohem Wert ist das Mittelalter ebenfalls überzeugt. „Es ist kein mensch also böse, der nicht von hertzen einem getrewen menschen hold sey, denn der Teuffel will auch trew und glauben haben von denen, mit denen er sich verbindet."[7] Warum ist noch in der Reformationszeit sogar die verworfenste Erscheinung des Humanen ohne Freundschaft nicht denkbar?

Der von Betrug und List umstellte Mensch wußte um den Wert der Freundschaft. „Ein Freund ist wichtiger als ein Verwandter",[8] wiederholen Sprichwörter in den verschiedensten Varianten. „Jeder Freund ist von Nutzen", weiß Albrecht Achilles.[9] Der Wert der Freundschaft wird beschworen. Ein vielgesungenes Lied hatte zum Thema: Von einem getreuen Freund darf sich niemand trennen, weil er unbezahlbar ist („Getruwen frunt den ensal niman laßen, / want man vurgelden daz nit enkan"[10]).

Schon im ausgehenden Mittelalter können Kaufmannsbriefe die Anrede „gude vrunt" im förmlichen Sinne verwenden, aber in solchen Briefen kann auch der Adressat beschworen werden: „handelt wie ein guter Freund".[11] Das Bewußtsein vom Wert der Freundschaft ist keineswegs verblaßt. Freundschaft aber war nicht leicht zu schließen. „Jedermanns Freund", so wußte man, „ist jedermanns Narr."[12] Und: „Der yedermans gesel ist niemandt freundt."[13] Denn in einer Umwelt voller Lug und Trug gilt es auszuwählen und sich zu entscheiden. „Wer keinen Feind hat, hat auch keinen Freund."[14] Aber Freundschaft ist unverzichtbar. Freundschaft ist nicht nur Verläßlichkeit in der Not, Hilfe in den Gefahren des Alltags, Freundschaft ist unverzichtbar für die seelische Gesundheit. So mahnt im Sinne der mittelalterlichen Diätetik das Sprichwort zu einer Lebensführung, die Krankheiten vorbeugt: „Freundschaft ist der beste Arzt."[15] Denn Freundschaft schafft Freude und daraus folgt: Weil Trübsal zu frühem Tode führt, ist Freude Medizin.[16] „Ein alter Freund, Öl und Wein muß zu einem

Geselligkeit und Freundschaft drücken sich im gemeinsamen Essen und Trinken aus. Ein „gastgeb" – kein vornehmer Wirt – bedient *(Hausbuch der Mendelschen Zwölfbruderstiftung, Miniatur zum Jahr 1439)*.

Haushalt sein."[17] Ein alter Freund – die Freundschaft muß sich bewähren; es braucht lange, bis ein Mensch den anderen seinen Freund nennen kann, denn „es seindt nit all freundt, die einen anlachen."[18] Erst wenn man einen Scheffel Salz mit dem anderen verpraßt habe,[19] wenn man also mehrere hundert Mal miteinander gegessen habe, so die mittelalterliche Weisheit, könne man einen Menschen Freund nennen. Aber die Freundschaft birgt auch Gefahren. Die Vertraulichkeit verhindert offene Kritik: „Freundes Lob hält nicht Prob."[20]

Wo Freundschaft ist, ist auch Feindschaft. In dem Bemühen, Frieden zu sichern, in dem Wissen, daß Feindschaft beiden Gegnern schadet, kennt das Mittelalter die verschiedensten Aussöhnungsformen, eingebunden in ein feierliches Zeremonialhandeln, wobei der Friedenskuß am bekanntesten ist.[21] Man wußte aber, daß dieses Zeremonialhandeln lediglich ein friedenssicherndes Mittel war, aber kein Vertrauen schaffen konnte: „Versöhntem Feinde traue nicht."[22] „Versöhnte Feindschaft ist wie eine übel verheilte Wunde",[23] denn: „Alte Feindschaft ist bald erneuert."[24] Mißtrauen ist angebracht. Schon klingt an, daß man sich im Mittelalter keine großen Illusionen über Aufrichtigkeit und Verläßlichkeit machte. Rituale sind dazu da, den friedenssichernden Konsens als Verpflichtung anzuerkennen. Deshalb die feierliche Symbolik bei der Aussöhnung, deshalb der Friedenskuß. Nie konnte es um eine die betreffenden Individuen bindende, um eine innere Aussöhnung gehen; je feierlicher der äußere Rahmen gestaltet wurde, um so sicherer konnte man sein, daß die äußere Form des Friedens hielt, wo der innere Willen zum Frieden fehlte. „Bedecktes Feuer glimmt unter der Asche."[25]

Jedermann weiß im Mittelalter, wie wichtig das soziale Netz von Freunden und Verwandten ist. Deshalb ist die Stadtverweisung eine gefürchtete Strafe.[26] Freundschaft und Verwandtschaft – beide ergänzen sich in der Lebenswelt des Menschen, erstere ist

Darstellung innigster Freundschaft: zwei sich umarmende Frauen am Südportal der Eglise Saint-Pierre in Aulnay-de-Saintonge *(12. Jh.)*.

Gerechtigkeit und Friede umarmen sich. Relief an der Westfassade der Eglise Notre-Dame-la-Grande in Poitiers *(Mitte 12. Jh.)*.

frei gewählt, letztere Schicksal. Den unausweichlichen Konflikten unter Verwandten steht die Freundschaft stabilisierend gegenüber. Verwandte und Freunde können aber gleichermaßen nach außen ein schützendes Geflecht bilden, das von unteren zu den oberen Ständen immer dichter wird. Zweckverband. „Gross Freundschaft und (alt) Geschlecht macht manche böse (krumme) sache recht."[27] Der Reiche hat mehr Freunde, der Arme hat Not – wie in Grimms Märchen „Gevatter Tod" –, Paten für seine Kinder zu finden: „Es gehen nicht vil freundt in ein klein hauss."[28]

Der „gute Geselle" wird noch im Spätmittelalter als der Kumpel, der Kompagnon verstanden, derjenige, so das lateinische Grundwort, mit dem man sein Brot („panis") teilt;[29] nicht unbedingt ist der Freund auch der „Kollege", der Schicksalsgenosse. Die Wortgeschichte ist darin aufschlußreich, daß erst um 1500 der Ausdruck „Geselle" im Handwerk das bis dahin übliche „Knecht" ersetzt, nachdem diese Knechte in Bruderschaften sich ihrer Gesellschaft versichert hatten.[30] Auch das Mittelalter kannte die antike Weisheit, daß Gesellschaft den Menschen charakterisiert: „So minnet ein diep den andern diep",[31] und deshalb ist ein Freund des anderen Spiegel.[32] „Gesellschaft malt einen am besten"[33] – die mittelalterliche Fassung des heute noch lebenden Wortes: „Sage mir, mit wem du umgehst, und ich sage dir, wer du bist." Massenhaft hat sich in den europäischen Sprachen die Erfahrung im prägnanten Sprichwort niedergeschlagen, wie „gleich und gleich gesellt sich gern" oder „gleich sucht sich, gleich find't sich".[34]

Jedermann wußte, daß wahre Freundschaft unter lebenslanger Bewährung doch etwas anderes war als „Gesellschaft", die bei Ruhe sicherndem Auftrag flüchtigen Charakter haben konnte, wie an den Ordnungen der Trinkstuben zu erkennen ist.[35] Die Nachbarschaft, das dritte der über die Verwandtschaften hinausreichenden Ordnungsprinzipien des sozialen Miteinanders, wird genauestens von Freundschaft und „Gesellschaft" abgegrenzt; denn diese waren frei gewählt, Nachbarschaft jedoch war Schicksal.[36] Das berühmte Schillerzitat war im Mittelalter längst in einem überaus reich belegten Sprichwort vorgeformt: „Es kann keiner lenger friede haben, denn sein nachpawr will."[37]

Der Sachsenspiegel kannte nur Lehnrecht und Landrecht, aber noch kein Stadtrecht. Dennoch benannte er einen zentralen Konfliktpunkt zwischen Nachbarn in Stadt und Land: Abort und Schweinekoben, also Abfall, Unrat.[38] Ein Fall aus dem spätmittelalterlichen Zürich: Heini Herdliberg hatte mehrfach in aller Freundlichkeit von seinem Nachbarn Hensi Trostberg die Beseitigung eines Misthaufens verlangt, weil die Jauche daraus in seinen Keller floß. Schließlich die drängende Mahnung. Nachbarschaftskonflikt. Trostberg droht mit der Faust und schlägt dann zu, schlägt auch Herdlibergs Frau, die schlichten wollte.[39]

Der Mist und der Unflat boten immer Gelegenheit, den Nachbarn zu ärgern. Wer es aber wie die Tochter der Trinklerin 1487 in Zürich macht, wird vom Rat mit einer abschreckenden Geldbuße bestraft. Die junge Frau hatte einen Kübel „mit unflatigem und übel schmeckenden wust", also mit stinkendem Scheißdreck ihrem Nachbarn vor die Tür geschüttet, seine Frau herausgerufen und ihr gesagt, „sy sölle dz essen".[40]

Wie gefährdet der Frieden unter den Menschen auch auf dem Lande ist, wissen die dörflichen Rechtsauseinandersetzungen, die Weistümer. Nachbarschaft und Streit um Nutzungsrechte, etwa die Frage des Hühnerrechtes – bis wie weit dürfen diese scharren? – oder des Bäumerechtes – wem gehören die Äpfel, wenn die Zweige über den Gartenzaun reichen? Zur Regelung solcher Fragen nutzen die bäuerlichen Weistümer die disziplinierende Kraft des Humors. Wer wegen scharrender Hühner sich mit seinem Nachbarn streitet, soll auf das Dach seines Hauses steigen, mit der linken Hand sein rechtes Ohrläppchen fassen und unter der

Achsel ein (notabene: damals teures) Ei hindurchwerfen. So weit er wirft, so weit haben seine Hühner freien Auslauf. Und bei den über den Zaun hängenden Zweigen sieht die Lösung so aus: Nur bis zu der Stelle, wo ein Vogel noch auf dem Zweig sitzen kann, gehören die Früchte dem Baumbesitzer.[41] In beiden Fällen ist der Auftrag der Schöffen an die Streitenden der gleiche: Einigt euch untereinander gütlich; verhaltet euch, wie Nachbarn es tun sollen, macht euch, wenn ihr unbedingt recht behalten wollt, ruhig lächerlich. Die tiefe Weisheit der bäuerlichen Weistümer ist, daß sie das Recht als friedensstiftendes Prinzip anerkennen, aber zugleich wissen, daß ohne guten Willen das Recht keinen wirklichen Frieden schaffen kann. Wahrer Humor. Denn Frieden unter Nachbarn zu schaffen ist eine der wichtigsten Aufgaben der gemeindlichen Selbstverwaltung im Dorf (und natürlich ebenso auch in der Stadt). Dabei weiß man: „Ein guter nachbawer ist ein edel kleynodt."[42]

Den guten Nachbarn erkennt man recht schnell, den verläßlichen Freund erst langsam.Wie aber ist mit all den Mitmenschen umzugehen, denen man nur flüchtig begegnet? Die Sprichworte halten sich mit Regeln sehr zurück; denn verbindliche Ratschläge können angesichts so vielfältiger Begegnungsformen nicht gegeben werden. Menschenkenntnis istangesichts von so viel List und Tücke in dieser Welt unerläßlich; sie schlägt die humane Brücke zwischen Vertrauen und Mißtrauen.

10
Die Menschenkenntnis des Mittelalters

Menschenkenntnis im oberflächlichen Sinne als Standeskenntnis war im alltäglichen Umgang unerläßlich. Die „Titularbücher" täuschen insofern über das Alltagsproblem hinweg, als sie nur die Formeln der schriftlichen Anrede stilisieren. Denjenigen, dem man einen Brief schreibt, kennt man, aber nicht unbedingt denjenigen, dem man auf Reisen, auf der Straße oder in der Herberge begegnet. Gewiß, die Kleidung ist ein Statussignal. Dieses aber galt nur bedingt angesichts einer der Grundlagen mittelalterlicher Existenz, der Mobilität. Wir erinnern daran, daß weniger die Kleidung als die Art des Auftretens, die allenfalls durch die Kleidung unterstrichen wurde, den „Habitus" ausmachte.

Menschenkenntnis als Standeskenntnis. Wir konkretisieren das Alltagsproblem aus der Sicht des Wirtes. Er hatte auf die Tafelordnung zu achten, schließlich mußte dem Ranghöchsten als erstem vorgelegt werden.[1] Wie aber waren die ankommenden Gäste, bedeckt mit Straßenstaub, einzuschätzen? Beiläufig erwähnt Bartholomäus Sastrow als Reiseerfahrung: „Die andern Gäste wie auch der Wirt wußten nicht, wie freundlich sie sich gegen mich erzeigen sollten."[2] Der Wirt hat den Gast zu beurteilen. Und sein Urteil hat Gewicht. Marinus de Fregeno gibt dem in deutschen Landen Reisenden den Rat, man solle Wirten nicht mit Knauserigkeit begegnen, da von ihrem Urteil abhänge, wie man in der Stadt behandelt werde.[3]

Standeskenntnis bei der Aufnahme von Gästen war nicht nur für Wirte unerläßlich. Der Bauer oder der Müller in abgelegener Mühle mußte abschätzen können, ob es ein harmloser Vagant oder ein gefährlicher Geselle war, der bei einbrechender Dämmerung um eine Lagerstatt bat. An den Klosterpforten mußte man erkennen können, ob unter den Scharen der um Wegzehrung Bittenden sich ein angesehener Künstler befand.

Blicken wir von der Oberfläche der Standeskenntnis auf die Menschenkenntnis im umfassenden, den Charakter einschließenden Sinne. Schon ein erster Blick entlarvt die häufig anzutreffenden Assoziationen als haltlos, wonach die Menschen im Mittelalter (wahlweise) fromm und bieder oder roh und ungeschlacht gewesen seien.

„Man überlädt den Wagen mit einem Ei“[4] – das ist kein Erfahrungssatz der Fuhrleute, sondern ein Wissen über die Natur des Menschen, der viel schlucken kann, aber plötzlich wegen einer Kleinigkeit ausbricht – die legendäre Zahnpastatube bei heutigen Ehezerwürfnissen. Denn selbstverständlich weiß man auch, welche Zwänge bestehen, weshalb man „gute Miene zum bösen Spiel“ machen muß. In vielen Varianten begegnet als Erfahrungsschatz im Mittelalter,[5] was Freidank in die Worte faßte: „Dez herze weinet manege stunt / sô doch lachen muoz der munt.“[6]

Einen klaren Blick, eine nüchterne Einstellung haben die Menschen dabei, was die Gefahren der Selbsteinschätzung angeht, die häufig in Selbstüberschätzung endet. Ein weit verbreitetes Wort stellt fest: „Wir gevallen alle uns selben wol, / des ist die werlt gar toren vol.“[7] Selbstillusion ist Narrheit. „Wer waent, daz er der beste sî / dem wont ein gouch (Narr) vil nahe bî.“[8]

„Frage nicht der gewissen halben“[9] – in einem mahnenden Wort wird festgehalten, was der Kurfürst Albrecht Achilles so formuliert: „Es ist nicht menschlich, eines anderen Herz zu wissen.“[10] Das Schicksal des einzelnen und damit auch sein Gewissen steht unmittelbar zu Gott. Was kommt nicht alles im Jahre 1489 in Nürnberg zutage, als ein Ablaß für Todsünden gepredigt wurde? 316 Männer und 214 Frauen gehen in aller Öffentlichkeit zum

Altar, um diesen Ablaß zu empfangen.[11] Die Anwesenden in der Kirche kennen all diejenigen, die diesen Weg zum Altar auf sich nehmen, wie etwa die Stadtknechte Schnappenhornlein und Putz. Vor bohrenden Nachfragen ihrer Nachbarn aber können alle diese Menschen, die öffentlich bekannten, eine Todsünde begangen zu haben, sicher sein: „Frage nicht der gewissen halben."

Jetzt erst enthüllt sich in seinem mentalen Horizont vollends, warum das Landshuter Schützenfest 1491 nicht abgebrochen wurde. Die existentielle Frage ist nicht die nach dem individuellen Schicksal, sondern die nach der Beziehung zum Jenseits. Die sogenannte Frömmigkeit des Mittelalters ist keine Religionsübung, sondern „religio" – Rückbindung. So kommt 1491 niemandem die inszenierte Trauer etwa durch Abbruch des Schützenfestes in den Sinn. Es ist die Haltung von Menschen, die es als unsittlich ansehen, in die Seele des anderen zu greifen, nach dem „Gewissen" zu bohren. Letztlich war es erst der Pietismus, der diese Haltung aufbrach, der zwar damit als sekundäre Folge den Äußerungen des Lebensgefühls ganz neue sprachliche Räume öffnete, aber primär sogar das Gewissen der Beurteilung durch die Gemeinschaft unterwarf.

Auch wenn man im Mittelalter den Mitmenschen nicht nach seinen Sünden befragen wollte, hatte man doch durchaus tiefe Einblicke in die Psyche. Das war teilweise durch Erfahrung genährt: „Dank altert schnell."[12] Und man wußte auch, wie leicht Menschen nach Beschönigungen für ihr Handeln suchten.[13] Bekannt war sogar der Freudsche Versprecher; denn dieser bildet die Pointe jener äsopischen Fabel, die seit dem 12. Jahrhundert im ganzen Mittelalter so gern erzählt und in der Bauornamentik immer wieder zitiert wurde, die Fabel von einem Priester, der einem gezähmten Wolf das Lesen beibringen möchte.[14] Dieser aber liest statt „ABC" stets „LAM", worauf der Priester kommentiert: „dat meldet dynes herten grunt." So bekannt ist diese Geschichte, daß sie sogar zum Sprichwort verkürzt werden konnte: „'lamb! lamb!' sprichet der Wolf."[15] Und die Moral zu dieser Geschichte faßt in Reimform, daß durch einen Versprecher ans Tageslicht kommt, was man im Herzen bewahren wollte: „Men spricht, dat de tunge dicke ropt, / dat in dem herten is bestopt."[16]

Hinter der Popularität der Fabel von dem sich selbst entlarvenden Wolf steht ein zeitübergreifender, alle Stände einschließender Konsens. Die Direktheit der Menschen im Umgang miteinander ist gewollt. Wer nicht deutlich seine Meinung sagt, steht in Gefahr, als „gleichsner" zu gelten, als Opportunist und Anpassungsfähiger, der anderen nach dem Mund redet.[17] Der „gleichsner" ist nicht ganz korrekt mit „Schleimer" zu übersetzen. Er ist derjenige, der, sich anbiedernd und einschmeichelnd, nie seine Eigeninteressen offenbart, er ist ein im ganzen Mittelalter abgelehnter Typ, der „aines in dem herzen hât und redt ain anderz mit dem mund".[18]

Für die physischen Folgen seelischer Stimmungen hatte das Mittelalter einen klaren Blick, zumal die Medizin mit ihrer zentralen Lehre der Diätetik der Lebensführung auf diese Zusammenhänge immer hingewiesen hatte. Eine Begebenheit, die Johannes Pauli erzählt, läßt erkennen, daß (wie wir außerdem am Fall der Melancholie erkennen werden) nicht nur der Zusammenhang von Psyche und Krankheit bewußt war, sondern auch der von den psychischen Voraussetzungen für die Gesundung: Ein Arzt hatte seinen Vater von einer schweren Krankheit geheilt, lehnte aber ab, auch seine Stiefmutter zu behandeln: „Vatter, ich truw ir nit zu helffen, dan was ich dir hab geben, das hastu gern angenumen und hast ein Hoffnung zu mir gehebt ... Die Hoffnung hat dich me gesunt gemacht dan die Artznei. Aber mein Stieffmuter die truwet mir nichtz ... darumb so mag ich sie nit gesunt machen."[19]

Direktheit im Umgang miteinander, offene (in der Namengebung erhaltene) Kritik an Fehlern des Mitmenschen, Jähzorn und drastische Verwünschungen – all das darf nicht Vorstellungen von Rohheit oder unbefangener Derbheit zugeordnet werden. Man konnte heftig fluchen und zugleich ein sehr sensibles Verständnis für die Seelennöte der Mitmenschen haben. Man wußte um Depressionen und kleidete sie in den Begriff der Melancholie. Man wußte, daß diese Depressionen krank machten, daß sie nicht ein vorübergehender Stimmungsanflug waren, sondern in das Leben des Menschen unmittelbar eingriffen. Sinnvollerweise wurden in der mittelalterlichen Diätetik, einer Medizin, die weniger in Rezepturen als in der Lebensführung die Grundlage der Gesundheit sah, Zerstreuung, Freude, Kurzweil als Kur bei seelischen Leiden empfohlen. Eine Schwanksammlung begründet den Verzicht auf gelehrte Gravität, begründet die unterhaltende Erzählabsicht damit, daß „die melancolia von den medicis verbotten wirdt“.[20] Der von kirchlichen Autoren mißachtete Spielmann wurde von anderen Autoren als unverzichtbar angesehen, weil Musik die Schwermütigkeit vertreibe.[21]

Melancholie. Robert Burtons (1577–1640) berühmte „Anatomy of Melancholy“[22] steht in einer langen Tradition des Fragens nach den pathologischen Dimensionen von Gefühlen,[23] deren sich die Menschen nicht erwehren konnten. Melancholie ist Schicksal, nicht Stimmung. Unabhängig von Stand, Bildung und Weltanschauung konnte sie die Menschen heimsuchen. Robert Burton war ein kleiner anglikanischer Geistlicher. Ein hoher katholischer Prälat wurde 1655 derart von melancholischen Erscheinungen („melancholicas imaginationes“) heimgesucht, daß er sein Bamberger Domdekanat resignierte.[24] Tragisch endet hier, was Liselotte von der Pfalz angesichts einer Welt der höfischen Divertissements, der Zerstreuungen, als Teil jener inneren Anfechtungen erkannt hatte, denen man nicht durch Ablenkungen entfliehen konnte: „Ich komme aber wieder auf das, was Ihr von der Melancholie sagt. Es ist mir gar zu wahr, daß die Traurigkeit zu nichts nutz ist; allein es stehet nicht allezeit bei uns lustig oder traurig zu sein."[25] Melancholie ist für den Bamberger Domdekan unwandelbarer Teil seiner psychischen Konstitution, für die weltkluge Prinzessin hingegen eine zwar nicht beeinflußbare, aber doch vorübergehende Gestimmtheit. Mit diesen beiden Fällen seien das im Einzelfall unterschiedliche Ausmaß und die unterschiedliche Erscheinungsform des weiten Bereichs der Depressionen angedeutet, für die im Mittelalter nur der Begriff der Melancholie bereitstand.

Melancholie gehört für das Mittelalter und auch für die Reformationszeit[26] zur Lehre von den vier Temperamenten. Sie war auferlegt und nicht momentane Befindlichkeit, war deshalb auch ein Gegenstand der Medizin. So lehrte schon einer der Grundlagentexte des mittelalterlichen „Bucharztes", der Traktat des Constantinus Africanus († 1080) „De melancholia": Verwirrungen des menschlichen Verstandes, Furcht vor nicht bestehenden Gefahren sind im Sinne der Humoralpathologie Folgen einer schädlichen Säftekonstellation, des „humor melancholicus".[27]

Den Menschen entging nicht, welche Folgen für ihre Mitmenschen die Melancholie und die bis zu Wahnvorstellungen reichende Furcht vor eingebildeten Gefahren hatten. Sie erklärten sich diese existentiellen Bedrohungen als ein Werk des Teufels.[28] Das bedeutet aber keinen Verzicht auf Therapie, sondern die Grundlage jeder Therapie der Schwermut: die mitmenschliche Akzeptanz einer Gegebenheit, die dem geschlagenen Mitmenschen das Gefühl der Absonderlichkeit nimmt. Wie ein marodierender Söldner konnte auch ein Teufel Schicksal darstellen, ein Teufel, der im ausgehenden Mittelalter noch nicht dämonisiert war, noch nicht so menschenfeindlich wie in jenen Vorstellungen, die zu den Hexenverfolgungen seit dem ausgehenden 16. Jahrhundert führten. Niemand unterstellte den Teufeln im Mittelalter, daß sie, was seit dem konfessionellen Zeitalter behauptet wurde, die Gesellschaft unter Zuhilfenahme sexueller Praktiken unterwandern wollten. Die Teufel, von ihrem Chef Satan bis zum Lehrjungen Beelzebub, sind Individualisten, sehen in ihren Werbungen stets den einzelnen Kunden, nie aber die Gesellschaft. In ihren Werbungen um die Seele des einzelnen schrecken sie aber vor keiner Methode des Kundenfangs zurück. Wenn Werbung zu so teuflischen Mitteln griff, hieß die Folgerung: Melancholie unterstellt den Heimgesuchten nichts Ehrenrühriges. Das Werk des Teufels konnte vielmehr die große Entschuldigung für Handlungen bieten, die unter dem Eindruck von Depressionen begangen wurden. Selbstmörder sind in ungeweihter Erde verscharrt oder in Basel gar vom Henker in ein Faß geschlagen und in den Rhein gestürzt worden.[29] Aber wenn die Nachbarn überzeugt sind, daß jemand durch Einflüsterungen des bösen Geistes in den Selbstmord getrieben worden sei, erhält dieser ein christliches Begräbnis. Noch 1580 entschuldigt der ansonsten so gestrenge Nürnberger Rat die Missetat einer nürnbergischen Bauersfrau, die ihr sechsjähriges Kind ermordet hatte, „daß sie der böse Feind in einer melancholei übereilet habe“.[30]

Freude, auch Erziehung zur Freude, gilt im Mittelalter als Therapie gegen Anfechtungen. Lebensfreude stabilisiert die Gesundheit. Fröhlicher Umgang hilft – so 1327 der königliche Leibarzt –, wenn die erwartete Sonnenfinsternis die Lebensgeister schwächt.[31] Und der Mediziner Heinrich Münsinger rät dem Pfalzgrafen Friedrich dem Siegreichen (1451–1470), Traurigkeit, Furcht und besonders den Zorn zu vermeiden, denn das alles würde die menschlichen Säfte zu sehr in Wallung bringen.[32]

Unter all den Härten des Lebens war nie die Sensibilität für die psychische Gestimmtheit des Mitmenschen verlorengegangen. Man verstand, daß menschliches Handeln nicht von Gesetzen und Regeln, sondern von einer inneren Disposition abhängen konnte. Man schickte sich nicht an, das zu ergründen. „Frage nicht der Gewissen halber." Man wußte durchaus, daß Menschen sich selbst im Wege stehen konnten, mit ihren seelischen Problemen nicht fertig wurden, und verknappte diese Erkenntnis im Sprichwort: „Der fürchtet sich vor yhm selbs."[33] Man wußte um Furcht und Angst. Selbst in dieser Welt, in der die Gefahren in jedem neuen Tage lauerten, wo eine Tagesreise ein Wagnis darstellte, wo einen Menschen jeden Tag ein Unfall oder eine Ansteckung ereilen konnte, in einer Welt, in der man keine statistisch errechenbare Lebenserwartung hatte, sondern wußte, daß der Tod jederzeit zugreifen konnte, selbst in einer solchen Welt wußte man: „Es kommt forcht mehr von ynnen herauß als von außen hynein."[34]

Leichtsinn als Therapie: „Ach laßt uns heint (heute) nicht klug seyn."[35] „Freude ist der beste Arzt", stellt die Volksweisheit fest.[36] Der Kommentar des Johannes Agricola variiert und bestätigt: Die wichtigste Quelle der unverzichtbaren Lebensfreude ist der Mitmensch. „So machet weißheyt schwere gedancken, schwere gedancken machen schweres gemüt, schweer gemüt verhyndert die frewde, und verderbet den andern auch yhren leichten synn."[37]

11

Kinder, Ehefrauen, Ehemänner: Wie ging man innerhalb der Familie miteinander um?

Begegnungsformen von Nachbarn, von Freunden, Begegnungsformen mit den Mitmenschen, die einem näher oder ferner standen, haben wir bisher untersucht. Wenn wir die Frage aufwerfen, wie die Menschen innerhalb der Familie miteinander umgingen, so gilt es zu bedenken, daß eine scharfe Abgrenzung des Privaten vom Öffentlichen im Mittelalter gar nicht bestand. Es gab gewiß nicht die Großfamilie, aber es gab ein Netz von Freundschaften und Gevatterschaften, welches in das scheinbar private Leben des einzelnen einwirkt. Wer über solche Bindungen nicht verfügte, war arm. Denn niemand schützte ihn in den vielen Notfällen des Lebens. Und weiterhin: Was im Inneren eines Hauses geschah, war schon von der Bauweise der meisten Behausungen her keineswegs von der Öffentlichkeit abgeschottet. Selbst in den festen Steinbauten der Oberschicht war schon allein über das Gesinde die Beziehung zur Allgemeinheit leicht hergestellt. Es wird viel zuwenig berücksichtigt, in welchem Maße das Zusammenleben von Mann und Frau, in welchem Maße auch der Umgang mit den Kindern von konsensgebundenen Einstellungen der Allgemeinheit abhängen mußte. Ein Privatleben, so wie es uns heute selbstverständlich ist, konnte es gar nicht geben.

Kinderleben und Kinderschicksal

Die Liebe zum Kind ist ein anthropologisches Gesetz, dessen Gültigkeit sich auch im Mittelalter problemlos nachweisen läßt.[1] Der

Unfall oder gar der Tod eines Kindes löst Erschütterung und Trauer in der Allgemeinheit aus. Ein Beispiel unter hunderten: Unter den Zeugen, die von dem Wunder eines Heiligen berichten, durch dessen Fürbitte ein Kind, das in den Brunnen gefallen war, wieder zum Leben erweckt wurde, findet sich auch eine Adelheid, die unter Eid aussagt, daß sie den Jungen leblos habe daliegen sehen und daß die Leute im Dorf alle sehr geweint hätten.[2] Das Beispiel ist auch deshalb typisch, weil es vielfach Heiligengeschichten, Mirakelberichte und nicht zuletzt Listen von Votivgaben gibt, die davon berichten, wie gefährdet das Leben der kleinen Kinder im Mittelalter war:[3] Sie fallen in siedende Lauge, verschlucken Mückengift, verletzen sich am Arbeitsgerät des Vaters, fallen in den Brunnen, werden von der Sägemühle erfaßt, von Rossen getreten, von einem herabfallenden Fuder Korn getroffen – und so weiter und so fort.[4] Verzweifelte Eltern erflehen Fürbitte für ihre schwer erkrankten Kinder, sie bereuen auch durch reiche Votivgaben, daß sie im Zorn ihre Kinder schwer gezüchtigt haben.[5] Abgesehen von der großen Kindersterblichkeit im Spätmittelalter und in der frühen Neuzeit[6] müssen wir uns das Leben des Kleinkindes als eine dauernd gefährdete Existenz vorstellen. Die Gefahren begannen schon im Säuglingsalter, ganz abgesehen davon, daß die ersten 18 Monate die gefährlichsten im Leben eines Menschen waren. Immer wieder ist davon zu hören, daß Säuglinge im Schlaf erdrückt werden.[7] Die von der Arbeit völlig erschöpfte Mutter merkt gar nicht, daß ihr Kind, das bis zu seinem siebten Lebensjahr im gleichen Bett mit ihr schläft,[8] erstickt. Eine Wiege können sich nur die besseren Leute leisten.

Innerhalb des in der mittelalterlichen Quellensprache sehr dehnbaren Begriffes „kind“ gibt es eine allgemein akzeptierte Zäsur.[9] Mit dem siebten Lebensjahr, mit den zweiten Zähnen ist das Kleinkindalter vorbei. Der Heranwachsende wird nunmehr mit den ersten Schritten in die Welt der Erwachsenen integriert. Er muß mitarbeiten, etwa als Hirtenjunge oder Gänsemädchen das Vieh hüten.[10] Insbesondere in den Städten beginnt mit dem siebten Lebensjahr für die Kinder aus der Armutsschicht eine schwere Zeit. Sie müssen selbständig um ihr Brot flehen; ihr Weinen und Heulen ist für die Bürger eine alltägliche Lärmbelästigung.[11] Kinder aus gehobeneren Kreisen können mit sieben Jahren einem Kloster übergeben werden. Kinder aus Hochadelskreisen werden an die Höfe befreundeter Fürsten geschickt.

Kehren wir zum Kleinkind zurück. Die Zuwendung, deren es bedarf, können wir an der Geschichte des Kinderspielzeugs ablesen. Für den Säugling hatte man Beißringe, hatte man – wie schon in der Antike[12] – Rasseln und Klappern. Das ist nicht nur ein Beispiel für die Hinwendung zum Kind, sondern auch für den Einfallsreichtum mittelalterlichen Recyclings, denn der Beißring wurde aus getrocknetem Gänsehals gefertigt,[13] und für die Rasseln wurde ein abgeschnittener Geflügelafter zu einem Ring geformt und mit den ineinandergesteckten Enden getrocknet. Steine im Inneren ergaben das rasselnde Geräusch.[14]

Kleinkind und Spielzeug.[15] Vielfach handelt es sich um ganz einfache Dinge. Die Sprunggelenke des Schafes oder die Zehenknochen des Rindes werden – wie schon in der Antike – als Würfel oder Kegel benutzt,[16] eine mit Erbsen gefüllte Schweinsblase kann als rasselnder Ball dienen.[17] Bereits im hohen Mittelalter erscheinen Figürchen aus Ton oder bunt glasierter Irdenware als Massenproduktion,[18] Murmeln sind Nebenprodukte von Töpfereien.[19] Für Mädchen gibt es Puppen, vielfach aus Holz, bisweilen mit Keramikköpfen versehen, und Spielzeuggeschirr.[20] Kinder aus höheren Kreisen besitzen kostbares Spielzeug,[21] Tiere aus Kupfer und Messing, bunt bemalte Steckenpferde usw.[22] Dennoch gilt, daß die Formenvielfalt des mittelalterlichen Spielzeugs vergleichsweise gering war und erst nach 1500 phantasievoller zu werden begann.[23] Ob einfaches oder kostbares Spielzeug – die Aussage ist die gleiche: Kinderliebe.

Spielzeug und Kinderspiel. Kinder spielen miteinander. Bereits für sie gilt, was auch für die Erwachsenen gilt: Der Mensch kann dem Mitmenschen eine Quelle des Vergnügens sein, auch etwa bei Gemeinschaftsspielen von dem schon frühmittelalterlich bezeugten Plumpsack über Hüpfspiele bis zu Blindekuh.[24] Hagiographische Quellen lassen Einblicke in den Alltag zu, wenn sie zum Beispiel bei der hl. Ida von Nivelles hervorheben: „Niemals spielte sie mit den Kindern der Nachbarschaft auf der Straße."[25] Verzicht auf das Spiel ist die dem Mädchen bereits mögliche Form der Askese. Zu Recht sieht Claudia Opitz darin einen im 13. Jahrhundert aufgestellten Wegweiser, der auch der frommen Frau den Weg aus der Öffentlichkeit in die Häuslichkeit weist.[26] Bei den Knaben kündigt sich der künftige Heilige als „puer senex" an, als Kind, das bereits mit der Weisheit des Alters gesegnet ist. Frühreife? Wohl kaum. Die scheinbare Weisheit des Alters ist zu einem guten Teil unfreiwillige Askese, der sich das Kind aus gottgegebener Einsicht unterwirft.[27]

Aber hagiographische Quellen überliefern auch den Konsens, verständnisvoll mit den Kindern umzugehen. Der Autor einer Heiligenvita tadelt im 13. Jahrhundert eine Äbtissin, weil sie „von sehr strenger Art war und die ungelehrte Kindlichkeit des jungen Mädchens nicht beachtete."[28] Keineswegs alle Erwachsenen waren entzückt, wenn Kinder ein heiligmäßiges Gehabe an den Tag legten. Die Erzieherin der hl. Margarete von Ungarn geriet in Zorn, als sie das Mädchen nachts in der Kapelle auf den Boden hingestreckt beten sah: „Was machst du da, willst du dich umbringen? Du suchst Gott auf der Erde wie ein Schwein ... und holst dir dabei vielleicht eine Krankheit."[29]

Kindererziehung: Das ganze Mittelalter hindurch streitet man sich darüber, ob es sinnvoll ist, Kinder zu schlagen.[30] Walther von der Vogelweide formulierte die Einsicht vieler Menschen: „nieman kan mit gerten / kindes zuht beherten."[31] Viele wußten: „wer sich mit wortten nicht ziehen lest, an dem helffen auch kein schlege."[32] Aber schon im Frühmittelalter wurden Eltern getadelt, welche die Rute als Erziehungsmittel ablehnten.[33] Selbst in Hochadelskreisen wurden Kinder geschlagen.[34] Schließlich konnte sich auf die Bibel berufen, wer das mittelalterliche Sprichwort zitierte: „Wer die Rute spart, versündigt sich an seinen Kindern."[35] Bei dem Streit über Sinn oder Unsinn des Prügelns darf nicht übersehen werden, daß es ein Streit um das Wohl des Kindes war; deswegen formulierte das Sprichwort: „ye lieber kindt, ye grösser ruotte".[36]

In der Geschichte der Kindheit spiegelt sich immer auch die Geschichte der Welt. Deshalb wollte Johannes Agricola, der Herausgeber einer weitverbreiteten Sprichwörtersammlung, ganz gegen seine sonstige Auffassung nicht gelten lassen, daß Schläge nichts helfen, wenn sich ein Kind nicht mit Worten erziehen läßt: Dieses Sprichwort sei falsch – es möge zwar für die „Welschen" gelten, aber nicht für die Deutschen, denn „wir Deutschen seyen eyn weldt růwloß volck". Dieser Wildheit und Ruhelosigkeit sei nicht anders Herr zu werden „denn alein mit straffe, und die nit kleyn sey".[37]

Die Ehefrau: „Nicht Magd, sondern Genossin"?

Nach landläufiger Auffassung wäre das Thema ‚Ehe' unter der Fragestellung des Umgangs der Menschen miteinander schnell abgehandelt. Vertragsehe, Hausherrschaft des Mannes[38] und ein das Eheleben beherrschender Einfluß der Kirche – das wären die Stichworte, unter denen man die einschlägigen Beispiele zu sammeln hätte. Stellen wir die Frage, wieweit diese Stichworte überhaupt zutreffen,[39] noch eine Weile zurück. Die wichtigere Frage erscheint uns, welche Begegnungsformen in einer Lebensgemeinschaft ausgebildet wurden, die unter den Bedingungen der Zeit meist eine Überlebensgemeinschaft war, in der Mann und Frau gleichermaßen aufeinander angewiesen waren. Die „Großfamilie", welche die Forschung lange als das tragende gesellschaftliche Element annahm, hat sich als Mythos erwiesen.[40]

An Aussagen über die Ehe im Mittelalter fehlt es in der Forschung nicht. Die Sicherheit, mit der diese Aussagen getroffen werden, verblüfft.[41] Zumeist handelt es sich um Plausibilitätsannahmen, die von der Vertragsehe ihren Ausgang nehmen. Wir wollen diese Aussagen weder akzeptieren noch sie widerlegen; denn angesichts der Verschiedenheit menschlicher Charaktere ist es unrealistisch, die Normen eines Ehealltags darstellen zu wollen, der sich in der Überlieferung gar nicht widerspiegelt. Lediglich die Rahmenbedingungen, zwischen denen sich ein weites unbekanntes Feld des Zusammenlebens erstreckte, können wir abstecken.

Widersprüchliche Aussagen der Quellen seien vorangestellt, um vor jener Eindeutigkeit zu warnen, die sich so häufig in der Forschungsliteratur findet. Es scheint auf die Rahmenbedingungen der Vertragsehe zurückzuweisen, wenn Graf Heinrich von Rechberg, als er sein Testament aufsetzt, den Vornamen seiner Frau nicht kennt, weil er sie stets nur „Frau" genannt hatte: „hab ir allweg fraw gesagt".[42] Das erschien dem Chronisten Froben Christoph von Zimmern allerdings so absonderlich, daß er den Fall notierte. Der Chronist liebte es, wenn es dem Erzählfluß diente, kräftig zu übertreiben, was hier aber nicht anzunehmen ist, denn schließlich nennt er den Namen seines Standesgenossen. Dessen auffallendes Verhalten weist auf eine Überlebensgemeinschaft ohne tiefere emotionale Bindung zurück. Daß wir eine solche Nachricht aber nicht verallgemeinern können, zeigt die bewegende Klage des „Ackermanns aus Böhmen" über den Tod seiner Frau,[43] zeigt auch – wenn man ein literarisches Zeugnis nicht als Realitätsspiegelung akzeptieren möchte (Asepsis der Wissenschaftsdisziplinen) – die Klage eines einfachen Schuhmachermeisters, der schwerkrank geworden war, nachdem seine Frau

Das Sakrament der Ehe, Relief am Portal der Kirche S. Maria della Salute in Viterbo *(um 1320)*.

starb: „gieng ich um wie ain armer mentsch, dan ich hett niemant der mier hauset, also ordnet ich alle dinge sam ich sterben welt."[44]

Gute und schlechte Ehen.[45] In Schlettstadt wird 1429 eine Frau auf ewig der Stadt verwiesen, weil „sie iren man als unfruntlich gehalten hette, das er sich selbst erhenckt hette."[46] Ein heillos zerstrittenes Ehepaar schildert Johannes Pauli: „Und die Frau het auch freilich iren Man in den 30 jaren nie das Haar gestrelt, so het er sie nie gesegnet, wan er über Felt ging, noch sie in heissen wilkumen sein, wenn er widerkam."[47] In einer normalen Ehe, so läßt sich der Umkehrschluß aus dieser Erzählung ziehen, kämmen sich die Eheleute gegenseitig die Haare (schließlich ist ein Spiegel nur in den wenigsten Haushalten vorhanden), der Mann segnet seine Frau, wenn er aufs Feld geht, und diese heißt ihn willkommen, wenn er zurückkehrt. Eine gute Ehe ist nach der glücklichen Zeit einer Liebesheirat auch die zweite Ehe des Burkard Zink, eine auf Rat von Freunden von beiden Partnern akzeptierte scheinbare Vernunftehe. Die arme Witwe eines Edelmannes, die zu Fuß zu ihrem künftigen Gemahl kommt, bringt diesem durch die Heirat Prestige – Geld hat, deswegen der Ratschlag der Freunde, der Handelsherr genug –, aber weder Stolz auf die Herkunft noch Stolz auf die ökonomische Dominanz irritieren diese Lebensgemeinschaft, sondern gegenseitige Einsicht, wechselseitiges Verständnis. Lassen wir Burkard Zink sprechen: Alles was man ihm über die Frau gesagt hatte, erwies sich als wahr. Sie war schön, rechtschaffen und treu, war fleißig beim Spinnen und erzog seine Kinder gut. Umgekehrt ging auch er lieb mit ihr um, ehrte sie und kaufte ihr, was sie brauchte, Kleider und Mäntel, Kürschnerarbeiten und Pelze, womit sie sehr zufrieden war. („und alles, das man mit gesagt hett von ir, das was alles war: sie was schön, tugendhaft und span fast und helt meine kind gar schon. So helt ich sie auch schon und in eren und kaufet ir, was sie bedorft, röck und mentel, kürsen und pelz, das sie auch gar wol benüegt.")[48]

Ebensowenig, wie aus der Vertragsehe auf eine geringere Emotionalität der Partner zu schließen ist, ist aus der ökonomischen Stellung des Hausherrn die Gestaltung des Partnerschaftsverhältnisses abzuleiten. Der Patrizier Caspar Eberhard in Schwäbisch Hall versteuerte um 1460 ein großes Vermögen von etwa 20 000 fl. Seine Frau aber hatte die Hosen an. In der Stadt redete man darüber, daß ihm „sein karg weib nit mehr denn ein Maß Weins Geldswert gab, so er auf die Trinkstuben zu dem Wein wollt gehen".[49] Umgekehrt war ein Zürcher Ratsherr so voller Geiz, daß er seiner Ehefrau noch nicht einmal den Nießnutz ihres eingebrachten Vermögens gestatten wollte, was 1359 dann die Ratsherren zum Einschreiten wegen der „hertigkeit" zwang, die einer der Ihren „gen siner husfrowen hat".[50]

Was ist das ‚Normale', wenn wir Beispiele für gute und schlechte Ehen aufführen können? Bei allem anzunehmenden Variantenreichtum scheint für uns unzweifelhaft zu sein, daß üblicherweise die Ehe nicht von Streit, sondern von Zuneigung oder gegenseitigem Respekt bestimmt war, daß es sich mehrheitlich um tragfähige, belastbare Lebensgemeinschaften gehandelt hat.[51] Nicht durch irgendwelche sowieso unmöglichen statistischen Auflistungen, sondern durch einfache Überlegungen gelangen wir zu dieser Aussage. Wäre es sinnvoll gewesen, das Bild von der Kirche als Braut Christi in den Mittelpunkt der Ekklesiologie zu stellen,[52] wenn die Welt voller Eheelend gewesen wäre? Ohne die Zuneigung der Eheleute als dem Üblichen hätte sich Robert Grosseteste lächerlich gemacht, als er die „dotes animae", Gottes Seelengaben an seine Kinder, mit den Hochzeitsgaben verglich. Beides sind Liebesgaben.[53]

Unser Beweis hat den Nachteil, daß er der weitverbreiteten Vorstellung vom Einfluß der Kirche auf die Ehe Nahrung geben könnte. Darum sei klargestellt: Es ging den Autoren nur um die Eheschließung als überzeugungsmächtiger Metapher. Mit der

Eheschließung als weltlichem Akt hatte die Kirche wenig zu schaffen. Erst auf dem Konzil zu Trient (1546–1563) wird die Sakramentalität der Ehe festgeschrieben. Zwar hatten schon die Kirchenväter von der Ehe als einem „sacramentum" gesprochen,[54] doch verwendeten sie diesen Begriff als „mysterium", in einem Sinn, den später die Kanonisten übernahmen, indem sie die Sakramentalität als Unauflöslichkeit der Ehe verstanden.[55] Unter dem Zwang zur juristischen Klarheit hatten dann gerade die einflußreichsten Kanonisten, Petrus Lombardus und Wilhelm Durandus, die Ehe nicht zu den Sakramenten gezählt.[56]

Allenfalls als Segenspender wurde der Priester als Geweihter des Herrn bei einem Eheschluß herbeigerufen. In Nordfrankreich zum Beispiel umschritt er das Bett der Brautleute, besprengte es mit Weihwasser, erbat damit Gottes Segen für Glück und Fruchtbarkeit.[57] Der Eheschluß galt das ganze Mittelalter hindurch als ein weltlicher Akt. Nur scheinbar widerspricht dem das Rechtssprichwort: „Will man Ehe binden, so soll sie der Priester verkünden."[58] „Verkünden": Es ging allein um die rechtssichernde Öffentlichkeit, war doch die Pfarrgemeinde auch eine Rechtsgemeinde. Freiwillig, nicht kirchlichen Geboten gemäß, suchten die Menschen seit dem Spätmittelalter die Kirche als zentralen Ort zur Verkündigung einer neuen Lebensgemeinschaft auf. Das geschah in Stadt und Land erst am Tag nach der Hochzeit,[59] nach dem ersten Beilager und bezeichnenderweise – woran noch die vielen Brautpforten mittelalterlicher Kirchen erinnern – vor der Kirchentür, nicht in der Kirche. Nicht Sakrament, sondern Öffentlichkeit wurde gesucht – Ehehandel.

Eine Heirat ohne kirchliche Verkündigung stand in gefährlicher Nähe zur „heimlichen Ehe", die nur auf den Willen zweier Menschen gegründet war. Die Häufigkeit solcher Heiraten stellte ein europäisches Problem dar,[60] denn sie wurden aus noch zu behandelnden Gründen von der Kirche gebilligt, beschworen aber

Auf dem Land immer eines der größten Spektakel im Alltagsleben: „Die Bauernhochzeit“ *(undat. Gemälde von Marten van Cleve, 1527–1581).*

Gefahren der Rechtsunsicherheit herauf. Deswegen konnte der Jurist am Konstanzer Geistlichen Gericht, Heinrich Wittenwiler, in seiner Dichtung „Der Ring“ Rechtsbrauch und Rechtsverständnis der Trauung aus seiner Erfahrung heraus wiedergeben. Am Tage nach dem Ringtausch, nach dem Vertragsabschluß geht das junge Paar mit seiner Verwandtschaft zur Kirche: „do das was der sitt“. Nach der Messe erklärt der Priester, wie man die Ehe schließen soll, indem man sie nämlich im Gegensatz zu den vielen klandestinen Ehen allgemein bekanntmacht: „Offenlich, so tuot ir wol, / nicht so häymlich ane pfaffen.“ Als der Pfarrer aber versucht, daraus kirchliche Ansprüche abzuleiten, stößt er auf entschlossenen Widerstand der Hochzeitsgäste, der

Laien, die den weltlichen Charakter des Eheschlusses betonen: „Wißt, die ee was geschaffen / vor münchen und vor phaffen."[61]

Auf die Öffentlichkeit der Eheschließung hatte schon im frühen Mittelalter die Kirche gedrängt, denn es galt, die Verwandtschaftsgrade zu überprüfen.[62] So wichtig es in der Folgezeit auch für den Adel war, kirchlichen Dispens für eine Heirat unter nahen Verwandten zu erhalten, so hatte doch für den gemeinen Mann dieses frühmittelalterliche Motiv für den öffentlichen Eheschluß keine Rolle gespielt.[63] Schon in die Welt der an ihren Hof gebundenen frühmittelalterlichen „coloni" passen schlechterdings nicht die Bestimmungen über das Verbot der Verwandtenehe,[64] bei denen Verwandtschaft so weit, bis zum vierten oder gar fünften Grad ausgelegt wurde, daß schon frühe kirchenrechtliche Handschriften durch verzweigte Stammbäume („arbores consanguinitatis") die Unklarheiten durch graphische Mittel zu verringern trachteten.[65] Wohl aber paßten die kirchenrechtlichen Bestimmungen in eine Welt des Adels mit seinen weiten, über das engere Gebiet des Stammes hinausgreifenden Heiratsbeziehungen. Dennoch muß es im Hinblick auf die Realitätsverankerungen der kirchlichen Bestimmungen zu denken geben, daß es für die lateinischen Bezeichnungen der entfernteren, gleichwohl aber bei einer Eheschließung angeblich zu beachtenden Verwandtschaftsgrade gar keine volkssprachlichen Bezeichnungen gab.[66] Öffentlichkeit war das Prinzip, das bei jedem Vertrag, bei jedem Kauf und also auch beim Rechtshandel einer Ehe zu beachten war. Anders als in der Ostkirche bestand im Westen bis zum Tridentinum kirchenrechtlich die „Formfreiheit der Eheschließung",[67] die Kirche akzeptierte den weltlichen Akt.

Aus einer mittelalterlichen Tradition heraus kennen noch frühneuzeitliche Ritualbücher die vom Pfarrer bei der Vermählung an den Bräutigam zu richtende Feststellung: „ich übergebe dir keine Magd; sondern eine Gefährtin, eine Genossin" („non ancilla, sed socia“). Die Frau als Partnerin, als Genossin ihres Mannes. Das ist bereits dem einflußreichen Freiburger Stadtrecht im ausgehenden 12. Jahrhundert so selbstverständlich, daß im lateinischen Text der deutsche Ausdruck eingesetzt wird, für den das Lateinische keine Entsprechung hat: „omnis mulier est genoz viri sui in hac civitate et vir mulieris similiter.“[68] Jede Frau ist Partner („genoz“) ihres Mannes in dieser Stadt und gleichermaßen ist jeder Mann Genosse seiner Frau.

„Genoz“ hängt sprachlich und sachlich mit „genießen“ zusammen. Gewiß ist „geniezzen“ erst durch eine lange Wortgeschichte in den Sinnbereich des heutigen „Genusses“ gelangt; der Ausdruck gehört im Mittelalter noch zu jenem Verständnis, welches das heutige „Nießbrauch“ bewahrt. Was zwingt uns aber, bei dem Rechtsverhältnis stehenzubleiben und nicht auch die Möglichkeit zu erwägen, daß sich über gemeinsamen „Nießnutz“ gemeinsame Freude entwickeln kann? Beweisbar durch quantifizierbare Belegdichte ist dies natürlich nicht; aber zeigt sich nicht in dem bereits zitierten Brief der Breslauer Kaufmannsfrau, wo es um angegammelten Koriander ebenso geht wie um den sprechenden „Sittich“,[69] daß dem mittelalterlichen „geniezzen“ bereits jene Potentialität eignet, die zum neuzeitlichen „Genuß“ führt, und – um zum Ende unserer umständlichen Erwägungen zu gelangen – daß dem Ausdruck „genoz“ auch Emotionalität inneliegen kann?

Die Frau als Genossin ihres Mannes: Stichworte mögen genügen für das, was hunderte von spätmittelalterlichen Urkunden verbürgen. Der Rechtssicherheit wegen wird verbrieft, was auch zuvor Praxis war: Adeliger und Adelige, Bauer und Bäuerin, Bürger und Bürgerin beurkunden gemeinsam Verkäufe. Die Frau hat ein Einspruchsrecht bei einseitigen Verfügungen des Mannes,[70] Ausdruck der Gleichberechtigung. Selbst in ein Kloster kann ein Ehepartner nur eintreten, wenn sein „Genosse“ oder seine „Genossin“ zustimmt.[71] Und auch das weist auf das Eheleben zurück:

„Gemeinsamkeit von Mann und Frau bei der Suche nach Heil und Vollkommenheit war im Mittelalter keineswegs eine Seltenheit.“[72]

Es zeichnet sich bereits ab, daß die Realität der Überlebensgemeinschaft Ehe nicht den Theorien entsprach, die kirchliche Autoren und weltliche Rechtsbücher über die Dominanz des Ehemannes entwickelten. Dabei darf nicht übersehen werden, daß diese Theorien gar nicht auf eine vorgegebene Wirklichkeit der Ehe reagieren wollten, sondern bei kirchlichen Autoren die argumentative Grundlage für die Bestimmung des Verhältnisses von Mann und Frau, und bei den weltlichen Rechtsbüchern für die Erbfolgeregelungen, zu bilden hatten. (Überzeitlich: Gelehrte richten sich nach Gelehrten, nicht nach der Realität.) Nicht isoliert, sondern in ihrem Kontext ist die immer wieder zitierte Auffassung zu verstehen, wonach der Mann das Haupt des Weibes sei. Diese Auffassung vertrat Gratian, der Begründer des wissenschaftlichen Kirchenrechts,[73] und sie wurde von den bedeutenden Theologen des Mittelalters bis hin zu Thomas von Aquin geteilt.[74] Dabei geht es aber nicht um eine Abbildung oder eine Normierung der Realität, sondern um die Fiktion einer hierarchisch gegliederten Weltordnung, die sich auf Paulus beruft: Der Mann ist Haupt der Frau, wie Gott das Haupt aller Kreaturen ist.[75] Und sodann wirkt auf die Äußerungen der Theologen „die Schärfe, mit der der hl. Paulus, trotz der grundsätzlichen Anerkennung der Gleichheit von Mann und Frau, auf der natürlichen und rechtlichen Inferiorität des weiblichen Geschlechts bestand.“[76] Die Autorität des Paulus macht noch im 15. Jahrhundert Dionysius dem Kartäuser zu schaffen, als er die Würde und die Ebenbürtigkeit der Ehefrau hervorhebt,[77] gleichwohl aber auch betonen muß, daß der Mann Haupt des Weibes sei.[78] Aus ganz anderen Traditionen, denen des noch darzustellenden Rechtsverhältnisses der „munt“, formulieren allerdings auch weltliche Rechtstexte: Der Mann ist „Meister“ der Frau. Dezidiert stellte der Schwabenspiegel fest: Der Mann ist „des wibes voget ... und ir maister".[79] Das entspricht bis in die Wortwahl hinein dem, was der große Volksprediger Berthold von Regensburg verkündet hatte: „Der man sol der frouwen meister sîn und ir herscher."[80] Das Sprichwort klopft diese Auffassung fest: „Der man ist ein haupt des wibes."[81] Mit allerdings verdächtiger Eindeutigkeit glaubt ein bäuerliches Weistum festlegen zu können, wie solche Bestimmungen im Alltag auszulegen seien: „ain frow, die mus tun, was ain mann will",[82] eine in bäuerlichen Weistümern bis ins 16. Jahrhundert hinein lebendige Rechtsanschauung.[83] Dazu allerdings steht eine Realität der selbständig wirtschaftenden, vermögensrechtlich gleichgestellten Hausfrau in offenem Widerspruch.

So weltfremd die Aussagen der Theologen auch waren, so hatten sie doch einen realen Anknüpfungspunkt: Der Mann ist Repräsentant des Hauses nach außen. Dieser schematisierenden Aussage ist ebenso schematisierend die Aussage zur Seite zu stellen, daß die Frau Herrscherin im Inneren des Hauses war. Das aber ist keine Gleichberechtigung in der Aufgabenverteilung;[84] denn die Hausherrschaft gebührt (theoretisch) eindeutig dem Hausvater.[85] Heiligenviten berichten davon, daß Frauen ihre Askese vor ihren Männern verbergen mußten. Die um die Gesundheit ihrer Gattinnen besorgten Hausväter hätten das ansonsten verboten.[86] Die hl. Hedwig muß vor ihrer eigenen Dienerschaft ihr Fasten geheimhalten, was aber nicht gelingt. Das Gesinde verrät sie an ihren Mann: Die Fürstin trinke Wasser statt Wein.[87]

Die volkstümliche Legende vom Rosenwunder der hl. Elisabeth stellt den Landgrafen als strengen Hausvater vor, der auf der Einhaltung seiner Gebote besteht. Das Wunder schützt seine Ehefrau vor Strafe. Die den tatsächlichen Ereignissen näherstehenden Elisabeth-Viten zeigen uns jedoch einen anderen Landgrafen, einen Ehemann, der viel Verständnis für seine Frau und ihre in den Augen der Hofgesellschaft absonderlichen Eigenschaften hat.[88] Nach seinem Tode sollte Elisabeth von der Ablehnung des Hofes

Marktbuden vor einer Kirche / Die Leiden des Ehemannes bei einer schwierigen Entbindung / Die Ehefrau begibt sich auf eine Pilgerfahrt *(aus: Les Onze Joies de Mariage / Die elf Freuden der Ehe, eine Satire auf das Eheleben, französische Buchmalerei, 1485)*.

in aller Härte getroffen werden.[89] Dieser Gegensatz zwischen Legende und Viten[90] birgt eine klare Aussage: Die Hausherrschaft des Mannes gilt als Norm, deshalb wird sie in der volkstümlichen Legende als selbstverständlich vorausgesetzt; aber zwischen der Norm, welche den Umgang der Ehegatten im Sinne eines Herrschaftsverhältnisses regelte, und den Zwängen einer Überlebensgemeinschaft, welche Verständnis füreinander forderten, liegt eine große Spannweite von Verhaltensformen.

Von einem frühmittelalterlichen Hauskrach weiß ein Mirakelbuch zu berichten. Eine Frau beichtet ihrem Mann den Verlust ihres Haarschmucks. Dieser beschimpft seine ihm so sehr ergebene Gattin („gratissimam coniugem“) und tadelt sie dann, nachdem er sich abgeregt hat, mir ruhigen Worten. Den Ehefrieden aber rettet erst ein Wunder; der Schmuck wird wiedergefunden.[91]

Der frühmittelalterliche Hauskrach läßt sich in verschiedenster Weise interpretieren - auch der Schmuck der Frau gehört ihr nicht privat, sondern ist Teil der Ehre des Hauses. Diese Ehre repräsentieren das ganze Mittelalter hindurch Mann und Frau gemeinsam. Und dennoch trauen wir uns nicht, den von den Quellen nahegelegten Begriff der „socia" im Sinne heutiger Gleichberechtigung zu verstehen. Selbst in den hagiographischen Quellen des Hochmittelalters wird ein Eheal1tag sichtbar, der dem Ideal der Partnerin, der „socia" nicht entspricht.[92] Nur die Frau, so zeigt unsere erneute Durchmusterung der Quelle, soll Partnerin sein; die maskuline Form „socius", die Verpflichtung des Mannes auf Partnerschaft erscheint nicht. Die einzige klare Aussage, zu der wir uns getrauen und die wir im folgenden zu belegen hoffen, enthält den wissenschaftlichen Makel einer contradictio in adiecto und erscheint uns dennoch als angemessen, weil das wissen-

... und die Fortsetzung: Der Hund schlägt an, als sich der Liebhaber der Ehefrau im Fenster zeigt / Zuflucht in einer Burg / Der Ehemann in der Schlacht.

schaftliche Gebot der Widerspruchsfreiheit den Historiker nicht von der Aufgabe entbindet, die einer jeden menschlichen Gemeinschaft inhärenten Widersprüche zu benennen: Die Stellung der Frau in der Überlebensgemeinschaft Ehe ist die einer minderprivilegierten Partnerin, gewiß keiner Magd, aber einer – so der offenbar auch dem Bischof von Beauvais vorschwebende Idealfall – dienstbereiten Genossin.

„Genossin" weist zunächst nicht auf Partnerschaft, sondern auf die Rechtsstellung. Mit der Heirat übernimmt die Frau das Recht des Mannes; das kann, wie Sachsen- und Schwabenspiegel festhalten, sogar den Eintritt in die Unfreiheit bedeuten: „si is sin genos und trit in sin recht, wenne si in sin bette get" bzw. „Vnd ist si vri, si muz doch sin genozinne sin als si an sin bette gat."[93] Das aber muß für die Frau nicht lebenslang gelten. Der Tod des Mannes gibt ihr das ursprüngliche Recht, das Geburtsrecht wieder: „wen ... he stirbit, so is si ledig von sime rechte."[94]

Die „Schwachheit des Weibes", die „infirmitas sexus", ist zweifellos eine Grundauffassung im Mittelalter. Davon leiten sich ganz verschiedene Sachverhalte ab; etwa der Ausschluß der Frau vom Heerwesen, etwa der besondere Schutz, den Frauen genießen, weswegen sie für die gleichen Vergehen wesentlich milder bestraft werden als die Männer, etwa – die Kehrseite der Medaille – die geringere Entlohnung für die gleichen Arbeiten, die sie wie die Männer im Weinberg verrichten usw. Ist aber diese rein körperlich begründete infirmitus-sexus-Auffassung die Grundlage für weitergehende Vorstellungen von einer Inferiorität der Frauen gewesen? So manches dahin zielende Kleriker-Zitat hat die Forschung zutage gefördert und häufig mit Untertönen des Bedauerns kommentiert. Wie repräsentativ sind jedoch diese nicht gerade von den kompetentesten Gewährsmännern überlieferten Urteile? Was dachten die Laien? Wir konzentrieren uns auf Aussagen, die im Volke im Umlauf waren.

In zahlreichen Sprichwörtern wird den Frauen ihre Geschwätzigkeit vorgeworfen: „affen, frawen, kinder und truncken mann / keyn ding lang heimlich halten kann."[95] Selbst Johannes Agricola glaubt sich zu der Aussage berechtigt: „Einem weybe sol man nichts heimlichs sagen, denn sie können nicht schweigen."[96] Zur Osterpredigt gehörte auch das Exempel, das zum Lachen reizen sollte, daß Christus mit Bedacht einer Frau geboten habe, seine Auferstehung zu verkündigen, weil er genau wußte, wie gut sie ihren Auftrag ausführen würde.[97]

Aus der Geschwätzigkeit wird keineswegs gefolgert, daß der Frau grundsätzlich Mißtrauen entgegengebracht werden soll. Ein einfacher Beweis genügt. Ihre Aussage vor Gericht hat das gleiche Gewicht wie die des Mannes, und der unter besonderen Formen geleistete Eid der Frau ist gültig.[98] Es ist die kommunikative Ebene des persönlichen Umgangs, bei dem man nach der Auffassung vieler Männer den Frauen mißtrauen sollte. In Worten und Gesten war der Mann in seiner öffentlichen Stellung geschult; fassungslos machte ihn ein Ausdruck der Emotion, der zwischen Geste und Wort stand: das Weinen. Das böse Sprichwort „der Weiber Weinen ist heimlich lachen"[99] ist so weit verbreitet, daß sich der Autor einer akademischen Scherzrede um 1500 auf ein geflügeltes Wort („dicterium communissimum") berufen kann: „Hund hincken, frowen weynen und kremer schweren, daran sol sich nieman keren."[100]

Wir übergehen, daß selbst das trügerische Weinen der Frauen allgemein zum Thema „Vertrauen und Mißtrauen" gehört, daß der Betrug selbst nicht geschlechtsspezifisch ist, und halten fest: Das Weinen als Argumentationsform ist den Männern im Verlauf des Mittelalters abhanden gekommen. Ein machtbewußter Kaiser wie Heinrich II. hat 1007, als eine kirchliche Synode seinen Wünschen auf Stiftung des Bistums Bamberg nicht folgen wollte, sich vor der Versammlung niedergeworfen und hemmungslos geflennt.[101] Das wirkte überzeugend. Das Bistum konnte gegründet werden. Und noch bei der Königswahl von 1125, als sich die Großen des Reiches nach dem Aussterben der Salier nicht so schnell auf einen neuen König einigen konnten, wurde viel geweint.[102]

Männlichkeitsstilisierung steht also letztlich hinter der im Spätmittelalter verbreiteten Warnung vor weinenden Frauen, eine Stilisierung, die wohl nicht unbeeinflußt war von jener Protzerei, der wir unter dem Stichwort „der Beischlaf als Mannesstolz" einen eigenen Abschnitt widmen werden. In diesem Zusammenhang sei nur kurz jene Auffassung von einer die Ordnung der Welt gefährdenden Sinnlichkeit der Frauen gestreift, eine Auffassung, die in die noch ungeschriebene Geschichte des Vorurteils gehört und der souveräne Männer mit Verachtung begegnen. Sie mußten nicht wie der einflußreiche Prediger Berthold von Regensburg der Ansicht sein, daß Frauen viel sittsamer als Männer seien,[103] sie mußten nur wie der ebenso einflußreiche Spruchdichter Freidank die doppelte Moral erkennen. „Ein Mann um manches Ehr' genießt / was guten Frauen Schande ist / Die Männer manches krönet / was doch die Frauen höhnet ... / Das ist ein schlecht verteiltes Spiel / von solchem Rechte Gott nichts will." („Ein man vil maneges êren hât, / daz guoten wîben missestât; / die man vil manegez kroenet, / des diu wîp sint gehoenet / ... daz ist ein ungeteilet spil: / got solches rehtes niht enwil.")[104]

In welcher Form die verschiedenen Wahrnehmungsbilder vom Wesen der Frau die Ehe im Mittelalter beeinflußten, können wir ebensowenig sagen, wie das bei wesentlich größerer Datenbasis ein heutiger Soziologe für die Gegenwart vermag. Aber das können wir doch feststellen: Ob die Frau nun zänkisch, geschwätzig, zu tränenreichen Szenen bereit oder sinnlich ist: Sie wird bei allem nicht als inferiores Geschöpf, sondern als schwierige Gefährtin wahrgenommen. Ein Sprichwort weist auf den geringen Realitätsbezug frauenfeindlicher Äußerungen: „Der frid im Hauss muss von der frawen herkomen."[105]

„Der Ehemann als Rächer seiner Ehre" *(kolorierter Holzschnitt des 16. Jh.).*

Die Frau als Verantwortliche des Hausfriedens? Weltfremdes Mittelalter? Gab es nicht genug zänkische oder geschwätzige Männer, gab es nicht Geiz und Hartherzigkeit, von der Gefühllosigkeit ganz zu schweigen? Natürlich: Die Menschen, die uns so fremd erscheinen und doch so nahestehen, sind gewiß nicht anders gewesen als wir. (Vielleicht nicht den Zorn, gewiß aber den Unmut über verbaselten Schmuck kann ein ehrlicher Leser nachvollziehen.) Die Aufgabe des Historikers ist, die Wirkung von konsensgebundenen Einstellungsmustern zu prüfen, denn solche gibt es in allen Kulturen, also auch im deutschen Mittelalter und in unserer Gegenwart. Das konsensgebundene Einstellungsmuster ist sicherlich das der paulinischen Herrschaft des Mannes. Aber daraus folgt mitnichten eine Unterwürfigkeit der Frau. Konsensfähig war eben auch, was als Summe von guten und schlechten Ehen Hans Sachs den Gesellen, die sich mit Heiratsabsichten trugen, ins Gedächtnis rief: Ob ihr eine schöne Jungfrau, eine junge oder eine reiche, alte Witwe heiratet, ist von eurer Einstellung abhängig. Aber gebt euch keinen Illusionen hin: Die Frau ist eine eigene vom Mann unabhängige Persönlichkeit: „Niemand möchte biegen die Frauen."[106]

Es wird nicht möglich sein, in gültigen Formulierungen klarzustellen, was die Ehefrau im Mittelalter nun tatsächlich war, Magd, Herrin oder Partnerin. Das liegt nicht an der Quellenüberlieferung, sondern in der Sache selbst. Es kam schließlich nicht von ungefähr, daß niemand sich im Mittelalter die Mühe gab, die Widersprüchlichkeit der sich überlagernden Ansichten über die Ehe aufzulösen.[107] Angesichts der diffusen Überlieferung nehmen wir Zuflucht zu dem oft verkannten methodischen Wert einer Alltagsgeschichte, die sich nicht der Abbildung vergangener Wirklichkeiten verpflichtet fühlt, sondern über die Realien versucht, Licht in die von den Überlieferungen selbst vielfach vernebelten allgemeinen Verhältnisse zu bringen. Unsere Frage ist infolgedessen intellektuell schlicht: Ist es dem Mann, dem Haupt des Weibes erlaubt, seine Frau zu prügeln, kann er ein Herrenrecht wahrnehmen oder nicht?[108] Weiterhin: Kann unsere, die contradictio in adiecto nicht scheuende Begrifflichkeit der „dienstbereiten Genossin" durch eine Annäherung an die Realität indirekt bestätigt werden?

Im Nibelungenlied verprügelt Siegfried seine Frau, und die höfische Gesellschaft scheint daran gar keinen Anstoß genommen zu haben. In den entsprechenden Versen wird Krimhild ein „edel wîb" genannt und Siegfried, der ihren Körper „zerblouwen" hat, bleibt dennoch in der gleichen Strophe „der helt küene unde guot".[109] Wegen ihres Zanks mit Brunhild wird Krimhild gezüchtigt, aber nicht gedemütigt. (Wenn ein Mann seine Frau nicht mit der gebührenden Achtung behandelt und ihre Ehre verletzt, greift – schon für das frühe Mittelalter bezeugt – allerdings deren Verwandtschaft ein.[110]) Denn Prügel gehören zur damaligen höfischen Welt, ohne daß man dies grundsätzlich in Frage stellt. Die hl. Kunigunde gibt nach der mittelalterlichen Verslegende ihrer Nichte, die den Gottesdienst versäumt hatte, eine Ohrfeige: „einen guoten strich an ir rechte wange: Daz ôr suste ir lange".[111] Auffällig wird dem Leser daran allenfalls erschienen sein, daß Kunigunde Linkshänderin gewesen sein mußte; daß ansonsten Edelleute und gar Heilige zum Mittel der Prügel griffen, erschien selbstverständlich. Selbst die milde hl. Elisabeth von Thüringen brachte eine Frau, die nicht beichten wollte, mit der Rute zur Einsicht.[112]

Im ausgehenden 13. Jahrhundert hat die Sicherheit dieser Einstellung Risse bekommen. Nur Bauern und Pöbel schlagen ihre Frauen, denn – so Berthold von Regensburg – „edele liute oder sust frume liute, die tuont das nicht".[113] Tun sie dies wirklich nicht? Berthold widerspricht sich und offenbart die Realität. Der Mann solle der Frau „daz har alle zit niht uz ziehen umbe sust und umbe niht unde slahen wie dicke dich guot dünket unde schelten unde fluochen und ander boese handlungen tun unverdienet".[114] Bei aller Widersprüchlichkeit: Bertholds Predigt ist ein weiteres Zeugnis für jene unter den sichtbaren Gesteinsformationen sich allmählich verschiebende Tektonik, die – das geheime Thema der Entwicklung vom Hoch- zum Spätmittelalter – auf eine Einschränkung der Gewalt, des Willkürprinzips des Herrschaftsrechtes von Menschen hinausläuft. Sprichworte wenden sich gegen das Schlagen der Ehefrau.[115] (Das Thema Ehealltag ist also für uns kein Gegenstand der Gender Studies, sondern ein Gegenstand der Kulturentwicklung.)

Zurück zu Berthold von Regensburg. Das „unverdienet" nimmt ein Thema bäuerlicher Weistümer vorweg. Die dörflichen Rechte werden im späten Mittelalter die Frau vor Schlägen ihres Mannes schützen. Lediglich die zänkische, die „unfriedbare" Gemahlin darf gezüchtigt werden.[116] Eine Bestätigung unserer Wortwahl, wonach der hoch- und spätmittelalterliche Konsens in der Stellung der Ehefrau sich mit dem in sich widersprüchlichen Begriff der „dienstbereiten Genossin" benennen läßt.

In den Städten wird im Spätmittelalter die Mißhandlung der Ehefrau bestraft.[117] Ein Beispiel: Der angesehene Landshuter Bürger Andre der Stärchel wird von den Stadtvätern 1373 ins Gefängnis geworfen und erst wieder freigelassen, nachdem er eine Urfehde geschworen und gelobt hat, daß er seine Frau „erbärlich" behandeln wolle; „ze pett vnd ze tische alz ein jegleich pidermann sein havzfrawen durch recht", also wie üblich behandeln soll. In der Urfehdeurkunde muß der Bürger sein Unrecht ausdrücklich eingestehen. Er habe sich nicht wie ein anständiger Mensch benommen, sondern seine Frau übel behandelt „bey tag vnd bey nacht an dem pett vnd anderswo vnd auch in den chindelpetten vnd mit maniger unredleicher handlung, da mit ich wol verschvldet hiet, daz mich mein herren dar umb swärlich gepezzert hilten".[118]

Unser Begriff der „dienstbereiten Genossin" versuchte den Konsens des hohen und späten Mittelalters über die partielle Gewaltlimitierung des Ehemannes zu benennen. Eine bezeichnenderweise über das Recht – Konsens wird im Mittelalter zum Recht – zu gewinnende Aussage. Wie steht es aber mit der Realität unterhalb dieses Konsenses? Wir können diese Frage, die normalerweise von den Quellen her nicht lösbar wäre, deshalb stellen, weil es einen Weg gibt, sie zu beantworten. Die Mißhandlung der Ehefrau ist ein häufiges Thema in der Literatur[119] (was uns weniger leiten kann) und vor allem in den spätmittelalterlichen Schauspielen. In diesen drückt sich wegen des Zusammenwirkens von Zuschauer- und Spielgemeinde eine Übereinstimmung unterhalb der Ebene des zum Recht führenden Konsenses aus – methodischer Ansatz für die Annäherung an die Realität. Im Brandenburger Osterspiel prügelt der Krämer seine Frau unter den Anfeuerungsrufen des Publikums „sla up ir lif als up eine bunghe (Pauke)“.[120] Aber gerade dieses Beispiel gibt zu denken. Das Schlagen der Ehefrau kann keine Selbstverständlichkeit gewesen sein, wenn es zur Erheiterung der Zuschauer als komische Szene dienen soll. Worin liegt das Vergnügen der Zuschauer? Es kann sich doch nicht um die Wiedergabe des normalen ehelichen Alltags handeln, was die Spielleiter die Schauspieler (allesamt Laien) im Bemühen um Effekte darstellen lassen. Das Vergnügen dürfte darin beruhen, daß auf der Bühne das geschieht, was der Zuschauer auch zu Hause gerne täte. Denn das wußte man im Mittelalter: „wer in seinem hause will fride haben, der muß thun wz die fraw will.“[121] Wer sich nach diesem Grundsatz richtet, den tröstet ein anderes Sprichwort: „Wem Gott eine Frau gibt, dem gibt er auch Geduld.“[122]

Was bereits im 13. Jahrhundert der Spruchdichter Freidank formulierte, galt auch – wie Sprichworte bestätigen[123] – für die Folgezeit: Sooft auch ein Mann die Oberhand behalten mag, so setzt sich letztlich doch der Wille der Frau durch: „Swie dicke wîp underligent, den mannen sin doch an gesigent.“[124]

Harmonisierend die Weisheit der Sprichworte. Im Einzelfall sieht die Realität härter aus. Unsere generalisierende Aussage über die Tragfähigkeit des üblichen Ehealltags sollte nicht die Verzweiflung von Menschen übersehen, für die dieser Ehealltag eine existentielle Bedrohung war. Dabei geht es uns nicht um ein Sortieren von Einzelfall und Üblichem, sondern darum, daß jeder Einzelfall grundsätzliche Gefährdungen freilegt. Gegen das Prügeln ihrer Männer versuchten Frauen sich zur Wehr zu setzen, indem sie zu Zaubermitteln griffen. In Schlettstadt wurde die Katharina von Kenzingen 1398 für ein Jahr der Stadt verwiesen, weil sie entsprechende Rezepte verbreitet hatte; und vorsorglich geboten ihr die Stadtväter auch, daß sie ihre Künste niemandem weitergeben sollte.[125] Wo Zauberkünste nichts halfen oder nicht helfen durften, half ansatzweise die Kirche. Eine Untersuchung der kirchlichen Gerichtsbarkeit am Ende des 15. Jahrhunderts ergab, daß viele Frauen die Scheidung von ihrem Mann vor dem kirchlichen Gericht beantragten und zumindest die Trennung von Tisch und Bett erreichten, weil sie die Mißhandlungen durch ihre Männer leid waren.[126]

Verprügeln auch Frauen die Männer? Das ist im Einzelfall nicht unwahrscheinlich, wenn man bedenkt, daß die Frauen in Worten und Taten ebenso wie die Männer gewaltbereit sein konnten. Frauen prügeln sich untereinander,[127] sie schlagen gegebenenfalls auch Männer.[128] Aber es handelt sich um Abweichungen von der Normalität; dies ist einfach zu beweisen. Eine in der Neuzeit weit verbreitete Sitte ist es, daß auf den Dörfern die Nachbarn demjenigen Bauern das Dach abdecken oder den Ofen zerstören, der von seiner Frau verprügelt wird. Ein solches Verhalten wird offenbar als skandalöser Widerspruch zur Weltordnung empfunden.[129] Daß die ihren Mann prügelnde Frau zu den Ausnahmen, aber keineswegs zu den außergewöhnlichen Seltenheiten gehört, läßt sich aus dem Gedicht vom „Üblen Weibe“ vom Ende des 13. Jahrhunderts schließen. Zur Belustigung von Lesern und Hörern schildert der Autor, wie sein „übles Weib“ ihn verhaut. Er könne gar nicht verstehen, daß Recken wie Dietrich von Bern „nie von swertslagen wurden wunt“, während er, der Autor, fast lahm nach einer Auseinandersetzung mit seiner Frau sei.[130]

Gewalttätiger Austrag von Ehezwisten. Frauen sind nicht nur Opfer. Frauen haben ihre Männer ermordet oder ermorden lassen. Davon weiß schon die frühmittelalterliche Herrschaftsgeschichte,[131] davon weiß ein frühkarolingisches Kapitulare,[132] davon wissen auch hochmittelalterliche Heiligenviten,[133] und davon erzählt der Ulmer Bürger Sebastian Fischer Anfang des 16. Jahrhunderts: Die Frau seines Nachbarn wurde mit einem Landsknecht

Welche Assoziationen weckte wohl die Darstellung von Samson und Delila in einer Zeit, in der das Sprichwort umlief, wonach die Männer siegen könnten, so oft sie wollten, und dennoch den Frauen unterliegen würden? *(Kupferstich des Meisters E. S., 15. Jh.)*.

handelseinig, daß er ihren Mann ermorden würde, wenn sie ihm dazu dessen Schwert liehe. Der Anschlag gelingt zwar, aber man kann ihr die Anstiftung nachweisen. Sie wird ertränkt.[134] Das der heutigen Kriminalistik vertraute Delikt der Tötung des Mannes durch Gift hat es im Mittelalter zwar auch gegeben,[135] aber es hat offenbar keine größere Bedeutung gehabt. Natürlich haben wir hier Ausnahmen notiert, Ausnahmen allerdings, die darauf zurückweisen, wie tief eheliche Auseinandersetzungen gehen konnten. Dabei sind die Waffen der Frau offenbar auf langfristigere Wirkung angelegt als das jähzornige Prügeln bei den Männern. Was mag sich hinter der Urfehde einer Regensburger Bürgerin 1447 verborgen haben, mit der sie die ewige Stadtverweisung wegen der Folgen dessen akzeptierte, „daz ich meinem elichen mann mit zauberei tan han“?[136] Es muß nicht immer so spektakulär zugegangen sein. Der Pantoffelheld ist ein verdächtig oft behandeltes Thema in der Literatur.[137]

Obwohl die Stadträte das Mißhandeln der Ehefrau bestraften,[138] stellten sie das Prügeln der Frau nicht grundsätzlich unter Strafe. Es ging ihnen immer nur darum, das Mißhandeln ohne Ursache zu ahnden,[139] wie es der Zürcher Rat 1346 ausdrücklich vermerkt, als er einen Ehemann bestrafte, der seine Frau geschlagen hatte, obwohl sie „unschuldig“ war.[140] Und sodann gilt für die Rechtspraxis: Geschützt wurden die Frauen aus den eigenen Gesellschaftskreisen, von angesehenen Bürgern. Es ging dabei darum, den Frieden in der Stadt zu wahren, denn die mißhandelten Ehefrauen hatten einflußreiche Verwandte.[141] Bei kleineren Leuten kümmerte sich der Rat nicht sonderlich um eine Gewaltächtung. Ein extremes Beispiel: Volmi, der Pfeifer aus Kleinbasel, der seine Frau zu Tode geprügelt hatte, wurde nur mit dauernder Stadtverweisung bestraft.[142]

Es werden sich überhaupt keine Angaben machen lassen, wie viele Männer ihre Frauen prügelten. Die Aussage aber, die wir aus einer Summe von Einzelfällen folgern können, ist doch, daß erstens die Gewalt in der Ehe nichts Ungewöhnliches war, daß aber zweitens im Verlauf des Mittelalters diese Gewalt immer deutlicher kritisiert wurde.[143] So lehnt im 15. Jahrhundert Dionysius der Kartäuser das Schlagen der Ehefrau rundweg ab.[144] Naturgemäß muß ebenso wie bei den Schimpfworten mit einer großen, nicht geahndeten Grauzone gerechnet werden; entscheidend jedoch ist: Der Willkür waren Grenzen gesetzt.[145] Und ohne alle Einschränkungen formulierte das Sprichwort: „Eyn man hatt des kleyne ehre, wenn er ein weib schlecht."[146]

Wegen der einleitenden Überlegungen über die spirituellen Allegorien der Eheschließung, die nicht überzeugend gewesen wären, wenn der Alltag von Eheelend gekennzeichnet worden wäre, glauben wir zwar nicht, daß gewalttätige Auseinandersetzungen diesen Alltag geprägt haben, aber wir glauben, daß die halbherzigen Sanktionen in Frage stellen, ob die Ehefrau tatsächlich die Genossin ihres Mannes in einem Gleichberechtigung einschließenden Sinne war. Vor der Gefahr, verprügelt zu werden, stand jede Ehefrau, wenn sie sich – wie Kriemhild – den Geboten ihres kühnen Helden nicht fügte. Jede einzelne Nachricht über Gewalt in der Ehe stellt die grundsätzliche Frage nach der Dauerhaftigkeit jener leisen Fortschritte bei der Einschränkung von Willkür, die wir als das eigentliche Thema der mittelalterlichen Kulturgeschichte betrachten. (Wie überzeitlich gefährdet diese Fortschritte sind, zeigt das vergangene Jahrhundert, das an Grausamkeit alles hintersich ließ, was dem Mittelalter angedichtet worden war.) Wir müssen danach fragen, ob im Recht eine schützende Kraft lag, die eine Dauerhaftigkeit der leisen Fortschritte sicherte. Weil aber der scheinbare Widerspruch von Dauerhaftigkeit und Wandelbarkeit des Rechts im Mittelalter so offen zu Tage liegt – jedes Recht muß „alt" sein, auch wenn es gerade erst festgelegt wurde – und wir uns nicht auf eine im engeren Sinne rechtsgeschichtliche Untersuchung einlassen können, folgen wir bei unseren Fragen nach dem zwischenmenschlichen Umgang dem mittelalterlichen Leitgedanken von der Frau als „Genossin“, als Partnerin des Mannes, ein Leitgedanke, wie er sich nur unter bestimmten vermögensrechtlichen Bedingungen einstellen konnte.

Für das Folgende muß der Autor um Geduld und Verständnis dafür bitten, daß er ziemlich hilflos bei seinem Bemühen ist, Tradition und Wandel des Eherechts in chronologischen Abläufen zu schildern. Ein einfaches Beispiel mag die Schwierigkeiten andeuten, die dadurch entstehen, daß gerade das Eherecht bis in die Sprache hinein an alten Formen festhält: Das althochdeutsche „gam“ für „Mann“ ist schon um 1200 ausgestorben, aber es lebt bis heute weiter im „Bräutigam“.

Die rechtlichen Rahmenbedingungen der Überlebensgemeinschaft Ehe

Im Zürich des 16. Jahrhunderts lag in der Ratsstube der sogenannte Ehelöffel. Er wurde bei dauerndem Streit von Eheleuten als letztes Mittel vor der Scheidung gebraucht. Man sperrte die beiden ein und gab ihnen nur diesen einen hölzernen Löffel zum Essen.[147] Hier wird angemahnt: Die Eheleute sind aufeinander angewiesen, sie bilden eine Überlebensgemeinschaft.

Die Ehe als eine Überlebensgemeinschaft[148] bildet einen der wenigen Bereiche, die für eine Epocheneinheitlichkeit des Mittelalters sprechen. Ökonomische Zwänge zur Heirat über Standesschranken hinweg lassen schon die frühmittelalterlichen Güterverzeichnisse trotz ihres lakonischen Stils des rechtssichernden Notats erkennen. Die freie Frau heiratet den unfreien „colonus“.[149] Was sich hier als das überzeitliche Prinzip der Relativierung von Standesschranken darstellt, wird im ausgehenden Mittelalter als individuelles Fehlverhalten karikiert: Der junge Mann heiratet eine alte Frau, der Greis ein junges Mädchen.[150] Als anstößig wird – Fortschritt der Kulturentwicklung – inzwischen empfunden, was lange nicht nur Standes-, sondern auch Altersschranken überwand: die Ehe als Lebenshoffnung im ökonomischen Sinn.

Wir deuten nur den im Mittelalter selbstverständlichen und deswegen in den Quellen kaum reflektierten Sachverhalt an, daß ohne das Zusammenwirken von Hausvater und Hausfrau keine bäuerliche Wirtschaft überlebt hätte, und wenden uns den wesentlich besser überlieferten rechtlichen Rahmenbedingungen zu. Ein trockenes, scheinbar von den Fragen des zwischenmenschlichen Umgangs abweichendes Thema, aber eben ein Thema, das ebenso wie die Waldrodung oder die Wasserleitungen die leisen und dennoch wirkungsmächtigen Veränderungen reflektiert, die zwischen der Kaiserkrönung Karls des Großen und der Kaiserwahl Karls V. im Jahre 1519 liegen.

Die Zwänge einer Überlebensgemeinschaft stellen im Alltag eine Gleichberechtigung her; die rechtlichen Rahmenbedingungen des Eheschlusses hingegen betonen die Hausherrschaft des Mannes. Nur scheinbar ein Widerspruch. Das konsensgebundene mittelalterliche Recht regelt keine alltäglichen Konflikte, sondern sucht nach Prinzipien, um diesen vorzubeugen, ist in erster Linie bestrebt, die als unvermeidlich angesehenen alltäglichen Auseinandersetzungen in ihren gemeinschaftsstörenden Auswirkungen zu begrenzen. Den Frieden in der Gemeinschaft zu wahren ist das leitende Prinzip. Die Repräsentation der Gemeinschaft aber ist Männersache. Deshalb wird das Recht die Hausherrschaft des Mannes in einer Weise betonen, die mit den realen Verhältnissen nicht viel zu tun hat.

Weniger durch gesetztes Recht als durch den privaten Vertrag, die Heiratsabrede, werden die rechtlichen Rahmenbedingungen einer Ehe festgelegt. Deshalb konnte angesichts der ursprünglichen, der vertraglichen Bedeutung von „ê“ zutreffend formuliert werden: „Das altdeutsche Eherecht bewegt sich in den Formen des Vermögensrechts."[151] Das gilt für das frühe Mittelalter ebenso wie für das späte, das gilt für Hoch und Niedrig. Ein illustrierender Fall aus dem 15. Jahrhundert: Bei seiner ersten, bei seiner Liebesheirat erinnert sich Burkard Zink dennoch der geringen Mitgift, die seine Frau in die Ehe brachte.[152] Die scheinbare Kontinuität über die Zeiten hinweg täuscht aber. Nur das Prinzip blieb, dessen Ausformung aber unterlag so erheblichen Wandlungen, daß sich aus der Überlagerung verschiedener historischer Entwicklungen jene Formenvielfalt ergibt, welche die fünf Ehen des Burkard Zink widerspiegeln.

Die Munt, zwar nicht die Grundlage, aber doch der Ausgangspunkt des mittelalterlichen Eherechts,[153] ist am besten anhand der heute noch geläufigen Begriffe Vormundschaft oder mündelsicher zu erklären; sie beinhaltet eine Schutzpflicht, aber keine Zwangsgewalt.[154] Im frühen Mittelalter deutete Isidor von Sevilla dieses Rechtsverhältnis in dem Sinne aus, daß die Frauen der Munt des Mannes unterstellt werden müßten, weil sie so wankelmütig und schwach seien.[155] Und im gleichen Sinne behauptete, ohne Isidor von Sevilla zu kennen, der Texter der „Zauberflöte", Emanuel Schikaneder, und vertonte Mozart: „Ein Mann muß Eure Herzen leiten, denn ohne ihn pflegt jedes Weib aus seinem Wirkungskreis zu schreiten." Eine Struktur von langer Dauer?

Zu Zeiten des Burkard Zink, im 15. Jahrhundert, spielte die frühmittelalterliche, die nackte ökonomische Realität des Brautkaufs, keine Rolle mehr. Die alten Rechtsbegriffe erinnern daran: „mahalschatz, muntschatz, brutmiete", „mundr" in nordischen Quellen.[156] Die Eheschließung beruht auf dem Loskauf der Braut aus der Muntschaft des Vaters.[157] Noch in einer schwäbischen Verlöbnisformel des 12. Jahrhunderts erscheinen Schwert, Hut und Mantel als Symbole der abgetretenen Muntschaft. Das Verlöbnis, die „sponsatio", „desponsatio", ist der Kaufvertrag, der das „mundium" zum Gegenstand hatte.[158] Der Mann verhandelte mit den Eltern über das „pretium justum“,[159] das Geld erhielt der Muntwald, der Vater, und deshalb konnte die Braut auch „puella empta“ genannt werden,[160] deswegen wurde vom „uxorem emere“, vom „pecunia pro puella data“, vom „pretium puellae“ in den Volksrechten gesprochen.[161] So wichtig die Muntgewalt für den Eheschluß im Frühmittelalter auch war, so ist doch daran zu erinnern, daß sie lediglich ein Schutz-, aber kein Zwangsverhältnis begründete.

Die „munt“ und das Recht der Witwe. Daß man ein junges Mädchen noch unter die Muntgewalt des Vaters stellte, war in jener Zeit einzusehen: die Witwe aber, eine gereifte Frau, die zudem als Hausfrau eine selbständige Stellung eingenommen hatte, erneut für unmündig zu erklären, stieß sich an der Realität. Und vor allem: An der Bibel (Korinther 7.39) kam man nicht vorbei. Die Witwe darf heiraten, wen sie will.[162] Das ganze Mittelalter hindurch haben Mächtige versucht, ihren Getreuen zu einer vorteilhaften Heirat zu verhelfen. Im Fall der Witwe wird das schon im Frühmittelalter für sie immer schwerer. Damit deutet sich ein von uns nur zu streifendes größeres Thema an, das sich hinter dem des Umgangs von Ehegatten verbirgt: das Herrschaftsrecht in seiner Einwirkung auf das Eherecht. Bis zum Zwang reichte die Verfügungsgewalt, die im Frühmittelalter ein Herr über die Heirat seiner Untergebenen hatte. Es geht also bei der Geschichte des Eherechts auch um das Herrenrecht am Menschen und damit letztlich um das große historische Thema der Willkürbegrenzung.

Lassen wir uns durch den Begriff „Kauf“ nicht täuschen. Er drückt in früheren Zeiten eine viel größere humane Spannweite aus als im Zeitalter der „global players“, er bezeichnet Wertschätzung nicht nur im ökonomischen Sinne.[163] Insofern ordnen wir das Folgende auch einer Rationalisierung des zwischenmenschlichen Tauschverkehrs im Verständnis der von der marxistischen Geschichtswissenschaft ungefähr für das 12. Jahrhundert postulierten „Ware-Geld"-Beziehung zu, einer Ansicht, die ‚materialistisch' gemeint, aber nicht ‚materialistisch' bewiesen worden war. Aus den für diese Ansicht kurioserweise herangezogenen herrschaftsgeschichtlichen Begründungen läßt sich der Vorgang der Ökonomisierung der Tauschverhältnisse im Sinne der Ware-Geld-Beziehung schwerlich ableiten, wohl aber – mit überraschendem Ergebnis – im Falle des Brautkaufs. Das vermögensrechtliche Prinzip der Vormundschaft des Mannes ist seit dem 13. Jahrhundert nur noch in Relikten zu erkennen,[164] obwohl die Rechtsaufzeichnungen noch an dem Begriff festhalten. Eine kölnische Trauungsformel des 15. Jahrhunderts stellt der Braut die Frage, ob sie den Bräutigam „zu einem Vormund und Bettgenossen" haben wolle.[165] In friesischen Rechten heißt der Ehemann schlichtweg der Vormund der Frau.[166] Der Sachsenspiegel hält zu Beginn des 13. Jahrhunderts dezidiert fest: „der man is ouch vormunde sins wibes alse si im getruwet wirt."[167] Aber im Spätmittelalter folgte aus der Muntgewalt des Vaters nicht mehr wie in früheren Zeiten die sogenannte „Kaufehe". Seit dem 9. Jahrhundert werden die Rechtsformen des Brautkaufs immer mehr abgeschwächt, konkret: die Bräute werden billiger. Die Erinnerung an den alten Brautkauf wird noch jahrhundertelang symbolisch bewahrt, indem mit kleinen Münzen, die der Braut in den Schoß geworfen werden, ein Scheinkauf abgeschlossen wird.[168] Noch im 14. Jahrhundert kennt und benutzt die Limburger Chronik mehrfach den Ausdruck „kaufen" für heiraten. „kaufte ein wip, die was eins greben tochter von Spanheim."[169] Die Sprache kündet von der langen Tradition des Rechtsdenkens; das spätmittelalterliche Sprichwort jedoch belegt, was sich gegenüber jenen Zeiten geändert hatte,[170] als die Braut das „gekaufte Mädchen" genannt werden konnte: „Vom Brautschatz wird niemand reich."[171] Ware-Geld-Beziehung: Sie beginnt sich in ihrer Nacktheit tatsächlich erst im 12. Jahrhundert zu enthüllen. Die sogenannte Kaufehe war Ausdruck einer gegenseitigen Wertschätzung von Käufer und Verkäufer. In dem Maße, in dem das Geld auf seinen materiellen Tauschwert beschränkt wird, wird es der Eheschließung fremd. (Wie eng noch im 11. Jahrhundert selbst der Warenhandel mit personaler Wertschätzung zusammenhängt, läßt sich aus dem berühmten Bericht des Alperich von Metz über die Kaufleute-Gilde zu Tiel erschließen,[172] ein Bericht, der allen interpretatorischen Künsten widerstanden hat, eine Brücke zu den spätmittelalterlichen Handelszünften zu schlagen.)

Mit dem Gedanken vom Hausvater als Herren der Frau konkurriert, auf die Überlebensgemeinschaft zurückweisend, die schon im Sachsenspiegel festgelegte[173] güterrechtliche Gemeinschaft der Ehegatten, wie sie das Rechtssprichwort ausdrückt: Schlägt die Decke über beiden zusammen – gemeint ist das Beilager in der Hochzeitsnacht –, so haben beide kein geteiltes Gut.[174] „Ist die Decke über dem Kopf, so sind die Eheleute gleich reich."[175]

Die Eheleute sind dem von uns zitierten Rechtswort zufolge gleich reich. Aber – nur ein Hinweis auf die widersprüchliche Realität – engherzig bestimmen bäuerliche Weistümer, bis zu welchem (geringen) Betrag sie im Gasthaus auf dem Kerbholz „anschreiben" lassen, bis zu welchem (geringen) Einsatz eine Frau sich an Glücksspielen beteiligen darf.[176] Eine entsprechende Reglementierung findet sich für die Männer aber nicht. Dieser Widerspruch, letztlich auf unsere Deutung der Stellung der Frau als der minderprivilegierten Genossin zurückweisend, liegt im Vermögensrecht selbst. Die Eheleute sind zwar gleich reich, aber wer hat über die Verwendung des gemeinsamen Besitzes zu bestimmen? Der Mann besaß als Hausvater die Gewere am Frauengut.[177] Das vieldeutige „gewere" läßt sich einigermaßen mit „gesicherter Anspruch, der eine vorbereitende Aufsicht und Fürsorge erlaubt", übersetzen. Daraus konnte nicht nur der geizige Zürcher Ratsherr, sondern auch ein Rechtssprichwort die Folgerung ziehen: „Eine Frau hat während der Ehe nichts als den blauen Himmel und den Spinnrock."[178] Die Erkenntnis fällt nicht schwer, daß dieses Sprichwort eine Auffassung konserviert, die im allgemeinen im Spätmittelalter überwunden worden war. Liselotte von der Pfalz sollte sich bitter darüber beklagen, daß in Frankreich im Gegensatz zu den ihr geläufigen deutschen Verhältnissen der Mann über das eingebrachte Gut der Frau ohne Einspruchsrecht während der Ehe verfügen dürfe.[179] Denn schon im Spätmittelalter wurde es beim Adel, bei Bürgern und Bauern üblich, in Heiratsverträgen das Frauenvermögen sicherzustellen.[180] Die Weistümer bestimmen vielfach für die Frau eines liederlichen Mannes die Gütervormundschaft für jene Besitzteile, die, Wittum oder Leibzucht genannt, ihr im Heiratsvertrag für den Fall ihrer Witwenschaft garantiert worden waren.[181] Den Grundsatz formulierte das auf dem Sachsenspiegel beruhende Rechtssprichwort: „Leibzucht kann den Frauen niemand brechen."[182]

Auch wenn wir uns um möglichste Vereinfachung komplizierter Rechtsverhältnisse bemüht haben, wird der Leser fragen, was das alles mit dem Umgang von Menschen miteinander zu tun habe. Die Rechtfertigung als Entschuldigung des Autors: Erst nach der Beschreibung des komplizierten ehelichen Güterrechts kann gewürdigt werden, daß dieses nur in erstaunlich geringem Maße konfliktträchtig war, daß es trotz aller Unklarheitenviel weniger Streitigkeiten in Stadt und Land hervorbrachte als das Erbrecht. Dies kann um so mehr als Bestätigung unserer Ansicht von der normalerweise tragfähigen mittelalterlichen Ehe gelten, als im Mittelalter und in der frühen Neuzeit die Heirat die wichtigste soziale Standortbestimmung der mit Braut und Bräutigam verbundenen Verwandtschaft ist und die wichtigste der wenigen sozialen Aufstiegsmöglichkeiten bildet.

Die Heirat junger Mädchen, die Hausherrschaft erfahrener Frauen

Zu einem Teil ist die Widersprüchlichkeit der Quellen in einem schlichten Sachverhalt begründet: Die vermögensrechtlichen Bestimmungen denken der Realität entsprechend an ein junges Mädchen, das die Ehe schließt, die Sprichwörter über den ehelichen Alltag gehen aber von der erfahrenen Ehefrau aus.

Ende des 14. Jahrhunderts berichtet Ulman Stromer von seiner Mutter, die mit 14 Jahren heiratete, mit 16 zum ersten Mal Mutter wurde und in den nächsten neun Jahren acht Kinder gebar.[183] Dieses frühe Heiratsalter war keineswegs die Ausnahme.[184] Das kanonische Recht hatte die Gültigkeit des Eheversprechens festgestellt, wenn der Mann 14 und die Frau 12 Jahre alt war. Das wird auch vom weltlichen Recht bestätigt. Der Schwabenspiegel des deutschen Südens und das lübische Recht des Nordens gehen davon aus: „So die iuncfrowe in zwelf iar kumt, so ist sie zer (zu ihren) tagen chomen."[185] Die bäuerlichen Weistümer denken nicht anders. Bei Mädchen ist „das zwölfte jar, das ... sy nubiles, zu tütsch mannbar werdent."[186] Im Verlauf des Spätmittelalters setzt sich jedoch die Ansicht durch, daß erst mit 14 Jahren ein Mädchen die Ehe schließen kann,[187] eine Ansicht, von der noch das Allgemeine Preußische Landrecht ausgeht.

Junge Braut – erfahrene Hausfrau: Eine Braut ist nicht immer jung. Die vermögende Witwe ist eine begehrte Partie. Die Ehe im Mittelalter währt, so kann man schätzen, ungefähr so lange wie heute, etwa zehn Jahre. Angesichts der Gefahren des mittelalterlichen Lebens sind die fünf Ehen des Burkard Zink keineswegs außergewöhnlich.[188] Sie weisen darauf hin, daß sich in mittelalterlicher Erfahrung das Bild des Eheschlusses nicht nur mit dem junger Leute verbindet, die den Bund für das Leben schließen, sondern mit der Heirat von Witwen und Witwern, die – wie es die Testamente widerspiegeln[189] – zuvor neben den vermögensrechtlichen auch die erbrechtlichen Fragen wegen der Kinder aus erster Ehe geregelt haben.

Die zahlreichen Schlüsselfunde in Frauengräbern der Völkerwanderungszeit belegen bereits, daß die Frau die Schlüsselgewalt im Hause besitzt.[190] Hausfrau mit eigener Verantwortung, ja auch mit eigenem Besitzrecht.[191] Das bildet bei allen Wandlungen eine Kontinuität in den rechtlichen Rahmenbedingungen der Ehe. Testamente selbst aus dem spätmittelalterlichen Köln, wo Gütertrennung üblich war, zeigen, daß sich die Ehegatten gegenseitig als Erbe einsetzten,[192] was auch die Deutschen in Venedig praktizierten.[193]

In Abwesenheit ihres Mannes begleicht die Kaufmannsfrau dessen Schulden,[194] in Abwesenheit sogar des Kanzlers erledigt dessen Frau die Weiterleitung der Korrespondenz.[195] Einem Handelsherrn wie Hildebrand Veckinchusen ist es selbstverständlich, wichtige Geschäftsnachrichten von seiner Frau oder seiner Schwägerin zu erfahren.[196]

Auf Eheratgeber wurde im Mittelalter genauso begierig gehört wie heute.[197] Der Unterschied liegt nur darin, daß früher überaus häufig die Frau als Stifterin des Unfriedens erscheint. Wenn um 1530 ein Einblattholzschnitt mit einem Gedicht von Hans Sachs über die neun Eigenschaften einer bösen Frau verbreitet wird,[198] so hat das eine lange mittelalterliche Tradition. Ende des 13. Jahrhunderts klagt zum Beispiel ein Gedicht über das „üble weib", das dem Ehemann immer widerspenstig begegnet und stets das letzte Wort behalten will.[199]

Ach ja, seufzt Albrecht von Eyb, die Männer werden von ihren Frauen gepeinigt. Haben sie großes Gut in die Ehe gebracht, so sind sie unausstehlich; sind sie vornehm, so folgt daraus Hochmut; sind sie hübsch, so weiß man nicht, ob sie es mit andern Männern treiben, sind sie aber häßlich, so werden sie mißachtet; sind sie kratzbürstig und wortgewandt, so streiten sie sich dauernd mit den

Männern. Und dann noch ihre tränenreichen Auftritte, ihr Klagen und Seufzen. Sie wollen schöne Kleider und Schmuck haben und verführen dadurch ihre Männer zu sündigem Erwerbsstreben.[200]

Albrechts von Eyb Ehebüchlein wäre als Abbild zeittypischer Frauenfeindlichkeit einseitig gelesen. Schließlich rafft sich der Autor zu einem „lob der frawen" auf, „darzu ich in sunderheit geneigt bin".[201] Denn der Humanist konnte nicht daran vorbei, daß die neue Gelehrsamkeit sich an alten Vorurteilen rieb, daß Boccaccio eine Art Emanzipations-Plutarch über berühmte Frauen, „De claris mulieribus", geschrieben hatte, woraus Eyb etliche – antike – Exempel übernahm. Boccaccio war ebenso wie viele andere italienische Humanisten für die Gleichwertigkeit der Frau, deren Verstand sich selbstverständlich mit dem des Mannes messen könne, eingetreten;[202] ein direkter Widerspruch zu der von so manchem Scholastiker vertretenen Ansicht, wonach die Frau auch geistig nicht über ausreichende Kraft verfüge.[203] Einem schlichten Bauern wäre hingegen der Gedanke von der Gleichwertigkeit der Frau keineswegs neu gewesen.

Die Ehe als Überlebensgemeinschaft armer Leute. Der Hintergrund der Bigamie im Mittelalter

Nahezu unbeachtet blieb in der Forschung die bereits 1890 getroffene nüchterne Feststellung Paul Frauenstädts von der „ungemeinen Häufigkeit" der Bigamiefälle im spätmittelalterlichen Breslau.[204] Dabei handelt es sich nicht um eine schlesische Besonderheit. Die gleichzeitige Ehe mit zwei oder gar mehr Frauen war nicht selten.[205] Wir übergehen, daß es schon im Spätmittelalter das Heimkehrer-Schicksal gab, daß der totgesagte Mann unvermutet wiederkehrt,[206] und halten fest: Hier begegnet ein spezifisches Problem der aus der Mobilität lebenden Gesellschaft.[207]

Indem wir immer wieder über die Rechtsgeschichte die mittelalterliche Ehe zu beschreiben versuchten, geraten wir unversehens in die Gefahr der Einseitigkeit; denn es sind seßhafte Menschen und solche, die etwas zu vererben haben, die im Mittelpunkt des Rechtsdenkens stehen. Die mittelalterliche Welt ist aber auch eine Welt der Mobilität und Armut.[208] Mit dem Begriff „Fahrende" wurde im Mittelalter nur eine kleine Schicht der kunstfertigen Spielleute, der Gaukler und Seiltänzer bezeichnet. Als „Vaganten" wurden Menschen in das Zwielicht des sozialen Ansehens gerückt,[209] die repräsentativ sind für die Mobilität insbesondere armer Leute. Mobilität, „fahren", ist Chancensuche, welche Knechte und Gesellen auf die Landstraße trieb,[210] längst bevor im späten 16. Jahrhundert das Gesellenwandern zur Pflicht wurde. Nicht nur Männer, auch Frauen zwang die Not zur Chancensuche in die Fremde.[211] Bürgerbücher reden eine deutliche Sprache: „Ist enweg".[212] Weil wandernde Frauen so selbstverständlich sind, können sie als Kundschafterinnen eingesetzt werden.[213]

Ehe und Mobilität im Mittelalter, Trennungsdramen: Heini Hofman stiehlt seiner Frau Kühe und Schweine und treibt sie mit Hilfe seiner neuen Lebensgefährtin bei Nacht und Nebel in die Fremde.[214] Flucht aus dem Ehestand als Teil der Mobilität im Spätmittelalter.

Ist es vorstellbar, daß in der Welt armer, zur Mobilität gezwungener Leute die Ehe nach den gleichen Prinzipien gestaltet war wie in der Welt seßhafter Bürger oder Bauern? Die viel besser durch die Redseligkeit frühneuzeitlicher Akten dokumentierten Lebensformen der Armen im 18. Jahrhundert haben Claus Kappl von einer „Zeitfamilie" sprechen lassen, die sich für viele Menschen nur für jenen Zeitraum begründen ließ, in dem sie ihr Auskommen hatten.[215] Viele Indizien weisen darauf hin, daß wir diese Erscheinung auch für das Mittelalter annehmen können.

Die Verhältnisse in den Landsknechtsheeren sind insofern signifikant für die allgemeinen Zustände, weil den Landsknechten zwar alle möglichen Vorwürfe wegen ihres Lebenswandels gemacht wurden, von der Spielsucht bis zum Fluchen,[216] aber ein Vorwurf, allenfalls vereinzelt erhoben, nicht zur ‚Serienreife' gedieh: sexuelle Libertinage. Tatsächlich waren es nicht Huren, die im Troß den Heeren nachzogen, sondern mehrheitlich in festen Beziehungsverhältnissen lebende Gefährtinnen der Söldner.[217] Ob sie tatsächlich ihrem Partner angetraut oder ihm nur im wörtlichen Sinne „verlobt" waren, war unerheblich. Das konnte vor der Einführung der Kirchenbücher im späten 16. Jahrhundert sowieso niemand genauer überprüfen, und das war allgemein in der Welt der armen Leute, wo es um das Überleben und nicht um das Erben ging, von geringer Bedeutung. In den Heeren jedoch war mit einem Mal das Thema Erbe von großem Belang. Ein Landsknecht konnte Beute machen. Diese Hoffnung im Lebenslotto war das große Argument für die Werbung von Söldnern und von deren Werbung um ihre Partnerinnen. Nicht nur die Männer, sondern auch die Frauen nahmen unglaubliche Strapazen auf sich: Gebärende wurden – der Troß mußte weitermarschieren – auf die Wagen mit den Kanonenkugeln gelegt.[218]

Beutehoffnung, die das Elend des Daseins im Heer und im Troß zu ertragen half, Beute als eine der wenigen Gesellenchancen. Die Kriegsartikel sind aufschlußreich: Die Lebensgefährtin des erschlagenen Landsknechts ist erbberechtigt, selbst wenn sie nicht die Ehefrau ist.[219] Eine solche Bestimmung war, auch wenn sie ein Sonderrecht der Kriegsorganisation bildete, nur möglich in einer Welt der nachlässigen Akzeptanz von Lebensformen armer Leute.

Zum Bild müssen wir Zuflucht nehmen, um zu veranschaulichen, warum wir bei Andeutungen stehenbleiben müssen. Selbst bei viel besserer Quellenlage als der vorhandenen wäre es unmöglich, eine Vorstellung der Hoffnungen und Enttäuschungen, von Lebenskampf und Überlebenswillen zu gewinnen, wenn nicht Urs Graf, ein ehemaliger Landsknecht, eine Landsknechtsfrau gestaltet hätte, die zwischen zartfühlendem Gedenken und selbstbewußtem Überlebenswillen ihrem gehängten Partner einen letzten Blick zuwirft. Die hochschwangere Frau, die alles, was sie besitzt, bei sich trägt, kann sich den Gestus der trauernden Witwe, wie er in der seßhaften Gesellschaft vorgeschrieben war, nicht leisten. Gehängt ist ihr Mann, der ihr Beute und Erbe versprochen hat. Wer in ihrem Abschiedsblick Gleichgültigkeit vermutet, mißversteht Urs Graf: Eine arme Frau klagt nicht, sondern akzeptiert ihr Schicksal.

Ehen und Lebensgemeinschaften in der Welt der Armut; Mobilität als Hintergrund der Doppelheirat: Das führt zu tragischen Irrtümern, aber auch zum bedenkenlosen Ausnutzen sozialer Chancen. Für einen Ochsentreiber zum Beispiel, den gesuchten Fachmann, der die riesigen Rinderherden aus Ungarn bis nach Ulm oder Straßburg trieb, für den Haiducken also, war die Versuchung sicherlich groß, an entfernt auseinanderliegenden Orten Ehen zu schließen. Das hatte gar nichts mit sexueller Haltlosigkeit zu tun, sondern mit ökonomischen Zwängen; denn ein gemeinsamer Hausstand erleichterte die Existenz gerade der schlechtbezahlten Hilfsarbeiter. Die Bigamie scheint, so wie sie in der städtischen Überlieferung begegnet, ein spezifisches Knechts- bzw. Arbeiterdelikt gewesen zu sein. Erstaunlich bleibt es immerhin, daß selbst in dieser mobilen unteren Schicht die sozialen Kontrollen so weit griffen, daß – ungeachtet einer anzunehmenden hohen Dunkelziffer – relativ häufig solche Fälle in den Chroniken erwähnt werden. Diese Erwähnungen belegen das Außergewöhnliche. Das Übliche war, daß Gesellen selbst über weite Entfernungen hinweg ihre Frauen nachholten, wenn sie ökonomisch sichergestellt waren.[220] Aber die häufigen Erwähnungen der Bigamie belegen doch zumindest, wie nahe in der Ferne die Versuchungen lagen. Das Außergewöhnliche muß nicht gerade selten gewesen sein. Mit einer weiten Grauzone ist zu rechnen. Aus tiefster Ver-

Urs Graf, Lagerdirne und Erhängter, 1525.

letzung heraus hat 1466 eine Regensburgerin, als sie erfahren hatte, daß ihr Mann in anderen Städten ebenfalls Ehen eingegangen war, ihn dem Rat ausgeliefert, wohl wissend, daß er ertränkt („gesäckt") werden würde.[221]

Die eher beiläufigen Nachrichten in den Chroniken stellen sicherlich nur einen Bruchteil der tatsächlichen Bigamiefälle dar. Untersuchungen, die in England direkt an der wichtigsten Quelle, den Protokollen der geistlichen Gerichte, vorgenommen wurden, lassen erkennen, daß dieses Delikt fast schon zum prozessualen Alltag eines geistlichen Richters gehörte.[222] England war im Vergleich mit den deutschen Landen ein Königreich der kurzen Wege. Soziale Kontrollen funktionierten zwischen Newcastle und London eher als zwischen Konstanz und Lübeck.

Die Todesstrafe drohte dem Bigamisten.[223] Aber das galt nicht von Anfang an. Das Goslarer Stadtrecht von 1219 sah den Regelungsbedarf nur darin, die „dos" des Mannes allein der ersten Frau zuzusprechen.[224] Von einer Bestrafung ist nicht die Rede. Auch in Lübeck wurde der Mann, der zwei oder mehrere Frauen geheiratet hatte, seit 1294 nicht mehr wie zuvor nur mit Ehrverlust, sondern mit dem Tode bestraft.[225] In Nürnberg, wo 1351 ein Bigamist mit fünf Jahren Stadtverweisung noch gnädig davongekommen war,[226] wurden im 15. Jahrhundert Männer, die sich dieses Vergehens schuldig gemacht hatten, ertränkt,[227] ein Verfahren, das auch anderswo üblich war, etwa in Ulm.[228] Der Bigamist war spätestens seit dem 15. Jh. in den größeren Städten vom Tode bedroht. Doch eine milde Praxis früherer Zeiten, die im Goslarer Stadtrecht dokumentiert ist, muß sich vielerorts noch lange gehalten haben, wie aus einer Rechtsweisung des Magdeburger Schöppenstuhls von 1588 hervorgeht. Früher sei die Bigamie nur mit Staupenschlag geahndet worden. Aber aufgrund der Carolina, der kaiserlichen Halsgerichtsordnung von 1532 (c. 121), sei nunmehr auf Todesstrafe zu erkennen.[229]

Es ist im Grunde für den Mediävisten vorteilhaft, daß er nicht die geringsten Chancen hat, die Fälle von Bigamie statistisch mit denen ‚normaler' Ehen in Beziehung zu setzen. Eine solche Statistik würde nur täuschen; sie würde darüber hinwegtäuschen, daß auch im Mittelalter die ‚normale' Ehe nur in Projektionen aus verschiedenen Blickwinkeln existierte. Den Projektionen von Geistlichen, den Projektionen von Laien stehen nüchtern die ihrer Intention nach friedenssichernden Bestimmungen des ehelichen Güterrechts, aber auch die Wirren gegenüber, die durch Bigamiefälle herbeigeführt wurden. Güterrecht und Doppelehe aber weisen gleichermaßen auf das Thema des Überlebens, der Überlebensgemeinschaft hin, auf ökonomische Zwänge. Daß sich dennoch so viele Facetten eines Ehealltags zeigen, die wir nur in Auswahl aufleuchten lassen konnten, läßt – tröstlich – erkennen, daß ökonomische Zwänge allein ebensowenig normierend wirken können wie obrigkeitliche Vorgaben kirchlicher und seit der frühen Neuzeit auch weltlicher Autoritäten. Vorsichtig sei angedeutet, daß womöglich viel größere Freiheitsräume individueller Gestaltung vorhanden waren als im gängigen Mittelalter-Bild verzeichnet. Vorsichtig hatten wir dieses Thema bei der Behandlung des Ehegüterrechts anklingen lassen, ein Thema, das auch ein betont sparsam instrumentiertes Leitmotiv unseres nächsten Kapitels bildet.

12
Die Liebe als Thema des Umgangs der Menschen miteinander

Was ist Liebe? Ich weiß es und weiß es auch nicht. Die Sprachmächtigkeit, die Gott vor allen anderen Tieren den Menschen gegeben hat, reicht nicht aus, um – über die individuelle Befindlichkeit hinaus – einen Konsens darüber zu erzielen, was alle Lebewesen vereint. Auch die Wissenschaft hilft nicht viel weiter. Es war möglich, das Genom zu entschlüsseln, aber nicht die Voraussetzungen der Liebe. Deshalb muß unser Ansatz bescheiden sein: Wir nehmen Liebe als eines der drei Grundbedürfnisse des Menschen an, das sich aber von Essen und Trinken darin unterscheidet, daß es sich, von der Variante der Eigenliebe abgesehen, nur im Umgang mit dem Mitmenschen realisieren läßt. (Tugendhaft – so spottet schon Heinrich Heine – kann man auch alleine sein.) Ist aber die Liebe als ein Thema des Umgangs von Menschen miteinander historisierbar? Aufgrund der Forschungslage sehe ich mich gezwungen, dieser Frage nachzugehen.

Wurde die Liebe im 12. Jahrhundert entdeckt?

Jacques Le Goff urteilt über den Übergang vom 12. zum 13. Jahrhundert: „Ein Gefühl allerdings nimmt in dieser Zeit ausgesprochen moderne Züge an: die Liebe.“ Unter „modernen Zügen“ der Liebe versteht der französische Historiker, daß zwischen den Geschlechtern auch andere Bindungen möglich sind als nur Instinkt, Macht, Eigennutz und Anpassung an die bestehenden Verhältnisse.[1] Während Le Goff noch vorsichtig davon spricht, daß ein „Gefühl ... moderne Züge“ annehme – wir fragen nebenbei,

Liebespaar des Hausbuchmeisters *(Kaltnadelradierung um 1485).*

ob das überhaupt geht –, wird der ansonsten wegen seiner innovatorischen Forschungen von uns hochgeschätzte Peter Dinzelbacher ganz konkret: Die Liebe ist eine Entdeckung des 12. Jahrhunderts.[2] Das Neue, so meint er, liege in dem Bedürfnis, „die Frau nicht einfach nur zu besitzen, sondern von ihr geliebt zu werden".[3] Und dafür gebe es erst im 12. Jahrhundert Zeugnisse wie etwa die Dichtung der Troubadore. Das alles aber ist Unsinn auf hohem wissenschaftlichen Niveau. (Die Menschheit wäre längst ausgestorben, wenn erst im 12. Jahrhundert die Liebe „entdeckt" worden wäre; und weder junge Menschen noch die belesensten alternden Historiker werden, wenn sie verliebt sind, eine historische Begründung ihres Zustands im hohen Mittelalter finden wollen.) Die Behauptungen Le Goffs und Dinzelbachers binden das Entstehen eines Gefühls an die schriftliche Überlieferung – ein methodisch fragwürdiges Verfahren, das überdies eine Erfahrung außer acht läßt, die sich schon längst vor dem von ihnen angenommenen Zeitraum in Liebesbriefstellern des frühen 11. Jahrhunderts findet: Die Liebe selbst macht sprachlos und läßt nur den Umweg über die schriftliche Erklärung zu.[4] Wer aber hatte überhaupt die Möglichkeit, diesen Umweg zu gehen?

Der Argumentation, welche dem 12. Jahrhundert die Entdeckung der Liebe zuschreibt, müssen wir jedoch zugestehen, daß sie insofern durchaus mittelalterlich ist, als sie nur einer literarisch gebildeten Oberschicht die Erfahrung der Liebe zugesteht. Dieser Hochmut findet sich schon bei Andreas Capellanus und wird noch im 15. Jahrhundert ohne Beanstandung durch Johann Hartlieb übersetzt: „Von der pawern und agkerleüt und mynn: Wir sprechen, das das selten geschehen mag, das die pawern sich üben in der rechten lieb und mynn, sunder sy werden naturlich als de rosz und esel zu dem lust irs fleischlichen begerens geraitzt."[5]

Ist es denn keine Liebe, wovon längst vor dem 12. Jahrhundert die Runeninschriften sprechen? Männer wollen durch Runenzauber die Liebe eines Mädchens gewinnen. Von tiefen Gefühlen sprechen die knappen Inschriften, und sie überliefern auch, daß die Frau frei über die Werbung des Mannes entscheidet.[6] Und in dem allen soll keine Liebe mitschwingen? Zeugnisse für dieses Gefühl gibt es im Frühmittelalter zuhauf.[7] Spricht es nicht von Liebe, wenn Männer bei Überschwemmungen ihre Frauen zu retten versuchen und mit ihnen ertrinken?[8] Wen unsere Hinweise nicht überzeugen, und wer sich nicht der Lektüre von Werthers Leiden und des Herzeleids jenes Knechts erinnert, der nicht nur den Verlust der Chance einer vorteilhaften Heirat betrauert, wer also ein humanes und damit überzeitliches Gefühl partout historisch an dessen literarische Äußerungen binden will, den müssen wir bitten, unseren Ausführungen über die Friedelehe zu folgen oder, falls ihm dies verständlicherweise zu langweilig wird, am Schluß dieser Ausführungen den Fall des Tenil zu würdigen.

Die Erklärung, warum Karl der Große neben legitimen Ehen noch zahlreiche andere eheähnliche Verhältnisse eingegangen ist, hat den Historikern stets gewundene Formulierungen abverlangt. Karls Verhalten aber entsprach durchaus den Sitten seiner Welt. Eine Kebse, eine Beischläferin, hätte bei dem Biographen des Kaisers keine Erwähnung gefunden. Einhards scheinbar beiläufige Bemerkung hält aber nicht außereheliche, sondern eheähnliche Verhältnisse fest, und nur diese interessierten die Adelsgesellschaft. Auch der große Kaiser war Mensch; er wollte seiner Liebe Gestalt geben. Friedelehe. Eine Rechtsform außerhalb der von der Kirche gebilligten Lebensgemeinschaft. Das Suffix -ehe ist zweifellos erst eine Terminologie der Germanisten des 19. Jahrhunderts, beruht aber auf frühmittelalterlicher Quellensprache. Der Ausdruck „Friedel“ war in der gesamten germanischen Welt verbreitet, gehört sprachlich zu „Freund“ und „freien“. „Frijôn“ entspricht nach Ausweis der Glossen dem lateinischen „amare“.[9] Die Friedelehe beruht auf anderen Prinzipien als denen des Vertrags oder Kaufs und ist dennoch keine rechtlose, lediglich private Beziehung, ist kein Konkubinat, sondern durch das Recht geschützt. Die Schwierigkeiten der Historiker mit dieser minderprivilegierten Rechtsform lassen sich auflösen. Die Friedelehe gehört zur frühmittelalterlichen Adelsgesellschaft. In den schon um 800 personell überbesetzten „mansus" der einfachen Bauern[10] ist sie schlicht aus ökonomischen Zwängen nicht denkbar. Diese Adelsgesellschaft entzieht sich kirchlichen Geboten und akzeptiert die dauerhafte Liebesbeziehung, aber sie entzieht sich natürlich nicht ihren eigenen Interessen – Stichwort: Kaufehe. Deswegen der Widerspruch aus heutiger Sicht. Die vom Recht geschützte Friedelehe wurde gleichwohl als Minderehe angesehen.[11] Jedoch handelte es sich bei einer solchen Verbindung um eine „Minderehe", weil sie nicht gemäß den Interessen der Adelsgesellschaft die entscheidenden Rechtsfolgen der Kaufehe enthielt, die „dos" und die damit verbundene Erbenfolge.[12] „Bei der Friedelehe nun gibt es keine Verlobung durch den Muntwalt, es erfolgt keine Trauung durch diesen und so auch keine Sicherstellung der Frau durch eine Dos."[13] Aber: die Morgengabe, den Preis für die Jungfräulichkeit, kann auch die Friedel erhalten;[14] und sie hatte im Haus die Schlüsselgewalt, sie war ebenso „Hausfrau" wie die offiziell angetraute Gattin.[15] Zu erinnern ist in diesem Zusammenhang an die räumlich weite Streuung der frühmittelalterlichen Grundherrschaft. Daß der Adel zwar in laikalem Selbstbewußtsein Lebensgemeinschaften, die auf Zuneigung und Liebe gegründet waren, billigte, aber gleichwohl ihre erbrechtlichen Konsequenzen verhindern wollte, bildete für die Kirche den rechtlichen Hebel in ihrem Bemühen, die monogame Ehe durchzusetzen.[16]

Die Friedelehe war ein Männerrecht. Wegen des rechtlichen Schutzes konnte eine Friedel im Gegensatz zur Konkubine nicht verheiratet sein. Das galt für den Mann nicht. Jedoch war auch diese Lebensgemeinschaft auf den Konsens der Frau gegründet.

Assoziationen, daß unbedarfte junge Mädchen sich auf eine solche, sie materiell schlechter stellende Verbindung eingelassen hätten, sind verfehlt. Allzu häufig ist bezeugt, daß Witwen eine solche Verbindung eingegangen sind.[17]

Wie lange sich noch die Auffassung von der Wertigkeit der Friedelheirat hielt, läßt sich an der Stellung der aus diesen Ehen entsprossenen Kinder ablesen:[18] Daß Karl Martell einer solchen Verbindung entstammte, hat ihm zwar zunächst erbrechtliche Nachteile gegenüber seinen Stiefbrüdern eingebracht, die Legitimität seiner späteren Herrschaft aber mitnichten beeinträchtigt. Arnulf von Kärnten war Kind einer Friedelehe und konnte dennoch zum König erwählt und später zum Kaiser erhoben werden. Niemand kam 887 auf den Gedanken, diesen Karolinger so zu bezeichnen wie um 1066 Wilhelm den Eroberer, der bei den Zeitgenossen Guilelmus Bastardus hieß. Auf die Illegitimität der Geburt wird hier inzwischen angespielt, ohne daß bereits mit diesem Beinamen eine ehrenrührige Bedeutung verbunden gewesen wäre. „Ehrenrührig“: Ehre und Erbe hängen im Mittelalter eng zusammen. Die erbrechtliche Minderstellung ist die Grundlage für eine im Adel (und in der Adelskirche) schon seit dem hohen Mittelalter, beim gemeinen Mann aber erst im späten 14. Jahrhundert einsetzende Diskriminierung des unehelichen Kindes.[19]

Mit der zwischenmenschlichen Gestaltung der Ehe, so hatten wir betont, hatte die Kirche im Mittelalter wenig zu tun gehabt. Ihr Einfluß ist aber im Kampf um die monogame Ehe, in der Unterdrückung der Friedelehe zu erkennen.[20] (Der Kampf gegen außereheliche Beziehungen war natürlich aussichtslos.)[21] Nicht das Eherecht, sondern das Erbrecht war das eigentliche, das konfliktträchtige Thema. Es ging um die Kinder aus den in kirchlichem Verständnis außerehelichen Beziehungen. Und dabei sollte nicht übersehen werden: Der Geistliche, der auf der monogamen Ehe bestand, mußte gar nicht engherzig, sondern konnte besorgt um den gesellschaftlichen Frieden sein. Das verstand selbst der herrschaftsbewußte Adel und akzeptierte: Nur über rechtskonforme Ehen war die unumstrittene Erbfolge zu gewährleisten.

Der kirchliche Kampf um die Monogamie veränderte zwar nicht die Sitten der Adelsgesellschaft, wohl aber deren rechtliche Konsequenzen. Wilhelm der Eroberer ist der letzte prominente Fall, der die Gleichstellung des von der Kirche denunzierten „Außerehelichen" mit dem „Ehelichen" repräsentiert. An einer beiläufigen Bemerkung des um 1070 schreibenden Adam von Bremen ist zu erkennen, daß früher Selbstverständliches inzwischen befremdete, daß die Gleichstellung von „Kind und Kegel" (ehelichem und außerehelichem Kind) nicht mehr gegeben war.[22] So verwunderte es Adam, daß die beiden Kinder, die König Knut von Dänemark (†1035) von einer Nebenfrau hatte (die für den Chronisten nur eine „concubina" sein konnte), zu gleichen Teilen mit den ehelichen Kindern erbten. Das entspricht nach Adam „der Art der Heiden" („ut mos est barbaris").[23]

Auch späterhin haben uneheliche Kinder von Herrschern eine bedeutsame Rolle in derPolitik gespielt, man denke an den Sieger von Lepanto, Don Juan d'Austria; aber, und das ist entscheidend, sie hatten keinen erbrechtlichen Anteil an der Herrschaft wie in frühmittelalterlicher Zeit, sie wurden ihren ehelich geborenen Stiefbrüdern nicht gleichgestellt, ihr Rang in der Gesellschaft hing allein von dem Namen ihres Vaters ab, sie hatten keine Erbansprüche, sondern wurden abgefunden. Uneheliche Kinder Ludwigs XIV. wurden Herzöge, heirateten in die königliche Verwandtschaft ein, die Kinder des Herzogs Karl August von Sachsen-Weimar wurden unter die herzöglichen Förster gesteckt. Der englische Adel entwickelte als einziger innerhalb der europäischen Adelsgesellschaft eine humane Regel. Vermutlich hat John F. Kennedy nicht mehr gewußt, welche Tradition hinter dem Vornamen Fitzgerald stand: Die vom Vater anerkannten unehelichen

Kinder trugen seinen Vornamen mit dem vorangestellten „fils de", verkürzt zu „Fitz".

Zurück zur Liebe im frühen Mittelalter: 821 wird in einer Schenkungsurkunde für das Bistum Freising eine Frau Meripurc, eine Hörige der Freisinger Kirche genannt. Sie ist die „amica", die „Friedel" eines verwitweten freien Mannes namens Tenil (Daniel). Er konnte die Frau, die als „Eigentum" dem Bistum gehörte, nicht heiraten, ohne seinen Stand aufzugeben und selbst „Eigenmann" der Kirche zu werden. Aber er wollte seine „amica" sichern und schenkte der Freisinger Kirche Eigengüter unter der Bedingung, daß diese noch lebenslang von Meripurc genutzt werden und erst nach deren Tod in den Besitz der Kirche übergehen sollten. Zwei Jahre später, nachdem die Güterübertragung in einem feierlichen Gottesdienst im Freisinger Dom vollzogen worden war, erscheint Meripurc jedoch nicht mehr als „amica", sondern als „coniux", als Gemahlin des Tenil.[24] Dieser muß inzwischen ihretwegen in die „familia" der Eigenleute der Freisinger Kirche eingetreten sein.[25]

Wir halten fest: Die Liebe gehört zum Menschen. Sie ist eine überzeitliche Konstante seines Seelenlebens. Historisch ist sie nur in den äußeren und in den rechtlichen Bedingungen, die ihr von der Gesellschaft, aber auch von der Umwelt auferlegt werden. Die Ansicht, wonach die Liebe erst im 12. Jahrhundert entdeckt wurde, bestätigt scheinbar die populäre Auffassung von der ‚Minne', die geradezu als Ausdruck mittelalterlicher Liebe gilt. Aber diese ist an den Hof gebunden, bestenfalls allein für diesen aussagekräftig und sagt dann nur etwas über das Zusammenleben von Menschen an einem bestimmten sozialen Ort aus, der seine eigenen Gesetze hat. Ein Beispiel: Der „dienst", die Ergebenheit des Mannes gegenüber der geliebten Dame, ist ein zentrales Thema in der Minnelyrik. Die eigentliche Pointe liegt darin, daß es nicht unfreie Ministeriale sind, die durch „Eigenschaft" auch dann ihren edelfreien Herrn verpflichtet sind, wenn sie den Rittergürtel tragen; nein: Den „dienst“ geloben hochadelige, freie Herren, die sich um 1200 noch den Fürsten als standesgleich fühlen durften. Aus dem „dienst“ dieser Herren folgt logischerweise nicht die Belohnung, die einem Diener zustünde, sondern die Ehrung, die freiwilliger Leistung geschuldet wird.

Die Kunst der höfischen Liebe, die „ars honeste amandi“, immer wieder in artifiziellen Minnereden beschworen,[26] ist etwas anderes als Ovids Liebeskunst. Sie ist, Anleihen aus der Terminologie des Spiritualismus nicht verschmähend,[27] Teil der „hövescheit“, der „curialitas“, der Courteoisie. Die Minne verhält sich zur höfischen Sitte wie die Caritas zur geistlichen Lebensführung:[28] Überhöhung der alltäglichen Lebensformen. Wir teilen die Auffassung, daß man den Begriff „höfische Liebe“ streichen sollte,[29] zumindest sollte man ihn nicht als Abbild einer ansonsten verborgenen Realität ansehen. Letzteres ist inzwischen Konsens in der Wissenschaft.[30] Wir erinnern uns der Frage, welche die Diener des thüringischen Landgrafen an ihren Herren richteten, der unter der Enthaltsamkeit seiner Gattin, der hl. Elisabeth, litt: „Warum gehst du nicht zu den Mägden?“ Es wurde in der Tat gar kein Geheimnis daraus gemacht, daß es für einen Ritter selbstverständlich sein konnte, mit Bäuerinnen oder Mägden zu schlafen, wenn sich die Gelegenheit dazu ergab.[31]

Minnedichtung. All die Kunstfertigkeit, all die artistischen Spiele mit Amor und Caritas, mit Devotion und Minne sollen nicht – wie bereits im Jahre 1909 Wechssler erkannte – vergessen lassen: Das eigentliche Ziel, auch wenn es noch so sehr verhüllt wurde, blieb „halsen, triuten, bî gelegen“, [32] das, was man heute juristisch „beischlafen“, volkssprachlich blöderweise „bumsen“ und – ein seltener Fall – metaphorisch-poetisch „vögeln“ nennt. So stellt es zum Beispiel der Chronist der Grafen von Guines dar,[33] so schildert um 1300 ein Colmarer Dominikaner die Zustände, die hun-

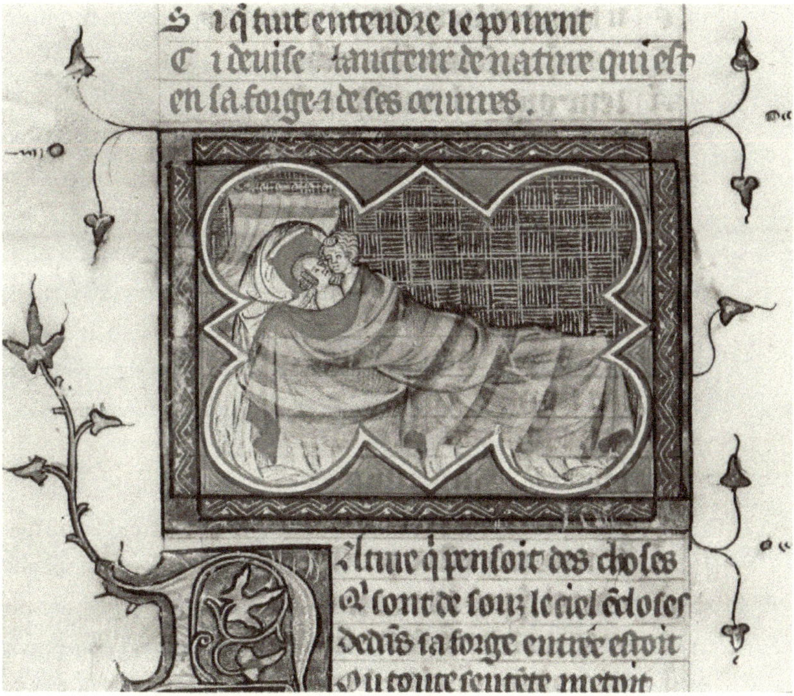

Liebespaar aus dem altfranzösischen Versroman „Roman de la Rose“ von Guillaume de Lorris und Jean de Meung *(Paris, 1352).*

dert Jahre zuvor, in der Zeit, in der die „höfische Liebe“ kultiviert wurde, geherrscht hatten: „Die Ritter verbrachten die meiste Zeit mit Jagen, Fischen, Turnieren, Kampfspielen und Liebesabenteuern, und fast alle hielten einfache Hurerei für eine sehr kleine Sünde.“[34]

Mag auch manch ein Kleriker die Liebe als Gefahr für die Seele denunziert haben, so waren doch die äußeren Umstände das größte Hindernis der Liebe. Die Überwachung der Liebenden durch die Mitwelt sei in ihrem Argwohn repräsentiert durch die sogenannte „eisenhuet“,[35] die strenge Beschließerin des höfischen Frauenzimmers. Intime Räume gab es nicht, abgelegene Orte waren selten so abgelegen, daß nicht die Wahrheit des Sprichwortes zu fürchten war: „Das feld hat augen, die winckel und wäld ohrn."[36] Der Wald ist noch nicht das Asyl der Liebenden, an seinen Säumen sind zu viele Menschen wegen des wertvollen Holzes unterwegs, und das dunkle Waldesinnere ist das Reich der wilden Tiere. Graf Froben Christoph von Zimmern berichtet voller Freude an schwankhaften Begebenheiten, wo Liebende ertappt wurden: im Keller hinter dem Weinfaß, in scheinbar leeren Räumen, an die Tür gepreßt usw.[37] Selbst die Kirche wählten liebende Menschen als Zufluchtsort.[38] (Das zog große Umstände und Komplikationen nach sich, wenn es herauskam: Eine Kirche mußte neu geweiht werden, wenn in ihr Blut oder Sperma geflossen war.)

Der Biograph des Ritters Wilwolt von Schaumberg erzählt ganz unbefangen von den Schwierigkeiten, die sein Held Ende des 15. Jahrhunderts hatte, um mit seiner Geliebten, einer hochgestellten Dame, alleine zu sein. Diese läßt, als endlich die Situation im „Frauenzimmer" ein Treffen erlaubt, über die Burgmauer ein Seil herab, an dessen Ende ein großer Wachskolben dazu dient, daß der Ritter das Seil mühelos findet. In den Grundbedingungen des Krieges kennt sich die Frau aus. Sie schlägt die Haken an der Mauerkrone so geschickt ein, daß ihr Geliebter gefahrlos am Seil heraufsteigen kann. Unglücklicherweise rutscht dieses aber, kaum daß Wilwolt im Inneren der Burg ist, herunter. Ein Abstieg in der gleichen Nacht ist nicht mehr möglich. Der Ritter muß sich jetzt drei Tage im Zimmer der Frau vor der Burggesellschaft verbergen. Ernährt wird er von dem, „was die tugendreiche Frau von ihrem Tisch" stiehlt. Das größte Problem ist dabei das Fehlen einer Toilette, „das kain heimblich gemach vorhanden". Es gewährt einen Einblick in die Mauertechnik spätmittelalterlicher Burgen, daß Wilwolt sich behilft, indem er einen Stein aus der Mauer löst.[39] Für den Biographen ist dieses ganze Abenteuer Ausdruck ritterlichen Sinnes, ist „erlich bulschaft".[40]

Ein Liebespaar hat Glück, hat – keineswegs eine Selbstverständlichkeit im Mittelalter – einen intimen Raum für sich. Der Riegel der Tür ist noch durch ein Messer gesichert *(Israel von Meckenem, Kupferstich, 15. Jh.).*

Liebe und Vertragsehe: Die evolutionäre Wirkung eines kirchenrechtlichen Grundsatzes

Mit der Sammlung aller ihm bekannt gewordenen kirchenrechtlichen Bestimmungen schuf um 1120 in Bologna der Kamaldulensermönch Gratian eines der wenigen Werke, die über alle regionalen Unterschiede hinweg auf die Einheit Europas zielten. Das „Decretum Gratiani", unabhängig vom Papsttum entstanden, war über die Universitäten sehr schnell in ganz Europa verbreitet. In diesem, von jedem gelehrten Juristen intensiv studierten Werk steht in lapidarer Formulierung ein Satz von evolutionärer Bedeutung: „consensus facit matrimonium": die Zustimmung beider Partner schafft die Ehe. Von einer Mitwirkung der Eltern, der Freunde, der Verwandten oder auch der Grundherren ist nicht die Rede. Eine kirchliche Zeremonie ist Gratian unbekannt. Ihm geht es beim Eheschluß indirekt auch um die Anwendung einer zentralen kirchlichen Position, wonach Verträge nur gültig seien, wenn sie ohne Furcht und Zwang geschlossen worden waren. Die Ehe, deren Vertragscharakter lediglich in dem Willen der beiden beteiligten Menschen besteht, miteinander leben zu wollen. Dieser Wille kann selbstverständlich auch durch die Liebe herbeigeführt werden.

Gratian gehört zu den unbekannten großen Europäern. Nichts ist von ihm im Gegensatz zu seinem Zeitgenossen Abälard bekannt, was zur spekulierenden Neugier über seine Biographie reizen könnte. Vor allem ist das Werk des wohl einflußreichsten Veränderers der sozialen Welt des Mittelalters alles andere als ein Werk, das die Neugier deutender Interpreten auf sich ziehen könnte. Es ist nicht dem Originalitätsprinzip verpflichtet, im Gegenteil: Der von seinem Ordensgelübde an Ein- und Unterordnung gewöhnte Kamaldulenser ordnet die zerstreut überlieferten Texte. Seine Leistung greift weit über eine archivierende Sammlung hinaus, ist sinnstiftende Ordnung einer wilden Überlieferung: Concordantia discordantium canonum, Vereinbarkeit (scheinbar) sich widersprechender kirchlicher Rechtssätze. Wer sich an das Dickicht der Überlieferung heranwagt, ist wohl nicht zufällig Zeitgenosse jener Menschen, die planmäßig die „terra inculta“ in Kulturlandschaft verwandelten. Er verläßt sich weder auf seine Intelligenz, noch auf seinen Fleißbei der Aufgabe, die auf den ersten Blick unlösbar erscheinen mußte, er verläßt sich auf die Gnade Gottes. Viel Zeit mußte dem gegeben werden, der sich an die Bewältigung einersolchen schon allein in ihrer Schreibarbeit gigantischen Aufgabe heranwagte. Die mittelalterlichen Gelehrten haben dem bescheidenen Kamaldulenser gedankt, haben den hunderte von Seiten umfassenden Folianten als Grundlagenwerk des juristischen Studiums immer wieder abgeschrieben und ihm den Titel gegeben, den der Verfasser niemals gewollt haben konnte: Decretum Gratiani.

Die Kirche hat diesen Mann, der durch dienende Arbeit zum großen Europäer wurde, natürlich nicht heiliggesprochen. Der große Europäer: So etwas hatte der Kamaldulenser natürlich nie werden wollen. Er wußte aber, daß er nicht nur der Kirche, sondern wie jeder wahre Mönch auch der Welt diente; war doch seine „concordantia“ in der Absicht gesammelt worden, Frieden zu stiften. Europa ist nicht etwa durch Karl den Großen, sondern durch diejenigen geschaffen worden, in deren Leistung die Menschen verschiedenster Herkunft das Gemeinsame erkannten, durch fahrende Spielleute also und durch Gelehrte, die über alle trennenden regionalen Gewohnheiten hinweg allgemein verbindliche Prinzipien festzulegen versuchten.

Die Geschichte des Satzes „consensus facit matrimonium“ rechtfertigt unseren Exkurs. Der Satz hatte lange hinter Klostermauern geschlummert.[41] Gratian gibt die Herkunft an: Isidor von Sevilla. Es störte Gratian nicht, daß dieser Satz kein Kirchenrecht wiedergab, als er ihn aus seinem philosophischen Kontext herauslöste und ins Recht überführte; der Satz galt ihm eben als wahr.

Und die Welt ist ihm gefolgt. Sehr früh wird dieser Satz schon in englischen Synoden des 12. Jahrhunderts rezipiert.[42] Die Rezeption wurde getragen durch eine neue soziale Gruppe, durch Studenten, genauer: durch studierte Weltkleriker, die das, was in Bologna gelehrt wurde, in ihre Heimat brachten. Und auch der Rezipienten sei gedacht; denn einfach war es nicht, den Gratianschen Satz 2.27.2pr. (=pars secunda causa XXVII quaestio II, in moderner Editon: Friedberg Bd. 1, Sp. 1062) wiederzufinden.

Was bedeutet „consensus"? Weder Gratian noch die sein Werk kommentierenden sogenannten Dekretisten erwähnten die gemütsbestimmte Liebe zwischen den Gatten; nicht „amor" oder „dilectio", sondern der juristisch faßbare „consensus" bildet den Zentralbegriff. Darunter ließen sich alle Erscheinungen gegenseitiger Zustimmung subsumieren,[43] auch jene Übereinstimmung aus durchaus eigennützigen Berechnungen: Ein alter Mann heiratet ein junges Mädchen, um Hilfe in seiner Gebrechlichkeit zu finden;[44] das Mädchen stimmt der Ehe zu, weil es auf das Erbe spekuliert. In den Augen von Kanonisten haftet solch einem gegenseitigen Vertrag nichts Verwerfliches an. Denn aus dem Konsensbegriff leiteten sie auch die Verpflichtung zu konkreter gegenseitiger Hilfe im Leben der Eheleute ab.[45] Die Liebe wurde von den Dekretisten stets als eine Möglichkeit, den gemeinsamen Konsens herbeizuführen, akzeptiert;[46] aber sie folgten nicht ihrem um 1160 schreibenden Kollegen, der, „consensus" als „affectio" interpretierend, in erster Linie die Liebe als ehestiftend ansah.[47]

Um die Bedeutung des Gratianschen Satzes abzuschätzen, sei erneut auf das größere Thema verwiesen, das sich hinter unserer Darstellung verbirgt, auf die Geschichte der Willkürbegrenzung; und es sei auch aus anderer Perspektive wiederholt, was wir bereits bei der Geschichte des Waldes notierten: Der Begriff „Mittelalter" täuscht eine Epocheneinheitlichkeit vor, die gar nicht bestanden hat. Denn unabhängig davon, daß Gratians Satz sich erst allmählich in der Welt durchsetzte, markierte er doch eine Abkehr von frühmittelalterlichen Rechtsprinzipien, die in modifizierter Form noch lange weiterlebten. Wir begnügen uns mit der Schilderung einer unglücklich endenden Liebesheirat, um die evolutionäre Kraft abzuschätzen, die Gratians Satz innelag.

Die traurige Liebesgeschichte der Horcolholda und des Vulmar (†710). Der vornehme Jüngling hatte Horcolholda geheiratet, obwohl sie von ihren Eltern bereits einem anderen versprochen worden war, offenbar einem nahen Verwandten Vulmars, denn er heißt Vilmar (und der Bruder Vulmars trug den Namen Valmar). Der König befahl, daß Vulmars Ehe aufgelöst werden müsse.[48] Vulmar wurde Mönch und später sogar ein Heiliger. Die ebenso unglückliche Horcolholda hatte keine Kompensationsmöglichkeit. Sie mußte sich in die ihr aufgezwungene Ehe fügen. Kein Einzelschicksal. Der fränkische König hatte dem damaligen Recht gemäß entschieden; denn schon in den Volksrechten steht der Treuebruch der versprochenen Braut unter den gleichen Strafen wie der Ehebruch.[49] Sühnezahlung droht dem, der – wie das baierische Recht formuliert – aus Liebe („propter amorem") die einem anderen verlobte Frau heiratet.[50]

Vulmar und Horcolholda hätte die Berufung auf Isidor von Sevilla, selbst wenn sie diesen Autor gekannt hätten, nicht geholfen. Erst mit der Rezeption des Decretum Gratiani konnten Liebende Hoffnung schöpfen. Gratian half den Menschen und brachte seine Kirche in Schwierigkeiten. Was sollte der Pfarrer im Dorfe sagen, wenn der Grundherr darauf bestand, daß seine Leibeigenen nur unter sich heiraten dürfen, was sollte der Papst sagen, wenn bei den politisch motivierten Eheschließungen im Hochadel ein Partner sich weigerte? In letzterem Fall zeigt die günstigere Quellenlage, daß das Papsttum unbeirrt von politischen Konflikten am gratianischen Grundsatz festgehalten hat, daß es zwischen 1193 und 1201 im Fall der unglücklichen dänischen Prinzessin Ingeborg auch harte Konflikte mit dem französischen König in Kauf nahm. Viel schwerer ist es, die Wirkung des gratianischen Satzes im Alltag festzustellen.[51] Seit dem 13. Jahrhundert mehren sich allerdings die Nachrichten, die auf eine Irritation zurückweisen, die der gratianische Konsensgedanke ausgelöst hatte. Allenthalben sehen wir, daß das Königs- und Fürstenrecht, vermögende Witwen oder Erbinnen nach eigenem Gutdünken zu verheiraten, in Frage gestellt wurde.[52] Als zum Beispiel 1294 Herzog Rudolf den Münchnern den Verzicht auf sein Herrenrecht verbrieft, wird die direkte Übernahme von Gratians prägnanter Formel selbst im deutschen Text sichtbar: „wir solen ouch nieman hie zu Monichen, weder wib noch man, ze elichen Hyrat dwingen, ez si dann ir beider wille, die wir zesampne geben wellen."[53] Mit solchen Privilegien, die Entsprechungen in ganz Europa haben (wofür nur der Hinweis auf die englische Magna Charta von 1215 cap. VII genügen möge), wird eine Herrschaftspraxis entscheidend gemildert, die Kurfürst Albrecht Achilles mit den Worten empfahl: „lont euren dienern und knechten mit reichen weibern und nicht mit angefellen."[54] Nicht mit Lehengütern und Einkünften („angefellen") soll der Fürst treuen Dienst belohnen, sondern durch das Stiften vorteilhafter „Partien". Auch wenn das oft genug gelungen war, so galt doch nach der Rezeption des Gratianschen Rechts: Zwang konnte ein Herrscher dabei nicht mehr ausüben.

Sosehr es den Stadträten gefallen haben dürfte, wenn Fürsten auf den Heiratszwang verzichten mußten, so sehr mußte es ihnen mißfallen, wenn der gleiche kirchenrechtliche Grundsatz auch in ihren eigenen Lebensordnungen Gültigkeit beanspruchte. Schließlich griff Gratian indirekt, aber wirksam, das gesellschaftliche Grundprinzip der Heiratskreise an. Eine städtische Oberschicht war dadurch entstanden, daß die wirtschaftlich führenden und einflußreichen Familien untereinander heirateten. Es lag im Interesse dieser Führungsschicht, daß dieses Heiratsverhalten beibehalten wurde; aber lag es auch im Interesse von Patriziertöchtern und -söhnen? Das Kirchenrecht schützte die Liebe von Romeo und Julia. Eine direkte Konfrontation mit dem Kirchenrecht konnten die Stadträte nicht wagen. Das Ausmaß ihrer Irritation wird in Drohgebärden sichtbar. Mit Strafen wird bedroht, wer eine junge Frau gegen den Willen ihrer Eltern und Freunde heiratet, mit Strafen, die nicht nur die übliche Stadtverweisung vorsehen, sondern bisweilen auch die ansonsten in der Rechtspraxis unbekannte lebenslange Kerkerhaft.[55] Von West bis Ost, von Nord bis Süd sind solche städtischen Sanktionen überliefert.[56] Alsbald erkennen die Stadträte, daß solche Drohungen nichts nutzen. Sie versuchen es auf andere Weise, legitimieren den Zorn des übergangenen Vaters und drohen denjenigen, die sich gegen den elterlichen Willen verheiraten, die Enterbung an.[57] Die Gültigkeit der Ehe, die gegen den Elternwillen geschlossen wurde, konnten die Stadtväter nicht in Frage stellen; sie versuchten es – vorbeugend – mit abschreckenden Maßnahmen, damit sich die Kinder den gesellschaftlichen Zwängen beugten.

Wir verfolgen das Problem an der Verhaltensweise des Nürnberger Rats. Junge Männer, die sich allein auf ihren Charme verlassen, um eine glückliche Heirat zu schließen, leben gefährlich in der Reichsstadt. 1327 wird „Cunrad der paderin sun“ zu zehn Jahren Turmhaft verurteilt, weil der die Tochter des Hermann von dem Steine geheiratet hatte „ane ires vaters rat und ane ir muter fruende rat“. Damit sei Hermann von dem Steine schwer beleidigt und in seiner Ehre getroffen („gelaidigt und geunehrt“) worden.[58] Wir können uns nicht vorstellen, daß der aus der Unterschicht stammende Sohn einer Baderin tatsächlich zehn Jahre Turmhaft abgesessen hat, aber das Prinzip, das der Rat verfolgt und in mehreren Erlassen einschärft,[59] ist klar: „niemand soll dem andern sein kind entführen zu ehlichen Dingen“;[60] es soll unterbunden werden, daß Töchter ohne Einwilligung der Eltern „gefarlicher weyse abgeheyrat und zu elichen sachen entpfürdt" werden.[61] Schon der Versuch ist offenbar strafbar. 1410 wird ein Mann für fünf Jahre der Stadt verwiesen, weil er „Herdegen Schoppers Tochter ohn ihrer Freund Rat gefährlich nachgestellet", und Hans von Lochheim muß 14 Tage im Stadtturm sitzen und ein Jahr lang die Stadt verlassen, weil er ohne Einwilligung des Vaters die Tochter des Steffan Lecküchner in ihrem Haus aufgesucht hatte.[62]

Die hausväterliche Sorge, die hinter den städtischen Statuten stand, war die Flucht der Tochter und schlimmer noch: das Eingehen einer „heimlichen Ehe" unter Ausschluß der Öffentlichkeit.[63] Solche Heiratsformen widersprachen zwar den dauernd wiederholten kirchlichen Geboten, welche – wie der Pfarrer in Wittenwilers „Ring" – die Öffentlichkeit des Eheschlusses forderten,[64] aber sie stellten das Gratiansche Prinzip, wonach kirchenrechtlich auch die heimliche Ehe gültig sei,[65] nicht in Frage. Bischof Berthold von Chiemsee (1465–1543) faßte den Gegensatz von kirchlichem Gebot und Kirchenrecht zusammen: „ain winckel ee ... ist dennoch kreftig, wiewol ... dadurch ain todsünd beschehen ist."[66]

Wie im 14. stellen auch im 15. Jahrhundert die Ratsgebote die Heirat ohne elterliche Einwilligung unter schwere Strafe.[67] In Nürnberg versucht man es mit allem, mit der Drohung der Enterbung[68] und 1453 sogar mit der Todesstrafe.[69] Die Vermittler, die „Händler heimlicher Ehe", werden wie falsche Zeugen bedroht.[70] Es half alles nichts. Im Jahre 1514 muß indirekt der Rat das Scheitern seiner Gesetzgebung einsehen, indem er statt Strafe nur noch Sanktion androht: Bei „heimlicher Ehe" durfte man ein Jahr nicht zusammenleben und die Kleidung der Eheleute tragen.[71]

Wie in der Stadt sind auch in den Dörfern die Hausväter besorgt. Sie akzeptieren jedoch offen in den Weistümern, was die städtischen Statuten verschweigen. Die Ehen, die gegen den elterlichen Willen geschlossen werden, sind gleichwohl gültig.[72] Trotzdem drohen wie in der Stadt auch die Gemeinderechte im Dorf den unbotmäßigen Kindern mit der Enterbung.[73] Im Bauernkrieg offenbaren die Meraner Artikel der Tiroler Aufständischen die Ablehnung der „haimlichen Winkelheirat“ ohne Wissen von Eltern und Freunden.[74] Die Zwänge grundherrschaftlicher Bindungen sollten abgeschafft werden, aber eine Freiheit, die auch die hausväterlichen Kompetenzen in Frage stellte, war nicht erwünscht.

Und auch darin unterscheiden sich Stadt und Land nicht. Die Bauern, die für ihre Hausherrschaft die Folgen des Gratianschen Satzes ablehnen, akzeptieren doch dessen Folgen, sofern es um die Ablehnung des Herrenrechts am Menschen geht. Anders als in den Städten hatte es auf dem Lande das Gratiansche Konsensprinzip viel schwerer, sich gegen das Recht der Grundherren durchzusetzen, bei der Eheschließung ihrer Hörigen mitzureden. Neben dem Besthaupt, der Abgabe des besten Tieres im Stall im Falle des Todes eines Hörigen, war das Verbot der „ungenossamen Ehe“ die drückendste Folge der ansonsten in ihren rechtlichen Konsequenzen im Spätmittelalter abgeschwächten sogenannten Leibeigenschaft,[75] wie sie sich vor allem im deutschen Südwesten noch gehalten hatte.[76] „Ungenossame Ehe“: Den Grundherren ging es darum, die Heirat von Hörigen mit einer Leibeigenen aus einer anderen Grundherrschaft zu verhindern. Den Abt des Klosters St. Georgen scherte das Kirchenrecht einen Dreck, als sich 1311 ein solcher Fall in seiner Herrschaft ereignete. Sein Eigenmann, der eine Hörige des Klosters St. Blasien geheiratet hatte, wurde zur Strafe wie ein Ochse vor den Pflug gespannt.[77] Das ist die grundherrschaftliche Anspruchshaltung, aufgrund deren der Propst von Weitenau versuchte, eine vollends weltfremde Bestimmung durchzusetzen. Jeder seiner 18–20jährigen „Gotteshausleute“ sollte ein Weib aus der Weitenauer Grundherrschaft nehmen; ebenso sollten sich alle jungen Frauen, sofern sie das 14. Lebensjahr erreicht haben, verehelichen. Der Ausweg, Nonne oder Begine zu werden, wäre von der Genehmigung des

Propstes abhängig, der auch Witwen und Witwern die Wiederheirat befehlen könne.[78] In der geistig und kulturell so produktiven Welt des spätmittelalterlichen deutschen Südwestens konnte es noch 1439 in Waldenburg gewagt werden, einen Menschen wegen „ungenossamer Ehe“ hinzurichten.[79]

Bäuerliche Beschwerden im Bauernkrieg belegen, wie lange es im deutschen Südwesten den Grundherren gelungen war, die Konsequenzen des Kirchenrechts von ihren Herrschaften fernzuhalten. Das war nicht nur adeliger, sondern auch städtischer Eigennutz. Die dem Rat untertänigen Bauern im Augsburger Umland mußten noch 1525 fordern, sie wollten „heurathen, wa sie wellendt“.[80]

Schon im November 1524 hatten Schwarzwälder Bauern den Verzicht auf Strafen bei „ungenossamer Ehe“ gefordert,[81] und das kehrt auf dem Höhepunkt des Aufstandes bei den Stühlingern, den Leibeigenen in der Grafschaft Hauenstein und bei den Klettgauern wieder.[82] Weder bei Luther noch – was wegen der Vertrautheit mit den regionalen Verhältnissen schwerer wiegt – bei dem Bürgersohn aus Bretten, bei Philipp Melanchthon, fanden die Bauern Gehör. Beide Reformatoren enttäuschten sie: Die Leibeigenschaft sei Gottes Wille.[83] Nach furchtbaren Strafgerichten beschlich 1526 die Herren ein Anflug von Einsicht. Ein Ratschlag des Speyrer Reichstages 1526 stellte es – zumindest das Prinzip anzweifelnd – in das Belieben der Herren, „wie es mit der Heirat der Leibeigen gehalten werden solle“.[84]

Kehren wir vom Land zur Stadt deswegen zurück, weil die Stadt für die Gesetzgebung der frühen Neuzeit in so vielen Bereichen innovativ wurde. Aber ein solches Urteil hat ausgerechnet im Bereich des Eherechts keine Gültigkeit. Es liegt auch in der spätmittelalterlichen Urbanität begründet, daß dem durch Gratian eingeleiteten Fortschritt im Spätmittelalter keine frühneuzeitliche Fortsetzung folgte oder daß – um es zuzuspitzen – Toni Buddenbrook aufgrund väterlichen Willens den ungeliebten Bendix Grünlich heiraten mußte.

Wir können jetzt erkennen, daß die kirchliche, die öffentliche Eheschließung nicht allein von der Kirche, sondern auch von besorgten Vätern angestrebt wurde. Es ist die weltliche Gesetzgebung, welche die reine Konsensehe als „heimliche Ehe“, als – wie es in der Reformationszeit heißt – „Winkelehe“ denunziert. Und die Reformatoren – fast jeder von ihnen hat ein Trau- und Ehebüchlein verfaßt – sollten dann diese Winkelehe verbieten.

Die Stadtväter mochten drohen und drohen, die kirchlichen Gerichte blieben vor der Reformationszeit konsequent, blieben bei dem Gratianschen Grundsatz und betrachteten die „heimliche Ehe“ als gültig.[85] Das brachte ziemliche Schwierigkeiten mit sich; denn schon das Eheversprechen, das sich zwei Menschen gegeben hatten, galt als legitim. Romeo und Julia waren nach kirchlicher Lehre unzweifelhaft verheiratet. Wir sehen uns die von Rudolf Weigand erschlossene Praxis des Augsburger Offizialatsgerichtes, des „Chorgerichtes“, im Jahre 1350 an und sind zunächst erstaunt über die hohe Zahl von Klagen auf Einlösung des Eheversprechens. Es sind genau 100 Klagen, wovon 76 von Frauen eingereicht wurden.[86] Daß davon nur 15 positiv im Sinne der Frauen entschieden werden können,[87] liegt an der schwierigen Beweislage. Die Männer waren bereits so vorsichtig wie Mitte des 15. Jahrhunderts Burkard Zink. Er lebte zwar jahrelang mit einem – wie er es rückblickend nannte – „törichten Fräulein“ zusammen und hatte mit ihr zwei Kinder, aber er hütete sich, ihr ein Eheversprechen zu geben. Die Klage des enttäuschten Mädchens vor dem Chorgericht blieb erfolglos.[88]

Die kirchliche Ehegerichtsbarkeit war, so zeigen die Augsburger Zahlen, vor allem eine Hoffnung der Frauen. Sie handeln selbständig, während die städtischen Gebote die Töchter immer noch unter die Verantwortung ihrer Väter gestellt wissen wollen.

Und auch das wird vor dem Augsburger Ehegericht deutlich: Immer noch nicht hat sich die Heirat ganz aus dem Herrenrecht am Menschen befreien können, denn 1350 müssen noch drei Klagen wegen erzwungener Eheschließung behandelt werden. Davon wird eine Klage, die einer Frau, als begründet angesehen und die Scheidung ausgesprochen. Die anderen beiden Klagen, die von Männern, werden abgewiesen.[89]

Es ist gewiß mit Claudia Opitz zu erwägen, ob nicht in der Regel der direkte Elternwille wirksamer für den Eheschluß war als die Hoffnung auf Hilfe durch das Kirchenrecht.[90] Aber die von Opitz selbst beigebrachten Zeugnisse aus hagiographischen Quellen belegen, wie häufig in adeligen und bürgerlichen Kreisen Töchter gegen den Elternwillen, gegen erzwungene Heiraten aufbegehren.[91] Die Heiratsabreden der Väter für noch unmündige Kinder standen auf schwankendem Grund.

Es war realitätsnah gewesen, wenn die kirchliche Rechtsprechung im Sinne Gratians auf den weiten Bereich des „Konsenses" und nicht auf den engeren Bereich der „Liebe" als einem, aber eben nur einem konsensstiftenden Prinzip zurückgriff. „Consensus" umfaßt juristisch handhabbar den weiten Bereich zwischen Vernunft und Emotionalität. Für den Historiker ist diese Auffassung insofern bedauerlich, weil allein die Judikatur Quellen bereitstellt, die – wie erstmals in Deutschland Rudolf Weigand und in England Michael M. Sheehan erkannten – halbwegs quantifizierbare Hinweise auf Ehekonflikte enthalten. Nur – eine typische Begrenzung bei der Auswertung serieller Quellen bereits in ihrer rudimentären Phase – das Entscheidende menschlichen Zusammenlebens bleibt, weil nicht justiziabel oder (in späteren Quellenserien) inventarisierbar, außen vor. Angewiesen also auf verstreute Nachrichten glauben wir dennoch nicht, daß die Liebe gröber, roher oder „echter" als heutzutage gewesen wäre. Sie war aber deswegen trotzdem nicht „gutbürgerlich".

Mittelalterliche Erscheinungsformen eines überzeitlichen Renommierzwangs oder: Der Beischlaf als Mannesstolz und die Akzeptanz der Sexualität

Überzeitlich ist die Gefahr, daß sich in die individuellen Gefühle zeitgebundene, bis zur Obsession reichende, aber konsensgebundene Vorstellungen mischen. An einer der spezifisch mittelalterlichen Erfahrungen in dieser Hinsicht erinnern die „wilden Männer" und die „wilden Frauen". Das Bewußtsein vom Verlust der Wildnis, so hatten wir festgestellt, steht hinter diesem Motiv, das in der Dichtung von dem höfischen Roman des hohen Mittelalters bis Cervantes, das in der bildenden Kunst bis Dürer und Breughel immer wieder verwendet wird. Dichtung und Bilder verdeutlichen und konkretisieren, warum Wald und Wild in vielen europäischen Sprachen zusammengehören, warum sich hinter trockener Etymologie ein ganzes Geflecht von biologischen, mentalitäts- und sozialwissenschaftlichen Fragestellungen verbirgt.[92] Als Erfahrung aus der ‚Kultivierung' des Waldes hatten wir die Faszination des wilden Mannes zurückgeführt. Aber was im Spätmittelalter auf Ofenkacheln, Trinkgefäßen, Kerzenhaltern und Tapeten im Inneren der Häuser, was in Gemälden abgebildet war, was Hausnamen „Zum wilden Mann" hervorbrachte, all das hatte weitere Konnotationen; denn nicht nur in sprachlichen, sondern auch in bildlichen Zeugnissen sind Mentalitäten bewahrt. Welche Assoziationen das Motiv bei einem Betrachter auslöste, können wir nicht mehr rekonstruieren; und auch der Behelf, die Intention des Künstlers zu ermitteln und flugs zur generalisierbaren Aussage zu verallgemeinern, verfängt bei einem gängigen Motiv nicht. Schließlich wollte der Auftraggeber einen wilden Mann an seinem Haus gemalt oder geschnitzt wissen.

Was wollte der Auftraggeber? Wir wissen es nicht, aber ungefähr können wir die Fruchtbarkeit des mentalitätsgeschichtlichen

Feldes abschätzen, in dem dieses Motiv gedieh. Keinem Hausherrn, der den wilden Mann und die wilde Frau an der Fassade seines Eigentums anbringen ließ, keiner Hausfrau, die sich Ofenkacheln mit wilden Männern geziert wünschte, konnte entgangen sein: Erotisch war dieses Motiv grundiert.[93] Wildnis versprach mit der Unkultiviertheit zugleich Ungebundenheit; Wildnis war zwar, wie wir gesehen haben, die Bewährungslandschaft des Adels (und der Eremiten), aber sie war zugleich auch die Landschaft der Versuchung.

Der Ritter muß, wenn er mit dem wilden Mann kämpfte, gewinnen. Das erzählen die Bildmotive auf den kostbaren, oft aus Ebenholz geschnitzten Minnekästchen bis in das 14. Jahrhundert hinein.[94] Aber dann verliert dieses Motiv seine Eindeutigkeit. Befreit wird die Erzählfreude. Und sie kennt zwei neue Elemente, in denen gestaltet wird, was auf älteren Anschauungen beruhen kann. (Hinter der beweisbaren Wirklichkeit gibt es eine anthropologisch zu vermutende, die mich zur Auffassung führt: Die im Folgenden referierten Gedanken sind in den Möglichkeiten angelegt, die zu allen Zeiten und in allen Kulturen menschliche Reflexion über das „Außer-sich-Bringen" der Liebe enthält.) Seit der Mitte des 14. Jahrhunderts wird das eindeutige Herausforderung-und-Sieg-Handlungsschema aufgelöst. Weder Ritter noch wilder Mann siegen, sondern die Frau, die das Geschöpf des „Unlands" mit ihrem Liebreiz, mit ihrer Kultur überwindet.[95] Und: Der wilde Mann, der sich zunächst mit rohem, unzivilisiertem Lustbedürfnis der Frau nähert, verliert als Liebender seine Art. Der Liebesakt kultiviert ihn.[96]

Hermann der Lahme, der bedeutendste Gelehrte des 11. Jahrhunderts, weiß, daß die Adeligen bei ihren ausgedehnten Gelagen mit ihren Liebesabenteuern anzugeben pflegten.[97] Über den Wandel der Zeiten hinweg galt beim Adel (und wohl nicht nur hier): Erfolge bei Frauen sind Ruhm des Mannes. So hebt Ende des 15. Jahrhunderts der Autor der Lebensbeschreibung Wilwolts

Ausgesprochen vielfältig sind mittelalterliche Darstellungen zu Liebe und Sexualität. Hier ein Liebespaar im Garten, das Monatsbild April aus dem Golfbuch des Gerhard Hoornbach *(flämische Buchmalerei um 1520)*.

von Schaumberg hervor, wie ehrenhaft sich sein Held in „Kriegs leüften, in rennen, stechen, turnirn und uf der bulschaft gehalten" habe.[98]

In Übernahme dieser adeligen Renommiersucht rühmt der Chronist der Grafen von Guines die sexuelle Leistungsfähigkeit der männlichen Angehörigen dieses Hauses. Ihre Erfolge bei Frauen werden gepriesen – David, Salomon und auch Jupiter müssen dabei als Vorbilder herhalten –, und die Bastardsöhne werden stolz aufgezählt.[99] Bisweilen reicht dafür eine summarische Bemerkung wie die zum Begräbnis Graf Balduins II. von Guines, der 33 Söhne und Töchter hinterließ, „die er von seiner Frau oder sonstwoher hatte".[100] Renommiersucht war nicht nur in der Adelsgesellschaft heimisch. Als Student hatte Hermann Weinsberg, durch die Angeberei seiner Kommilitonen mit ihren „bolschaften" verführt, seine „jonferschaft ... verloren" – was er genauestens datiert: 30.12.1537.[101]

Das Protzen mit sexueller Leistungsfähigkeit ist eine überzeitliche Erscheinung. Ebenso wie Catull die kleine Ipsitilla auffordert, „laß es uns machen neunmal ohne Pause", wirbt in einem Schwank des 15. Jahrhunderts ein Student mit dem Argument um eine Frau: „ich wolts euch zu acht malen tun."[102] Dahinter verbergen sich Obsessionen, die nicht immer so leicht zu erkennen sind wie bei Catull, der mit seiner Angeberei nur die in verzweifelter Liebe verehrte Lesbia provozieren will.

Hinter der Renommiersucht stehen zwei Sachverhalte; der erste, den wir kurz abhandeln können, beinhaltet die wie bei jedem Angeben verborgene Angst, und der zweite – ernster zu nehmen – den einer allen kirchlichen Geboten zum Trotz gesellschaftlichen Akzeptanz der Sexualität. Zum ersten Sachverhalt: Der Mann will kein „dauxes" sein, ein (unerklärbares) Spottwort für den im Bett leistungsschwachen Mann[103]. Voller Zorn referiert der Chorherr Felix Hemmerlin, was in Dörfern des 15. Jahrhunderts in dieser Hinsicht geredet wird. Einem beliebten Thema der innerdörflichen Kommunikation hatte sich geschickt ein Bauer entzogen, der scherzend dem Spott seiner Nachbarn zuvorgekommen war: Ihm ginge es im Alter so wie jenem altgewordenen Mönch. Als dieser im Bade von zwei nackten Mädchen nicht mehr erregt werden konnte, rief er aus: „recesserunt temptationes, convertamur ad dominum.“[104] Die Versuchungen sind vergangen, jetzt kann ich zum Herrn zurückkehren.

Wieweit basiert die Angeberei mit sexueller Leistungsfähigkeit auf einer gesellschaftlichen Akzeptanz der Sexualität? Dazu werden meist nur Äußerungen kirchlicher Autoren zitiert: Gemeinhin ist der Beischlaf selbst unter Eheleuten allein dann als sündenrein zu billigen, wenn er in dem Willen ausgeübt wird, Nachkommen zu zeugen.[105] Leibfeindlichkeit der Kirche, rigide Moral? Theologen und Kanonisten halten den Liebesvollzug ohne Kinderwunsch bei Eheleuten zumeist nur für eine „läßliche Sünde“; den Autoren, die hier ein schweres Vergehen unterstellen, sind andere zu konfrontieren, die hier nur verzeihliches Vergehen, wie es den Menschen eigentümlich sei, erblicken können.[106] Die Weisheit eines Abaelard hat sich allerdings nicht durchsetzen können: Die Liebe selbst sei keine Sünde, denn „Gott gebietet uns, nicht Feinde der Natur, sondern des Lasters zu sein“.[107] Immerhin: Nachdem selbst manche Dekretisten den ehelichen Verkehr als sündenfrei erklärt hatten,[108] war in den ersten Jahrzehnten des 13. Jahrhunderts der frühere Rigorismus durch die Kanonistik überwunden worden. Jetzt konnte die extreme Leibfeindlichkeit der Katharer von der Kirche angeprangert werden.[109]

Schon frühmittelalterliche Zeugnisse belegen: Viele Laien dachten gar nicht daran, sich von Priestern in ihren Ehealltag hineinreden zu lassen. Sie begründeten das mit dem Argument, wonach die Geschlechtsteile von Gott erschaffen worden seien oder – sehr geschickt – daß es geradezu ein Vergehen sei, sich an kirchlichen Festtagen zu enthalten und damit die Pflicht Kinder zu zeugen zu umgehen.[110] Täuscht uns die Überlieferung? Die Sexualmoral der Laien ist zwar ein großes Thema in den Bußbüchern, spielt aber auf den Synoden der fränkischen Kirche keine Rolle.[111]

Vor allem aber ist das meist bequemlichkeitshalber erfolgende Heranziehen kirchlicher Autoren einseitig. Unabhängig davon, was die Laien wirklich dachten, müssen auch andere Wissenschaften außer Theologie und Kanonistik zu Worte kommen; naheliegenderweise die Medizin. Mustert man die mittelalterliche Medizin in ihren Aussagen zur Sexualität, so fällt die einseitige Behandlung des Themas allein vom männlichen Standpunkt auf. Es sind Männer – auch sie meist Geistliche –, die solche Traktate schreiben, weswegen etwa die Gynäkologie eine der schwächsten Seiten der mittelalterlichen Medizin geblieben ist. Ein der hochberühmten Schule von Salerno zuzuordnender, dem Constantinus Africanus zugeschriebener Traktat „De coitu" behandelt, antike Autoritäten ausschreibend, die Physiologie des Beischlafs – soweit es den Mann betrifft.[112]

Den Beischlaf sieht die mittelalterliche Medizin als einen natürlichen Vorgang an, dessen medizinische Folgen zu untersuchen sind. Eine weit verbreitete spätmittelalterliche Gesundheitslehre in einprägsamer Versform warnt nicht etwa vor der Unkeuschheit, sondern davor, anschließend zu schreiben. Das könnte ebenso wie nach einem Gang in die Badstube auf die Augen schlagen: „Bistu gewesen an unkuscher geschicht, / Oder bistu gewesen zu bad iht, / Dar nach solt nit schriben, / Wiltu by guter gesicht bliben."[113] Der Ulmer Stadtarzt Heinrich Steinhöwel stellt 1473 mit fragwürdiger Berufung auf Avicenna (Ibn Sina) fest, daß zu Pestzeiten der Mensch sich vor allzu großer „Unkeuschheit" hüten solle, denn das könne Gehirn und Magen angreifen. Aber Vorsicht! Wer als kräftiger, junger, lebenslustiger Mensch gewohnt ist, „der nature werck zu triben",[114] dem könne er auch in Pestzeiten nicht raten, sofort damit aufzuhören. Denn man habe in vergleichbaren Fällen gesehen, daß solche Jünglinge wegen der plötzlichen Abstinenz eines jähen Todes gestorben seien.[115]

Sittlichkeit – Unsittlichkeit? Geradezu rührend nehmen sich heutzutage Bemühungen der älteren Forschung aus, einen Verfall der Sittlichkeit nachzuweisen. Sehr gut schien das bei der „Hohen Minne" zu gelingen, die zu Zeiten der deutschen Kaiserherrlichkeit geblüht habe, aber in dem als Krisenzeit gedeuteten Spätmittelalter natürlich entartet sei. Das Lächeln über solche Konstruktionen gefriert jedoch, wenn man bis in die Gegenwart hinein Formulierungen liest, die – unreflektiert – auf die Denkmuster dieser Konstruktion zurückgehen. Wir ersparen uns die Belege, obwohl es ein Vergnügen wäre, hinter gestelzten Formulierungen und umständlich geschmiedeten Beweisketten triviale Gedanken zu entdecken. Waren die Menschen im Mittelalter in sexuellen Fragen vitale Naturburschen oder, unter der Fuchtel der Kirche stehend, ziemlich verklemmt? Es sei nur festgestellt: Alles was in der Liebe möglich ist, wird zu allen Zeiten auch getan. Von wie vielen Menschen und bei welchen Gelegenheiten, wird in den Zeiten vor Kinsey nicht mehr zu ermitteln sein und ist für die historische Erkenntnis auch nicht von großem Belang. Zu allen Zeiten ist die Klage über die Unsittlichkeit der Gegenwart angestimmt worden. Im Mittelalter werden nur die Frauen dafür verantwortlich gemacht (denn nur Männer, so erkannte Christine de Pizan, sprachen damals über die Liebe). Wir begnügen uns mit einem Beispiel aus dem frühen 11. und einem aus dem späten 14. Jahrhundert. Thietmar von Merseburg rühmt eine vornehme Frau, weil sie ganz anders als die Mehrzahl der „modernen" („modernus" = „heutig") Frauen sich nicht unziemlich kleide und den Blicken gieriger Männer nicht zeige, was sie anzubieten habe.[116] Der Meister Altswert, der schon in seinem Spielmannsnamen den Lobpreis traditioneller Werte als sein Programm ankündigt, schimpft über die Frauen, die jetzt so ganz anders seien als früher (was also dem „modernus“ bei Thietmar entspricht) und selbst mit vier Liebhabern nicht zufrieden seien: „Etelich wip wolt sich ser schamen / E sie mit vier buolen benügen wolt, / Sie wolt dem fünften wesen holt ... Sehet, daz ist die nuwe minne.“[117]

Entspanntes Verhältnis zur Sexualität? Die Erscheinungsformen der Obszönität

Liebe, Erotik, Sexualität: Die Sprache mittelalterlicher Quellen enthebt den Historiker der Verantwortung, diese Begriffe auf die Gefahr der Blamage hin definieren zu müssen. Wie eng einerseits diese Begriffe zusammenhängen, wie sehr sie sich aber andererseits von Fall zu Fall unterscheiden können, hatten die Menschen im Mittelalter sicherlich bereits erfahren. Aber diesen Erfahrungen fehlte die sprachliche Schulung von Ausdrucksmöglichkeiten seelischer Empfindungen, wie sie aus ganz anderen Bedürfnissen heraus spätmittelalterliche Mystik und neuzeitlicher Pietismus erst schaffen sollten. Ob Liebe, Erotik oder Sexualität – all diese Formen zwischenmenschlicher Begegnung wurden im Mittelalter als ein Teil des Lebens akzeptiert. Das bestätigen die zahlreichen erotischen Anspielungen im populären Liedgut.[118] Die Frage aber bei dieser Akzeptanz ist, wieweit sie mit einer – nicht selten in der Forschung behaupteten – Unbefangenheit in sexuellen Fragen verbunden war.[119] Vielleicht ist bereits die Frage nach der Unbefangenheit falsch gestellt und enthält die Gefahr eines Zirkelschlusses, weil sie selbst Folge eines historischen Prozesses sein kann, der die Einstellung zur Sexualität verändert hat. Wir reduzieren oder konzentrieren deshalb die umfassendere Frage auf das lösbare Problem der Entstehung und der Sprachgestalt des Obszönen. Denn es liegt auf der Hand: Obszönes Sprechen und eine Unbefangenheit, die Liebe und Sexualität nicht trennen muß, schließen einander aus.

Die Sprache mußte genügend an Variationsbreite und Nuancierungsmöglichkeiten gewonnen haben, um nachweisbar werden zu lassen: Es gibt nicht nur unanständige Gesten, sondern auch obszöne Worte, die vom ‚artigen' Sprechen ausgeschlossen sind. Nur ein Beleg aus dem 13. Jahrhundert möge unsere Ansicht illustrieren: Das Wort „gehit", verehelicht, ist in einer Handschrift der Kaiserchronik aus dem 13. Jahrhundert durchgehend ausgekratzt worden, denn es hatte in der Zwischenzeit eine obszöne Bedeutung gewonnen.[120] Dasselbe Schicksal ereilte das Verb „minnen", das spätestens seit dem 15. Jahrhundert als unanständig galt.[121]

Das Schicksal der Wörter „gehit" und „minnen" ist Beweis für das Entstehen einer Sprachebene der normsetzenden ‚besseren' Gesellschaft, welche sich von dem Sprechen der „dörper", der einfachen Menschen abgrenzte. Die Anfänge liegen durchaus in dem Bereich, der früher „die höfische Kultur" genannt wurde. Die höfische Epik hatte es schon in ihrer französischen Vorbildgestalt vermieden, „die Dinge beim Namen zu nennen";[122] die „naturalia" wurden tabuisiert; selten, daß einmal diskret auf sie angespielt wurde, etwa bei der Schilderung einer Hochzeitsnacht, wo die Frau „alles erduldete, wie sehr es ihr auch Beschwernis war" („tot sofri, que qu'il li grevast").[123]

Das obszöne Sprechen ist ein raffiniertes Spiel mit Worten, das nur scheinbar das Tabu wahrt, es hat eine große Schnittmenge mit der Parodie.[124] Peire Cardenal spricht in einem Schmähgedicht von den „guten Werken" der Mönche,[125] und jeder versteht, was gemeint ist. Wie beim Siegeszug des ‚Ihrzens' wirkt das höfische Vorbild in die Gesellschaft hinein. Dem Duzen entsprechen nach unserer Auffassung die harmlosen Synonyme für das Vögeln. Das übliche für „coire" ist „bîligen" und „triuten" bzw. – was jeder versteht – „ez triben".[126] In der Mærendichtung wird am häufigsten „den willen erfüllen" oder „den willen tun" und an zweiter Stelle „minnen" gebraucht.[127]

Ist wie das Ihrzen auch das obszöne Sprechen von der höfischen Welt Frankreichs in deutsche Lande gewandert? Wir glauben das nur im Bereich des geistvollen Spiels mit dem Tabu teilweise bejahen zu können. Ansonsten gelangen wir bei aller Undeutlichkeit der Überlieferung über einen scheinbaren Umweg zu der Ansicht, daß das verschleiernde Sprechen über die Geschlechtsteile gar nicht auswärtiger Anregungen bedurfte. Derjenige, „der gerne schentlich rede da von rett, und das gerne es hoeret reden“, ist schon für Berthold von Regensburg ein „nascher“, zu dem er pfui („pfi“) sagt.[128]

Vorsicht ist geboten, scheinbar obszönes Sprechen der Tabu-Sphäre zuzuordnen. Das Sprechen über „naturalia“ verbirgt bis heute eine uneingestandene Sprachlosigkeit. Das erweist sich bereits im Mittelalter bei der medizinischen Fachterminologie, die nach deutschen Übersetzungen lateinischer wissenschaftlicher Begriffe suchen mußte. Dabei zeigt sich, daß es offenbar keine allgemein gebräuchlichen Bezeichnungen gibt, die unbefangen zu verwenden sind. Vom Prinzip her gestalten die Mediziner genauso wie die Menschen, die Spaß am obszönen Sprechen haben, ihre Wortwahl, bezeichnen die „vulva“ als „gulden porten“ oder „gulden tor“.[129] Übereinstimmung der Gestaltungsprinzipien. Deswegen kann „Geschirr“ gleichermaßen in der medizinischen Fachterminologie und in der obszönen Sprache für die männlichen Geschlechtsteile verwendet werden.[130]

Höfisches Vorbild oder Konsequenz aus der im tradierten Sprachmaterial aufgestellten Prüderiefalle? (Diese Falle gibt es bis heute: Welch einen Hohn auf die Liebe bildet der Ausdruck „Geschlechtsverkehr“!) Das Spiel mit dem zunächst von der höfischen Gesellschaft gesetzten Tabu gewinnt zunehmend auch beim gemeinen Mann an Faszination. Die deutsche Märendichtung bietet dafür zahlreiche Belege,[131] Belege, die sogar „konventionell pornographische Motive“[132] erkennen lassen, aber auch den Verschwie-

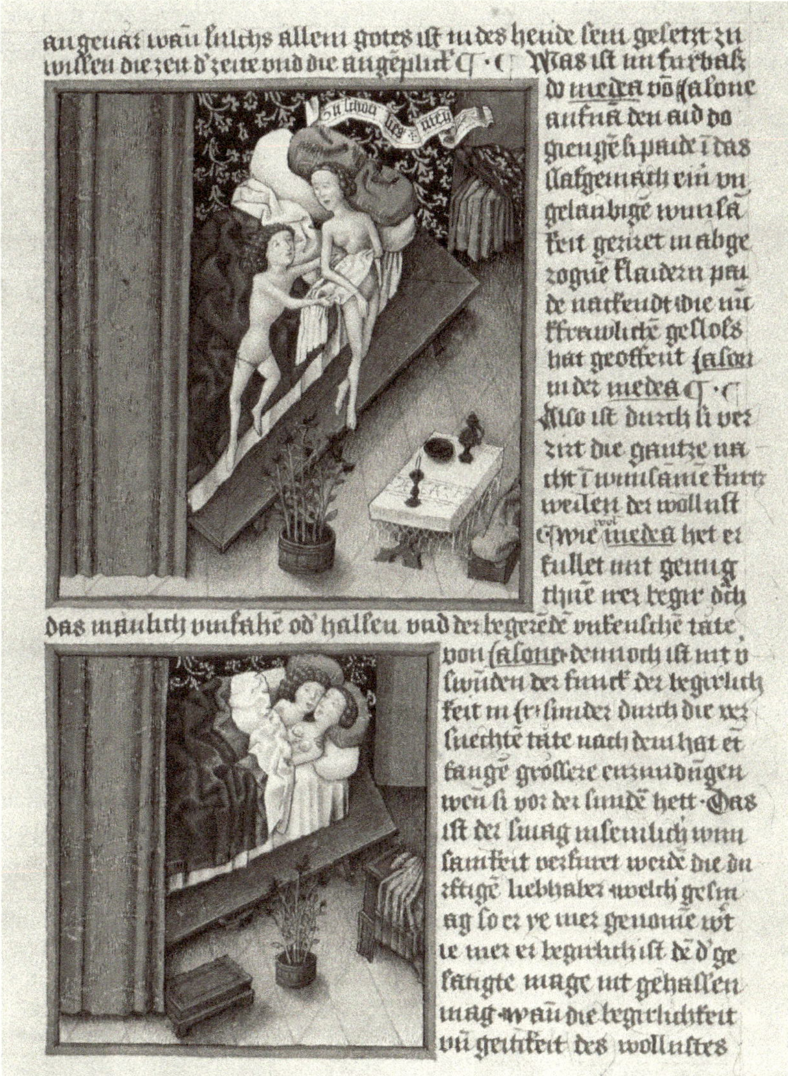

Körperliche Liebe wurde auch explizit dargestellt, hier im Gewand der Geschichte von Jason und Medea *(aus: Aegidius Colonna, Der Trojanische Krieg, in der Version des Martin Opifex, 1445–1450)***.**

genheitstopos verwenden, der jeden Leser oder Hörer schmunzeln läßt: „ws sie do triben, las ich stan."[133] Und sogar in den geistlichen Schauspielen wird das Vergnügen an Zoten offen ausgelebt.[134]

Neben der literarischen Gestaltung, die ihre Herkunft aus höfischen Konventionen nicht verleugnen kann, steht aber das, was Peter Rühmkorf in anderen Zusammenhängen das „Volksvermögen" genannt hat, das, was wir als Ausweichen vor der Prüderiefalle bezeichnen wollen. So kann, gewissermaßen eine Summe aus spätmittelalterlichem Sprachgebrauch ziehend, die Zimmerische Chronik die wohl umfangreichste Sammlung von obszönen Metaphern überliefern, die wir von Fall zu Fall ergänzen. Der Penis heißt „knebel", „gemecht", „gesell";[135] „der eilfte vinger" und „minnedorn";[136] jedermann versteht, wenn der Chronist bemerkt, „das eisen ist ganz heiß und hitzig geworden".[137] In Anspielung auf fällige Beichten konnte der Penis „peccator" oder „penitenzer"[138] oder „gots bößewicht" bzw. „götzenjäckel" genannt werden.[139] Am häufigsten aber sind Anleihen aus der Welt des Handwerks: Meißel, Geschirr, Flegel,[140] Wetzkegel.[141] Zeitlos, bis heute lebend, sind Ausdrücke wie „Schwanz"[142] und „Pfeife"[143] (im Mittelalter natürlich nur von dem Spielmannsinstrument abgeleitet. Wenn es aber heißt: „dem pfarrer war die pfeife in die eschen [Asche] gefallen",[144] so enthält dies keine sexuelle Anspielung, sondern meint: Er hat im entscheidenden Moment den Mut verloren, sein Liedlein zu pfeifen). Die Hoden heißen „schellen".[145] Für die „vulva" gebrauchen Märendichter Ausdrücke wie „rosenboslein", „fud" und „votze".[146] Im Vergleich dazu wirkt das „gaffeisen" der Zimmerischen Chronik[147] fast zärtlich.

Neben der häufigen Übernahme von Handwerksbegriffen, von Gegenständen alltäglichen Gebrauchs, die eine erotische Kontrafaktur erfahren, kennzeichnet die sexuelle Sprache – Zeichen des Volksvermögens – auch eine große Variationsbreite. „Das Kindermachen hat aber noch wunderbarliche seltzamme nammen ... als stroputzlen, ficken, nobisen, raudi-maudi, schiri-miri, nullen, menscheln, zusammenschrauben, pirimiri, leuß im peltz, pampeln, strampeln, federziehen, auff dem hackpret schlahen, pfefferstoßen, imberreiben, fleyschlen, holtzhawen und scheiterklüben etc."[148] Das doppeldeutige Sprechen konnte sich der Terminologie der Landsknechte ebenso bedienen wie jener der Geistlichkeit. „Lanzenbrechen", „Spießbrechen" konnte ebenso gebraucht werden[149] wie „die horas lesen" oder „lectiones lesen".[150]

Ob Schach, Würfel oder Karten: Mann und Frau spielten häufig im Mittelalter miteinander. Eine Geschlechtertrennung gab es bei den wenigen Unterhaltungsformen nicht. Aber die Redewendung „mit einer im brett spielen"[151] war eindeutig zweideutig; und gleichfalls wurde verstanden, was „dem warmen almusen nachlaufen" besagen sollte.[152] Jedoch nicht die verrätselnde Redewendung, sondern die bildhafte Umschreibung wurde für die häufigste Redewendung gewählt, die im Mittelalter den Beischlaf benannte: „Das Tier mit vier Beinen und zwei Rücken machen".

Hinter manchen sogenannten „volkstümlichen" (die feine Oberschicht ausschließenden) Bezeichnungen verbergen sich dreckige, frauenfeindliche Witzworte, etwa hinter dem von Lindener genannten „holtzhawen und scheiterklüben".[153] Nur Stichworte brauchte Lindener zu nennen. Offenbar war in allen deutschen Landen bekannt, was in schweizerischer Variante lautete: „Ds Holz und ds wybävolch spaaltä mä beedi vom dünerä Ort."[154] Wie alltäglich das obszöne Sprechen war, wie selbstverständlich es zur Unterhaltung gehörte, zeigt das aus dem frühen 16. Jahrhundert überlieferte Gebot eines hohen Adeligen, wonach „uber tisch ... keiner von der menschwerdung reden noch sagen solt weil man esse".[155] Also nur während des Essens sollte das Reden darüber, wie die Menschen gemacht werden, unterbleiben.

Schimpfen, Beleidigen, Fluchen – darin unterschieden sich Mann und Frau nicht. Das obszöne Sprechen jedoch ist Sache der Männer, und: Es geht zu Lasten der Frauen. Das zeigt sich deutlicher als in Worten in der obszönen Gestik. Bis heute kennt das Obszöne nicht nur die Sprache, sondern auch die Geste als Ausdrucksform. Welche Hand- und Fingerbewegungen im Mittelalter für sexuelle Anspielungen gemacht wurden, ist nicht mehr zu rekonstruieren. Daß es aber solche Gebärden gab, ist aus der Geschichte eines Spiels zu erfahren, das im Spieleregister des Meisters Altswert Eingang gefunden hat: „Zirlin, mirlin, gassentirlin." Daß dieses Fingerspiel dann um 1500 zu einem Kinderspiel des Abzählens werden konnte, ist nur durch die Verbreitung der entsprechenden obszönen Gesten zu erklären.[156]

Von dem Spiel mit dem Tabu bis zur offenen Provokation ist nur ein Schritt. Das gilt für die verbale Obszönität ebenso wie für die Obszönität der Gebärdensprache. Daß in der Kirche die Buhler den Frauen nachstellen, wie unter anderem Geiler von Kaysersberg tadelt,[157] muß man sich nicht nur in gesitteten Formen, nicht im Stil feurigen Blickewerfens vorstellen, wie es etwa die humanistische Novellistik schildert. In Nürnberg wird 1440 ein Diener mit Ruten ausgeschlagen und der Stadt verwiesen, weil er in der Kirche, während der Messe, „sein männlich Glied aus den Hosen gezogen und den Weibsbildern gezeigt".[158] Das scheint nur insofern ein Einzelfall gewesen zu sein, weil er sich in der Kirche abspielte. Die Nürnberger Achtbücher verzeichnen mehrjährige Stadtverweisungen für Männer, weil sie ihr Glied öffentlich auf der Straße, „in platea", den Frauen zeigten,[159] weil einer „ungezogen ist gewesen mit seinem geschirr und zeigt ez den frawen".[160]

Kann man die Nürnberger Fälle einfach als Frühgeschichte des Exhibitionismus abbuchen oder weisen sie auf ein Bedürfnis, Tabus mit gröbster Provokation zu brechen? Daß diese nicht beantwortbare Frage dennoch zu Recht gestellt wurde, belegen derbe Faschingsbräuche. Geistliche klagen über „unküsche werk", über den Gebrauch „üppiger, unkewscher und unzimlicher wort und geperde" in der Faschingszeit.[161] Das ist keineswegs weltfremde Klage über lockeres Treiben, über Tabubrüche, die vor allem die unverheirateten Gesellen in dieser Zeit glaubten begehen zu können. So hatten bei der Fastnacht in Soest 1483 die Schmiedeknechte einem der Ihren etwas „vorgebunden, das seer unardich und untemlich" war.[162] In Nördlingen erregte es 1510 Ärgernis, als ein mit „zageln" (mit Phallussymbolen) behangener Baum umhergetragen wurde,[163] und in Ingolstadt wurde 1528 ein Geselle der Stadt verwiesen, „nachdem er in der vasnacht unzucht mit beschantlichen gelidern auf der gassen getrieben".[164]

Überall dort, wo sexuell deviantes Verhalten unterstellt wurde, drohten Strafen. Frauen, die Männerkleidung trugen, wurden in Nürnberg der Stadt verwiesen.[165] Besonders bedrohlich erschienen den Stadträten sexuelle Verhaltensweisen, die in ihren Augen Gottes Geboten derart widersprachen, daß der Zorn des Himmels die Stadt treffen könnte.

Die Rationalität des Liebeszaubers

Von frühmittelalterlichen Bußbüchern bis hin zu einschlägigen spätmittelalterlichen Rezepten erscheint als verschwiegene Hoffnung oder als offen geäußerte Befürchtung, daß Liebessehnsucht durch Zauberei herbeigeführt werden könne. Diese Vorstellung könnte eine der wenigen Begründungen für die Epocheneinheitlichkeit des „Mittelalters" bilden, wenn sie nicht überzeitlich und universalgeschichtlich nachweisbar wäre. Ihre entscheidende Aussage ist: Weder Herrenrecht am Menschen noch Geld und Gut können Liebe erzwingen. Manche, die das nicht einzusehen vermögen, suchen die Gewalt, suchen den Zauber.[166] Das folgt also keineswegs irgendeiner kompliziert zu rekonstruierenden archaischen Dämonologie, sondern einer Simplizität des Wollens. Daß ein Mensch sich Erfolg vom Liebeszauber versprechen kann, beruht auf einem nachvollziehbaren schlichten Sachverhalt: Die Liebe bringt den Menschen „außer sich". Schlicht ist dieser

Sachverhalt natürlich nur in der Zusammenschau einer überzeitlich anthropologischen Gegebenheit. Dem Menschen, der verliebt ist, erscheint dieses „außer sich sein" als ein überaus komplexer Vorgang. Und diese Komplexität erzeugt eine Fassungslosigkeit, die sich etwa in der Feststellung spiegelt: Ich bin von dir bezaubert. Nur mit Mühe ist zu rekonstruieren, was es mit dieser bis zur flötenden Redewendung „ach, wie bezaubernd" heruntergekommenen Feststellung einstmals an existentieller Bedrohlichkeit auf sich hatte. Liebe ist das einzige Gefühl, das anzuzaubern ist, und der Liebeszauber ist weitgehend eine Frauenangelegenheit.[167]

Wir übergehen die zahlreichen Rezepte, die für den Liebeszauber empfohlen werden, Empfehlungen, die uns natürlich nicht direkt, sondern nur in dem gewundenen Abscheu von Autoren überliefert sind, die diese Rezepte verurteilten.[168] So erwähnt Hinkmar von Reims, daß zum Beispiel Schamhaare, aber auch Schlangen und Schnecken für nützlich betrachtet wurden. Genaueres verschweigt er, „um Unkundige nicht zu verführen". Gesprächiger erweist sich da schon zweihundert Jahre später Burchard von Worms (gest. 1025). Weil er die Bußtarife für die verschiedenen Formen des Liebeszaubers aufstellen muß, ist er zur genaueren Beschreibung gezwungen, um die Staffelung der Bußleistungen begründen zu können. Manche Zaubervorstellungen macht er namhaft, die noch im Spätmittelalter nachweisbar sind.[169]

Da selbst die detaillierten Angaben eines Burchard von Worms der empirischen Überprüfung nicht standhalten, vernachlässigen wir die Auflistung unwirksamer Rezepte und konzentrieren uns auf die Umkehrung des Liebeszaubers, die sich bis in die frühe Neuzeithinein als eine überaus wirkungsmächtige Vorstellung erwiesen hatte: die „impotentia per maleficationem", die angezauberte Impotenz.

Schon im Mittelalter war Impotenz eine Furcht des Mannes.[170] Zum Zeremonialhandeln bei fürstlichen Eheschließungen gehör-

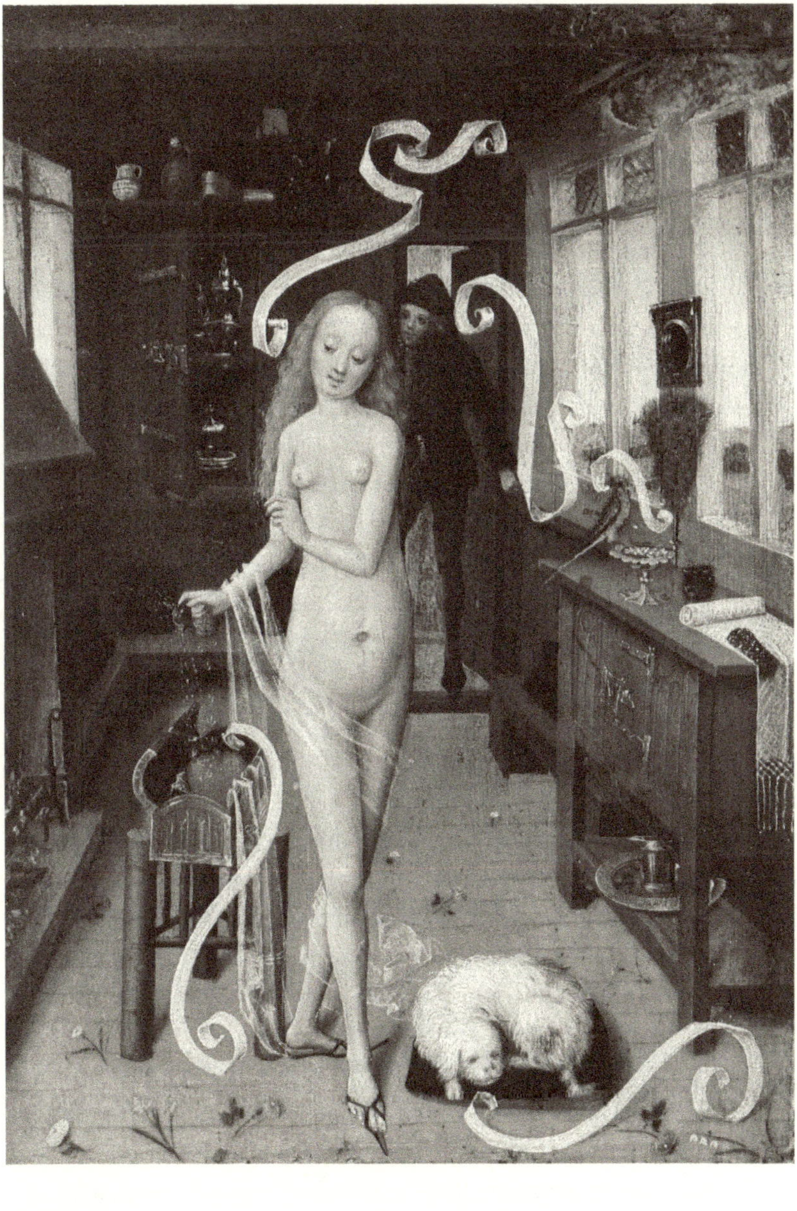

„Der Liebeszauber", Niederrheinischer Meister des 15. Jh. *(um 1470).*

te bis in das 16. Jahrhundert hinein das Ausräuchern des Ehebettes: eine Vorkehrung gegen den Schadenzauber der angehexten sexuellen Unfähigkeit. Auch wenn diese Gefahr schon bei Herodot erwähnt wird,[171] glauben wir nicht, daß hier die mittelalterliche Welt antike Erfahrungen nutzte. Dem vereinzelten Zeugnis aus der Antike steht eine überaus breite mittelalterliche Überlieferung gegenüber.[172]

In den an allen Universitäten gelesenen Sentenzen des Petrus Lombardus findet sich ein Kapitel über jene, die durch Zauberei impotent geworden seien[173]: Volksglaube und Wissenschaft waren sich einig über diese Gefahr.[174] Was infolgedessen auch im Hexenhammer zitiert wird, beruht auf einem Trauma, das seine Ursachen im Heiratsverhalten hat. Es ist immer die um einer vorteilhaften Ehe wegen verlassene Geliebte, die dieses Schadenzaubers verdächtigt wird. Die Impotenz entsteht, weil der Mann insgeheim doch der Verlassenen nachtrauert und vielleicht auch aus einem unterdrückten schlechten Gewissen heraus; denn die verlassene Geliebte hat nicht nur menschlich, sondern angesichts der Verbindung von Jungfräulichkeit mit weiblicher Reinheit auch sozial zu leiden: Furcht vor Rache also. Rationalität einer Zaubervorstellung.

Auch wenn wir keine Rezepte mitteilen, scheint uns doch wesentlich zu sein, wer solche Rezepte mitteilen kann, weil sich hierin unser Leitthema des Umgangs von Menschen miteinander spiegelt. Ein Fall des Jahres 1513 aus Hildesheim.[175] Die „Mollersche" möchte die Liebe des Hans Pfeffersack erringen. Sie wendet sich an „Gesche vam Hus", eine Frau, die sozial weit unter ihr steht; denn sie ist „eyn fruwe van eventur", eine Landfahrerin von zweifelhaftem Ruf. Wie heutige Kredithaie kann sie nur durch ihren Ruf, zauberhafte Gewinne erzielen zu können, in der Stadt ihr Auskommen finden. Aber der Vergleich mit den Kredithaien trifft nur das Grundsätzliche, nicht das zeitbedingt Materielle. Keine finanzielle Vorleistung, wohl aber ein Versprechen gibt die „Mollersche“: ein neues Kleid aus dem teuren Tuch aus Leiden gefertigt – ein großer Wert für die „Abenteurerin“. Aber erstaunlich ist nicht nur, daß Absprachen zwischen einer Bürgerin und einer hergelaufenen Frau von beiden als verbindlich angesehen werden, erstaunlich ist auch, daß die „fruwe van eventur“ keineswegs am untersten Ende der sozialen Leiter steht. Sie hat eine Gehilfin, „Gesche Grotekopp“ aus der Hildesheimer Neustadt. Und diese Gesche, der die „Mollersche“ einen Gulden verspricht, übernimmt die eigentliche Drecksarbeit. Sie besorgt das Pulver, das von der Schädeldecke eines Verstorbenen gewonnen wird, sie schläft mit dem Knecht des umworbenen Hans Peppersack, um das Zauberpulver dann vor der Kammertür des Umworbenen unter der Schwelle anbringen zu können. Das ganze Vorhaben fliegt auf, mündet in einem Prozeß. Nur deswegen wird verlorener Alltag sichtbar; beunruhigende Fragen erzeugend, beunruhigend, weil wir keine Antwort wissen: Wie wirksam sind Standesschranken, wenn eine Bürgerin und eine Abenteurerin eine Vereinbarung auf Treu und Glauben schließen können, und wie trennscharf sind angesichts der allgegenwärtigen Armut die Bemühungen der Sozialgeschichte um eine soziale Stratifikation?

Einen der seltenen Fälle, in denen Belesenheit nicht nur indirekt, sondern unmittelbar anwendbaren Nutzen für die Mitwelt stiften kann, möchte ich mir nicht entgehen lassen und das wirksamste Rezept des Liebeszaubers empfehlen, das aus der Antike von dem Stoiker Hekaton überliefert ist und dem Mittelalter wohl vertraut war: Liebe (bekenne dich vor dir selbst zur Aufrichtigkeit deines Gefühls), wenn du geliebt werden willst, „Si vis amari, ama!“.[176]

Schluß: Wie ‚mittelalterlich' war das Mittelalter?

„Im Mittelalter wollte man Rache und Vergeltung üben" – das war Martin Klingst in seinem Leitartikel der „Zeit" vom 23. November 2000 eine Selbstverständlichkeit. Wir wollen Martin Klingst nicht kritisieren – schließlich formulierte er in seinem Kommentar zu einem heutigen Strafrechtsentwurf, was gängige Meinung über das Mittelalter ist. Es geht uns um die Frage, was denn tatsächlich hinter der Vorstellung steht, die nicht nur Martin Klingst als ganz selbstverständlich erscheint.

Grausames Mittelalter? Zäh haftet das Etikett. Das Kriminalmuseum in Rothenburg ist eines der bestbesuchten Museen in Deutschland. Selten werden Vorurteile so anschaulich bestätigt. Beschwörend vermerkt der Katalog, daß solche Zustände nie wiederkehren dürften.[1] Grausamkeiten aber, wie sie das vergangene Jahrhundert begangen hatte, wären im Mittelalter nicht nur vom Ausmaß, sondern auch von den Bedingungen her undenkbar gewesen; denn eine staatlich legitimierte Grausamkeit wäre im Mittelalter auf direkten Widerspruch in der Bevölkerung gestoßen. Sie wäre mit Tyrannis und Blutrunst gleichgesetzt worden.[2] Wahre und gerechte Herrschaft legitimierte sich, indem sie Gnade walten ließ, jene Gnade, die nach mittelalterlicher Überzeugung auch zum Strafrecht gehörte. Mit dem hohen Mittelalter waren zwar die Zeiten vorbei, als Heilige, ohne nach Schuld oder Unschuld zu fragen, Verurteilte vor der Hinrichtung retteten;[3] aber immer noch kannte man die Sitte des Abbittens[4]: Den zum Tode Verurteilten konnte die Fürsprache hoher Herrn – oder die von Frauen – vor dem Galgen erretten. Und es war für den Nürnberger Rat noch im Jahre 1521 selbstverständlich, der Bitte eines Scharfrichters, der eine Kindsmörderin köpfen sollte, zu willfahren und ihm die Verurteilte zur Frau zu geben.[5]

Die zahlreichen Körperstrafen, die grausamen Hinrichtungsformen seien nicht bagatellisiert, aber nachdrücklich sei darauf hingewiesen, daß sie nicht auf eine spezifische Grausamkeit mittelalterlicher Menschen zurückweisen. Der Verurteilte war der „arme Sünder“, den das Mitleid der Mitmenschen auf seinem letzten Gang begleitete.[6] Der Henker, der ihn ungeschickt richtete und ihm unnötige Schmerzen zufügte, stand vor der Gefahr, vom Volkszorn gelyncht zu werden.[7] Wir übergehen, daß Körper- und Todesstrafen ebenso wie der eigenständige Beruf des Henkers erst im späten Mittelalter ausgestaltet wurden, daß sie das frühmittelalterliche Prinzip der „Kompositionsgerichtsbarkeit“, wonach jede Missetat durch Geld gebüßt werden konnte, ergänzten. Denn diese Möglichkeit bestand weiterhin; sie war sicherlich nur den Wohlhabenden möglich, wie bitter kommentiert wurde: „Hat er den Heller nit, man slegt im ab die hant.“[8] Auch im Frühmittelalter war die Kompositionsgerichtsbarkeit nur ein Recht der Freien, nicht aber der Hörigen. Wenn wir jedoch im späten Mittelalter betrügerische Landfahrer durch die Lande ziehen sehen, welche mit dem Argument Almosen erflehen, sie müßten sich von einer Todesstrafe freikaufen,[9] dann sehen wir hinter dem Betrug Mentalitäten. Ein solcher Betrug konnte nur erfolgreich in einer Welt geübt werden, welche zwischen Schuld und Strafe noch das Element des Schicksals schob, eine Welt, in der Gefangene den hl. Leonhard als ihren Schutzpatron um Befreiung anflehen durften, eine Welt, die zutiefst davon überzeugt war, daß beim Recht Barmherzigkeit und Gnade zu stehen hätten. Wenn der Rat einer Stadt den zum Tode Verurteilten vor aller Augen vom Marktplatz zur Galgenstätte außerhalb der schützenden Mauern führen läßt, so dokumentiert er in aller Öffentlichkeit: Dieser Mensch hat seine Strafe verdient.

Daß sich Johannes Hus und Hieronymus von Prag vor ihrer Verbrennung durch das Konstanzer Konzil noch eine stundenlange Predigt mit all ihren Platitüden anhören mußten, über welche diese angeblichen Häretiker längst hinausgewachsen waren, war sicherlich grausam; aber diese Grausamkeit hält keinem Vergleich mit derjenigen moderner politischer Schauprozesse stand. Drastischere Beispiele können wir uns ersparen.

Wir wollen gar nicht in Abrede stellen, daß die Rache der spätmittelalterlichen Strafpraxis bekannt gewesen sei, aber sie bildete nicht das vorherrschende Motiv. In Abrede stellen wir dezidiert, daß die Grausamkeit eine spezifische Eigenart des Mittelalters gewesen sei. Folgen wir einem italienischen Seiltänzer auf dem Marktplatz in Nürnberg 1446. Seine Kunststücke vollführte er auf einem in der Höhe von vier Stockwerken gespannten Seil, das mit einemmal stark zu schwanken begann, als ein Ziegel aus der Halterung brach. Der Gaukler fällt mitten im Sprung auf das Seil. Lassen wir den Mann noch einen Augenblick in seiner lebensgefährlichen Situation und vergegenwärtigen wir uns, daß ein solcher Gaukler seine Mitmenschen, von denen er leben muß, viel besser kennt als alle heutigen Historiker. Ein solcher Gaukler weiß, was in dieser gefährlichen Situation Zuschauer auf dem Marktplatz empfinden: Angst um das Leben eines Mitmenschen und sei es auch das eines wenig angesehenen Gauklers. Deshalb reagiert dieser Mann in lebensgefährlicher Situation nervenstark: „sprach: schrecket nicht und stund wieder auf." Bis in die Schilderung des Chronisten hinein glauben wir die Erleichterung spüren zu können, daß alles gut abgelaufen ist: „Und der Maister ist nie keiner gesehen worden", „so etwas hat man noch nie erlebt".[10]

Die „Verleumdung des Mittelalters" (Kurt Flasch) begann in Deutschland, nachdem die Juristen eine eigene Epoche der „mittleren Zeiten" konstruiert hatten, in der Spätaufklärung. Wählen wir als Zeugen den vielschreibenden Göttinger Professor Christoph Meiners, der sich selbst als „Lehrer der Weltweisheit" titulierte. Meiners ist deswegen ein geeigneter Zeuge, weil er den Reichtum der Göttinger Universitätsbibliothek zur Verfertigung gelehrter Bücher zu nutzen pflegte, die um verbreitete Anschauungen seiner Zeit kreisten. Er versprach 1793 dem Publikum, die Sitten und Gebräuche des Mittelalters mit denen seines Jahrhunderts in Hinblick auf „die Vortheile und Nachtheile der Aufklärung" zu vergleichen.[11] Er schildert ein Mittelalter von Mord und Totschlag, indem er sich zunächst reichlich bei Gregor von Tours bedient, um dann mit gewiß beeindruckender Belesenheit Horrorstorys aus der europäischen Herrschergeschichte zusammenzutragen. Lichtvollere Seiten in diesem Dunkel kann er allenfalls bei den „grossen Teutschen und Niederländischen Städten" des ausgehendenMittelalters entdecken, nachdem diese „eine demokratische, oder demokratisch-aristokratische Regierungsform eingeführt hatten".[12] Vorsichtigerweise führt er nicht aus, was sich hinter solchen Sätzen ebenso wie hinter den Schauergeschichten aus Europas Adelswelt verbirgt: Die Aristokratie ist Exponent dunkler Zeiten. Redselig wird Meiners hingegen, wenn er auf Hexen- und Zauberglauben zu sprechen kommt. Hier kann er den ganzen Stolz seines Zeitalters auf die Aufklärung artikulieren. Aber – leider – die Aufklärung ist noch nicht vollendet; und daran ist allein das Mittelalter schuld. Der Beweis dafür wird am Beispiel Amerikas erbracht, das kein Mittelalter kennen konnte. Amerika ist das Land „der bisher beyspiellosen Toleranz". „Das freye America kennt keine symbolischen Bücher, keine Consistorien, oder geistlichen Räte ... und dennoch sind die Sitten in keinem Europäischen Lande so unverdorben".[13]

So unbefangen wie Christoph Meiners konnte man das Mittelalter nicht mehr als Projektionsfläche zeitgebundener Ängste und Hoffnungen benutzen, nachdem die Geschichtswissenschaft immer größere Fortschritte erreichte. Da diese Fortschritte aber seit der Zeit der Frühindustrialisierung immer deutlicher wurden, wuchs mit der zeitlichen Entfernung zum Mittelalter auch das Bewußtsein von dessen Fremdheit.

In ein einprägsames Bild faßte 1978 Barbara Tuchman das Fremdgewordene eines vertrauten Gegenstandes.[14] Ihr Bild vom Mittelalter als „des fernen Spiegels" täuscht und hilft. Es hilft insofern, als wir uns durchaus in dem uns nächsten Fremden wiedererkennen können, es täuscht aber, wenn es dieses Wiedererkennen nur in der Verschwommenheit des Fernen gestatten will. Vielmehr handelt es sich, um im Bild zu bleiben, um ein ziemlich nahes Spiegelkabinett. Aber davon sei zunächst einmal abgesehen. Ob Projektion, ob ferner Spiegel: Das Mittelalter ist zunächst einmal eine Epoche, in der Europa lernte. „Die Neuzeit vergaß rasch, was sie dem Mittelalter verdankte."[15] Wir wiederholen diese Aussage von Arno Borst, weil sie in prägnanter Weise die verkannte Bedeutung dieser Epoche zusammenfaßt. Der ferne Spiegel. Vielfach ist das, was wir zu erkennen glauben, nicht der mittelalterliche, sondern der frühneuzeitliche Spiegel. Viele würden es für mittelalterlich halten, daß in Nürnberg 24 Bürger einen Monat lang ins Gefängnis geworfen wurden, weil sie mit der Frau des Wolf König geschlafen hatten,[16] oder daß in Breslau hunderte von Personen wegen Ehebruchs an den Pranger gestellt wurden.[17] Es handelt sich aber um Fälle aus dem 16. Jahrhundert. Im Mittelalter hatte der Ehebrecher fast nur Sanktionen aus der Verwandtschaft der betrogenen Frau zu befürchten. Erst mit der „neuen Sittlichkeit" des konfessionellen Zeitalters begann eine rigide Sittengesetzgebung, wie sie dem Mittelalter mit seiner weitherzigen Auffassung fremd geblieben war.

Von der strafrechtlichen Gefahr des Ehebruchs weiß ausgangs des 13. Jahrhunderts der Maler Heinrich aus Trier offenbar nichts. Ein Maler steht damals noch nicht in der Nähe zur „Boheme", sondern er ist ein Handwerker, der wie jeder andere Handwerker seine Kunst, seine „ars", versteht. Gegen diesen Maler Heinrich klagt 1291 seine Frau Elisabeth vor dem Trierer kirchlichen Gericht, dem Offizialat, vor dem alle Ehestreitigkeiten ausgetragen werden.[18] Es geht Elisabeth nicht um das Strafrecht, sondern – modern gesprochen – um zivilrechtliche Ansprüche, die sie an ihren Mann stellt, der sie verlassen hat. In Worms, so argumentiert sie, sei ihr Mann eine zweite Ehe mit einer Witwe eingegangen. Der Beklagte widerspricht dem energisch – denn der Vorwurf der Bigamie hätte, wie wir gesehen haben,[19] damals lebensgefährlich werden können –, aber er gibt zu, mehr als 40mal mit der Wormser Witwe geschlafen zu haben. Eine erstaunlich große Zahl, zumal wenn bedacht wird, daß man selbst in Klerikerkreisen einigermaßen nur bis 40 zählen kann, weil die Fastenzeit, die Quadragesimalfasten, vierzig Tage dauert. Sodann behauptet Heinrich, immer noch bestrebt, dem Vorwurf der Bigamie auszuweichen: Es sei doch in Worms allgemein bekannt, daß er hier mit zwanzig Frauen geschlafen habe. Das Protokoll bricht an dieser Stelle ab. Dem Maler Heinrich schenken wir durchaus Glauben. Schließlich kennt auch Berthold von Regensburg solche Leute, „die mit unkiusche umbegent". Säer auf fremden Äckern: „Wan ich han etelichen vor mir, der hat uf zwelf ecker gesaet, ich han etelichen, er hat uf zweinzic gesaet."[20]

Außereheliche Verhältnisse wurden als selbstverständlich hingenommen. Die Hildesheimer Stadtrechnungen verzeichnen immer wieder Einträge, was etwa Hinrik Kinkel „unde sin amie" zu zahlen habe.[21] Als 1494 in Osnabrück ein Bürger eine Abgabe schuldig bleibt, läßt der Rat einfach den roten Rock der „amie" des Säumigen pfänden.[22] Es sind allenfalls die Zünfte, nicht aber die Ratsherren, die sich im ausgehenden 15. Jahrhundert für die Sittenzucht zuständig sehen. So bestimmt etwa die Basler Weberzucht 1489, daß ein unverheirateter Geselle, der im Haus seines Meisters mit einer Frau schläft, fünf Schilling Buße zu zahlen habe. Wenn der Meister davon wisse, habe er dieselbe Strafe zu fürchten.[23]

Was etwa die Stadtrechnungen besagen, besagt auch die Literatur. Das Bild der Venus, das Gegenbild zur Maria, ist im Mittelalter gar nicht eindeutig negativ gezeichnet, sondern „erstaunlich offen“.[24] Die „Minnelehre“ des Johannes von Konstanz, Anfang des 14. Jahrhunderts im Umfeld des Manesse-Kreises entstanden, deutet die Macht der Liebe als Gefahr, als Zwang und Versuchung und erzählt dennoch in der Ovid-Tradition mit erkennbarer Freude von Liebeswerbung und deren Erfolg.[25] Wie zu allen Zeiten wird auch im Mittelalter über den Sittenverfall geklagt.[26] Wahrheit, Anstand, höfische Zucht und die Zentraltugend der „mâze“ sind um 1300 für den sogenannten Seifried Helbling untergegangen.[27]

Spiegelkabinett mit gegenseitigen Spiegelungen, welche die Gefahr des Anachronismus vor dem scheinbar Sichtbaren verschwinden lassen: Nachdem wir soviel Wert auf die Sprichworte als Geschichtsquellen gelegt haben, sei eines der unbekannteren Werke von großer Wirkung gedacht, der „Adagia“ des Erasmus. Die beeindruckende Sammlung antiker Spruchweisheit ist in ihrer Gelehrsamkeit zugleich der weitherzigen Persönlichkeit des ehemaligen Mönchs aus Stein bei Gouda verpflichtet. Der Menschenkenner Erasmus kennt die Großen ebenso wie das gemeine Volk. Seine Sammlung will keine Alternative zum deutschen Sprichwörterschatz bieten; sie lebt aus der Erfahrung von dessen Reichtum.[28] Sie will zeigen: Es gibt neben den bekannten noch verborgene Schätze. Aber die Wirkung der „Adagia“ war eine andere. In der Rezeption wird nicht die souveräne, die insgeheim lächelnde Ergänzung der vorhandenen „Wahrworte“ geschätzt, sondern die der sozialen Alternative. Was sollten auch Menschen des 16. Jahrhunderts, denen, was sich in den neuen Formen der Anrede spiegelt, die soziale Distinktion so wichtig war, mit deutschen Sprichworten anfangen, mit Sprichworten, die, von Hoch und Niedrig gleichermaßen gebraucht, in einem allgemeinen Konsens begründet waren? Die „Adagia" wird also das entscheidende Zwischenstück zu einer Antike-Rezeption, welche vor dem Erfahrungshintergrund von Sprichworten die Lebensregeln „der Alten" als neues Vorbild der Lebensführung preist.[29] Das lateinische Zitat wird zum Statussymbol.[30] Erasmus wird es kaum gewollt haben. In einer Welt sozialer Distinktion wird man gespreizt die lateinischen Weisheiten – „homo homini lupus" – zitieren und nur abschätzig die deutschen „Wahrworte" des gemeinen Mannes beurteilen. Kein Fürst wird sich seit dem ausgehenden 16. Jahrhundert noch wie einst ein Albrecht Achilles auf die Sprichwörter des „gemeinen Mannes" berufen.[31] Trotz der Vermittlungsversuche der in dieser Hinsicht noch kaum gewürdigten Sammlung des Johannes Agricola entstand aus neuen Zusammenhängen ein sich selbst isolierender Humanismus.

Wir versuchen zu verdeutlichen: In seiner 1518 abgeschlossenen Sammlung von Erzählungen, die Johannes Pauli auch als Handreichung für Prediger verstand, stellt er Fabeln des Äsop, Geschichten aus Boccaccios unsterblichen Novellen, Stories aus den „Gesta Romanorum" und genuin mittelalterliche Schwänke nebeneinander.[32] Solch eine Integration verschiedenster Erzähltraditionen weist in die Vergangenheit, nicht in die Zukunft. Nicht zuletzt unter dem Druck von Rechtgläubigkeit wird in der Folgezeit sorgsam selektiert. Die Predigtexempel verschwinden. Was Geistliche von der Kanzel verkünden, wird approbierte Moral, und wenn etwas erzählt wird, ist dies unbestreitbarer Autorität verpflichtet, jener der von allen Konfessionen akzeptierten „Alten", der Antike. Humanismus. Und dieser wird zur Standeskultur in der höfischen Welt und ihrem Umkreis. Erst unter diesen Rezeptionsbedingungen entsteht die Kluft zwischen der Erfahrungsweisheit volkstümlicher Sprichwörter und der Gelehrtenweisheit (denn es sind die gelehrten Räte, die inzwischen am Hof den Ton angeben), eine Kluft, die – und deswegen schoben wir diesen Exkurs in unsere Quellendiskussion ein – bis heute die Gefahr des Anachronismus bei der Beurteilung mittelalterlicher ‚Volkskultur' enthält.

Vor allem blickt man in einen frühneuzeitlichen Spiegel bei vielen Aussagen, die über Kirchlichkeit und Frömmigkeit des Mittelalters gefällt wurden. Die Vorstellung vom disziplinierenden Obrigkeitsstaat, wie er sich seit dem 16. Jahrhundert auch der Konfessionen bemächtigt hatte, wird wie selbstverständlich auf das Mittelalter übertragen, ohne zum Beispiel zu bedenken, daß es den eifernden Dorfpastor, der seine Schäfchen zum Gehorsam gegenüber einer Institution Kirche zwingen will, weder gegeben hat noch – schon allein angesichts des Bildungsstandes des Pfarrklerus – geben konnte. Wir wählen das Beispiel der Heiligenverehrung, um zu zeigen, daß sich hinter äußerlicher Tradition fundamentale Wandlungen verbergen können. Die „lieben Heiligen" des Mittelalters, von denen Luther sprach, spenden Trost und Hilfe in Lebensnöten; seit der frühen Neuzeit jedoch, seit der Gegenreformation sind sie mahnende Erzieher und sittenstrenge Vorbilder, erst jetzt werden sie in die Anstaltskirche als Funktionsträger integriert. Wenn zum Beispiel um 1400 in Würzburg kein Bürger den Vornamen des Bistumsheiligen, des hl. Kilian, trägt, so zeigt sich hier eine Spannung zwischen Bürgerschaft und Bischof, die aber die Verehrung des Heiligen selbst nicht in Frage stellt.

In dem Zusammenhang, in dem die Anstaltskirche im Zuge der Konfessionalisierung im 16. Jahrhundert entsteht, wandelt sich auch der Wortinhalt von „fromm". Was im Mittelalter Ausdruck von Rechtschaffenheit war, wird jetzt Ausdruck konfessioneller Konformität. Wir müssen in den richtigen Spiegel schauen. Vereinfacht: Wer im 15. Jahrhundert einen Holzschnitt vom hl. Sebastian in seiner Stube aufhängt, ist genauso fromm wie ein Student in den 70er Jahren des vergangenen Jahrhunderts, dessen Zimmer ein Ché-Guevara-Poster ziert.

In den Fastnachtstagen spielten die Menschen aus, was sie im doppelten Sinne befremdete. Wir weisen nur beiläufig darauf hin, daß in dem Schauteufel-Laufen dieser Tage sogar Befremden (auch hier wieder im doppelten Sinne zu verstehen) über mißliebige hochgestellte Personen geäußert werden konnte; die Beiläufigkeit unseres Hinweises ist Wertung: Die Welt in den Faschingstagen ist eben nicht nur eine ‚verkehrte Welt', wie der heutige gelehrte Konsens behauptet, sondern auch eine verfremdete Welt, ist ausgespielte Frage des Alltags: Wie ‚ordentlich' ist eigentlich die Welt geordnet? Diese Frage stellen sich Hoch und Niedrig und akzeptieren zum Beispiel in Nürnberg die aggressiven Äußerungen in den Schembartläufen des Faschings. Als aber in der Reformationszeit eine neue Kirche glaubte, die Welt ordnen zu können, war es mit dieser Toleranz vorbei. Die verfremdete Welt befremdete die neue Eintracht von weltlicher und kirchlicher Obrigkeit. Als der Prediger Andreas Osiander bei dem Schembartlauf verspottet wurde, folgte ein Verbot der Schembartläufe durch den Rat,[33] ein Verbot, das nicht die ‚verkehrte Welt', sondern die Befragung der Ordnung der Welt im Fasching betraf. Hans Sachs, der bis heute weitgehend verkannte gesellschaftskritische Kommentator neuer Entwicklungen, Hans Sachs, der sich nie als großer Dichter, wohl aber durch den Zuspruch der Zeitgenossen, die seine Einblattdrucke kauften, als der Alfred Kerr seiner Zeit verstehen konnte, der Konsens in schlichte Reime zu fassen vermochte, Hans Sachs also, dessen Sensibilität in konsensfähiger Tradition wurzelte, stellt klar, daß die Wilden Leute im Faschingsbrauchtum keineswegs einer „verkehrten Welt" zugehörten, daß sie vielmehr Personifikationen kritischen Fragens an die bestehende Welt waren. In seiner „Klag der wilden Holzleut uber die ungetrewen Welt", die ein illustriertes Flugblatt[34] anstimmte, sind es die Wilden Leute, die der zivilisierten Gesellschaft den Spiegel vorhalten. Die Figur des „edlen Wilden“ der Aufklärungszeit ist vorgedacht.

Es kann geradezu als Regel gelten: Wenn heutzutage etwas als ‚mittelalterlich‘ bezeichnet wird, handelt es sich nicht um Zustände, die sich zwischen 500 und 1500 finden lassen. Aber eines sollte doch nun wirklich ‚mittelalterlich‘ sein: ein spezifischer Hang zum Aberglauben. Wir streifen in diesem Zusammenhang nur den angeblich ebenfalls spezifischen mittelalterlichen Hexenwahn. Das Bild des Spiegelkabinetts hilft auch hier. Einen Hexenwahn hat es im Mittelalter gar nicht gegeben, aber man glaubte an die Möglichkeit des Schadenzaubers. Eine der Formen dieses Schadenzaubers hatten wir eingehender behandelt. Aber selbst bei dieser Form der angezauberten Impotenz war zu sehen: Vorgebeugt werden sollte den Wirkungen dieses Zaubers. An eine Verfolgung der vermeintlich Schuldigen dachte niemand. Erst in der frühen Neuzeit wird diese mittelalterliche Tradition umgedeutet. Nun sind es nicht mehr Menschen, die sich geschädigt fühlen, welche eine Hexe verklagen, sondern es sind die kirchlichen und weltlichen Obrigkeiten, welche geradezu Verfolgungswellen organisieren. Es geht jetzt nicht mehr wie im Mittelalter um Schadenzauber und Teufelspakt, der das individuelle Seelenheil gefährdet, sondern um Hexen- und Hexergemeinschaften, die im Bunde mit dem Teufel, mit dem sie die wildesten Orgien feiern, die Gesellschaft unterwandern wollen. Am Beispiel einer Betrugsform von Fahrenden, die sich als vom Teufel Besessene ausgeben, läßt sich feststellen, wann ungefähr sich der spezifisch frühneuzeitliche Hexenwahn ausbreitet. Bis etwa um die Mitte des 16. Jahrhunderts können Betrugsbettler durch die Lande wandern und milde Gaben mit dem Argument erflehen, sie seien vom Teufel besessen. Im Verlauf der zweiten Hälfte dieses Jahrhunderts verschwindet jedoch dieses Bettelargument;[35] es wird brandgefährlich.

Ein abergläubisches Mittelalter läßt sich weder im Umgang von Menschen miteinander noch im Umgang mit ihrer Umwelt feststellen. Schon bei den sogenannten Bauernregeln hatten wir gesehen, daß die Menschen nicht von sich aus zu wunderlichen Prognostiken gelangten, sondern Fehlinformationen durch die Wissenschaft aufsaßen – ein überzeitliches Problem.

Erinnern wir uns an den Strauß. Die Ansicht gebildeter Kleriker, daß er sogar Eisen verdauen könne, hatte sich auch unter Laien herumgesprochen; aber diese konnten nicht die Einwände eines Albertus Magnus hören: „Ich habe mehrfach verschiedenen Straußenvögeln Eisen vorgehalten, aber sie wollten es nicht fressen."[36]

Es kann gar keine Rede davon sein, daß die Auffassung von einer göttlichen Zeichensetzung der Natur zu einem spezifisch mittelalterlichen Aberglauben gehöre, der in der frühen Neuzeit zurückgegangen sei. Ein Beispiel: Der „Blutregen" ist eine nur selten auftretende, durch großflächige Tiefdruckgebiete in der Sahara verursachte meteorologische Erscheinung. Der Schirokko kann besonders im März den Sahara-Sand tief aufwühlen und in Mitteleuropa die Regen- oder Schneefälle von rot bis gelb färben.[37] Es dürfte kaum auf überlieferungsbedingten Zufällen beruhen, daß aus dem 12. Jahrhundert noch 15 Nachrichten von einem „Blutregen" vorliegen, im 13. nur nach acht und im 14. und 15. Jahrhundert allein noch jeweils sechs.[38] Im Spätmittelalter war man von einem solchen Ereignis weit weniger beeindruckt als in der frühen Neuzeit, in der massenweise über den „Blutregen" spekuliert wurde,[39] den erst die Naturwissenschaft des 19. Jahrhunderts entzauberte.[40]

Obwohl so viele der hinter Klostermauern ersonnenen Deutungen den Weg ins Volk gefunden hatten, ist diese Rezeption keineswegs kritiklos. Der gelehrte, nicht aber der gemeine Mann will in seltenen Naturereignissen Gottes Zeichensetzung erkennen. Es ist zum Beispiel eine zählebige Legende, daß Kometen Massenängste ausgelöst hätten. Der Duisburger Johann Wassenberch zuckt 1506 nur die Achseln anläßlich einer Kometenerscheinung: Allein Gott wisse, was das bedeuten solle („wat oer beteinkenis is ende werden sall, is gade bekannt").[41] Dieser Komet hatte zwar Dürer tief beeindruckt,[42] aber irgendwelche apokalyptischen Ängste hatte er weder bei Dürer noch bei anderen geweckt. Wenn noch für Chronisten des 16. Jahrhunderts Unwetter und Naturkatastrophen Zeichencharakter für die gestörte menschliche Ordnung haben können,[43] so wird diese Auffassung keineswegs (mehr?) allgemein geteilt. Deshalb poltert der Lutheraner Christoph Irenaeus gegen die nüchterne Einstellung von einfachen und in seinen Augen dummen Menschen: „Solche Zeichen und Wunder geschehen und ergehen nicht, wie tolle und volle Welt, Hans Unvernunft und Claus Sorgenfrey davon urtelt, kakelt und plaudert, ohn all gefehr, plump oder zufelliger weise, sondern aus sonderlich Rat, Schickung, oder ja Zulassung und Verhängnis Gottes."[44] Hans Unvernunft und Claus Sorgenfrey hatten recht. Mittelalterliche Wissenschaft hatte sie den Kosmos rational zu sehen gelehrt. Luthers Fragen an die Kirche hatten jedoch ein neues Berufsprofil, das des Theologen als Konfessionspropagator zur Folge. Eine erst in jüngster Zeit in Frage gestellte Wissenschaftsgeschichte konnte sich im Banne einer Fortschrittsgeschichte keine Rückschritte vorstellen. Bis heute begegnet man Behauptungen, die sich allein auf die intellektuelle Degeneration der Kontroverstheologie des 16. Jahrhunderts stützen und gleichwohl als „mittelalterlich" hingestellt werden konnten. In unserem Fall: Nicht das Mittelalter, sondern das späte 16. und 17. Jahrhundert ist die Blütezeit der Prodigienliteratur, die in Frankreich von Katholiken, in Deutschland von Protestanten verfaßt wird;[45] denn nicht mehr wie im Mittelalter auf menschliches Fehlverhalten, sondern auf politische bzw. konfessionelle Gegnerschaft werden diese Prodigien bezogen.[46] (Die Entwicklung der modernen Naturwissenschaft ist ohne dieses gelehrte Umfeld nicht zu verstehen. Sosehr wir bedauern, daß sie den Menschen von seiner Verantwortung als Mithandelnder der ‚Natur‘ entlastet hat, so viel Verständnis haben wir dafür, daß sie sich gegen die mit dem konfessionellen Zeitalter verbundene trivialisierte Beweistheologie ihrer universitären Kollegen wehrte.)

Aberglaube ist vielmehr die Vorstellung, die Menschheit hätte sich nur deshalb weiterentwickelt, weil sie sich konsequent von ihren mittelalterlichen Grundlagen entfernt habe. Ich will alle erreichten Fortschritte der Zivilisation gar nicht in Abrede stellen; in Abrede stelle ich nur, daß diese Fortschritte in einer Logik der Geschichte zwangsläufig geborgen seien. Das Gefährliche in der Selbstgefälligkeit des modernen Aberglaubens über mittelalterliche Zustände liegt nicht im historischen Irrtum; es liegt in der Illusion über die Belastbarkeit der erreichten Fortschritte. Eine vorurteilsfreie Betrachtung der mittelalterlichen Geschichte wird die Menschen in jener Zeit weder idealisieren noch für dumm verkaufen, sie wird sie als Vorfahren ernst nehmen.

Falls man im Mittelalter eine Vorstellung vom modernen Begriff der Umwelt gehabt hätte, hätte man ihn nicht platterdings auf die Erde und die sie schützende Ozonschicht bezogen. Die „natura operans“ schloß Sonne, Mond und Sterne mit ein.[47] Deshalb notierte zum Beispiel Cosmas von Prag in seiner Chronik auch die Erscheinungen von Polarlicht, Kometen, Meteoren und die Sonnen- und Mondfinsternis.[48] Ohne jeden Kommentar, nüchtern, wird davon berichtet.

Nur in Spuren ist erhalten, wie der gemeine Mann den Kosmos verstand. Der junge Hirte, der 1476 im Taubertal predigt und eine Massenwallfahrt entfacht, sieht die Natur in ihrer Schönheit als Quelle der Gnade und den Mond als Sprungbrett zum Himmel: Wer im Taubertal zur hl. Maria betet, „welchs mensch den Tuberthall begryfft, der erlange auch all vollkommelich gnade; und wan er sterbt, so fare er von mond uff zu hymmel".[49]

Der Mond ist das Sprungbrett der Seele zum Himmel, die Sonne hingegen gewährt das Leben des Menschen. Schlichte Einsicht, der keine Spur von „Naturreligion" anhaftet. Der Glaube an die lebensspendende Kraft der Sonne ist allen Kulturen gemeinsam. Deswegen sehen es bereits im frühen Mittelalter Gelehrte als ihre Aufgabe an, den Menschen die naheliegende Furcht bei Sonnenfinsternissen zu nehmen. Schon Thietmar von Merseburg mahnt alle Christen, die Sonnenfinsternis am 21. Oktober 989 als natürlichen Vorgang zu werten. Sie komme durch den Mond und nicht durch irgendwelches Hexenwerk („non aliqua malarum incantatione mulierum") zustande.[50] Das Problem der Aufklärung im Mittelalter liegt vor allem in den Schwierigkeiten, der erst im Werden begriffenen Gesellschaft die Erkenntnisfortschritte mitzuteilen. Was um die Jahrtausendwende dem Merseburger Bischof eine errechenbare Tatsache aus der an den Kathedralschulen unterrichteten Astronomie ist, läßt 300 Jahre später einen Erfurter Chronisten erstaunen. Es habe doch tatsächlich ein Astrologe im Gefolge des Brandenburger Kurfürsten eine Teilfinsternis der Sonne auf Tag und Stunde genau vorhergesagt.[51] Angesichts des weitgehenden Fehlens einer mit der Welt der Laien kommunizierenden Wissenschaft nimmt es nicht wunder, daß etwa Vorstellungen, die zu Beginn des 12. Jahrhunderts Adelard von Bath von der Erdkugel („terrae globus") inmitten der sie umgebenden Luft hatte,[52] nicht ins allgemeine Bewußtsein dringen konnten.

Sonnenfinsternisse werden vorhergesagt; sie lösen keine kosmischen Ängste, sondern Sorge um die Gesundheit aus. Schließlich ist die Sonne das lebensspendende Element, ihre Verfinsterung schränkt die Lebensgeister („spiritus vitae") ein; so urteilt der königliche Leibarzt 1327 und rät für den Tag der vorausberechneten Sonnenfinsternis zu einem kräftigen Frühstück.[53] In solche Zusammenhänge ist der Bericht eines Zeitgenossen über die Sonnenfinsternis des Jahres 1433 einzuordnen, ein nüchterner Bericht, der vermerkt, daß alle Leute sich fürchteten.[54] Nicht kosmische Ängste, sondern Sorgen um die Folgen einer Sonnenfinsternis lehren die Menschen das Fürchten. Cosmas von Prag sieht einen Zusammenhang der Sonnenfinsternis von 1124 mit der großen Viehseuche dieses Jahres.[55] Es mußte Folgen haben, wenn die lebensspendende Kraft der Sonne auch nur kurzfristig ausfiel, eine Kraft, die jedermann kannte, weswegen es auch jedermann einleuchtete, was der „Physiologus" zu wissen vorgab: Der Strauß vergrabe die Eier in der Erde; allein durch die Sonne würden sie ausgebrütet.[56]

Sonne, Mond und Sterne gehören nicht nur zur Umwelt des Menschen im Mittelalter, sie wirken auch auf seinen Umgang mit den Mitmenschen ein. Der Einfluß der Himmelskörper auf den Menschen war wissenschaftliches Gemeingut. In den populären Gesundheitsregeln sind Astronomie und Medizin miteinander verknüpft, wenn die für den jeweiligen Monat gültigen Vorschriften begründet werden.[57] Die Melancholie zum Beispiel kann durch die Konstellation der Gestirne verstärkt werden.[58] Schon das weit verbreitete, im Mittelalter dem Aristoteles zugeschriebene „Secretum secretorum" versuchte die Einwirkungen der Planeten auf den Menschen in ein System zu bringen.[59] Im 14. Jahrhundert widmete Konrad von Megenberg das ganze zweite Buch seines „Buchs der Natur" dem Thema: „Von den himeln und den siben planeten".[60]

Hier wird der Weg bereitet zu einem Thema, das dann seit dem 15. Jahrhundert in der populären Druckgraphik Bedeutung erlangt: die Planetenkinderbilder. Auf dem Umweg über die Astrologie dringt mit einemmal der antike Götterhimmel in das Bewußtsein der Menschen. Die im Zeichen der Venus geborenen

Kinder sind lebens- und liebeshungrig, diejenigen, die im Zeichen des Mars das Licht der Welt erblickten, kriegerisch usw. Auch wenn der antike Götterhimmel auf diese Weise populär wurde, so dachte doch niemand daran, deswegen Frömmigkeit und Christlichkeit in Zweifel zu ziehen. Denn das ist das einzig Mittelalterliche am Mittelalter: Man steht Normen, Prinzipien und Institutionen ziemlich fern und kann scheinbar Unvereinbares vereinbaren, kann die verschiedensten Anschauungen nebeneinander stehen lassen. Pluralismus.

Anhang

Anmerkungen

Einleitung

1 Jones (1991), bes. 27 ff.

2 Ebd., 184.

3 Borst (1988/II), 529 f.

4 Ebd., 559 ff., Zitat: 563.

5 Jäger (1988), 10 f.

6 Ebd., 11.

7 Vgl. dazu die präzisen, betont einfach formulierten Fragen bei Brunner (1994), 165.

8 Die Ökologie lehrt, „daß man sich unter ‚Natur' keine stabile, in steter Harmonie befindliche organische Einheit vorstellen darf", so Radkau (2000), 33.

9 Die Menschen um 1500 sind mit ihrer durchschnittlichen Körpergröße von etwa 170 cm ungefähr 5 cm kleiner als die Menschen der Völkerwanderungszeit. Helmut Wurm, Körpergröße und Ernährung der Deutschen im Mittelalter, in: Herrmann (1986), 101 – 108, hier: 103.

10 Vgl. jetzt: Goetz (1999), 237 ff., und Bernd Herrmann, Zwischen Molekularbiologie und Mikrohistorie. Vom Ort der Historischen Anthropologie. Leopoldina (R 3) 46 (2001), 391 – 408.

11 Brunner (1994), 161.

12 Bender (1988), 82 f.

13 Winiwarter (1994), 131 mit Anm. 2. Vgl. Deutsches Wörterbuch von Jacob und Wilhelm Grimm Bd. 23 (1936), Neudruck 1984, Sp. 1259.

14 Winiwarter (1994), 132 ff.

15 Jäger (1994), 2 f.

16 Ebd., 136 ff. – Diese Aussage gilt nicht für die Verwendung des Begriffs „Anthropozentrismus" in der Biologie, wohl aber für seine Verwendung in den kulturwissenschaftlichen Diskussionen, in die er etwa in der Mitte des 20. Jahrhunderts eingesickert war.

17 Ebd., 155 ff.

18 Brunner (1994), 162.

19 De rebus alsaticis ineuntis saeculi XIII, in: MGH SS Bd. 17, 236; Descriptio Alsatiae, in: ebd., 237.

20 Loris Sturlese, Die deutsche Philosophie im Mittelalter. (Aus dem Italienischen übersetzt von Johanna Baumann) 1993, 324 – 388; August Nitschke, Albertus Magnus. Ein Wegbereiter der modernen Wissenschaft, in: ders. (1995), 149 – 170.

21 Dazu vgl. kompakt: Helmut Jäger, Historische Geographie. (Das geographische Seminar) 21973. – Im wesentlichen nur zur Geschichte des Begriffs „Kulturlandschaft" nützlich: Hubert Mücke, Historische Geographie als lebensweltliche Umweltanalyse. (EuropHochschulschrr III/369) 1988, 151 ff.

22 Einen mustergültigen Versuch zur Behebung dieses Defizits unternahmen mit ihrer Quellensammlung Bayerl/Troitzsch (1998).

23 Vgl. die Zusammenstellung (von Anita Mächler) Mittelalterliche Geschichte in den Lehrplänen der Bundesrepublik Deutschland, in: Rolf Ballof (Red.), Kongreß. Geschichte des Mittelalters im Geschichtsunterricht. 20. – 23. Oktober 1999. 1999.

24 Vgl. etwa Werner Abelshauser (Hrsg.), Umweltgeschichte. Umweltverträgliches Wirtschaften in historischer Perspektive. (GuG Sonderheft 15) 1994. Das wesentlich ergiebigere Werk von Jäger (1994) betrachtet Umweltgeschichte vor allem als Teil der Historischen Geographie.

25 Radkau (2000). – Noch nicht zugänglich war mir: Robert Delort/François Walter, Histoire de l'environnement européen. Paris 2001.

26 Vgl. Radkau (2000), 11 ff. – Zu Recht stellt Radkau ebd., 12, fest, wenn er vom „Mangel an Geschichtsbewußtsein in der Öko-Bewegung" schreibt, daß die Umweltgeschichte nicht als ein Teil „grüner" Weltsicht verstanden werden kann.

27 Den instruktivsten Einblick in die Vielzahl der Zugänge zur Umweltgeschichte bieten die von Bernd Herrmann herausgegebenen Sammelbände.

28 „Die Umweltgeschichte braucht zwischendurch den ‚vagabundierenden Blick'", bemerkt Radkau (2000), 8, zutreffend.

29 Borst (1988), 494.

30 So zu Recht: Jaritz (1994), 11.

31 Liebertz-Grün (1984), 160 f.

32 August Nitschke, Körper in Bewegung. Gesten, Tänze und Räume im Wandel der Geschichte. Zürich 1989.

33 Zu Recht formuliert Radkau (2000), 8, daß die Umweltgeschichte in der Weite der Landschaft und nicht in punktuellen „historischen Stätten" ihren Gegenstand sieht.

34 1528 betont Luther, daß „der Mensch durchs Reden von andern Tieren am meisten geschieden ist". Zit. nach Erwin Mülhaupt (Hrsg.), D. Martin Luthers Psalmen-Auslegung. Bd. 1, 1959, 3.

35 Vgl. Düwel (1994), 137 ff.

36 Jaritz (1989), 58 f. und besonders Esch (1998), 176 ff.

37 Schubert (1995), 29 ff.

38 Ebd., 29 f.

39 Es sei einem Göttinger Professor nachgesehen, wenn er im Stolz auf seine Alma mater darauf verweist, daß in Göttingen durch die Initiative des Biologen und Anthropologen Bernd Herrmann seit zwanzig Jahren ein Arbeitskreis für Umweltgeschichte besteht, dessen Publikationen dazu beigetragen haben, daß, wiederum aufgrund des Engagements meines genannten Kollegen, das Fach „Umweltgeschichte" als transdisziplinäres Fach zwischen zwei Fakultäten eingeführt wurde; und zwar – dem Ernst des Themas angemessen – in aller Stille, ohne das inzwischen übliche akademische Tam-Tam.

40 Freidank c. 76, ed. Bezzenberger, 135 f.

41 Wander Bd. 3, 1521. Gnade soll das Recht begleiten. Singer Bd. 5, 113 ff. bes. 115. Vgl. in diesem Zusammenhang zur „misericordia" im kanonischen Recht: Ferdinand Elsener, Gesetz, Billigheit und Gnade im kanonischen Recht, in: Summum ius, summa iniuria. 1963, 168 – 190, bes. 178 ff.

42 Vgl. Karl Heinz Burmeister, in: Walter Vogler (Hrsg.), Ulrich Rösch. St. Galler Fürstabt und Landesherr. St. Gallen 1987, 115.

43 So bereits Nitschke (1981), 9.

44 Michael Matheus, Hafenkrane. Zur Geschichte einer mittelalterlichen Maschine am Rhein und seinen Nebenflüssen von Straßburg bis Düsseldorf. (TrierHistForsch 9) 1985; Thomas Hänseroth/Klaus Mauersberger, Spekulative Betrachtungen über die Entwicklung des technischen Wissens im Mittelalter, mit besonderer Berücksichtigung von Heben und Versetzen von Lasten, in: Lindgren (1996), 87 – 93.

45 Vgl. Jäger (1994), 71.

46 Schubert (2001), 661 ff.

Natürliches Lebensumfeld

1 Das Klima und die Sorge um frische Luft

1 Zitiert nach dem Referat von Jürgen Wolfrum/Volker Ebert, 4. Symposion der deutschen Akademien der Wissenschaften: Energie und Umwelt – Wo liegen optimale Lösungen? Akademie-Journal, 2000, Heft 1, 34 – 36, hier: 35.

2 Jean Bodin, Methodus ad facilem historiarum cognitionem. Paris 1566. Vgl. von Bezold (1918), 368.

3 Jäger (1963), 36; ders. (1994), 26; Lamb (1995), 171 ff. – Russell (1971), 31, nimmt die Zeit zwischen dem 5. und 6. Jahrhundert als Zeit des Klimaoptimums an. Vgl. jetzt Glaser (2001), dem es gelingt, das, was in den Quellen als datierbare Katastrophe erscheint, in die Trends der Klimaentwicklung einzuordnen.

4 Russell (1971), 31.

5 Ebd.

6 Gode Gravenhorst, Polares Eis: Ein Archiv atmosphärischer Umweltbedingungen, in: Herrmann/Budde (1989), 139 – 144. – Einen Überblick über die Geschichte der Klimaforschung bietet Glaser (2001), 5 ff.

7 Le Roy Ladurie (1977), 238 ff. – Eine Übersicht über die Methoden der Klimageschichte bei Lamb (1995), 74 ff.

8 Russell (1971), 48 f.

9 Jäger (1963), 48 f. – Zu den ökologischen Voraussetzungen der Malaria vgl. Radkau (2000), 154 ff. – Endemisch konnte die Malaria noch im 20. Jahrhundert am Nieder- und Oberrhein auftreten. Freundlicher Hinweis von Bernd Herrmann, Göttingen.

10 Vgl. Lamb (1995), 187 ff.; Radkau (2000), 49.

11 Vgl. Glaser (2001), 50 f.

12 Pfister (1988), 118 ff.

13 Ebd., 122.

14 Vgl. oben S. 288, Anm. 92.

15 Cölner Jahrbücher. StChr. Bd. 13, 38 und 170.

16 Pfister (1988), 120 f.

17 Der Canzler. De Boor Bd. 2, 1662.

18 Ebd.

19 Gottfried von Neiffen. Ebd., 1584.

20 „Ich hân mîn lêhen ... nû entfürhte ich niht den hornung an die zêhen". Wapnewski (1962), 174.

21 Fichtenau (1986), 15. Für das Spätmittelalter vgl. nur Burkard Zink, 180: „denn es mocht niemant gewandlen noch zu dem andern kommen vor kelt und vor schnee."

22 Die grundlegende Zusammenstellung westeuropäischer Quellennachrichten zwischen 1003 und 1425 über Witterungserscheinungen (beeindruckend wegen ihrer stupenden Gelehrsamkeit) bietet Alexandre (1987), 51–306. Vgl. ebd., 336–581: chronologische Auflistung aller Nachrichten über auffallende Klima- und Witterungsumstände. Zur Auswertung vgl. Glaser (2001), 57–92. – Auf polnische Arbeiten zur mittelalterlichen Klimaforschung verweist Bláhová (1992), 839, Anm. 2.

23 Annales Colmarienses maiores. MGH SS Bd. 17, 220.

24 Schubert (1983), 16.

25 Ebd. Vgl. Cölner Jahrbücher. StChr. Bd. 13, 50 (1408).

26 Limburger Chronik, ed. Wyss, 86.

27 Burkard Zink, 179.

28 Sigmund Meisterlin, 100.

29 Selbst in Häusern der Reichen konnte noch im 15. Jahrhundert nur ein Raum erwärmt werden. Aeneas Sylvius, ed. Wolkan, 91.

30 Kroos (1981), 192.

31 StChr. Nürnberg Bd. 4, 407. Vgl. Burkard Zink, 181.

32 Soester Stadtbücher. StChr. Bd. 24, 105 (1517).

33 Ebd. Auch in Nürnberg mußte 1440, als der Winter sich bis 14 Tage nach Ostern erstreckte, das Vieh geschlachtet werden. StChr. Nürnberg Bd. 1, 407. Die Cölner Jahrbücher StChr. Bd. 13, 174, notieren bei dem harten Winter 1437 das Viehsterben. Vgl. allgemein die Hinweise bei Englisch/ Jaritz (1976), 6 ff.

34 Cammermeister, ed. Reiche, 41.

35 Lamb (1995), 195.

36 Vgl. Fouquet (1999), 59 ff.

37 Cammermeister, ed. Reiche, 208.

38 Krebs, 8 ff. (Nrn. 10 und 66). Als 1442/43 die Augsburger Mühlen wegen der Kälte zum Stillstand kamen, war dies nach den Worten des Burkard Zink, 180, „ain untrostliche sach armen luiten". Der Rat zwang alle Klöster, ihre Wagen und Pferde zur Verfügung zu stellen, und ließ den Weg bis Bobingen, wo gemahlen werden konnte, freischaufeln. Ebd., 180 f. Vgl. auch Boos Bd. 2 (1897), 278.

39 Ulman Stromer, 41.

40 Vgl. nur Renward Cysat: „wo man usgewandelt, hat man das arme vich mit grossen mittlyden alle stätte mit ungewöhnlichem brüllen seinen hunger klagen hören." Zit. nach Hauser (1987), 97.

41 Nürnberger Jahrbücher bis 1469. StChr. Nürnberg 4, 130.

42 Englisch/Jaritz (1976), 6.

43 Zu den Sommertemperaturen 1000–1500 vgl. Glaser (2001), 61 ff.

44 Vgl. Lamb (1995), 195.

45 Vgl. die über die Preisgeschichte gewonnenen Informationen bei Hans-Jürgen Schmitz, Faktoren der Preisbildung für Getreide und Wein in der Zeit von 800 bis 1350. (QForsch AgrarG 20) 1968.

46 Vgl. Glaser (2001), 62 f.

47 Vgl. z. B., welchen Raum die Würzburger Ratschronik den klimatischen Auswirkungen auf den Weinbau einräumt. Weinbergslagen, in denen in guten Jahren 120–260 Fuder gelesen werden konnten, erbrachten nach Sommerfrösten lediglich 1–30 Fuder. Würzburger Rats-Chronik, ed. Engel, Nr. 2 und Nr. 22 bzw. Nr. 10 und Nr. 118. – 1426 hingegen gab es in Franken eine so reiche Weinlese, daß die Weinfässer teurer waren als ihr Inhalt. Fries 3, 150 f.

48 Aeneas Sylvius, ed. Wolkan, 335.

49 Barth (1958), 192.

50 Vgl. StChr. Nürnberg Bd. 1, 388 (1437).

51 Limburger Chronik, ed. Wyss, 86.

52 Klagen der Zeitgenossen über unerträgliche Trockenheit („ariditas magna", „siccitas intolerabilis") stellt Alexandre (1987), 641, zusammen. Für die von Alexandre nicht mehr

behandelte Zeit des ausgehenden 15. Jahrhunderts vgl. zum Beispiel StChr. Bd. 24, 56 und 60 (Niederrhein 1474).

53 Englisch/Jaritz (1976), 6.

54 Cölner Jahrbücher. StChr. Bd. 13, 137.

55 Limburger Chronik, ed. Wyss, 71.

56 Soester Stadtbücher. StChr. Bd. 24, 102.

57 StChr. Nürnberg Bd. 4, 330.

58 Cölner Jahrbücher. StChr. Bd. 13, 185.

59 Burkard Zink, 326.

60 Zu den Temperaturen der Winter zwischen 1000 und 1500 vgl. Glaser (2001), 71 ff.

61 Minneleich eines unbekannten Dichters bzw. Steinmar. De Boor Bd. 2, 1658 bzw. 1626.

62 Otto von Freising, Gesta Frederici, ed. Schmale, 216. – Zu den Frühjahrstemperaturen 1000 – 1500: Glaser (2001), 82.

63 „Mayus est mensis bonus et vtilis, quia omnia, que in terris sunt, virescunt." Keil (1982), 249. Vgl. ebd., Anm. 57: Die im Mai gewonnene Butter galt als besonders gesund.

64 Marzell (1938), 174 f.

65 Ed. Wyss, 25.

66 Borst (1973), 87 und 90.

67 Vgl. Glaser (2001), 188 f.

68 Vgl. zum Beispiel Burkard Zink, 28 (zum Jahre 1382); Cölner Jahrbücher. StChr. Bd. 13, 122f und 169 f. (1434); Soester Stadtbücher. StChr Bd. 24, 105 (1515); Duisburger Chronik des Johann Wassenberch. Ebd., 197 (1496). – Die Sturmschäden an Kirchen und Häusern 1434 bezeichnet der Soester Stadtschreiber als fürchterlich („greselich"). Ebd., 39 f. Nach den Cölner Jahrbüchern StChr. Bd. 13, 169, hat dieser Sturm sogar Kirchtürme zum Einsturz gebracht. Vgl. auch die Dortmunder Chronik des Johann Kerkhörde, 51.

69 Beispiele bei Borst (1988/II), 551 ff. Vgl. auch Aeneas Sylvius, ed. Wolkan, 32: Erdbeben in der historischen Erinnerung der Basler. Noch nach mehr als hundert Jahren weiß man in Nürnberg, daß 1356 ein Erdbeben Basel zerstört habe. Sigmund Meisterlin, 157.

70 Burkard Zink, 141 f. Vgl. ebd., 292 (1463).

71 Glaser (2001), 14. Vgl. zum Beispiel Chronik des Johann Kerkhörde, 33, zu einem Unwetter des Jahres 1425, das größer war, „den emande denken mochte, de nu leveden".

72 Cölner Jahrbücher. StChr. Bd. 13, 170.

73 Burkard Zink, 2, zum Jahre 1371: „kamen groß dornschlag, plitzen und stain und ain als groß regen in der stat als vor in 20 jaren ie geschah."

74 Heinrich Deichsler, 596.

75 Ebd., 561 f.

76 Englisch/Jaritz (1976), 8.

77 Soester Stadtbücher. StChr Bd. 24, 90.

78 Heinrich Deichsler, 562 (1490). Vgl. Cölner Jahrbücher. StChr. Bd. 13, 170 (1435).

79 Vgl. etwa die böhmische Chronistik des Hochmittelalters: Bláhová (1992), 835, 837, 839 f., 842 f. und 844 f.

80 Limburger Chronik, ed. Wyss, 92.

81 Borst (1988/II), 531.

82 Ebd., 546 und 550.

83 Limburger Chronik, ed. Wyss, 89.

84 Borst (1988/II), 531.

85 Duisburger Chronik des Johann Wassenberch. StChr. Bd. 24, 205.

86 Burkard Zink, 186 (1448). Vgl. Endres Tucher, 15 (1427).

87 Annales Colmarienses maiores. MGH SS Bd. 17, 204.

88 Zu den Heuschreckenschwärmen der karolingischen Zeit vgl. Borst (1973), 111, zu denen des Jahres 1242 vgl. die Annalen Rudberts von Salzburg. MGH SS Bd. 9, 788. Ottokar V. 95.985, ed. Seemüller Bd. 2, 1245, erinnert an die Verwüstungen der Felder in der Steiermark durch Heuschrecken („haberschrecken") im Jahre 1310.

89 Vgl. Jones (1991), 37 f.

90 Borst (1988/II), 538. Englisch/Jaritz (1976), 6; Zehnder (1976), 205; Glaser (2001), 65. Vgl. MGH Bd. 6, 551; Bd. 9, 829; Bd. 17, 566.

91 Heinrich Oesterley, Denkverse bei mittelalterlichen Geschichtsschreibern. ForschDtG 18 (1878), 19 ff., Nr. 165 und Nr. 202a.

92 Die Annales Windbergenses berichten zum Jahre 1338, daß im September die Heuschreckenschwärme ganz Bayern heimsuchten und im Oktober die Juden in Straubing und Deggendorf verbrannt wurden, und zitiert einen entsprechenden historischen Merkvers. MGH SS Bd. 17, 565 f. – Ein rheinischer Chronist erinnert an die Heuschreckenplage und

die ihr folgende Hungersnot. Dieser Teuerung („caristiae") seien bald darauf Pest und Pogrome gefolgt. Chronica comitum et principum de Clivis et Marca ... usque ad annum 1392, ed. J. S. Seibertz, Quellen zur westfälischen Geschichte 2 (1860), 113 ff. Dieser Zusammenhang erschließt sich einem nachträglichen Kompilator, der sich zwar um ein Jahrzehnt, was andere Handschriften korrigieren, vertan hat (vgl. ebd., 452), aber dennoch bezeugt, wie sehr die Häufung von Katastrophenjahren zwischen 1338 und 1348 die Zeitgenossen erschüttert hatte. Vgl. Borst (1988/II), 537.

93 Limburger Chronik, ed. Wyss, 55. Vgl. Zehnder (1976), 509.

94 Borst (1988), 480 f.; Jäger (1988), 12 f.; ders., (1994), 58; Esch (1998), 213 f.

95 Borst (1988), 492.

96 Schulte (1900) Bd. 1, 98.

97 Ebd. – Hochmittelalterliche Berichte über die Gefahren des Alpenübergangs: Esch (1998), 177 f.

98 Borst (1988), 498 f. – Zu den spätmittelalterlichen Zuständen dieses Hospizes: Esch (1998), 191 ff.

99 Jäger (1988), 14; ders. (1994), 31 f.

100 Cölner Jahrbücher. StChr. Bd. 13, 151.

101 Holger Sonnabend, Naturkatastrophen in der Antike. Wahrnehmung – Deutung – Management. 1999.

102 Vgl. Englisch/Jaritz (1976), 7; Jaritz (1988), 62 f.

103 Zit. nach Englisch/Jaritz (1976), 7.

104 Borst (1988/II), 541 f.

105 Fritz Byloff, Das Verbrechen der Zauberei (crimen magiae): Ein Beitrag zur Geschichte der Strafrechtspflege in Steiermark. Graz 1902, bes. 364 ff.

106 Borst (1973), 372 ff.

107 Behringer (1995), 334.

108 Blauert (1995), 69 und 73.

109 Behringer (1995), 337 f. und 343.

110 Im überaus heißen Sommer 1474 war die Luft am Niederrhein „so dicke", daß die Zeitgenossen die Sonne nicht richtig sehen konnten. Soester Stadtbücher. StChr. Bd. 24, 56.

111 Borst (1988/II), 538 ff.

112 Franz (1963), 288. Vgl. zu dieser Landesordnung aus verfassungsgeschichtlichem Blickwinkel ohne Berücksichtigung der Umweltproblematik Franz Ganseuer, Der Staat des „gemeinen Mannes". Gattungstypologie und Programmatik des politischen Schrifttums von Reformation und Bauernkrieg. (EuropHochschulschrr III/228) 1985, 187 ff. – Zu den schädlichen Ausdünstungen von Mooren: Borst (1988), 519 ff.

113 Josef Garber, Die Reisen des Felix Faber durch Tirol in den Jahren 1483 und 1484. (SchlernSchriften 3) 1923, 14.

114 Jacob (1927), 31. Im gleichen Sinn urteilte Qazwînî auch über das Land der Waräger: „Die Kälte ist dort sehr groß, die Luft trübe."

115 Die Übersetzung des einschlägigen Tit. 48 bei Bayerl/Troitzsch (1998), 113. Vgl. Dirlmeier (1981), 115; Heine (1989), 114.

116 Vgl. nur Baader (1982), 365 ff., 383 f. Zur Historiographie der Salernitaner Schule: Baader/Keil (1982), 3 und 13 ff.

117 Vgl. Heinrich Schipperges, Arabische Medizin im lateinischen Mittelalter. (SbbAkadWiss-Heidelberg math.-nat. Kl. 1976/2) 1976. Vor einer Überschätzung der griechischen Medizin und dem Verkennen der arabischen Leistungen warnt Gerhard Eis, Überschätzung der klassischen Antike?, in: ders. (1971), 63 – 72.

118 Verwiesen sei hier nur auf die zusammenfassende Deutung in einem Werk, das sich wegen seiner unprätentiösen Kultiviertheit nach unserer Überzeugung als historischer Klassiker erweisen wird: Heinrich Schipperges, Der Garten der Gesundheit. Medizin im Mittelalter. 1990. Den einfachsten Zugang zur Humoralpathologie eröffnen mittelalterliche Kochbücher, in denen sich die Diätetik niederschlägt. Wolfgang Hirth, Die Diätetik im Kochbuch des Küchenmeisters Eberhard von Landshut und eine deutsche Regel der Gesundheit nach Arnald de Villanova, in: Baader/Keil (1982), 275 – 292, hier: 282.

119 Zur Stellung der Salernitaner Medizin innerhalb der Philosophie des Mittelalters vgl. Paul Oskar Kristeller, Neue Quellen zur Salernitaner Medizin des 12. Jahrhunderts, in: Baader/Keil (1982), 191 – 208, hier: 201 ff.

120 Vgl. Heinrich Schipperges, Der Garten der Gesundheit. Medizin im Mittelalter. 1990, 155 ff.

121 Kroos (1981), 213.

122 Dirlmeier (1981), 116.

123 Bender (1988), 83 f.

124 Boos (1899) Bd. 3, 129 .

125 Briefe, ed. Wolkan, 91 f.

126 Ebd., 428. - Zur Bedeutung, die der guten Luft in den Vorstellungen des 15. Jahrhunderts über die Idealstadt zukam, vgl. Fouquet (1999), 5 mit Anm. 13.

127 Nitschke (1994), 102.

128 Giacomo Casanova, Geschichte meines Lebens. Erstmals nach der Urfassung ins Deutsche übersetzt von Heinz von Sauter. Bd. 1, 1985, 86.

129 Von Bezold (1918), 116.

130 Juan Huarte, der im gleichen Jahr wie Bodin den Einfluß des Klimas auf die Geschichte konstatierte, war Mediziner. Von Bezold (1918), 368.

131 Zur Geruchsbelästigung am mittelalterlichen Arbeitsplatz vgl. Zimmermann (1986), 142 ff. und 147 f.

132 Ring, V. 4224 ff., ed. Sowinski, 183 f. - Zur weiteren Verbreitung dieses Ratschlags vgl. Gerhard Eis, Heinrich Münsingers „Regimen sanitatis in fluxu catarrhali ad pectus“, in: ders. (1971), 81 - 90, hier: 86; ders., Erhard Knabs Gichtregimen, in: ebd., 91 - 100, hier: 97.

133 Vgl. zur Auffassung des Konrad von Megenberg Dirlmeier (1988), 99.

134 Keil (1986), 116.

135 Ebd., 120.

136 Ebd., 124.

137 Götz von Selle, Die Georg-August-Universität zu Göttingen. 1437 - 1937. 1937, 49.

138 Vgl. Weisgerber (1996), 139.

139 Heine (1994), 158.

140 Ebd.

141 Hansjörg Küster, Botanische Untersuchungen zur Umweltverschmutzung in der mittelalterlichen Stadt, in: Flüeler (1992), 350 f., hier: 351. Vgl. in diesem Zusammenhang auch die Erwägungen zum spezifisch städtischen Klima bei Hellwig (1990), 4 f. und Padberg (1994), 38 ff. und 54.

142 Vgl. Padberg (1994), 48; Simon-Muscheid (2001), 716.

143 Zimmermann (1986), 146.

144 Ebd.; Padberg (1994), 48.

145 Vgl. neben Hendinger (1970) auch Alioth (1988) Bd. 1, 84 f.

146 Dirlmeier (1988), 101; ders. (1991), 67. Vgl. Heine (1989), 94.

147 Illi (1987), 20.

148 Dirlmeier (1981), 121.

149 Schubert (1992), 130. - Zur Luftverschmutzung durch Erzschmelzen vgl. Küster (1989), 68.

150 Dirlmeier (1981), 121.

151 Heine (1994), 169.

152 Sachsenspiegel Ldr. II.51.1.

153 Peter Assion, Art.: Ulrich Ellenbog, in: Verfasserlexikon Bd. 2, Sp. 495 - 501. Vgl. Troitzsch (1989), 105 f.

154 Wenn biblische Motive etwa im Garten Eden oder in Gethsemane vom Buchmaler zu gestalten sind, fehlen nie als Charakteristika des Sondernutzungsbereichs Garten der Zaun oder die Einfriedung durch Mauer oder Hecke. Janssen (1986), 225.

155 Janssen (1986), 226 f. Vgl. auch Körber-Grohne (1988), 454 (mit den entsprechenden Artikeln) und die Literaturhinweise bei Baader/Keil (1982), 11.

156 Vgl. Janssen (1986), 226 f., 229 f.; Willerding (1986), 250 f.

157 Janssen (1986), 231 ff.; Willerding (1986), 251. - Zum Verhältnis von Obstbau und Wildobst - erst um 1800 verschwinden die wilden Obstbäume aus den Wäldern - vgl. Behre (1986), 75 f. und 81; Jäger (1994), 85. - Noch um 1200 war das Kulturobst gering im Vergleich zum Wildobst. Paetzold (1998), 99 und 105.

158 Janssen (1986), 237 ff.; Körber-Grohne (1988), 171 ff. und 430 ff.; Heimann (1992), 880.

159 Grundlegend: Gerhard Eis, Gottfrieds Pelzbuch. Studien zur Reichweite und Dauer mittelhochdeutschen Fachschrifttums. Brünn 1944; ders., Harburger Pelzbuch-Handschriften, in: ders. (1971), 225 - 233; Roswitha Ankenbrand, Das Pelzbuch des Gottfried von Franken. Untersuchungen zu den Quellen, zur Überlieferung und zur Nachfolge der mittelalterlichen Gartenliteratur. Diss. Heidelberg 1970. Vgl. mit der hier genannten Literatur Haage (1982), 282. - Besonders sei hingewiesen auf Werner H. Veith, Gottfrieds Pelzbuch - Grundlage oder Abbild einer Ter-

minologie. ZdtPhilol 89 (1970), 74 – 98. Hier wird die Grundsatzfrage behandelt, wieweit es möglich ist, die Literatur der „artes“ als Teil der ansonsten mündlich geführten fachlichen Kommunikation zu verstehen.

160 Nitschke (1994), 103.

161 Willerding (1992), 259.

162 Ebd., 257.

163 Übergänge: Aeneas Sylvius, ed. Wolkan, 428, rühmt 1444 die schattenspendenden Baumgärten des Passauer Schlosses. Eine Beschreibung Bambergs von 1452 läßt bereits einige Kriterien des ‚Lustgartens‘ erkennen. Arnold (2000), 258 f.

164 In vielen Städten gab es hinter den Häusern gelegene Nutzgärten. Janssen (1986), 239 f.

165 Baader, 292 f. Vgl. Janssen (1986), 239 f.

166 Eindrucksvoll dargelegt bei Hellwig (1990), 109 ff. Vgl. Reichart (1996), 16.

167 Hellwig (1990), 110 ff.; Willerding (1992), 250 f. und 255 ff. Vgl. für Zürich: Illi (1987), 24 f.

168 Willerding (1992), 262.

169 Zur Schweinehaltung auf der hochmittelterlichen Burg vgl. Benecke (1994), 211.

170 Lebhaft erinnerten sich die 1512 auf der Burg Zeitlofs inhaftierten Geiseln des Götz von Berlichingen an das Gebell von etwa 40 Hunden auf der Burg. Helgard Ulmschneider, Götz von Berlichingen. Ein adeliges Leben der deutschen Renaissance. 1974, 66.

171 Borst (1973), 173 f.

172 Thomas Szabo, Der mittelalterliche Hof zwischen Kritik und Idealisierung, in: Fleckenstein (1990), 350 – 391, hier: 365.

173 Dirlmeier (1981), 148.

2 Der Mensch und die Erde: Das Beispiel des Waldes

1 Aus der Masse der Literatur sei besonders wegen des einführenden Charakters in die komplexe Problematik hervorgehoben: Roland Bechmann, Des arbres et des hommes. La forêt au Moyen Age. Paris 1984.

2 Aaron J. Gurjewitsch, Das Weltbild des mittelalterlichen Menschen. (Nach der 1972 in Moskau erschienenen Ausgabe erstmals 1978 auf deutsch in Dresden herausgegeben.) Zu kritisieren ist weniger das Werk, das angesichts der Bibliotheksverhältnisse mit veralteter Literatur veraltete Methoden übernehmen mußte, zu kritisieren ist die vielfach verblüffend unkritische Rezeption dieses Werkes.

3 Heine (1989), 121 f.; Schubert (1986), 264 f.; Jäger (1994), 102 ff.

4 Zu den Periodisierungsfragen vgl. Goetz (1999), 36 ff.

5 Herbert Jankuhn, Terra ... silvis horrida (zu Tacitus, Germania c. 5). Archaeologica Geographica 10/11 (1961/63), 19 – 38.

6 Unserer Meinung nach droht Radkau (2000), 29, von einem Extrem ins andere zu fallen, wenn er, obwohl er die Grenzen der Pollenanalyse genau kennt, formuliert, daß „Germanien entgegen früheren Phantasien nicht mit dichtem Urwald bedeckt war“.

7 Willerding (1992), 249.

8 Ebd., 252.

9 Bertsch (1951), 96. Vgl. ebd., 94 ff.: Am Wanderweg der Buche konnte das Vordringen des Seeklimas nachgewiesen werden.

10 Lüning/Kalis (1988), 49 f.

11 Zu ihren Standortbedingungen vgl. Willerding (1998), 185 f.

12 Hesmer/Schroeder (1963), 271. Vgl. Jäger (1994), 79 f.

13 Willerding (1998), 186. Vgl. Radkau (2000), 76 f.

14 Hillebrecht (1986), 280.

15 Detering (1939), 20 f.

16 Lüning/Kalis (1988), 53.

17 Hellwig (1990), 7.

18 Radkau (2000), 29.

19 Lüning/Kalis (1988), 51.

20 Zum Thema der Brandwirtschaft als Waldverlichtung vgl. Radkau (2000), 58 ff.

21 Berges (1992), 420.

22 Jäger (1994), 13 ff. Vgl. für Nordwestdeutschland: Timm (1960), 86. – Natürlich gab es in diesen Siedlungskammern auch eine Nutzung des Niederwaldes, den man für Brenn- und Bauholz brauchte. Fichtenau (1986/II), 103 und 115 f.

23 Berges (1972), 400.

24 Berges (1972); Fichtenau (1986/II), 110 f. – Vgl. Borst (1988), 484 ff. zur Frage, wie diese „terra inculta“ von frühmittelalterlichen Autoren wahrgenommen wurde.

25 Berent Schwineköper, „Cum aquis aquarumve decursibus". Zu den Pertinenzformeln der Herrscherurkunden bis zur Zeit Ottos I, in: Festschrift Helmut Beumann. 1977, 22 ff.

26 Berges (1972), 399 ff.

27 Vgl. Verhey (1935), 138 f.

28 Behre (1986), 82. Vgl. Becker (1989), 10 f. – Zur Jagd im Frühmittelalter Fichtenau (1986/II), 117 f.

29 Zur Waldweide und ihren Folgen: Jäger (1994), 7 f., 78 f. und 83 f. Rindviehhaltung und Wald: Das wird erst seit dem Spätmittelalter in seiner wirtschaftlichen Bedeutung etwa in Namen von Flurstücken im Wald („Metzgersweid, Ochsensteige") sichtbar. Brandl (1970), 72. Bestimmungen, wonach der Förster auch den Zuchtstier, den „Wucherstier" zu halten habe, weisen in die gleiche Richtung.

30 Timm (1960), 49 ff.; Fichtenau (1986/II), 112 ff.; Becker (1989), 15 f. für das frühe Mittelalter. Für die späteren Zeiten vgl. nur, daß in Freiburg i. B. 15% aller forstlichen Einnahmen aus der Eichelmast stammten, daß diese Rentabilität zur Waldschonung zwang. Brandl (1970), 113 und 118. Vgl. auch Timm (1960), 75 ff. – Zur Waldweide, die zur Waldverlichtung beitrug, vgl. Verhey (1935), 123 ff.; Jäger (1988), 11. – Zum frühmittelalterlichen Schwein vgl. Egon Johannes Greipl, Tierisches in frühen Freisinger Quellen, in: Aus Bayerns Geschichte. Festgabe ... Andreas Kraus. 1992, 9 – 24, hier: 17 ff.

31 Willi A. Boelcke, Zur Problematik der frühen alemannischen Landnahme. Festschrift Wilhelm Abel Bd. 1. 1974, 23 ff., hier: 32.

32 Karl Strecker (Hrsg.), Die Cambridger Lieder. (MGH SsrerGerm) 1926, 65 Nr. 2. Hinweis bei Berges (1972), 420.

33 Schmerbäume, fruchtbare Bäume, waren in ihrer „Fruchtbarkeit" durch die Schweinemast definiert, sie waren keine Obstbäume. Wenn Lampert von Hersfeld, ed. Fritz, 120 und 132 die „sterilitas" der Waldbäume in den Jahren 1069 bis 1071 beklagt, spricht er von der Eichelmast.

34 Zur weltweit nachweisbaren Verehrung heiliger Bäume: Radkau (2000), 100 f.

35 Zit. nach Hauser (1987), 10.

36 MGH Capitularia Bd. 1, ed. Alfred Boretius. 1883 (Neudruck 1980), 58 f. Nr. 22 c. 65.

37 Ebd., 69 Nr. 26 c. 21. – Zur Verbreitung solcher Glaubensformen: Noch Burchard von Worms weiß in seinem zwischen 1008 und 1012 entstandenen Dekret von Gebeten und Opfern an Quellen, Felsen und Brunnen. Heide Dienst, Zur Rolle von Frauen in magischen Vorstellungen und Praktiken, in: Werner Affeldt (Hrsg.), Frauen in Spätantike und Frühmittelalter. 1990, 173 ff., hier: 183.

38 Lex Frisonum, ed. Georg Heinrich Pertz. MGH Leges 3 (1863), 631 ff., 696 f.

39 Adam von Bremen II.48, ed. Trillmich, 284.

40 Adam von Bremen IV.27, ed. Trillmich, 472. Vgl. auch ebd., 426, ed. Trillmich, 470: Baum und Quelle als Stätten der Götterverehrung und der Menschenopfer in Uppsala. – Zum Menschenopfer in heiligen Hainen: Römische Legionäre finden die Knochen ihrer in der Varusschlacht gefallenen Kameraden in einem Cheruskerwald. Tacitus Ann. I. 61.

41 Thietmar von Merseburg berichtet von seinem Vorgänger Wigbert (1004 – 1009), daß dieser bei seinem Amtsantritt in der Nähe Lützens einen heiligen Hain der Sorben vorfand, der von den Menschen „in jeder Hinsicht wie ein Gott verehrt wurde". Thietmar VI.37, ed. Trillmich, 282.

42 Helmold von Bosau I.19, 47 und 84, ed. Stoob, 24, 182 und 288.

43 Ebd., 24.

44 Von Below (1998), 31 ff.

45 Behre (1986), 81.

46 Ebd., 78.

47 Karl-Ernst Behre, Die Umwelt prähistorischer und mittelalterlicher Siedlungen – Rekonstruktion aus botanischen Untersuchungen an archäologischem Material, in: Siedlungsforschung 6 (1988), 57–80, hier: 71. Vgl. Jäger (1994), 85 f.

48 Kroos (1981), 213.

49 Die Frage, ob die Plaggenwirtschaft zwangsläufig zur Waldschädigung führt, beantwortet Radkau (2000), 95 ff. differenziert abwägend, nachdem er bereits darauf hingewiesen hatte (23 ff.), wie schwer es ist, die scheinbar zwangsläufige Bodenverarmung durch den Ackerbau historisch nachzuweisen. Spätmittelalterliche Nachrichten erst belegen, daß den Menschen die Gefahren der Plaggendüngung bewußt geworden wa-

ren. Die Sebalder Waldordnung von 1475 verbot, den Waldboden auf die Felder zu tragen. Von Eheberg (1914), 61.

50 Bettina Braun/Werner Konold, Kopfweiden. 1998.

51 Hielscher (1969), 14.

52 Vgl. Jäger (1994), 88 ff.

53 Paetzold (1998), 107.

54 Telle (1982), 297 ff., bes. 302 f. und 305 ff. Zum weiten medizinischen Anwendungsbereich der Eichenmistel vgl. Annelore Högemann, Der altdeutsche „Eichenmisteltraktat". Untersuchungen zu einer bairischen Drogenmonographie des 14. Jahrhunderts. (WürzburgMedHistForsch 19) 1981, bes. 175 ff.

55 Der lichtliebende Wacholder konnte sich nur dort entwickeln, wo der Viehverbiß vor allem durch die Schafweide den Baumbestand vernichtet hatte. Jäger (1994), 79. Zur Heilkraft des Wacholders in der Volksmedizin: Marzell (1938), 47 f.

56 Telle (1982), 317.

57 Vgl. Timm (1960), 52 f.; Willerding (1986), 252 f. und – zu den Hudewäldern – Radkau (2000), 35.

58 Hausrath (1938), 8; Timm (1960), 52; Jäger (1988), 11.

59 Zum Bedeutungsfeld von „saltus" im Frühmittelalter vgl. Fichtenau (1988/II), 109 f.

60 Zu den Konsequenzen der Rodung für das Ökosystem und die nach spätestens zwei Jahrhunderten abnehmende Ertragsfähigkeit der gerodeten Böden: Bernhard Ulrich, Die historische Entwicklung des Beziehungsgefüges Wald – Mensch – Umwelt, in: Herrmann/Budde (1989), 95 – 106, hier: 101.

61 Rodungen gab es bereits in der Jungsteinzeit: Herbert Jankuhn, Rodung und Wüstung in vor- und frühgeschichtlicher Zeit, in: Walter Schlesinger (Hrsg.), Die deutsche Ostsiedlung des Mittelalters als Problem der europäischen Geschichte. (VortrrForsch 18) 1975, 79 – 130. Für das frühe Mittelalter sei auf das Capitulare de villis erwiesen: Von den Königshöfen aus soll gerodet werden; zugleich sei aber darauf zu achten, daß die Wälder, die man brauche, nicht übermäßig ausgeholzt würden. Franz (1967), 49.

62 Vgl. Erlen (1992), 20 ff., 192 ff., 248 ff. und 256 ff.; Jäger (1994), 82 f.

63 Pegauer Annalen. MGH SS Bd. 16, 247.

64 Zu diesem vielbehandelten Thema vgl. Erlen (1992), 254 f.

65 Martin Specht, Untersuchungen über den technischen und rechtlichen Inhalt der Holländerurkunde des Erzbischofs Friedrich I. JbWittheitBremen 21 (1977), 179 ff., hier: 182. Vgl. allgemein zu den Formen der Entwässerung: Hans-Jürgen Nitz, Mittelalterliche Moorsiedlungen, in: Herrmann (1989), 40 – 62, hier: 45 ff.

66 Zu der für den Menschen gefährlichen Brandrodung, mit der dem Buchenwald nicht beizukommen war, vgl. Hellmuth Nietsch, Wald und Siedlung im vorgeschichtlichen Mitteleuropa. 1939, 70.

67 Vgl. Grupe (1986), 27 f.

68 Schon allein die Vereinfachung in der zisterziensischen Überlieferung mit ihren typischen drei Schritten gibt eine Vorstellung von den Arbeitsgängen: das durch „incisores" bewerkstelligte Fällen der Bäume, das durch „exstirpatores" bewirkte Ausheben der Wurzeln und schließlich das durch „incensores" verantwortete Abbrennen der nicht verwertbaren Wurzeln und Äste. Hielscher (1969), 15.

69 Hielscher (1969), 14.

70 Timm (1963), bes. 208 f.

71 Die Reinhardsbrunner Briefsammlung, ed. Friedel Peeck. MGH Epp. selectae 5 (1952), 79 Nrn. 94 f.

72 Blickle (1977), 113 f.

73 Hans Wilhelm Eckardt, Herrschaftliche Jagd, bäuerliche Not und bürgerliche Kritik. Zur Geschichte des fürstlichen und adeligen Jagdprivilegs vornehmlich im südwestdeutschen Raum. (VeröffMPIG 48) 1976; Alexander Schunka, Soziales Wissen und dörfliche Welt. Herrschaft, Jagd und Naturwahrnehmung in Zeugenaussagen des Reichskammergerichts aus Nordschwaben (16. – 17. Jahrhundert). 2000.

74 Wander Bd. 1, 1273 f.

75 Descriptio Alsatiae. MGH SS Bd. 17, 237 f. Übersetzung: Die Zustände des Elsasses im Beginn des 13. Jahrhunderts. In: Die Geschichtschreiber der deutschen Vorzeit. Zweite Gesamtausgabe. Bd. 76. 1897, 133 f. – Zum Zusammenhang von Grundwasserbildung und Pflanzenkleid der Erde vgl. Wilhelm (1976), 43 f.

76 Jäger (1988), 17; Hesmer/Schroeder (1963), 131 f. Vgl. ebd., 278 ff. zur Waldverwüstung in Nordwestdeutschland; zu der in Preußen: Mager (1960) Bd. 2, 225 ff.

77 Vgl. Erlen (1992), bes. 285 ff.

78 Entsprechende Erwägungen: Ernst Schubert, Der „starke Bettler", das erste Opfer sozialer Typisierung um 1500. ZfG 48 (2000), 869 - 893.

79 Karl-Heinz Spieß, Zur Landflucht im Mittelalter, in: Hans Patze (Hrsg.), Die Grundherrschaft im späten Mittelalter. Bd. 2 (VortrrForsch 17) 1983, 157 - 204.

80 Timm (1960), 55 ff. - Benecke (1994), 219 vermutet als Grund dafür, daß die Schweine im Verlauf des Mittelalters kleiner werden, die ausgedehnte Waldrodung, was angesichts der Bedeutung der Waldmast durchaus plausibel ist.

81 Verhey (1935), 164 f.

82 Timm (1960), 59 ff.

83 Verhey (1935), 123 f.

84 Blickle (1977), 113 f.

85 Timm (1960), 16 f.

86 Ebd., 7 f.

87 Ebd., 23 f.

88 Grimm, Weisthümer Bd. 4, 701.

89 Grimm, Weisthümer Bd. 3, 609 f. Vgl. von Eheberg (1914), 22, 63 f. und 76. - Allgemein zur Waldbienenzucht: Jäger (1994), 97 ff.

90 Johannes Bischoff, Die Zeidelhuben und Bienenpflege im Sebalder Reichswald zwischen Erlangen und Nürnberg in siedlungs- und waldgeschichtlicher Sicht. JbfränkLdforsch 16 (1956), 29 ff.; Mager (1960), Bd. 1, 298 ff.

91 Anneliese Hofemann, Studien zur Entwicklung des Territoriums der Reichsabtei Fulda und seiner Ämter. (SchrrHessLdamtGLdkde 25) 1958.

92 Ernst Gerhard Jacob, Grundzüge der Geschichte Portugals und seiner Übersee-Provinzen. 1969.

93 James Clarke Holt, Magna Carta. Cambridge [2]1992.

94 Rubner (1960), 38.

95 Hermann Christern, Deutscher Ständestaat und englischer Parlamentarismus am Ende des 18. Jahrhunderts. 1939.

96 Vgl. Kriegk (1862), 236 f.; Hellwig (1990), 115 ff.

97 Schubert (1992/II), 253.

98 Vgl. Lampen (2000), 188 ff.

99 Kiesselbach (1907), 225. Vgl. Stefke (1979), 120 f.

100 Hauser (1972), 37. Ein Beispiel für systematische Mehrung von Nutzungsprivilegien bietet Nürnberg, das sich etwa in den Jahren zwischen 1331 und 1355 vier kaiserliche Privilegien für die Reichswälder geben und das zusammenfassende Privileg von 1355 auf eigene Kosten durch die Goldbulle besiegeln läßt. Müllner, ed. Hirschmann, 25. Vgl. für Hildesheim: Köppke (1967), 88 f. - Bei allen spezifisch urbanen Formen der Waldnutzung darf nicht deren agrarwirtschaftliche Basis übersehen werden. Den Städten ging es nach wie vor auch um die Waldweide. Ein Beispiel: Der Freiburger Rat stellt immer wieder fest, daß die Freiburger Dörfer keine Ansprüche auf Weidenutzung im Stadtwald haben. Sie müssen dafür bezahlen! Das ursprünglich freie Nutzungsrecht ist schon im Hochmittelalter aufgehoben, der Wald ist im Interesse der Stadt gebannt worden. Brandl (1970), 111.

101 Vgl. den bahnbrechenden Aufsatz von Pfeiffer (1972), 151 ff. - Aufschlußreiche Einzeluntersuchungen: Brandl (1970) 33, 38 und 111; Köppke (1967), 88 f.

102 So erwarb 1252 Rostock seinen rund 6000 ha großen Stadtwald. Bernhardt (1872), 107. Vgl. auch ebd., 170 f. zur Görlitzer Heide. Zu den Städten in der Eidgenossenschaft: Hauser (1972), 37. Beispiele für sauerländische Städte: Dieter Stievermann, Städtewesen in Südwestfalen. Die Städte des Märkischen Sauerlandes im späten Mittelalter und in der frühen Neuzeit. (Spätmittelalter und Frühe Neuzeit 6) 1978, 161.

103 Kiess (1981), 79. Vgl. ebd., 85 f. zu dem in waldarmer Landschaft gelegenen Marbach am Neckar, das sich mit anderen Gemeinden in die Nutzung des etwa 15 km entfernten Hartwaldes teilen mußte.

104 Von Eheberg (1914), 22 ff.

105 Müllner, ed. Hirschmann, 252. - Im gleichen Sinne hatte bereits 1220 eine urbariale Notiz festgehalten: „Zwei Wälder bei der Stadt Pfullendorf, ohne welche die Stadt nicht be-

stehen kann". Kiess (1981), 79. Wir stellen deswegen dem Nürnberger Beispiel das einer kleineren Stadt gegenüber, weil letztere dem verbreiteten Städtetyp entspricht und damit neben dem Sonderfall der Großstadt auf das Grundsätzliche weist.

106 Vgl. Heimann (1992), 869 f.

107 Wolfgang von Stromer, Oberdeutsche Hochfinanz 1350–1450. 4 Bde. (VSWG Beih 54–57) 1970.

108 Die Geschichte der Reichswälder berechtigt zu diesem rüden Urteil. Die differenzierten Wertungen der Nürnberger Patriziatsforschung haben wir nicht übersehen, aber diese Forschung übersah die doch naheliegenden Vergleichsmöglichkeit zwischen mittelalterlicher und frühneuzeitlicher Ratsherrschaft.

109 Kriegk (1862), 236 f. Daß man dennoch auch eine auf Nachhaltigkeit bedachte städtische Waldwirtschaft erkennen kann, betont Radkau (2000), 176.

110 Spätestens ab Mitte des 13. Jahrhunderts sind die Wälder im Konstanzer Umland auf den Mittelwaldbetrieb zur Bauholzgewinnung umgestellt worden. Bernd Becker/Judith Oexle, Stadt und Umland – dargestellt am Beispiel der Waldnutzung im Umland des mittelalterlichen Konstanz, in: Flüeler (1992), 374–379.

111 Voigt (1973), 45. – Zum Verhältnis von Steinhäusern und Holzhäusern: Kühnel (1984), 39 ff. Vgl. ebd., 56 f. und Dimt (1984), 83 f. zu den Kachelöfen.

112 Sander-Berke (1995), 214 ff.

113 Walter Sage, Einflüsse auf die Herausbildung bürgerlicher Haustypen. In: Arbeit und Volksleben. 1967, 83 ff.; Günther Binding, Udo Mainzer und Anita Wiedenau: Kleine Kunstgeschichte des deutschen Fachwerkhaus. 1975.

114 Englisch/Jaritz (1976), 58; Zehnder (1976), 18. – Aeneas Sylvius kritisiert, daß die Häuser in Wien mit Holzschindeln gedeckt waren. Hundsbichler (1977), 125. – Zu den städtischen Ziegeleien vgl. Sander-Berke (1995), 13 ff.

115 Hundsbichler (1977), 125.

116 Zum hochmittelalterlichen Fenster vgl. Bulla (2000), 24: Holzfenster aus Eiche aus dem Jahre 1239. Das Fenster ist hier eine rechteckige Öffnung von 45 × 45 cm, die mit einer Schweinsblase oder mit Pergament verschlossen werden konnte.

117 Vgl. etwa: Karl Greiner, Die Glashütten in Württemberg. 1971, 4 ff.; Mager (1960), Bd. 2, 64 ff.

118 Sigrid Wrobel/Dieter Eckstein, Die Bauholzversorgung in Lübeck vom 12.–16. Jahrhundert, in: Gläser (1993), 531–535; Sander-Berke (1995), 114 ff.; Günther Binding, Holzbau, in: Lindgren (1996), 81–86.

119 Maschke (1980), 102.

120 Köppke (1967), 53.

121 Cölner Jahrbücher. StChr. Bd. 13, 27 (1378).

122 Timm (1960), 41.

123 Wilsdorf (1960), 10 Anm. 2.

124 Vgl. Fehring (1996), 39 Abb. 28: dichtgesetzte Pfähle als Substruktion eines Konstanzer Klostergebäudes 1311/12.

125 Karlheinz Pfarr, Geschichte der Bauwirtschaft. 1983, 57.

126 Die große Ausnahme, Bremen, das über keinen Stadtwald verfügte, wird derzeit in einer Göttinger Dissertation von Gunther Ehrhard untersucht.

127 Cochlaeus, 83.

128 Nürnberger Achtbücher, ed. Schultheiß, 93 Nr. 766.

129 Dirlmeier (1978), 139.

130 Rubner (1960), S. 52 f.

131 Schubert (1983), 80. Werner Meyer, Harzgewinnung, in: Lindgren (1996), 129–132.

132 Hendinger (1970), 18 ff. Vgl. Detering (1939), 63 f.

133 Troitzsch (1989), 91.

134 Als die Säge am Ende des 18. Jahrhunderts von der Obrigkeit eingeführt wird, erhebt sich Widerstand der Holzknechte. Koller (1975), 54 und 149 ff. Vgl. auch: Koch (1963), 43.

135 Verhey (1935), 76 f.

136 Hans Jänichen, Zur Geschichte der Sägmühlen im Mittelalter mit Ausblicken auf die Bestockungsgeschichte südwestdeutscher Wälder. Mitt. des Verbandes für forstliche Standortkunde 17 (1967), 46–51. Vgl. auch Günther Binding, Holzbau-Geräte, in: Lindgren (1996), 77–80, hier: 78 f.

137 Instruktiv: Heiko Steuer, Werkzeug der Schiffbauer vom Rheinufer in Köln, in: Gläser (1993), 211–330, bes. 315ff. (mit Abb.).

138 Wilsdorf (1960), 11 mit Anm. 3.

139 Gerhard Hirschmann, Mühlen, Sägen und Hämmer um die Nürnberger Wälder 1458/1464. Altnürnberger Landschaft 8 (1959), 89 ff. Vgl. Sander-Berke (1995), 135 ff.

140 Karl Menzel (Bearb.), Regesten zur Geschichte Friedrichs des Siegreichen. (QEr 2) 1862, 462 ff. Nr. 321. Vgl. auch allgemein: Mager (1960) Bd. 1, 368 ff.; Hellwig (1990), 51 f.; Sander-Berke (1995), 207.

141 Kiess (1981), 77.

142 Cammermeister, ed. Reiche, 92.

143 Die These, wonach steigende Brennholzpreise im 16. Jahrhundert den Untergang der spätmittelalterlichen Badehaus-Kultur bewirkt hätten (Boos Bd. 3 [1899], 106), ist zwar überspitzt, aber nicht ganz falsch.

144 Dirlmeier (1978), 256.

145 Brandl (1970), 108 für die Zeit um 1600.

146 Timm (1960), 78.

147 Brandl (1970), 71 und Hauser (1972), S. 17.

148 Willerding (1998), 180 ff.

149 Janssen (1988), 33.

150 Zu den lokalen Holzmärkten vgl. am Beispiel Straßburgs Alioth (1988) Bd. 1, 441 ff.

151 Schon im 10. Jahrhundert fiel einem arabischen Reisenden auf, daß es im Utrechter Land kein Brennholz gab. Die Menschen behalfen sich mit einem Lehm, der im Sommer in Plaggen ausgestochen und getrocknet wurde. Jacobs (1927), 26.

152 Alberts (1981), 44.

153 Voigt (1973), 30.

154 Alberts (1981), 44.

155 Ebd., 51.

156 Daenell (1905/06), Bd. 2, 256. Vgl. auch Mager (1960) Bd. 1, 267; Stark (1973), 113 ff.

157 Kiesselbach (1907), S. 49 f., mit Anm. 72 f.

158 Stark (1973), 99 ff. und 111 f. – Zum Holzhandel des Deutschen Ordens vgl. Sarnowsky (1993), 295 ff.

159 Kiesselbach (1907), 154 und 157; Daenell (1905/06) Bd. 1, 89.

160 Ebd., 110 f.

161 Stark (1973), 97 mit Anm. 40.

162 Ebd., 96.

163 Daenell (1905/06) Bd. 1, 69; Mager (1960) Bd. 1, 269.

164 Götz von Bülow, Die Sudwälder von Reichenhall. (MittStaatsforstverwBayerns 33) 1962; von Below (1998), 34 ff.

165 Koller (1975), 15 und 43 ff. (für Reichenhall und Hallstadt); Palme (1983), 232 ff. (für Hall i. T.), 294 ff. (für Hallein), 379 ff. (für Hallstadt). Vgl. auch Radkau (2000), 177 f.

166 Radkau (2000), 29 stellt zwar zu Recht fest, daß die Verheidung in diesem Raum schon um 1500 v. Chr. im Gange war, aber es kann kein Zweifel daran bestehen, daß die Lüneburger Saline bis ins 14. Jahrhundert ihren Holzbedarf aus ihrem Umland decken konnte. Davon unberührt bleiben Radkaus interessante Ausführungen über die Entstehung der Lüneburger Heide und die Werturteilsfrage der Umweltgeschichte. Ebd., 38. Vgl. Jäger (1994), 100 f. und 117.

167 Wilsdorf (1960), 14.

168 Wolfgang von Stromer, Eine „Industrielle Revolution" des Spätmittelalters? In: Troitzsch/Wohlauf (1980), 105–138; Schubert (1992), 181 ff.

169 Dazu Bechmann (1984), bes. 27 ff. Vgl. Bartels (1996), 121.

170 Anschaulich: Martin Schmidt, Die Wasserwirtschaft des Oberharzer Bergbaues. (SchrrFrontinusGes 13) 1989. Vgl. Bartels (1996), 121; ders., Der Bergbau – im Zentrum das Silber, in: Lindgren (1996), 235–248, hier: 238 und 241 ff.; Weisgerber (1996), 134 f.

171 Hillebrecht (1986), 278 f.

172 Vgl. nur die Erzählung bei Kirchhof, ed. Österley Bd. 1, 161.

173 Für grundlegende Informationen bin ich dem Solling-Heimatverein Delliehausen zu Dank verpflichtet. Vgl. Jäger (1994), 90 f. und Lothar Klappauf, Montanarchäologie im Harz, in: Jockenhövel (1996), 93–111, hier: 102 mit Abb. 5.

174 Wilsdorf (1960), 44 Abb. 7. – Abb. eines Brennholz- und eines Holzkohlewagens um 1500 bei Kramer (1985), 65 (Abb. 44) und 71 (Abb. 50).

175 Tscharner-Aue (1983), 210.

176 Eine einläßliche Untersuchung ist von Thomas Kranz zu erwarten. Die ersten Belege für die Steinkohlegewinnung an Ruhr und Emscher finden sich ausgangs des 14. Jahrhunderts. Janssen (1985), 20. Vgl. Weisgerber (1996), 139.

177 Schubert (1986), 262 f.

178 Jockenhövel (1996), 23; Radomir Pleiner, Vom Rennfeuer zum Hochofen. Die Entwicklung der Eisenverhüttung, 9.–14. Jahrhundert, in: Lindgren (1996), 249–256.

179 Weisgerber (1996), 136 f.

180 Wolfgang von Stromer, Die Große Hammereining vom 7. Januar 1378, in: 600 Jahre Große Hammereining. (SchriftenreiheBergbau-IndustriemuseumOstbayern 12/1) 1987, 147–189, hier: 172. Vgl. Jockenhövel (1996), 23 und 25 mit Abb. 10.

181 Dieter Lammers, Überlegungen zur mittelalterlichen Verhüttung im Dill/Dietzhölzer-Revier am Beispiel des Rennofenstandortes B 88, in: Jockenhövel (1996), 51–57, hier: 56 f.

182 Weisgerber (1996), 129 und 136 f.; Goldenberg (1996), 243.

183 Troitzsch (1989), 95 und 103 ff.

184 Michael Mitterauer, Produktionsweise, Siedlungsstruktur und Sozialformen im österreichischen Montanwesen des Mittelalters und der frühen Neuzeit, in: ders. (Hrsg.): Österreichisches Montanwesen. 1974, 234 ff.

185 Gleitsmann (1984), 28. Vgl. ebd., 31 f. mit Anm. 77–90: Zusammenstellung forstgeschichtlicher Arbeiten zum Thema „Bergbau und Wald". Vgl. auch Küster (1989), 66; Goldenberg (1996), 243.

186 Wilsdorf (1960), 24 f.

187 Vgl. Hillebrecht (1986), 278 ff.; Jäger (1994), 92 f.

188 Vgl. das Beispiel des Harzes. Jäger (1994), 92 und 94.

189 Weisgerber (1996), 138.

190 Voigt (1973), 51.

191 Pfeiffer (1972), 161 ff. Vgl. auch Ulman Stromer, 29 f. und Schultheiß (1965), 174 f. und 331 f.

192 Bertsch (1951), 106; Rubner (1960), 40.

193 Heimann (1992), 872 f.

194 Hesmer/Schroeder (1963), 279.

195 Rubner (1960), 40 f.

196 Vgl. Küster (1995), 240 mit Abb. 152; Jockenhövel (1996), 15 und 25 mit Abb. 8; Weisgerber (1996), 138.

197 Mantel (1980), 134.

198 Köppke (1967), 214.

199 Brandl (1970), 71.

200 Hauser (1972), 45.

201 Wilsdorf (1960), 23.

202 Vgl. Hauser (1972), 34 sowie für Freiburg i. B. mit Verweisen auf Villingen und Breisach: Brandl (1970), 55 ff.

203 Vgl. Haller Bd. 3 (1902), 82 ff.

204 Brandl (1970), 88.

205 Von Berg (1871), 339.

206 Jörg Rogge, Für den gemeinen Nutzen. Politisches Handeln und Politikverständnis von Rat und Bürgerschaft in Augsburg im Spätmittelalter. (Studia Augustana 6) 1996.

207 Vgl. Mantel (1980); Timm (1960), 106 ff.; Mager (1960) Bd. 1, 224 ff.; Hans Heinrich Vangerow, Vom Stadtrecht zur Forstordnung. München und der Isarwinkel bis zum Jahr 1569. 1976. Dorothea Hauff, Zur Geschichte der Forstgesetzgebung und Forstorganisation des Herzogtums Württemberg im 16. Jahrhundert. (Schriftenreihe der Landesforstverwaltung Baden-Württemberg 47). 1977. – Die frühneuzeitliche Forstpolitik des Fürstenstaates wird zudem gemeinhin in ihren positiven Folgen weit überschätzt, was selbst bei einem so kenntnisreichen Autor wie Jäger (1994), 109 f. begegnet.

208 Blickle (1977), 114 ff.

209 Hesmer/Schroeder (1963), 273.

210 Jäger (1979), 228.

211 Ebd. Vgl. Küster (1995), 249.

212 Sporhan/von Stromer (1969), 79 ff.; Harry Kühnel, Forstkultur im Mittelalter. Die Anfänge der Laubholz- und Nadelwald-Saat, in: Lindgren (1996), 121–123. Vgl. zur Vorgeschichte in der mittelalterlichen Fachliteratur: Gerhard Eis, Harburger Pelzbuch-Handschriften, in: ders. (1951), 225–233, hier: 231 f.

213 Mantel (1965), 135.

214 F. Elsner, Frühe Lärchenanbauten in Franken. Forstwissenschaftliches Centralblatt 92 (1973), 328 ff.; Mantel (1980), 129 ff.

215 Bertsch (1951), 107.

216 Hesmer/Schroeder (1963), 274 f. Vgl. Heimann (1992), 871 f.

217 Vgl. Mantel (1980), 656 ff. und (als Beispiel für eine Mittelstadt) Koch (1963), 43.

218 Von Berg (1871), 352 f.

219 Vgl. die Hinweise bei Hauser (1972), 57; Bertsch (1951), 107; Hendinger (1970), 55.

220 Bertsch (1951), 107.

221 Cochlaeus, 82.

222 Abb.: Gerhard Pfeiffer (Hrsg.), Geschichte Nürnbergs in Bilddokumenten. 1970, Nr. 12.

223 Wilsdorf (1960), 28.

224 Die Reichswälder bei Nürnberg – Aus der Geschichte des ältesten Kunstforstes. (MittStaatsforstverwaltungBayern 36) 1968.

225 Hauser (1972), 48.

226 Janssen (1985), 21.

227 Vgl. (auch zum historischen Hintergrund des Zitats) Heimann (1992), 866; von Below (1998), 4.

228 Radkau (2000), 249.

229 Radkau (2000), 107.

3 Das Wasser: Voraussetzung des Lebens und Grundlage der Kultur

1 Daß Wasser ungekocht im Mittelalter meist nicht trinkbar war, betont Behre (1986), 85.

2 Die Bedeutung des Wassers für den Verkehr, für die Energiegewinnung, für Handwerk und Gewerbe und nicht zuletzt für die Brandbekämpfung spiegelte sich in den Arengen der Urkunden. Vgl. Ivan Hlaváčˇ ek, Diplomatische Quellen und ihr Beitrag zur Erkenntnis der Natur im Hoch- und Spätmittelalter am Beispiel des mittelalterlichen Böhmen, in: Zimmermann Bd. 2 (1992), 851–869, hier: 858 f.

3 Lindqvist (1955), 45.

4 Ebd., 44 f. mit weiteren Hinweisen zur Terminologie der Schiffahrt.

5 Entsprechend gab es bis in das Hochmittelalter hinein keinen Unterschied in den Fangmethoden der See- und Flußfischerei. Lampen (2000), 11. – Unsere Aussage ist von der Meeresschiffahrt her gefällt worden. Natürlich gibt es Schiffe, die nur für die Binnengewässer geeignet waren. Den Fund eines solchen friesischen Schiffes dokumentieren Per Hoffmann/Detlev Ellmers, Ein Frachter aus der Zeit Karls des Großen. Bremer Archäologische Blätter NF 1 (1990/91), 33–37.

6 Weidinger (1997), 164.

7 Ebd., 163.

8 Michael Wesemann/C. Christian von Fick, Die neue Kogge – Ausgrabung und Bautyp (Vorbericht). Bremer Archäologische Blätter NF 2 (1992/93), 36–45, hier: 42 und 44. Zur Datierung des Fundes: Manfred Rech, Neufund einer Kogge: Fundgeschichte und Datierung, in: ebd., 31–35.

9 Schwarzwälder (1986), 262. – Bremen ist typisch für das, was Stoob (1986), 5 f. als Standortgunst hansischer Häfen herausstellt: Abstand von der Küste und Anbindung an das Verkehrsnetz des Binnenlandes.

10 Fehring (1996), 39 mit Abb. 29.

11 Weidinger (1997), 164 ff. Exemplarisch: Detlev Ellmers, Hafenanlagen in Stade. Fragen und Probleme, in: Auf den Spuren des alten Stade. 1986, 47–58. – Schon ausgangs des 11. Jahrhunderts wurde der Hafen Schleswigs ausgebaut. Volker Vogel, Stand, Aufgaben und Perspektiven der Archäologie in der Stadt Schleswig, in: Gläser (1997), 181–193, hier: 188 ff.

12 Zu den Vorstellungen von der Heilkraft des Wassers vgl. August Nitschke, Kinder in Licht und Feuer. Ein keltischer Sonnenkult im frühen Mittelalter, in: ders. (1995), 3–28, hier: 23.

13 Germania, c. 16.

14 Vgl. aus naturgeographischer Sicht Wilhelm (1976), 66 ff.

15 Jacob (1927), 23 mit Anm. 4.

16 Simonsfeld (1895), 263.

17 Lüdecke (1988), 143. Als die plausibelste Erklärung für die Verhärtung des Lübecker Grundwassers kann die Verjauchung durch die bis auf den Grundwasserspiegel gegrabenen Kloaken gelten. Fouquet (1999), 228.

18 Descriptio positionis seu situationis monasterii Claraevallensis. Auszugsweise Übersetzung bei Bayerl/Troitzsch (1998), 111.

19 In vielen Zisterzen findet sich ein Brunnenhaus, das als Anbau vor dem Refektorium lag. Reinboth (1994/95), 25. – Die Walkenrieder Mönche legten nicht nur in ihrem Kloster ein Brunnenhaus an (ebd., 28), sondern auch in ihrem Wirtschaftshof zu Würzburg. – Die Zisterzienser von Stams bewässerten nicht nur ihre Gärten aus Bergquellen und ließen ihre Mühlen von der Eschbach treiben, sondern kümmerten sich auch um die Wasserschutzbauten am Inn. Büchner (1985), 22.

20 Vgl. etwa: Fernand Braudel, Georges Duby, Maurice Aymard, Die Welt des Mittelmeeres. Zur Geschichte und Geographie kultureller Lebensformen. Aus dem Französischen von Markus Jakob. 1987.

21 Vgl. zu diesem vielbehandelten Thema zuletzt: Radkau (2000), 142 ff.

22 Jäger (1963), 4–6

23 Ebd., 13.

24 Ebd., 11.

25 Weil die noch tief ins Binnenland hineinreichenden Gezeiten die Schiffe einfach wegspülen konnten, wurde die Hafenanlage am Hauptstrom vermieden. Typisch ist der älteste Hamburger Hafen darin, daß die Einmündung eines Nebenflusses, hier die der Alster in die Niederelbe, als Standort gewählt wurde. Vgl. auch Detlev Ellmers, Hafenbau, in: Lindgren (1996), 105–110.

26 Ryckaert (1986), bes. 134 ff.

27 Vgl. zur Forschungsdiskussion Radkau (2000), 375 f. mit Anm. 90.

28 Vgl. Hermann Kellenbenz, Aufstieg und Krise des Hafens von Antwerpen (bis 1650), in: Stoob (1986), 141–160.

29 Lampen (2000), 172 f.

30 Gottschalk Bd. 1 (1971), bes. 127 f.; ebd. 2, 820. Vgl. Ryckaert (1986), 129 f. – Bei der Julianenflut von 1164, einer der ersten überregional dokumentierten Sturmfluten, ist es umstritten, ob sie bereits einen Ur-Jadebusen aufgerissen habe. Ey (1992), 36.

31 Gottschalk Bd. 1 (1971), 140 ff.

32 Ebd. 1, 39 f., 54. Vgl. ebd. Bd. 2, 819 zu den einzigen in den Quellen dokumentierten Sturmfluten von 838, 1014 und 1042.

33 Ebd. – Vgl. zu den mittelalterlichen Sturmfluten Küster (1995), 218 ff. und die Übersicht bei Glaser (2001), bes. 191 mit Abb. 64.

34 Jäger (1963), 15.

35 Ebd., 6

36 Gottschalk (1978), 203 f., 211.

37 Gottschalk Bd. 2 (1975), 820.

38 Gottschalk Bd. 1 (1971), bes. 348 ff., 517 ff.

39 Ebd., 368 ff., 376 f.

40 Gottschalk (1978), 204, 210.

41 Ebd., 208 f. – An die Elisabethflut des Jahres 1421 erinnert der Merkvers: „Elisabeth sevit, mare crevit, Hollandia flevit". Kölner lateinisches Chronikfragment. StChr. Bd. 13, 197.

42 Ingrid Schalies, Erkenntnisse der Archäologie zur Geschichte des Lübecker Hafens vom 12.–16. Jahrhundert, in: 25 Jahre Archäologie in Lübeck. (LübeckSchrrArchäolKulturG 17) 1988, 129–132. Vgl. auch Stoob (1986), 34 ff.

43 Wolfgang Erdmann, Hafen- und Stadterweiterung im 12. und 13. Jahrhundert, in: 25 Jahre Archäologie in Lübeck. (LübeckSchrrArchäologieKulturG 17) 1988, 120–124, hier: 124.

44 Oexle (1992), 366.

45 Kühn (1992), 10. Vgl. Radkau (2000), 150 f. – Im östlichen Friesland geht der Deichbau bis ins späte 11. Jahrhundert zurück. Ey (1992), 33. Hingegen sind Nordfrieslands Deiche erst am Ende des 12. Jahrhunderts erwähnt. Albert Panten, Deiche und Sturmfluten in der geschichtlichen Darstellung Nordfrieslands, in: Steensen (1992), 13–19.

46 Kühn (1992), 10; Nitz/Machens (1993), 17 f.

47 Ebd., 43.

48 Vgl. Schwarz (1996), 59 f. und 78 ff. In Ostfriesland stammen die Winterdeiche aus dem 13. Jahrhundert. Ey (1992), 35. Vgl. Küster (1995), 214 ff.

49 Vgl. dazu Gottschalk Bd. 2 (1975), 822: Die spätmittelalterliche Transgressionsphase ist Folge der Klimaverschlechterung.

50 Ebd., 305 ff.

51 Borst (1988/II), 555.

52 Vgl. Manfred Jakubowski-Tiessen, Sturmflut 1717: die Bewältigung einer Naturkatastrophe in der Frühen Neuzeit. 1992.

53 Zu den Überschwemmungen der Flüsse im 12. Jahrhundert, als die Nachrichten über diese Naturgewalt häufiger werden, vgl. Gottschalk Bd. 1 (1971), 67–72.

54 Heimpel (1932), 276 f.

55 Ebd., 277 Anm. 2.

56 Briefe, ed. Wolkan, 87 ff.

57 Jäger (1963), 19. Vgl. ders. (1988), 18: „Alle größeren Flüsse und die meisten Bäche sind seit frühmittelalterlicher Zeit erheblich verändert worden."

58 Jäger (1994), 33 f.

59 Jäger (1988), 18.

60 Herbert Krüger, Höxter und Corvey, ein Beitrag zur Stadtgeographie. ZGAltertumskdeWestfalen 87/88 (1930/31).

61 Die Sumpfgebiete eines Urstromtales schilderte als Besonderheit des Landes um Verden Dietrich von Nieheim. Heimpel (1932), 276.

62 Jäger (1994), 37.

63 Dieter Ortlam/Michael Wesemann, Die Balge als Hauptstrom der Werra/Weser? - Neue Erkenntnisse zur Flußgeschichte durch den Fund der Schlachte-Kogge. Bremer Archäologische Blätter NF 2 (1992/93), 46-55.

64 Erlen (1992), 29 ff., 89 ff., 119 ff. und 209 ff. Vgl. Kühn (1992), 11.

65 Jäger (1988), 19.

66 Jäger (1963), 27.

67 Ebd., 22. Vgl. Mechler (1978), 41.

68 Winfried Trusen, Insula in flumine nata. Ein kanonischer Zivilprozeß aus den Jahren 1357 bis 1363/64 um eine Insel im Mittelrhein. ZRG kan. 99 (1982), 294 ff.

69 Friedrich Wilhelm Oediger (Hrsg.), Liber quondam notarii. 1978, 39 Nr. 43.

70 Jäger (1963), 19.

71 Ebd. - Eine spätmittelalterliche Flußregulierung bildet 1434 die Begradigung der Pegnitz im Bereich der Nürnberger Hallerwiesen. StChr. Nürnberg Bd. 1, 393.

72 Vgl. die vielen Nachrichten in der städtischen Chronistik, z. B. Stolle, ed. Thiele, 436 f., 447 ff., 468 f., 485.

73 Cont. Lamb. MGH SS Bd. 9, 558 (1234). Vgl. auch Stolz (1936), 278. Nachrichten über Weserhochwasser seit frühmittelalterlicher Zeit: Henke (2000), 158. - Die Mönche von Maria Laach bauten 1152-1170 einen Tunnel durch den südlichen Rand des Laacher Kessels, um durch diesen künstlichen Abfluß die Überschwemmungsgefahr zu bannen. Klaus Grewe, Der Fulbert-Stollen am Laacher See, in: ders. (1991), 277-281.

74 Burkard Zink, 10 (1374) und 68 (Meran 1419); Cölner Jahrbücher. StChr. Bd. 13, 25 (1374), und 143 f. (1416); Ulman Stromer, 75; Chronik des Johann Kerkörde, 36 und 136 f. (1428 und 1458). Vgl. Hellwig (1990), 9; Glaser (2001), 65 f. und 194 ff. Eine Aufstellung über Hochwasser und Eisgang bei Basel für die Zeit zwischen 1454 und 1542 bei Fouquet (1999), 212 f.

75 Aeneas Sylvius, Briefe, ed. Wolkan, 90. Vgl. Simon-Muscheid (2001), 704.

76 Englisch/Jaritz (1976), 6.

77 StChr. Nürnberg Bd. 1, 411 f.

78 Tuchersches Memorialbuch. StChr. Nürnberg Bd. 4, 25 f.

79 Würzburger Rats-Chronik, ed. Engel, Nr. 44.

80 Limburger Chronik, ed. Wyss, 64.

81 Ebd., 28.

82 Henke (2000), 148. Vgl. ebd., 156: Auch in Grohnde und Hameln finden sich Hochwassermarken für das Jahr 1342. Dazu ebd., 159 f.

83 Heimpel (1932), 276.

84 Schich (1977), 191.

85 Simon-Muscheid (2001), 704.

86 Hagel (1983), 248. Vgl. ebd., 253.

87 Stolz (1936), 278.

88 Vgl. Jäger (1988), 18. Zu den Uferschutzmaßnahmen des 13. Jahrhunderts vgl. am Beispiel Tirols Stolz (1936), 280 f. und am Beispiel der Schweiz Hauser (1987), 16.

89 Stolz (1936), 284 ff.

90 Ebd., 287.

91 „mercibus innumeris opifex". Ermoldus Nigellus, Carmina, ed. Ernst Dümmler. MGH Poetae latini aevi Carolini Bd. 2. 1884, 1-93, hier: 82. - Zur frühmittelalterlichen Reise auf den Flüssen vgl. Fichtenau (1986), 9 ff.

92 Einhard, Translatio et Miracula Sanctorum Marcellini et Petri c. 6, ed. Georg Waitz. MGH SS Bd. 15, 250.

93 Rimbert, Vita Anskarii c. 20, ed. Werner Trillmich, Quellen des 9. und 11. Jahrhunderts zur Geschichte der Hamburgischen Kirche und des Reichs. (AusgewQ 11) 1961, 65

94 MGH Capitularia, ed. Alfred Boretius Bd. 2, 249. Vgl. Fichtenau (1986), 65.

95 Pfeiffer (1972). Vgl. auch Sarfatij (1997), 111 ff. und - besonders zur Standortsgunst bei Stromgabelungsgebieten - Küster (1995), 196 f.

96 Briefe, ed. Wolkan, 89.

97 Instruktiv, wenngleich weitgehend auf frühneuzeitliche Belege gestützt: Neweklosky (1958), 25 ff. mit Abb. 15 (Salzschiffahrt auf der Salzach um 1400).

98 Ellmers (1996), 338 f. Vgl. Alberts (1981), 54 f. und 83.

99 Berent Schwineköper (Diskussionsbeitrag), in: Maschke/Sydow (1978), 195.

100 Glauser (1978), 84.

101 Ebd., 81.

102 Schulz (1978), 156 f. Vgl. ebd., 170.

103 Vgl. am Beispiel der Rheinschiffahrt Aeneas Sylvius, Briefe, ed. Wolkan, 33.

104 Briefe, ed. Wolkan, 88.

105 Chronicon Colmariense. MGH SS Bd. 17, 226.

106 Jäger (1988), 19; ders. (1994), 35. – Das Problem war wesentlich größer als heute vorstellbar, da die Flußkorrektur durch Tulla die Fließgeschwindigkeit des Rheins auf das Zweieinhalbfache erhöhte. Freundlicher Hinweis von Bernd Herrmann, Göttingen.

107 Fichtenau (1986), 11.

108 Ellmers (1985), 31.

109 Kuske Bd. 4, 484 (Register).

110 Dietrich Denecke, Straße und Weg im Mittelalter als Lebensraum und Vermittler zwischen entfernten Orten, in: Herrmann (1986), 207–233. Zu den Landstraßen und ihrem Wegespurenbündel vgl. auch Küster (1995), 204 ff.

111 Remann (1993), 228.

112 Maschke (1978), 11.

113 Theodor Sommerlad, Die Rheinzölle im Mittelalter. 1894, 60. Exemplarisch: Otto Volk, Die Rechnungen der mainzischen Verwaltung in Oberlahnstein im Spätmittelalter. 1990.

114 Meinrad Schaab, Die Festigung der pfälzischen Territorialmacht im 14. Jahrhundert, in: Hans Patze (Hrsg.), Der deutsche Territorialstaat im 14. Jahrhundert. Bd. 2 (VortrrForsch 14) 1971, 171–198, hier: 194 f.

115 Schubert (1996), 36.

116 Wegner (1913), 94.

117 Reinecke (1933) Bd. 1, 285 und 287 ff.

118 Ebd., 148 f.

119 Reinecke (1933) Bd. 1, 156 ff.

120 Ebd., 285. – Daß auch nach 1407 immer wieder Streitigkeiten zwischen Stadt und Herzog wegen der Ilmenau ausbrachen, belegt Otto von Heinemann, Geschichte von Braunschweig und Hannover. 2 Bde. 1882/83, Bd. 2, 184 f. Vgl. auch Schwarz (1996), 22 f.

121 Friedland (1953), 23 f.

122 Vgl. Ellmers (1996), 337 f.

123 Reinecke (1933) Bd. 1, 270. Vgl. ebd., 277 und 301 sowie Friedland (1953), 33 zum erneuten Ausbruch der Streitigkeiten 1439/1440.

124 Zum Gegensatz von Müller und Fischer vgl. Amacher (1996), 139 ff.

125 Ebd., 43.

126 Reinecke (1933) Bd. 1, 98. Vgl. auch ebd., 13.

127 Ein typischer Fall: Der Landgraf von Hessen läßt um 1500 die Lachswehre oberhalb der Fuldamündung bei Hannoversch Münden abbrechen, weil sie die Schiffahrt behindern. Wegner (1913), 110.

128 Richard C. Hoffmann, Economic Development and Aquatic Ecosystem in Medieval Europe. The American Historical Review 101 (1996), 631–669.

129 Glauser (1978), 91.

130 Zu den ökologischen Folgen vgl. Jäger (1988), 20; ders. (1994), 38. Janssen (1988), 30 und 33.

131 Chronicon Colmariense. MGH SS Bd. 17, 258 f.

132 Lampen (2000), 95. Zu den Wehren vgl ebd., 105 ff. und 116 ff.

133 Grimm (1899) Bd. 2, 460 f. – Zum Mühlenrecht vgl. Schwarz (1996), 127 f. und besonders Ilka Göbel, Die Mühle in der Stadt. Müllerhandwerk in Göttingen, Hameln und Hildesheim vom Mittelalter bis ins 18. Jahrhundert. (VeröffInstHistLdForschUnivGöttingen 31) 1993.

134 Sachsenspiegel Landrecht II. 28.4.

135 Straßburg behauptete, „daz der Rin fri sige und des riches strosse sige“. Schulz (1978), 159.

136 UB Hameln, ed. Fink, 551 f. Nr. 729 (1534).

137 Ebd., 473 Nr. 672 (1385). Vgl. Schwarz (1996), 19.

138 Josef Prinz, Die Anfänge und die Entwicklung der Stadt, in: Heinrich Spanuth (Hrsg.), Geschichte der Stadt Hameln. 1939, 83–94, hier: 87.

139 Vgl. neben den Arbeiten in Keweloh (1985): Neweklowsky (1958), 38 ff.; Kiess (1981), 87 ff.; Küster (1989), 65 f.; ders. (1995), 243 f.

140 Kiess (1981), 97.

141 Vgl. für den Oberrhein: Schulz (1978), 172 ff. Bereits 1397 geht ein Schiedsspruch zwischen Breisach und Basel von einem zollträchtigen

und damit wohl umfangreichen Floßverkehr auf dem Rhein aus. Schulz (1978), 170. 1406 klagen vor dem fränkischen Landfrieden die Schiffer und Flößer zu Bamberg gegen die neuen Zölle. Pfeiffer (1975), 248, 258 f., 266, 272 f. In Füssen existierte bereits im 14. Jahrhundert eine Bruderschaft der Flößer, und ein Privileg für Wels 1372 setzt eine blühende Flößerei voraus. Neweklowsky (1958), 39 bzw. 42.

142 Wie alt die Flößerei ist, läßt sich angesichts der vielen Vorformen natürlich nicht sagen. Vgl. Ellmers (1985), 20 ff. Im 13. Jahrhundert begegnen die ersten schriftlichen Erwähnungen von Flößen, die nach Aussage der Bildquellen noch sehr bescheidene Abmessungen gehabt hatten. Ebd., 22.

143 Jürgen Delfs, Die Flößerei in Deutschland und ihre Bedeutung für die Volks- und Forstwirtschaft, in: Keweloh (1985), 34 - 54, hier: 36.

144 Das war möglich, wenn aus Schnittholz steuerbare Floßzüge zusammengestellt oder das Langholz, einzeln geflößt, im Tal zu Flößen zusammengebunden wurde. Eberhard Gothein, Entstehung und Entwicklung der Murgschifferschaft. Ein Beitrag zur Geschichte des Holzhandels. ZGORh NF 43 (1889), 401 - 455.

145 Brandl (1970), 89.

146 Schulz (1978), 172.

147 Brandl (1970), 105.

148 Martin Schmidt, Bemerkenswerte wasserbauliche Anlagen für die Flößerei im Westharz, in: Schriftenreihe der Frontinus-Gesellschaft 17 (1993), 139 - 163. Vgl. Brandl (1970), 90 f.

149 Hausrath (1938), 21; Brandl (1970), 91 und 115.

150 Brandl (1970), 91.

151 Wilsdorf (1960), 57.

152 Vgl. Radkau (2000), 151.

153 Vgl. Dietrich Lohrmann, Mittelalterliche Wassernetze in nordfranzösischen Städten. Technikgeschichte 55 (1988), 163 - 175.

154 Hanns Hubert Hofmann, Kaiser Karls Kanalbau. 1976.

155 Gerhard Dohrn-van Rossum, Migration technischer Experten im Spätmittelalter, in: Jaritz/Müller (1988), 291 ff., hier: 301 f.

156 Kanalbaugedanken waren schon länger im Zusammenhang mit dem Lüneburger Salzhandel erwogen worden, wie sich aus einem Privileg von 1367, in dem sich Lüneburg das Monopol für die Anlage künstlicher Wasserwege im Fürstentum sichert, erschließen läßt. Michael Reinbold, Die Lüneburger Sate. (VeröfflnstHistLdforschGöttingen 26) 1987, 57.

157 Grundlegend: Maschke (1978), 9 - 39. - Neue Aspekte bei Esch (1998), bes. 190 f. und 212.

158 Ernst Förstemann, Altdeutsches Namenbuch. II. Orts- und sonstige geographische Namen, hrsg. von Hermann Jellinghaus. 2 Bde. 1911 - 1916, Bd. 2, 333 bzw. 598.

159 Instruktiv: Stolz (1936), 385 ff. Vgl. Ellmers (1985), 25 ff.

160 Maschke (1978), 12; Glauser (1978), 67.

161 Stolz (1936), 387 und 390 f.

162 Ebd., 388 f.

163 Vgl. Karl Mommsen, Diskussionsbeitrag, in: Maschke/Sydow (1978), 193.

164 Fichtenau (1986), 11.

165 Esch (1998), 180.

166 Butzbach, ed. Hoffmann, 50 f.

167 Vgl. aber Glauser (1978), 66 f.

168 Stolz (1936), 387.

169 Heyken (1989), 206. Diese Brücke führte über den alten westlichen Hauptarm der Aller, der als Schiffahrtsstraße erst 1733 von dem östlichen Allerarm abgelöst wurde. Ebd.

170 Fouquet (1999), 211.

171 Deswegen kennt noch um 1580 der Mindener Chronist Heinrich Piel das genaue Datum des Baus der Mindener Weserbrücke (1340). Diehl (2000), 150.

172 Fouquet (1999), 210. Zum Straßburger Brückenbau von 1388 vgl. Mechler (1978), 41.

173 Vgl. Mechler (1978), 46 f.

174 Maschke (1978), 19 f.

175 Vgl. Mechler (1978), 43.

176 Maschke (1978), 19.

177 Nürnberger Jahrbücher bis 1469. StChr. Nürnberg Bd. 4, 233.

178 Ebd.

179 Albrecht Rieber, Diskussionsbeitrag, in: Maschke/Sydow (1978), 193.

180 Fouquet (1999), 211.

181 Ebd., 153.

182 Glauser (1978), 73.

183 Annales Basilienses. MGH SS 17 (1861), 198 (1275).

184 Fouquet (1999), 214.

185 Michael Schattendorfer, Diskussionsbeitrag, in: Maschke/Sydow (1978), 190.

186 Maschke (1978), 20 ff.; Glauser (1978), 73; Fouquet (1999), 211 und 214 ff. – Im Januar 1491 zerstörten Hochwasser und Eisgang alle Holzbrücken zwischen Köln und Soest. Soester Stadtbücher. StChr. Bd. 24, 81.

187 Nürnberger Jahrbücher bis 1469. StChr. Nürnberg Bd. 4, 179.

188 Maack (1971), 16.

189 Maschke (1978), 23; Glauser (1978), 72 f.; Fouquet (1999), 212 f.

190 Maschke (1978), 14 f. Vgl. für Bern: Haller Bd. 2 (1901), 475 f.

191 Fouquet (1999), 36. Wegen der dauernden Reparaturen stellten viele Städte eigene Brückenmeister an. Ebd., 216 ff.

192 Vgl. Stolz (1936), 403 und besonders Maschke (1978), 24 ff.

193 1346 wurde beim Neubau der Fuldabrücke in Kassel Brückenzoll erhoben für Getreide, Heu, Bier, Hopfen sowie Importartikel wie Hering, Lachs, Stockfisch, Kabeljau, Feigen und Öl. Zimmermann (1933), 336.

194 Nikolaus Paulus, Geschichte des Ablasses im Mittelalter. Vom Ursprunge bis zur Mitte des Jahrhunderts. Mit einer Einleitung und einer Bibliographie von Thomas Lentes. 3 Bde. [2]2000, Bd. 3, 370 ff.

195 Hans von Hentig, Die Brücke im Strafrecht und Strafverfahren, in: ders., Studien zur Kriminalgeschichte. Bern 1962, 23 ff. Vgl. auch Stolz (1936), 401 f.; Heiner Lück, Gerichte in der Stadt. Konkurrenz und Kongruenz von Gerichtsbarkeiten in Kursachsen während des 15. und 16. Jahrhunderts, in: Bräuer/Schlenkrich (2001), 567 – 585, hier: 575. – Am besten ist das Brückengericht in Würzburg erforscht worden: Knapp Bd. 2 (1907), 108 ff.

196 Maschke (1978), 35.

197 Ebd., 36.

198 Ebd., 11 f.; Wunder (1978), 101.

199 Vgl. Maschke (1978), 33 f.

200 Ebd., 15 f. und 30 ff.

201 Ebd., 9.

202 Borst (1988), 495 f.

203 Gustav Schnürer, Kirche und Kultur im Mittelalter. Bd. 2. 1929, 453 f.

204 Friedrich-Arnold Lassotta, Formen der Armut im späten Mittelalter und zu Beginn der Neuzeit. 2 Bde. Diss. Freiburg i. B. 1993, Bd. 1, 379.

205 Stolz (1936), 376.

206 Schubert (1983), 63. – Der Fischreichtum der Gewässer, selbst der Bäche, wurde durch veränderte Umwelteinflüsse schon Ende des 18. Jahrhunderts bedroht. Mit dem stärkeren interkontinentalen Schiffsverkehr kamen nach dem amerikanischen Unabhängigkeitskrieg auch Wasserratten nach Europa, bedrohten die Fischbestände von Rhein und Main und wurden 1790 selbst im Flüßchen Milz bemerkt. Ebd.

207 Jäger (1994), 193 ff.

208 Ebd., 199 ff.

209 Hitzbleck (1971), 140 ff.; Amacher (1996), 125.

210 Zum Fischverbrauch: Hitzbleck (1971), 116 ff.

211 Amacher (1996), 114 f.; Lampen (2000), 37.

212 Grundlegend: Amacher (1996), 87 ff.; Lampen (2000), 124 ff. Für das von Lampen nicht mehr behandelte Spätmittelalter vgl. Hitzbleck (1971), 88 ff.; Amacher (1996), 98 ff. – Eine instruktive Schilderung der Umwandlung mooriger Flächen in Teiche, die alle zwei bis fünf Jahre abgelassen und gereinigt werden, wobei der Schlamm als Dünger auf die Felder getragen wird, bei Stolz (1936), 175. Zur Technik des Teichbaus vgl. auch Amacher (1996), 90 ff.

213 Lampen (2000), 137. Zu den Formen der Fischzucht: Amacher (1996), 97 f.

214 Jäger (1963), 29 f.; ders. (1988), 21 f.

215 Jäger (1994), 50 f.; Lampen (2000), 132.

216 Ebd., 137. Zu Recht betont Amacher (1996), 87, daß die frühmittelalterlichen klösterlichen Teiche nur der Frischhaltung der Fische dienten.

217 Zur Teichwirtschaft im landesherrlichen Interesse im 15. Jahrhundert vgl. (für Hessen) Zimmermann (1974), 205 und 207 f. – Zum Rechtsschutz, unter den schon der Sachsenspiegel die Fischteiche stellte, vgl. Lampen (2000), 82.

218 Lampen (2000), 81 ff.

219 Ebd., 26 f. Zur Technik des Fischfangs vgl. ebd., 98 ff. und Amacher (1996), 21 ff.

220 Lampen (2000), 90.

221 Vgl. für den Hochrhein Glauser (1978), 87 f.

222 Vor allem in der zweiten Hälfte des 15. Jahrhunderts versuchte der Adel, Gewässer zu „bannen", dem Herrenrecht zu unterwerfen. Boos Bd. 3 (1899), 82 f.; Blickle (1977), 117. Die Strafen für „Fischfrevel" wurden im 15. Jahrhundert immer härter. Schwarz (1994), 92 ff., bes. 95.

223 Vgl. Hitzbleck (1971), 80 ff. - Ein Beispiel für den Verrechtlichungsvorgang innerhalb einer Stadt bietet Straßburg, wo seit dem 14. Jahrhundert die Fischereirechte des Bischofs und der Kommune gegeneinander abgegrenzt waren. Alioth (1988) Bd. 1, 257 f. (mit Karte). Vgl. auch die Aufzählung der Fischereirechte an der Donau bei Passau, die neben dem Passauer Bischof und dem österreichischen Herzog noch vier weiteren Herren zustehen. Aeneas Sylvius, ed. Wolkan, 427. Ein urkundlich fixiertes Beispiel: Dortmunder UB Bd. 3/1, 68 Nr. 111 (1401).

224 Vgl. Amacher (1996), 148 ff.

225 Amacher (1996), 131 ff. und 171 ff. Exemplarisch: Alioth (1988) Bd. 1, 260f und 265 ff. - Zum städtischen Gewerbe des Fischers vgl. Lampen (2000), 118 ff.

226 Ein Beispiel: Boockmann (1994), 118. Vgl. auch Amacher (1996), 141 f.

227 Hermann Heimpel, Fischerei im Bauernkrieg. Festschrift für Percy E. Schramm Bd. 1. 1964, 353 - 372.

228 „Item die fließenden Wasser ... das die ... gmain seien". Franz (1963), 155. Als erste hatten die Stühlinger Bauern diese Forderung erhoben. Ebd., 122. Vgl. auch Amacher (1996), 128 f. - Bereits 1476 hatte Hans Beheim, der Pfeifer von Niklashausen, gefordert: „die fisch in dem wasser und daß wilt uff dem felde sallen gemein sin". Arnold (1980), 196.

229 Grundlegend: Carsten Jahnke, Das Silber des Meeres. Fang und Vertrieb von Ostseehering zwischen Norwegen und Italien (12. - 16. Jahrhundert). (QDarstHansG NF 49) 2000. Vgl. Lampen (2000), 155 ff. und 178 ff. Vgl. ebd., 142 ff. zum Stockfisch und seinem hansischen Handelszentrum Bergen.

230 Zum Faß vgl. mit den Abb.: Per Hoffmann, Das Teerfaß aus der Bremer Hanse-Kogge. Bremer Archäologische Blätter NF 4 (1996/97), 99 - 103.

231 So erhielten die beiden Sheriffs und der Major von London alljährlich je zwei Tonnen Hering. Lappenberg (1852), 26 Nr. 45. Vgl. 54 Nr. 72.

232 Vgl. Gunther Hirschfelder, Das Wassertrinken. Prolegomena zu einer Kulturgeschichte. AKG 80 (1998), 325 - 351.

233 Jäger (1994), 39 ff. Zur geographischen Typologie der Quellen vgl. Wilhelm (1976), 59 f.

234 Vita Willibrordi archiepiscopi Traiectensis Auctore Alcuino, 10 f., ed. Wilhelm Levison. MGH Ss rer germ 7. 1919/20, 81 - 141, hier: 124 ff.

235 Dirlmeier (1981), 116.

236 Baufeld (1996), 280. - Auch Johann Cochlaeus sieht 1512 in dem kalten Wasser und der rauhen Luft die Gründe für die vielen Kröpfe in Kärnten und der Steiermark.

237 Dirlmeier (1981), 117.

238 Padberg (1994), 50.

239 Ebd., 52 und 88 f. Vgl. ebd., 50 für Braunschweig.

240 Grewe (1991), 55; Griep/Wiese (1998), 19.

241 Heege (1998), 104.

242 Porath (1998), 60 und 63.

243 Hessen und Thüringen (1992), 221.

244 Lill (1948), 1278 ff. Vgl. auch Hauser (1987), 68 ff.; Heine (1989), 113 f. - Zu den frühmittelalterlichen Brunnenkonstruktionen und zu den hochmittelalterlichen Brunnentypen vgl. Reallexikon der Germanischen Altertumskunde Bd. 4 (1981), 7 - 11 (H. Hinz) bzw. Rötting (1985), 49 ff. - Zu den hydraulischen Wirkungen des Brunnenschachtes vgl. Wilhelm (1976), 63 f.

245 Rautenberg (1965), 14.

246 Grundlegend: Grewe (1991), 48 ff. Vgl. Stolz (1957), 47; Otto Gaul, Die mittelalterliche Dynastenburg des oberen Weserraums, in: Heinz Stoob (Hrsg.), Ostwestfälisch-westerländische Forschungen zur geschichtlichen Landeskunde. 1970, 244 ff., hier: 259 f.

247 Rautenberg (1965), 10, 210.

248 Fehring (1988), 77 (mit Abb. 78 f.); Hanse Bd. 2 (1989), 523 f.

249 Falk u. a. (1989), 409. – Zur Zisterne: Grewe (1991), 51 f. und 53 f. (Abb.)

250 Grewe (1991), 27 f.

251 Vgl. zu den klösterlichen Fließbrunnen, Druckwasserleitungen und durch Steinrinnen geführten Abwasseranlagen Reinboth (1994/95), 26 f. – Zum Vergleich mit dem Folgenden: C. James Bond, Mittelalterliche Wasserversorgung in England und Wales, in: Grewe (1991), 149–184. Zur Wasserversorgung in oberitalienischen Städten: Helmut G. Walther, Wasser in Stadt und Contado. Perugias Sorge um Wasser und der Flußtraktat „Tyberiadis" des Perusiner Juristen Bartolus von Sassoferrato, in: Zimmermann Bd. 2 (1992), 882–897.

252 Dirlmeier (1986), 152 f.

253 Glauser (1978), 64. Vgl. ebd.: „Die Flußstädte litten meist an Wassermangel, genauer gesagt Mangel an gutem Wasser." Vgl. auch Simon-Muscheid (2001), 708 f.

254 Karl Euling, Kleinere mittelhochdeutsche Erzählungen, Fabeln und Lehrgedichte. II. 1908, 94.

255 Dirlmeier (1981), 122.

256 Vgl. Asmus (1983), bes. 149 ff.; Stolz (1936), 312 ff.

257 Vgl. Varges (1895), 264; Dirlmeier (1981), 131 f.; ders. (1991), 68 f.; Reichart (1996), 206.

258 Falk u. a. (1989), 409; Fehring (1996), 51; Schormann (1998), 132.

259 Dirlmeier (1986), 152; Fehring (1989), 19; Oexle (1992), 373.

260 Fehring (1989), 19; Falk u. a. (1989), 409.

261 Vgl. Günter P. Fehring, Der Beitrag der Archäologie zum Leben in der Stadt des späten Mittelalters, in: Das Leben in der Stadt des Spätmittelalters. 1977, 14 auch für das Folgende. Vgl. auch Helmut Plath, Mittelalterliche Brunnen in Hannover. Neues Archiv für Niedersachsen 15 (1950), 135 ff.; Schormann (1998), 130 f. – Zu den früh- und hochmittelalterlichen Holzbrunnen vgl. Rolf Bärenfänger, Archäologisches zur frühen Wasserversorgung in Ostfriesland, in: Veh/Rapsch (1998), 288–294.

262 Vgl. (mit den Abb.) Peter Kowalewski/Heiner Nobis-Wicherding, Wasserversorgung im Berliner Raum am Beispiel der Stadt Spandau, in: Grewe (1991), 293–296.

263 Fehring (1977), 77.

264 Zur Mauertechnik: Grewe (1991), 29 ff.; Arndt (1998), 80 f.

265 Vgl. Dirlmeier (1986), 152.

266 Ebd., 156 f. – Arglos konnten Brunnen neben Kloaken gebohrt werden. Dimt (1984), 80; Rötting (1985), 57; Grewe (1986), 213; Lüdecke (1988), 144 mit Abb.; Dirlmeier (1988), 107; Padberg (1994), 52; Arndt (1998), 83.

267 Vgl. Herrmann (1987), 160 ff.; Dirlmeier (1986), 157 f.; Fehring (1977), 14 f. Ebd. auch die Feststellung, daß eine von den städtischen Statuten geforderte stete Reinigung der Kloaken dem archäologischen Befund zufolge nicht stattfand. Vgl. Heine (1989), 114 f. und (zur Latrinenreinigung) 116 f.; Englisch/Jaritz (1976), 23 f. – In der Münchener Innenstadt besaß die Hälfte aller Häuser eigene Brunnen. Dirlmeier (1991), 68.

268 Fehring (1989), 19; Grewe (1991), 54. – Im Altstadtbereich Hannovers lagen – auf Planung zurückweisend – im ausgehenden 12. Jahrhundert alle Brunnen im Hofbereich 19 Meter von der Straßenfluchtlinie entfernt. Grewe (1991), 53.

269 Dirlmeier (1986), 152. Vgl. Grewe (1991), 54. – Köln schärfte 1474 die Verpflichtung der Nachbarn für die Instandhaltung und Anlage der Brunnen ein. Stein Bd. 2, 509. – In Frankfurt wurde 1422 die Regel aufgestellt, daß derjenige, der einen eigenen Brunnen in seinem Hof hat, nur die Hälfte der Umlage für den öffentlichen Brunnen zahlen muß und auch nicht zu den Reinigungskosten herangezogen werden darf. Wolf, 277 Nr. 187. Vgl. ebd., 351 f. Nr. 265 und 421 Nr. 357.

270 Ferdinand Siebert, Der Mensch um 1300 im Spiegel deutscher Quellen. (HistStud 206) 1931, 459 f. Vgl. als Einzelbeispiel: Asmus (1983), 156 ff.

271 Hauser (1987), 213.

272 Vgl. Lill (1948), 1283; Dirlmeier (1991), 69.

273 Boos Bd. 3 (1899), 267 f.

274 Heege (1998), 107.

275 Huber (1955), 78 f.

276 Ebd., 77.

277 Vgl. ebd., 91. Die Auflistung der mittelalterlichen öffentlichen Brunnen in Basel ebd., 70 ff. Vgl. Simon-Muscheid (2001), 702 f.

278 Dirlmeier (1986), 154. Andere Zahlen bei Huber (1955), 91. Vgl. die Schilderung des Aeneas Sylvius (1438), ed. Wolkan, 91.

279 Grewe (1991), 58.

280 Glauser (1978), 65; Dirlmeier (1986), 153.

281 Die Wasserleitungen der römischen Kaiserzeit waren selbst im Rheinland untergegangen. Rautenberg (1968), 26 ff. Für die dennoch hier, 221, behauptete Kontinuität von der antiken zur mittelalterlichen Wasserleitung fehlen die Belege. Daß römische Wasserleitungen noch im Frühmittelalter für Baptisterien genutzt werden konnten, weist jedoch Grewe (1991), 18 ff. (allerdings weitgehend auf Beweise aus der Romania gestützt) nach.

282 Grewe (1991), 14.

283 Gerd Zimmermann, Ordensleben und Lebenstandard. 1973, bes. 132 f. Vgl. ebd., 121: Latrinensäuberung durch Wasserleitungen. - Zu den Wasserleitungen karolingischer Klöster vgl. Lohrmann (1992), 181 ff. - Zur Technik der klösterlichen Leitungen vgl. Rautenberg (1965), 220, 227 ff.; Grewe (1986), 277, 282 f. und (zu Abwasseranlagen) 293; ders. (1991), 27; Fouquet (1999), 229. - Zur mit Bleirohren ausgeführten Wasserleitung von St. Emmeram 1179/80: Grewe (1991), 31 f. und 41 ff. Vgl. auch Paul Benoît/Monique Vabont, Mittelalterliche Wasserversorgung in Frankreich. Eine Fallstudie: Die Zisterzienser, in: Grewe (1991), 185 - 226; Clemens Kosch, Die Wasserversorgung vom Ende des 11. Jahrhunderts im ehemaligen Kloster Großkomburg, in: ebd., 237 - 243; Otto Teschauer, Archäologische Beobachtungen zur Wasserversorgung des Klosters Hirsau im Mittelalter, in: ebd., 244 - 257. Vgl. Lohrmann (1992), 180 f. - Heinrichs IV. Harzburg, die einen neuen Typ der königlichen Residenz darstellte und auf engem Bergesraum (anders als die herkömmliche Pfalz) den „Hofstaat" einschloß, mußte notwendigerweise auch eine Wasserleitung haben, da die vielen Menschen am Hofe nicht über den traditionellen Burgbrunnen versorgt werden konnten. Ralf Busch, Die Harzburg in Bad Harzburg, Niedersachsen, in: Grewe (1991), 268 - 271 (mit Abb.); Schwarz (1996), 101.

284 Vgl. Padberg (1994), 54 f. und 71.

285 Vgl. Stolz (1936), 307 f.

286 Rautenberg (1965), 223 f.; Illi/Höfler (1992), 361; Grewe (1991), 61; Oexle (1992), 373. Vgl. Ernst Schubert, Die deutsche Stadt um 1300, in: JbOswaldvonWolkensteinGes 5 (1988/89), 37 - 56, hier: 48.

287 Kurd Fleige, Eine fast 1000 Jahre alte Wasserversorgungsanlage in Hildesheim, in: Veh/Rapsch (1998), 163 - 166.

288 Dopsch (1981), bes. 56 f.; ders., Der Salzburger Almkanal, in: Grewe (1991), 282 - 286.

289 Griep/Wiese (1998), 18; Fouquet (1999), 229.

290 Vgl. zum Beispiel Essen, Freiburg i. B., Hildesheim, Brixen. Reichart (1996), 206; Brandl (1970), 46 f.; Köppke (1967), 71; Hundsbichler (1977), 126 f. - Instruktiv für ein Wasserleitungssystem im 15. Jahrhundert: Gustav Wustmann, Geschichte der Stadt Leipzig. Bd. 1. 1905, 262 f.

291 Eckart Schröder, Relikte einer mittelalterlichen Wasserleitung im Flecken Adelebsen, in: Veh/Rapsch (1998), 92 f.

292 Grewe (1986), 285 ff. (mit Abb.); ders. (1991), 36 (mit Abb.). - Zu den norddeutschen „pipen" vgl. Schwarz (1996), 103 ff.

293 Grewe (1991), 38 mit Abb.; Frauke Fassbinder, Die Arbeit eines Röhrenbohrers - aus archäologischer Sicht, in: Veh/Rapsch (1998), 324 - 328. - Nürnberg beschäftigte eigene „Röhrenmeister". Dirlmeier (1981), 136 ff. In Goslar gab es sogar eine Gesellschaft der Pipenbohrer. Hölscher (1909/II), 124 und 138. - Auf der aus dem 16. Jahrhundert stammenden Abbildung der Lübecker Brauwasserkunst ist auch die Herstellung eines gebohrten Leitungsrohres zu erkennen. Grabowski/ Schmitt (1993), 219 mit den Erläuterungen 222.

294 Fouquet (1999), 230. - Zur Lübecker Wasserleitung aus Eichenholz vgl. Fehring (1996), 54 mit Abb. 41. - Aus Fichtenstämmen wurden die Goslarer Pipenleitungen gefertigt. Griep/Wiese (1998), 22. Die Basler wählten Tannen. Huber (1955), 99.

295 Vgl. Rautenberg (1965), 221. - Aus Lärchen- und Tannenholz bestanden die Salzburger Rohrleitungen. Dopsch (1981), 65; Dimt (1984), 72 f.

296 Falk u. a. (1989), 412. - In Einbeck wurden Buchen für die Rohrleitungen verwendet. Heege (1998), 113.

297 Rautenberg (1965), 221; Schwarz (1996), 103.

– Das Abdichten der Muffen bei den Rohrverbindungen war Berufsgeheimnis. Huber (1955), 97; Fouquet (1999), 249. Werg, Wachs und Pech wurden dabei verwendet. Schwarz (1996), 104 (mit Abb.).

298 Hessen und Thüringen (1992), 221; Grabowski/Schmitt (1993), 222 f. mit Abb. 4.

299 Huber (1955), 99. Vgl. ebd. Zwischen 88 und 89: Verkleinerte Abb. der Wasserleitungspläne des Hanns Zschan, der seit 1491 Basels Brunnenmeister war.

300 Grundlegend: Fouquet (1999), 244–250.

301 Dirlmeier (1991), 71 f.

302 Vgl. etwa Simon-Muscheid (2001), 714 ff.

303 Haller Bd. 2 (1901), 118.

304 Dirlmeier (1991), 70.

305 Huber (1955), 83.

306 Fehring (1989), 19. Vgl. auch Hanse (1989) Bd. 2, 525.

307 Vgl. Grewe (1986), 292; Busch (1998), 14 f. Zur Ulmer Wasserkunst 1340: Grewe (1991), 64. – Wasserkünste im 16. Jahrhundert: Padberg (1994), 51; Fouquet (1999), 224.

308 Die „Fachliteratur" der Artes machte etwa 90 Prozent der deutschsprachigen Literatur des Spätmittelalters aus. Haage (1988), 271. Vgl. ebd., 272 f. zu den Inhalten dieser Literatur und 277 ff. zu den „artes mechanicae".

309 Helmut Berndt/Werner Neugebauer, Lübeck – eine medizinhistorische Studie, in: Archaeologica Lundensia 2 (1968), 53 ff.; Lüdecke (1988), 144; Fehring (1989), 14; Grewe (1986), 292; Fouquet (1999), 228. – Eine in der älteren Literatur angenommene Breslauer Wasserkunst von 1272 läßt sich nach Grabowski/Schmitt (1993), 218 nicht nachweisen.

310 Hartmut Boockmann, Die Lebensverhältnisse in den spätmittelalterlichen Städten, in: Aus dem Alltag der mittelalterlichen Stadt. (Hefte des Focke Museums 62) 1982, 9 ff., hier: 11.

311 Grabowski/Schmitt (1993), 220.

312 Schwarz (1996), 102 f. und bes. Grabowski/Schmitt (1993), 217 mit Karte 218. Vgl auch ebd., 219 (Abb. mit Erläuterungen 222).

313 Ebd., 218. Eine andere Deutung: Grewe (1991), 61 f.

314 Bayerl (1980), 188. Dirlmeier (1981), 131; Grewe (1986), 291; Falk u. a. (1989), 411. Vgl. für Hagenau (1475): Hanauer/Klélé, 232 (Nr. 229). Eine solche Fernleitung bestand schon vor 1250 in Stralsund. Grewe (1991), 56 f.

315 Ralf Busch, Die Wasserversorgung des Mittelalters und der frühen Neuzeit in norddeutschen Städten, in: Cord Meckseper (Hrsg.), Stadt im Wandel. Ausstellungskatalog Bd. 4. 1985, 301 ff.

316 Fouquet (1999), 232 f. Vgl. Schwarz (1996), 105 (für Braunschweig).

317 Lüdecke (1988), 144; Falk u. a. (1989), 911. Vgl. Lange (1990), 18 f.

318 Herbert Schwarzwälder, Das Wasserrad an der Bremer Weserbrücke, in: Wasser. Zur Geschichte der Trinkwasserversorgung in Bremen. (Hefte des Focke-Museums 80) 1988, 15 ff.; Horst Vogel, Vom Schöpfen und Pumpen, vom Trinken, Tränken und Waschen im alten Bremer Land, in: ebd., 91–121. Vgl. Lüdecke (1988), 144; Grewe (1991), 66 f.; Fouquet (1999), 233.

319 Lange (1990), 17 f.

320 Falk u. a. (1989), 410; Schwarz (1996), 109 f.

321 Lüdecke (1988), 145 f.; Fehring (1989), 19. Vgl. die Abb. in: Hanse (1989) Bd. 2, 526.

322 Rautenberg (1965), 234.

323 Rosemarie Aulinger, Reichsstädtischer Alltag und obrigkeitliche Disziplinierung. Zur Analyse der Reichstagsordnungen im 16. Jahrhundert, in: Alfred Kohler/Heinrich Lutz (Hrsg.), Alltag im 16. Jahrhundert. (WienerBeitrrG-Neuzeit 14) Wien 1987, 258 ff., hier: 283 f.

324 Padberg (1994), 51; Schwarz (1996), 104.

325 Grewe (1991), 35.

326 Vgl. Grewe (1986), 280 f.; ders. (1991), 55 f. zu dem in Goslar schon um 1200 bezeugten Rohrleitungssystem. – Eine Zwischenform von Brunnen und Wasserleitung dürfte in den Radbrunnen zu sehen sein, die um 1400 für Zürich bezeugt sind, wobei durch Wasserräder, die an die Rathaus- und die Münsterbrücke angebaut waren, das Wasser aus der Limmat geschöpft und zur Speisung von sieben öffentlichen und 19 privaten Brunnen genutzt wurde. Rautenberg (1965), 20; Maschke (1978), 37; Fouquet (1999), 231; Simon-Muscheid (2001), 705 f. Vgl. auch (nicht allein wegen der Abbildungen): Elisabeth Suter, Die Wasserversorgung Zürichs, in: Grewe (1991), 287–292. Auch in Hannover wurde

1468 ein solcher zentraler Radbrunnen geschaffen. Schormann (1998), 128.

327 Bender (1988), 85. Noch in der Residenz Theoderichs des Großen, in Ravenna, wurden Bleirohre verwendet. Grewe (1991), 26.

328 Schwarz (1996), 103; Hölscher (1909/II), 124. Bleiröhren wurden auch für die Zuleitungen des Schönen Brunnens in Nürnberg verwendet. Grewe (1991), 59 f. Ein ausgedehntes Röhrennetz hatte in Aachen schon im 14. Jahrhundert die Brunnen durch Rohrwasserleitungen gespeist. Es bestand aus Eichenholzröhren, die aber immer erneuert werden mußten und deshalb teilweise schon 1349/50 durch Bleiröhren ersetzt wurden. Biergans (1909), 96. Durch Bleirohre floß seit 1320 das Wasser, mit dem die Würzburger Festung Marienberg aus dem 2 km entfernten Höchberg versorgt wurde. Grewe (1991), 57. Grewe (1991), 34 gibt zu bedenken, daß die Verbreitung von Bleirohren größer gewesen sein kann als heute nachzuweisen, da das Blei bei der Auflassung einer Anlage weiterverkauft wurde.

329 Der Ausdruck „Obrigkeitsbrunnen" wurde auch in Hinsicht auf die trefflichen Ausführungen von Möring (1913), 60 f. zur Hamburger Brunnenpolizei gewählt.Vgl. für Einbeck: Heege (1998), 115. - Vorangegangen mit diesem Brunnentyp war Goslar. Um 1200 waren die bronzenen Schalen des Marktbrunnens gegossen worden, die 1220 mit einem Reichsadler gekrönt wurden. Grewe (1986), 290. Abb. in Veh/Rapsch (1998), 12. Vgl. auch Dirlmeier (1986), 152 f.; ders. (1991), 69. - Zur „Mode der Monumentalbrunnen" um 1500 vgl. Dirlmeier (1981), 136 f. Zum europäischen Vergleich: Ulrich Schulze, Brunnen im Mittelalter. Politische Ikonographie der Kommunen in Italien. (EuropHochschulSchrr XXVII/209) 1994.

330 Rautenberg (1968), 218 f. und 236 ff.; Lill (1948), 1282 ff.; Hauser (1987), 260 f.; Simon-Muscheid (2001), 707 f. Vgl. zu dem 1408 errichteten Braunschweiger Brunnen Erhard Metz/Gerd Spies (Hrsg.), Der Braunschweiger Brunnen auf dem Altstadtmarkt. (Braunschweiger Werkstücke 70) 1988.

331 Cochlaeus, 82. Vgl. Grewe (1991), 59 f.; Bayerl (1980), 189.

332 Baader, 280 f.

333 Ebd., 276. Vgl. auch Fouquet (1999), 226. Das gleiche Verbot wurde bereits um 1350 für den Brunnen am Nürnberger Milchmarkt ausgesprochen. Baader, 276; Schultheiß (1965), 169.

334 Rothert (1937/38) Bd. 2, 117 f.

335 Simon-Muscheid (2001), 711 f.

336 Vgl. Haller Bd. 2 (1901), 466 f.; Huber (1955), 75 und 93 f.; Rautenberg (1965), 233 ff.; Dormeier (1986), 185 f.; Grewe (1991), 57; Busch (1998), 14; Fouquet (1999), 241 ff. - In Basel sind bereits 1291 zwei Brunnenmeister nachgewiesen. Huber (1955), 75.

337 Reg. Imp. 11 = Die Urkunden Kaiser Sigmunds 1410 - 1437. Bearb. von Wilhelm Altmann. 2 Bde. Innsbruck 1896/1900, Nr. 3670. Eine solch gute Bezahlung war üblich. Fouquet (1999), 209.

338 Biergans (1909), 106; Fouquet (1999), 226 f.

339 Vgl. Dirlmeier (1981), 136; Grewe (1991), 69 ff.; Griep/Wiese (1998), 20; Fred Mahler, Brunnen gegen Durst und Feuersbrunst. Zur Wasserversorgung im spätmittelalterlichen und frühneuzeitlichen Uelzen, in: Veh/Rapsch (1998), 195 - 199; Fouquet (1999), 225.

340 Heege (1998), 113.

341 Illi (1987), 19.

342 Vgl. Klaus Grewe, Planung und Trassierung römischer Wasserleitungen. 1985.

343 Manfred Hainzmann, Untersuchungen zur Geschichte und Verwaltung der stadtrömischen Wasserleitungen. (DissUnivGraz 32) Wien 1975, 121 ff.

344 Zu Recht kritisierte schon Bayerl (1980), 183 ff. das naive Vergleichen antiker und mittelalterlicher Wasserversorgung.

345 Carlo Zammattio, Augusto Marinoni, Anna Maria Brizio, Leonardo der Forscher. Stuttgart- Zürich 1981, 12 ff. Vgl. auch Ludwig H. Heydenreich, Bern Dibner, Ladislao Reti, Leonardo der Erfinder. Stuttgart/Zürich 1981, bes. 26 ff.

346 Robert Bohn, in: Hanse Bd. 1 (1989), 204. Vgl. auch Gun Westholm, Visby. Town history interpreted from archeological results, in: Gläser (1997), 387 - 401.

347 Vgl. Fouquet (1999), 4 f. (mit weiterer Lit.).

348 Um uns nicht eine Diskussion über den längst international etablierten Begriff „Renaissance"

aufzuladen, verweisen wir auf einen Sproß dieses Begriffes, die sogenannte Renaissance des 12. Jahrhunderts, bei dem sich gleichfalls glänzende Blüten, aber wenig Früchte finden lassen. Dazu, zwar nicht so dezidiert wie wir, aber die Referenzmodelle freilegend: Bernhard Schimmelpfennig, Renaissance/Proto-Renaissance, Renovatio/Renewal, Rezeption. Bericht über eine Begriffs-Diskussion, in: Erzgräber (1989), 383–390 und das distanzierende Referat bei Speer (1995), 6 ff.

349 Vgl. Gerhard Eis, Zur Bedeutung Konrad Schelligs, in: ders. (1971), 73–77, hier: 75. Die „gräzistische Renaissancemode“ des 15. Jahrhunderts war durch den naiven Rückgriff auf die griechische Medizin und in der Verachtung der von den Arabern erzielten Fortschritte „reaktionär“ und hat keineswegs bahnbrechend gewirkt. Mit der Vorstellung einer die Wissenschaft verändernden „Renaissance“ werden die Rezeptionsvorgänge verdeckt, die aus der mittelalterlichen auf die neuzeitliche Wissenschaft wirkten. Die Erkenntnis der sich überlagernden Rezeptionsvorgänge gewann am Beispiel der um 1600 wiederbelebten scholastischen Staatslehre bereits Otto von Gierke, Johannes Althusius und die Entwicklung der naturrechtlichen Staatstheorien: Zugleich ein Beitrag zur Geschichte der Rechtssystematik. 1879 (Neudruck 1981). Dieses für die Epochendiskussion bis heute nicht herangezogene Werk mußte zur Zeit seines Erscheinens wirkungslos bleiben, weil es nicht in das gängige Schema einer geistesgeschichtlichen, in abgrenzbaren Abfolgen zu erkennenden Entwicklung paßte.

350 Dirlmeier (1981), 117 f.

351 Heine (1994), 168 f.

352 Vgl. S. 79.

353 Von Stromer (1984), 53.

354 Busch (1998), 14.

355 Eindrücklich: von Stromer (1984), 52 ff.

356 Ebd., 51.

357 Ebd., 56 ff.

358 Grewe (1991), 57.

359 Burkard Zink, 144 f.

360 Ebd., 154.

361 Grewe (1991), 58.

362 Fritsche Closener, 98 f. (Burg Schwanau, abgegangen bei Erstein).

363 Küster (1989), 71 f. Daß die Sauberkeit des Wassers schon ein spätmittelalterliches Problem war, zeigt Lange (1990), 16 ff.

364 Fouquet (1999), 227.

365 Dirlmeier (1986), 157.

366 Padberg (1994), 90.

367 Ebd., 52.

368 Hagel (1983), 226. Vgl. allgemein zur Bedeutung der Stadtbäche für die Abfallentsorgung Hellwig (1990), 14.

369 Heine (1994), 167. Vgl. ebd., 171 zum „great stink“.

370 Dirlmeier (1988), 106 f.

371 Aeneas Sylvius, ed. Wolkan 33 und 90 (Rhein) sowie 426 (Donau bei Passau).

372 Bender (1988), 86 f.

373 Padberg (1994), 48. Vgl. etwa Kriegk (1862), 288 f.; Boos Bd. 3 (1899), 266 f.; Gutherz (1928), 8 ff.

374 Fouquet (1999), 15.

375 So zu Recht : Dirlmeier (1981), 113 f.; Arndt (1998), 83.

376 Dirlmeier (1981), 120 f.

377 Ebd., 120 f.

378 Dirlmeier (1991), 63 f.

379 Boos Bd. 3 (1899), 266 f.; Dirlmeier (1988), 106.

380 Remann (1993), 226.

381 Illi (1987), 33.

382 Ebd., 47.

383 Sprandel (1982), 376.

384 Hoffmann (1955), 108 f. (Nr. 273). – In Wien hatten „Mistrichter“ dafür zu sorgen, daß wenigstens die Marktplätze sauber blieben. Kühnel (1984), 55 mit Anm. 92.

385 So zutreffend: Padberg (1994), 73.

386 Hoffmann (1955), 182 (Nr. 363).

387 Allerdings gebot Zürich schon 1268, den Prozessionsweg zur Dominikanerkirche sauberzuhalten. Illi (1987), 49.

388 Hoffmann (1955), 181 f. (Nr. 363).

389 Reichart (1996), 143.

390 Vgl. zum Beispiel die Straßburger Kehrichtordnungen vom Anfang des 15. Jahrhunderts. Eheberg, 393 Nr. 165; 480 ff. Nr. 242.

391 Das gab bereits Dirlmeier (1981), 149 zu bedenken.

392 Beispiele bei Fouquet (1999), 225.

393 Vgl. – wieder einmal treffend – Illi (1987), 49 f.

394 Ebd., 41.

395 Lange (1990), 14 ff., 28 ff.

396 Hauser (1987), 155.

397 Hofer Bd. 2 (1965), 118.

398 Voigt (1973), 170.

399 Nübling Bd. 2 (1907), 307.

400 Varges (1895), 258.

401 Göttinger Statuten, ed. v. d. Ropp 88 Nr. 74 § 31.

402 Vgl. Göggelmann (1984), 271 f. (Ulm).

403 Göttinger Statuten, ed. v. d. Ropp, 88 Nr. 74 § 29 (1398).

404 Stein Bd. 2, 355.

405 Ebd., 569.

406 Vgl. für Nürnberg Baader, 279 und 283; für Goslar: Hölscher (1909), 62 f.

407 Fuhse (1926), 26.

408 Vgl. für Zürich: Illi (1987), 33 f.

409 Hölscher (1909), 95. – Zur Schafhaltung im spätmittelalterlichen Frankfurt am Main: Kriegk (1862), 243.

410 Benecke (1994), 196 ff. Vgl. ebd., 219 (Nähe zum Wildschwein).

411 Dirlmeier (1981), 146 f.; Grewe (1986), 294; Illi/Höfler (1992), 357; Padberg (1994), 57; Reichart (1996), 147 ff. – In Würzburg wurde dem Marktknecht 1475 auch die Aufgabe übertragen, die frei in der Stadt herumlaufenden Schweine einzufangen und dem Rat anzuzeigen. Hoffmann (1955), 177 (Nr. 357). – Den Schweinen sah man im Spätmittelalter noch ihre Herkunft von den Wildschweinen deutlich an, was noch in Gessners Tierbuch von 1583 zu erkennen ist. Berkenhof (1937), 11 mit Anm. 3.

412 Der Goslarer Rat verbot dies erst im 15. Jahrhundert, mußte aber dieses Verbot mehrfach wiederholen. Hölscher (1909), 50 f., 61 f. und 63.

413 Wolf, 276 Nr. 186.

414 Ebd., 376 Nr. 289. Vgl. auch Kriegk (1862), 290 f.

415 Stein Bd. 1, 355. – Zur Schweinehaltung der Bäcker vgl. Göttmann (1975), 23 und 87 ff. – Wesentlich seltener als die Haltung der Schweine wird die der Kühe eingeschränkt. Ein Beispiel aus dem Straßburg des frühen 15. Jahrhunderts: Eheberg, 391 Nr. 162.

416 Vgl. für Hamburg: Möring (1913), 38. – In Goslar wurde ein Schweinetreiber angestellt, der alles Vieh der Bürger auf die Weide zu führen und darauf zu achten hatte, daß die Schweine nicht auf dem Friedhof oder vor dem Rathaus lagerten. Hölscher (1909), 62 und 63 f. – Eine spätmittelalterliche „Verrinderung der Städte" (Wilhelm Abel) läßt sich aus den Statuten nicht nachweisen. Vgl. dazu auch Benecke (1994), 207 f.

417 Varges (1895), 262.

418 Falk u. a. (1989), 413.

419 Hölscher (1909), 63.

420 Baader, 282 ff.; Mummenhoff (1898), 8 f.; Lehnert (1981), 155 f. Das „Lobgedicht" des Meistersingers Kuntz Haß auf Nürnberg (1490), eine Versifizierung von Ratsgeboten, besagt, daß nicht nur die Bäcker, sondern auch die Pfragner, die Lebensmittelhändler, zehn Schweine halten durften. Auszugsweiser Druck: Bayerl/Troitzsch (1998), 152. Um 1400 hatte der Nürnberger Rat versucht, die Schweinehaltung des Bürgers auf drei Tiere zu beschränken. Schultheiß (1965), 297. – Vgl. für Frankfurt Wolf, 217 f. Nr. 127.

421 Vgl. Novosadtko (1998), 251: Nutztiere im frühneuzeitlichen Stadtbild. Daß auch manche größere Stadt noch lange das freie Herumlaufen duldete, lehrt das Beispiel von Bern, das dieses erst 1499 verbietet und das entsprechende Verbot 1522 erneut einschärfen muß. Haller Bd. 2 (1901), 118 f.

422 Padberg (1994), 69.

423 Bulla (2000), 8 f.

424 Ed. Brunner, 172 Nr. 297.

425 Illi (1987), 18. – Das Basler Bauamt fand für Lumpen, gebrauchte Nägel, Metallschrott und ganze Brunnenverschalungen noch Käufer. Fouquet (1999), 172 und 174.

426 König vom Odenwald, Gedicht von der Kuh, ed. Olt, 36. Vgl. auch Becker (1989), 17 f.

427 Illi (1987), 8 f. Weitere Beispiele für mittelalterliches Recycling bei Illi/Höfler (1992), 363

428 Vgl. Hellwig (1990), 101: Zum Stadtrand, zu

den Siedlungsgebieten der Armen hin, nimmt der Müll, der in den Bach geschüttet wird, ab.

429 Was nicht als Mist galt, klärt Schütte (1986), 252 ff. mit seiner Darstellung des „Abfall-Spektrums" mittelalterlicher Kloaken.

430 Baader, 279.

431 Dirlmeier (1981), 146; ders. (1988), 106; Illi (1987), 26; Padberg (1994), 48. Vgl. für Lübeck: 514Hanse (1989) Bd. 1, 197; Remann (1993) 227.

432 Ein Beispiel: Die Stadtordnung von Krems regelt 1524 den Düngereinkauf in der Wachau. Brunner, 197 f. Nr. 316 § 49.

433 Illi (1987), 51.

434 Nübling Bd. 2 (1907), 307.

435 Padberg (1994), 46 f.

436 Vgl. Varges (1895), 261 f.; Kühnel (1984), 53 f.; Illi/Höfler (1992), 355 f. – Eine regelmäßige Abfuhr des Unrates entwickelte sich selbst in einer Stadt wie Hamburg erst allmählich mit dem 16. Jahrhundert. Möring (1913), 33 f. – Zur frühneuzeitlichen Straßenreinigung vgl. Gutherz (1928), 11 ff.

437 Wolf, 223 f. Nr. 134.

438 Ebd., 225 f. Nr. 137.

439 Baader, 276; Schultheiß (1965), 56 und 291 f.: Ursprünglich setzte auch Nürnberg eine Frist von acht Tagen, die im Verlauf des 14. Jahrhunderts stetig verkürzt wurde. Vgl. Lehnert (1981), 153. Für Zürich vgl. Illi (1987), 49.

440 Wolf, 334 Nr. 242.

441 Ebd., 289 f. Nr. 289 (1481).

442 Hoffmann (1955), 72 (Nr. 106c).

443 Vgl. Lehnert (1981), 158; Dirlmeier (1991), 63; Fouquet (1999), 15.

444 Stein Bd. 2, 23. Vgl. Padberg (1994), 48.

445 Stein Bd. 2, 128 und 177.

446 Dirlmeier (1981), 144.

447 Hagel (1983), 228.

448 Sogenanntes „Lobgedicht" des Kuntz Haß auf Nürnberg. Auszugsweiser Druck: Bayerl/Troitzsch (1998), 152.

449 Dirlmeier (1981), 144.

450 Glauser (1978), 65 ; Wunder (1978), 103.

451 Nübling Bd. 2 (1907), 307.

452 Annales Colmarienses maiores, MGH SS Bd. 17 (1861), 219.

453 Rautenberg (1965), 223; Lehnert (1981), 157; Dirlmeier (1991), 65; Padberg (1994), 48.

454 Möring (1913), 39 f.

455 Stein Bd. 2, 3, 12 und 138. Vgl. ebd., 1, 56. Vgl. Grewe (1986), 297.

456 Kriegk (1862), 273.

457 Uvo Hölscher, Die Gose und die Agetucht. ZHarzV 28 (1895), 657 – 660; ders. (1909), 62.

458 Vgl. Grewe (1991), 78.

459 Möring (1913), 35 f. Als Einzelbeispiel: 1314 erhielt das Hamburger Maria-Magdalenen-Kloster vom Rat die Erlaubnis, eine Abwasserrinne in die Alster zu leiten. Falk u. a. (1989), 410. – Die Pläne einer Alster-Kanalisation wurden nicht verwirklicht. Sprandel (1986), 199.

460 Wismarer Burspraken 1419 § 8, ed. Sprandel (1982), 38.

461 Illi (1987), 38 ff. Zu den Basler Ehgräben: Gutherz (1928), 38.

462 Dirlmeier (1986), 155; Fehring (1989), 20; Erdmann (1988), 105; Grewe (1991), 78 f. – Ein Beispiel aus dem Süden stellen die offenen Gerinne in Salzburg dar. Dimt (1984), 72.

463 Grewe (1986), 294, 298 f.; ders. (1991), 79. Dagegen skeptisch: Oexle (1992), 365. – Bereits für Cochlaeus, 108 sind die Bächle eine Sehenswürdigkeit Freiburgs.

464 Mummenhoff (1898), 3. Zwischen 1335 und 1349 wurde in Nürnberg ein Abzugsgraben vom Weinmarkt zur Pegnitz angelegt. Schultheiß (1965), 239.

465 Falk u. a. (1989), 412. Vgl. für Braunschweig: Padberg (1994), 50; für Einbeck: Heege (1998), 105; für Goslar: Griep/Wiese (1998), 19.

466 Dürre (1861), 656 f. – Im gleichen Sinne deuten wir auch die „waterforer" in Lübeck, die Grewe (1986), 279 und Grabowski/Schmitt (1993), 217 als Wasserträger erklären.

467 Fuhse (1926), 28.

468 Zimmermann (1986), 145 f.

469 Möring (1913), 42 f.; Lange (1990), 26 f.

470 Lange (1990), 26.

471 Urkundenbuch der Stadt Erfurt. Bd. 1. (GQProvinzSachsen 22) 1889, ed. Carl Beyer, 91 f. Nr. 159.

472 Padberg (1994), 47.

473 Boockmann (1993), 122.

474 Vgl. für Zürich: Illi (1987), 28.

475 Hellwig (1990), 109. Vgl. Padberg (1994), 47 f.

476 Dirlmeier (1988), 105; Grewe (1991), 75.

477 Hellwig (1990), 93. Vgl. Dirlmeier (1988), 105 mit Anm. 35 (Literaturhinweise).

478 Hellwig (1990), 94.

479 Ebd., 13; Dirlmeier (1991), 66. Vgl. Illi (1987), 29 ff.

480 Dirlmeier (1981), 123; Fouquet (1999), 228.

481 Hellwig (1990), 10. - Zu den Kloakentypen vgl. Rötting (1985), 52 - 55 mit Abb. 23 - 27.

482 Bayerl (1980), 197.

483 Kühnel (1984), 53; Dimt (1984), 72. Vgl. für Zürich Illi (1987), 29. - Nach Kriegk (1862), 292 kannte Frankfurt schon 1348 öffentliche Bedürfnisanstalten. In Lübeck gab es an den verkehrsreichsten Straßen öffentliche Aborte. Hanse (1989) Bd. 1, 197.

484 Ludolphy (1984), 123.

485 Hellwig (1990), 108.

486 Illi (1987), 30.

487 Ed. Olt, 84 f.

488 Schütte (1986), 246 f. - Zur frühneuzeitlichen Abortproblematik vgl. Lange (1990), 14 f.

489 Dirlmeier (1981), 143; Schütte (1986), 242. Vgl. Kühnel (1984), 51 f.; Dimt (1984), 72.

490 Gläser (1993), 56.

491 Schütte (1986), 241. - In Zürich hingegen wurden die Aborte häufiger als in Nürnberg und den norddeutschen Städten, aus denen unsere Angaben stammen, geleert. Illi (1987), 37.

492 Zehnder (1976), 370 f.; Dirlmeier (1981), 124 f. und 141 f.; ders. (1991), 66; Kühnel (1984), 54 f.; Illi (1987), 47. - In Basel war die Räumung der Abtritte und Dolen das ausschließliche Recht der Totengräber. Gutherz (1928), 36 f.

493 Dirlmeier (1981), 141.

494 Ernst Schubert, Gauner, Dirnen und Gelichter in deutschen Städten des Mittelalters, in: Cord Meckseper/Elisabeth Schraut (Hrsg.), Mentalität und Alltag im Spätmittelalter. 1985, 97 - 128, hier: 105.

495 Lehnert (1981), 152 f.

496 Dirlmeier (1986), 155 f.; Oexle (1992), 365 ff.

497 Stein Bd. 2, 507 (Köln 1474).

498 StChr. Nürnberg Bd. 4, 313.

499 Dürre (1861), 657.

500 In diesem Sinne deuten wir die Nachricht des Aeneas Sylvius, ed. Wolkan, 90 über Kleinbasel: „Ein verzweigter Bach zur Reinigung der verschmutzten Straßen" (1438).

501 Rothert Bd. 2 (1938), 13

502 Reinecke Bd. 1 (1933), 247.

503 Fuchs (1981), 32 ff. mit Karte 34.

504 Illi (1987), 20. Vgl. für die Würzburger Bäche Pleichach und Kürnach: Schich (1977), 192.

505 Vgl. für den Nürnberger Fischbach: Schnelbögl, in: Pfeiffer (1971), 61.

506 Hanauer/Klélé, 124 (Nr. 44).

507 Dirlmeier (1981), 122. Gebote des Berner Rats zur Sauberhaltung der Stadtbäche: Haller Bd. 2 (1901), 118 f.

508 Baader, 275 ff.; Schultheiß (1965), 146 und 307; Lehnert (1981), 159.

509 Vgl. das sogenannte Lobgedicht des Kuntz Haß auf Nürnberg, das von Lohnwäscherinnen am Fischbach berichtet. Bayerl/Troitzsch (1998), 153.

510 Hölscher (1909), 61. Vgl. zur Sorge des Goslarer Rates für die Reinhaltung von Gose und Beeke sowie der Agetucht ebd., 92 ff.

511 Dirlmeier (1981), 123 f.

512 Reinhard Vogelsang, Stadt und Kirche im spätmittelalterlichen Göttingen. (StudGStadtGöttingen 8) 1968, 85 f.; von der Ropp, 60 Nr. 48 (1376). - Zeller-Werdmüller (1899), 45 Nr. 115 (1326). Vgl. Illi (1987), bes. 41 und 43.

513 Das stellte 1314 der Zürcher Rat dezidiert fest. Zeller-Werdmüller Bd. 1 (1899), 7 Nr. 13. - Die Zürcher Statuten reflektieren die Probleme des städtischen Wasserrechts, z. B. bei der Bewässerung der bürgerlichen Gärten, der Intensivkulturen vor den Stadtmauern (ebd., 153 f. Nr. 323. 1348) oder bei der (aus fortifikatorischem, nicht aus umweltbezogenem Interesse notwendigen) Reinhaltung der Stadtgräben (ebd., 45 f., Nr. 116; 78 Nr. 220. 1326). Vgl. für Straßburg: Brucker (1899), 224 ff.; für Worms: Boos Bd. 3 (1899), 78 f.

514 Instruktiv Illi (1987), 21 ff. mit der Karte (22) der Gewerbeimmissionen Zürichs im Jahre 1468.

515 StChr. Nürnberg Bd. 5, 282. Vgl. Lehnert (1981), 157. Weitere Beispiele bei Dirlmeier (1986), 155.

516 Stolz (1936), 311.

517 Franz (1967), 484.

518 Hans-Peter Korsch, Das materielle Strafrecht der Stadt Köln vom Ausgang des Mittelalters bis in die Neuzeit. 1958, 116 ff. In Nürnberg wurden ebenfalls erst im 16. Jahrhundert die Abwässerkanäle „verporgen unter dem Pflaster“ angelegt. Mummenhoff (1898), 11. Vgl. auch Elisabeth Hilger, Umweltprobleme als Alltagserfahrung in der frühneuzeitlichen Stadt? Überlegungen anhand des Beispiels der Stadt Hamburg. Die alte Stadt 11 (1984), 112 ff., bes. 123 ff., 129 f., 134, 137.

519 Illi (1987), 43.

520 Schnizlein (1913), 105.

521 Gutherz (1928), 23 ff. Noch im 16. Jahrhundert wurde Basel wegen seiner unterirdischen Abwässerkanäle gelobt. Ebd., 21 f.

522 1218 bzw. 1225/26 als „Thol“ des Dietrichsspitals bezeugt. Monumenta Boica Bd. 37, 201 Nr. 195 bzw. 218 Nr. 208.

523 Grewe (1991), 75 (mit Abb.).

524 Illi (1987), 44 f.

525 In Hann. Münden wurde jüngst ein unterirdisch verlaufender Abwasserkanal aus der Wende des 13. zum 14. Jahrhundert entdeckt. Andrea Bulla, Archäologische Untersuchungen zur Befestigungsanlage und zu Besiedlungsspuren aus der Gründungszeit der Stadt Hann. Münden. GöttingerJb 47 (1999), 17 – 37, hier: 29 f.

526 Dirlmeier (1981), 140 f.

527 Fehring (1996), 81 mit Abb. 78.

528 Dirlmeier (1981), 62; ders. (1986), 157; Fouquet (1999), 8 f. Vgl. Hundsbichler (1977), 127 (für Österreich). – In Hamburg, Köln, Worms und Aachen sind erste Straßenpflasterungen bereits im 13. Jahrhundert nachzuweisen. Varges (1895), 259. In Hamburg ist 1273 eine zum Millerntor führende „platea lapidea“ bezeugt. Möhring (1913), 30. Vgl. Lange (1990), 14. In Hann. Münden wird Mitte des 13. Jahrhunderts der Platz vor dem Rathaus eingeebnet und gepflastert. Bulla (2000), 18.

529 Fehring (1996), 43 mit Abb. 32. Vgl. Grewe (1991), 76 (für Köln). In Lübeck ist eine solche Befestigung für die Zeit zwischen 1169 und 1214 bezeugt. Remann (1993), 226. Vgl. Gläser (1993) 54. Aus dem 12. Jahrhundert stammt in Hann. Münden die 2,80 m breite Bohlenstraße, die eine Feuchtfläche begehbar werden ließ. Andrea Bulla, Eine Holzstraße aus dem 12. Jahrhundert, in: Archäologie in Niedersachsen 2 (1999), 96 – 98. Zur um 1200 begonnenen Bohlenbefestigung von hannoverschen Straßen im 13. Jahrhundert vgl. Grewe (1991), 77; Remann (1993), 228.

530 Hoffmann (1955), 72 (Nr. 106d).

531 Grewe (1991), 77.

532 Abb. bei Grewe (1991), 77 und Fehring (1996), 77.

533 Müllner, ed. Hirschmann, 220.

534 Burkard Zink, 146.

535 Grewe (1986), 296.

536 Nürnberger Jahrbücher bis 1469. StChr. Nürnberg Bd. 4, 129. Vgl. Lehnert (1981), 157. Den um 1400 bereits verlangten Eid der städtischen Pflasterer notiert Schultheiß (1985), 296.

537 Schnizlein (1913), 105.

538 Cammermeister ed. Reiche, 71 f.

539 Für die Augsburger Straßenpflasterung hat jedermann für den Platz vor seinem Haus in einer vom Rat festgelegten Breite aufzukommen. Nur wenn die Straße breiter ist, übernimmt der Rat die vollen Kosten. Burkard Zink, 146.

540 Hoffmann (1955), 102 (Nr. 265). Vgl. ebd., 120 f. (Nr. 296): Um 1443 sind in Würzburg die meisten Gassen der Innenstadt gepflastert.

541 Schultheiß (1965), 201 f.

542 Jaritz (2001), 477 f. mit Abb. 5 und 7.

543 Um 1440 kostete es in Würzburg 90 fl., um eine schmale, nicht einmal 70 Meter lange Gasse zu pflastern. Hoffmann (1955), 120 f. (Nr. 296).

544 Dirlmeier (1981), 143; Grewe (1991), 77; Fouquet (1999), 356 f. Vgl. ebd., 52 und 184 zu den Arbeitsbedingungen.

545 Friedrich Stein, Monumenta Suinfurtensia historica. 1875, 189 Nr. 201.

546 Dürre (1861), 656. – Zur Braunschweiger Straßenpflasterung des 14. Jahrhunderts vgl. Padberg (1994), 50.

547 Die Pflasterung Münchener Straßen mit Kieselsteinen fällt 1492 einem italienischen Reisenden als Besonderheit auf. Simonsfeld (1895), 257.

548 Vgl. etwa (für Hamburg) Möring (1913), 30 ff.

549 Grewe (1991), 77. In Hann. Münden wurden Buntsandsteine als Straßenpflaster gewählt. Bulla (2000), 13 mit Abb. 5.

550 Briefe, ed. Wolkan, 91.

551 Heinrich Deichsler, 580.

552 Robert Bohn, in: Hanse (1989) Bd. 1, 204.

553 Bayerl (1980), 199 f.

4 Der unmittelbare Umgang mit Gottes Schöpfung: Menschen und Tiere

1 Nitschke (1967), 235.

2 Schubert (1999), 48 ff.

3 Schade (1967), 222 f.

4 Ein massenhaft abgeschriebener gelehrter Text stellt im Prinzip ebenso konsensgebundene Normen her wie zum Beispiel ein städtisches Statut.

5 Reformation Kaiser Siegmunds, ed. Koller, 285.

6 Vgl. Nitschke (1995), 108, 110 und 115 f.; ders. (1998), 234 und 240 f.

7 Ganzenmüller (1911), 174 f.

8 Ebd., 153 f. Vgl. Dinzelbacher (2000), 217 f.

9 Eugippius, Das Leben des Heiligen Severin. Lateinisch und Deutsch, ed. Rudolf Noll. 1963, 94 (cap. 29).

10 Schade (1967), 220 f.

11 Zum Verhältnis des hl. Hieronymus zum Tier vgl. Nitschke (1995), 109 f.

12 Vgl. dazu Radkau (2000), 104: „Frühere Zeiten haben aus diesem Gebot eine menschliche Verantwortung für die Natur herausgelesen."

13 Vgl. die tiefsinnige Interpretation einer karolingischen Elfenbeintafel bei Schade (1967), 220 ff.

14 Vita Sancti Pirmini. MGH SS Bd. 15/1, 25. – Zur spezifischen „Tierliebe" irischer Missionare vgl. Nitschke (1995), 117 ff.

15 Dazu mit neuen Akzenten Nitschke (1995), 102 ff.

16 Büchner (1985), 74.

17 Ebd. mit Anm. 293.

18 Zur mehrfachen Symbolbedeutung von Tieren vgl. von Blankenburg (1943), 73 ff.; Dinzelbacher (2000), 218 ff.

19 Karl-Adolf und Ursula Knappe, Zur Tierdarstellung in der Kunst des 15. und 16. Jahrhunderts. Studium Generale 20 (1967), 263 ff., hier: bes. 264 ff. Ein Beispiel für das Festhalten an der Tradition: Noch 1508/12 konnte der „Physiologus" in einer Holzschnittausgabe erscheinen. Ebd., 265.

20 Von Blankenburg (1943).

21 Schade (1967), 226 f. – Zur Interpretation des „Physiologus" ist immer noch trotz mancher zeitgebundener Mythisierungen heranzuziehen: von Blankenburg (1943).

22 Von Blankenburg (1943), 158. Andere Deutungen werden ebd., 190, referiert.

23 Nitschke (1967), 248 f. – Zur beseelten Natur in der psychologischen Deutung C. G. Jungs (einer Vorstufe zu seiner fulminanten Interpretation der Alchemie) vgl. das Referat bei von Blankenburg (1943), 83 ff.

24 Nitschke (1967), bes. 254 ff.

25 Sachsenspiegel Ldr II.61.2. Vgl. Schmidt-Wiegand (1996), 319. Möglicherweise hat diese Rechtsbestimmung noch einen Nebensinn, waren doch die wilden Tiere vielfach auch als Allegorie der Heiden gedeutet worden. Dickerhof (1978), 54 ff. und 70.

26 Karl von Amira, Thierstrafen und Thierprocesse, in: MIÖG 12 (1891), 529 – 601; Berkenhof (1937), 37 ff. Wichtig auch die Belege bei Zehnder (1976), 410 f., und Heine (1989), 124.

27 Berkenhof (1937), 84 ff.; Dinzelbacher (2000), 281 ff. – Ein Beispiel: 1451 erlaubt der Bischof von Lausanne der Stadt Bern, gegen Würmer und Mäuse den Prozeß zu führen. Erst nachdem die Tiere dreimal geladen worden sind, durften sie auf Prozessionen in dem betreffenden Gebiet verflucht werden. Hauser (1987), 233.

28 Berkenhof (1937), 54.

29 Boockmann (1993), 121.

30 Hellgardt (1996), 308

31 Lurker (1967), 213 f.

32 Von Blankenburg (1943), 259 ff.

33 Vgl. Hans Robert Jauss, Untersuchungen zur mittelalterlichen Tierdichtung. 1959, bes. 201 ff.; Dinzelbacher (2000), 235 ff.

34 So ist zum Beispiel für Konrad von Megenberg die lichtscheue Eule „significatio" des lichtscheuen Gesindels, steht für „all poes übeltaetig läut". Nischik (1986), 277.

35 Deutsche Reichstagsakten Bd. 16, 172 Anm. 5.

36 Vgl. Sieber-Lehmann (1996), 214.

37 Nitschke (1998), 235 f.

38 Eine Ausnahme könnten die Hahnenkämpfe gebildet haben, bei denen die Zuschauer auf den Sieger wetteten. Ein solcher Kampf ist aus der Nachricht der Colmarer Annalen zum Jahre 1286 zu erschließen, wonach in Bern im Kampf zwischen zwei Hennen die Siegerin der Besiegten mit dem Schnabel den Kopf abgetrennt habe. Annales Colmarienses maiores. MGH SS Bd. 17, 212. – Hahnenkämpfe im spätmittelalterlichen Prag: Voigt (1973), 46. Vgl. auch Dinzelbacher (2000), 206 f.

39 Lohr (1989), 165.

40 Baufeld (1996), 275.

41 Eis (1971), 13.

42 Schade (1967), 228.

43 Friedrich Zoepfl, Deutsche Kulturgeschichte. 2 Bde. 1928/30, Bd. 1, 205.

44 Ebd.

45 Hauck (1963), 58.

46 Vgl. ebd., 68.

47 Ebd., 54. Vgl. auch Dinzelbacher (2000), 205 f.

48 Hauck (1963), 66 ff.

49 Ebd., 40 f., 54.

50 Ebd., 45.

51 Legatio c. 37, edd. Albert Bauer und Reinhold Rau, Quellen zur Geschichte der sächsischen Kaiserzeit. (AusgewQu 8) 1971, 556. Zu den ottonischen Tiergärten im Pfalzbereich: Hauck (1963), 34.

52 Zu den spätmittelalterlichen Tierparks vgl. die Hinweise bei Müller (1982), 25 f.

53 Veit Arnpeck, 673.

54 Simonsfeld (1895), 257.

55 Heinrich Deichsler, 586.

56 Boockmann (1994), 119.

57 Stadt im Wandel Bd. 1 (1985), 134. – Der durch Goethe berühmte Frankfurter Hirschgraben hatte im Spätmittelalter Altstadt und Neustadt getrennt. Hier werden von etwa 1400 bis 1556 Hirsche gehalten. Kriegk (1862), 275.

58 Lex Salica, hrsg. von Karl August Eckhardt. (Germanenrechte N.F. Westgermanisches Recht) 1953, 113 f. – Sachsenspiegel, Landrecht II.62.2. – Zur entsprechenden Bestimmung der Lex Frisonum IV.2 (MGH Leges Bd. 3, 662) vgl. Berkenhof (1937), 59 mit Anm. 2. – Noch in dem 1602 aufgezeichneten Marschenrecht an der Niederelbe muß derjenige, der einen Wachhund erschlägt, soviel roten Weizen auf den Hund gießen, bis dieser bedeckt ist, und sodann ein Jahr lang den Hof des Klägers bewachen. Wilhelm Ebel, Curiosa iuris germanici. 1968, 38. – Zum Hund im Frühmittelalter vgl. Becker (1989), 20 f.

59 Grimm, Weistümer Bd. 3, 162, 221 f., 715, 720.

60 Freundlicher Hinweis von Bernd Herrmann, Göttingen.

61 Benecke (1994), 175.

62 Ebd.

63 Thietmar IV. 34, ed. Trillmich, 150.

64 Borst (1973), 173 f.

65 Vgl. die Reinhardsbrunner Briefsammlung, ed. Friedel Peeck. (MGH Epp. Sel. 5) 1952, 19 Nr. 19: Ein reicher Kleriker bittet seinen Freund um einen geeigneten Hund für die Wolfsjagd („ad lupum valentem"). 1153 – 1158.

66 1485 wird in Nürnberg eine Stiftung zum Vertreiben der Hunde aus den Kirchen ausgesetzt. Lehnert (1981), 156.

67 Wacha (1976), 239.

68 Lehnert (1981), 156.

69 Mummenhoff (1898), 10 f. – In Marburg erhält 1519 der Scharfrichter 2 Pfd. 7 Sch. für das Töten von 61 Hunden. Friedrich Küch (Bearb.), Quellen zur Rechtsgeschichte der Stadt Marburg. Bd. 2 (VeröffHistKommHessenWaldeck XIII/2) 1931, 497. – In Würzburg erhielt der Hundeschläger 1474 drei Pfg. pro Hund. Hoffmann (1955), 145 (Nr. 317b). – Für Bamberg vgl. Novosadtko (1998), 257. – Die Stadtbevölkerung hat diese Praxis nicht widerspruchslos hingenommen. Ulm drohte allen, die den städtischen Hundeschläger beleidigten, Bestrafung an. Göggelmann (1984), 118.

70 Pauli, 174.

71 Benecke (1994), 227 f.

72 Ebd., 228. Vgl. auch Dinzelbacher (2000), 203 f.

73 Schuster (2000), 105 (Konstanz 1450).

74 Endres Tucher, 20.

75 Nach Dinzelbacher (2000), 183 wurden noch im hohen Mittelalter Hunde und Katzen verzehrt.

76 Becker (1989), 21.

77 Ebd., 109, 213 und 228.

78 Homolka (1983), 61, 70 f., 104 f.

79 Dormeier (1994), 182 f.

80 Wacha (1976), 250 ff.; Englisch/Jaritz (1976), 10. Vgl. auch Zingerle (1873), 10 ff.

81 Hundsbichler (1977), 123. – In Basler Bürgerhäusern erzeugt das Zwitschern der Singvögel, wie Aeneas Sylvius formuliert, eine Art immerwährenden Frühlings. Briefe, ed. Wolkan, 91.

82 Georg Steinhausen (Hrsg.), Deutsche Privatbriefe des Mittelalters. 2 Bde. 1899/1907, Bd. 2, 15. Zu den gezähmten Vögeln in Bürgerhäusern vgl. Dinzelbacher (2000), 204 und 287.

83 Freundlicher Hinweis von Bernd Herrmann, Göttingen.

84 Burkard Zink, 183 f., hat während der Winterkälte Mitleid mit den „Waldvögeln“. Zur Tierliebe im Mittelalter vgl. Dinzelbacher (2000), 283 ff.

85 Schubert (1983), 23.

86 Weil der Storch ein ansonsten gebräuchliches Nahrungsmittel ist, hebt Aeneas Sylvius hervor, daß in Basel die Störche unbehelligt auf den Dachfirsten nisten könnten, weil sie den Bürgern als unverletzlich gelten. Briefe, ed. Wolkan, 91.

87 Jegel (1940), 95; Wacha (1980), 249.

88 Eduard Jacobs, Die Jagd auf dem Harze. ZHarzV 33/2 (1900), 1 ff., hier: 65.

89 Blumenbach, Nachricht von Herzog Erichs des Jüngeren Beylager zu Münden und dem Hofstaate daselbst. ArchHVNdSachs NF 1849, 286 – 309, hier. 305 f.

90 Jäger (1994), 171 f.

91 Bereits 1367 verbietet Hagenau den Vogelfang mit Garn oder Leimruten im Heiligen Forst. Hanauer/Klélé, 140 (Nr. 82).

92 Wacha (1980), 249.

93 Weinhold (1882) Bd. 2, 70.

94 Hauser (1987), 91

95 Linnartz Bd. 1, 52.

96 Hanauer/Klélé, 209 (Nr. 201). 1458. Tauben als Nahrungsergänzung der Bürger: vgl. die Nürnberger Satzungen des 14. Jahrhunderts, ed. Schultheiß (1965), 53 f. und 151 f.

97 Kriegk (1862), 243.

98 Carl Arnold Willemsen, Das Falkenbuch Kaiser Friedrichs II. (Bibliophile Taschenbücher 152) 1980; Das Falkenbuch Friedrichs II.: Cod. Pal. Lat. 1017 der Biblioteca Apostolica Vaticana. Kommentar von Dorothea Walz und Carl Arnold Willemsen. (Glanzlichter der Buchkunst 9) Graz 2000. Vgl. mit der hier angegebenen Literatur Zahlten (1991), 89 f.; Nitschke (1998), 231 f.

99 Zur Einstellung des hl. Franz zur Tierwelt und zu den Vorläufern dieser Einstellung vgl. Nitschke (1995), 128 f. und 133 ff.

100 Vgl. Zahlten (1991), 93 f.

5 Umrisse des Natur- und Umweltbewußtseins

1 Wegweisend zum Wandel des Naturverständnisses am Beispiel des Alpenraums: Borst (1988), bes. 522 ff.

2 Borst (1988/II), 556.

3 Huber (1992), 151 mit Anm. 1.

4 Hinweis ebd., 151.

5 Backes (1991), 21 f. und 27.

6 Vgl. Köhler (1991), 61 ff.; Klaus Grubmüller, „Natûre ist der ander got“. Zur Bedeutung von „natûre“ im Mittelalter, in: Robertshaw/Wolf (1999), 3 – 18.

7 Vgl. Richard Hamilton Green, Alan of Lille's ‚De planctu naturae‘. Speculum 31 (1956), 649 – 674. Vgl. zum Werk: Danuta Shanzer, A New Prologue for the „De planctu naturae“?, in: Ewald Könsgen (Hrsg.), Arbor amoena comis. 1990, 163 – 172; Köhler (1991), 57 – 66; Zahlten (1991), 96 f.; Andreas Speer, Kosmisches Prinzip und Maß menschlichen Handelns. „Natura“ bei Alanus ab Insulis, in: Zimmermann (1991) Bd. 1, 107 – 129; Huber (1992), 159 ff.; Modersohn (1997), 25 f. und 30 ff.

8 Singer Bd. 5, 201.

9 Vgl. das wegen seiner Belege immer noch nützliche Werk von Ganzenmüller (1914); den gleichen schlichten Ansatz verfolgt auch das wegen seines Materials ebenfalls wichtige Werk von Flemming (1931).

10 Gerhard Pfeiffer, Kirche und Ortsnamengebung, in: Erlanger Ortsnamen-Kolloquium. (BeitrrNamenforsch Beiheft 18) 1980, 67 ff., hier: 86.

11 August Nitschke, Der Wandel des Denkens bei den Naturwissenschaftlern im Hohen und Späten Mittelalter, in: Peter Segl (Hrsg.), Mittelalter und Moderne. Entdeckung und Rekonstruktion der mittelalterlichen Welt. 1997, 95–108.

12 Speer (1995), 215.

13 Daß in scholastischem Denken das „ius naturale" noch mit dem Naturbegriff als „creatio Dei" im Zusammenhang steht, zeigen Robert B. Mellert, Reconsidering the Medieval Concept of Nature in the Development of a Scientific Ethics, in: Sprache und Erkenntnis im Mittelalter. Bd. 2. (Miscellanea Mediaevalia 13/2) 1981, 609 ff., bes. 611 und Berthold Wald, Die Bestimmung der „ratio legis" bei Thomas von Aquin und Duns Scotus, in: Zimmermann Bd. 2 (1992), 662–681, hier: 666 ff.

14 „Ich hôrte ein wazzer diezen". Walther von der Vogelweide, ed. Wapnewski, 122.

15 Werner Goez, Der Leihezwang. 1962, 147 Anm. 33 mit dem Nachweis, daß der König unter „lex naturae" die Familienliebe versteht, die ihn veranlasse, Österreich seinem Sohne zu übertragen. – Im gleichen Sinne spricht 1434 Herzog Heinrich von Bayern-Landshut „von angeborner natur, die väter billichen zu iren kindern haben und tragen süllen". Ettelt-Schönewald (1996) Bd. 1, 18.

16 Vgl. mit der hier genannten Lit.: Irmgard Meiners, Vogelsprachen. Mit einem Anhang: „Von dem wîsen man". BeitrGDtSpracheLit 91 (1969), 313–334.

17 Diese Auffassung vertrat bereits das Römische Recht; denn nichts anderes meint Ulpians „ordo et instinctus naturae". Dig 1.1.1.4; Inst 1.2. pr. Hinweis bei Weigand (1967), 454.

18 Hauser (1973). Vgl. auch ders. (1987), 19 ff. und 277 f. Es geht zum Beispiel auf Vergils Georgica zurück, wenn der spätmittelalterlichen Wetterprognostik zufolge der hochfliegende Reiher Regenwetter ankündigt. Ebd., 19.

19 Ulrich Boner, Der Edelstein, hrsg. von Franz Pfeiffer. Leipzig 1844, 178 ff., Nr. 99. „Von natiurlîcher Tôrheit", hier 180: „der vatter und die vriunde sîn / muosten in lân ein narren sîn. / Wer von natur ist unbesint, / und minr hât witzen denn ein rint, / den mag diu schuole ze Parîs / an sinnen niemer machen wîs."

20 Thomas von Aquin, Über das Sein und das Wesen. Deutsch-lateinische Ausgabe, übersetzt und erläutert von Rudolf Allers. (Fischer-Bücherei) 1959, 130 und 134.

21 Kucia (1980), 223.

22 Ebd., 225. – Auch für Thomas von Aquin ist der Mensch ein „animal rationale". Jan A. Aertsen, Natur, Mensch und der Kreislauf der Dinge bei Thomas von Aquin, in: Zimmermann (1991), 143–160, hier: 153.

23 Kucia (1980), 224.

24 Ebd.

25 Vgl. S. 15 mit Anm. 34.

26 Vgl. Speer (1995), 205 ff. zu Wilhelm von Conches.

27 Ebd., 96 zu Bernhard von Chartres.

28 Wegweisend in der anthropologischen Beantwortung dieser Grundsatzfragen und ihrer Befreiung aus dem engen Schema der Religionsgeschichte: August Nitschke, Kinder in Licht und Feuer. Ein keltischer Sonnenkult im frühen Mittelalter, in: ders. (1995), 3–28; ders., Erde in Recht und Kult. Die symbolische Interpretation als Zugang zum Verständnis der Germanen im frühen Mittelalter, in: ebd., 29–42.

29 Speer (1995), bes. 304 f. Vgl. ebd., 232 ff. zur Kosmologie des Thierry von Chartres, die durchaus moderne Züge trägt.

30 Vgl. dazu die nicht nur wegen ihrer beeindruckenden Lösung der Datierungsfrage grundlegende Göttinger Dissertation von Jürgen Wilke, Die Ebstorfer Weltkarte. 2 Bde. (VeröffInstHistLdForschUnivGöttingen 39) 2001.

31 Die Diskussion um die Datierung der Karte beendeten Wilkes paläographische Untersuchungen.

32 Sachsenspiegel Ldr. II.61.2. Vgl. Hauck (1963), 63; Janz (1989), 481 ff.

33 Becker (1989), 12.

34 Vgl. zur Ausrottung von Wolf, Bär und Luchs: Jäger (1994), 137 ff. und 147 ff.

35 Soester Stadtbücher. StChr. Bd. 24, 76.

36 Haller Bd. 3 (1902), 78 ff.

37 Franz (1963), 117. Zu den noch im 16. Jahrhundert nachweisbaren Bärenjagden im Harz vgl. Jacobs (1884), 186.

38 Fichtenau (1986), 14; Becker (1989), 13.

39 Steffen Butzeck, Michael Stubbe, Rudolf

Piechocki, Beiträge zur Geschichte der Säugetierfauna der DDR. Teil 4: Bejagungsmethoden des Wolfes in historischer Zeit. Hercynia 25 (1988), 404 ff.; Ludwig Schnurrer, Bekämpfung von Wölfen in alter Zeit. WürttFranken 1986, 53 ff.

40 Düwel (1994), 142 ff.

41 Vgl. Stauffer (1959), 72 ff.

42 Düwel (1994), 145.

43 Stauffer (1959), 14 ff.; Cantzler (1990), 145. – Einsiedler und (adelige) Mönche könnten den Rittern vorangegangen sein. Borst (1988), 488 ff. Vgl. ebd., 504 f.: Die Gipfelbesteigung Peters III. von Aragón um 1260/70 im Roussillon ist „die erste geglückte Gipfelbesteigung im mittelalterlichen Europa, von der wir wissen", sie ist aber kein Vorbote des modernen Alpinismus, sondern Adelsbewährung in der Wildnis.

44 Daß diese vielfach auf Adelstugenden zurückweisen, belegt Andermann (1998), bes. 102 ff.

45 Benecke (1994), 191 f.

46 Ebd., 193. Zum Elch, zu Ur und Wisent im mittelalterlichen Mitteleuropa Becker (1989), 12.

47 Benecke (1994), 193.

48 Immer noch grundlegend: Bernheimer (1952). Vgl. die kritische Würdigung bei Müller (1982), 9 ff. und 14. Ergänzend: Lise Lotte Möller, Die Wilden Leute des Mittelalters. Katalog. Ausstellung im Museum für Kunst und Gewerbe Hamburg 1963. 1963; Müller (1982); Vom Leben im späten Mittelalter. Der Hausbuchmeister oder Meister des Amsterdamer Kabinetts. (Ausstellungskatalog) Amsterdam/Frankfurt 1985, 128–131; Winfried Wilhelmy, Drache, Greif und Liebesleut'. Mainzer Bildteppiche aus spätgotischer Zeit. 2000, 45 ff.

49 Cantzler (1990), 29, 80 und 140 ff.

50 Vgl. Leonie von Wilkens, in: Stadt im Wandel (1985) Bd. 2, 1010. Dazu die Abb. ebd., 1011; Müller (1982), 32 f.; Cantzler (1990), 141.

51 Klaus Alpers, Livische Figuren, Planeten-Götter und wilde Männer. Lüneburger Blätter 23 (1977), 41 ff., hier: 66 ff.

52 Hauser (1987), 269 Abb. 245; Cantzler (1990), 140 f.

53 Homolka (1983), 57.

54 Ebd., 61, 70, 102 f.

55 Zum folgenden vgl. Theodor Hampe, Die Fahrenden Leute in der deutschen Vergangenheit. 1902; Walter Salmen, Zur Geschichte der Bärentreiber und der Tanzbären, in: Gustaf Hilleström (Hrsg.), Studia instrumentorum musicae popularis III. Festschrift to Ernst Emsheimer. Stockholm 1974, 202 ff.; ders., Der Spielmann im Mittelalter. (InnsbruckerBeitrr-Musikwiss 8) Innsbruck 1983 und Schubert (1996), 231 f. Vgl. Dinzelbacher (2000), 204.

56 Bärenzwinger nehmen wir auch an, wenn im 15. Jahrhundert ein „Spielbär" auf dem Schloß Stolberg und ein Bär im Stadtgraben von Wernigerode gehalten werden. Jacobs (1884), 185. – Bei Nachrichten über „Bären" im Stadtgraben ist Vorsicht geboten. Es kann sich auch um einen Ausdruck für die Reusen handeln, in denen sich die Fische verfangen sollen. Vgl. Amacher (1996), 41.

57 Brunos Buch vom Sachsenkrieg c. 40, ed. Franz-Josef Schmale, Quellen zur Geschichte Kaiser Heinrichs IV. (AusgewQ 12) 1963, 191–405, hier: 244.

58 Schubert (1995), bes. 251 ff.

59 Heribert M. Nobis, Die Umwandlung der mittelalterlichen Naturvorstellung. Archiv für Begriffsgeschichte 13 (1969), 34 ff., hier: 41 f.

60 Ebd., 43. Vgl. auch Henrie Adrien Krop, „Artificilia" und „Naturalia" nach Wilhelm von Ockham. Wandlungen in dem Begriff der Unterscheidung zwischen Kunst und Natur, in: Zimmermann Bd. 2 (1992), 952–964.

61 Nischik (1986), 37 ff.

62 Köhler (1991), 58 f.

63 Brams (1992), 546.

64 Modersohn (1997), 13 ff.

65 Ebd., 380 Abb. 184.

66 Ebd., 47 ff.

67 Speer (1995), z. B. 15 und 289 ff. Vorsichtiger: Zahlten (1991), 94 ff.

68 Arno Borst, Das Buch der Naturgeschichte. Plinius und seine Leser im Zeitalter des Pergaments. (AbhhHeidelbergAkadWiss phil.-hist. Kl. 1994/2) 1994.

69 Vgl. Walter Ruegg (Hrsg.), Geschichte der Universität in Europa. Bd. 1. Mittelalter. 1993, 125 f.

70 Speer (1995), bes. 55 und 65.

71 Ebd., 57.

72 Henning Brinkmann, Mittelalterliche Hermeneutik. 1980, 118 f. – Als Exempel für ein virtuoses literarisches Spiel mit der Pflanzenwelt, in der einmal die religiöse Allegorie, sodann die Faszination, die von exotischen Pflanzen ausgeht, und zum dritten die schlichte Schönheit von Blumen sprachlich umgesetzt und ausgenutzt wird: Rudolf Suter, „Botanisches" in Konrad von Würzburgs Marienlob, in: Das ritterliche Basel. Zum 700. Todestag Konrads von Würzburg. Basel 1987, 55 ff.

73 Zur Heilkraft der Melisse: Marzell (1938), 205 f.

74 Hans Biedermann, Handlexikon der magischen Künste. Graz 21973, 455.

75 Wenn im 9. Jahrhundert Johannes Eriugena meinte, Gott weile in seiner Schöpfung, ja Gott und Schöpfung bildeten eine Einheit, wenn 700 Jahre später Paracelsus feststellt, „Qui vivit in natura, vivit in Deo", so wird damit doch nur das Regelwerk der Schöpfung überhöht. Vgl. Nitschke (1967), 240 f. bzw. Flemming (1931), 11.

76 „indeque visu terribili ebullientis mirarentur impetum." Oudalscalchi Vita Chounradi Constantiensis episcopi. MGH SS Bd. 4, 429 ff., hier: 433.

77 „in avium specie animas nondum plene purgatas illo tormenti genere cruciari." Ebd. – Vögel als Metapher für die Seelen: Dinzelbacher (2000), 229.

78 Hauser (1987), 16.

79 Johannes Hoops (Hrsg.), Reallexikon der Germanischen Altertumskunde. Bd. 4 Rü–Z. 1918 – 19, 475 f. (Art. Walküren von Eugen Mogk). – Um Archaisierungen und verzerrenden Einordnungen vorzubeugen, habe ich darauf verzichtet, die beseelte Natur den Begriffen Animismus bzw. Animatismus, wie sie die evolutionsgeschichtlich orientierte Religionsethnologie bevorzugt, zuzuordnen.

80 Ed. Koller, 314.

81 Dazu immer noch anregend: von Blankenburg (1943), 230 ff. Vgl. jetzt: Bernhard Dietrich Haage, Alchemie im Mittelalter. Ideen und Bilder – von Zosimos bis Paracelsus. 1996.

82 Zit. nach Flemming (1931), 12. Daß die Alchemisten normalerweise nicht an eine Beseelung der Metalle glaubten, hebt Obrist (1986), 33 f. und 43 f. hervor. Jedoch trennten sie nicht zwischen organischer und anorganischer Natur. Radkau (2000), 180. Vgl. in diesem Zusammenhang zum Steinaberglauben: Gerhard Eis, Nachrichten von einem besonderen „Krötenstein", in: ders. (1971), 254 – 257. Diesen Aberglauben kann es ebenso wie die Amulette geben, weil die Steine beseelt sind. S(iegfried) Seligmann, Die magischen Heil- und Schutzmittel aus der unbelebten Natur. 1927.

83 Wolfgang Schneider, Lexikon alchemistisch-pharmazeutischer Symbole. 1962, 63.

84 Karl Hoheisel, Christus und der philosophische Stein. Alchemie als über- und nichtchristlicher Heilsweg, in: Meinel (1986), 61 – 84. Vgl. auch Gerhard Eis, Das sozialethische Verantwortungsgefühl der Alchemisten, in: ders. (1971), 241 – 247.

85 Mit Beispielen aus der europäischen Königsgeschichte glaubt Obrist (1986), 51 ff. diesen Wendepunkt bereits um 1300 feststellen zu können.

86 Dickerhof (1978), 44 ff.

87 Heimpel (1932), 272.

88 Lurker (1967), 214. Vgl. auch Dinzelbacher (2000), 218 ff.

89 Dazu einläßlich: Behling (1964), bes. 120 ff.

90 Hermann Josef Roth, Die bauplastischen Pflanzendarstellungen des Mittelalters im Kölner Dom. (EuropHochschulschrr Reihe 28/117) 1990. – Es erscheint uns auch angesichts der Auffassung, daß der Mensch Teil der Natur ist, möglich, in den „vegetabilischen Menschen" der Bauplastik die Steinmetz-Freude am Ornament wiederzufinden, was aber die intellektuelle Freude des kirchlichen Auftraggebers nicht ausschließen muß, welche hochgelehrt aufzuspüren sucht: Jan van der Meulen, Der vegetabilische Mensch der romanischen Kapitellplastik, in: Zimmermann Bd. 2 (1992), 911 – 929.

91 Von Blankenburg (1943), 69 ff.

92 Vgl. dazu Arno Borst, Mönche am Bodensee. 610 – 1525. 1978, bes. 66: Daß Walahfrid sprachlich „die Erdenwelt selbst in schöne Formen bannen werde, war ein atemberaubender Gedanke, keineswegs asketisch, gleichwohl mönchisch".

93 Zit. nach Ganzenmüller (1914), 91. Vgl. ebd., 137.

94 Vgl. am Beispiel der Alpen: Borst (1988), 474 f.

95 Zit. nach Ganzenmüller (1914), 138.

96 Zusammenstellung ebd., 149 Anm. 151.

97 Ottonis Episcopi Frisingensis et Rahewini Gesta Frederici seu rectius Cronica, I. 48 ed. FranzJosef Schmale. (AusgewQu 17) 1965, 220.

98 Boockmann (1994), 119.

99 Dirlmeier (1981), 148.

100 Willerding (1992), 249, 271 f.

101 Ebd., 250.

102 Ebd., 268.

103 Ebd., 267 ff.

104 Vgl. Anna-Dorothee von den Brincken, Anniversaristische und chronikalische Geschichtsschreibung in den „Flores Temporum“ (um 1292), in: Patze (1987), 195 - 214.

105 Walther, ed. Wapnewski (1962), 76.

106 Eyb, ed. Herrmann (1890), 77.

107 Hauser (1987), 13.

108 „Empfindungen“, im Grenzbereich historischer Erkenntnismöglichkeiten liegend, als Gegenstand historischer Forschung: Nitschke (1981), 25 ff. So wichtig und anregend Nitschkes Ausführungen auch sind, so scheint uns doch die Sicherheit sehr brüchig zu sein, mit der hier ohne kritischen Kommentar Aussagen referiert werden wie zum Beispiel die über das „neue Naturgefühl“, das Jacques Le Goff im 13. Jahrhundert entdeckt haben will (ebd., 28), oder die über die „pathetische Mentalität“, die Robert Mandrou glaubt dem Barock zuschreiben zu können (ebd., 38).

109 Joachim Schildt, Zur Gestaltung und Funktion der Landschaft in der deutschen Epik des Mittelalters, in: BeitrrGDtSprachLit 86 (1964), 279 ff., hier: 294 bzw. 287.

110 Vgl. die Belege bei Ganzenmüller (1914), 110 ff. bzw. 126 ff.

111 Ein typisches Beispiel Neithart von Reuenthal: „Ez gruonet wol diu heide / mit grüenem loube stât der walt: / der winder kalt / twanc si sêre beide“. Zit. nach de Boor (1965) Bd. 1, 649.

112 Vgl. neben dem bekannten „Under der linden“: Heinrich von Morungen (de Boor [1965] Bd. 2, 1511), Kristan von Hamle (ebd., 1555), Gottfried von Neiffen (ebd., 1585 und 1769), der junge König Konrad (ebd., 1586), Walter von Klingen (ebd., 1619), der Tannhäuser (ebd., 1735), Steinmar (ebd., 1761). Die gleiche Beobachtung ist auch bei den Liebesliedern der Carmina Burana zu treffen. Carmina Burana. Nach der von Bernhard Bischoff abgeschlossenen Ausgabe von Alfons Hilka und Otto Schumann (1930 - 1970). (dtv 2063) 21983, 162 ff.

113 Lied 26 Strophe 1,1 - 2. Zit. nach Thomas Cramer, Die Lyrik Konrads von Würzburg, in: Das ritterliche Basel. Zum 700. Todestag Konrads von Würzburg. Basel 1987, 69 ff., hier: 71.

114 „Daz ist gein dem sumer sit. / Der gesang wer gar enwiht, / Und getzten die huner niht“. König vom Odenwald, ed. Olt, 51. Vgl. Düwel (1994), 150. - Zur mittelalterlichen Geflügelhaltung vgl. Benecke (1994), 214 f. und 228 ff.

115 Radkau (2000), 98 ff.

116 Ebd., 103.

117 Ebd., 101 ff.

118 Maschke (1978), 32 f.

119 Zusammenstellung bei Ranke (1951), 94 Anm. 61.

120 Hessen und Thüringen (1992), 93: Moor zu Oberdorla (Kr. Mühlhausen).

121 Louis Carlen, Wallfahrt und Recht im Abendland. 1987, 231. Vgl. Harmening (1966), 33 zum rätselhaften St. Amor in Amorsbrunn, „sant Amors bronnen“ bei Amorbach.

122 Küster (1989), 63 ff.; Othmar Pickl, Brandwirtschaft und Umwelt seit der Besiedlung des Ostalpengebietes, in: Hermann Kellenbenz (Hrsg.), Wirtschaftsentwicklung und Umweltbeeinflussung (14. - 20. Jahrhundert). (BeitrrWirtschaftsSozG 20) 1982, 27 ff.

123 Erik Björkman, Die Pflanzennamen der althochdeutschen Glossen. ZDtWortforsch 2 (1902), 202 ff., hier: 210 ff.

124 Franz (1963), 50. Vgl. Blickle (1977), 114. - Die Aufständischen hatten mit ihrer Forderung offenbar recht. Denn auch die Sebalder Waldordnung von 1321 unterscheidet das „gebannte Holz“ (Eichen, Fichten und Linden) von den „pfandfreien“ Bäumen, die jedermann nutzen durfte: Birke, Weide, Erle,

Hainbuche, Espe und Wilder Apfelbaum. Von Eheberg (1914), 78.

125 Verhey (1935), 35.

126 Grimm (1899) Bd. 2, 269. Vgl. auch Timm (1960), 70.

127 Grimm, Weisthümer Bd. 1, 565. Vgl. Heine (1989), 121 f.

128 Grimm, Weisthümer Bd. 7, Register s. v. „Schmerbaum“ und vor allem Verhey (1935), 34 ff. (mit Verbreitungskarte) und 98.

129 Karl-Sigismund Kramer, Grundriß einer rechtlichen Volkskunde. 1974, 30.

130 Grimm, Weisthümer Bd. 3, 489.

131 Österreichische Weistümer 1, Einl. VII.

132 Ebd., 95.

133 Schon Konrad von Megenberg kennt den Lindenblütentee. Marzell (1938), 128.

134 Von Eheberg (1914), 70.

135 Mantel (1965), 124.

136 Bertsch (1951), 108.

137 Brandl (1970), 71 f. Vgl. (auch für das Konstanzer Münster): Joerg von Hornstein, Die Tannengebälke des Konstanzer und Freiburger Münsters und ihre geschichtliche Auswertung. Alemannisches Jahrbuch 1964/65. 1966, bes. 267 ff.

138 „Inner drîzec milen wart nie versniten / ze keinem bûwe holz noch stein“. Parzival 250, V. 22 ff., ed. Albert Leitzmann, Wolfram von Eschenbach. Parzival Buch I bis VI. (Altdeutsche Textbibliothek 12) 1953, 195.

139 Anschaulich: Legant-Karau (1993), 211 ff. Vgl. Fehring (1996), 45 ff. mit Abb.

140 Gläser (1993), 54.

141 Vgl. Fehring (1996), 41 und 43.

142 Graf/Dietherr, 25.

143 Es ist das Verdienst von Padberg (1994), bes. 17 ff., die Einseitigkeit der in der Geschichtswissenschaft dominierenden verfassungsgeschichtlichen Perspektive der Stadtentwicklung durch die ökologische Perspektive überwunden zu haben.

144 Vgl. Padberg (1994), 56 f.

145 Oexle (1992), 372; Padberg (1994), 47.

146 Gläser (1993), 54.

147 Marianne Dumitrache, Der Konstanzer Hafen im 12.–14. Jahrhundert im Lichte der archäologischen Ausgrabungen auf der Marktstätte und in der Brotlaube, in: Gläser (1993), 331–339, bes. 334 ff.

148 Jäger (1988), 14.

149 Ebd., 15.

150 Hellwig (1990), 82.

151 Padberg (1994), 83 ff.

152 Hellwig (1990), 108.

153 Ebd., 26 f. und 57 ff.

154 Herrmann (1986), 166 f.

155 Vgl. Becker (1989), 7 ff.; Benecke (1994), bes. 182 ff. und 233 ff.

156 Gerhard Eis, Ein unbekanntes Fragment von Albrants Roßarzneibuch, in: ders. (1971), 122–124; ders., Jüngere Albrant-Handschriften in der Harburger Schloßbibliothek, in: ebd., 125–128; ders., Meister Albrants Einfluß auf die mittelniederdeutschen Roßarzneibücher, in: ebd., 129–151; ders., Albrant als Endquelle für Johann Martin Weitz von Oschitz, in: ebd., 152–157. Daß es neben dem Meister Albrant noch andere entsprechende Werke gab, die aber nie das gleiche Ansehen gewannen, belegt Karl Sudhoff, Deutsche Roßarzneibücher des Mittelalters. Handschriftenstudien. ArchGMedizin 6 (1913), 223 ff.

157 Wolfgang Jacobeit, Schafhaltung und Schäfer in Zentraleuropa bis zum Beginn des 20. Jahrhunderts. 1961, 370 ff.

158 Thietmar von Merseburg I.21, ed. Trillmich, 24.

159 Urs Graf, Federzeichnungen. (Insel-Bücherei 664) 1960, Abb. 25.

160 Karl Hauck, Goldbrakteaten aus Sievern. (Münstersche Mittelalter Schriften 1) 1970, 222 ff.

161 Vgl. zuletzt: Frank Fürbeth, Badenfahrten im 15. Jahrhundert. Die Wiederentdeckung der Natur als kulturelles Ereignis, in: Robertshaw/Wolf (1999), 267–278.

162 Die Überlieferung kann allerdings täuschen. Schon 1338 findet sich in einer Tiroler Rechnung der Eintrag über Baukosten für ein Wildbad im abgelegenen Aitterwanch: „ad faciendum balneum in Ayterwanch.“ Stolz (1936), 318.

163 Vgl. z. B. die tirolische „Ordnung der Vischwayd“ aus der Mitte des 15. Jahrhunderts. Stolz (1933), 381. – Schonzeiten für Fische: Boos Bd. 3 (1899), 81 f. (Worms).

164 Schubert (1992), 129.

165 Alioth (1988) Bd. 1, 257.

166 Janssen (1985), 21.

167 Schubert (1992), 130.

168 Zeller-Werdmüller (1899), 146 Nr. 310. Ähnlich, ebenfalls mit Hervorhebung der Wachteln, argumentiert auch der Ulmer Rat. Carl Jäger, Ulms Verfassungs-, bürgerliches und commercielles Leben im Mittelalter. Stuttgart/Heilbronn 1831, 611 f.

169 Von der Ropp, 362 Nr. 225.

170 Schubert (1992), 130.

171 Feger (1955), 3.

172 Ebd., 257.

173 So die Beschwerde einer Gemeinde im Aufstand des Armen Konrad 1514. Franz (1963), 50.

174 Ebd., 166.

175 Jacobs (1900), 59 f.

176 Nübling Bd. 2 (1907), 309.

177 Göggelmann (1984), 194.

178 Hermann Lagemann, Polizeiwesen und Wohlfahrtspflege in Lübeck. Diss. Göttingen 1915, 122.

179 Schubert (1992), 59.

180 Vgl. Nübling Bd. 2 (1907), 309 ff. - Der Hildesheimer Rat verbietet 1499 den Fang der Nachtigallen. UB Stadt Hildesheim Bd. 8, Nr. 397.

181 Schubert (1992), 59.

182 Hauser (1987), 15.

183 Borst (1988), 514. Vgl. auch Radkau (2000), 180 f. - Eine literarische Gestaltung des Mißtrauens gegenüber dem Bergbau als eines frevelhaften Eingriffs in Gottes Schöpfung: Paulus Niavis (Schneevogel), Das Gericht der Götter über den Bergbau (um 1485). Auszugsweise Übersetzung bei Bayerl/Troitzsch (1998), 134 ff. Vgl. dazu auch Horst Bredekamp, Der Mensch als Mörder der Natur. Vestigiae Bibliae 6 (1984), 261 - 284; Heimann (1992), 880 f.

184 Annales Basilienses. MGH SS Bd. 17, 201. - Zum Mißtrauen der Alpenbewohner gegen die Bergknappen vgl. Borst (1988), 514.

Menschliches Miteinander

1 „Deutsch reden": Grundlagen der Kommunikation

1 Claudia Schnitzer, Königreiche - Wirtschaften - Bauernhochzeiten. Zeremonielltragende und -unterwandernde Spielformen höfischer Maskerade, in: Berns/Rahn (1995), 280 - 331.

2 Zutreffend notiert Ludolphy (1984), 93, „daß die Fürsten durchaus mit dem Volke lebten, selbst was die Vergnügungen betrifft". Diese „Vertraulichkeit" aber hat ihre Grenzen. So kritisiert Froben Christoph scharf den Amtmann Balthasar Frei, der am Heiligabend mit den Bauern „die ganz nacht im Würtshaus" gespielt und getrunken hatte, „wie dann an manichem ort laider ein böser brauch ist". Zimmerische Chronik, ed. Barack Bd. 4, 57.

3 Priebatsch Bd. 1, 606.

4 Ebd., 541.

5 Ebd. Bd. 2, 389.

6 Ebd. Bd. 2, 586.

7 Burghartz (1989), 385.

8 Duerr (1992/93).

9 Oberrheinischer Revolutionär, ed. Franke, 288. Ebenfalls belegt in der Zimmerischen Chronik, ed. Hermann Bd. 4, 439 (Register): „Kein wieser man thut kein kleine dorheit."

10 Dietrich W. Poeck, Sprichwort und Chronik, in: Das Mittelalter 2 (1997), 81 - 92. - Zum Rechtssprichwort: Graf/Dietherr und Schmidt-Wiegand (1996). Vgl. Albrecht Foth, Gelehrtes römisch-kanonisches Recht in deutschen Rechtswörtern. (JurStud 24) 1971.

11 Viele Belege: Zingerle (1864), 5. Vgl. das Egerer Passionsspiel, ed. Lehnen (1988), 423 mit Anm. 2. - Zum „Umlaufcharakter" der Rechtssprichwörter: Schmidt-Wiegand (1996), 9 ff.

12 Zingerle (1864), 8.

13 Ebd., 7.

14 Von Künßberg (1965), 5. Vgl. Brigitte Janz, „Dan nach Sprichworttern pflegen die Bauren gerne zu sprechen". Überlegungen zur Rolle von Rechtssprichwörtern im spätmittelalterlichen Gerichtsverfahren. Proverbium 9 (1992), 81 - 105.

15 Hellgardt (1996), 305 f.

16 Ebd., 306.

17 Zingerle (1864), 124. – Vor den Rothaarigen wird schon im Ruodlieb gewarnt. Die entsprechende Bemerkung im Wigalois („von den selben hoere ich sagen, daz si valschiu herze tragen") kommentiert der Dichter: „des gelouben hân ich niht." Zit. nach Heyne (1903) Bd. 3, 26 Anm. 135. – Der Rothaarige als Außenseiter: Notker, Gesta Karoli, I.18, ed. Reinhold Rau, Quellen zur karolingischen Reichsgeschichte Bd. 3. (AusgewQu 7) 1960, 347. Ein Rothaariger schämt sich seiner Haare so sehr, daß er noch nicht einmal in der Kirche seine Kappe abnehmen will.

18 Hugo von Trimberg, Der Renner V. 6312, ed. Gustav Ehrismann. Mit einem Nachwort und Ergänzungen von Günther Schweikle. Bd. 1. 1970, 263.

19 Wander Bd. 1, 1348 f.

20 Peukes (1977), 149.

21 Priebatsch Bd. 2, 386 bzw. 389.

22 Zingerle (1864), 38.

23 Wander Bd. 1, 1544.

24 Ebd., 434. Vgl. ebd., 437: „Das böss lerrt sich selbs" (lernt sich von selbst).

25 Vgl. Haage (1988), 294 f.

26 Nur beiläufig können wir darauf hinweisen, daß die Schauspiele die auch perspektivisch ganz andere Seherfahrung des Mittelalters widerspiegeln, die noch nicht durch die Schule der einengenden „Guckkastenbühne" (die im Fernsehen weiterlebt) gegangen ist. Bis zu sechs Simultanhandlungen können auf der mittelalterlichen Bühne gespielt werden. Lehnen (1988), 5.

27 Die Soldaten im Egerer Weihnachtsspiel um 1500 heißen zum Beispiel Schlaginhauf oder Hiczenplicz – Namen, die es auch in der Realität gab. Ein Söldnerhauptmann Hiczenplicz ist in Eger zwischen 1427 und 1457 bezeugt. Lehnen (1988), 5 mit 16.

28 Schubert (1999), 30 ff.

29 Zur Verbreitung dieser Szenen: Lehnen (1988), 41 ff.

30 Ebd., 422.

31 Vgl. Schubert (1999), 36 und 53.

32 Hans Ott, Personengestaltung im geistlichen Drama des Mittelalters. Diss. Bonn 1939, 37.

33 Ed. Schipke/Pensel, 53.

34 Cammermeister, ed. Reiche, 28.

35 Vgl. als Beispiel, wie ein Gespräch den üblichen Kommunikationsformen entsprechend fingiert werden kann. Cölner Jahrbücher. StChr. Bd. 13, 65.

36 Heinrich Deichsler, 558.

37 So starke Impulse auch auf die Germanistik von der Entdeckung der „oral poetry" ausgingen, so bleiben doch alle Erwägungen über die Kommunikation im Mittelalter im Ungewissen. Allein aus geschriebenen Texten hofft man, den mündlichen Austausch rekonstruieren zu können. Albrecht Classen, Kommunikation im Mittelalter. Prolegomena zu einer neuen Bewertung der mittelhochdeutschen Literatur. MittellatJb 27 (1992), 17–52. Erste Überlegungen zu einer historischen Annäherung an die Kommunikation im Mittelalter: Jaritz (1989), 105 ff.

38 Krebs, 94 (Nr. 901).

39 Cronica S. Petri Erfordensis moderna, ed. Oswald Holder-Egger, Monumenta Erphesfurtensia saec. XII. XIII. XIV. (MGH Ss rer germ) 1899, 299.

40 Burkard Zink, 129.

41 Arnold (1980), 195 f.

42 Krebs, 100 (Nr. 956). Vgl. Singer Bd. 2, 148.

43 Ebd., 342 (Nr. 3625).

44 Das „durch die Finger sehen" kennt bereits Sigmund Meisterlin, 132.

45 Zingerle (1864), 60; Singer Bd. 5, 231 ff. Dieses „Wahrwort" ist schon aus dem frühen Mittelalter überliefert. Hellgardt (1996), 312.

46 Zimmerische Chronik, ed. Hermann Bd. 4, 439 (Register).

47 Ebd., 436 (Register).

48 Ebd., 435 (Register).

49 Das Wort ist schon frühmittelalterlichen Ursprungs. Hellgardt (1996), 310.

50 Priebatsch Bd. 1, 299 bzw. 3, 504: Er, Albrecht, wolle nicht gern „hack und mack" haben. – Die von dem Kurfürsten gebrauchten Sprichwörter und sprichwörtlichen Redensarten sind zusammengestellt bei Priebatsch Bd. 3, 546–554.

51 Zimmerische Chronik, ed. Hermann Bd. 4, 439 (Register).

52 Zit. nach Mieder (1992), 126. Vgl. Wander Bd. 4, 1462.

53 Peukes (1977), 124.

54 Ebd., 154 f.

55 Brandis, ed. Haenselmann, 111 (1492).

56 Ebd., 118 (1492).

57 Mieder (1992), 127 (aus dem Ackermann aus Böhmen). Vgl. Singer Bd. 1, 156 f.

58 Brandis, ed. Haenselmann, 68 (1485).

59 Wander Bd. 1, 1094 ff. (mit zahlreichen Varianten).

60 Sigmund Meisterlin, 111.

61 Agricola Nr. 159.

62 Driever (2000/II), 43 (Hildesheim 1463).

63 Wander Bd. 1, 1096.

64 Ebd., 1097. Vgl. auch Singer Bd. 3, 321 ff.

2 Umgangsformen: Der Alltag hinter der höfischen Etikette

1 Auf zwei verschiedenen Wegen wurde dieses Thema behandelt. Das Protokoll der Umgangsformen des höfischen Festes zeichnet Bumke (1980), 276 ff. nach, den Zusammenhang von Zeremoniell und Raumerfahrung deckt Nitschke (1987) auf.

2 Verwiesen sei nur auf ein frühes Beispiel aus dem 11. Jahrhundert, das des Erzbischofs Adalbert von Bremen, der nach dem Zeugnis seines Biographen im Guten wie im Schlechten, in der Freigebigkeit und im Zorn, ständig das Maß überschritt, „in utroque mensuram excessit". Adam von Bremen III.37, ed. Trillmich, 374.

3 Grundlegend für die Revision einer dem antifeudalen liberalen Geschichtsbild verpflichteten Auffassung vom prinzipiellen Gegensatz zwischen Adel und Bürgertum: Arend Mindermann, Adel in der Stadt des Spätmittelalters. Göttingen und Stade 1300 bis 1600. (VeröffInstHistLdForschUnivGöttingen 35) 1996.

4 Vgl. Peter Ganz, „hövesch"/„hövescheit" im Mittelhochdeutschen, in: Fleckenstein (1990), 39 - 54. In diese „hövescheit" waren Wertvorstellungen übernommen worden, die in der antiken „urbanitas" wurzelten. Thomas Zotz, Urbanitas. Zur Bedeutung einer antiken Wertevorstellung innerhalb der höfischen Kultur des hohen Mittelalters, in: ebd., 392 - 451.

5 Das ritterliche Basel. Zum 700. Todestag Konrads von Würzburg. Basel 1987, bes. 123 ff.

6 Vgl. Fidel Rädle, Hrotsvit von Gandersheim, in: Verfasserlexikon Bd. 4. 21983, 195 - 207.

7 So bestrafen zum Beispiel die Statuten der Kölner Salzbruderschaft den Mitbruder, der, statt „zoicht ind hoischeit" zu beweisen, „unhoyssch" ist. Kuske Bd. 4, 96 Nr. 4 § 8.

8 Von der Ropp, 495 Anm. 1.

9 Reichart (1996), 62.

10 Eindrücklich: Grimm (1899) Bd. 2, 483 ff.; Fehr (1936), bes. 72 ff. und 145 ff.

11 Grimm (1899) Bd. 2, 375.

12 Vgl. Art. „Gebärden" in: Handwörterbuch zur deutschen Rechtsgeschichte Bd. 1 (1971), Sp. 1412 - 1420 (Ruth Schmidt-Wiegand).

13 Zit. nach Schreiner (1990), 89.

14 Schubert (1983), 303.

15 Schubert (1995), 29 ff.

16 Das Substantiv „gruoz" ist erst seit dem 12. Jahrhundert bezeugt. Hauser (1998), 11.

17 Deswegen kann Ottokar V. 34.277 f., ed. Seemüller, 448 den Ansehensverlust des Grafen von Görz und des Patriarchen von Aquileja in Istrien in die Verse kleiden: „der Ystarrîchaere gruoz / der patriarch und der graf verlurn."

18 Walther, ed. Wapnewski, 174.

19 Schubert (1995), 4.

20 Opitz (1985), 171.

21 Ebd., 177.

22 Roos (1975), 30.

23 Ebd., 32.

24 Ebd., 30 f.

25 Vgl. Martin Dinges, Die Ehre als Thema der historischen Anthropologie, in: Schreiner/Schwerhoff (1995), 29 - 62, hier: 51 f.

26 Vgl. für die städtische Gesellschaft: Dortmunder UB Bd. 3/1, 62 f. Nr. 104; Schuster (1995), 111; Burghartz (1990), 133; Simon-Muscheid (1991), 14. Zur nächtlichen Herausforderung als spezifischem Delikt Jugendlicher: ebd., 20. - Ein Beispiel für die Bestrafung dieser Herausforderung durch städtische Statuten: Hanauer/Klélé, 138 f. Nr. 77 (Hagenau 1365).

27 Karl von Amira, Die Handgebärden in den Bilderhandschriften des Sachsenspiegels.

AbhBayerAkadWiss phil.-hist. Kl. 23 (1909), 161–263; August Nitschke, Wandel der Rechtsgesten, in: ders., Fremde Wirklichkeiten I. Politik, Verfassung und Recht im Mittelalter. (Bibliotheca Eruditorum 3) 1993, 91–118. Vgl. Schreiner (1996), 37 ff.

28 Schubert (1999), 19 und 32.

29 Vgl. Schreiner (1996), 39.

30 Im Frühmittelalter ist der Handschlag die politische Geste des Friedensschlusses. Schreiner (1996), 51 f. Im Spätmittelalter wird „mit hantgebenden trewen" gelobt, Vereinbarungen zu halten. Pfeiffer (1975), 121 f., 124, 227, 235.

31 Vgl. Nitschke (1987), 119 ff. Vgl. ebd., 114 ff. (Quellenauszüge aus der frühmittelalterlichen Herrschaftsgeschichte, die Gesten des Respekts bzw. der Respektlosigkeit belegen.) – Ein spätmittelalterliches Beispiel, das zugleich auch für das Nuancieren beim Grüßen stehen möge: Als der Habsburger Friedrich der Schöne für eine Tagsatzung mit König Johann von Böhmen den Hut nur wenig (wahrscheinlich also etwas bewußt lässig) hob, scheiterten die Verhandlungen, weil der Böhme sofort wegzog. Johannes Victoriensis und andere Geschichtsquellen Deutschlands im 14. Jahrhundert, hrsg. von Johann Friedrich Boehmer. (Fontes rerum Germanicarum Bd. 1) 1843, 405. Vgl. Schreiner (1996), 55 f.

32 Alles Notwendige bereits bei Grimm (1899) Bd. 1, 190 f.

33 Hauser (1998), 18 ff.

34 Voigt (1973), 168.

35 Merzbacher (1974/75), 839 ff.

36 Das Weisse Buch von Sarnen, hrsg. von Hans Georg Wirtz. (Quellenwerk zur Entstehung der Schweizerischen Eidgenossenschaft III/1) Aarau 1946. Vgl. Richard Feller/Edgar Bonjour, Geschichtsschreibung der Schweiz vom Spätmittelalter zur Neuzeit, 2 Bde. 21979, Bd. 1, 78 ff. – Zum Hut als Hoheitszeichen vgl. Merzbacher (1974/75), 844.

37 Zur Entwicklung der einander bedingenden Begriffe Obrigkeit und Untertan vgl. Schubert (1996), 86.

38 Zu dieser Wirksamkeit: Marcel Beck, Wilhelm Tell: Sage oder Geschichte. DA 36 (1980), 1–24.

39 Nitschke (1987), 119 ff.

40 Bolhöfer (1912), 7.

41 Schreiner (1990), 89 ff.; ders. (1996), bes. 43 f., 47, 78 ff. Vgl. Roos (1975), 82 und 88 f.

42 Vgl. Roos (1975), 64 ff., 96.

43 Krebs, 18 (Nr. 141).

44 Diese Begrüßung ist so bekannt, daß Lampert von Hersfeld, ed. Fritz, 66, sie auch metaphorisch nutzen kann: „obviis, ut aiunt, manibus ... excepit." Vgl. auch Roos (1975), 223: Umarmung und Begrüßungskuß im spätmittelalterlichen Prosaroman. – Der Begrüßungskuß ist in deutschen Landen so ungewöhnlich, daß 1552 Felix Platter befremdet ist, als er in Frankreich diese Sitte kennenlernt. Hauser (1998), 25.

45 Bolhöfer (1912), 5 f.; Hauser (1998), 13 und 17.

46 Denecke (1892), 320. – Bereits im Nibelungenlied und im Orendel begegnet immer: „sît willekommen". Roos (1975), 48, 50. Vgl. ebd., 118 und 125. Vgl. auch Jan-Dirk Müller, „Ir sult sprechen willekomen". IntArchSozGLit 19 (1994), 1–21.

47 Agricola, Nr. 157. Dieses Sprichwort überliefert auch Albrecht Achilles. Priebatsch Bd. 3, 554. Vgl. Singer Bd. 5, 238.

48 Agricola, Nr. 573.

49 Vgl. Hauser (1998), 32 f.

50 Keller (1904), 5.

51 Orendel, V. 856 ff., ed. Hans Steinger. (Altdeutsche Textbibliothek 36) 1935, 38.

52 Limburger Chronik, ed. Wyss, 51.

53 Joseph Klapper, Spätmittelalterliche Tracht in Schlesien. MittSchlesGesVolkskde 25 (1924), 68 ff., hier: 70.

54 Das Schichtbuch. Geschichten von Ungehorsam und Aufruhr in Braunschweig 1292–1514. Bearb. von Ludwig Hänselmann. 1886 (Neudruck 1979), 118.

55 Briefe an Hildebrand Veckinchusen um 1400. Sprandel (1982), 511 f.

56 Ettelt-Schönewald (1996) Bd. 1, 79.

57 Adolf Bertram, Geschichte des Bistums Hildesheim. Bd. 1. 1899, 346.

58 Vgl. die als Momentaufnahme aus dem Alltag des Krieges überlieferten Anfeuerungsrufe: „Frisch up, lieve gesellen ind volgt myr"; „aff, lyere gesellen" (1461). Brigitte Maria Wübbeke, Das Militärwesen der Stadt Köln im 15. Jahrhundert. (VSWG Beih 91) 1991, 141. Ein Augs-

burger Feldhauptmann mahnt 1462 seine Truppen vor Beginn der Schlacht: „lieben freund, seit frölich und unverzagt und tuend als biderleut." Burkard Zink, 277.

59 Lehnen (1988), 428.

60 Vgl. zum Beispiel Burkard Zink, 107 f. Nach einem abenteuerlichen Ritt spricht Zink in der Herberge den Wirt mit „lieber herr wirt" an, und dieser antwortet mit „lieber freund".

61 Limburger Chronik, ed. Wyss, 70.

62 Roos (1975), 235 ff.

63 Burghartz (1989), 385.

64 Hagelstange (1898), 16.

65 Bolhöfer (1912), 79. - Zu dieser Abschiedsformel im Romanischen: Lebsanft (1989), 295 f.

66 Bolhöfer (1912), 79.

67 Butzbach, ed. Hoffmann, 27.

68 Ulrich Bräker, Lebensgeschichte und natürliche Ebentheuer des armen Mannes im Tockenburg, hrsg. von Werner Günther. (Reclams Universal-Bibliothek 2601/02/02a) 1965, 85. In seinen Tagebuchaufzeichnungen spricht Bräker von einem „abschied unter beiderseitigen tränen". Christian Holliger u. a. (Hrsg.), Chronik Ulrich Bräker. Auf der Grundlage der Tagebücher 1770-1789, 21.

69 Vgl. Bolhöfer (1912), 11 f. - Zur Bedeutung dieser Form des Abschieds vgl. Heinrich Deichsler, 672 f., und die Erzählung bei Pauli, ed. Bolte, 300 f. Gegen den Brauch der Johannesminne wetterte Luther 1522. Kohler (1959), 82.

70 Carl Erdmann, Studien zur Briefliteratur Deutschlands im elften Jahrhundert. 1938, 211.

71 Ehrismann (1902), 118 ff. - Zur Rezeption der französischen Adelskultur: Bumke (1986), bes. 108 ff.

72 Ehrismann (1903), 210 ff.

73 Zur Fiktionalitätsdebatte vgl. Jan-Dirk Müller, Lachen - Spiel - Fiktion. Zum Verhältnis von literarischem Diskurs und historischer Realität im „Frauendienst" Ulrichs von Lichtenstein. DVjschr 58 (1984), 38-73; Jaritz (1989), 23 ff.; Gertrud Grünkorn, Die Fiktionalität des höfischen Romans um 1200. (PhilolStudQ 129) 1994, bes. 9 ff.

74 Vgl. die Belege bei Ehrismann (1903), 210 ff.

75 Opitz (1985), 134 und 266 (Anm. 517).

76 Keller (1904), 9.

77 Zit. nach Fehr (1936), 215.

78 Lebsanft (1989), 290 f.

79 Ehrismann (1903), bes. 141 ff.; Keller (1904), 3 f.

80 Opitz (1985), 134.

81 Ehrismann (1903), 141 ff.

82 Opitz (1985), 134.

83 Kroos (1981), 215.

84 Opitz (1985), 134.

85 Hauser (1998), 25. - Generell zur Ablehnung des Duzens durch den, der geihrzt werden will: Denecke (1892), 321 f.

86 Denecke (1892), 319; Keller (1904), 6 f.; Hauser (1998), 26.

87 Ehrismann (1904), 138.

88 Vgl. Pauli, ed. Bolte, z. B. 75, 77.

89 Briefe, ed. Wolkan, 310.

90 Ebd., 393 ff.

91 Keller (1904), 1.

92 Ebd., 31 f. - Das Argument, „man duze ja auch unsern Herr Gott", wird noch im 18. Jahrhundert von fränkischen Bauern gebraucht, wenn ihnen Gebildete vorhalten, daß Eltern und Kinder sich duzen. Schubert (1983), 31.

93 Hauser (1998), 26 ff. - Ein Adeliger sieht es in der Zeit des Bauernkrieges als Zeichen revolutionärer Gesinnung an, daß die Bauern ihren Pfarrer duzen. Franz (1963), 137.

94 Das entscheidende Kriterium ist, daß jetzt Titularbücher entstehen, die aus Kanzleibehelfen des 15. Jh. herauswachsend nunmehr im Druck veröffentlichen, welche Anrede einem jeden Menschen von Stand gebührt. Vgl. Wüst (1995), 498 ff.

95 Keller (1904), 11 f.

96 Ebd., 31 f.

97 Ebd., 29 f.

98 Ebd., 5.

99 Ebd.

100 Hanns Hubert Hofmann, Nobiles Norimbergenses. Beobachtungen zur Struktur der reichsstädtischen Oberschicht, in: Untersuchungen zur gesellschaftlichen Struktur der mittelalterlichen Städte in Europa. (VortrrForsch 11) 1966, 53-92, hier: 76 f. und (für die frühe Neuzeit) 89 f. 1624 sollten dann die

Nürnberger dem Augsburger Rat berichten, daß die Adeligen mit der Anrede „edel unnd vest nit mehr zufrieden" seien, „sondern höher titulirt sein wollen". Wüst (1995), 487.

101 Ehrismann (1904), 206 ff.

102 Joachim Wild, Die Fürstenkanzlei des Mittelalters. Anfänge weltlicher und geistlicher Zentralverwaltung. 1983, 66.

3 Direktheit: Wie beurteilen die Menschen einander?

1 Heyne (1903) Bd. 3, 7 f.

2 Ebd., 27.

3 Goez (1987), 1241 Anm. 7.

4 Zusammenstellung bei Socin (1903), 505 ff.

5 Ebd., 499 ff.

6 Ebd., 477 f.

7 Ebd., 509 ff.

8 Schwarz (1949), 116.

9 Socin (1903), 126.

10 Vgl. nur Burkard Zink, 162, zum Teuerungsjahr 1462: „und waren die metzger gar stoltz und besunder mit schweinin flesch, und gaben den leuten üppige wort."

11 Reichert (1908), 116. Vgl. ebd., 132.

12 Berger/Etter (1971), 79.

13 Göttmann (1975), 80; Schreiner/Schwerhoff (1995), 1 f.

14 Göttmann (1975), 82 Anm. 565.

15 Reinecke (1903), LIIf.

16 Heyne (1903) Bd. 3, 27.

17 Socin (1903), 419 bzw. 442 und 445.

18 Ebd., 413. Vgl. auch Kriegk (1862), 472.

19 Rostocker Stadtbuch, ed. Thierfelder, 296 f.

20 Hoffmann (1907), 651.

21 Reichert (1908), 111.

22 Ebd., 111 f.

23 Goez (1987), 1227 ff.

24 Ebd., 1228. – Um Irrtümern vorzubeugen: Der Name Margarethe Maultasch bezeichnet keine Gesichtsbildung, sondern ist ein Produkt politischer Propaganda, welche die Tiroler Gräfin als mannstoll denunzieren wollte.

25 A. J. Kraus, Die Herren von Ringelstein und Killer genannt Affenschmalz, in: Hohenzoll-Jahreshefte 14 (1954) 118–120.

26 Vgl. für die jüdische Welt: Weiss (1992), 130 f.

27 Socin (1903), 408. Vgl. allgemein: Naumann (1993), 27.

28 Cronica Fratris Salimbene de Adam ordinis Minorum, ed. Oswald Holder-Egger. (MGH SS 32) 1913, 203.

29 Vgl. Lösch (1936), 60 f.

30 Vgl. Naumann (1993), 27 f. – Auch unter den Juden können die Mitmenschen nach ihren Charaktereigenschaften benannt werden. Bis auf wenige Ausnahmen (Stolz, Steinherz) sind es hier positive Eigenschaften. Weiss (1992), 131.

31 Hoffmann (1907), 652.

32 Ebd., 650.

33 Reinecke (1903), LIIf.

34 Lösch (1936), 60.

35 Bernd-Ulrich Hucker, Kaiser Otto IV. (MGH-Schrr 34) 1990, 32 Anm. 41.

36 MGH Constitutiones Bd. 8, 253 Nr. 171 (1347).

37 Socin (1903), 426.

38 Jaritz (1989), 62.

39 Ebd., 411.

40 Ebd., 464

41 Hoffmann (1907), 651.

42 Reichert (1908), 115 f.

43 Socin (1903), 425.

44 Lösch (1936), 70.

45 Ebd., 438 f.

46 Ebd., 421.

47 Rostocker Stadtbuch, ed. Thierfelder, 313.

48 Lösch (1936), 464.

49 Ebd., 467.

50 Reichert (1908), 112.

51 Kelterborn (1961), 37 ff.: Seit 1394 werden die Bürgen bei der Bürgeraufnahme genannt.

52 Ebd., 66 bzw. 72.

53 Ebd., 9: Helmbertus Jagintland (1341), ebd., 28: Ludeko Dantzgerne de Soden (1377); ebd., 18: Conradus Springintgut (1359).

54 Ebd., 25 (1371).

55 Ebd., 13 (1353).

56 Ebd., 25 (1371).

57 Ebd., 22 (1363).

58 Ebd., 18 (1359).

59 Ebd., 8 (1340).

60 Vgl. zur Bildung solcher Satznamen: Socin (1903), 459.

61 Vgl. Schubert (1995), 59 f.

62 Schwarz (1949), 128 .

63 Kelterborn (1961), 70.

64 Ebd., 78.

65 Zur Unbeständigkeit der Nachnamen vgl. Socin (1903), 665 - 673.

66 Kramer (1985), 76.

67 Ebd., 70.

68 Ebd., 74.

69 Ebd.

70 Ebd., 60.

71 Ebd., 62.

72 Ebd., 72.

73 Ebd., 48. - Im frühen 14. Jahrhundert werden im habsburgischen Urbar verwachsene Menschen „Kremphli" und „Grongli" genannt. Lösch (1936), 61.

74 Kramer (1985), 52.

75 Kriegk (1862), 471.

76 Zingerle, 55; Singer Bd. 5, 8 f.

77 Zit. ebd.

78 Ludolphy (1984), 28.

4 Die Beschimpfung des Mitmenschen

1 Bereits 1439 in Bamberg belegt. Hoffmann (1907), 649.

2 Zum heutigen Schimpfwortgebrauch vgl. man neben den eigenen Erfahrungen noch das Allgemeine in regionalspezifischer Spiegelung: Bernhard Becker, Beschimpfung und Schimpfwort, in: Günter Altenkirch, Moselfränkisches Schimpfwörter-Lexikon für Saarländer (1991), 149 - 157; Reinhold Aman, Psychologisch-sprachliche Einführung in das Schimpfen, in: ders., Bayerisch-österreichisches Schimpfwörterbuch. 1972, 151 - 203.

3 Vgl. Grimm Bd. 2 (1899), 204 ff.

4 Gerhard E. Sollbach (Hrsg.), Das Tierbuch des Konrad von Megenberg. (Die bibliophilen Taschenbücher 560) 1989, 38.

5 Mieder (1992), 129.

6 „bockisgekyloch" ist 1363 auch als Frankfurter Schimpfwort belegt. Wolf, 119 f. Nr. 71a.

7 Schuster (1995), 110.

8 Vgl. den Fall aus Bamberg 1454: „Auch sprache sie, er solle sie im Arse lecken". Duerr (1993), 150. Eine Konstanzerin wird 1455 wegen der Äußerung bestraft, „sy lies in wol in den ars sehen". Schuster (2000), 74.

9 Landbuch, ed. Meyer, 68.

10 Schmidt (1985), 13 f.; Duerr (1993), 149 f.

11 Reformatio Sigismundi, ed. Koller, 336. Zur Geste im Alltag vgl. Burghartz (1990), 132 f.

12 Von der Ropp, 12 Nr. 10.

13 Rothert (1938) Bd. 2, 73. - Zu bedenken ist, daß „arsch" im Mittelalter noch kein tabuisiertes Wort ist, was der Flurname „arschkerb" ebenso belegt wie das „arschleder" der Bergleute, das bereits im Großen Rauriser Berggerichtsbuch 1509 bis 1537 bezeugt ist: ed. Karl-Heinz Ludwig. (StuttgartArbbGermanistik 167) 1986, 397 (Glossar).

14 Simon-Muscheid (1991), 17. Vgl. auch Valentin Groebner, Das Gesicht wahren: Abgeschnittene Nasen, abgeschnittene Ehre in der spätmittelalterlichen Stadt, in: Schreiner/Schwerhoff (1995), 361 - 380.

15 Lentz (2000); Driever (2000/II), 48.

16 Lentz (1999), bes. 52 ff. und 61 ff.; ders. (2000), 59 ff.

17 Kuske Bd. 3, 239 (1417) und 264 (1472).

18 Ebd. Bd. 4, 44 Nr. 3 (1472 - 1448).

19 Vgl. Lentz (2000), 43 ff. - Die Schmähung des Siegels (vgl. etwa Dortmunder UB Bd. 3/1, 46 f. Nr. 69 [ca. 1400 - 1410]) scheint die Vorstufe der Form des Schandbriefes gewesen zu sein.

20 Grimm (1899) Bd. 2, 205.

21 Das folgende nach dem Verzeichnis strafwürdiger Schimpfwörter in Nürnberg, in Basel, in Luzern, in Hof (um 1500), vor dem Landgericht Katzenelnbogen bzw. in der niederbayerischen Landesordnung von 1491. Knapp (1896), 199; (Basel:) Schnell (1856), 136 und Hagemann (1981), 295 ff., sowie Simon-Muscheid (1991), 17; (Luzern:) Berg (1964), 182 ff.; (Hof:) Landbuch, ed. Meyer, 64; (Katzenelnbogen:) Demandt, 2210 ff.; (Niederbayern:) Hiereth (1979), 33.

22 Bereits die frühen Stadtrechte wissen davon. In Wien kostet es 1221 60 Pfg., andere als „filii meretricis" zu bezeichnen. Das Doppelte war zu zahlen, wenn eine „honesta persona" dieser Beschimpfung ausgesetzt war. Wer

nicht zahlen konnte, wurde ausgepeitscht. Keutgen, 208 Nr. 164 § 13. Auch das Frankfurter Stadtrecht von 1297 droht demjenigen, der den anderen „filium meretricis vel hundisson" beschimpft, eine hohe Geldbuße an. Keutgen, 188 (§ 10). Vgl. Grimm (1899) Bd. 2, 205 f.

23 Grimm (1899) Bd. 2, 204 und 208 f.; Burghartz (1990), 126 ff.; Reichart (1996), 181 f.; Toch (1993), 316 f.; Schwerhoff (1998), 237; Schuster (2000), 83; Driever (2000/II), 40 f. – In dem Rechtsbehelf der Schandbriefe wird der vertragsbrüchige Schuldner oder Bürge als „Fälscher" oder „Betrüger" verunglimpft. Sodann aber erscheinen die typischen Schimpfworte: Bösewicht, Bube, Schelm und Schalk. Schmidt (1985), 99. Vgl. auch Fehr (1936), 207 – 211.

24 Von der Ropp, 22 Nr. 13 § 24. Vgl. ebd. 23 Anm. 2.

25 Den Hintergrund dieses häufig beim Schimpfen verwendeten Adjektivs erhellt Gunhild Roth, Meineid in mittelalterlicher deutscher Literatur, in: Gärtner/Kasten/Shaw (1996), 285 – 297.

26 Toch (1993), 316. – Zur Bestrafung der Schimpfworte durch dörfliche Gerichte vgl. Knapp Bd. 2 (1907), 844 ff.

27 Demandt, 2217.

28 Ebd., 2214.

29 Toch (1993), 314.

30 Schuster (2000), 71.

31 Grimm Bd. 2 (1899), 209 f.; Simon-Muscheid (1992), 210; Reichart (1996), 185; Toch (1993), 319 f. Vgl. Schuster (1995), 88 f., 91.

32 Dienst (1987), 101.

33 Reinhard Hahn, Zur Kriegsdarstellung in Herborts von Fritzlar „Liet von Troye", in: Gärtner/Kasten/Shaw (1996), 102 – 112, hier: 103.

34 Schuster (2000), 71.

35 Burghartz (1990), 76.

36 Hoffmann (1955), 159 Nr. 333.

37 Ebd.; Simon-Muscheid (1991), 17; Reichart (1996), 183. Vgl. Duerr (1993), 150; Schwerhoff (1998), 237. – Quellenzeugnis: Landbuch, ed. Meyer, 64. – Zum Hintergrund dieser Beleidigung: Schuster (1995), 89 f.

38 Simon-Muscheid (1991), 19; Schuster (2000), 83 f. mit Anm. 112.

39 Driever (2000/II), 40 f. Der Würzburger Rat verbietet 1341/42 folgende Beschimpfungen: „er ist ein bube, oder sie ist eine hure". Hoffmann (1955), 51 Nr. 45. Noch in der Frühneuzeit ist „Hure" die verbreitetste Beschimpfung der Frau. Walz (1996), 186.

40 Toch (1993), 320. Vgl. Burghartz (1990), 127 f. und 130 f.

41 Toch (1993), 320.

42 Binz (1906/07), 163.

43 Ebd., 167.

44 Ebd., 162 f.

45 Vgl. das Zitat aus einer Streitschrift von 1531 bei Zmora (1995), 95.

46 Singer Bd. 3, 367: „Vbi sunt auce, ibi sunt cause; ubi mulieres, ibi rixe". Vgl. ebd.: „Weib und gense hant ain gross gedense".

47 Hölscher (1909), 73.

48 Von Strenge/Devrient, 52.

49 Grimm Bd. 2 (1899), 316; Scheel (1903), 40 f.; Knapp Bd. 2 (1907), 787; Fehr (1936), 134; von Künßberg (1965), 42 ff. Vgl. Reichart (1996), 177 f.

50 Toch (1993), 332; Jütte (1995), 149.

51 Vgl. Herbert Maas, Das Nürnberger Scheltwort. MittVGStadt Nürnberg 43 (1952), 361 – 483.

52 Hanauer/Klélé, 156 Nr. 112. – „Katzenschinder" als Schmähung: Toch (1993), 318. – Zur Schmähung des Braunschweiger Stadttyrannen, des Kürschners Ludeken Hollant, als „Katzenschinder" vgl. Rogge (1995), 120 f.

53 Driever (2000), 29.

54 Hölscher (1909), 71.

55 Driever (2000/II), 49 f.

56 Zimmerische Chronik Bd. 2, 120 f.

57 Von der Ropp, 60 f. Nr. 49.

58 Ebd., 22 f. Nr. 13 § 26 mit Anm. 1 und 5.

59 Sprandel (1982), 53.

60 Krebs, 13 (Nr. 101). Vgl. ebd., 34 (Nr. 322).

61 Simon-Muscheid (1991) 16.

62 Vgl. z. B. Fastnachtsspiele Bd. 1, 254 f.

63 Lehnen (1988), 422 f.

64 Schipke/Pensel, 47.

65 Hanauer/Klélé, 100 ff. (Nr. 5) und 141 (Nr. 84). Hagenau 1346 bzw. 1367. Vgl. auch Scheel (1903), 68 ff.; Maidhof (1927), 67 ff.; Herzog (1971), 41; Schuster (1995), 22.

66 Von Strenge/Devrient, 212. Gotha 14./15. Jahrhundert. Vgl. Schuster (1995), 109.

67 Schuster (2000), 73.

68 Hellers Chronik der Stadt Baireuth, ed. Christian Meyer, in: ders., Hohenzollersche Forschungen 2 (1893), 119 ff., hier: 151.

69 Simon-Muscheid (1991), 18 f.

70 Geny Bd. 2, 624.

71 Zur Bestrafung vgl. His (1920), 73 f.; Ebel (1961), 55; Schultheiß (1965), 65; Driever (2000/II), 43 ff.

72 Keutgen, 191 Nr. 156 § 6. 1296.

73 Vgl. Korsch (1958), 86 f.

74 Maack (1979), 16.

75 Urkundenbuch der Stadt Braunschweig Bd. 1, hrsg. von Ludwig Hänselmann. 1873, 47 Nr. 39 §37.

76 Orth (1979), 45.

77 Sprandel (1982), 334.

78 Vgl. das Beispiel der Frankfurter Bäckerzunft. Göttmann (1975), 41.

79 Johannes Pauli, 175.

80 Winkler (1927), 132.

81 Haubrichs (1996), 49 f.

82 Winkler (1927), 132.

83 Herzog (1971), 41.

84 His (1920), 50 f.

85 Lappenberg (1851), 24.

86 Vgl. z. B. Hiereth (1979), 32 f. - Ungewöhnlich ist es, wenn in Speyer die Turmhaft verhängt wird. Harster (1900), 165 und 168.

87 Berg (1964), 189 ff.; Knapp (1896), 6; Driever (2000/II), 45 f. Vgl. Hubert Drüppel, Iudex Civitatis. (ForschDtRG 12) 1981, 105 ff.

88 Johann Philipp Datt, Volumen rerum Germanicarum novum, sive de pace imperii publica libri V. Ulm 1698, 8 f.

89 Schuster (2000), 80 ff.

90 Reichart (1996), 62. (Der hier verwendete Ausdruck „quait geröchte" meint schlechten Leumund.)

91 Knapp (1896), 10 f.; Simon-Muscheid (1911), 3; Toch (1993), 315 ff.

92 Wander Bd. 1, 1577.

93 Krebs, 38 f. (Nr. 362).

94 Ebd., 41 (Nr. 383).

95 Ebd., 50 und 54 (Nrn. 468 und 503).

96 Ebd., 41 (Nr. 383).

97 Ebd., 43 (Nr. 398).

98 Ebd., 59 (Nr. 551).

99 Maurer (1983), 11; Burghartz (1990), 131 f.; Sieber-Lehmann (1995), 212 f., 226. Vgl. Claudius Sieber-Lehmann/Thomas Wilhelmi (Hrsg.), In Helveticos - Wider die Kuhschweizer. Fremd- und Feindbilder von den Schweizern in anti-eidgenössischen Texten aus der Zeit von 1386 bis 1532. (Schweizer Texte NF 13) 1998. - Valerius Anshelm datiert mit dem Jahr 1488 den Anfang der gegen die Eidgenossen „in den deutschen Landen" ausgegangenen „unmenschlich groben Spott-, Schelt-, Trotz- und Schmähworte". Zit. nach Johannes Janssen, Geschichte des deutschen Volkes seit dem Ausgang des Mittelalters. Bd. 1. [9]1883, 228 Anm. 1.

100 Maurer (1983), 29, 31.

101 Simon-Muscheid (1991), 8.

102 Ebd., 17.

103 Von der Ropp, 271 (Nr. 225). - Vgl. den Fall des Jahres 1464, wo der Rat erneut zwischen „eresprake" und „scheltword" unterscheidet, aber den Krämer Hans von Yese nur wegen Scheltwort mit 14 Schilling bestraft, weil er Hermann Tymmermann an den Kopf geworfen hatte, er wäre nicht anständig („frome") genug, um das Gilderecht zu besitzen. Ebd., 252 (Nr. 225). Vgl. auch Driever (2000/II), 41 ff.

104 Ferdinand Frensdorff, Einleitung zu: Das Verfestungsbuch der Stadt Stralsund, hrsg. von Otto Francke. (HansGQu 1) 1875, LXXVII f. („rücht" = Gerücht, hier: Leumund). - Auch in Soest unterschied man die „lichten worte" von den „bösen worten", die „liff und ere" betrafen. Thomas Schöne, Das Soester Stadtrecht vom 12. bis zur Mitte des 15. Jahrhunderts. 1998, 140. - In Goslar werden vielfach Beleidigungen vor dem Rat verglichen, indem beide Parteien erklären, sie hätten sich nur aus hitzigem Gemüt und aus Zorn geschmäht, wüßten aber ansonsten nur Gutes voneinander. Ebel (1961), 55. Vgl. auch Berg (1964), 184.

105 Knapp (1896), 199; Binz (1906/07), 164. - Auch die dörflichen Gerichte unterschieden zwischen schwerer und leichter Injurie. Knapp Bd. 2 (1907), 845 f.

106 Hingewiesen sei aber darauf, daß im ausgehenden 15. Jahrhundert die Kirchenreform Früchte zu tragen begann: Gelehrte und fromme Pfarrer bemühten sich um die Laienfrömmigkeit. Gebet und Predigt vermittelten eine neue Intensität des Glaubens. Dazu eindrücklich: Hartmut Boockmann, Wort und Bild in der Frömmigkeit des späten Mittelalters, in: ders. (2000), 239 ff. Erst in diesem Zusammenhang ist die 1495 getroffene Charakterisierung des Würzburger Landes verständlich, wonach die Belehrungen durch die Geistlichkeit das Volk gesitteter gemacht hätten: „Populus autem satis civilis ob continuam cleri conversationem". Anton Ruland, Der Besuch des Nürnberger Arztes Hieronymus Münzer bei Bischof Rudolf von Scherenberg in Würzburg. ArchHVUnterfr 14/3 (1858), 218.

5 Flüche und Segen: Gott und seine Heiligen im alltäglichen Umgang

1 Segenswünsche: Agricola Nrn. 536 – 541, 546 – 548, 556, 567 – 570, 732.

2 Paul Heitz (Hrsg.), Neujahrswünsche des XV. Jahrhunderts. 1899.

3 Pfeiffer Bd. 1, S. 115 und 117.

4 Hofer Bd. 2 (1965), 25.

5 Holenstein (1993), 52; Schmidt (1993), 87.

6 Hagemann (1981), 296.

7 Schmidt (1993), 84.

8 Agricola Nr. 520.

9 Ebd. Nr. 472.

10 Ebd.

11 Lindener, ed. Lichtenstein, 206 (Register unter „Flüche").

12 Agricola Nr. 55.

13 Ebd. Nr. 489.

14 Wander Bd. 1, 1081.

15 Schmidt (1993), 118. – Allerdings sind von den 99 wegen Gotteslästerung angestrengten Verfahren in Basel zwischen 1376 und 1455 nur 18 gegen Frauen gerichtet. Schwerhoff (1998), 243.

16 Dienst (1987), 91.

17 Ebd., 99.

18 Vgl. für die frühe Neuzeit: Ingrid Ahrendt-Schulte, Hexenprozesse als Spiegel von Alltagskonflikten, in: Lorenz/Bauer (1995), 347 – 358.

19 Schmidt (1993), 86 f.; Schwerhoff (1998), 241 f.

20 Zelger (1996), 128 ff.

21 Störmer (1973) Bd. 2, 319.

22 „Quod nullus enormiter iuret" (1188). Hiestand (1986), 180.

23 Vgl. Schmidt (1985), 39 ff.

24 Ed. Braune, 14 (Nr. V/2 § 42).

25 Vgl. unten. In Zürich ist der Zusammenhang von Spiel und Gotteslästerung allerdings nicht belegbar. Burghartz (1990), 136.

26 Hier zitiert nach der Wiederholung in den 1305 der Stadt Krems gewährten Freiheiten, ed. Brunner, 22 Nr. 21/II § 11: „wand Got von hymel und die hailigen aller maist werden gescholten an den pletzen, da di topler und di vreiheit zu vart haben, die verbieten wir vestichlich und ewiglich in den ê genanten steten".

27 Knapp Bd. 2 (1907), 876 ff.; Holenstein (1993), 53. Vgl. Burghartz (1990), 130; Simon-Muscheid (1991), 27.

28 Agricola, Nr. 644.

29 Ebd., Nr. 529.

30 Ebd., Nr. 643.

31 Ebd., Nr. 490. Vgl. Leutenbauer (1984), 114. Die Verkürzung „botz marter" belegt Lindener, ed. Lichtenstein, 206 (Register unter „Flüche").

32 Agricola, Nr. 491. Vgl. mit den Belegen: Leutenbauer (1984), 17; Schwerhoff (1998), 293 ff. Dieser Fluch lebt noch in der frühen Neuzeit. Schmidt (1993), 85, 87, 93, 97.

33 Zeller-Werdmüller, 164 f. Nr. 340; Schultheiß (1960), 69 Nr. 617.

34 Agricola, Nr. 496.

35 Schubert (1999), 56 f.

36 Schnell Bd. 1 (1856), 149. Vgl. auch ebd., 54 (1397); Simon-Muscheid (1992), 211 und – allgemein – Leutenbauer (1984), 10, 16 f.; Schwerhoff (1995), 271 f.

37 Harster (1900), 234 ff.

38 Stokar (1892), 377.

39 Zeller-Werdmüller, 164 f. Nr. 340.

40 Ebd. – Der gleiche Fluch ist auch aus Nürnberg überliefert: Schultheiß (1960), 69 Nr. 617. Vgl. auch Schuster (2000), 75.

41 Schwerhoff (1998), 245. Vgl. Bennewitz (1999), 158 f.

42 Stokar (1892), 377.

43 Zit. bei Wander Bd. 1, 1091.

44 Sebastian Fischer, 70.

45 So ist der zweite Fluch des in Ulm Hingerichteten auch in anderen Quellen bezeugt. Schwerhoff (1998), 240 f.

46 Berg (1964), 129 f.; Leutenbauer (1984), 8 f.; Burghartz (1990), 135.

47 Schwerhoff (1995), 253 und 255 f.

48 Ebd., 258.

49 Leutenbauer (1984), 8. - Diese Bestrafung kann - ausnahmsweise - noch im 15. Jahrhundert vollzogen werden. Müllner, ed. Hirschmann, Bd. 2, 561 (Nürnberg 1456). Vgl. auch Schwerhoff (1995), 263.

50 Vgl. das Passauer Stadtrecht, ed. Maidhof (1927), 71 f., und das zwischen 1287 und 1303 verfaßte Statut des Würzburger Rates, ed. Hoffmann (1955), 40 (Nr. 7j). 1341/42 wiederholt der Würzburger Rat diese Satzung sinngemäß. Ebd., 68 (Nr. 97).

51 So übersetzen wir: „Deum et sanctos suos vituperavit". Keutgen, 208 Nr. 164 § 15. Von der angedrohten Strafe konnte sich niemand freikaufen.

52 Vgl. nur Hanauer/Klélé, 163 f. Nr. 124. Hagenau 1409; Baader, 114. Nürnberg 15. Jahrhundert. - Instruktiv ist die Frankfurter Gesetzgebung: 1354, 1363, 1373, 1395, 1402 und (unter Berufung auf die Reichspolizeiordnung von 1496) 1509. Wolf, 96 Nr. A 27; 119 f. Nr. A 71; 127 Nr. 2, 116 Nr. 55, 185 Nr. 86; 443 Nr. 387.

53 Finsterwalder (1938), 302. Vgl. das Nürnberger Statut (um 1400) bei Schultheiß (1965), 292.

54 Vgl. Schwerhoff (1995), 262 ff.

55 Herzog (1971), 9 ff.

56 Vgl. auch Schwerhoff (1998), 242 f. und 250.

57 Annales Colmarienses, 228.

58 Soester Stadtbücher. StChr. Bd. 24, 40.

59 Müllner, ed. Hirschmann 2, 203 (1408). Vgl. für Bamberg Scheel (1903), 40 und 89 f.

60 Auch diese Strafe erfolgte keineswegs regelmäßig. In Konstanz wurde 1436 ein Jude, der das Sakrament geschmäht und ihm die Zunge herausgestreckt haben soll, auf diese Weise bestraft, und einem Bürger, der Maria gelästert hatte, wurde grausam die Zunge an den Pranger genagelt, von dem er sich selbst losreißen mußte. Schuster (2000), 76.

61 Schnell Bd. 1 (1856), 129.

62 Sieber-Lehmann (1995), 385.

63 Schuster (2000), 76.

64 So der Rat von Schlettstadt. Gény (1902), 64.

65 Knapp (1896), 277 ff.; Maidhof (1927), 71 f.; Geiger (1971), 72; Hagemann (1981), 248 ff.; Simon-Muscheid (1991), 27. Vgl. besonders Schultheiß (1960), 269 f. (Register unter „Gotteslästerung", „Heilige beleidigen").

66 Als 1379 im Augsburger Umland Menschen gehäuft irrsinnig werden, sieht der Rat darin eine Strafe Gottes und verbietet „alles schwern bei gott und wucher und alle üppig hoffart". Burkard Zink, 24.

67 Annales Colmarienses, 228 (zum Jahre 1303); Gény (1902), 604. Vgl. Nübling Bd. 2 (1907), 304: Ulm 1397; Korsch (1958), 76 f. (Köln).

68 Wolf, 105 Nr. 43.

69 Vgl. Schmidt (1993), 73 f.; Schwerhoff (1995), 267.

70 Sieber/Lehmann (1995), 385.

71 Burghartz (1990), 136; Schwerhoff (1995), 271.

72 Wolf, 119 f. Nr. A 71. Vgl. Schuster (2000), 75.

73 Sigmund Meisterlin, 122.

74 Lindener, ed. Lichtenstein, 206 (Register unter „flüche").

75 Nübling Bd. 2 (1907), 304.

76 Schuster (2000), 76 mit Anm. 65.

77 Vgl. etwa den sogenannten Oberrheinischen Revolutionär, ed. Franke, 181, 183, 199.

78 Leutenbauer (1984), 5 f.; Schwerhoff (1995), 267 f. - Heinrich Deichsler, 593, kehrt die durch Predigten in der Reichsstadt verbreitete Auffassung um: Wer nie Gott gelästert hat, bekommt auch nicht die „Franzosen".

79 Leutenbauer (1984), 39 ff.

80 Sieber-Lehmann (1995), 384. - Trotz der gerade erlassenen Reichsgesetze bestraft Nürnberg 1498 einen Mann, der im Frauenhaus Gott gelästert hatte, nur mit dauernder Stadtverweisung. Heinrich Deichsler, 600.

81 Vgl. Schmidt (1993), 82 f. Daß damit aber die Gotteslästerung mitnichten entkriminalisiert

wird, begründet Schwerhoff (1995), 276 f. Vgl. auch Schmidt (1973), bes. 66 ff., zu Fällen, in denen noch im 17. Jahrhundert nach der alten Vergeltungstheorie das Fluchen bestraft wird.

82 Holenstein (1993), 52 ff.

83 Schmidt (1993), 108 ff.

84 Schreiner/Schwerhoff (1995), 18.

85 Agricola Nr. 476.

86 Lindener, ed. Lichtenstein, 206 (Register unter „flüche").

87 Vgl. die Flüche „Das fallende Übel soll über Dich kommen" (Dienst [1987], 102); „daz got und würffel daz vallend ubel haben" (Gény [1902], 602).

88 Agricola Nr. 476. Vgl. Schwerhoff (1995), 274 f.

89 Lindener, ed. Lichtenstein, 206 (Register unter „flüche").

90 Agricola Nr. 502.

91 Ebd. Nr. 477.

92 Kurt Andermann, Raubritter – Raubfürsten – Raubbürger? Zur Kritik eines untauglichen Begriffs, in: ders. (Hrsg.), „Raubritter" oder „Rechtschaffene vom Adel"? Aspekte von Politik, Friede und Recht im späten Mittelalter. (OberrheinStud 14) 1997, 9 – 30. Vgl. Gadi Algazi, „Sie würden hinten nach so gail". Vom sozialen Gebrauch der Fehde im 15. Jahrhundert, in: Lindenberger/Lüdtke (1995), 39 – 77.

93 Durchgesetzt hatte diese Periodisierung Johann Stephan Pütter. Johann Stephan Pütter, Historische Entwicklung der heutigen Staatsverfassung des Teutschen Reichs. Erster Theil bis 1558. Göttingen 1786, spricht von den „mittleren Zeiten" bzw. von dem „mittleren Zeitalter". Diese Epoche läßt er mit dem „Abgang der Carolinger" beginnen (ebd., 99). Mit dem Reichslandfrieden und der Kammergerichtsordnung von 1495 hebt „der neren Zeiten erster Abschnitt" an. Ebd., 307. Pütter löst damit die von Burkhard Gotthelf Struve popularisierte Einteilung der deutschen Verfassungsentwicklung in sieben Perioden ab. Burcard Gotthelf Struve, Kurtzer Bericht von Veränderungen Teutschen Reichs als ein Begriff Teutscher Historie. Jena 1712. Diese Periodisierung nimmt zum Beispiel zur Grundlage: Franz Dominicus Häberlin, Entwurf einer pragmatischen Teutschen Reichs = Historie. Braunschweig und Helmstedt 1763.

94 Vgl. die klassische Darstellung von Helgard Ulmschneider, Götz von Berlichingen, 1976, die erstmals dem Fehdeunternehmer Götz den spätestens seit 1517 sich mit den bestehenden Verhältnissen arrangierenden und bis 1560 auf durchaus komfortable Weise sich selbst Überlebenden (Goethe) zur Seite stellt.

95 Dieter Neitzert, Die Stadt Göttingen führt eine Fehde 1485/86. Untersuchung zu einer Sozial- und Wirtschaftsgeschichte von Stadt und Umland. (VeröffInstHistLandesForschUnivGöttingen 30) 1992, 114 ff.

96 Das hat Götz von Berlichingen am deutlichsten gesehen und Franz von Sickingen am tragischsten erfahren, weswegen wir uns weitere Belege sparen.

5 Gefährliche Direktheit: Jähzorn und spontane Gewalt

1 StChr. Nürnberg Bd. 4, 156.

2 Hellgardt (1996), 308 f.

3 Eindrucksvoll: Schuster (1995), bes. 96 ff. Vgl. auch Scheel (1903), 19; Korsch (1958), 90; Burghartz (1990), 140 ff.; Simon-Muscheid (1991), 11 f.; Groebner (1995), 162 ff. – Zu den Raufhändeln und ihrer Bestrafung in der frühen Neuzeit vgl. Hiereth (1979), 33 f.; Hauser (1987), 234. Vgl. auch Schultheiß (1960) 273 und 276 (Register unter den Lemmata Körperverletzung und Mißhandlung).

4 Schuster (2000), 70.

5 Simon-Muscheid (1991), 11 f.

6 Vgl. Driever (2000/II), 37 f.

7 Simon-Muscheid (1992), 210.

8 Rostocker Stadtbuch, ed. Thierfelder, 52.

9 Vgl. Bennewitz (1999), 147 f.

10 Heinrich Deichsler, 562. Agnes Baireuter, die zunächst in das Kirchenasyl von St. Sebald geflüchtet war, wurde vom Rat für fünf Jahre der Stadt verwiesen, von dieser Strafe aber abgebeten und mußte 20 fl. dem Rat und 5 fl. dem Verletzten zahlen.

11 Burkard Zink, 103.

12 Briefe, ed. Wolkan, 83. Vgl. Voigt, 118.

13 Vgl. den Bericht des Antonius Bonfinis (1486): Voigt (1973), 215.

14 Vgl. etwa für Ulm: Geiger (1971), 72. – Im Januar

1507 wird in Frankfurt/Oder ein Student von einem Bürger erschlagen, im Mai ein Student von einem Kommilitonen erschossen, und im Juli wird der Universitätspedell von einem Baccalaureus ermordet. Heinrich Grimm, Ulrichs von Hutten Lehrjahre an der Universität Frankfurt (Oder) und seine Jugenddichtungen. 1938, 64 Anm. 2. Vgl. auch Schuster (1995), 103.

15 Von der Ropp, 24 f. Nr. 13 §§ 27 - 31.

16 Ebd., 26 f. Nr. 13 § 39. Vgl. auch ebd. 43 Nr. 30 (1351).

17 Ebd.

18 Ebd., 140 f. Nr. 124. Ein vergleichbarer Fall bei Rogge (1995), 115 f.

19 Ludwig Hänselmann (Hrsg.), Mittelniederdeutsche Beispiele im Stadtarchiv zu Braunschweig. 2. Aufl. besorgt von Heinrich Mack. (BraunschweigerWerkstücke 6) 1932, 38 Nr. 60.

20 Von der Ropp, 21 f. Nr. 13 § 23.

21 Reinecke (1933) Bd. 1, 337.

22 Vgl. z. B. (Hann.) Münden 1467: Weißker (1913), 59. Zu österreichischen Kleinstädten: Englisch / Jaritz (1976), 22.

23 Vgl. nur Hanauer/Klélé, 118 f. (Nr. 32), 130 f. (Nr. 58). Hagenau 1353 und 1358; Hölscher (1909), 60 f. und 63. Goslar 1458.

24 His, Bd. 1 (1920), 174 ff.; Groebner (1995), 169. Einzelbeispiele, wonach schon das Tragen langer Messer unter Strafe stand, bieten Aachen (Biergans [1909], 119), Hamburg (Möring [1913], 22), Köln (Korsch [1958], 38 f.), Konstanz (Schuster [1995], 107 f.), Lübeck (Lagemann, 93), Nürnberg (Baader, 51 f. bzw. Schultheiß [1962], 42 ff., 55 und 61) oder Straßburg (Brucker, 510 und 512 f. bzw. Eheberg, 421 f. Nr. 188). - Zum Verbot des Waffentragens in thüringischen Städten: Wolfgang Heß, Verfassungs- und Rechtsgeschichte im hohen und späten Mittelalter, in: Hans Patze/Walter Schlesinger (Hrsg.), Geschichte Thüringens II/1. 1974, 310 - 430, hier: 374 f. - Waffenverbote in den Dörfern: Knapp Bd. 2 (1907), 813.

25 Wolf, 95 Nr. A 26 (1354) bzw. 450 f. Nr. 295 (1514).

26 Nübling Bd. 2 (1907), 282 f. Vgl. Geiger (1971), 72. Ausnahmen galten nur für den bischöflichen Kommissar, den Leibwächter des Pfarrers und die Knechte der Doktoren, die Waffen in der Stadt tragen durften.

27 Nübling Bd. 1 (1904), 443 f.

28 Ebd., 175 Nr. 172.

29 Vgl. etwa für Konstanz: Schuster (1995), 106ff; für Eisenach: von Strenge/Devrient, 43 (14. Jahrhundert); für Hagenau: Hanauer/Klélé, 148 f. Nr. 99 (1383); für Basel: Burghartz (1990), 147 ff. und 150 f.; für Nürnberg: Schultheiß (1965), 274.

30 Groebner (1995), 163. Beispiele aus Nord und Süd, aus Groß-, Mittel- und Kleinstädten: Dirr, 412 (München), Goslarer Stadtrecht ed. Ebel, 78; Zeller-Werdmüller, 36 f., Nr. 97; 75 - 77, Nr. 190 (Zürich); Maack (1970), 16 (Rinteln). - 15. Jahrhundert: Dürre (1861), 653; Harster (1909), 257; Biergans (1909), 119; Korsch (1958), 91; Maidhof (1927), 73 f. (Passau); Schuster (1995), 24, 33, 58, 60 62 f., 96 ff. (Konstanz); Hoffmann (1955), 50 (Nr. 41) (Würzburg). - Daß im Wirtshaus Waffen abzulegen waren, galt allgemein: Zürich 1322: Zeller-Werdmüller, 30 Nr. 80.

31 Schuster (2000), 95.

32 Frauenstädt (1881), 42 f.

33 Göttinger Statuten, ed. von der Ropp, 93 Nr. 78 §§ 8 - 7 (1399 - 1407), 153 Nr. 135 §§ 105 - 107 (Wiederholung 1428), 161 Nr. 151 (1434), 199 Nr. 203 § 4 (1461), 210 Nr. 220 § 4 (1506), 213 Nr. 223 § 1 (1514).

34 Regino von Prüm, Chronicon, ed. Friedrich Kurze. (MGH Ss rer germ 50) 1890, 42.

35 Knapp (1914), 224 f. Vgl. für Nürnberg Schultheiß (1965), 98 und 100.

36 Hoffmann (1955), 50 f. (Nr. 42) (1341/42).

37 Simon-Muscheid (1991), 18; Driever (2000/II), 45; Schuster (2000), 104. - Schon das Goslarer Stadtrecht, ed. Ebel, 93, geht davon aus: „Scut en tweyhunge in erre tavernen oder anderes wur, dar we ghewundet worde". Ebenso ebd., 101: „wert ok en tweyunghe in emme berhus". - Daß selbst im Göttinger Ratskeller, dem Treffpunkt der Oberschicht, „vele unduchtige handelinge" vorfielen, wird noch 1531 beklagt. Hasselblatt/Kaestner, 380 f. Nr. 720.

38 Arnold (2000), 257.

39 Leonhart Widmann's Chronik von Regensburg, in: Die Chroniken der baierischen Städte. Regensburg. Landshut. Mühldorf. München.

(Die Chroniken der deutschen Städte 15) 1878, 205.

40 Schultheiß (1960), 39 Nr. 378, 56 f. Nrn. 537–548 (1337) und öfter. Individuelle Zechverbote auch in Ulm: Geiger (1971), 72.

41 Schultheiß (1960), 33 Nr. 337. Vergleichbar ist das Versprechen, das ein Nördlinger Bürger dem Rat geben mußte, wonach er keinen Wein mehr außerhalb seines Hauses trinken wolle. Blauert (2000), 114 f.

42 Hagelstange (1898), 30. – Zum Asylanspruch durch Hutwurf vgl. Merzbacher (1974/75), 849 f.

43 Schubert (1978), 60. Vgl. auch His Bd. 1 (1920), 178 f.

44 Vgl. nur für Überlingen Grimm, Weisthümer Bd. 5, 215 (§23): „trifft er in, ist die pen 3 Pfd. Pfg., vaelt er aber, so ist die pen 10 Pfd. Pfg." (15. Jahrhundert).

45 Grimm, Weisthümer Bd. 5, 80 (§ 12) bzw. 112 (§ 32).

46 Agricola Nr. 322.

47 Hartmut Boockmann, Der Streit um das Wilsnacker Blut. Zur Situation des deutschen Klerus in der Mitte des 15. Jahrhunderts, in: ders. (2000), 17–36, hier: 33.

48 Zingerle, 47. Vgl. Singer Bd. 2, 318 ff.

49 Wander Bd. 1, 1542.

50 Priebatsch Bd. 1, 93.

51 Mieder (1992), 127 (aus dem Ackermann aus Böhmen).

52 Wander Bd. 1, 1401. Vgl.: „Geduld behält das Feld". Ebd. „Gemach geht man auch weit". Priebatsch 2, 93. Eine Fülle von Belegen für die Hochschätzung der Geduld im Sprichwort bietet Wander Bd. 1, 1401 ff.

53 Priebatsch Bd. 3, 91.

54 Als 1504 die Speyerer Domherren einem der Ihren ein Gesuch abschlugen, hat der Betreffende „die thur hart zugeschlagen und (ist) hinweg gangen". Krebs, 128 (Nr. 1228).

55 Maack (1970), 47.

56 Gerd Wunder, Die Bevölkerung der Reichsstadt Windsheim im Jahr 1546. JbfränkLd-Forsch 40 (1980), 31–72, hier: 42 f.

57 Reichart (1996), 165.

58 Freidank, ed. Bezzenberger, 152 ff. Vgl. Gerhard Eis, Altdeutsche Hausmittel gegen Trunkenheit, in: ders. (1971), 44–48.

59 Schmidt-Wiegand (1996), 332.

60 „daz ich mich ser vergessen het gen etlichen Juden ze Chrems, also daz ich in dröt ze slachen". Brunner, 51 Nr. 69 (1386).

61 Ebd., 60 Nr. 91: „daz ich mich layder in der trunckchenheit gar ser vergessen ... mit schemiger angreuffung frumer und erber frawen".

62 Ebd., 74 Nr. 126.

63 Agricola, Nr. 426.

64 Korrekt sind die Positionen von Elias in der Frage der Affektregulierung hingegen referiert bei Nitschke (1981), 15 ff.

65 Schuster (2000), 96 f.

66 Ebd., 97.

67 Ebd., 98 ff., bes. 103.

68 Ebd., 119 ff.

69 Ebd., 104. – In Magdeburg entstand 1363 die Gefahr größerer Unruhen, nachdem die Stallknechte der Stadt und die des Bischofs beim Würfelspiel aneinandergeraten waren. Magdeburger Schöppenchronik, in: StChr. Bd. 7 (= Chroniken der sächsischen Städte. Magdeburg Bd. 1) 1869, 245. – Gefährlich wurde es nicht nur, wenn Gruppen aufeinander losgingen. 1457 rechtfertigt Busso von Bülow sein Verfahren gegen einen lübischen Bürger, daß dieser auf dem Markt zu Bleckede beim Würfeln einen Mann so geschlagen habe, „dat ome dat oge ut dem koppe hangede". UB Lübeck 9, 438 Nr. 440.

70 Henning Brandis, ed. Haenselmann, S. 72.

71 Zehnder (1976), 339; Hagemann (1981), 74; Leutenbauer (1984), 47; Schwerhoff (1998), 243. – Hagenau begründet 1409 das Glücksspielverbot, weil „sweren und gotz übelhandelung das merenteil und vast von spilen kumt". Hanauer/Klélé, 163 f. Nr. 124. In ähnlicher Weise argumentiert auch der Rat von Frankfurt. Wolf, 295 Nr. 205 (1428), 318 ff. Nr. 227 (1437 und 1456).

72 In Lübeck mußten 1460 drei Bürger Urfehde schwören, weil sie „van dobelspels wegen" ins Gefängnis geworfen worden waren. UB Lübeck Bd. 9, 941 Nr. 904.

73 Hofer Bd. 2 (1964), 140, 156.

74 Cammermeister, ed. Reiche, 27.

75 Tauber (1987), 46 ff.

76 Ebd., S. 49.

77 Vgl. etwa die Eintragungen in Tiroler Rechnungen: Stolz (1956), 62.

78 Nübling Bd. 2 (1907), 302; Zehnder (1976), 345.

79 Göggelmann (1984), 274.

80 Das Prügeln in der Schule wurde von Johannes Geiler von Kaysersberg, der nichts dagegen hat, als selbstverständlich angesehen. Roeder von Diersburg (1921), 63.

81 Buch Weinsberg, ed. Höhlbaum Bd. 1, 38 mit Anm. 1.

82 Oberrheinischer Revolutionär, ed. Franke, 417.

7 Mitleid, die Grenzen des Mitgefühls und die Schadenfreude

1 Vgl. Schubert (1999), 50 ff.

2 Vgl. Zehnder (1976), 551 f.

3 Eis (1951), 37. - Macer Floridus, De usibus herbarum. Antonius Zarotus Parmensis impressit Mediolani 1482.

4 Vgl. Baader/Keil (1982), 33. - Zum Buchdruck von Rezeptsammlungen vgl. Baader (1982), 378 ff.

5 Gerhard Eis, Zwei Rezepte von Willibald Pirkheimer, in: ders. (1971), 107 - 109.

6 Deshalb konnten Heiltränke, Pflaster und Salben nach den Wundärzten benannt werden, die sie empfohlen hatten: Gerhard Eis, Meister Hertwigs Salbe, in: ders. (1971), 35 - 37. Vgl. Telle (1982), 304. - Weil die Grenzen zwischen medizinischer Fachliteratur und Rezeptsammlung fließend sind, kommt es zu eigentümlichen Rezeptionsvorgängen der Lehrmeinungen, zu bunt zusammengesetzten „Textschleppen". Baader/Keil (1982), 29 und 32 ff. Bei diesen Rezeptionsvorgängen konnten aus dem Lateinischen ins Deutsche übersetzte Texte wieder rückübersetzt werden. Ebd., 36 ff.

7 Sebastian Fischers Chronik, 27. Vgl. die Rezeptsammlung ebd., 20 ff. Weil das Beispiel des Sebastian Fischer insofern typisch war, als das Rezept gewissermaßen zum Haus gehörte, lebt das, was er privat aufzeichnete, in der Hausväterliteratur der frühen Neuzeit weiter. Vgl. Fritz Hartmann, Hausvater und Hausmutter als Hausarzt in der Frühen Neuzeit. Hausgewalt und Gesundheitsfürsorge, in: Staat und Gesellschaft in Mittelalter und Früher Neuzeit. Gedenkschrift für Joachim Leuschner, 1983, 151 ff.

8 Eis (1951), 36.

9 Zit. nach Zehnder (1976), 537.

10 Sebastian Fischers Chronik, 20.

11 Vgl. Heiner Heimberger, Schwangerschaft, Geburt und Frauenkrankheiten in der mittelalterlichen Volksmedizin. WürttJbVolkskde 1957/58, 111 ff.; Telle (1982), 304.

12 Vgl. dazu aus anderen Zusammenhängen: Susan C. Karant-Nunn, Weibliche Kommunikation in der deutschen Stadt am Ende des Mittelalters, in: Bräuer/Schlenkrich (2001), 487 - 494, hier: 490 f.

13 Paul Diepgen, Frau und Frauenheilkunde in der Kultur des Mittelalters. 1963.

14 Opitz (1985), 192.

15 Schubert (1992/II), bes. 252 f.

16 Rainer Kahsnitz/Ursula Mende/Elisabeth Rücker, Das Goldene Evangelienbuch von Echternach. 1982, 182 und Tafel 28.

17 Vgl. die Abbildungen bei Renate Kroos, Opfer, Spende und Geld im mittelalterlichen Gottesdienst, in: Frühmittelalterliche Studien 19 (1985), 502 ff., hier: Tafel XLIVff.

18 Vgl. Hartmut Boockmann, Eine spätmittelalterliche Stadt. Vorschläge für die Verwendung eines Bildes im Geschichtsunterricht, in: Geschichte in Wissenschaft und Unterricht, Bd. 1985, 271 ff., hier: 274.

19 Friedrich Zoepfl, Mittelalterliche Caritas im Spiegel der Legende. 1925.

20 Leopold Kretzenbacher, Legende und Sozialgeschehen zwischen Mittelalter und Barock. (SbbÖsterrAkadWiss 318) Wien 1977, 45 ff.

21 Vgl. Lutz Röhrich, Erzählungen des späten Mittelalters und ihr Weiterleben in Literatur und Volksdichtung bis zur Gegenwart. 2 Bde. 1962/1967. Bd. 2, 291 ff.

22 Vgl. nur Decretum Gratiani. D 45 c 13, ed. Friedberg, 165.

23 Zur Begrenzung dieser Ansicht vgl. Schubert (1992/II), 242, wo aber bei dem Bemühen, die Vielfalt der Almosenstiftungen in ihren sozialen Konsequenzen zu schildern, die Anerkennung der Forschungsleistungen, etwa der von Gerhard Uhlhorn, die diese Vielfalt erst erschlossen haben, zu kurz kommt.

24 Schubert (1999), 34 f.

25 Sudeck (1931), 97.

26 Hermann Korner, Chronica Novella, ed. Jakob Schwalm. 1895, 83.

27 Sudeck (1931), 97.

28 Schaufelberger (1972), 89.

29 Werner Hofmann (Hrsg.), Köpfe der Lutherzeit. 1983, 180. Eine diesen Blindenwettkämpfen vergleichbare, auf Schadenfreude gegründete „Kurzweil" der Großen fand während des Freiburger Reichstags 1498 statt. Thomas Zotz, Der Reichstag als Fest: Feiern, Spiele, Kurzweil, in: Hans Schadeck (Hrsg.): Der Kaiser in seiner Stadt. Maximilian I. und der Reichstag zu Freiburg 1498. 1998, 147 – 170, hier: 150.

30 Vgl. Karl Weinhold, Der Wettlauf im deutschen Volksleben. ZVerVolkskde 3 (1893), 1 – 23, hier: 19 ff.; Schaufelberger (1972), 90 mit Anm. 1. – Auch oberitalienische Städte kannten solche Dirnenwettläufe. Emilio Lovarini: Die Frauenwettrennen in Padua. In: ZVerVolksKde 2 (1892), 56 – 67.

31 Vgl. Martin Hahn, Die Leibesübungen im mittelalterlichen Volksleben. 1929, 77 f.

32 Geering (1886), 337.

33 Das Folgende nach: Zimmerische Chronik, ed. Herrmann Bd. 4, 29 f.

34 Ebd., 76.

35 Mieder (1992), 142 (aus dem Ackermann aus Böhmen).

36 Franz Joseph Mone, Haushaltung und Sitten im 15. und 16. Jahrhundert. ZGORhein 2 (1851), 184 ff., hier: 193.

37 Heyne (1903) Bd. 3, 23 ff.

38 Nübling Bd. 2 (1907), 307.

39 Voigt (1973), 168.

40 Zimmerische Chronik, ed. Herrmann Bd. 4, 110.

41 Elfriede Moser-Rath, „Lustige Gesellschaft". Schwank und Witz des 17. und 18. Jahrhunderts in kultur- und sozialgeschichtlichem Kontext. 1984.

42 Schubert (1986), 130 f.

43 Heinrich Deichsler, 566.

44 Veit Arnpeck, ed. Leidinger, 398.

45 Heinrich Deichsler, 566.

8 Die Grundlage des Umgangs: Mißtrauen und Vertrauen

1 Kirchhof I Nr. 353, ed. Österley 1, 392 ff., hier: 394. Ebenso („Facetia fuit patris mei") ebd. I Nr. 369, 407.

2 Sastrow, ed. Kohl, 68 f.

3 Vgl. S. 272 f.

4 Wander Bd. 1, 1059.

5 Ebd., 1043.

6 Georg Wickram, Das Rollwagenbüchlein. (Georg Wickram, Sämtliche Werke, hrsg. von HansGert Roloff 7) 1973, 76.

7 Wander Bd. 1, 1707.

8 Gerd Althoff, „Gloria et nomen perpetuum". Wodurch wurde man im Mittelalter berühmt?, in: Person und Gemeinschaft im Mittelalter. Festschrift Karl Schmid. 1988, 302 ff.

9 Burghartz (1990), 161 ff.

10 Ermentrude von Ranke, Von kaufmännischer Unmoral im 16. Jahrhundert. HansischeGBll 30 (1925), 242 ff.; Bettina Pferschy, Weinfälschung im Mittelalter, in: Fälschungen im Mittelalter. Bd. 5 (MGH Schriften 33/5) 1988, 669 – 702; Reinhold Kaiser, Fälschungen von Beschauzeichen als Wirtschaftsdelikte im spätmittelalterlichen Tuchgewerbe, in: ebd., 723 – 752. – Zum vielbehandelten Thema der Warenfälschung vgl. – oft übersehen – Scheel (1903), 83 ff.

11 Kuske Bd. 1, 197.

12 Ebd.

13 Schuster (2000), 131 ff.

14 Zelger (1996), 82 ff.

15 Ebd., 105.

16 August Wünsche, Der Sagenkreis vom geprellten Teufel. 1905; Zelger (1996), bes. 77 ff. und 177 ff. – Die Beliebtheit dieses Erzählmotivs könnte dazu beigetragen haben, daß aus einer Vielzahl von Teufeln schließlich der Teufel wurde.

17 Zelger (1996), 52.

18 Ebd., 31 f., 34 f., 69, 155 ff., 165 ff.

19 Ebd., 104 ff.

20 Wander Bd. 1, 127.

21 Agricola, Nr. 17. Sprichwörter warnen vor allzu großem Vertrauen ebenso wie vor allzu großem Mißtrauen. Singer Bd. 5, 29 f. und 32 ff.

22 Mieder (1992), 135 (aus dem Ackermann aus Böhmen).

23 Wander Bd. 1, 925.

24 Ebd.

25 Priebatsch Bd. 3, 159.

26 Wander Bd. 1, 1053.

27 Vgl. demnächst: Ernst Schubert, Spiele, „Sport" und Kurzweil der Bürger und kleinen Leute, in: Peter Johanek (Hrsg.), Spiel, Sport und Unterhaltung im Mittelalter.

28 Gerhard Eis, Zu den zeitgenössischen Aufzeichnungen über süddeutsche Pferderennen im 15. Jahrhundert, in: ders. (1971), 169 – 174.

29 StChr. Nürnberg Bd. 4, 126.

9 Freundschaft, Gesellschaft, Nachbarschaft

1 Burkard Zink, 124.

2 Hellgardt (1996), 313 f.

3 Wander Bd. 1, 18.

4 Vgl. Hauser (1987), 301 f.

5 Burkard Zink, 124.

6 Vgl. Julian Haseldine (Hrsg.), Friendship in Medieval Europe. Phoenix Mill Gloucestershire 1999.

7 Agricola zu Nr. 21.

8 Wander Bd. 1, 1179 in zahlreichen Varianten: „Ein guter Freund ist mehr wert als hundert Verwandte". Ebd., 1180: „Ein treuer Freund ist soviel wert wie ein Bruder". Vgl. Konrad von Würzburg: „Ein trût geselle ist bezzer danne vil unholder mâge". Agricola, Nr. 347 notiert: „Schwäger seind nymmer besser freunde denn weit von eynander oder selten zusamen".

9 Priebatsch Bd. 2, 627.

10 Limburger Chronik, ed. Wyss, 36 f. Vgl. auch das Lob der Freundschaft bei Freidank, ed. Bezzenberger, 154 ff.

11 Sprandel (1984), 37.

12 Wander Bd. 1, 1175: „Der jedermanns freund will sein, muss jedermanns narr sein" (zahlreich).

13 Ebd., 1605 mit Varianten.

14 Ebd., 973.

15 „Den besten artzedet den men vynt, Dat is eyn getrouwe vrunt". Cato in Latein und Deutsch. Faksimileausgabe des Volksbuches von 1498, übersetzt von Werner Grebe. (Alte Kölner Volksbücher um 1500. Vierter Druck) 1982, CII', hochdeutsche Übersetzung ebd., 94.

16 Wechssler (1911), 37.

17 Wander Bd. 1, 1177.

18 Ebd., 1181.

19 Ebd., 1189: „kein freundt thu rühmen, bis du hast mit ihm ein schäffel salz verprasst."

20 Ebd., 1199.

21 Schreiner (1996), 37 ff.; Gerd Althoff, Spielregeln der Politik im Mittelalter. Kommunikation in Frieden und Fehde. 1997.

22 Wander Bd. 1, 966 ff. mit zahlreichen Varianten.

23 Ebd., 974.

24 Ebd.

25 Ebd., 992.

26 Schuster (1995), 70 f.

27 Wander Bd. 1, 1203.

28 Ebd., 1181.

29 Das Pariser Gesprächsbüchlein, ed. Braune, 13 (Nr. V/2 § 15), übersetzt „compagn" mit „gueselle vel guenoz".

30 Vgl. Göttmann (1975), 49.

31 Zingerle (1864), 52.

32 Wander Bd. 1, 1179 mit zahlreichen Varianten.

33 Zingerle (1864), 51 f. (mit Varianten).

34 Wander Bd. 1, 1713 ff.; Singer Bd. 5, 41ff.

35 So bestimmen 1367 die Straßburger Schuster, daß auf der Trinkstube die Gemeinschaft der Zunft gefestigt werden sollte „durch liebe, durch früntschaft und durch kurzewile". Alioth (1988), Bd. 1, 337. - Zum geselligen Leben in den Zunftstuben vgl. die anschauliche Schilderung bei Amacher (1996), 178 f.

36 Vgl. Schmidt-Wiegand (1996), 249 f. Instruktiv für das Prinzip der Nachbarschaft in der Stadt: Alioth (1988), Bd. 1, 417 f.

37 Wander Bd. 1, 1207.

38 Sachsenspiegel Landrecht II.51.1 und 3.

39 Illi (1987), 50 (1434).

40 Ebd., 62.

41 Schubert (1978), 59 f.

42 Agricola, Nr. 137.

10 Die Menschenkenntnis des Mittelalters

1 Schubert (1986), 132 f., 148.
2 Sastrow, ed. Kohl, 38.
3 Voigt (1973), 192.
4 Priebatsch Bd. 2, 396. Im gleichen Sinne auch: „Man kann von einer Laus grindig werden". Ebd., 237.
5 Zingerle (1864), 67.
6 Freidank (32. 15), ed. Bezzenberger, 96.
7 Zingerle (1864), 47.
8 Ebd. Sprichwörter zum Wert der Selbsterkenntnis: Singer Bd. 3, 27 ff.
9 Wander Bd. 1, 1095 (nach Agricola).
10 Priebatsch Bd. 2, 397.
11 Heinrich Deichsler, 554 f.
12 Wander Bd. 1, 551 f.
13 „Wer sich von einem wenden will, sucht Beschönigung", bemerkte Albrecht Achilles. Priebatsch Bd. 2, 330.
14 Von Blankenburg (1943), 264 ff.
15 Mieder (1992), 129 (aus dem Ackermann aus Böhmen). Vgl. Wander 2, 1759.
16 Vgl. Wilhelm Wackernagel, Der Wolf in der Schule. ZdtA 6 (1848), 285 - 289.
17 Vgl. zum Beispiel Ottokar V. 16.887 ff., ed. Seemüller, 223 f.: „mit dem munt dû biutest / honic an dem anevange / und heckest als ein giftic slange / an dem ende mit dem zagel".
18 Baufeld (1996), 279.
19 Pauli, 217.
20 Lindener, ed. Lichtenstein, 4.
21 Schubert (1995), 118.
22 Robert Burton, Anatomie der Melancholie. Übertragen und mit einem Nachwort versehen von Ulrich Horstmann. 1997.
23 Vgl. Tersch (1999), bes. 65 ff.
24 Johannes Looshorn, Geschichte des Bistums Bamberg. Bd. 5. 1903, 435.
25 Brief vom 4. November 1701 an die Raugräfin Amalie Elisabeth. Die Briefe der Liselotte von der Pfalz, Herzogin von Orleans. Ausgewählt von C. Künzel. 1914, 239.
26 William S. Heckscher, Melancholia (1541). An Essay on the Rhetoric of Description. In: Frank Baron (Hrsg.), Joachim Camerarius 1500 - 1574. Beiträge zur Geschichte des Humanismus im Zeitalter der Reformation. (Humanistische Bibliothek Reihe I, 24) 1978.
27 Heinrich Schipperges, „Melancolia" als ein mittelalterlicher Sammelbegriff für Wahnvorstellungen. Studium Generale 20 (1967), 723 ff.
28 Vgl. Zimmerische Chronik Bd. 2, 99 und 210.
29 Harms Bd. 3 (1913), 83 und 199 (1498 und 1509).
30 Hampe (1927), 32.
31 Regesten der Erzbischöfe von Mainz Bd. 1, Nr. 2855.
32 Gerhard Eis, Heinrich Münsingers „Regimen Sanitatis in fluxu catarrhali ad pectus", in: ders. (1971), 81 - 90, hier: 89.
33 Agricola zu Nr. 129.
34 Ebd.
35 Ebd., Nr. 89.
36 Singer Bd. 3, 486.
37 Agricola Nr. 89.

11 Kinder, Ehefrauen, Ehemänner: Wie ging man innerhalb der Familie miteinander um?

1 Vgl. Arnold (1980), 84 und - zum Thema Ariès und die Folgen - 10 ff.; Opitz (1985), 200 und 210 ff.
2 Opitz (1985), 40. Vgl. Arnold (1980), 37 f.; Winter (1984), 45.
3 Vgl. nur als Beispiel eines spätkarolingischen Mirakelbuches: Bauch (1979), 214 ff. - Zu Votivgaben, Almosenspenden, Wallfahrten der Eltern im hohen Mittelalter bei schweren Erkrankungen ihrer Kinder vgl. Opitz (1985), 202 f., 208 und 210.
4 Spirkner (1906), 189; Harmening (1966), 81 f.; Stahl (1968), 118 ff.; Goetz (1995), 228.
5 Spirkner (1906), 189.
6 Arnold (1980), 29 ff.
7 Schreiber (1918), 15 f.; Arnold (1980), 49 ff.; Opitz (1985), 201; Goetz (1995), 228.
8 Opitz (1985), 200.
9 Arnold (1980), 18 ff.
10 Ebd., 20 f.; Winter (1984), 49 ff.; Opitz (1985), 65 f.
11 Schubert (2001), 667 f.
12 Zingerle (1873), 3.

13 Schütte (1982), 201.

14 Ebd., 207.

15 Vgl. Arnold (1980), 69 ff.

16 Schütte (1982), 201.

17 Zingerle (1873), 49.

18 Ebd., 203 ff.

19 Ebd., 201. Vgl. Arnold (1980), 73 f.

20 Schultz (1889) Bd. 1, 152 f.; Schütte (1982), 202 und 207. – Zu den Nürnberger „dockenmachern" (Puppenmachern) des 15. Jahrhunderts vgl. Arnold (1980), 71.

21 Zingerle (1873), 17; Arnold (1980), 73.

22 Zingerle (1873), 22 f.; Arnold (1980), 70 f.

23 Schütte (1982), 201.

24 Zingerle (1873), 41 und 44; Opitz (1985), 56.

25 Opitz (1985), 58. Zu vergleichbaren Nachrichten vgl. ebd., 55 f.

26 Ebd., 55.

27 Vgl. ebd., 43 ff.

28 Ebd., 50.

29 Ebd., 48.

30 Etwas zu einseitig: Arnold (1980), 79 f. Zu Recht stellt Opitz (1985), 51 f. fest: Die Prügelstrafe „war jedoch nicht ständig präsent, wie dies einige Darstellungen zur Kindheit im Mittelalter suggerieren".

31 Walther, ed. Wapnewski, 192.

32 Agricola, Nr. 653.

33 Goetz (1995), 227.

34 Schultz (1889) Bd. 1, 162 f.

35 Vgl. Zingerle (1873), 53 f.

36 Zingerle (1873), 81 f. Vgl. Agricola, Nr. 649.

37 Agricola, Nr. 653.

38 Die Unterordnung der Frau unter diese Herrschaft des Mannes betont Käthe Sonnleitner, Die Frau im Mittelalter, in: Beate Frakele u. a. (Hrsg.), Über Frauenleben, Männerwelt und Wissenschaft. Österreichische Texte zur Frauenforschung. Wien 1987, 93 – 120.

39 Einen Überblick über die moderne mediävistische Frauenforschung bietet Goetz (1995), 31 ff.

40 Vgl. Michael Mitterauer/Reinhard Sieder, Vom Patriarchat zur Partnerschaft. Strukturwandel der Familie. 1977. Für das Frühmittelalter: Goetz (1995), 221.

41 Vgl. zum Beispiel Robert Fossier, Die Epoche des Feudalismus (11. bis 13. Jh.), in: Burguière (1997), 125 – 158, hier: 152 ff. u. a. 154: „Die Frauen standen unter dem Joch des Ehemannes".

42 Zimmerische Chronik Bd. 2, 28.

43 Vgl. nur c. 5: „Ja, herre, ich was ir friedel, sie mein amye. Ir habt sie hin, mein durchlustige augelweide; sie ist dahin, mein frideschilt vur ungemach, enweg ist mein warsagende wünschelrute". Der Ackermann aus Böhmen, hrsg. von Arthur Hübner. (AltdtQ 1) 1937, 4. Zum Bild der Ehe im „Ackermann" vgl. Dallapiazza (1981), 97 ff.

44 Sebastian Fischer, 27.

45 Belege aus der mittelalterlichen Epik bei Beutin (1990), 329 ff., bes. 358 ff.

46 Gény (1902) Bd. 2, 638.

47 Pauli, ed. Bolte, 89.

48 Burkard Zink, 139

49 Gerd Wunder, Die Sozialstruktur der Reichsstadt Schwäbisch Hall im späten Mittelalter, in: Untersuchungen zur gesellschaftlichen Struktur der mittelalterlichen Städte in Europa. (VortrrForsch 11) [2]1974, 25 – 52, hier: 34.

50 Zeller-Werdmüller, 191 Nr. 382.

51 Dafür spricht, daß frühmittelalterliche Rechtsordnungen den Zwang zur Ehelosigkeit als Bestrafung vorsahen. Goetz (1995), 193.

52 Wilhelm Imkamp, Das Kirchenbild Innozenz' III. (1198 – 1216). (Päpste und Papsttum 22) 1983, bes. 62.

53 Joseph Goering, The „De dotibus" of Robert Grosseteste. Medieval Studies 44 (1982), 83 ff.

54 Friedberg (1876), 153 f.

55 Vgl. Weigand (1981), 47 ff. und 55 ff. Vgl. ders., Das Scheidungsproblem in der mittelalterlichen Kanonistik, in: ders. (1993), 179 – 187.

56 Friedberg (1876), 154 f. Zur Haltung des Bonizo von Sutri vgl. Berschin (1981), 125.

57 Duby (1978), 90.

58 Fehr (1936), 170.

59 Vgl. Friedberg (1876), 30 ff.

60 Weigand (1986), 428; ders. (1993), 311 ff.

61 Der Ring V. 5398 und 5408 f., ed. Sowinski, 232. – Zu dem Prinzip, das der Pfarrer hier vertritt, vgl. Michael M. Sheehan, Marriage

Theory and Practice in the Conciliar Legislation and Diocesan Statutes of Medieval England, in: ders. (1996), 118 – 176, bes. 159 ff.

62 Vgl. Goetz (1995), 172 ff.; Toubert (1997), 116 f.; Lutterbach (1999), 172 ff.

63 Weigand (1993), 325 ff.

64 Vgl. nur die schlichten Verwandtschaftsbezeichnungen in den Polyptichen, den Besitzverzeichnissen des 9. und 10. Jahrhunderts. Toubert (1997), 97.

65 Vgl. nur die Abb. ebd., 100 f. und 123.

66 Guichard-Cuvillier (1997), 65.

67 Rudolf Weigand, Die Einführung der Formpflicht für die Eheschließung durch das Tridentinum und die bedingte Eheschließung, in: ders. (1993), 105 – 117. Vgl. ders. (1993), 310.

68 Elenchus Fontium Historiae Urbanae Bd. 1. 1967, 98. Vgl. auch ebd., 151 (Worms) und 359 (Lüttich).

69 Vgl. oben S. 117.

70 Vgl. nur als Beispiel: Otto Schenkel, Das eheliche Güterrecht im Stadtrecht der freien Reichsstadt Nürnberg. Diss. masch. Erlangen 1949, 13. Allgemein: Pfaff (1977), 74.

71 Pfaff (1977), 89.

72 Elm (1981), 7.

73 Metz (1962), 74 f.

74 Ebd., 76 ff. und 103.

75 Vgl. Thomas von Aquin: „Vir est principium mulieris et finis, sicut Deus est principium et finis totius creaturae." Zit. nach Metz (1962), 78.

76 Elm (1981), 22 f.

77 Gruber (1989), 196 ff.

78 Ebd., 192 ff.

79 Schwabenspiegel c. 9, ed. Lassberg, 9. Vgl. Fehr (1912), 57.

80 Berthold, ed. Pfeiffer Bd. 1, 416.

81 Graf/Dietherr, 140; Schmidt-Wiegand (1996), 233.

82 Österreichische Weistümer Bd. 4, 352 (1427).

83 Fehr (1912), 133 ff.

84 So zutreffend Opitz (1985), 138 f.

85 Metz (1962), 88 ff.

86 Opitz (1985), 140 ff.

87 Ebd., 157 f.

88 Werner (1981), 49; Opitz (1985), 157 f.

89 Werner (1981), 53.

90 Vgl. Paul Gerhard Schmidt, Die zeitgenössische Überlieferung zum Leben und zur Heiligsprechung der heiligen Elisabeth, in: Sankt Elisabeth (1981), 1 – 6, hier: bes. 5.

91 Bauch (1979), 207.

92 Opitz (1985), 117, 119 ff.

93 Zu Sachsenspiegel Landrecht I.45.1 bzw. Schwabenspiegel Landrecht 67b (ed. Lassberg, 32) vgl. Janz (1989), 177 ff.; Schmidt-Wiegand (1996), 50 f.

94 Zu Sachsenspiegel I.45.1 vgl. Janz (1989), 181 f.

95 Disputatio quodlibetaria „De generibus ebriosorum" (1515), ed. Zarncke (1857), 123. Vgl. Singer Bd. 3, 369 ff.

96 Agricola, Nr. 201.

97 Finke (1912), 89.

98 Hanns von Heßberg, Der Eid auf Brust und Zopf. JbFränkLdforsch 33 (1973), 75 – 77.

99 Zingerle (1864), 166.

100 De fide meretricum, ed. Zarncke (1857), 73. Die lateinische Variante zitiert ein anderer Autor einer sogenannten Disputatio quodlibetaria: „Dum femina plorat et rusticus ebrius orat et mercator iurat, hiis nullus credere curat". Monopolium der Schweinezunft (1494), ed. Zarncke, ebd., 105. Das Weinen der Frau im europäischen Sprichwörterschatz: Singer Bd. 3, 352 f., 368 und 422.

101 Erich von Guttenberg (Bearb.), Die Regesten der Bischöfe und des Domkapitels von Bamberg. 1963, Nr. 33.

102 Wolfgang Petke, Kanzlei, Kapelle und königliche Kurie unter Lothar III. 1985, 269 ff.

103 Berthold, ed. Pfeiffer Bd. 2, 141: „Ir frowen sint vil kiuscher danne die man".

104 Freidank, 102. 16 – 25, ed. Bezzenberger, 160 f.

105 Wander Bd. 1, 1206.

106 Abb. des Druckes von 1549 bei Geisberg Bd. 4 (1974), 1270.

107 Am einfachsten sind die verschiedenen Einstellungsmuster im europäischen Sprichwörterschatz zu erkennen: Singer Bd. 3, 328 ff.

108 Vgl. Power (1975), 21; Opitz (1985), 140; Hauser (1987), 202.

109 Nibelungenlied (B), Str. 894: Das Nibelungenlied nach der Ausgabe von Karl Bartsch hrsg. von Helmut de Boor. 1996, 150.

110 Haubrichs (1996), 52 f.

111 Ebernand von Erfurt, Heinrich und Kunigunde, V. 3506 ff., ed. Reinhold Bechstein. (BiblDtNationallit 39) 1860, 137.

112 Opitz (1985), 51.

113 Pfeiffer Bd. 2, 115.

114 Ebd.

115 Singer Bd. 3, 434 ff.

116 Fehr (1912), 39.

117 Hans-Peter Plaß, Behandlung von Gewalttätigkeiten des Ehemanns im spätmittelalterlichen Hamburg und Lübeck. ZVHamburgG 76 (1990), 183 - 191.

118 Herzog Bd. 2, 434 Nr. 928.

119 Vgl. vor allem wegen der Belege, weniger aber wegen der Interpretation: Beutin (1990), 259 ff.

120 Schipke/Pensel, 47.

121 Agricola, Nr. 747. Vgl. Singer Bd. 3, 361.

122 Graf/Dietherr, 143.

123 Singer Bd. 3, 360.

124 Freidank 104.26, ed. Bezzenberger, 163.

125 Gény Bd. 2, 625.

126 Weigand (1968), 410 und 439 f.

127 Burghartz (1990), 145.

128 Ebd., 146.

129 Vgl. Christina Vanja, Das „Weibergericht" zu Breitenbach. Verkehrte Welt in einem hessischen Dorf des 17. Jahrhunderts, in: Wunder/Vanja (1996), 214 - 222.

130 Karl Helm (Hrsg.), Von dem uebelen wibe. (Altdeutsche Textbibliothek 46) 1955.

131 Fredegunde läßt ihren Mann ermorden, nachdem er von ihren Liebschaften erfahren hat. (Hist. Franc. c. 35). Goetz (1995), 239. Paulus Diaconus, Historia Langobardorum I. 2, c. 28 - 30, ed. Georg Waitz. (MGH Ss rer germ in usum scholarum 48) 1878, 104 ff. kennt eine Königin als Anstifterin des Gattenmordes.

132 Goetz (1995), 185.

133 Opitz (1985), 167.

134 Sebastian Fischer, 148 f.

135 Bennewitz (1999), 148.

136 Knapp (1914), 231.

137 Power (1975), 12.

138 Knapp (1914), 221; Schuster (1995), 87. Vgl. ebd., 41.

139 Frauenstädt (1890), 245.

140 Zeller-Werdmüller, 142 f. Nr. 306.

141 Daß 1401 in Krems ein Kürschner, der seine Frau so verletzt hatte, daß sie starb, mit dem Leben davonkam, verdankte er der Fürbitte seiner Zunft und vor allem seines Schwagers. Er mußte eine Rom- und Aachenfahrt für das Seelenheil seiner Frau unternehmen. Brunner, 63 Nr. 99.

142 Hagemann (1981), 186.

143 Allerdings sollte auf dem Lande und überhaupt in der Welt der kleinen Leute das Prügeln der Ehefrau noch lange toleriert werden. Michaela Hohkamp, Häusliche Gewalt. Beispiele aus einer Region des mittleren Schwarzwaldes im 18. Jahrhundert, in: Lindenberger/Lüdtke (1995), 276 - 302.

144 Gruber (1989), 194.

145 Ein Basler Bäcker, der seine Frau „unverschuldet übel" behandelt hatte und der vor dem Rat uneinsichtig auf dem Standpunkt beharrte, „er wölte sin wibe slahen", wurde mit einem Monat Gefängnis und einjähriger Stadtverweisung bestraft. Hagemann (1981), 292.

146 Agricola Nr. 413.

147 Abb.: Hauser (1987), 108.

148 Davon gingen bereits die Dekretisten des 12. Jahrhunderts aus. Weigand (1981), 50 f. Die gegenseitige Hilfeleistung der Gatten ist auch eine Forderung späterer kirchlicher Ehelehren. Vgl. Gruber (1989), 198.

149 Goetz (1995), 263 ff.

150 Vgl. Winter (1984), 199 ff. Daß Frauen wesentlich jüngere Männer heirateten, wurde schon im Langobardenreich kritisiert. Goetz (1995), 177.

151 Sohm (1876), 13. Zum Ehegüterrecht im Sachsenspiegel: Fricke (1978), 14 ff. Vgl. allgemein: Demelius (1970), 51 ff.

152 Burkard Zink, 128.

153 Janz (1989), 76 f. (mit der älteren Lit.). Vgl. Ruth Schmidt-Wiegand, Der Lebenskreis der Frau im Spiegel der volkssprachigen Bezeichnungen der Leges barbarorum, in: Affeldt (1990), 195 - 209; Kottje (1990), 217 f. Vgl. für die Westgoten: Freisen Bd. 1 (1918),

26 f. Für Island: Frank (1973), 473 ff. – Munt im Sachsenspiegel: Fricke (1978), 6 ff. – Weiterleben frühmittelalterlicher Eheauffassungen im Rechtssprichwort: Graf/Dietherr, 171 ff.

154 Goetz (1995), 39 und 201 ff.

155 „Ideo autem feminae sub viri potestate consistunt, quia levitate animi plerunque decipiantur". W. M. Lindsay, Isidori Hispalensis Episcopi Etymologiarum sive originum libri XX. 2 Bde. Oxford 1911 (Neudruck 1957), Tomus I libros I – IX continens, I 9 c 7, 30.

156 Schmidt-Wiegand (1990), 202 ff.

157 Schmidt-Wiegand (1996), 340. Vgl. für das angelsächsische Recht Freisen Bd. 2 (1919), 9 f.

158 Friedberg (1876), 18; Freisen Bd. 1 (1918), 27.

159 Vgl. etwa Lex Visigothorum 3.2.8, ed. Karl Zeumer. (MGH Leges 1) 1892, 138.

160 Pactus Alamannorum 3, 23, ed. Karl Lehmann, Leges alamannorum. (MGH Leges 5/1) 188, 25.

161 Zit. nach Sohm (1876), 15. „Traditio" und „pretium puellae": Kottje (1990), 216. – Zu dem mit dem Frauenkauf zusammenhängenden Frauenraub vgl. Frank Siegmund, Pactus Legis Salicae § 13: Über den Frauenraub in der Merowingerzeit. FrühmalStud 32 (1998), 101 – 123.

162 Vgl. Metz (1962), 91 ff.; Opitz (1985), 139 und 213 ff.; Guichard-Cuvillier (1997), 77.

163 Schon allein deswegen ist die Feststellung schief, daß im frühen Mittelalter „die Ehe im Grunde ein Handelsgeschäft" gewesen sei. Guichard-Cuvillier (1997), 46.

164 Susanne Bechstein, Die Frauen in Hohenlohe im mittelalterlichen Vormundschaftsrecht. WürttFranken 50 (1966), 268 ff. – Daß die Braut mit dem Eheschluß geschäftsfähig wurde, stellte das Wiener Stadtrecht 1340 ausdrücklich klar. Demelius (1970), 52.

165 Weinhold (1882) Bd. 1, 370.

166 Friedberg (1876), 17.

167 Zu Sachsenspiegel III.45.3: Janz (1989), 75 ff.

168 Friedberg (1876), 296 bzw. 19 f.

169 Limburger Chronik ed. Wyss, 26.

170 Deshalb kann schon Papst Innozenz III. die bekehrten Preußen im Ordenslande mahnen, auf den Brautkauf zu verzichten. Hartmut Boockmann, Die Freiheit der Preußen im 13. Jahrhundert, in: Johannes Fried (Hrsg.), Die abendländische Freiheit vom 10. zum 14. Jahrhundert. (VortrrForsch 39) 1991, 287 ff., hier: 294.

171 Graf/Dietherr, 154; Schmidt-Wiegand (1996), 57.

172 Vgl. Otto-Gerhard Oexle, Gilden als soziale Gruppen in der Karolingerzeit, in: Herbert Jankuhn u. a. (Hrsg.), Das Handwerk in vor- und frühgeschichtlicher Zeit. Bd. 1. 1981, 284 – 353, hier: 352.

173 Vgl. zu Sachsenspiegel I.31.1: Janz (1989), 370 ff.

174 Graf/Dietherr, 152; Schmidt-Wiegand (1996), 151. Dieses Sprichwort geht auf den Sachsenspiegel zurück.

175 Schmidt-Wiegand (1996), 67. Vgl. Fehr (1936), 169; Janz (1989) 177 mit Anm. 97. Ein Tiroler Weistum stellt, repräsentativ für die Rechtsgewohnheit in vielen deutschen Landen, fest: „wenn zwei Menschen sich verheulachtet (verheiratet) haben nach der pfarr recht, wann die decken ob inen zusammen schlecht, so erben si einander." Österreichische Weistümer Bd. 3, 106.

176 Fehr (1912), 63.

177 Ebd., 62.

178 Graf/Dietherr, 153; Fehr (1936), 170.

179 Vgl. die Briefe vom 10. November 1697 an Kurfürstin Sophie von Hannover bzw. an Raugräfin Luise. Die Briefe der Liselotte von der Pfalz, Herzogin von Orleans. Ausgewählt und übersetzt von C. Künzel. 1914, 187 bzw. 190.

180 Fehr (1912), 25 f.; Herold (1988), 248 f.

181 Fehr (1912), 31 ff.; vgl. Herold (1988), 252 ff. – Die Leibzucht stellte nur ein Nutzungsrecht, kein Eigentum dar, konnte von der Witwe nicht frei vererbt werden. Vgl. zu Sachsenspiegel III.75.1: Janz (1989), 258 ff. – Guichard-Cuvillier (1997), 47, gelangt zu falschen Schlüssen, weil er Wittum und Morgengabe verwechselt.

182 Graf/Dietherr, 154. Zu Sachsenspiegel I.21.2 vgl. Janz (1989), 351 ff.

183 StChr. Nürnberg Bd. 1, 68.

184 Opitz (1985), 190. – Das Heiratsalter der Menschen im Frühmittelalter dürfte bei 12 – 15 Jahren gelegen haben. Toubert (1997), 98.

185 Schwabenspiegel Landrecht c. 55, ed. von Lassberg, 27. Ebenso: Lübisches Recht § 353: „und wan so ein junc frowe ist twelf jar olt, den is se komen to eren jaren".

186 Fehr (1912), 93.

187 Köbler (1984), 155. Vgl. für das angelsächsische Recht: Freisen Bd. 2 (1919), 35.

188 Vgl. Heide Wunder, Historische Frauenforschung. Ein neuer Zugang zur Gesellschaftsgeschichte, in: Werner Affeldt (Hrsg.), Frauen in Spätantike und Frühmittelalter. Lebensbedingungen - Lebensnormen - Lebensformen. 1990, 31-41.

189 Vgl. Kuske Bd. 1, 190.

190 Bruder (1974), 54. Vgl. in diesem Zusammenhang den politischen Einfluß, den die Königinnen im Frankenreich hatten. Goetz (1995), 338 f.

191 Goetz (1995), 206 ff. und 258 ff. Frauen konnten schon im frühen Mittelalter einen bäuerlichen Hof eigenständig bewirtschaften. Ebd., 260. - Zur Wortgeschichte von „hûsfrouwe" seit dem 13. Jahrhundert vgl. Dallapiazza (1981), 46 ff.

192 Kuske Bd. 1, 190 f.

193 Cecilie Hollberg, Deutsche in Venedig im späten Mittelalter. Diss. masch. Göttingen 2000.

194 Schubert (1995), 111.

195 Bruno Krusch, Die Entwicklung der Herzogl. Braunschweigischen Centralbehörden bis zum J. 1584. ZHVNdSachs 1893, 201-315, hier: 260 f.

196 Lindemann (1978), 62.

197 Vgl. zuletzt: Rüdiger Schnell, The Discourse on Marriage in the Middle Ages. Speculum 73 (1998), 771-786; ders., Frauendiskurs, Männerdiskurs, Ehediskurs. Textsorten und Geschlechterkonzepte in Mittelalter und Früher Neuzeit. 1998. - Zu den Ehetraktaten des 15. Jahrhunderts vgl. Dallapiazza (1981), 123 ff.

198 „Die Neunerley hewt einer bösen frawen sampt jren neün aygenschaften." Geisberg Bd. 1 (1974), 137.

199 Karl Helm (Hrsg.), Von dem uebelen wibe. (Altdeutsche Textbibliothek 46) 1955.

200 „Der eefrawen halben werden die menner gepeinigt: haben sie groß heyratgut, so sein sie vnleidenlich; sein sie edel, so volgt in nach hoffart; sein sie hübsch vnd wolgestalt, so sein sie verdechtlich mit fremder lieb; sein sie aber vngestalt, so werden sie verfehmehet vnd gehaßet; sein sie kleffig vnd wolredende, so kriegen sie allzeit mit den menneren, sie klagen, sie schreyen, sie weynen vnd erseufftzen. Sie wollen haben hübsche kleyder vnd geschmücke, sie sein zerhafftig vnd fürn die menner so in posen, suntlichen gewyne des gutes." Albrecht von Eyb, ed. Herrmann, 79.

201 Ebd., 69 ff. Vgl. zu Albrechts von Eyb Ehebüchlein auch Hacker (1999), 148 f.

202 Finke (1912), 119 und 123 f. Vgl. Hacker (1999), 141 ff.

203 „In mulieribus non est sufficiens robur mentis", formulierte selbst Thomas von Aquin. Metz (1962), 78 Anm. 1.

204 Frauenstädt (1890), 234. Verstreute Hinweise bei Hagemann (1981), 267 f. und Burghartz (1990), 179 f.

205 Hingerichtet wurden zum Beispiel in Nürnberg 1419 bzw. 1446 Knechte, die drei bzw. vier Frauen hatten. Müllner, ed. Hirschmann Bd. 2, 232 und 390. (Der letztere Fall auch in StChr. Bd. 4, 168.) Häufig, so berichtet Felix Hemmerlin zu Beginn des 15. Jahrhunderts, sollen vor dem Geistlichen Richter in Konstanz gleich vier Frauen auf einen Mann Anspruch erhoben haben. Reber (1846), 460.

206 Vgl. Knapp (1896), 212. - Das Regensburger Geistliche Gericht erlaubte 1490 einem Mann das Eingehen einer zweiten Ehe, weil seine Gattin seit neun Jahren verschollen war. Weigand (1968), 438.

207 Vgl. nur, daß sich in Nürnberg ein Bigamist, ein Landsknecht, damit entschuldigt, er habe gedacht, daß seine erste Frau tot sei. Knapp (1896), 135.

208 Schubert (1995), 36 ff.

209 Ebd., 111 f.

210 Ebd., 45 ff.; Burschel (1994), 60 ff.

211 Schubert (1995), 36 ff.

212 Ebd., 36.

213 Ebd., 37.

214 Protokoll des Landgerichts Katzenelnbogen 1467: „des Hoffmans Henne habe siner eliger frawen koew und suwe genomen und mit si-

ner kebsfrawen bii nacht und nebel uyß der zent getriben." Demandt, Nr. 2230.

215 Claus Kappl, Die Not der kleinen Leute. Der Alltag der Armen im 18. Jahrhundert im Spiegel der Bamberger Malefizamtsakten. (HVBamberg Beih. 17) 1984.

216 Burschel (1994), 27 ff.; Schubert (1995), 417 f.

217 Burschel (1994), 241 ff. und 249 f.

218 Ebd., 243 f.

219 Ebd., 251.

220 Hektor Amman, Vom Lebensraum der mittelalterlichen Stadt. BerDtLdkde 31 (1963), 290 ff., hier: 308.

221 Knapp (1914), 152.

222 Michael M. Sheehan, The Formation and Stability of Marriage in Fourteenth Century: Evidence of an Ely Register. Medieval Studies 33 (1971), 228 – 263, hier bes.: 250 f. und 263.

223 Goslarer Stadtrecht, ed. Ebel, 98. Vgl. für Nürnberg das Stadtrecht aus dem Anfang des 14. Jahrhunderts § 20, ed. Baader, 21 f. Für Lüneburg: Reinecke Bd. 1 (1933), 335.

224 Stadtrecht von 1219, ed. Keutgen, 180 Nr. 152 § 19: „Si quis duas uxores vel plures duxerit, dos prime uxoris firma debet permanere".

225 Rolf Reuter, Verbrechen und Strafen nach altem lübischem Recht. HansGBll 61 (1936), 41 ff., hier: 111 f.

226 Schultheiß (1960), 82 Nr. 674. Nach dem Satzungsbuch aus der Mitte des 14. Jahrhunderts hätte der Mann eigentlich ertränkt werden müssen. Schultheiß (1965), 170.

227 Müllner ed. Hirschmann Bd. 2, 29 erwähnt eine undatierte spätmittelalterliche Nürnberger Ratssatzung: „Wer mehr dann ein weib nimbt, solt man ertränken". Wenn 1449 einem Mann die Augen ausgestochen wurden, „wegen Dieberey und Kirchenrauberei und daß er mehr denn ein Eheweib genommen" (Müllner, ebd., 493), so scheint letzteres Delikt nicht ausreichend nachgewiesen worden zu sein, denn ansonsten zog es im 15. Jahrhundert dem erwähnten Ratserlaß zufolge immer den Tod durch Ertränken nach sich, wie folgende Erwähnungen bei Müllner zeigen: ebd., 232 (1419; zwei Fälle), 390 (= StChr. Bd. 4, 168), 508 (1456), 515 (1457).

228 Sebastian Fischer, 168 (1552). Zur „Säckung" in Regensburg vgl. Knapp (1914), 152.

229 Ebel (1983), 36 f. Nr. 34. Vgl. ebd., 37 f. Nr. 35.

12 Die Liebe als Thema des Umgangs der Menschen miteinander

1 Jacques Le Goff, La civilisation de l'occident médiéval. Paris 1967, 431: „Il est pourtant, à cette époche, un sentiment dont la transmutation paraît résolument moderne."

2 Peter Dinzelbacher, Über die Entdeckung der Liebe im Hochmittelalter. Saeculum 32 (1981), 185 – 208.

3 Ebd., 188.

4 Ernstpeter Ruhe, De amasio ad amasiam. (BeitrrRomanPhilolMal 10) 1975, 42.

5 Markus Müller, Was ist minne? Konturen eines unscharfen Phänomens, in: Allmuth Schuttwolf (Hrsg.), Jahreszeiten der Gefühle. Das Gothaer Liebespaar und die Minne im Spätmittelalter. 1998, 50 – 60. Vgl. ebd. Abb. 6: Eine 1482 bei Andreas Sorg in Augsburg erschienene gedruckte Ausgabe illustriert die Liebe der gemeinen Leute.

6 Bruder (1974), 26 ff.

7 Goetz (1995), 215 ff.

8 Ebd., 216.

9 Meyer (1927), 225.

10 Vgl. die Forschungsbilanz, die Toubert (1997), 103 f., zog.

11 Meyer (1927), 228 f.

12 Friedberg (1876), 20 f.; Kottje (1990), 214 ff. (mit weiterer Lit.).

13 Meyer (1927), 239.

14 Ebd., 230 f. und 239.

15 Ebd., 230.

16 Ebd., 235 ff.

17 Werner Ogris, in: Handwörterbuch zur deutschen Rechtsgeschichte Bd. 1, Sp. 1295.

18 Dagegen allerdings Meyer (1927), 227: Die Stellung des unehelichen Kindes ergibt sich aus der Anerkennung durch den Vater.

19 Noch im Hochmittelalter war man sich über die Rechtsstellung des „Kebskindes" nicht einig. Janz (1989), 498 ff. Zum komplizierten 548Verlauf dieses Verrufs der „Unehelichen" vgl. Ernst Schubert, Mobilität ohne Chance: Die Ausgrenzung des fahrenden Volkes, in:

Winfried Schulze (Hrsg.), Städtische Gesellschaft und soziale Mobilität. (SchrrHistKolleg. Kolloquien 12) 1988, 113 - 164, hier: 121 ff.

20 Vgl. Toubert (1997), 114 ff.

21 Es verdient angemerkt zu werden, daß frühmittelalterliche Geistliche ein weiteres soziales Verantwortungsbewußtsein hatten als ihre allein auf die monogame Ehe fixierten Nachfolger. Bußbücher verbieten, daß der Herr die Hörige, der er seine Gunst geschenkt habe, verkauft. Sie werde durch den Beischlaf mit dem Herrn frei. Emil Friedberg, Aus deutschen Bußbüchern. Ein Beitrag zur deutschen Culturgeschichte. 1868, 14.

22 Daß bereits um das Jahr 1000 die Auffassung von der Legitimität der Kinder aus einer Friedelehe, obwohl diese im Adel noch sehr verbreitet war, wegen der konkurrierenden Erbansprüche verschiedener Zweige des gleichen Verwandtschaftskreises im Schwinden begriffen war, belegt Wolfgang Metz, Wesen und Struktur des Adels Althessens in der Salierzeit, in: Stefan Weinfurter (Hrsg.), Die Salier und das Reich. Bd. 1. 1992, 331 - 366, hier: 331 f.

23 Adam von Bremen II.74, ed. Trillmich, 316.

24 Theodor Bitterauf, Die Traditionen des Hochstifts Freising. 2 Bde. (QEr NF 4/5) 1905/09 (Neudruck 1967) Bd. 1, 385 f. Nr. 450 und 418 f. Nr. 489.

25 Zur Einbindung der „Familia" im modernen Sinne in den grundherrschaftlichen Personenverband der frühmittelalterlichen „familia" vgl. Goetz (1995), 262 ff.

26 Ingeborg Glier, Artes Amandi. Untersuchungen zur Geschichte, Überlieferung und Typologie der deutschen Minnereden. 1971.

27 Wechssler (1909), 217 ff.

28 Ebd., 42.

29 John f. Benton, Clio and Venus: An Historical View of Medieval Love, in: Francis X. Newman (Ed.), The Meaning of Courtly Love. New York ^{2}1972, 19 - 42.

30 Dieser Konsens scheint mir aber die beklagenswerte Folge zu haben, daß viele Germanisten wegen dieses für sie verständlicherweise paradigmatischen Falls sich auf die Fiktionalität von Literatur versteifen und den naheliegenden Sachverhalt nicht näher berücksichtigen, daß über die Beziehung von Dichter und Publikum (Faustregel: Je weniger ein mittelalterlicher Dichter in seiner Kunstfertigkeit beim Adel und in der Adelskirche geachtet wird, um so enger ist sein Verhältnis zu denen, die ihm zuhören) Erzählungen und Verse zur historischen Quelle werden können.

31 Duby (1978), 115 mit Anm. 22.

32 Wechssler (1909), 211. Im gleichen Sinne Schnell (1984), 229; Boiadjiev (1992), 807 f.

33 Duby (1978), 108.

34 Die Zustände des Elsasses am Beginn des 13. Jahrhunderts, in: GddtV 76 (^{2}1897), 133. - Diese Aussage wird sogar von den Heiligenviten bestätigt, die immer wieder Beispiele dafür bringen, daß arme Frauen in Not zu Beziehungen zu reichen Männern gezwungen werden. Opitz (1985), 179.

35 Zimmerische Chronik Bd. 4, 382. Für das hohe Mittelalter vgl. Duby (1978), 92.

36 Wander Bd. 1, 975. Vgl. Heimann (1992), 866.

37 Zimmerische Chronik Bd. 2, 57 und 141.

38 Herzog (1971), 52.

39 Wilwolt von Schaumburg, ed. von Keller (1859), 62.

40 Ebd., 63.

41 Faktisch aber hatte das kirchliche Eherecht sich diesem Satz gemäß entwickelt. Vgl. Rudolf Weigand, Die Durchsetzung des Konsensprinzips im kirchlichen Eherecht, in: ders. (1993), 141 - 154.

42 Charles Duggan, Equity and Compassion in Papal Marriage Decretals to England, in: van Hoecke/Welkenhuysen (1981), 59 ff.

43 Vgl. Weigand (1981), 43 ff.

44 Huguccio zit. nach Weigand (1981), 51.

45 Weigand (1981), 50 f.

46 Ebd., 44 f.

47 Ebd., 42.

48 „Sanctus Wlmarus, in inferioribus Galliae partibus ... ex Christianis atque inclytis parentibus est editus. Pater ejus Wlpertus nomine, mater Duda, frater vero ejus Vamarus nuncupabatur. Sed prefatus vir sanctus Wlmarus tempore juventutis suae conjugem duxit nomine Horcolholdam, quae erat desponsata ab alio viro nomine Wilmaro. Ipse Wilmarus accusavit praedictum Dei famulum propter memoratam feminam ad Principem

Francorum, et ejusdem jussione Principis adeptus est Wilmarus sponsam suam superius memoratam. Sanctus ergo Wlmarus, postquam reliquit conjugium, petiit monasterium recto tramite, quod est situm in pago Hainoniense, Alti montis nomine." Armarium Solesmense. Acta Sanctorum Ordinis S. Benedicti. Bd. 3/1 (700–753). 1939, 234.

49 Sohm (1876), 2 ff.

50 Lex Baiuvariorum VIII.15, ed. Ernst von Schwind, Leges Baiwariorum. (MGH Leges 5/2) 1926, 360.

51 Vgl. Schnell (1984), 227. – Zur schon im ausgehenden 12. Jahrhundert in England feststellbaren Wirkung Gratians: Michael M. Sheehan, Choice of Marriage Partner in the Middle Ages: Development and Mode of Application of a Theory of Marriage, in: ders. (1996), 87–117.

52 Beispiele: Heinrich (VII.) gewährt 1232 den Reichsstädten Frankfurt, Wetzlar, Friedberg und Gelnhausen das Privileg, daß er künftig niemanden zwingen wolle, seine Tochter oder Nichte einem vom König ausgewählten Mann zu verheiraten. Keutgen, 448 Nr. 349.

53 Heinrich Gottfried Gengler, Codex iuris municipalis Germaniae medii aevi: Regesten und Urkunden zur Verfassungs- und Rechtsgeschichte der deutschen Städte im Mittelalter. 1863, 293.

54 Priebatsch Bd. 3, 401.

55 His (1920), 192 f. (Dortmund 1350).

56 Friedberg (1876), 13; Herzog (1971), 60 ff.; Köbler (1984), 142 und 145; Burghartz (1990), 174 ff. Vgl. auch Nikolaus Sprenger's Annalen, ed. Friedrich Stein, Monumenta Suinfurtensia historica. 1875, 342 (1422).

57 Schnell Bd. 1 (1856), 139; Knapp (1914), 229 f.; Nübling Bd. 1 (1904), 236 bzw. Bd. 2, 377; Reinecke (1933) Bd. 1, 335.

58 Baader, 22; Schultheiß (1960), 65 f.; ders. (1965), 205.

59 Vgl. Knapp (1896), 215 f.

60 Nürnberger Stadtrecht Mitte des 14. Jahrhunderts § 20. Baader, 21 f.

61 Baader, 27.

62 Müllner, ed. Hirschmann Bd. 2, 205.

63 Vgl. für die Adelswelt: Opitz (1985), 89 ff.

64 Henry Ansgar Kelly, Love and Marriage in the Age of Chaucer. Ithaca–London 1975, 172 ff.; Charles Donahue Jr., The Canon Law on the Formation of Marriage and Social Practice in the Later Middle Ages. Journal of Family History 8 (1983), 144 ff. – Als „provinziales" Beispiel sei auf die Kölner Synodalstatuten von 1281, 1307, 1310 und 1322 verwiesen, welche verlangten, daß „heimliche Ehen" dem Offizial zu melden und von ihm zu bestrafen seien, ohne daß damit die rechtliche Gültigkeit dieser Ehe aufgehoben wurde. Wilhelm Janssen, Unbekannte Synodalstatuten der Kölner Erzbischöfe Heinrich von Virneburg (1306–1332) und Walram von Jülich (1332–1349). AnnHVNdrhein 172 (1970), 113 ff., hier: 132.

65 Friedberg (1876), 10.

66 Ebd., 106.

67 Knapp (1896), 19 und 27 f.

68 Ebd., 213 mit 209.

69 Ebd., 28.

70 Ebd., 42.

71 Ebd., 91.

72 Fehr (1912), 106 und 108.

73 Ebd., 104 f.

74 Franz (1963), 285.

75 Vgl. etwa ebd., 154 f. und 265.

76 Claudia Ulbrich, Leibherrschaft am Oberrhein im Spätmittelalter. (VeröffMPIG 58) 1979.

77 Franz (1967), 420 Nr. 159.

78 Ebd., 461 Nr. 173.

79 Juliane Kümmel, Bäuerliche Gesellschaft und städtische Herrschaft im Spätmittelalter. [2]1984, 111.

80 Franz (1963), 164.

81 Ebd., 96.

82 Ebd., 104 bzw. 99 und 227 mit 229.

83 Ebd., 179 ff. und 216.

84 Ebd., 595.

85 Weigand (1968), 412.

86 Ebd., 411 f.

87 Bei den 24 entsprechenden Klagen der Männer werden nur drei positiv entschieden. Ebd.

88 Burkard Zink, 139 f.

89 Weigand (1968), 411.

90 Opitz (1985), 104.

91 Ebd., 100.

92 Vgl. Bernheimer (1952), 19 f. Zur Verbindung

des Motivs der wilden Leute mit den wilden Tieren und dem Jagdgedanken vgl. Müller (1992), 28 ff. und 51 ff.

93 Grundlegend auch hier: Bernheimer (1952), 121 ff. - Zur „wilden Frau“ vgl. Müller (1982), 57; Cantzler (1990), 140 f.; Hartmut Bleumer, Das „wilde wîp“. Überlegungen zum Krisenmotiv im Artusroman und im ‚Wolfdietrich‘ B, in: Robertshaw/Wolf (1999), 77 - 89.

94 Bernheimer (1952), 122.

95 Ebd., 125.

96 Ebd., 121. Vgl. Müller (1982), 15.

97 Carmen de octo vitiis principalibus, ed. Ernst Dümmler. ZdtA (1867), 385 - 431, hier: 424.

98 Wilwolt, ed. von Keller, 6.

99 Duby (1978), 93.

100 Ebd., 94.

101 Buch Weinsberg, ed. Höhlbaum Bd. 1, 119.

102 Hoven (1978), 233.

103 Zimmerische Chronik Bd. 2, 74 und 644.

104 Reber (1846), 217.

105 Vgl. für die frühmittelalterliche Kirche Goetz (1995), 232 ff., der auch auf Differenzierungen dieser Auffassung aufmerksam macht.

106 Weigand (1981), 105 ff.

107 Boiadjiev (1992), 813. Vgl. auch Lutterbach (1999), bes. 242 ff.

108 Weigand (1967), 467 f.

109 Leclercq (1981), 105 ff.

110 Goetz (1995), 235.

111 Lutterbach (1999), 239.

112 Diepgen (1963), 78.

113 Dietrich Kurze (Hrsg.), Büchelin wye der Mensch bewar das Leben sein. Eine mittelalterliche Gesundheitslehre in lateinisch-deutschen Versen. 1980, 41 (Nr. 39).

114 Die Formulierung nach ebd., 105 (Nr. 142).

115 Zu Pestzeiten solle man sich „hüten vor ubriger unkeusch, wann es krencket das hirn und den magen. Doch ... welcher starck iung und frölich ist und unkeusch etwas in gewonheit gehabt hant, dem kann ich nit gerauten natürlich ze reden dz er ganz küsch sye, wann es ist gesehen worden, dz söleich iüngling vor übriger stätigkeit gähling gestorben synd.“ Heinrich Steinhöwel, Buchlein von der Pestilentz. Ulm 1473 (unpaginiert).

116 Thietmar IV, 63, ed. Trillmich, 179: „quarum magna pars menbratim iniuste circumcincta, quod venale habet in se, cunctis amatoribus ostendit aperte.“

117 „Der Kittel“, hrsg. von Wilhelm Holland und Adelbert Keller, Der Tugenden Schatz. (BiblLitVerStuttgart 21) 1850, 51.

118 Vgl. Pierre Bec, L'accès au lieu érotique: motifs et exorde dans la lyrique popularisante du moyen âge à nous jours, in: van Hoecke/Welkenhuysen (1981), 250 ff.

119 Vgl. zur Forschungsgeschichte trotz der einseitigen Prämissen (Herrschaft der Kirche und ähnlich): Beutin (1990), 20 ff.

120 Kaiserchronik, ed. Schröder, 12.

121 Hoven (1978), 330.

122 Stempel (1972), 191.

123 Ebd.

124 Boiadjiev (1992), 810 f.

125 Stempel (1972), 193.

126 Hoven (1978), 330.

127 Ebd., 328 f.

128 Berthold, ed. Pfeiffer Bd. 2, 140.

129 Bosselmann-Cyran (1997), 154.

130 Ebd.

131 Vgl. Fischer (1968), 45 ff.; Hoven (1978). Ergänzend: Strasser (1989), 255 ff., 272 ff.

132 Strasser (1989), 260. Vgl. Fischer (1968), 102 f. mit Anm. 19.

133 Hoven (1978), 343 ff.

134 Schubert (1999), 35.

135 Zimmerische Chronik Bd. 3, 270; 4, 10.

136 Hoven (1978), 338.

137 Zimmerische Chronik Bd. 3, 470; 4, 7 f.

138 Ebd. Bd. 1, 481; Bd. 2, 299 und 425; Bd. 3, 358 und 598.

139 Frey, ed. Bolte 31, 100, 145.

140 Hoven (1978), 338.

141 Zimmerische Chronik Bd. 2, 67; Bd. 3, 324 und 598.

142 Ebd. Bd. 2, 197; Hoven (1978), 338.

143 Zimmerische Chronik Bd. 2, z. B. 2, 286.

144 Ebd. Bd. 2, 560. Vgl. zum Beispiel auch Sigmund Meisterlin, 148: „do entfiel der pfeiffen der ton“.

145 Ebd. Bd. 1, 443; Bd. 2, 649; Bd. 3, 11.

146 Hoven (1978), 335. – Die Genitalien spielen in manchen Mären die Rolle einer handelnden Person, etwa der „Preller", der „verklagte Zwetzler". Fischer (1968), 97.

147 Zimmerische Chronik Bd. 4, 8. Vgl. ebd. Bd. 3, 478: „Es ist ir ein eisen entschlüpft" bedeutet: Das Mädchen ist entjungfert.

148 Lindener, ed. Lichtenstein, 7.

149 Zimmerische Chronik Bd. 2, 74, 197, 645.

150 Ebd. Bd. 2, 73 und 255.

151 Ebd. Bd. 1, 287; Bd. 2, 197; Bd. 4, 8.

152 Ebd. Bd. 2, 647.

153 Heidemann (1991) Bd. 2, 58.

154 Hauser (1973), 160.

155 Lindener, ed. Lichtenstein, 6 f.

156 Kurt Ranke, Meister Altwerts Spielregister, in: SchweizArchVolkde 48/4 (1952), 137 – 197, hier: 177 ff.

157 Roeder von Diersburg (1921), 57.

158 Müllner 2, 347.

159 Schultheiß (1960), 9 Nr. 111.

160 Ebd., 86 Nr. 702.

161 Nürnberg verbietet 1468 vorsorglich für die Faschingstage „spiele und reymens, meist uppiger, unkeuscher … wort und … geperde … sunderlich vor erbern frauen und inncfrauen". Johann Kamann, Nürnberger Ratserlaß zur Verhütung von Unfug, besonders während der Faschingstage 1468. MittVGStadtNürnberg 2 (1880), 194 f.

162 Soester Stadtbücher (StChr. Bd. 24), 68.

163 Hans Moser, Städtische Fasnacht des Mittelalters, in: Hermann Bausinger (Hrsg.), Masken zwischen Spiel und Ernst. (Volksleben 18), 135 ff., hier: 178.

164 Ebd.

165 Schultheiß (1960), 70 Nr. 620 (1347); Knapp (1896), 167 Anm. 4. Vgl. Bennewitz (1999), 159.

166 Vgl. Harmening (1979), 227 ff.; Dienst (1987), 95.

167 Hagemann (1981), 255 f.; Dienst (1990), 182.

168 Vgl. Dienst (1990), 179 ff.

169 Ebd., 186.

170 Vgl. Zimmerische Chronik Bd. 4, 410 (Register).

171 II.181. Hinweis bei Joseph Hansen, Quellen und Untersuchungen zur Geschichte des Hexenwahns und der Hexenverfolgungen. 1901 (Nachdruck 1963), 12.

172 Vgl. Wolfgang Ziegeler, Möglichkeiten der Kritik am Hexen- und Zauberwesen im ausgehenden Mittelalter. 1973, bes. 39, 116, 204; Hagemann (1981), 256; Dienst (1987), 91.

173 L 4 dist 34 § 3. Migne, Patrologia Latina Bd. 192, Sp. 927.

174 Selbst die dem Aberglauben feindlichen Poenitentialsummen teilen den Glauben an eine impotentia per maleficationem. Josef Georg Ziegler, Die Ehelehre der Poenitential-Summen von 1200 – 1350. 1956, passim.

175 Wilhelm Hartmann, Die Hexenprozesse der Stadt Hildesheim. (QdarstGNdSachs 35) 1927, 8.

176 Für die mittelalterliche Rezeption vgl. nur den Brockhaus dieser Zeit: Vinzenz von Beauvais, Speculum doctrinale, Buch V. c. 88, Sp. 454.

Schluß: Wie ‚mittelalterlich' war eigentlich das Mittelalter?

1 Wolfgang Schild, Das Strafrecht als Phänomen der Geistesgeschichte, in: Justiz in Alter Zeit. (Schriftenreihe des Mittelalterlichen Kriminalmuseums Rothenburg ob der Tauber 6 c) 1989, 7 – 36, hier: 36.

2 Vgl. nur Gerhard Klecha (Hrsg.), Albrecht von Eyb. Spiegel der Sitten. (Texte des späten Mittelalters und der frühen Neuzeit 34) 1989, 395 ff. („Von tyrannen und wütrichen").

3 Schubert (1998), 331 f.

4 Ebd., 329 ff.

5 Hampe (1927), 30.

6 Schubert (1998), 325 f.

7 Ebd., 341.

8 Knapp (1896), 50.

9 Ernst Schubert, Der betrügerische Bettler, in: Festgabe für Dieter Neitzert zum 65. Geburtstag. (Göttinger Forschungen zur Landesgeschichte 1) 1998, 71 – 108, hier: 96.

10 Schubert (1995), 229.

11 C(hristoph) Meiners, Historische Vergleichung der Sitten, und Verfassungen, der Gesetze, und Gewerbe, des Handels, und der Religion, der Wissenschaften, und Lehranstalten des Mittelalters mit denen unseres Jahrhunderts

in Rücksicht auf die Vortheile, und Nachtheile der Aufklärung. Hannover 1793.

12 Ebd.

13 Ebd., 642.

14 Barbara Tuchman, A Distant Mirror - The Calamitous 14th Century. New York 1978. Deutsche Übersetzung: Der ferne Spiegel - das dramatische 14. Jahrhundert. 1980.

15 Vgl. unten S. 70.

16 Hampe (1927), 43.

17 Frauenstädt (1890), 15.

18 Gottfried Kentenich, Zur Sittengeschichte des ausgehenden 13. Jahrhunderts. AKG 10 (1912), 111.

19 Vgl. S. 246.

20 Berthold, ed. Pfeiffer Bd. 2, 101.

21 Hildesheimische Stadtrechnungen Bd. 2, 321. Vgl. ebd., 843 (Register unter „amie").

22 Rothert Bd. 2 (1938), 111 Anm. 139.

23 Geering (1886), 61

24 Lutz (1990), 235.

25 Ebd., 237 ff.

26 Vgl. nur Liebertz-Grün (1984), 52 ff.

27 Ebd., 48 f.

28 Dem entspricht, daß „Wahrworte" sowohl in die deutsche Kurzprosa als auch in die humanistische Kunstprosa integriert werden können. Höhn (1982), 70 ff.

29 Nicht zu verkennen ist dabei, daß der Rückgriff auf „die Alten" auch einen Toleranzgedanken zwischen den verfeindeten Konfessionen enthielt. Verwiesen sei nur auf die Sammlung griechischer Redensarten, die „Farrago epethitorum" des Conrad Dinner, eines protestantischen Rates am würzburgischen Hofe des Gegenreformators Julius Echter von Mespelbrunn. Ernst Schubert, Conrad Dinner. Ein Beitrag zur geistigen und sozialen Umwelt des Späthumanismus in Würzburg. JbFränkLdForsch 33 (1973), 213-238.

30 Höhn (1982), 71.

31 Übergangszeit: Kurfürst Friedrich der Weise († 1525) gebraucht sowohl deutsche als auch lateinische Sprichwörter. Ludolphy (1984), 45 f.

32 Pauli, ed. Bolte.

33 Hans-Ulrich Roller, Der Nürnberger Schembartlauf. 1965.

34 Bernheimer (1952), 113 f.; Müller (1982), 14.

35 Schubert (1995), 294 f.

36 Büchner (1985), 74 Anm. 293.

37 Ebd., 57.

38 Ebd., 60 (Tabelle).

39 Ebd.

40 Ebd., 70.

41 StChr. Bd. 24, 208. Ähnlich nüchtern notieren auch die Cölner Jahrbücher. StChr. Bd. 13, 93 den Kometen des Jahres 1402.

42 Tersch (1999), 73.

43 Diehl (2000), 239.

44 Sperl (1994), 63.

45 Ebd., 65 ff. Ein Irrtum, den Sperl mit manch anderem Autor teilt, sei hier richtiggestellt. Der Jesuit Caspar Schott hat mitnichten „das universalste Prodigium-Kompendium" herausgegeben (ebd., 67). Seine „Physica curiosa" (1662), die Otto von Guerickes Experimente in der europäischen Gelehrtenwelt bekannt machte, ist eine respektable Kompilation des naturwissenschaftlichen Kenntnisstandes. Das kopernikanische System wird ausführlich erläutert.

46 Ebd., 61.

47 Deshalb konnte die Personifikation von Gottes Natur als kosmologische Allegorie dargestellt werden. Huber (1992), 153 ff.

48 Bláhová (1992), 362 f.

49 Arnold (1980), 195.

50 Thietmar IV. 15, ed. Trillmich, 130.

51 Cronica S. Petri Erfordensis moderna, ed. Oswald Holder-Egger, in: Monumenta Erphesfurtensia saec. XII. XIII. XIV (MGH ss rer germ) 1899, 298 zum Jahre 1290: „Item eodem anno quinto die mensis Septembris circa horam terciam fecta est eclipsis solis particularis, quam quidam astrologus cum marchione de Brandenburc Erphordiam ad regem veniens longo ante tempore predixerat, et scripserat in quadam apoteca tali mense, tali die ac tali hora esse futuram; quod et ita factum est, sicut predixerat."

52 Speer (1995), 59.

53 Regesten der Erzbischöfe von Mainz von 1289 bis 1396, Abt. 1 (1289-1353) bearb. von Ernst Vogt. 1913, Bd. 1, Nr. 2855.

54 Chronik des Johannes Kerkhörde, 41. Ebenso

nüchtern berichten auch die Cölner Jahrbücher (StChr. Bd. 13, 122) von der Sonnenfinsternis des Jahres 1433.

55 Bláhová (1992), 368.

56 Büchner (1985), 72 f.

57 Keil (1982), 228 f.

58 Tersch (1999), 70 und 78 f.

59 Brams (1992), 547.

60 Jean Paul Deschler, Die astronomische Terminologie Konrads von Megenberg. (EuropHochschulSchrr I/171) 1977.

Literaturverzeichnis

Adam von Bremen → Trillmich.

Adelige Sachkultur des Spätmittelalters. Internationaler Kongreß Krems an der Donau 1980. (SbbÖsterrAkadWiss 400 = VeröffInstMaRealienkunde Österreichs 5) Wien 1980.

Aeneas Sylvius → Wolkan.

Affeldt, Werner (Hrsg.): Frauen in Spätantike und Frühmittelalter. Lebensbedingungen - Lebensnormen - Lebensformen. 1990.

Agricola, Johannes: Sybenhundert und fünfftzig Teütscher Sprichwörter verneüwert und gebessert. Hagenau 1534. (Neudruck Hildesheim - New York 1970).

Albrecht von Eyb: Deutsche Schriften des Albrecht von Eyb. 1. Das Ehebüchlein, hrsg. von Max Herrmann. 1890.

Alexandre, Pierre: Le Climat en Europe au Moyen Age. (Recherches d'histoire et de sciences sociales 24) Paris 1987.

Alioth, Martin: Gruppen an der Macht. Zünfte und Patriziat in Strassburg im 14. und 15. Jahrhundert. Untersuchungen zu Verfassung, Wirtschaftsgefüge und Sozialstruktur. 2 Bde. (BaslerBeitrrGWiss 156) 1988.

Amacher, Urs: Zürcher Fischerei im Spätmittelalter. (MittAntiquarGesZürich 63) Zürich 1996.

Andermann, Kurt: „êre - güete - minne." Die Burgen des Wimpfner Reichsforstes. DA 54 (1998), 97 - 117.

Annales Colmarienses, ed. Philipp Jaffé. MGH SS Bd. 17 (1861), 189 - 193 und 202 - 232.

Arndt, Betty: „Hell und klar und perlet unvergleichlich". Archäologisches zur spätmittelalterlichen und frühneuzeitlichen Wasserversorgung in Göttingen, in: Veh/Rapsch (1998), 80 - 85.

Arnold, Klaus: Kind und Gesellschaft in Mittelalter und Renaissance. Beiträge und Texte zur Geschichte der Kindheit. 1980.

Arnold, Klaus: Niklashausen 1476. Quellen und Untersuchungen zur sozialreligiösen Bewegung des Hans Behem und zur Agrarstruktur eines spätmittelalterlichen Dorfes. 1980.

Arnold, Klaus: Städtelob und Stadtbeschreibung im späteren Mittelalter und in der frühen Neuzeit, in: Peter Johanek (Hrsg.), Städtische Geschichtsschreibung im Spätmittelalter und in der frühen Neuzeit. (Städteforsch A 47) 2000, 247 - 268.

Arnold, Klaus - Schmolinsky, Sabine - Zahnd, Urs Martin (Hrsg.): Das dargestellte Ich. Studien zu Selbstzeugnissen des späteren Mittelalters und der frühen Neuzeit. 1999.

Arnpeck, Veit: Sämtliche Chroniken, ed. Georg Leidinger. (QuEr NF 3) 1915 (Neudruck 1969)

Asmus, Bärbel: Die Entwicklung der Wasserwirtschaft Northeims bis zur Einführung einer zentralen Wasserversorgung. NortheimerHeimatbll 48 (1983), 105 ff.

Assion, Peter: Altdeutsche Fachliteratur. 1973.

Baader, Gerhard: Handschrift und Inkunabel in der Überlieferung der medizinischen Literatur, in: ders./Keil (1982), 359 - 385.

Baader, Gerhard - Keil, Gundolf: Medizin im mittelalterlichen Abendland. (Wege der Forschung 363) 1982.

Baader, Gerhard - Keil, Gundolf: Einleitung, in: Baader/Keil (1982), 1 - 44.

Baader, Joseph: Nürnberger Polizeiordnungen aus dem XIII. bis XV. Jahrhundert (BiblLitV 43) 1861 (zit.: Baader).

Bachorski, Hans-Jürgen: Der selektive Blick. Zur Reflexion von Liebe und Ehe in Autobiographien des Spätmittelalters, in: Müller (1988), 23 - 46.

Backes, Herbert: Dimensionen des Natur-Begriffs bei Notker dem Deutschen von St. Gallen, in: Zimmermann (1991) Bd. 1, 20 - 27.

Bartels, Christoph: Montani und Silvani im Harz. Mittelalterlicher und frühneuzeitlicher Bergbau und seine Einflüsse auf die Umwelt, in: Jockenhövel (1996), 112 - 127.

Barth, Medard: Der Rebbau im Elsaß und die Absatzgebiete seiner Weine. 2 Bde. Strasbourg - Paris 1958.

Bauch, Andreas: Ein bayerisches Mirakelbuch aus der Karolingerzeit. (EichstätterStud NF 12) 1979.

Baufeld, Christa: Gesellschafts- und Individualkritik im „Buch der Natur“ Konrads von Megenberg, in: Gärtner/Kasten/Shaw (1996), 273-284.

Bayerl, Günter: Historische Wasserversorgung. Bemerkungen zum Verhältnis von Technik, Mensch und Gesellschaft, in: Troitzsch/Wohlauf (1980), 180-211.

Bayerl, Günter - Troitzsch, Ulrich: Quellentexte zur Geschichte der Umwelt von der Antike bis heute. (QslgKulturG 23) 1998.

Bebel: Heinrich Bebels Schwänke. Zum ersten Mal in vollständiger Übertragung herausgegeben von Albert Wesselski. 2 Bde. 1907.

Becker, Cornelia: Die Nutzung von Tieren im Mittelalter zwischen Elbe und Oder, in: Herrmann (1989), 7-25.

Behling, Lottlisa: Die Pflanzenwelt der mittelalterlichen Kathedralen. 1964.

Behre, Karl-Ernst: Zur Geschichte der Bierwürzen nach Fruchtfunden und schriftlichen Quellen. (Aspects of the history of beer flavouring agents based on fruit finds and written sources), in: W. van Zeist und W. A. Casparie (Eds.): Plants and Ancient Man. Studies in Palaeoethnobotany. Rotterdam - Boston 1984, 115ff.

Behre, Karl-Ernst: Die Ernährung im Mittelalter, in: Herrmann (1986), 74-87.

Behringer, Wolfgang: Sozialgeschichte und Hexenverfolgung. Überlegungen auf der Grundlage einer quantifizierenden Regionalstudie, in: Lorenz/Bauer (1995), 321-346.

Below, Stefan von: Das Eigentum am Wald - ein Forschungsüberblick, in: Stefan von Below und Stefan Breit, Wald - von der Gottesgabe zum Privateigentum. Geschichtliche Konflikte zwischenLandesherrn und Untertanen um den Wald in der frühen Neuzeit. (QForschAgrarG 43) 1998, 1-56.

Bender, Helmut: Historische Umweltforschung aus der Sicht der provinzialrömischen Archäologie, in: Siedlungsforschung 6 (1988), 81-95.

Benecke, Norbert: Archäologische Studien zur Entwicklung der Haustierhaltung in Mitteleuropa und Südskandinavien von den Anfängen bis zum ausgehenden Mittelalter. (SchrrUrFrühG 46) 1994.

Benecke, Norbert: Die Tierwelt im Spiegel archäologischer Forschungen, in: Herrmann (1994), 101ff.

Bennewitz, Nadja: Frauen im Konflikt mit dem Strafrecht im spätmittelalterlichen und frühneuzeitlichen Nürnberg. Weibliche Kriminalität als schichtenspezifisches Problem. JbFränkLdForsch 59(1999), 129-166.

Berg, Carl Heinrich Edmund von: Geschichte der deutschen Wälder bis zum Schlusse des Mittelalters. 1871 (Neudruck Amsterdam 1966).

Berg, Klaus: Der Tugenden Buch. Untersuchungen zu mittelhochdeutschen Prosatexten nach Werken des Thomas von Aquin. (Münchener Texte 7) 1964.

Berger, Fritz - Etter, Otto R.: Die Familiennamen der Reichsstadt Eßlingen im Mittelalter. 1961.

Berges, Wilhelm: Land und Unland in der mittelalterlichen Welt, in: Festschrift Hermann Heimpel. Bd. 3. 1972, 399 ff.

Berkenhof, Hans Albert: Tierstrafe, Tierbannung und rechtsrituelle Tiertötung im Mittelalter. Diss.iur. Bonn 1937.

Bernhardt, August: Geschichte des Waldeigentums, der Waldwirtschaft und Forstwissenschaft in Deutschland. 3 Bde. 1872-75 (Neudruck: 1966).

Bernheimer, Richard: Wild Men in the Middle Ages. A Study in Art, Sentiment and Demonology. Cambridge 1952.

Berns, Jörg Jochen - Rahn, Thomas: Zeremoniell als höfische Ästhetik in Spätmittelalter und Früher Neuzeit. (Frühe Neuzeit 25) 1995.

Berthold von Regensburg. Vollständige Ausgabe seiner Predigten, ed. Franz Pfeiffer. 2 Bde. 1880. Neudruck 1965.

Bertsch, Karl: Geschichte des deutschen Waldes. 1951.

Beutin, Wolfgang: Sexualität und Obszönität. Eine literaturpsychologische Studie über epische Dichtungen des Mittelalters und der Renaissance. 1990.

Bezold, Friedrich von: Zur Entstehungsgeschichte der historischen Methodik, in: ders., Aus Mittelalter und Renaissance. 1918, 362-383.

Bezzenberger → Freidank.

Biergans, Joseph: Die Wohlfahrtspflege der Stadt Aachen in den letzten Jahrhunderten des Mittelalters. ZAachnerGVer 31 (1909), 74 ff.

Binz, Gustav: Basler Schimpfwörter aus dem fünfzehnten Jahrhundert. ZDtWortforsch 8 (1906/07), 161-164.

Bláhová, Marie: Natur und Naturerscheinungen. Ihre Zusammenhänge in der böhmischen Geschichtsschreibung der Przemyslidenzeit, in: Zimmermann Bd. 2 (1992), 831 - 850.

Blankenburg, Wera von: Heilige und dämonische Tiere. Die Symbolsprache der deutschen Ornamentik im frühen Mittelalter. 1943.

Blauert, Andreas: Schweizerische Ketzer-, Zauber- und Hexenprozesse des frühen 15. Jahrhunderts. Eine Skizze, in: Lorenz/Bauer (1995), 65 - 82.

Blauert, Andreas: Das Urfehdewesen im deutschen Südwesten im Spätmittelalter und in der frühen Neuzeit. (Frühneuzeit-Forschungen 7) 2000.

Blickle, Peter: Die Revolution von 1525. 1977.

Blickle, Peter (Hrsg.): Der Fluch und der Eid. Die metaphysische Begründung gesellschaftlichen Zusammenlebens und politischer Ordnung in den ständischen Gesellschaften. (ZHF Beiheft 15) 1993.

Böhnke, Werner: Der Binnenhandel des Deutschen Ordens in Preußen und seine Beziehung zum Außenhandel um 1400. HansGBll 80 (1962), 26ff.

Boiadjiev, Tzotcho: Der menschliche Körper und seine Lebenskräfte in der Ideenwelt des Mittelalters. Ein Versuch über die mittelalterliche Erotik, in: Zimmermann Bd. 2 (1992), 795 - 814.

Bolhöfer, Walther: Gruß und Abschied in althochdeutscher und mittelhochdeutscher Zeit. Diss. Göttingen 1912.

Bolte → Frey, → Pauli.

Boockmann, Hartmut: Das Mittelalter. Ein Lesebuch aus Texten und Zeugnissen des 6. bis 16. Jahrhunderts. 1988.

Boockmann, Hartmut: Pferde auf der Marienburg, in: Stuart Jenks u. a. (Hrsg.): Vera Lex Historiae. Festschrift Dietrich Kurze. 1993, 117 - 126.

Boockmann, Hartmut: Erfahrene Umwelt - Deutschland in einem Reisebericht aus dem 15. Jahrhundert, in: Schubert/Herrmann (1994), 107 - 121.

Boockmann, Hartmut: Kaiser Friedrich III. unterwegs. DA 54 (1998), 567 - 582.

Boockmann, Hartmut: Wege ins Mittelalter. Historische Aufsätze. 2000.

Boor, Helmut de (Hrsg.): Mittelalter. Texte und Zeugnisse. 2 Bde. 1965.

Boos, Heinrich: Geschichte der rheinischen Städtekultur von ihren Anfängen bis zur Gegenwart mitbesonderer Berücksichtigung der Stadt Worms. Bd. 2. 1897; Bd. 3. 1899.

Borst, Arno: Lebensformen im Mittelalter. 1973.

Borst, Arno: Alpine Mentalität und europäischer Horizont im Mittelalter, in: ders. (1988), 471 - 527.

Borst, Arno: Barbaren, Ketzer und Artisten. Welten des Mittelalters. 1988.

Borst, Arno: Das Erdbeben von 1348, in: ders. (1988), 528 - 563 (zit.: Borst [1988/II]).

Bosselmann-Cyran, Kristian: Gynäkologische und sexualkundliche Fachterminologie im 15. Jahrhundert. Deutsch als Wissenschaftssprache in einer Tabuzone, in: Peter Segl (Hrsg.), Mittelalter und Moderne. 1997, 149 - 160.

Bräuer, Helmut - Schlenkrich, Elke (Hrsg.): Die Stadt als Kommunikationsraum. Beiträge zur Stadtgeschichte vom Mittelalter bis ins 20. Jahrhundert. Festschrift für Carl Czok. 2001.

Brall, Helmut - Haupt, Barbara - Küsters, Urban (Hrsg.): Personenbeziehungen in der mittelalterlichen Literatur. (Studia humaniora 25) 1994.

Brams, Jozef: Mensch und Natur in der Übersetzungsarbeit Wilhelms von Moerbeke, in: Zimmermann Bd. 2 (1992), 537 - 561.

Brandl, Helmut: Der Stadtwald von Freiburg. (VeröffArchStadtFreiburg i. B. 12). 1970.

Brant, Sebastian: Das Narrenschiff. Nach der Erstausgabe (Basel 1494) hrsg. von Manfred Lemmer. ^{2}1968.

Braune, Wilhelm: Althochdeutsches Lesebuch. ^{13}1958.

Brucker, Josef: Straßburger Zunft- und Polizeiordnungen. 1899.

Bruder, Reinhold: Die germanische Frau im Lichte der Runeninschriften und der antiken Historiographie. (QForschSprachKulturGGermVölker NF 57) 1974.

Brunner, Karl: Umgang mit Unwissen, in: Jaritz/Winiwarter (1994), 160 - 177.

Brunner, Otto (Hrsg.): Die Rechtsquellen der Städte Krems und Stein. (FontRerAustr III/1) 1953.

Bücher, Karl: Die Bevölkerung von Frankfurt am Main im 14. und 15. Jahrhundert. Bd. 1. 1886.

Bücher, Karl: Die Berufe der Stadt Frankfurt

a. M. im Mittelalter. (AbhhAkadWiss Leipzig 30/3). 1914.

Büchner, Robert: Alltag und Festtag in Stams, Rattenberg und anderen Klöstern des Spätmittelalters. Ein Beitrag zur Sachkulturforschung. (InnsbruckerHistStud 7/8) 1985, 9 ff.

Bücking, Jürgen: Kultur und Gesellschaft in Tirol um 1600. (HistStud 401) 1968.

Bulla, Andrea: Ausgrabungen auf den innerstädtischen Plätzen um St. Blasius und Rathaus, Vorbericht zu neuen archäologischen Forschungsergebnissen aus Hann. Münden. GöttingerJb 48 (2000), 7–25.

Bumke, Joachim: Höfische Kultur. Literatur und Gesellschaft im hohen Mittelalter. Bd. 1. 1986.

Burghartz, Susanna: Disziplinierung oder Konfliktregelung. ZHF 16 (1989), 385ff.

Burghartz, Susanna: Leib, Ehre und Gut. Delinquenz in Zürich Ende des 14.Jahrhunderts. Zürich 1990.

Burguière, André – Klapisch-Zuber, Christiane – Segalen, Martine – Zonabend, Françoise: Geschichte der Familie. Bd. 2. Mittelalter. 1997.

Burkard Zink: Chronik des Burkard Zink. 1368–1468, in: Die Chroniken der deutschen Städte 5 (= Die Chroniken der schwäbischen Städte. Augsburg 2) 1896.

Burschel, Peter: Söldner im Nordwestdeutschland des 16. und 17. Jahrhunderts. Sozialgeschichtliche Studien. (VeröffMPIG 113) 1994.

Busch, Ralf: Wasser für jedermann, in: Veh/Rapsch (1998), 11–17.

Butzbach: Wanderbüchlein des Johannes Butzbach, genannt Piemontanus, hrsg. von Leonhard Hoffmann. Graz – Wien – Köln 21988.

Cammermeister: Die Chronik Hartung Cammermeisters, bearb. von Robert Reiche. (GQPovinz- Sachsen 35) 1896.

Cantzler, Christina: Bildteppiche der Spätgotik am Mittelrhein. 1400–1550. 1990. Chronik der Freiherrn und Grafen von Zimmern → Zimmerische Chronik.

Chronik des Johann Kerkhörde von 1405–1465, in: Die Chroniken der westfälischen und niederrheinischen Städte. Bd. 1. Dortmund, Neuß (= Die Chroniken der deutschen Städte 20), 1887, 1–146.

Chronik des Klosters Petershausen: Die Chronik des Klosters Petershausen, hrsg. und übersetzt von Otto Feger. (Schwäbische Chroniken der Stauferzeit 3) 1956.

Closener → Fritsche Closener.

Cochlaeus: Johannes Cochlaeus, Brevis Germaniae Descriptio (1512), hrsg. v. Karl Langosch. (AusgewQNeuzeit 1) 1960.

Codex Falkensteinensis. Die Rechtsaufzeichnungen der Grafen von Falkenstein, bearb. von Elisabeth Noichl. (QuEr NF 29) 1978.

Cölner Jahrbücher des 14. und 15. Jahrhunderts, in: Die Chroniken der niederrheinischen Städte.

Cöln. Bd. 2 (= Die Chroniken der deutschen Städte 13) 1876, 3–191.

Curschmann, Fritz: Hungersnöte im Mittelalter. 1900.

Daenell, Ernst: Die Blütezeit der deutschen Hanse. 2 Bde. 1905/06 (Neudruck 1973).

Dallapiazza, Michael: minne, hûsêre und das ehlich leben. Zur Konstitution bürgerlicher Lebensmuster in spätmittelalterlichen und frühhumanistischen Didaktiken. (EuropHochschulschrr I/455) 1981.

Deichsler → Heinrich Deichsler.

Demandt, Karl E. (Bearb.): Regesten der Grafen von Katzenelnbogen. Bd. 3. Rechnungen, Besitzverzeichnisse, Steuerlisten und Gerichtsbücher. 1295–1486. (VeröffHistKommNassau 11) 1956.

Demelius, Heinrich: Eheliches Güterrecht im spätmittelalterlichen Wien. SbbÖsterrAkadWiss 265/4 (1970).

Denecke, A.: Zur Geschichte des Grußes und der Anrede in Deutschland. ZdtUnterricht 6 (1892), 317–345.

Detering, Alfred: Die Bedeutung der Eiche seit der Vorzeit. 1939.

Dickerhof, Harald: Canum nomine gentiles designantur. Zum Heidenbild aus mittelalterlichen Bibellexika, in: Gert Melville (Hrsg.), Secundum regulam vivere. Festschrift für Norbert Backmund. 1978, 41–72.

Diehl, Gerhard: Exempla für eine sich wandelnde Welt. Studien zur norddeutschen Geschichtsschreibung im 15. und 16. Jahrhundert. (VeröfflnstHistLdForschUnivGöttingen 38) 2000.

Dienst, Heide: Lebensbewältigung durch Magie. Alltägliche Zauberei in Innsbruck gegen Ende des 15. Jahrhunderts, in: Alfred Kohler - Heinrich Lutz (Hrsg.): Alltag im 16. Jahrhundert. (WienerBeitrrGNeuzeit 14) 1987, 80 ff.

Dienst, Heide: Zur Rolle von Frauen in magischen Vorstellungen und Praktiken - nach ausgewählten mittelalterlichen Quellen, in: Affeldt (1990), 173 ff.

Diepgen, Paul: Frau und Frauenheilkunde in der Kultur des Mittelalters. 1963.

Dimt, Gunter: Haus und Wohnung zwischen Mittelalter und Neuzeit am Beispiel Oberösterreichs, in: Haverkamp (1984), 66 - 98.

Dinzelbacher, Peter: Gefühl und Gesellschaft im Mittelalter. Vorschläge zu einer emotionsgeschichtlichen Darstellung des hochmittelalterlichen Umbruchs, in: Kaiser/Müller (1986), 213 ff.

Dinzelbacher, Peter: Die „Realpräsenz" der Heiligen in ihren Reliquiaren und Gräbern nach mittelalterlichen Quellen, in: ders./Bauer (1990), 115 ff.

Dinzelbacher, Peter: Mittelalter, in: ders. (Hrsg.): Mensch und Tier in der Geschichte Europas. 2000, 181 - 292.

Dinzelbacher, Peter - Bauer, Dieter R. (Hrsg.): Heiligenverehrung in Geschichte und Gegenwart. 1990.

Dirlmeier, Ulf: Untersuchungen zu Einkommensverhältnissen und Lebenshaltungskosten in oberdeutschen Städten des Spätmittelalters. (AbhhHeidelbgAkadWiss phil.-hist. Kl. 1978/1) 1978.

Dirlmeier, Ulf: Die kommunalpolitischen Zuständigkeiten und Leistungen süddeutscher Städte im Spätmittelalter, in: Sydow (1981), 113 - 150.

Dirlmeier, Ulf: Zu den Lebensbedingungen der mittelalterlichen Stadt: Trinkwasserversorgung und Abfallbeseitigung, in: Herrmann (1986), 150 - 159.

Dirlmeier, Ulf: Historische Umweltforschung aus der Sicht der mittelalterlichen Geschichte, in: Siedlungsforschung 6 (1988), 97 - 111.

Dirlmeier, Ulf: Zu den materiellen Lebensbedingungen in deutschen Städten des Spätmittelalters: Äußerer Rahmen, Einkommen, Verbrauch, in: Elze, Reinhard - Fasoli, Gina (Hrsg.): Stadtadel und Bürgertum in den ialienischen und deutschen Städten des Spätmittelalters. 1991, 59 - 80.

Dirlmeier, Ulf - Fouquet, Gerhard (Hrsg.): Menschen, Dinge und Umwelt in der Geschichte. Neue Fragen der Geschichtswissenschaft an die Vergangenheit. 1989.

Dirr, Pius (Bearb.): Denkmäler des Münchner Stadtrechts. Bd. 1. 1158 - 1463. (BayerRQ 1) 1934.

Dopsch, Heinz: Der Almkanal in Salzburg, in: Sydow (1981), 46 - 76.

Dormeier, Heinrich: Kurzweil und Selbstdarstellung. Die „Wirklichkeit" der Augsburger Monatsbilder. In: „Kurzweil viel ohn' Maß und Ziel". Alltag und Festtag auf den Augsburger Monatsbildern der Renaissance. 1994, 148 - 221.

Drescher, Karl (Hrsg.): Johannes Hartliebs Übersetzung des Dialogus Miraculorum von Caesarius von Heisterbach. (DtTexteMal 33) 1929.

Dreytwein: Dionysius Dreytweins Esslingische Chronik (1548 - 1564), hrsg. von Adolf Diehl. (BiblLittVerStuttgart 221) 1901.

Driever, Rainer: Obrigkeitliche Normierung sozialer Wirklichkeit. Die städtischen Statuten des 14. und 15. Jahrhunderts in Südniedersachsen und Nordhessen. (GöttingerForschLdG 2) 2000.

Driever, Rainer: Verbale Aggression im Spiegel südniedersächsischer städtischer Statuten des Spätmittelalters. „Malk scal siner word scone hebben". GöttingerJb 48 (2000), 37 - 52 (zit.: Driever [2000/II]).

Duby, Georges: Medieval Marriage. Two Models from Twelfth-Century France. Baltimore - London 1978.

Duerr, Hans Peter: Der Mythos vom Zivilisationsprozeß. 3 Bde. 41992/93.

Duerr, Hans Peter: Obszönität und Gewalt. (= ders., Der Mythos vom Zivilisationsprozeß 3) 1993.

Dürre, Hermann: Geschichte der Stadt Braunschweig im Mittelalter. 1861.

Düwel, Klaus: Wilde Natur - Höfische Kultur, in: Schubert/Herrmann (1994), 137 - 156.

Ebel, Friedrich: Magdeburger Recht. Bd. 1. Die Rechtssprüche für Niedersachsen. (MitteldtForsch 89/I) 1983.

Ebel, Wilhelm: Studie über ein Goslarer Ratsurteilsbuch des 16. Jahrhunderts. (GöttingerRechtswissStud 37) 1961.

Ebel, Wilhelm (Hrsg.): Das Stadtrecht von Goslar. 1968.

Eheberg, Karl Theodor: Verfassungs-, Verwaltungs- und Wirtschaftsgeschichte der Stadt Strassburg bis 1681. I. Band: Urkunden und Akten. 1899.

Eheberg, Karl Theodor von: Die Reichswälder bei Nürnberg bis zum Anfang der Neuzeit. (NeujahrsblIGesFränkG 9) 1914.

Ehrismann, Gustav: Duzen und Ihrzen im Mittelalter. ZDtWortforschung 1 (1901), 117 ff.; 2 (1902), 118 ff.; 4 (1903), 210 ff., 5 (1904), 127 ff.

Ehrmann, Gabriele (Hrsg.): Georg von Ehingen – Reise nach der Ritterschaft. Edition, Untersuchung, Kommentar. 2 Teile. (GöppingerArbbGermanistik 262) 1979.

Eis, Gerhard: Studien zur altdeutschen Fachprosa. 1951.

Eis, Gerhard: Forschungen zur Fachprosa. Ausgewählte Beiträge. 1971.

Eisenbarth, Liselotte Constanze: Kleiderordnungen der deutschen Städte zwischen 1350 und 1700. (Göttinger Bausteine 32) 1962.

Ellmers, Detlev: Flößerei in Vorgeschichte, Römerzeit und Mittelalter, in: Keweloh (1985), 12 – 33.

Ellmers, Detlev: Binnenschiffahrt im Mittelalter, in: Lindgren (1996), 337 – 344.

Elm, Kaspar: Die Stellung der Frau in Ordenswesen, Semireligiosentum und Häresie zur Zeit der heiligen Elisabeth, in: Sankt Elisabeth (1981), 7 – 28.

Endres Tucher's Memorial, 1421 bis 1440. StChr Nürnberg Bd. 2. 1864, 3 – 55.

Engel, Wilhelm (Hrsg.): Die Rats-Chronik der Stadt Würzburg (XV. und XVI. Jahrhundert). (QForschGBistumWürzburg 2) 1950.

Englisch, Ernst – Jaritz, Gerhard: Das tägliche Leben im spätmittelalterlichen Niederösterreich. St. Pölten – Wien 1976.

Erdmann, Carl: Studien zur Briefliteratur Deutschlands im elften Jahrhundert. 1938.

Erdmann, Wolfgang: Archäologie im Marktviertel von Lübeck, in: 25 Jahre Archäologie in Lübeck. (LübeckSchrrArchäolKulturG 17) 1988, 101 – 107.

Erlen, Peter: Europäischer Landesausbau und mittelalterliche deutsche Ostsiedlung. Ein struktureller Vergleich zwischen Südwestfrankreich, den Niederlanden und dem Ordensland Preußen. 1992.

Erzgräber, Willi (Hrsg.): Kontinuität und Transformation der Antike im Mittelalter. 1989.

Esch, Arnold: Spätmittelalterlicher Passverkehr im Alpenraum. Typologie der Quellen, in: ders., Alltag der Entscheidung. Beiträge zur Geschichte der Schweiz an der Wende vom Mittelalter zur Neuzeit. 1998, 173 – 248.

Ettelt-Schönewald, Beatrix: Kanzlei, Rat und Regierung Herzog Ludwigs des Reichen von Bayern- Landshut (1450 – 1479). 2 Bde. (SchrRBayerLdG 97) 1996.

Euling, Karl (Hrsg.): Kleinere mittelhochdeutsche Erzählungen, Fabeln und Lehrgedichte. II. Die Wolfenbüttler Handschrift 2.4. Aug. 2°. (DtTexteMal 14) 1908.

Ey, Johannes: Früher Deichbau und Sturmfluten im östlichen Friesland, in: Steensen (1992), 32 – 36.

Falk, Alfred – Gläser, Manfred – Moeck-Schlömer, Cornelia: Wasserversorgung und Abfallbeseitigung in den Hansestädten, in: Hanse 1 (1989), 409 – 413.

Fastnachtsspiele aus dem fünfzehnten Jahrhundert. 3 Bde. (BiblLittVerStuttgart 28 – 30) 1853 (Neudruck 1965/66).

Fechter, Daniel Albert: Topographie mit Berücksichtigung der Kultur- und Sittengeschichte, in: Basel im vierzehnten Jahrhundert. Basel 1856, 1 ff.

Feger, Otto: Vom Richtebrief zum Roten Buch. Die ältere Konstanzer Ratsgesetzgebung. (KonstanzerGRechtsQ 7) 1955.

Fehr, Hans: Die Rechtsstellung der Frau und der Kinder in den Weistümern. 1912.

Fehr, Hans: Die Dichtung im Recht. Bern (1936).

Fehring, Günter P.: Die ehemalige landesherrliche Burg im Bereich des Burgklosters zu Lübeck, in: 25 Jahre Archäologie in Lübeck. (LübeckSchrrArchäolKulturG 17) 1988, 77 – 80.

Fehring, Günter P.: Archäologische Bodenfunde als Quellen zur Geschichte der Hanse, in: Hanse Bd. 1 (1989), 17 ff.

Fehring, Günter P.: Stadtarchäologie in Deutschland. 1996.

Fichtenau, Heinrich: Reisen und Reisende, in: ders., Beiträge zur Mediävistik. Ausgewählte Aufsätze Bd. 3. 1986, 1-71.

Fichtenau, Heinrich: Wald und Waldnutzung, in: ebd., 108-121 (zit.: Fichtenau 1986/II).

Fink → Urkundenbuch Hameln.

Finke, Heinrich: Die Frau im Mittelalter. 1912.

Finsterwalder, Paul Wilhelm (Bearb.): Colmarer Stadtrechte. Bd. 1. (Oberrheinische Stadtrechte. 3. Abtlg. Elsässische Rechte Bd. 3) 1938.

Fischer, Hanns: Studien zur deutschen Märendichtung. 1968.

Fischer: Sebastian Fischers Chronik besonders von Ulmischen Sachen. Hrsg. von Karl Gustav Veesenmeyer. 1896.

Fleckenstein, Josef (Hrsg.): Curialitas. Studien zu Grundfragen der höfisch-ritterlichen Kultur. (VeröffMPIG 100) 1990.

Flemming, Willi: Der Wandel des deutschen Naturgefühls vom 15. zum 18. Jahrhundert. DtVjschrLitwissGeistesG 18 (1931).

Flüeler, Marianne und Niklaus (Hrsg.): Stadtluft, Hirsebrei und Bettelmönch. Die Stadt um 1300. 1992.

Foltin, Hans-Friedrich: Die Kopfbedeckungen und ihre Bezeichnungen im Deutschen. Diss. Marburg 1963.

Folz: Hans Folz. Die Reimpaarsprüche. Hrsg. von Hanns Fischer. (Münchener Texte und Untersuchungen zur deutschen Literatur im Mittelalter 1) 1961.

Fouquet, Gerhard: Bauen für die Stadt. Finanzen, Organisation und Arbeit in kommunalen Baubetrieben des Spätmittelalters. (Städteforschung Reihe A 48) 1999.

Frank, Roberta: Marriage in the Middle Ages: 4. Marriage in Twelfth- and Thirteenth-Century Iceland. Viator. Medieval and Renaissance Studies 4 (1973), 473 ff.

Franke → Oberrheinischer Revolutionär.

Franz, Günther (Hrsg.): Quellen zur Geschichte des Bauernkrieges. (AusgewQNeuzeit 2) 1963.

Franz, Günther (Hrsg.): Quellen zur Geschichte des deutschen Bauernstandes im Mittelalter. (AusgewQ 31) 1967.

Frauenstädt, Paul: Blutrache und Totschlagsühne im deutschen Mittelalter. 1881.

Frauenstädt, Paul: Breslaus Strafrechtspflege im 14. bis 16. Jahrhundert. ZStrafRWiss 10 (1890) 1 ff. und 229 ff.

Frauenstädt, Paul: Das Gaunertum des deutschen Mittelalters. ZStrafRWiss 18 (1898), 331 ff.

Freidank: Fridankes Bescheidenheit ed. H(einrich) E(rnst) Bezzenberger. 1872.

Freisen, Joseph: Geschichte des Canonischen Eherechts bis zum Verfall der Glossenliteratur. [2]1893.

Freisen, Joseph: Das Eheschließungsrecht in Spanien, Großbritannien und Irland und Skandinavien in geschichtlicher Entwicklung ... dargestellt. 2 Bde. 1918/19.

Frey: Jakob Frey, Gartengesellschaft, hrsg. von Johannes Bolte. (BiblLitVerStuttgart 209) 1896. Fricke, Friedrich-Wilhelm: Das Eherecht des Sachsenspiegels. 1978.

Fried, Johannes (Hrsg.): Träger und Instrumentarien des Friedens im hohen und späten Mittelalter. (VortrrForsch 43) 1996.

Friedberg, Emil: Verlobung und Trauung. Zugleich als Kritik von Sohm: Das Recht der Eheschließung. 1876.

Friedberg, Emil (Hrsg.): Corpus Iuris Canonici. 2 Bde. 1879 (Neudruck 1955).

Friedland, Klaus: Der Kampf der Stadt Lüneburg mit ihren Landesherren. (QDarstGNdSachs 53) 1953.

Fries, Lorenz: Chronik der Bischöfe von Würzburg 742-1495. Bd. III. Von Gerhard von Schwarzburg bis Johann II. von Brunn (1372-1440). 1999.

Fritsche (Friedrich) Closener's Chronik. 1362, ed. Carl Hegel, in: Die Chroniken der oberrheinischen Städte. Straßburg. Bd. 1 (= Die Chroniken der deutschen Städte 8) 1870, 3-151.

Fuchs, Josef: Stadtbäche und Wasserversorgung in mittelalterlichen Städten Südwestdeutschlands, in: Sydow (1981), 29-42.

Fuhse, Franz: Hygiene und Heilkunst in der Stadt Braunschweig während des 16. Jahrhunderts. NdsächsZVolkskde 4 (1926), 23 ff.

Ganz, Peter: curialis/hövesch, in: Kaiser/Müller (1986), 39 ff.

Ganzenmüller, Wilhelm: Das Naturgefühl im Mittelalter. (BeitrrKulturGMal 18) 1914.

Garbner, Josef: Die Reisen des Felix Faber durch Tirol in den Jahren 1483 und 1484. (Schlern Schriften 3) 1923.

Gärtner, Kurt – Kasten, Ingrid – Shaw, Frank (Hrsg.): Spannungen und Konflikte menschlichen Zusammenlebens in der deutschen Literatur des Mittelalters. 1996.

Geering, Traugott: Handel und Industrie der Stadt Basel. Basel 1886.

Geiger, Gottfried: Die Reichsstadt Ulm vor der Reformation. (ForschGStadtUlm 11) 1971.

Geisberg, Max: The German Single-Leaf Woodcut: 1500 – 1550, ed. by Walter L. Strauss. 4 Bde. New York 1974.

Gény, Joseph: Schlettstädter Stadtrechte. (Oberrheinische Stadtrechte. Dritte Abteilung: Elsässische Rechte 1) 2 Bde. (mit durchlaufender Paginierung) 1902.

Gläser, Manfred (Hrsg.): Archäologie des Mittelalters und Bauforschung im Hanseraum. Eine Festschrift für Günter P. Fehring. 1993.

Gläser, Manfred: Stadtkernarchäologie in den Hansestädten an der Ostsee. Stand, Aufgabe und Perspektiven, in: ders. (1993), 53 – 60.

Gläser, Manfred (Hrsg.): Lübecker Kolloquium zur Stadtarchäologie im Hanseraum I: Stand, Aufgaben und Perspektiven. 1997.

Glasenapp, Franzgeorg von: Varia/Rara/Curiosa. (VeröffJoachimJungiusGesWissHamburg) (1971).

Glaser, Rüdiger: Klimageschichte Mitteleuropas. 1000 Jahre Wetter, Klima, Katastrophen. 2001.

Glauser, Fritz: Stadt und Fluß zwischen Rhein und Alpen, in: Maschke/Sydow (1978), 62 – 99.

Gleitsmann, Rolf-Jürgen: Der Einfluß der Montanwirtschaft auf die Waldentwicklung Mitteleuropas. Stand und Aufgaben der Forschung, in: Kroker/Westermann (1984), 24 – 39.

Göggelmann, Hans Erich: Das Strafrecht der Reichsstadt Ulm bis zur Carolina. Diss. Tübingen 1984.

Göttinger Statuten, bearb. von Goswin v. d. Ropp. (QuDarstGNdsachs 25) 1907.

Göttmann, Frank: Die Frankfurter Bäckerzunft im späten Mittelalter. (StudFrankfurtG 10) 1975.

Goetz, Hans-Werner: Frauen im frühen Mittelalter. Frauenbild und Frauenleben im Frankenreich. 1995.

Goetz, Hans-Werner: Moderne Mediävistik. Stand und Perspektiven der Mittelalterforschung. 1999.

Goez, Werner: Über die Rindsmaul von Grünsberg, in: Hochfinanz, Wirtschaftsräume, Innovationen. Festschrift für Wolfgang von Stromer. Bd. 2. 1987, 1227 ff.

Goldenberg, Gert: Umweltbeeinflussung durch das frühe Montanwesen. Beispiele aus dem Schwarzwald, in: Jockenhövel (1996), 230 – 246.

Gottschalk, M. K. Elisabeth: Stormvloeden en rivieroverstromingen in Nederland. Bd. I (de periode vóór 1400), Bd. II (de periode 1400 – 1600). Assen 1971/1975.

Gottschalk, M. K. Elisabeth: Die Bedeutung geographischer Faktoren für die wirtschaftliche Entwicklung von Hafenstädten: die Ijsselstädte und Amsterdam in der frühen Neuzeit. BerdtLdKde 52 (1978), 203 – 212.

Grabowski, Mieczyslaw – Schmitt, Georg: „Und das Wasser fließt in Röhren“. Wasserversorgung und Wasserkünste in Lübeck, in: Gläser (1993), 217 – 223.

Graf, Eduard – Dietherr, Mathias: Deutsche Rechtssprichwörter. 1864.

Graus, František: Mittelalterliche Heiligenverehrung als sozialgeschichtliches Phänomen, in: Dinzelbacher/Bauer (1990), 86 ff.

Grewe, Klaus: Zur Wasserversorgung und Abwasserentsorgung in der Stadt um 1200, in: Steuer (1986), 275 – 300.

Grewe, Klaus (Hrsg.): Die Wasserversorgung im Mittelalter. (Geschichte der Wasserversorgung 4) 1991.

Grewe, Klaus: Wasserversorgung und -entsorgung im Mittelalter. Ein technikgeschichtlicher Überblick, in: ders. (1991), 11 – 88.

Griep, Hans-Günther – Wiese, Hans-Willy: Von Beeken und Wassereisen. Die Entwicklung der Wasserversorgung in der Kaiserstadt Goslar im Mittelalter und in der frühen Neuzeit, in: Veh/ Rapsch (1998), 18 – 24.

Grimm, Jacob: Weisthümer. 7 Teile. 1840 – 1878 (Neudruck 1957).

Grimm, Jacob: Deutsche Rechtsalterthümer. 2 Bde. [4]1899 (Nachdruck 1955).

Groebner, Valentin: Der verletzte Körper und die Stadt. Gewalttätigkeit und Gewalt in Nürnberg am Ende des 15. Jahrhunderts, in: Lindenberger/Lüdtke (1995), 162-189.

Gruber, Hans-Günter: Christliches Eheverständnis im 15. Jahrhundert. Eine moralgeschichtliche Untersuchung zur Ehelehre Dionysius' des Kartäusers. (StudGKathMoraltheol 29) 1989.

Grupe, Gisela: Umwelt und Bevölkerungsentwicklung im Mittelalter, in: Herrmann (1986), 24- 34.

Guichard, Pierre - Cuvillier, Jean-Pierre: Europa in der Zeit der Völkerwanderungen, in: Burguière u. a. (1997), 13-88.

Gutherz, Max: Geschichtlicher Ueberblick der Abfallbeseitigung der Stadt Basel. Diss. med. Basel 1928.

Haage, Bernhard D.: Deutsche Fachliteratur und deutsche Fachsprache der Artes in der mittelalterlichen und frühneuzeitlichen Stadt, in: Gerhard Bauer (Hrsg.), Stadtsprachenforschung. (GöppingerArbbGermanistik 488) 1988, 271-326.

Hacker, Vivien: Die Konstruktion der weiblichen Natur als Domestizierung der Frau. Zu Aspekten der Weiblichkeit bei Nicolosa Sanuda, Niklas von Wyle und Albrecht von Eyb, in: Robertshaw/ Wolf (1999), 139-150.

Haenselmann, Ludwig (Bearb.): Das Schichtbuch. Geschichten von Ungehorsam und Aufruhr in Braunschweig 1292-1514. Nach dem Niederdeutschen des Zollschreibers Hermann Bothen und anderen Überlieferungen. 1886 (Neudruck 1979).

Haenselmann, Ludwig (Hrsg.): Henning Brandis' Diarium. Hildesheimische Geschichten aus den Jahren 1471-1528. 1896.

Hagel, Jürgen: Stuttgarter Wasser- und Umweltprobleme in der frühen Neuzeit. ZWürttLdG 42 (1983), 217-254.

Hagelstange, Alfred: Süddeutsches Bauernleben im Mittelalter. 1898.

Hagemann, Hans-Rudolf: Basler Rechtsleben im Mittelalter. 1981.

Haller, Berchtold: Bern in seinen Rathsmanualen 1465-1565. 3 Bde. Bern 1900-1902.

Hampe, Theodor (Hrsg.): Gedichte vom Hausrat aus dem XV. und XVI. Jahrhundert. (Drucke und Holzschnitte des XV. und XVI. Jahrhunderts in getreuer Nachbildung 2) 1899.

Hampe, Theodor: Die Nürnberger Malefizbücher als Quellen der reichsstädtischen Sittengeschichte vom 14. bis zum 18. Jahrhundert. (NeujahrsbllGesFränkG 17) 1927.

Hampe, Theodor: Kulturgeschichtliche Beiträge aus den Behaimschen Briefbüchern. MittVerG-StadtNürnberg 31 (1933), 125 ff.

Hanauer, Charles Auguste - Klélé, J. (Bearb.): Das Alte Statutenbuch der Stadt Hagenau. Hagenau 1900.

Hanse: Die Hanse. Lebenswirklichkeit und Mythos. 2 Bde. 1989.

Harmening, Dieter: Fränkische Mirakelbücher. WürzburgerDiözGBll 28 (1966), 25 ff.

Harmening, Dieter: Superstitio. Überlieferungs- und theoriegeschichtliche Untersuchungen zur kirchlich-theologischen Aberglaubensliteratur des Mittelalters. 1979.

Harms, Bernhard (Hrsg.): Der Stadthaushalt Basels im ausgehenden Mittelalter. 1. Abteilung. Die Jahresrechnungen 1360-1535. 3 Bde. 1909-1913.

Harster, Theodor: Das Strafrecht der freien Reichsstadt Speier. (UntersDtStaatsRG 61) 1900.

Hasselblatt, A. - Kaestner, G.: Urkunden der Stadt Göttingen aus dem XVI. Jahrhundert. 1884.

Haubrichs, Wolfgang: Ehre und Konflikt. Zur intersubjektiven Konstitution der adligen Persönlichkeit im frühen Mittelalter, in: Gärtner (1996), 35-58.

Hauck, Karl: Tiergärten im Pfalzbereich, in: Deutsche Königspfalzen. Bd. 1. (VeröffMPIG 11/1) 1963, 30-74.

Hauser, Albert: Wald und Feld in der alten Schweiz. 1972. Hauser, Albert: Bauernregeln der Schweiz. Zürich 1973.

Hauser, Albert: Was für ein Leben. Schweizer Alltag vom 15. bis 18. Jahrhundert. Zürich 1987.

Hauser, Albert: Grüezi und Adieu. Gruss- und Umgangsformen vom 17. Jahrhundert bis zur Gegenwart. Zürich 1998.

Hausrath, Hans: Aus der Waldgeschichte des Schwarzwaldes. (FreiburgUnivReden 26) 1938.

Haverkamp, Alfred (Hrsg.): Haus und Familie in der spätmittelalterlichen Stadt. (Städteforsch A 18) 1984.

Heege, Andreas: Die Wasserversorgung der

Stadt Einbeck im Mittelalter und in der frühen Neuzeit, in: Veh/Rapsch (1998), 100 – 116.

Heege, Andreas u. a. (Hrsg.): Einbeck – Negenborner Weg I: Naturwissenschaftliche Studien zu einer Töpferei des 12. und frühen 13. Jahrhunderts in Niedersachsen. (StudEinbeckG 12) 1998.

Heidemann, Kyra (Hrsg.): Michael Lindener. Schwankbücher: Rastbüchlein und Katzipori. 2 Bde. (ArbbMittlereDtLitSprache 20) 1991.

Heimann, Heinz-Dieter: Der Wald in der städtischen Kulturentfaltung und Landschaftswahrnehmung, in: Zimmermann Bd. 2 (1992), 866 – 881.

Heimpel, Hermann: Dietrich von Niem (ca. 1340 – 1418). 1932.

Heine, Günter: Umweltbezogenes Recht im Mittelalter, in: Bernd Herrmann (Hrsg.), Umwelt in der Geschichte. 1989, 111 ff.

Heine, Günter: Umweltschutzrecht aus historischer Sicht – vom Beginn der Neuzeit bis ins 20. Jahrhundert, in: Schubert/Herrmann (1994), 157 – 183.

Heinrich Deichsler's Chronik 1488 – 1506, in: Die Chroniken der deutschen Städte Bd. 11 (= Die Chroniken der fränkischen Städte. Nürnberg 5) 1874, 535 – 707.

Hellgardt, Ernst: Konflikte in der Gnomik – die Gnomik im Konflikt. Zu den lateinischen Spruchsammlungen des Frühmittelalters und zum „Ysengrimus", in: Gärtner/Kasten/Shaw (1996), 301 – 319.

Hellwig, Maren: Paäoethnobotanische Untersuchungen an mittelalterlichen und frühneuzeitlichen Pflanzenresten aus Braunschweig. (Dissertationes Botanicae 156) 1990.

Helmold von Bosau: Chronica Slavorum, ed. Heinz Stoob. (AusgewQ 19) 1963.

Hendinger, Helmtraud: Vom Gerberhandwerk zur Lederindustrie. JbFränkLdForsch 30 (1970), 18 ff.

Herlihy, David: Land, Family and Women in Continental Europe. 701 – 1200. Traditio 18 (1962), 89 ff.

Herold, Hans: Rechtsgeschichtliches zum Frauengutsprivileg, in: ders., Rechtsgeschichte aus Neigung. 1988, 243 ff.

Herrmann → Albrecht von Eyb.

Herrmann → Zimmerische Chronik.

Herrmann, Bernd: Parasitologisch-epidemiologische Auswertungen mittelalterlicher Kloaken. ZArchäolMal 13 (1985), 131 – 161.

Herrmann, Bernd: Parasitologische Untersuchung mittelalterlicher Kloaken, in: ders. (1986), 160 – 169.

Herrmann, Bernd (Hrsg.): Mensch und Umwelt im Mittelalter. 1986.

Herrmann, Bernd (Hrsg.): Umwelt in der Geschichte. 1989.

Herrmann, Bernd – Budde, Angela (Bearb.): Naturwissenschaftliche und historische Beiträge zu einer ökologischen Grundbildung. Sommerschule „Natur und Geschichte" 1989 an der Georg-August-Universität Göttingen. (Hrsg.: Der niedersächsische Umweltminister.) 1989.

Herrmann, Bernd (Hrsg.): Archäometrie. Naturwissenschaftliche Analyse von Sachüberresten. 1994.

Herrmann, Fritz – Knies, Hans (Bearb.): Die Protokolle des Mainzer Domkapitels. Bd. 1. 1976.

Herzog, Klaus-Peter: Das Strafensystem der Stadt Rothenburg ob der Tauber im Spätmittelalter. Diss. Würzburg 1971.

Herzog, Theo (Hrsg.): Landshuter Urkundenbuch. 2 Bde. 1959/60.

Hesmer, Herbert – Schroeder, Fred-Günther: Waldzusammensetzung und Waldbehandlung im Niedersächsischen Tiefland westlich der Weser und in der Münsterschen Bucht bis zum Ende des 18. Jahrhunderts. (Decheniana Beih. 11) 1963.

Heyne, Moriz: Fünf Bücher deutscher Hausaltertümer. Bd. 3. 1903.

Hielscher, Karl: Fragen zu den Arbeitsgeräten der Bauern im Mittelalter. ZAgrarGAgrarSoz 17 (1969), 6 ff.

Hiereth, Sebastian: Die Entwicklung des Moosburger Stadtrechts von 1331 bis 1371. VerhhHistVerNdBayern 105 (1979), 21ff.

Hiestand, Rudolf: Kreuzzug und höfisches Leben, in: Kaiser/Müller (1986), 177ff.

Hildesheimische Stadtrechnungen, hrsg. von Richard Doebner. 2 Bde. (Urkundenbuch der Stadt Hildesheim 4 und 5) 1893/94 (Neudruck 1980).

Hillebrecht, Marie-Luise: Eine mittelalterliche Energiekrise, in: Herrmann (1986), 275 – 283.

His, Rudolf: Das Strafrecht des deutschen Mittelalters. Erster Teil: Die Verbrechen und ihre Folgen im allgemeinen. 1920.

Hitzbleck, Herbert: Die Bedeutung des Fisches für die Ernährungswirtschaft Mitteleuropas in vorindustrieller Zeit unter besonderer Berücksichtigung Niedersachsens. Diss. Göttingen 1971.

Hoecke, Willy van - Welkenhuysen, Andries (Hrsg.): Love and Marriage in the Twelfth Century. (Mediaevalia Lovaniensia I/8) Leuven 1981.

Höhlbaum, Konstantin (Bearb.): Das Buch Weinsberg. Kölner Denkwürdigkeiten aus dem 16. Jahrhundert. Bd. 1. 1886.

Höhn, Robert: Studien zu den Kurzerzählungen in schweizerischen Chroniken des 14.-16. Jahrhunderts. Diss. Zürich 1982.

Hölscher, Uvo: Beiträge zur Goslarschen Verwaltungsgeschichte im XV. Jahrhundert. ZHarzV 42 (1909), 118-143 (zit.: Hölscher [1909/II]).

Hölscher, Uvo: Goslarsche Ratsverordnungen aus dem 15. Jahrhundert. ZHarzV 42 (1909), 39-99.

Hofer, Johannes: Johannes Kapistran. Ein Leben im Kampf um die Reform der Kirche. (Bibliotheca Franciscana 1 und 2) 2 Bde. 1964/65.

Hoffmann → Butzbach.

Hoffmann, Hermann: Würzburger Polizeisätze. Gebote und Ordnungen des Mittelalters. 1955.

Hoffmann: Volkshumor in fränkischen Namen. ZdtUnterricht 21 (1907), 649-652.

Holenstein, André: Seelenheil und Untertanenpflicht. Zur gesellschaftlichen Begründung des Eides in der ständischen Gesellschaft, in: Blickle (1993), 11-64.

Homolka, Anita: Die Tischzuchten von Sebastian Brant, Thomas Murner und Hans Sachs und ihr realer Hintergrund in Basel, Straßburg und Nürnberg. Diss. München 1983.

Hoven, Heribert: Studien zur Erotik in der deutschen Märendichtung. (GöppingerArbbGermanistik 256) 1978.

Huber, Christoph: Die personifizierte Natur. Gestalt und Bedeutung im Umkreis des Alanus ab Insulis und seiner Rezeption, in: Wolfgang Harms - Klaus Speckenbach (Hrsg.), Bildhafte Rede in Mittelalter und früher Neuzeit. 1992, 151-172.

Huber, Karl Albert: Die Basler Wasserversorgung von den Anfängen bis heute. BaslerZGAltertumskde 54 (1955), 63-122.

Hundsbichler, Helmut: Stadtbegriff, Stadtbild und Stadtleben des 15. Jahrhunderts nach ausländischen Berichterstattern über Österreich, in: Das Leben in der Stadt des Spätmittelalters. (SbbÖstAkadWiss 325) Wien 1977.

Hundsbichler, Helmut: Geschichte - Realien - Alltag. Der Mensch im Zentrum der Sachkulturforschung, in: Dirlmeier/Fouquet (1989), 128 ff.

Huntemann, Hans: Bierproduktion und Bierverkauf in Deutschland vom 15. bis zum Beginn des Jahrhunderts. Diss. rer. pol. Göttingen 1970.

Ilgen, Theodor → StChr 24.

Illi, Martin: Von der Schîssgruob zur modernen Stadtentwässerung. Zürich 1987.

Illi, Martin - Höfler, Edgar: Versorgung und Entsorgung im Spiegel der Schriftquellen, in: Flüeler (1992), 351-363.

Jacob, Georg: Arabische Berichte von Gesandten an germanische Fürstenhöfe aus dem 9. und 10. Jahrhundert. 1927.

Jacobs, Eduard: Das Stolbergische Ratsjahrbuch. ZHarzVGAltertumskde 17 (1884), 146-215.

Jacobs, Eduard: Die Jagd auf dem Harze. ZHarzVGAltertumskde 30 (1900), 10 ff.

Jäger, Helmut: Zur Erforschung der mittelalterlichen Landesnatur, in: Studi medievali, 3a S., IV, 1963, 1-63.

Jäger, Helmut: Wüstungsforschung in geographischer Sicht. In: Jankuhn, Helmut und Wenskus, Reinhard (Hrsg.): Geschichtswissenschaft und Archäologie. (VortrrForsch 22) 1979, 193-240.

Jäger, Helmut: Frühe Umwelten in Mitteleuropa. Siedlungsforschung 6 (1988), 9-24.

Jäger, Helmut: Einführung in die Umweltgeschichte. 1994.

Janssen, Walter: Mittelalterliche Gartenkultur. Nahrung und Rekreation, in: Herrmann (1986), 224-243.

Janssen, Walter: Methoden und Möglichkeiten der Erforschung früher Umwelten. Siedlungsforschung 6 (1988), 25-38.

Janssen, Wilhelm: Kleve - Mark - Jülich - Berg - Ravensberg 1400-1600, in: Land (1985), 17-40.

Janz, Brigitte: Rechtssprichwörter im Sachsenspiegel. Eine Untersuchung zur Text-Bild-Relation in den Codices picturati. (GermanistischeArbb 13) 1989.

Jaritz, Gerhard: Zur materiellen Kultur des Hofes um 1200, in: Kaiser/Müller (1986), 19 ff.

Jaritz, Gerhard: Zwischen Augenblick und Ewigkeit. Einführung in die Alltagsgeschichte des Mittelalters. 1989.

Jaritz, Gerhard: Umweltbewältigung. Der Beitrag der Geschichtswissenschaften, in: ders./Winiwarter (1994), 7 – 22.

Jaritz, Gerhard: Das Image der spätmittelalterlichen Stadt. Zur Konstruktion und Vermittlung ihres äußeren Erscheinungsbildes, in: Bräuer/Schlenkrich (2001), 471 – 485.

Jaritz, Gerhard – Müller, Albert (Hrsg.): Migration in der Feudalgesellschaft. 1988.

Jaritz, Gerhard – Winiwarter, Verena (Hrsg.): Umweltbewältigung. Die historische Perspektive. 1994.

Jockenhövel, Albrecht (Hrsg.): Bergbau, Verhüttung und Waldnutzung im Mittelalter. Auswirkungen auf Mensch und Umwelt. (VSWG Beih. 121) 1996.

Jockenhövel, Albrecht: Untersuchungen zur mittelalterlichen Eisengewinnung an Lahn und Dill: Das Dietzhölztal-Projekt, in: ders. (1996), 12 – 29.

Jones, Eric Lionel: Das Wunder Europa. Umwelt, Wirtschaft und Geopolitik in der Geschichte Europas und Asiens. 1991.

Jütte, Robert: Ehre und Ehrverlust im spätmittelalterlichen und frühneuzeitlichen Judentum, in: Schreiner/Schwerhoff (1995), 144 – 165.

Kaiser, Gert – Müller, Jan-Dirk (Hrsg.): Höfische Literatur, Hofgesellschaft, höfische Lebensformen um 1200. 1986.

Kamann, J.: Aus Nürnberger Haushaltungs- und Rechnungsbüchern des 15. und 16. Jahrhunderts. MittVGStadtNürnberg 6 (1886), 66 ff.

Keil, Gundolf: Eine lateinische Fassung von Meister Alexanders Monatsregeln. Bairische Gesundheitsregeln aus dem Ende des 14. Jahrhunderts, in: Baader/Keil (1982), 228 – 259.

Keil, Gundolf: Seuchenzüge des Mittelalters, in: Herrmann (1986), 109 – 128.

Keller, Albrecht: Die Formen der Anrede im Frühneuhochdeutschen. Diss. phil. Freiburg i. B. 1904.

Keller, von → Wilwolt von Schaumberg.

Kelterborn, Heinz (Bearb.): Die Göttinger Bürgeraufnahmen. 1. Bd. 1328 – 1640. 1961.

Keutgen, Fritz: Urkunden zur städtischen Verfassungsgeschichte. 1901 (Neudruck 1965).

Keweloh, Hans-Walter (Hrsg.): Flößerei in Deutschland. 1985.

Kieß, Rudolf: Die Rolle der Forsten im Aufbau des württembergischen Territoriums bis in das 16. Jahrhundert. 1958.

Kieß, Rudolf: Bemerkungen zur Holzversorgung von Städten, in: Sydow (1981), 77 – 98.

Kiesselbach, Georg Arnold: Die wirtschaftlichen Grundlagen der deutschen Hanse und die Handelsstellung Hamburgs bis in die zweite Hälfte des 14. Jahrhunderts. 1907.

Kirchhof: Hans Wilhelm Kirchhof, Wendunmuth, hrsg. von Hermann Österley. 4 Bde. (BiblLitVerStuttgart 95 – 99) 1869.

Knapp, Hermann: Beiträge zum alten Nürnberger Kriminalrecht. 1896.

Knapp, Hermann: Die Zenten des Hochstifts Würzburg. Ein Beitrag zur Geschichte des süddeutschen Gerichtswesens und Strafrechts. 2 Bde. 1907.

Knapp, Hermann: Alt-Regensburgs Gerichtsverfassung, Strafverfahren und Strafrecht bis zur Carolina. 1914.

Knipping, Richard (Bearb.): Die Kölner Stadtrechnungen des Mittelalters. 2 Bde. (PublGes RheinGkde 15) 1897/98.

Koch, Julius: Wald und Waldwirtschaft der Stadt und des Hospitals Biberach an der Riß. 1963.

Koch-Sternfeld, Joseph Ernst von: Die deutschen, insbesondere die bayerischen und österreichischen Salzwerke zunächst im Mittelalter. 2 Teile. 1836 (Neudruck 1969).

Köbler, Gerhard: Das Familienrecht in der spätmittelalterlichen Stadt, in: Haverkamp (1984), 136 – 160.

Köhler, Johannes: Natur und Mensch in der Schrift „De Planctu Naturae“ des Alanus ab Insulis, in: Zimmermann (1991) Bd. 1, 57 – 66.

König vom Odenwald → Olt.

Köpf, Ulrich: Protestantismus und Heiligenverehrung, in: Dinzelbacher/Bauer (1990), 320 ff.

Köppke, Jürgen: Hildesheim, Einbeck, Göttingen und ihre Stadtmark im Mittelalter. Untersuchungen zum Problem von Stadt und Umland. 1967.

Körber-Grohne, Udelgard: Nutzpflanzen in Deutschland. Kulturgeschichte und Biologie. [2]1988.

Kohl, Horst (Hrsg.): Ein deutscher Bürger des sechzehnten Jahrhunderts. Selbstschilderung des Stralsunder Bürgermeisters Bartholomäus Sastrow. (Voigtländers Quellenbücher 38) 1912.

Kohler, Erika: Luther und der Festbrauch. (MitteldtForsch 17) 1959.

Koller, Engelbert: Forstgeschichte des Landes Salzburg. 1975.

Korsch, Hans-Peter: Das materielle Strafrecht der Stadt Köln vom Ausgang des Mittelalters bis in die Neuzeit. (VeröffKölnGV 20) 1958.

Koschwanez, Bruno: Ehrverletzungsklagen im 15. Jahrhundert in den Urteilen des Ingelheimer und Neustadter Oberhofes. Diss. iur. Frankfurt a. M. 1973.

Kottje, Raymund: Eherechtliche Bestimmungen der germanischen Volksrechte (5. - 8. Jahrhundert), in: Affeldt (1990), 211 ff.

Kramer, Karl-S.: Fränkisches Alltagsleben um 1500. 1985.

Krebs, Manfred: Die Protokolle des Speyerer Domkapitels. I. Band. 1500 - 1517. (VeröffKommGLdKdeBadenWürtt A 17) 1968.

Kriegk, Georg Ludwig: Frankfurter Bürgerzwiste und Zustände im Mittelalter. 1862.

Kriegk, Georg Ludwig: Deutsches Bürgerthum im Mittelalter. 1868.

Kroker, Werner - Westermann, Ekkehard (Bearb.): Montanwirtschaft Mitteleuropas vom 12. bis 17. Jahrhundert. (Der Anschnitt Beih. 2) 1984.

Kronshage, Walter: Die Bevölkerung Göttingens. Ein demographischer Beitrag zur Sozial- und Wirtschaftsgeschichte vom 14. bis 17. Jahrhundert. (StudGStadtGöttingen 1) 1960.

Kroos, Renate: Zu frühen Schrift- und Bildzeugnissen über die heilige Elisabeth als Quelle zur Kunst- und Kulturgeschichte, in: Sankt Elisabeth (1981), 180 - 239.

Kroos, Renate: Opfer, Spende und Geld im mittelalterlichen Gottesdienst. FrühmalStud 19 (1985), 502 ff.

Kucia, Thaddaeus: Die Anthropologie bei Peter Abaelard, in: Rudolf Thomas (Hrsg.), Petrus Abaelardus (1079 - 1142). Person, Werk und Wirkung. (TrierTheolStud 38) 1980, 223 - 231.

Kühn, Hans Joachim: Sieben Thesen zur Frühgeschichte des Deichbaus in Nordfriesland, in: Steensen (1992), 9 - 12.

Kühnel, Harry: Das Alltagsleben im Hause der spätmittelalterlichen Stadt, in: Haverkamp (1984), 37 - 65.

Künßberg, Eberhard von: Rechtliche Volkskunde. 1936.

Küster, Hansjörg: Mittelalterliche Eingriffe in Naturräume des Voralpenlandes, in: Herrmann (1989), 63 - 76.

Küster, Hansjörg: Geschichte der Landschaft in Mitteleuropa. Von der Eiszeit bis zur Gegenwart. 1995.

Kuhn, Hans: Das alte Island. 1971.

Kupfer, Max: Das Fremdenwesen Leipzigs vom Mittelalter bis ins siebzehnte Jahrhundert. Diss. Leipzig 1928.

Kuske, Bruno: Quellen zur Geschichte des Kölner Handels und Verkehrs im Mittelalter. 4 Bde. 1917 - 1934 (Neudruck 1978).

Labouvie, Eva: Verwünschen und Verfluchen: Formen der verbalen Konfliktregelung in der ländlichen Gesellschaft der Frühen Neuzeit, in: Blickle (1993), 121 - 145.

Lachmann, Hans-Peter: Untersuchungen zur Verfassungsgeschichte des Burgwaldes im Mittelalter. 1967.

Lamb, Hubert H.: Climate, History and the Modern World. London - New York 21995.

Lampen, Angelika: Fischerei und Fischhandel im Mittelalter. Wirtschafts- und sozialgeschichtliche Untersuchungen nach urkundlichen und archäologischen Quellen des 6. bis 14. Jahrhunderts im Gebiet des Deutschen Reiches. (HistStud 461) 2000.

Lampert von Hersfeld: Annalen. (Nach der Ausgabe von Oswald Holder-Egger, hrsg. von Wolfgang Dietrich Fritz) Übersetzt von Adolf Schmidt. (AusgewQu 13) 1957.

Land im Mittelpunkt der Mächte. Die Herzogtümer Jülich, Kleve, Berg. 31985.

Lange, Nicole: „Policey“ und Umwelt in der Frühen Neuzeit. Umweltpolitik in Hamburg als Sozialdisziplinierung. ZVHamburgG 76 (1990), 13 – 40.

Langosch → Cochlaeus.

Lappenberg, Johann Martin: Urkundliche Geschichte des hansischen Stahlhofes zu London. 1851 (Neudruck 1967).

Lassberg, Friedrich von: Der Schwabenspiegel oder schwäbisches Land- und Lehenrechtsbuch. Tübingen 1840 (Neudruck 1961).

Laurent, Johannes: Aachener Stadtrechnungen aus dem 14. Jahrhundert. 1866.

Le Roy Ladurie, Emmanuel: Die Geschichte von Sonnenschein und Regenwetter, in: M. Bloch, F. Braudel, L. Febvre u. a., Schrift und Materie der Geschichte. (Suhrkamp Tb 814) 1977.

Lebsanft, Franz: Kontinuität und Diskontinuität antiker Anrede- und Grußformeln im romanischen Mittelalter, in: Erzgräber (1989), 285 – 299.

Leclercq, Jean: L'amour et le mariage vus par des clercs et des religieux, specialment au XIIe siècle, in: van Hoecke/Welkenhuysen (1981), 102 ff.

Legant-Karau, Gabriele: Vom Großgrundstück zur Kleinparzelle. Ein Beitrag der Archäologie zur Grundstücks- und Bauentwicklung Lübecks um 1200, in: Gläser (1993), 207 – 215.

Lehnen, Brigitte: Das Egerer Passionsspiel. (EuropHochschulschrr I/1034) 1988.

Lehnert, Walter: Entsorgungsprobleme der Reichsstadt Nürnberg, in: Sydow (1981), 151 – 163.

Lentz, Matthias: Schmähbriefe und Schandbilder als Medien außergerichtlicher Konfliktbewältigung, in: Hans Schlosser – Dietmar Willoweit (Hrsg.), Neue Wege strafrechtsgeschichtlicher Forschung. 1999, 55 – 81.

Lentz, Matthias: Schmähbriefe und Schandbilder: Realität, Fiktionalität und Visualität spätmittelalterlicher Normenkonflikte, in: Klaus Schreiner – Gabriela Signori (Hrsg.): Bilder, Texte, Rituale. (ZHF Beiheft 24) 2000, 35 – 67.

Leuschner, Hans-Hubert: Jahrringanalysen, in: Herrmann (1994), 121 ff.

Leutenbauer, Siegfried: Das Delikt der Gotteslästerung in der bayerischen Gesetzgebung. (ForschDtRG 14) 1984.

Liebertz-Grün, Ursula: Das andere Mittelalter. Erzählte Geschichte und Geschichtskenntnis um 1300. Studien zu Ottokar von Steiermark, Jans Enikel, Seifried Helbling. 1984.

Lill, Georg: Brunnen, in: Reallexikon zur deutschen Kunstgeschichte. Bd. 2. 1948, 1278 ff.

Limburger Chronik: Tileman Elhen von Wolfhagen, Die Limburger Chronik, hrsg. von Arthur Wyss. (MGH DtChron 4) 1883.

Lindemann, Margot: Nachrichtenübermittlung durch Kaufmannsbriefe. – „Zeitungen" in der Korrespondenz Hildebrand Veckinchusens (1398 – 1428). (DortmundBeitrrZeitungsforsch 26) 1978.

Lindenberger, Thomas – Lüdtke, Alf (Hrsg.): Physische Gewalt. Studien zur Geschichte der Neuzeit. 1995.

Lindener, Michael: Rastbüchlein oder Katzipori, hrsg. von Franz Lichtenstein. (BiblLitV 163) 1883.

Lindgren, Uta (Hrsg.): Europäische Technik im Mittelalter 800 bis 1400. Tradition und Innovation. 1996.

Lindqvist, Axel: Deutsches Kultur- und Gesellschaftsleben im Spiegel der Sprache. 1955.

Linnartz, Kaspar: Unsere Familiennamen. 2 Bde. 1958/60.

Lösch, Hildegard: Die bäuerlichen Familiennamen des Habsburgischen Urbars. (GießenBeitrrDtPhilol 45) 1936.

Lohr, Charles: Der Naturbegriff Ramon Lulls, in: Erzgräber (1989), 159 – 168.

Lohrmann, Dietrich: Neues über Wasserversorgung und Wassertechnik im Mittelalter. DA 48 (1992), 179 – 188.

Lorenz, Sönke – Bauer, Dieter R. (Hrsg.): Hexenverfolgung. Beiträge zur Forschung. 1995.

Lüdecke, Torsten: Vom Brunnenwasser zum „Kunstwasser" – die Wasserversorgung im mittelalterlichen und frühneuzeitlichen Lübeck, in: 25 Jahre Archäologie in Lübeck. (LübeckSchrrArchäolKulturG 17) 1988, 143 – 147.

Lüning, Jens – Kalis, Arie J.: Die Umwelt prähistorischer Siedlungen – Rekonstruktionen aus siedlungsarchäologischen und botanischen Untersuchungen im Neolithikum. Siedlungsforschung 6 (1988), 39 – 55.

Ludolphy, Ingetraut: Friedrich der Weise. Kurfürst von Sachsen. 1463 – 1525. 1984.

Lurker, Manfred: Das Tier in der Bildwelt des Hieronymus Bosch. Studium Generale 20 (1967), 212ff.

Lutterbach, Hubertus: Sexualität im Mittelalter. Eine Kulturstudie anhand von Bußbüchern des 6. bis 12.Jahrhunderts. (AKG Beiheft 43) 1999.

Maack, Walter: Die Rintelner Statuten des 14. bis 16.Jahrhunderts. (Schaumburger Studien 24) 1970.

Maack, Walter: Rintelner Kämmereiregister aus dem 15.Jahrhundert. (Schaumburger Studien 29) 1971.

Mager, Friedrich: Der Wald in Altpreußen als Wirtschaftsraum. 2 Bde. 1960.Maidhof, A.: Das Passauer Stadtrecht. 1927.

Mandl-Neumann, Herta: Überlegungen zu Kriminalität und Mobilität im späten Mittelalter, in: Jaritz-Müller (1988), 57ff.

Mantel, Kurt: Forstgeschichtliche Beiträge. 1965.

Mantel, Kurt: Deutsche Forstliche Bibliographie 1560 - 1965. 2 Bde. 1967/70.

Mantel, Kurt: Forstgeschichte des 16. Jahrhunderts unter dem Einfluß der Forstordnungen und Noe Meurers. 1980.

Marzell, Heinrich: Geschichte und Volkskunde der deutschen Heilpflanzen. 1938.

Maschke, Erich: Die Brücke im Mittelalter, in: Maschke/Sydow (1978), 9 - 39.

Maschke, Erich: Städte und Menschen. (VSWG Beiheft 68) 1980.

Maschke, Erich - Sydow, Jürgen (Hrsg.): Die Stadt am Fluß. (Stadt in der Geschichte 4) 1978.

Matschinegg, Ingrid u. a. (Hrsg.): Von Menschen und ihren Zeichen. Sozialhistorische Untersuchungen zum Spätmittelalter und zur Neuzeit. 1990.

Maurer, Helmut: Schweizer und Schwaben. Ihre Begegnung und ihr Auseinanderleben am Bodensee im Spätmittelalter. (Konstanzer Universitätsreden 136) 1983.

Mechler, Wilhelm: Die Rheinbrücke Straßburg-Kehl seit 1388, in: Maschke/Sydow (1978), 40 - 61.

Meinel, Christoph (Hrsg.): Die Alchemie in der europäischen Kultur- und Wissenschaftsgeschichte. (WolfenbüttelerForsch 32) 1986

Meisterlin -> Sigmund Meisterlin.

Merk, Walther (Bearb.): Neuenburg am Rhein. (Oberrheinische Stadtrechte. Zweite Abteilung: Schwäbische Rechte 3) 1913.

Merzbacher, Friedrich: Der Hut im Recht. JbfränkLdforsch 34/35 (1974/75) (= Festschrift Gerhard Pfeiffer), 839 - 851.

Metz, René: Le statut de la femme en droit canonique mediéval, in: Recueils de la Société Jean Bodin 12 (1962), 59 ff.

Meyer, Christian (Hrsg.): Hellers Chronik der Stadt Baireuth, in: ders. (Hrsg.): HohenzollForsch 2 (1893), 119 ff.

Meyer, Christian (Hrsg.): Das Landbuch von Stadt und Amt Hof vom Jahre 1502, in: ders. (Hrsg.): Quellen zur alten Geschichte des Fürstenthums Bayreuth 1. 1895, 49 ff.

Meyer, Herbert: Friedelehe und Mutterrecht. ZRG germ. 47 (1927), 198 ff.

Michel, Paul: Formosa deformitas. Bewältigungsformen des Häßlichen in der mittelalterlichen Literatur. Bonn 1976.

Mieder, Wolfgang: Sprichwort - Wahrwort!? Studien zur Geschichte, Bedeutung und Funktion deutscher Sprichwörter. (Artes populares 23) 1992.

Mittler, Elmar: Das Recht in Heinrich Wittenwilers „Ring“. (ForschOberrheinLdG 20) 1967.

Modersohn, Mechthild: Natura als Göttin im Mittelalter. Ikonographische Studien zu Darstellungen der personifizierten Natur. 1997.

Möring, W.: Die Wohlfahrtspolitik des Hamburger Rates im Mittelalter. (AbhhMittNeuereG 45) 1913.

Müller, Christian: Studien zur Darstellung und Funktion „wilder Natur“ in deutschen Minnedarstellungen des 15. Jahrhunderts. Diss. Tübingen 1982.

Müller, Karl Otto (Bearb.): Oberschwäbische Stadtrechte. I. Die älteren Stadtrechte von Leutkirch und Isny. (WürttGQ 18) 1914.

Müller, Karl Otto (Bearb.): Die älteren Stadtrechte der Reichsstadt Ravensburg. (Oberschwäbische Stadtrechte 2) 1924.

Müller, Maria E. (Hrsg.): Eheglück und Liebesjoch. Bilder der Liebe, Ehe und Familie in der Literatur des 15. und 16. Jahrhunderts. 1988.

Müllner, Johannes: Die Annalen der Reichsstadt Nürnberg von 1623. Teil II: Von 1351 – 1469. Hrsg. von Gerhard Hirschmann. 1984.

Münch, Paul (Hrsg.): Tiere und Menschen. Geschichte und Aktualität eines prekären Verhältnisses. 1998.

Mummenhoff, Ernst: Die öffentliche Gesundheits- und Krankenpflege im alten Nürnberg, in: Festschrift zur Eröffnung des Neuen Krankenhauses der Stadt Nürnberg 1898, 1 ff.

Muther, Richard: Die deutsche Bücherillustration der Gothik und Frührenaissance (1460 – 1530). 2 Bde. 1884.

Naumann, Horst: Deutsche Familiennamen. Eine Einführung. (Bausteine der Genealogie B/1) 1993.

Neweklowsky, Ernst: Die Schiffahrt auf der oberen Donau und ihren Nebenflüssen. (Deutsches Museum. Abhandlungen und Berichte 26/3) 1958.

Nischik, Trude-Marie: Das volkssprachliche Naturbuch im späten Mittelalter. Sachkunde und Dinginterpretation bei Jacob von Maerlant und Konrad von Megenberg. (Hermaea NF 48) 1986.

Nitschke, August: Verhalten und Bewegung der Tiere nach frühen christlichen Lehren. Studium Generale 20 (1967), 235 ff.

Nitschke, August: Historische Verhaltensforschung. 1981.

Nitschke, August: Bewegungen in Mittelalter und Renaissance. Kämpfe, Spiele, Tänze, Zeremoniell und Umgangsformen. (Historisches Seminar 2) 1987.

Nitschke, August: Erde – Pflanzen – Tier. Wie Bauern im Frühen und Hohen Mittelalter die Welt wahrnahmen, in: Schubert/Herrmann (1994), 93 – 106.

Nitschke, August: Tiere und Heilige. Beobachtungen zum Ursprung und Wandel menschlichen Verhaltens, in: ders. (1995), 99 – 137.

Nitschke, August: Fremde Wirklichkeiten II. Dynamik der Natur und Bewegungen der Menschen. (Bibliotheca Eruditorum 12) 1995.

Nitschke, August: Das Tier in der Spätantike, im Frühen und Hohen Mittelalter, in: Münch (1998), 227 – 246.

Nitz, Hans-Jürgen – Machens, Ute: Historische Geographie des mittelalterlichen Deichbaus. (Vervielfältigtes Typoskript) 1993 (vorhanden: NiedersächsLandesBiblHannover 93/21056).

Noichl → Codex Falkensteinensis.

Nordhoff-Behne, Hildegard: Gerichtsbarkeit und Strafrechtspflege in der Reichsstadt Schwäbisch Hall seit dem 15.Jahrhundert. (ForschWürttFranken 3) 1971.

Nowosadtko, Jutta: Zwischen Ausbeutung und Tabu. Nutztiere in der Frühen Neuzeit, in: Münch (1998), 247 – 274.

Nübling, Eugen: Die Reichsstadt Ulm am Ausgange des Mittelalters (1378 – 1556). 2 Bde. 1904/1907.

Oberrheinischer Revolutionär: Das Buch der hundert Kapitel und der vierzig Statuten des sogenannten oberrheinischen Revolutionärs. Edition von Annelore Franke, historische Analyse von Gerhard Zschäbitz. (LeipzigÜbersAbhhMal A/4) 1967.

Obrist, Barbara: Die Alchemie in der mittelalterlichen Gesellschaft, in: Meinel (1986), 33 – 60.

Österley → Kirchhof.

Österreichische Weistümer gesammelt von der Kaiserlichen Akademie der Wissenschaften. 14 Bde. 1870 – 1913.

Oexle, Judith: Versorgung und Entsorgung nach dem archäologischen Befund, in: Flüeler (1992), 364 – 373.

Olt, Reinhard: König vom Odenwald. Gedichte. Mittelhochdeutsch – Neuhochdeutsch. 1988.

Opitz, Claudia: Frauenalltag im Mittelalter, Biographien des 13. und 14. Jahrhunderts. 1985.

Orth, Elsbet: Amtsrechnungen als Quellen spätmittelalterlicher Territorial- und Wirtschaftsgeschichte. HessJBLdG 29 (1979), 36 ff.

Osenbrüggen, Eduard: Der Hausfrieden. 1857 (Neudruck 1968).

Osenbrüggen, Eduard: Deutsche Rechtsalterthümer aus der Schweiz. 3 Hefte. Zürich 1858 – 59.

Osenbrüggen, Eduard: Das Alamannische Strafrecht im deutschen Mittelalter. Schaffhausen 1860.

Ottokar: Seemüller, Joseph (Hrsg.): Ottokars österreichische Reimchronik. 2 Bde. (MGH DtChron 5) 1890 – 1893.

Padberg, Britta: Die Oase aus Stein. Humanökologische Aspekte des Lebens in mittelalterlichen Städten. 1994.

Paetzold, Daniela: Einbeck - Negenborner Weg. Paläoethnobotanische Untersuchungen, in: Heege u. a. (1998), 89-168.

Palme, Rolf: Rechts-, Wirtschafts- und Sozialgeschichte der inneralpinen Salzwerke bis zu deren Monopolisierung. 1983.

Panzer, Marianne: Tanz und Recht. (DtForsch 32) 1938.

Patze, Hans (Hrsg.): Geschichtsschreibung und Geschichtsbewußtsein im späten Mittelalter. (VortrrForsch 31) 1987.

Pauli, Johannes: Schimpf und Ernst. Hrsg. von Johannes Bolte. Erster Teil: Die älteste Ausgabe von 1522. 1924 (Neudruck 1972).

Petersen, Peter: Mittelbare Berufsnamen unter den deutschen Familiennamen. (Gießener Beiträge zur deutschen Philologie 83) 1944 (Neudruck Amsterdam 1968).

Peukes, Gerhard: Untersuchungen zum Sprichwort im Deutschen. Semantik, Syntax, Typen. (PhilolStudQ 86) 1977.

Pfaff, Volkert: Das kirchliche Eherecht am Ende des 12. Jahrhunderts. ZRG kan 63 (1977), 73 ff.

Pfeiffer → Berthold von Regensburg.

Pfeiffer, Gerhard (Hrsg.): Nürnberg - Geschichte einer europäischen Stadt. 1971.

Pfeiffer, Gerhard: Wasser und Wald als Faktoren der städtischen Entwicklung in Franken, in: JbFränkLdForsch 32 (1972), 151 ff.

Pfeiffer, Gerhard: Quellen zur Geschichte der fränkisch-bayerischen Landfriedensorganisation. (VeröffGesFränkG II/2) 1975.

Pfister, Christian: Historische Umweltforschung und Klimageschichte. Mit besonderer Berücksichtigung des Hoch- und Spätmittelalters. Siedlungsforschung 6 (1988), 113-127.

Porath, Anita: Wie swin waschen wil. Stadtbäche und Brunnen in Duderstadt, in: Veh/Rapsch (1998), 60-71.

Power, Eileen: Medieval Women. London 1975.

Radkau, Joachim: Natur und Macht. Eine Weltgeschichte der Umwelt. 2000. Ranke, Kurt: Rosengarten, Recht und Totenkult (1951).

Rath, Brigitte: „De sacramentis, concubinatu et ludo taxillorum ..." Über ein böhmisches Visitationsprotokoll aus dem 14. Jahrhundert, in: Matschinegg (1990), 41 ff.

Rautenberg, Anneliese: Mittelalterliche Brunnen in Deutschland. Diss. Freiburg i. B. 1965.

Reber, Balthasar: Felix Hemmerlin von Zürich. Zürich 1846.

Reformation Kaiser Siegmunds, ed. Heinrich Koller. (MGH Staatsschriften des späteren Mittelalters 6) 1964.

Reichart, Andrea: Alltagsleben im späten Mittelalter. Der Übergang zur frühen Neuzeit am Beispiel der Stadt Essen (1400-1700). (EssenerKulturhistStud 1) 1996.

Reiche → Cammermeister.

Reichert, Hermann: Die deutschen Familiennamen nach Breslauer Quellen des 13. und 14. Jahrhunderts. 1908.

Reinboth, Fritz: Die mittelalterliche Trinkwasserversorgung des Klosters Walkenried. HarzZ 46/47 (1994/95), 25-38.

Reinecke, Wilhelm: Lüneburgs ältestes Stadtbuch und Verfestungsregister. (QuDarstG-NdSachs 8) 1903.

Reinecke, Wilhelm: Geschichte der Stadt Lüneburg. 2 Bde. 1933.

Remann, Monika: Die Breite Straße in Lübeck. Vom Fernhandel zur Fußgängerzone, in: Gläser (1993), 225-230.

Robertshaw, Alan - Wolf, Gerhard (Hrsg.): Natur und Kultur in der deutschen Literatur des Mittelalters. 1999.

Rockinger, Ludwig (Bearb.): Briefsteller und formelbücher des eilften bis vierzehnten jahrhunderts. 2 Bde. (QuEr 9) 1863/1864 (Neudruck 1961).

Roder, Christian (Hrsg.): Heinrich Hugs Villinger Chronik von 1495 bis 1533. (BiblLittVer 164) 1883.

Roder, Christian (Bearb.): Villingen. (Oberrheinische Stadtrechte II/1) 1905.

Röcke, Werner: Die Freude am Bösen. Studien zu einer Poetik des Schwankromans im Spätmittelalter. 1987.

Roeder von Diersburg, Elvire: Komik und Humor bei Geiler von Kaisersberg. (GermStud 9) 1921.

Rötting, Hartmut: Zum Arbeitsstand stadtarchäologischer Denkmalpflege in Braunschweig, in: ders. (Hrsg.): Stadtarchäologie in Braunschweig. 1985, 11–168.

Rogge, Jörg: Ehrverletzungen und Entehrungen in politischen Konflikten in spätmittelalterlichen Städten, in: Schreiner/Schwerhoff (1995), 110–143.

Rohr, Alheidis von: Ein Turnierbuch Herzog Heinrichs des Mittleren zu Braunschweig-Lüneburg (um 1500). NdSächsJb 55 (1983), 181 ff.

Roos, Renate: Begrüßung, Abschied, Mahlzeit. Studien zur Darstellung höfischer Lebensweise in Werken der Zeit von 1150–1320. Diss. Bonn 1975.

Ropp, v. d. → Göttinger Statuten.

Rothert, Hermann: Geschichte der Stadt Osnabrück im Mittelalter. 2 Teile. (Osnabrücker Mitteilungen 57 und 58) 1937/38 (Neudruck 1966).

Rubner, Heinrich: Die Hainbuche in Mittel- und Westeuropa. (ForschdtLdkde 121) 1960.

Rubner, Heinrich: Untersuchungen zur Forstverfassung des mittelalterlichen Frankreichs. 1968.

Ruhe, Ernstpeter: De amasio ad amasiam. (BeitrrRomanPhilolMal 10) 1975.

Russell, Josiah Cox: Bevölkerungsgeschichte Europas, Mittelalter bis Neuzeit. 1971.

Ryckaert, Marc: Brügge und die flandrischen Häfen vom 12. bis 18. Jahrhundert, in: Stoob (1986), 129–140.

Sachs, C. L.: Metzgergewerbe und Fleischversorgung der Reichsstadt Nürnberg bis zum Ende des 30jährigen Kriegs. MittVGStadtNürnberg 24 (1922), 1 ff.

Salmen, Walter: Der fahrende Musiker im europäischen Mittelalter. (Die Musik im alten und neuen Europa 4) 1960.

Sander, Paul: Die reichsstädtische Haushaltung Nürnbergs. Dargestellt auf Grund ihres Zustandes von 1431 bis 1440. 2 Halbbde. 1902.

Sander-Berke, Antje: Baustoffversorgung spätmittelalterlicher Städte Norddeutschlands. (Städteforsch A/37) 1995.

Sankt Elisabeth. Fürstin, Dienerin, Heilige. Aufsätze, Dokumentation, Katalog. 1981.

Sarnowsky, Jürgen: Die Wirtschaftsführung des Deutschen Ordens in Preußen (1382–1454). (VeröffArchivPreußKulturbesitz 34) 1993.

Schade, Herbert: Die Tiere in der mittelalterlichen Kunst. Untersuchungen zur Symbolik von zwei Elfenbeinreliefs. Studium Generale 20 (1967), 220 ff.

Schaufelberger, Walter: Der Wettkampf in der alten Eidgenossenschaft. Bern 1972.

Scheel, Willy: Das alte Bamberger Strafrecht vor der Bambergensis. 1903.

Schich, Winfried: Würzburg im Mittelalter. (Städteforsch A/3) 1977.

Schipke, Renate – Pensel, Franzjosef (Hrsg.): Das Brandenburger Osterspiel. Fragment eines neuentdeckten mittelalterlichen geistlichen Osterspiels aus dem Domarchiv in Brandenburg/Havel. 1986.

Schmidt, Günter: Libelli Famosi. Zur Bedeutung der Schmähschriften, Scheltbriefe, Schandgemälde und Pasquille in der deutschen Rechtsgeschichte. Diss. iur. Köln 1985.

Schmidt, Heinrich R.: Die Ächtung des Fluchens durch reformierte Sittengerichte, in: Blickle (1993), 66–120.

Schmidt-Wiegand, Ruth (Hrsg.): Deutsche Rechtsregeln und Rechtsprichwörter. Ein Lexikon. 1996.

Schmitz, Hermann Joseph: Die Bussbücher und die Bussdisziplin der Kirche. 2 Bde. 1883/1889 (Neudruck 1958).

Schnell, Johann: Rechtsquellen von Basel Stadt und Land. 2 Bde. Basel 1856–1865.

Schnell, Rüdiger: Literatur als Korrektiv sozialer Realität. Zur Eheschließung in mittelalterlichen Dichtungen, in: Martin Gosmann – Jaap van Oos (Hrsg.), Non Nova, sed Nove. Groningen 1984, 225 ff.

Schnizlein, August: Aus Rothenburgs Vergangenheit. 1913.

Schönfeld, Roland: Die Donau als Faktor der wirtschaftlichen Entwicklung Regensburgs, in: Maschke/Sydow (1978), 110–124.

Schormann, Michael Heinrich: Hannoversche Brunnen bis zum Ausgang des Mittelalters, in: Veh/ Rapsch (1998), 128–133.

Schreiber, Georg: Strukturwandel der Wallfahrt, in: ders. (1934), 1 ff.

Schreiber, Georg (Hrsg.): Wallfahrt und Volkstum in Geschichte und Leben. (ForschVolkskde 16/17) 1934.

Schreiner, Klaus: „Hof“ (curia) und „höfische

Lebensführung“ (vita curialis) als Herausforderung an die christliche Theologie und Frömmigkeit, in: Kaiser/Müller (1986), 67ff.

Schreiner, Klaus: „Er küsse mich mit dem Kuß seines Mundes“ (Osculetur me osculo oris sui, Cant 1,1). Metaphorik, Kommunikation und herrschaftliche Funktionen einer symbolischen Handlung, in: Hedda Ragotzky - Horst Wenzel (Hrsg.): Höfische Repräsentation. 1990, 89ff.

Schreiner, Klaus: „Gerechtigkeit und Frieden haben sich geküßt“ (Ps. 84,11). Friedensstiftung durch synbolisches Handeln, in: Fried (1996), 37-86.

Schreiner, Klaus - Schwerhoff, Gerd (Hrsg.): Verletzte Ehre. Ehrkonflikte in Gesellschaften des Mittelalters und der Frühen Neuzeit. (Norm und Struktur 5) 1995.

Schreiner, Klaus - Schwerhoff, Gerd (Hrsg.): Verletzte Ehre. Überlegungen zu einem Forschungskonzept, in: ebd., 1-28.

Schröder, Eduard (Hrsg.): Die Kaiserchronik eines Regensburger Geistlichen. (MGH DtChron 1) 1895.

Schroeder, Richard - Koehne, Carl (Bearb.): Oberrheinische Stadtrechte. Erste Abteilung: Fränkische Rechte. 1895-1922.

Schubert, Ernst: Erspielte Ordnung. Beobachtungen zur bäuerlichen Rechtswelt des späteren Mittelalters. JbfränkLdforsch 38 (1978), 51-65.

Schubert, Ernst: Arme Leute, Bettler und Gauner im Franken des 18. Jahrhunderts. (VeröffGesFränkG IX/26) 1983 (21991).

Schubert, Ernst: Randgruppen in der Schwankliteratur des 16. Jahrhunderts, in: Bernhard Kirchgässner - Fritz Reuter (Hrsg.), Städtische Randgruppen und Minderheiten. (Stadt in der Geschichte 13) 1986, 129-160.

Schubert, Ernst: Der Wald: wirtschaftliche Grundlage der spätmittelalterlichen Stadt, in: Herrmann (1986), 257 ff.

Schubert, Ernst: Einführung in die Grundprobleme der deutschen Geschichte im Spätmittelalter. 1992.

Schubert, Ernst: Gestalt und Gestaltwandel des Almosens im Mittelalter. JbFränkLdForsch 52 (1992) (= Festschrift Alfred Wendehorst Bd. 1), 241-262 (zit.: Schubert [1992/II]).

Schubert, Ernst: Fahrendes Volk im Mittelalter. 1995.

Schubert, Ernst: Fürstliche Herrschaft und Territorium im späten Mittelalter. (EdG 35) 1996.

Schubert, Ernst: Das Schauspiel in der spätmittelalterlichen Stadt, in: Bernhard Kirchgässner - Hans-Peter Becht (Hrsg.), Stadt und Theater. (Stadt in der Geschichte 25) 1999, 19-70.

Schubert, Ernst - Herrmann, Bernd (Hrsg.): Von der Angst zur Ausbeutung. Umwelterfahrung zwischen Mittelalter und Neuzeit. 1994.

Schütte, Sven: Brunnen und Kloaken auf innerstädtischen Grundstücken im ausgehenden Hoch- und Spätmittelalter, in: Steuer (1986), 237-255.

Schulte, Aloys: Geschichte des mittelalterlichen Handels und Verkehrs zwischen Westdeutschland und Italien mit Ausschluß von Venedig. 2 Bde. 1900.

Schultheiß, Werner (Bearb.): Die Acht-, Verbots- und Fehdebücher Nürnbergs von 1285-1400. (QForschGStadtNbg 2) 1960.

Schultheiß, Werner (Bearb.): Satzungsbücher und Satzungen der Reichsstadt Nürnberg aus dem 14. Jahrhundert. (QGKulturStadtNürnberg 3) 1965.

Schulz, Knut: Rheinschiffahrt und städtische Wirtschaftspolitik am Oberrhein im Spätmittelalter, in: Maschke/Sydow (1978), 141-189.

Schulze, Werner: Die Gleve. Der Ritter und sein Gefolge im späteren Mittelalter. 1940.

Schuster, Heinrich M.: Das Spiel, seine Entwicklung und Bedeutung im deutschen Recht. Wien 1878.

Schuster, Peter: Der gelobte Frieden. Täter, Opfer und Herrschaft im spätmittelalterlichen Konstanz. 1995.

Schuster, Peter: Eine Stadt vor Gericht. Recht und Alltag im spätmittelalterlichen Konstanz. 2000.

Schwabenspiegel → Laßberg.

Schwappach, Adam: Handbuch der Forst- und Jagdgeschichte Deutschlands. 1885.

Schwarz, Ernst: Deutsche Namenforschung. Bd. 1. Ruf- und Familiennamen. 1949.

Schwarz, Werner Michael: Umweltstrafen. Fragen nach den historischen Bewertungskriterien von Umweltdelikten, in: Jaritz/Winiwarter (1994), 77-98.

Schwarz, Wolfgang: Die Bedeutung des Wassers in Mittelalter und Neuzeit. (Tausend Jahre Leben mit dem Wasser in Niedersachsen 1) 1996.

Schwarzwälder, Herbert: Die Entwicklung der Häfen an der Unterweser, in: Stoob (1986), 261 - 290.

Schwerhoff, Gerd: „Blasphemare, dehonestare et maledicere Deum". Über die Verletzung der göttlichen Ehre im Spätmittelalter, in: Schreiner/Schwerhoff (1995), 252 - 278.

Schwerhoff, Gerd: Starke Worte. Blasphemie als theatralische Inszenierung von Männlichkeit an der Wende vom Mittelalter zur Frühen Neuzeit, in: Martin Dinges (Hrsg.), Hausväter, Priester, Kastraten. Zur Konstruktion von Männlichkeit in Spätmittelalter und Früher Neuzeit. 1998, 237 - 263.

Seeger, Max: Beitrag zur Geschichte der Waldungen der Stadt Ettlingen. Diss. ing. Karlsruhe 1908.

Seemüller → Ottokar.

Serfatij, Herbert: Vier Städte in einem Projekt - Das Forschungsprojekt „Urbanisierung im Flußgebiet während des Mittelalters" (Niederlande), in: Gläser (1997), 111 - 122.

Sheehan, Michael M.: Marriage, Family, and Law in Medieval Europe: Collected Studies. Toronto 1996.

Sieber-Lehmann, Claudius: Spätmittelalterlicher Nationalismus. Die Burgunderkriege am Oberrhein und in der Eidgenossenschaft. (VeröffMPIG 116) 1995.

Sigmund Meisterlin's Chronik der Reichsstadt Nürnberg 1488, in: Die Chroniken der deutschen Städte Bd. 3 (Die Chroniken der fränkischen Städte. Nürnberg 3) 1864, 3 - 335.

Simon-Muscheid, Katharina: Gewalt und Ehre im spätmittelalterlichen Handwerk am Beispiel Basels. ZHF 18 (1991), 1 - 31.

Simon-Muscheid, Katharina: Randgruppen, Bürgerschaft und Obrigkeit. Der Basler Kohlenberg, 14. - 16. Jh., in: Spannungen und Widersprüche. Gedenkschrift für František Graus. 1992, 203 - 225.

Simon-Muscheid, Katharina: Städtische Zierde - gemeiner Nutzen - Ort der Begegnung. Öffentliche Brunnen in mittelalterlichen Städten, in: Bräuer/Schlenkrich (2001), 699 - 720.

Simonsfeld, Henry: Ein venetianischer Reisebericht über Süddeutschland, die Ostschweiz und Oberitalien aus dem Jahre 1492. ZKulturG 2 (1895), 241 - 283.

Singer: Thesaurus Proverbiorum Medii Aevii. Lexikon der Sprichwörter des romanisch-germanischen Mittelalters. Begründet von Samuel Singer. 12 Bde. 1995/96.

Socin, Adolf: Mittelhochdeutsches Namenbuch. Nach oberrheinischen Quellen des zwölften und dreizehnten Jahrhunderts. Basel 1903 (Neudruck 1966).

Sohm, Rudolf: Das Recht der Eheschließung aus dem deutschen und kanonischen Recht geschichtlich entwickelt. 1876.

Sowinski → Wittenwiler.

Speer, Andreas: Die entdeckte Natur. Untersuchungen zu Begründungsversuchen einer „scientia naturalis" im 12. Jahrhundert. (StudTexteGeistesGMal 45) 1995.

Sperl, Alexander: Vom Blutregen zum Staubfall. Der Einfluß politischer und theologischer Theorien auf die Wahrnehmung von Umweltphänomenen, in: Jaritz/Winiwarter (1994), 56 - 76.

Sporhan, Lore und Stromer, Wolfgang von: Die Nadelholz-Saat in den Nürnberger Reichswäldern zwischen 1469 - 1600. ZAgrarGAgrarsoz 17 (1969), 79 - 106.

Sprandel, Rolf (Hrsg.): Quellen zur Hanse-Geschichte. (AusgewQu 36) 1982.

Sprandel, Rolf: Der Hafen von Hamburg, in: Stoob (1986), 193 - 210.

Sprenger: Nikolaus Sprenger's Annalen von Schweinfurt 1383 - 1487, ed. Friedrich Stein. Monumenta Suinfurtensia historica. 1875, 319 ff.

Stark, Walter: Lübeck und Danzig in der zweiten Hälfte des 15. Jahrhunderts. (AbhhHandelsSozialG 11) 1973.

Stark, Werner: Lübeck und Danzig in der zweiten Hälfte des 15. Jahrhunderts. 1973.

Stauffer, Marianne: Der Wald. Zur Darstellung und Deutung der Natur im Mittelalter. Bern 1959.

StChr 24: Die Chroniken der westfälischen und niederrheinischen Städte. Bd. 3. Soest und Duisburg (= Die Chroniken der deutschen Städte 24) 1895.

StChr = Chroniken der deutschen Städte.

Steensen, Thomas: Deichbau und Sturmfluten in den Frieslanden. 1992.

Stefke, Gerald: Ein städtisches Exportgewerbe des Spätmittelalters in seiner Entfaltung und ersten Blüte. Untersuchungen zur Geschichte der Hamburger Seebrauerei des 14. Jahrhunderts. Diss. Hamburg 1979.

Stein, Friedrich: Monumenta Suinfurtensia historica. 1875.

Stein, Walter: Akten zur Geschichte der Verfassung und Verwaltung der Stadt Köln im 14. und 15. Jahrhundert. 2 Bde. (PublGesRheinGKde 10) Bonn 1893/95.

Stempel, Wolf-Dieter: Mittelalterliche Obszönität als literarästhetisches Problem. Poetik und Hermeneutik 6 (1972), 187 ff.

Steuer, Heiko (Hrsg.): Zur Lebensweise in der Stadt um 1200. Ergebnisse der Mittelalter-Archäologie. (ZArchäolMA Beiheft 4) 1986.

Stievermann, Dieter: Städtewesen in Südwestfalen. Die Städte des Märkischen Sauerlandes im späten Mittelalter und in der frühen Neuzeit. (Spätmittelalter und Frühe Neuzeit 6) 1978.

Störmer, Wilhelm: Früher Adel. Studien zur politischen Führungsschicht im fränkisch-deutschen Reich vom 8. bis 11. Jahrhundert. 2 Bde. (MonographienGMal 6) 1973.

Stokar, D.: Verbrechen und Strafen in Schaffhausen. ZSchweizStrafrecht 5/5 (1892), 309 ff.

Stolle: Konrad Stolle: Memoriale thüringisch-erfurtische Chronik. Bearb. v. Richard Thiele. (GQProvSachs 39) 1900.

Stolz, Otto: Geschichtskunde der Gewässer Tirols. (Schlern-Schriften 32) Innsbruck 1936.

Stolz, Otto: Der geschichtliche Inhalt der Rechnungsbücher der Tiroler Landesfürsten von 1288 - 1350. (Schlern-Schriften 175) 1957.

Stoob, Heinz (Hrsg.): See- und Flußhäfen vom Hochmittelalter bis zur Industrialisierung. (Städt- forsch A 24) 1986.

Stoob, Heinz: Die Wachstumsvorgänge bei hansischen See- und Flußhäfen im Mittelalter, in: ders. (1986), 1 - 66.

Strasser, Ingrid: Vornovellistisches Erzählen. Mittelhochdeutsche Mären bis zur Mitte des 14. Jahrhunderts und altfranzösische Fabliaux. Wien 1989.

Strenge, Karl Friedrich von - Devrient, Ernst (Hrsg.): Die Stadtrechte von Eisenach, Gotha und Waltershausen. (ThüringGQ 9) 1909.

Stromer → Ulman Stromer.

Stromer, Wolfgang von: Wassernot und Wasserkünste im Bergbau des Mittelalters und der frühen Neuzeit, in: Kroker/Westermann (1984), 50 - 73.

Sudeck, Elisabeth: Bettlerdarstellungen vom Ende des XV. Jahrhunderts bis zu Rembrandt. (StudDtKunstG 279) 1931.

Sydow, Jürgen (Hrsg.): Städtische Versorgung und Entsorgung im Wandel der Geschichte. (Stadt in der Geschichte 8) 1981.

Tauber, Walter: Das Würfelspiel im Mittelalter und in der frühen Neuzeit. (EuropHochschulSchrr I/959) 1987.

Telle, Joachim: Altdeutsche Eichentraktate aus medizinischen Handschriften, in: Baader/Keil (1982), 297 - 323.

Tersch, Harald: Die schwermütige Betrachtung des Kometen - Politik und Emotion im „Weißkunig", in: Arnold/Schmolinsky/Zahnd (1999), 63 - 91.

Thesaurus Proverbiorum → Singer.

Thierfelder, Hildegard (Hrsg.): Das Älteste Rostocker Stadtbuch. (Etwa 1254 - 1273.) 1967.

Thietmar von Merseburg → Trillmich.

Thomasset, Claude: La représentation de la sexualité et de la génération dans la pensée scientifique médiévale, in: van Hoecke/Welkenhuysen (1981), 1 ff.

Timm, Albrecht: Die Waldnutzung in Nordwestdeutschland im Spiegel der Weistümer. 1960.

Timm, Albrecht: Mittelalterliche Rodung und Kolonisation in mitteldeutscher Sicht, in: Hamburger mittel- und ostdeutsche Forschungen 4 (1963), 190 ff.

Toch, Michael: Schimpfwörter im Dorf des Spätmittelalters. MIÖG 101 (1993), 311 - 327.

Toubert, Pierre: Die karolingischen Einflüsse (8. bis 10. Jahrhundert), in: Burguière u. a. (1997), 89 - 124.

Trillmich, Werner (Hrsg.): Quellen des 9. und 11. Jahrhunderts zur Geschichte der Hamburgischen Kirche und des Reiches. (AusgewQu 11) 1961.

Trillmich, Werner (Hrsg.): Thietmar von Merseburg, Chronik. (AusgewQu 9) 1970.

Troitzsch, Ulrich: Umweltprobleme im Spätmittelalter und der Frühen Neuzeit aus technikgeschichtlicher Sicht, in: Herrmann (1989), 89 - 110.

Troitzsch, Ulrich - Wohlauf, Gabriele (Hrsg.): Technik-Geschichte. Historische Beiträge und neuere Ansätze. 1980.

Tscharner-Aue, Michaela von: Die Wirtschaftsführung des Basler Spitals bis zum Jahre 1500. Ein Beitrag zur Geschichte der Löhne und Preise. (QuForschBaslerG 12) Basel 1983.

Tucher → Endres Tucher.

UB Lübeck: Urkundenbuch der Stadt Lübeck. 11 Bde. 1843 - 1905.

Ulman Stromer's „Püchel von meim geslecht und von abentewr", ed. Karl Hegel, in: Die Chroniken der deutschen Städte vom 14. bis in's 16. Jahrhundert. Bd. 1 (= Die Chroniken der fränkischen Städte. Nürnberg. Bd. 1) 1862, 3 - 312.

Urkundenbuch des Stiftes und der Stadt Hameln. Bd. 2 bearb. von Erich Fink. (QDarstGNdSachs 10) 1903 (Neudruck 1977).

Varges, Willi: Die Wohlfahrtspflege in den deutschen Städten des Mittelalters. PreußJbb 81 (1895) 250 - 318.

Veh, Gerhard M. - Rapsch, Hans-Jürgen: Von Brunnen und Zucken, Pipen und Wasserkünsten. Die Entwicklung der Wasserversorgung in Niedersachsen. 1998.

Verfasserlexikon = Die deutsche Literatur des Mittelalters. Verfasserlexikon. 2. Aufl. bearb. von Kurt Ruh.

Verhey, Hans: Waldmark und Holtingsleute in Niedersachsen im Lichte der Volkskunde. Diss. Köln 1935.

Vinzenz von Beauvais (Vincentius Bellovacensis), Speculum Quadruplex sive Speculum Maius. Speculum Doctrinale. Duaci 1624 (Neudruck Graz 1965).

Vogelsang, Reinhard: Stadt und Kirche im mittelalterlichen Göttingen. (StudGStadtGöttingen 8) 1968.

Voigt, Klaus: Italienische Berichte aus dem spätmittelalterlichen Deutschland. (KielHistStud 17) 1973.

Wacha, Georg: Tiere und Tierhaltung in der Stadt sowie im Wohnbereich des spätmittelalterlichen Menschen und ihre Darstellung in der bildenden Kunst, in: Das Leben in der Stadt des Spätmittelalters (Kongress Krems a. d. Donau 1976). (ÖsterrAkadWiss Sbb. phil.-hist. Kl., Bd. 325) Wien [2]1980.

Walther von der Vogelweide: Gedichte. Ausgewählt und übersetzt von Peter Wapnewski. (Exempla Classica 48) 1962.

Walz, Rainer: Schimpfende Weiber. Frauen in lippischen Beleidigungsprozessen des 17. Jahrhunderts, in: Wunder/Vanja (1996), 175 - 198.

Wanderbüchlein des Johannes Butzbach, genannt Piemontanus, hrsg. von Leonhard Hoffmann. Graz/Wien/Köln [2]1988.

Wapnewski → Walther.

Wechssler, Eduard: Das Kulturproblem des Minnesangs. 1909 (Neudruck 1966). Wegner, Paul: Die mittelalterliche Flußschiffahrt im Wesergebiet. HansGBll 1913, 93ff.

Weidinger, Ulrich: Mit Koggen zum Marktplatz. Bremens Hafenstrukturen vom frühen Mittelalter bis zum Beginn der Industrialisierung. 1997.

Weigand, Rudolf: Die Lehre der Kanonisten des 12. und 13. Jahrhunderts von den Ehezwecken, in: Collectanea Stephan Kuttner II. (Studia Gratiana 12) Bologna 1967, 445 - 478 (zit.) [Wiederabdruck in: ders. (1993), 3 - 36].

Weigand, Rudolf: Die Rechtssprechung des Regensburger Gerichts in Ehesachen unter besonderer Berücksichtigung der bedingten Eheschließung nach Gerichtsbüchern aus dem Ende des 15. Jahrhunderts. ArchKathKiR 137 (1968), 403 - 463 [Wiederabdruck in: ders. (1993), 245 - 307].

Weigand, Rudolf: Liebe und Ehe bei den Dekretisten des 12. Jahrhunderts, in: van Hoecke/Welkenhuysen (1981), 41 - 58 (zit.) [Wiederabdruck in: ders. (1993), 59 - 76].

Weigand, Rudolf: Ehe- und Familienrecht in der mittelalterlichen Stadt, in: Haverkamp (1984), 161 - 194 (zit.) [Wiederabdruck in: ders. (1993), 343 - 376].

Weigand, Rudolf: Liebe und Ehe im Mittelalter. (Bibliotheca Eruditorum 7) 1993.

Weigand Rudolf. Zur mittelalterlichen kirchlichen Ehegerichtsbarkeit, in: ders. (1993), 307 - 341.

Weinhold, Karl: Die deutschen Frauen in dem Mittelalter. 2 Bde. Wien [2]1882.

Weisgerber, Gerd: Mittelalterliches Montanwesen und seine Wirkung auf Landschaft und Umwelt, in: Jockenhövel (1996), 128 - 139.

Weiss, Nelly: Die Herkunft jüdischer Familiennamen. Herkunft, Typen, Geschichte. 1992.

Weißker, Paul: Verfassung und Verwaltung der Stadt Minden im Mittelalter. Diss. Göttingen 1913.

Werner, Matthias: Die heilige Elisabeth und Konrad von Marburg, in: Sankt Elisabeth (1981), 45 - 69.

Wiessner, Hermann: Sachinhalt und wirtschaftliche Bedeutung der Weistümer im deutschen Kulturgebiet. (VeröffSeminar WirtschaftsKulturGUnivWien 9/10) 1934.

Wilhelm, Friedrich: Hydrologie/Glaziologie. 31976.

Willerding, Ulrich: Landwirtschaftliche Produktionsstrukturen im Mittelalter, in: Herrmann (1986), 244 - 256.

Willerding, Ulrich: Gärten und Pflanzen des Mittelalters, in: M. Carroll-Spillecke, Der Garten von der Antike bis zum Mittelalter. (Kulturgeschichte der antiken Welt 57) 1992, 249 - 284.

Willerding, Ulrich: Einbeck - Negenborner Weg. Holzkohlen-Funde aus der hochmittelalterlichen Töpfereiwüstung, in: Heege u. a. (1998), 175 - 187.

Willerding, Ulrich - Hillebrecht, Marie-Luise: Paläo-Ethnobotanik - Fragestellung, Methoden und Ergebnisse, in: Herrmann (1994), 137 ff.

Wilsdorf, Helmut: Holz - Erz - Salz. Das Transportproblem im Montanwesen, in: ders. u. a. (Hrsg.): Bergbau - Wald - Flöße. (Freiberger Forschungshefte D 28) 1960.

Wilwolt von Schaumberg: Die Geschichten und Taten Wilwolts von Schaumburg [richtig: Schaumberg], hrsg. von Adelbert von Keller. (BiblLitV 50) 1859.

Winiwarter, Verena: Umwelten. Begrifflichkeit und Problembewußtsein, in: Jaritz/Winiwarter (1994), 130 - 159.

Winkler, Leonhard: Deutsches Recht im Spiegel deutscher Sprichwörter. 1927. Winter, Matthias: Kindheit und Jugend im Mittelalter. Diss. Freiburg 1984.

Wittenwiler: Heinrich Wittenwiler: „Der Ring", hrsg., übers. und kommentiert von Bernhard Sowinski. 1988.

Wohlhaupter, Eugen: Wallfahrt und Recht, in: Schreiber (1934), 217 ff.

Wolf, Armin (Hrsg.): Die Gesetze der Stadt Frankfurt am Main im Mittelalter. 1969.

Wolkan, Rudolf: Der Briefwechsel des Eneas Silvius Piccolomini. I. Abteilung. Briefe aus der Laienzeit (1431 - 1445). I. Bd.: Privatbriefe. (FontRerAustr II/61) 1909.

Wüst, Wolfgang: Von Rang und Gang. Titulatur- und Zeremonienstreit im reichsstädtischen fürstenstaatlichen Umfeld Augsburgs, in: Berns/Rahn (1995), 484 - 510.

Wunder, Gerd: Die Stadt am kleinen Fluß: Schwäbisch Hall, in: Maschke/Sydow (1978), 100 - 109.

Wunder, Gerd: Die Bürger von Hall. Sozialgeschichte einer Reichsstadt 1216 - 1802. (ForschWürtt-Franken 16) 1980.

Wunder, Heide - Vanja, Christina (Hrsg.), Weiber, Menschen, Frauenzimmer. Frauen in der ländlichen Gesellschaft 1500 - 1800. 1996.

Wustmann, Gustav: Geschichte der Stadt Leipzig. Bd. 1. 1905.

Wyss → Limburger Chronik.

Young, Charles R.: The Royal Forests of Medieval England. Leicester University Press 1979.

Zahlten, Johannes: „Natura sua" und „Natura generans". Zwei Aspekte im Naturverständnis Kaiser Friedrichs II., in: Zimmermann (1991) Bd. 1, 89 - 104.

Zarncke, Friedrich: Die deutschen Universitäten im Mittelalter. Bd. 1. 1857.

Zehnder, Leo: Volkskundliches in der älteren schweizerischen Chronistik. Basel 1976.

Zelger, Renate: Teufelsverträge. Märchen, Sage, Schwank, Legende im Spiegel der Rechtsgeschichte. (RechtshistR 149) 1996.

Zeller-Werdmüller, H.: Die Zürcher Stadtbücher des XIV. und XV. Jahrhunderts, Bd. 1. 1899.

Zimmerische Chronik. Nach der von Karl Barack besorgten zweiten Ausgabe neu herausgegeben von Paul Herrmann. 4 Bde. 1932.

Zimmermann, Albert (Hrsg.): Mensch und Natur im Mittelalter. 2 Bde. (MiscMed 21) 1991/1992.

Zimmermann, Gerd: Ordensleben und Lebensstandard. Die Cura corporis in den Ordensvorschriften des abendländischen Hochmittelalters. 1973.

Zimmermann, Ludwig: Der hessische Territorialstaat im Jahrhundert der Reformation. 1933.

Zimmermann, Ludwig: Die Zentralverwaltung Oberhessens unter dem Hofmeister Hans von Dörnberg. (QForschHessG 28) 1974.

Zimmermann, Volker: Ansätze zu einer Sozial- und Arbeitsmedizin am mittelalterlichen Arbeitsplatz, in: Herrmann (1986), 140 – 149.

Zingerle, Ignaz V.: Die deutschen Sprichwörter im Mittelalter. Wien 1864 (Neudruck 1972).

Zingerle, Ignaz V.: Das deutsche Kinderspiel im Mittelalter. Innsbruck 31873.

Zink → Burkard Zink.

Zmora, Hillay: Adelige Ehre und ritterliche Fehde: Franken im Spätmittelalter, in: Schreiner/Schwerhoff (1995), 92 – 109.

Zwiefaltener Chroniken: Die Zwiefaltener Chroniken Ortliebs und Bertholds. Hrsg., übers., erläutert von L. Wallach, E. König und K. O. Müller. (Schwäbische Chroniken der Stauferzeit 2) 1978.

Abbildungsnachweis

S. 2 – 3: Sotheby's / akg-images
S. 26 – 27: Heritage Images / Fine Art Images / akg-images
S. 32: akg-images / Erich Lessing
S. 34: akg-images
S. 35: akg-images
S. 37: akg-images
S. 39: Germanisches Nationalmuseum Nürnberg
S. 62: akg-images / André Held
S. 63: akg-images
S. 65: akg-images
S. 68: akg-images / Bildarchiv Monheim
S. 71: akg-images / De Agostini Picture Lib. / M. Seemuller
S. 74: akg-images
S. 76: akg-images / British Library
S. 77: akg-images
S. 79: akg-images
S. 84: Germanisches Nationalmuseum Nürnberg
S. 89: bpk (Knud Petersen)
S. 96: akg-images / Erich Lessing
S. 99: akg-images
S. 122: akg-images
S. 127: akg-images
S. 139: Bildarchiv Foto Marburg
S. 143: akg-images / Schütze / Rodemann
S. 151: Yvan Travert / akg-images
S. 155: Yvan Travert / akg-images
S. 167: akg-images
S. 169: bpk
S. 171: akg-images
S. 172: akg-images
S. 175: akg-images / British Library
S. 176: akg-images
S. 177: Chevalier / akg-images
S. 181: akg-images
S. 193: Bildarchiv Foto Marburg
S. 197: akg-images
S. 201: akg-images / British Library
S. 205: akg-images / Album / Kurwenal / Prisma
S. 206: akg-images / Album / Oronoz
S. 206 – 207: akg-images / British Library
S. 211: Bildarchiv Foto Marburg
S. 213: Bildarchiv Foto Marburg
S. 221: Bildarchiv Foto Marburg
S. 226: Germanisches Nationalmuseum Nürnberg
S. 238: akg-images
S. 239: akg-images
S. 241: Heritage Images / Fine Art Images / akg-images
S. 253: Philippe Maillard / akg-images
S. 255: Yvan Travert / akg-images
S. 260 – 261: akg-images / Erich Lessing
S. 275: bpk
S. 338: akg-images / Michel Escourbiac
S. 343: akg-images / British Library
S. 355: Germanisches Nationalmuseum Nürnberg
S. 369: bpk
S. 371: akg-images (oben), akg-images / François Guénet (unten)
S. 393: Sotheby's / akg-images
S. 389: akg-images / Tristan Lafranchis
S. 398: akg-images / Erich Lessing
S. 399: akg-images / Erich Lessing
S. 403: akg-images
S. 409: bpk
S. 425: Öffentliche Kunstsammlung Basel, Kupferstichkabinett, Martin Bühler
S. 429: bpk
S. 437: akg-images
S. 439: bpk (Jörg P. Anders)
S. 453: akg-images / British Library
S. 461: akg-images / Erich Lessing
S. 467: akg-images / Erich Lessing

Register